Bernd Schünemann

Gesammelte Werke

Band II: Täterschaft als Herrschaft über den Grund des Erfolges

Bernd Schünemann

Gesammelte Werke
Band II: Täterschaft als Herrschaft über den Grund des Erfolges

DE GRUYTER

Prof. Dr. Dr. h.c. mult. *Bernd Schünemann*, Universität München

ISBN 978-3-11-064984-0
e-ISBN (PDF) 978-3-11-065048-8
e-ISBN (EPUB) 978-3-11-064991-8

Library of Congress Control Number: 2019951787

Bibliografische Information der Deutschen Nationalbibliothek
Die Deutsche Nationalbibliothek verzeichnet diese Publikation in der Deutschen Nationalbibliografie; detaillierte bibliografische Daten sind im Internet über http://dnb.d-nb.de abrufbar.

Satz: Meta Systems Publishing & Printservices GmbH, Wustermark
Druck und Bindung: CPI books GmbH, Leck

FSC® www.fsc.org MIX Papier aus verantwortungsvollen Quellen FSC® C083411

www.degruyter.com

Vorwort zu Band II meiner Gesammelten Werke in 5 Bänden

I. Die Herrschaft über den Grund des Erfolges als Kriterium der Gleichstellung von aktivem Tun und (unechtem) Unterlassen

1. Für die Struktur und Methoden der Rechtsfindung im Rechtsstaat, die ich in Band 1 meiner Gesammelten Werke entwickelt und zuletzt immer stärker auf das Strafrecht hin konzentriert habe,[1] stellt der hiermit vorgelegte Band 2 gewissermaßen die Probe aufs Exempel dar. Er betrifft das materielle Strafrecht (während das Strafverfahrensrecht den Gegenstand von Band 3 bilden wird) und hier wiederum ein kompaktes Thema des Allgemeinen Teils, nämlich die Täterschaft. An diesem Thema arbeite ich seit einem halben Jahrhundert, beginnend mit meiner 1970 abgeschlossenen und 1971 publizierten Dissertation über „Grund und Grenzen der unechten Unterlassungsdelikte" und seitdem immer wieder auf den Prüfstand gestellt und weiter ausgebaut. Weil die damalige Monographie seit langem vergriffen ist, international aber immer noch eine Rolle spielt[2] und gewissermaßen den Referenzpunkt für die weiteren Arbeiten bildet, wird sie hier als unveränderte Neuauflage vorgelegt. Hinsichtlich der weiteren Entwicklung war ich aus Raumgründen zu einer strengen Auswahl gezwungen und muss deshalb für viele einzelne Fragen auf die dazu publizierten speziellen Abhandlungen verweisen.[3]

2. Wenn ich heute mit einem Abstand von 5 Jahrzehnten meine ursprüngliche Konzeption der unechten Unterlassungsdelikte, die den 1. Teil dieses Bandes bildet und im 2. und 3. Teil durch eine Auseinandersetzung mit Missverständnissen und dem herrschenden Eklektizismus weitergeführt wird, vor dem Hintergrund meiner heutigen allgemeinen Tätertheorie sehe, die nachfolgend in Teil 4–6 beschrieben wird, so käme ich fast in Versuchung, mich für einen guten Menschen zu halten, weil ich mir damals in meinem dunklen Drange des rechten Weges offenbar wohl bewusst[4] gewesen bin:

Weil das aktive Tun und die begehungsgleiche Unterlassung aus demselben Straftatbestand bestraft werden, muss sich zwischen ihnen eine den Grund der

1 Rechtsfindung im Rechtsstaat und Rechtsdogmatik als ihr Fundament, 2020.

2 Nachw. u. Fn. 16.

3 Ein Nachweis meiner weiteren Beiträge zur Täterlehre, die in diesen Band nicht aufgenommen werden konnten, findet sich u. in Fn. 20.

4 Goethe, Faust I, Prolog im Himmel, Vers 328.

https://doi.org/10.1515/9783110650488-202

Bestrafbarkeit betreffende Gemeinsamkeit aufweisen lassen bzw., anders formuliert, können nur solche Unterlassungen ebenso wie aktive Handlungen und damit als „unechte" bestraft werden, wenn sie unter dem für die Strafdrohung maßgeblichen normativen Aspekt mit diesen vergleichbar sind. Es war deshalb nur konsequent, dass unter der Herrschaft des Kausalmonismus nach einer Vergleichbarkeit in der Kausalität gesucht wurde, indem zunächst durch die *Ingerenztheorie*[5] auf die Kausalität der Vorhandlung abgestellt wurde, was aber auf eine Verletzung des Schuldprinzips vermöge der Bestrafung des bloßen dolus subsequens hinauslief. Um diesem Vorwurf zu entgehen, wurde in der *Interferenztheorie*[6] die Niederkämpfung des Rettungsimpulses in der Psyche des Täters als Ursache präsentiert, aber dadurch mit allen Regeln der Kunst gebrochen. Denn die Bestrafung innerpsychischer Vorgänge ist nur in einem totalitären Gottesstaat (oder vielleicht in einem zukünftigen Überwachungsstaat?) vorstellbar, zumal deren forensischer Nachweis außerhalb von Folter so gut wie ausgeschlossen war. Und selbst wenn die Hirnforschung in Zukunft einmal das Gedankenlesen ermöglichen (und ein zukünftiger Überwachungsstaat es praktizieren?) würde,[7] bliebe die Interferenztheorie immer noch grotesk falsch, weil danach ein völlig Unbeteiligter, der aufgrund einer supererogatorischen Moral zunächst an Hilfe gedacht und dann doch darauf verzichtet hätte, wie ein Begehungstäter bestraft werden müsste, während ein völlig hartgesottener Garant, dem eine Hilfeleistung nicht einmal in den Sinn gekommen war, straflos ausgehen müsste.

Mit der Ablösung des Kausalmonismus durch den Neukantianismus und dessen Forderung nach einer wertbeziehenden, d. h. normativistischen Denkweise kam es in der Unterlassungsdogmatik kurioserweise ebenfalls zu einem Doppelfehler, indem die Gleichstellbarkeit des Unterlassens mit aktivem Tun einerseits als eine Frage der Rechtswidrigkeit angesehen und die Lösung in der Akzessorietät des Strafrechts zu allen anderen Rechtsgebieten gesucht wurde, während andererseits (vor allem in der Rechtsprechung) die aus dem Kausalmonismus stammende und damit eigentlich obsolete Ingerenztheorie beibehalten wurde. Die Anknüpfung an eine außerstrafrechtliche (und in diesem Sinne „formelle") Rechtspflicht aus Gesetz oder Vertrag eröffnete jedoch keine neuen Perspektiven, sondern bedeutete einen Rückschritt zu der 100 Jahre zuvor von *Feuerbach* skizzierten Konzeption, die sich auf der Suche nach dem strafrechtli-

5 Krug, Hitzig's Annalen der deutschen und ausländischen Criminal-Rechts-Pflege Bd. 63 (1853), 201 ff.; Glaser, Abhandlungen aus dem österreichischen Strafrecht, Wien 1858, 289 ff.

6 v. Buri GS 21, 129 f.; ders. GS 27, 26 ff.; ders., Über Causalität und deren Verantwortung, 1872, S. 15 ff.

7 Zu solchen evtl. Möglichkeiten Merkel, ZStW 121 (2009), 919 ff.

chen Gleichstellungsgrund an dem öfters, aber nicht notwendig damit verbundenen Epi-Phänomen der zivilrechtlichen Pflicht verausgabte, wie durch die beiden Kindermädchenfälle manifestiert wird und heute nahezu unstreitig ist: Während ein Kindermädchen, das das von ihr beaufsichtigte Kleinkind bei einem Spaziergang von einem schlecht gelaunten Dackel beißen lässt, auch dann wegen Körperverletzung durch Unterlassen strafbar ist, wenn sich ihr zivilrechtlicher Arbeitsvertrag als nichtig herausstellt, bleibt der gültige Vertrag ohne strafrechtliche Bedeutung, wenn die Arbeitsstelle tatsächlich nicht angetreten und die Betreuung des Kindes gar nicht übernommen wird. Dieser Irrweg einer Anknüpfung an bloße Epi-Phänomene traf auch die (innerlich mit der formellen Rechtspflichttheorie niemals verbundene) Ingerenztheorie, die vom Bundesgerichtshof zunächst auf pflichtwidrige Vorhandlungen reduziert, dann aber im Fall der Produkthaftung wieder auf jede Vorhandlung ausgedehnt und sogar noch (was in einem Kausalansatz diesen selbst kompromittiert) für übertragbar erklärt wurde.[8]

3. Dass die Ersetzung des Kausalmonismus durch die außerstrafrechtlichen Rechtspflichten von der spezifisch strafrechtlichen Gleichstellbarkeitsprüfung wegführt, erkannten bereits *Schaffstein* und *Nagler*[9], wobei letzterer für die strafrechtsspezifische Gleichstellung den Ausdruck „Garantenstellung" prägte, doch vermochten sie zu einer besseren Lösung im Banne des nationalsozialistischen Strafrechtsdenkens nicht vorzudringen. Den Schlüssel hierzu hielt dann erst *Armin Kaufmann* in der Hand, als er die Zweiteilung der anerkannten Garantenstellungen in solche zur Überwachung einer bestimmten Gefahrenquelle oder zum Schutz eines bestimmten Rechtsgutsobjekts registrierte.[10] Aber anstatt anschließend in den Fußstapfen seines Lehrers *Hans Welzel* nach den diesen beiden Gruppen zugrundeliegenden sachlogischen Strukturen zu fragen, postulierte er zwischen Begehung und Unterlassung das sog. Umkehrprinzip,[11] aus dem per definitionem keine Gleichstellbarkeit, sondern nur Verschiedenheit abzuleiten gewesen wäre. Stattdessen muss die Gleichstellungsfrage genau umgekehrt gestellt werden: Lässt sich ein Prinzip benennen, unter das sowohl die Begehung durch aktives Tun als auch die unumstrittenen Fälle der unechten Unterlassung subsumiert werden können? Die Lösung dieser Aufgabe dämmerte mir, als mir die Ungenauigkeit der üblichen Redeweise aufging, dass das Strafrecht Handlungen bestrafe. In Wahrheit wird ja nicht die Handlung, sondern es wird ein Mensch wegen seiner Handlung bestraft, und zwar weil es

8 In der Lederspray-Entscheidung BGHSt 37, 106.
9 Schaffstein, FS Graf Gleispach, 1936, S. 70 ff.; Nagler GS 111, 1 ff.
10 Die Dogmatik der Unterlassungsdelikte, 1959, S. 283.
11 aaO. (Fn. 10), S. 87 ff.

allein von seinem Willen, seiner Entscheidung abhängt, ob er diese Handlung begeht oder nicht. Den unverzichtbaren Nexus bildet deshalb die Herrschaft des Menschen über seinen Körper (über seine Handlungen), die etwa bei unwiderstehlichen Reflexen fehlen kann und dann auch jede strafrechtliche Verantwortlichkeit ausschließt. Über diese Handlung beherrscht er wiederum das zur Rechtsgutsverletzung führende Geschehen, das seinen für die Zurechnung entscheidenden Grund in der Handlung des Täters findet. Sobald man den durch Evidenzerlebnisse abgesicherten, festen Kern der unechten Unterlassungsdelikte in die Betrachtung einbezieht, zeigt sich eine naturgemäß nicht identische, aber durchaus vergleichbare Form der Geschehensbeherrschung: entweder durch die Beherrschung anderer wesentlicher Erfolgsursachen, die sogar in phänotypischer Weise mit dem Ablaufenlassen eines im Frühstadium willentlich beherrschbaren Reflexes verglichen werden kann; oder bei der zweiten Gruppe die Herrschaft über die spezifische Hilflosigkeit des Rechtsgutsobjekts, derzufolge dieses sich nicht ausreichend selbst verteidigen kann und sich in die Obhut eines Anderen begeben hat oder gegeben worden ist.

Bei dem von mir vor einem halben Jahrhundert hierfür geprägten Oberbegriff der „Herrschaft über den Grund des Erfolges" handelt es sich deshalb geradezu um das Muster eines Typus-Begriffs, dessen rechtstheoretische Entschlüsselung[12] an diesem Beispiel weiter vorangetrieben werden kann: Die mithilfe von Analogien vorzunehmende Konkretisierung setzt einen Gegenbegriff sowie einen festen Extensionskern mit einem Bestand an evidenten „Archetypen" (d. h. in der Rechtsfolge unbestrittener und semantisch durch die Benutzung klassifikatorischer Termini klar bestimmter Fallgruppen) voraus,[13] bei den strafrechtlichen Garantenstellungen als Gegenbegriff den zufällig abwendungsmächtigen quivos ex populo und als Archetypen die Kindermädchen und die stillende Mutter in ihrer Obhutsherrschaft über das Kleinkind/den Säugling sowie den Hunde- oder Fahrzeugführer in ihrer Aufsichtsherrschaft über den gehorsamen Hund oder das Kraftfahrzeug. Durch Konkretisierung „von oben" und Abstrahierung „von unten" können dadurch die auf einer mittleren Abstraktionshöhe angesiedelten Garantenstellungstypen (in der Dogmatik traditionell als „Garantenstellungen" bezeichnet) entwickelt werden; etwa in der 1. Gruppe die Gefahrengemeinschaft, die (ihre alltägliche Form darstellende) enge Lebensgemeinschaft und die Übernahme von Schutzfunktionen über relativ hilflo-

12 Dazu bereits Band I (Fn. 1), S. 168 ff., 312 f.; in diesem Band u. 5. Teil, S. 530 m. Fn. 42.

13 Die Analyse der hinreichenden quantitativen Gesamtausprägung der verschiedenen Züge des Typus (dazu Nachw. u. S. 530 in Fn. 42) wird also durch diese Heuristiken (zum „Gegenbegriff" s. Schünemann, FS f. Otto, 2007, S. 777, 791 ff., zu den den Extensionskern bildenden Archetypen u. 3. Teil, S. 474) unterstützt.

se Personen wie diejenige des Arztes über seinen kranken Patienten oder diejenige des Markenwarenproduzenten zur Aufklärung des Konsumenten über die vermöge seiner Produktbeobachtung nachträglich entdeckten gefährlichen Produktmängel[14]; oder in der 2. Gruppe die Herrschaft über gefährliche Sachen oder Verrichtungen bis hin zur Geschäftsherrenhaftung.[15]

4. Eigenartigerweise hat die Gleichstellungstheorie der Herrschaft über den Grund des Erfolges zwar international eine bemerkenswerte Resonanz,[16] innerhalb der deutschen Strafrechtsdogmatik aber – bis auf einzelne, freilich äußerst gewichtige Zustimmung[17] – nur oberflächliche Beachtung und in diesem Rahmen Kritik erfahren. Nicht weniger eigenartig ist es, dass es bezüglich der Gleichstellungsfrage anders als in praktisch allen anderen strafrechtsdogmatischen Fragen des Allgemeinen Teils eigentlich keine herrschende Meinung gibt, sondern nur zahlreiche höchst unterschiedliche und disparate Garantentheorien im Schrifttum, während sich die Rechtsprechung von einem systematisch konsistenten Begründungskonzept seit langem verabschiedet hat und nur noch in ihrer eigenen Kasuistik lebt. Eine diesen Namen verdienende Strafrechtsdogmatik kann sich deshalb nicht damit zufriedengeben, dass ein großes gemeinsames Reservoir an Falllösungen existiert. Denn solange diese nicht in einer systematischen Theorie erfasst sind, handelt es sich um bloße Kadijustiz, die überdies dann nicht weiterhilft, wenn neue Konstellationen auftreten. Ein Beispiel bietet die Garantenstellung des nach amerikanischem Vorbild eingerichteten Compliancebeauftragten, die – vom Bundesgerichtshof in einem nicht mehr überbietbar oberflächlichen obiter dictum bejaht, im Schrifttum aber heillos umstritten[18] – im Lichte der Herrschaftstheorie ihren Grund wie ihre (engen)

---

14 Im Ansatz bereits Schünemann, in: Gimbernat/Schünemann/Wolter (Hrsg.), Internationale Dogmatik der objektiven Zurechnung und der Unterlassungsdelikte, 1995, S. 49, 70 f.; zur Einschränkung auf Markenware ders., in: 50 Jahre Bundesgerichtshof – Festgabe aus der Wissenschaft, 2000, S. 621, 640 f.; u. 2. Teil, S. 462 ff.; zust. Schmucker, Die „Dogmatik" einer strafrechtlichen Produktverantwortung, 2001, S. 150 f. In der Grundkonstruktion ebenfalls zust., aber ohne die Einschränkung auf Markenware Roxin, Strafrecht AT II, 2006, S. 783.

15 Dazu eingehend bereits Schünemann, Unternehmenskriminalität und Strafrecht, 1979, nunmehr in Band 5 Teil 1.

16 Eingehende Nachw. u. im 2. Teil, S. 465, 468. Ferner ist meine Monographie von 1971 im Jahr 2009 in spanischer Übersetzung von Cuello Contreras und Serrano González de Murillo bei Marcial Pons in Madrid-Barcelona-Buenos Aires erschienen („Fundamento y Límites de los Delitos de Omisión Impropia").

17 Vor allem bei Roxin (Fn. 14), S. 717 ff. S: ferner Schmucker (Fn. 14) sowie Berster, Die völkerstrafrechtliche Unterlassungsverantwortlichkeit, 2008; ders., Das unechte Unterlassungsdelikt: Der gordische Knoten des Allgemeinen Teils, 2014, und dazu u. S. 477 Fn. 20.

18 BGHSt 54, 44, 49 und zur Kontroverse statt aller Knauer u. Rotsch, FS f. Imme Roxin, 2012, S. 465, 485.

Grenzen in der sektoralen Informationsherrschaft findet, die der Compliancebeauftragte als „innerbetriebliches Auge" des Vorstandes erlangt, weshalb eine von ihm unterlassene Information des Entscheidungsorgans einer aktiven Täuschung gleichsteht.[19] Bei der Entwicklung der Herrschaftstheorie und der Kritik anderer Gleichstellungstheorien geht es also auch heute noch nicht um Dogmengeschichte, sondern um die Auffindung des aktuell geltenden Rechts, für die der Wiederabdruck meiner seit Jahrzehnten vergriffenen Monographie als Teil I dieses Bandes das Fundament zu legen beansprucht, das die heutigen Kritiker schlimmstenfalls als schief und brüchig, nicht aber als obsolet verurteilen könnten. Umgekehrt beweisen der in Teil 2 und Teil 3 dieses Bandes zu findende Weiterbau des Fundaments wie auch der Ausbau des Gesamtgebäudes in Band V (in Gestalt der Geschäftsherrenhaftung) und in weiteren, an anderer Stelle publizierten Abhandlungen[20] die Tragfähigkeit und systematische Ver-

---

19 Es handelt sich deshalb, wenn der Compliancebeauftragte wie üblich keine innerbetriebliche Anweisungsmacht hat, um eine Herrschaft über die auf Unkenntnis beruhende Hilflosigkeit, nicht über eine Gefahrenquelle, weshalb das Strafrecht nur die Aufklärung des Weisungsbefugten über die Gefahr, nicht aber beispielsweise die Einschaltung der Polizei verlangt – eine aus der Natur der Garantenstellung folgende Begrenzung, für die dem BGH bei seinen kursorischen Bemerkungen von vornherein das dogmatische Sensorium fehlte.

20 Unternehmenskriminalität und Strafrecht – Eine Untersuchung der Haftung der Wirtschaftsunternehmen und ihrer Führungskräfte nach geltendem und geplantem Straf- und Ordnungswidrigkeitenrecht, 1. Aufl. 1979, 2. Aufl. in Band V der Gesammelten Werke; Kommentierung von § 25–31 StGB („Täterschaft und Teilnahme"), in: Laufhütte/Rissing-van Saan/Tiedemann (Hrsg.), Leipziger Kommentar zum StGB, Berlin 12. Aufl. 2007, Band I S. 1813 ff.; Kommentierung von § 14 StGB („Handeln für einen anderen"), in: Cirener/Radtke/Rissing-van Saan/Rönnau/Schluckebier (Hrsg.), Leipziger Kommentar zum StGB, Berlin 13. Aufl. 2020, Band I S. 939 ff.

Zur Kritik der Ingerenz-Garantenstellung, GA 1974, 231 ff.; Besondere persönliche Verhältnisse und Vertreterhaftung im Strafrecht, in: Zeitschrift für Schweizer Recht 1978 I, S. 131 ff.; Die Bedeutung der „Besonderen persönlichen Merkmale" für die strafrechtliche Teilnehmer- und Vertreterhaftung, Jura 1980, S. 354 ff., 568 ff.; Strafrechtsdogmatische und kriminalpolitische Grundfragen der Unternehmenskriminalität, wistra 1982, S. 41 ff.; Die Unterlassungsdelikte und die strafrechtliche Verantwortlichkeit für Unterlassungen, ZStW 96 (1984), 287 ff.; Die deutschsprachige Strafrechtswissenschaft nach der Strafrechtsreform im Spiegel des Leipziger Kommentars und des Wiener Kommentars, 1. Teil: Tatbestands- und Unrechtslehre, GA 1985, 341 ff.; Die strafrechtliche Verantwortung der Unternehmensleitung im Bereich von Umweltschutz und technischer Sicherheit, in: Breuer/Kloepfer/Marburger/Schröder (Hrsg.), Umweltschutz und technische Sicherheit im Unternehmen, 1994, S. 137 ff.; Die Strafbarkeit der juristischen Person aus deutscher und europäischer Sicht, in: Schünemann/Suarez Gonzalez (Hrsg.), Bausteine des europäischen Wirtschaftsstrafrechts, 1994, S. 265 ff.; Zum gegenwärtigen Stand der Dogmatik der Unterlassungsdelikte in Deutschland, in: Gimbernat/Schünemann/Wolter (Hrsg.), Internationale Dogmatik der objektiven Zurechnung und der Unterlassungsdelikte. 1995, S. 49 ff.; Begründung und Entwurf eines Gesetzes zur Bekämpfung der Unternehmensvollkommnung von Fundament und Gebäude – bis hin zum fugenlosen Einbau der erwähnten Garantenstellung des Compliancebeauftragten, der, um im Bilde zu bleiben, im Herrschaftsgebäude von jedem Polier geleistet werden kann, während im Wirrwarr der disparaten Garantenstellungen die prominentesten Architekten daran verzweifeln.

II. Das Herrschaftsprinzip als allgemeine Struktur der Täterschaft

Damit ist aber die Leistungsfähigkeit des Herrschaftsprinzips als über die Lösung der Gleichstellungsfrage entscheidendem tertium comparationis längst noch nicht erschöpft. Vielmehr haben meine späteren Studien gezeigt, dass es zugleich den Ansatzpunkt für die Auflösung zahlreicher anderer gordischer Knoten in der Dogmatik der strafrechtlichen Beteiligungslehre liefert.

1. Das betrifft zum ersten die sog. strafrechtliche *Vertreterhaftung*, die vor allem für die Täterschaftsfrage im Wirtschaftsstrafrecht eine zentrale Rolle spielt, lange Zeit aber nur wie ein rätselhafter zivilistischer Fremdkörper im Strafrecht aufgefasst und mit formalen Pflichttheorien bearbeitet wurde, die mit den materiellen Zurechnungskategorien des rechtsgüterschützenden Strafrechts wenig zu tun hatten. Indem der Gesetzgeber ein und denselben Terminus der „besonderen persönlichen Merkmale" sowohl für Zurechnungsfragen bei der

---

kriminalität, in: Schünemann (Hrsg.), Unternehmenskriminalität; Deutsche Wiedervereinigung Band III, 1996, S. 153 ff.; Unternehmenskriminalität, in: Canaris/Heldrich/Hopt/Roxin/K. Schmidt/Widmaier (Hrsg.), 50 Jahre Bundesgerichtshof – Festgabe aus der Wissenschaft, 2000, Band IV, S. 621 ff.; Zur Regelung der unechten Unterlassung in den Europa-Delikten, in: Tiedemann (Hrsg.), Wirtschaftsstrafrecht in der Europäischen Union, 2002, S. 103 ff.; Die kriminalpolitischen und dogmatischen Grundfragen der Unternehmenskriminalität, in: FS für Hans-Joachim Rudolphi, 2004, S. 295 ff.; Brennpunkte des Strafrechts in der entwickelten Industriegesellschaft – Reflexionen zu den Beiträgen des Symposiums –, in: Hefendehl (Hrsg.), Empirische und dogmatische Fundamente, kriminalpolitischer Impetus. Symposium für Bernd Schünemann zum 60. Geburtstag, 2005, V. Die stürmische Ausdehnung der mittelbaren Täterschaft, S. 349 ff.; Die Rechtsfigur des „Täters hinter dem Täter" und das Prinzip der Tatherrschaftsstufen, in: Festschrift für Friedrich-Christian Schroeder, 2006, S. 399 ff.; Vom kriminalpolitischen Nutzen und Nachteil eigenhändiger Delikte, in: Festschrift für Heike Jung, 2007, S. 881 ff.; Die „besonderen persönlichen Merkmale" des § 28 StGB, in: Festschrift für Wilfried Küper, 2007, S. 561 ff.; Was heißt und zu welchem Ende betreibt man Strafrechtsdogmatik? Zu Fischers These der „fremden seltsamen Welten" anhand aktueller BGH-Urteile zu Begriff und Funktion der „besonderen persönlichen Merkmale" im Strafrecht, GA 2011, 445 ff.; Die Rechtsfigur der sog. Einheitstäterschaft im Strafrecht – Kritik eines dogmatischen Monstrums, GA 2020, 224 ff.

Strafzumessung in § 28 StGB als auch für die Täterqualifikation bei Sonderdelikten in § 14 StGB verwendet hat, ist diese Konfusion auf den ersten Blick zu einem Knoten geschürzt worden, „dessen Lösung jeden Menschenwitz (zu) übersteigen" scheint. Aber so wie die Abgrenzung von Tat- und Rechtsfrage, der dieses geflügelte Wort von *Graf zu Dohna* einmal galt,[21] durch die sprachanalytische Unterscheidung von Objektsprache und Metasprache mittlerweile gelungen ist, wie in Band 3 der Gesammelten Werke näher ausgeführt werden wird, lässt sich die Struktur der sog. Vertreterhaftung bei Sonderdelikten mit „besonderen persönlichen Merkmalen" unschwer entschlüsseln, weil es dabei um nichts anderes geht als um „eine Form der Übernahme einer Garantenstellung",[22] dergestalt dass der im Straftatbestand durch eine Statusbezeichnung beschriebene Sonderdeliktstäter, der „intraneus", seine besondere materielle (Garanten-)Stellung zum rechtsgutverletzenden Geschehen (nämlich seine Herrschaft entweder über eine Gefahrenquelle oder über die Hilflosigkeit des Rechtsguts) auf einen anderen überträgt, der dadurch selbst in die die Täterqualifikation begründende Herrschaftsbeziehung einrückt – und nicht etwa nur in eine formale „Pflichtigkeit", die ja mit dem tatbestandlichen Gebot oder Verbot identisch ist und deshalb einen reinen Zirkelschluss bedeutet.

2. Die durch die Entschlüsselung der Vertreterhaftung gewonnene Erkenntnis, dass es sich bei den hierfür in Betracht kommenden und damit den meisten Sonderdelikten um *Garantensonderdelikte* handelt, macht zugleich den Weg frei für eine adäquate Analyse des Unrechts der verbleibenden (seltenen) *„reinen* Pflichtdelikte" und der durch die moderne Strafrechtsdogmatik wie Zombies geisternden *eigenhändigen* Delikte.

a) Reine Pflichtdelikte kann es in einem liberalen Rechtsstaat, in dem der Overkill des Strafrechts allein als Ultima Ratio zum Rechtsgüterschutz eingesetzt werden darf, nur in einem engen Rahmen geben. Als Rechtsgut kommen bei ihnen staatliche oder gesellschaftliche Institutionen wie die Ehe oder das Berufsbeamtentum in Frage, Begehungsform ist die Verletzung institutioneller Pflichten. Diese kann in der Regel aber durch Sanktionen innerhalb der Institution ausreichend geahndet werden (vor allem wenn ausschließlich institutsinterne Pflichten verletzt werden), beispielsweise durch ein Scheidungsrecht des Partners bei ehewidrigem Verhalten oder eine Disziplinarstrafe im Beamtenrecht. Während deshalb die Bestrafung des sog. Ehebruchs in einem rechtsstaatlichen Strafrecht keinen legitimen Platz hatte und (viel zu spät[23]) abgeschafft worden ist, steht eine dem spezifischen Unrecht adäquate Abgrenzung

21 In: Das Strafprozeßrecht, 3. Aufl. 1929, S. 199.
22 So erstmals Schünemann, Ztschr. f. Schweizer Recht 1978, 155.
23 Nämlich erst durch das 1. StrRG vom 30. 6. 1969 (BGBl I S. 645).

der Bestrafung von der bloßen disziplinarrechtlichen Ahndung im Falle von Vorteilsannahmen durch Amtsträger bis heute aus und wird vom Gesetzgeber sogar konterkariert.[24]

b) Eine weiterführende Analyse der in einem modernen rechtsgüterschützenden Strafrecht ominösen Deliktsgruppe der eigenhändigen Delikte findet sich erstmals in *Roxins* Unterscheidung[25] zwischen Tatbeständen, die eine sich aus vielen Einzelheiten aufbauende asoziale Persönlichkeitshaltung bestrafen wie Landstreicherei und Zuhälterei,[26] solchen, die ein Verhalten allein wegen seiner vom Gesetzgeber bejahten Unsittlichkeit bestrafen wie Beischlaf zwischen Verwandten, Unzucht zwischen Männern und Sodomie,[27] und den von *Roxin* sog. höchstpersönlichen Pflichtdelikten wie Meineid und Unfallflucht.[28] Dass die ersten beiden Gruppen in einem rechtsstaatlichen Strafrecht keinen Platz haben, sollte eigentlich klar sein, auch wenn die Entkriminalisierung in der zweiten Gruppe bis heute nur dort vorangekommen ist, wo eine hinreichend starke Interessengruppe dahinter stand. Strafrechtsdogmatisch interessanter ist die dritte Gruppe der (phänotypisch) eigenhändigen Delikte, bei der es sich im Lichte der Herrschaftstheorie um „Vorfeldbestrafung von Garantensonderdelikten" handelt, die unter 5 Voraussetzungen legitim ist: Der Täter muss eine individuelle Schlüsselposition für das geschützte Rechtsgut innehaben, die Tathandlung ist von hoher Plakativität, erfasst die gefährlichen Handlungen mit hoher Treffsicherheit unter Schonung berechtigter Interessen und kommuniziert eine individuelle Missachtung des Rechtsguts (von mir sog. persönliche Expressivität).[29]

3. Zu guter Letzt ermöglicht die vertiefte und umfassende Entfaltung des Herrschaftsprinzips auch eine überzeugende Entscheidung der neuerdings wieder entfesselten Streitfragen über die Reichweite und Konsequenzen des Tatherrschaftsprinzips bei den *Begehungs-Gemeindelikten:* Die methodologischen Regeln über die Konkretisierung eines Typusbegriffs und das Modell der Tatherrschaftsstufen liefern eine überzeugende Abgrenzung der mittelbaren Täterschaft für die im Zentrum der Diskussion stehende Fallgruppe der Organisationsherrschaft und beweisen dadurch zugleich, dass entgegen neuerdings

---

24 Dazu näher Schünemann, FS f. Otto (Fn. 13); ders., ZRP 2015, 68 ff.; ders., in: Hoven/Kubiciel (Hrsg.), Das Verbot der Auslandsbestechung, 2016, S. 25 ff.

25 Täterschaft und Tatherrschaft, 1. Aufl. 1963, S. 399 ff.

26 §§ 181a a. F., 361 Nr. 3 a. F. StGB.

27 §§ 173, 175 a. F., 175b a. F. StGB (beachte heute § 3 S. 1 Nr. 13 i. V. m. § 18 Abs. 1 Nr. 4 Tierschutzgesetz – Ordnungswidrigkeit mit Androhung von Bußgeld bis zu 25.000 €).

28 §§ 142, 154 StGB.

29 Dazu eingehend Schünemann, FS f. Jung, 2007, S. 881 ff.

wieder zu hörenden Stimmen nicht der mindeste Anlass besteht, auf eine differenzierte Täterschaftsdogmatik überhaupt zu verzichten und sich stattdessen in die Sackgasse des Einheitstäterbegriffs zu flüchten.[30]

III. Konsequenzen für das sog. Verbandsstrafrecht

Durch diese Analyse der sachlogischen Strukturen der Täterschaft in einem rechtsgüterschützenden Strafrecht steht auch außer Frage, dass es kein eigentliches Strafrecht gegen Kollektive geben kann und dass deshalb auf die kriminalpolitischen Probleme der aus einem Kollektiv heraus verursachten Rechtsgüterverletzungen („Unternehmenskriminalität") anders als durch eine simple Kopie der Geldstrafe reagiert werden muss. In der Erörterung dieser Frage wird ein Schwerpunkt des Bandes V meiner Gesammelten Werke liegen, doch gehe ich auf einige Grundlagen bereits im Rahmen der allgemeinen Tätertheorie ein (unten Vierter Teil Abschnitt II, S. 490 ff.) und habe diese Passage deshalb auf den heutigen Diskussionsstand aktualisiert.

30 Dazu näher u. 5. Teil, S. 521 ff., sowie Schünemann, Die Rechtsfigur der sog. Einheitstäterschaft im Strafrecht – Kritik eines dogmatischen Monstrums, GA 2020, 224 ff.

Inhalt

ERSTER TEIL **Grund und Grenzen der unechten Unterlassungsdelikte** – ***Zugleich ein Beitrag zur strafrechtlichen Methodenlehre***

Inhaltsverzeichnis

https://doi.org/10.1515/9783110650488-001

Erster Abschnitt: Grundlagen

§ 1 Gegenstand und Gang der Untersuchung

I. Einleitung und Abgrenzung

Nach einer bekannten Äußerung *Franks*,[1] die bis heute unverminderte Gültigkeit besitzt,[2] ist in der Frage der Haftbarkeit für Unterlassungen das letzte Wort noch nicht gesprochen. Vergleichsweise unproblematisch sind dabei die Fälle, in denen die Unterlassung ausdrücklich im StGB oder einem Nebengesetz mit einer Strafdrohung belegt ist;[3] sie werden daher hier nur insoweit interessieren, als sich aus ihrer gesetzlichen Regelung Rückschlüsse auf die Behandlung derjenigen Unterlassungen ziehen lassen, die, weil sie einem positiven Tun gleichstehen, nach einhelliger Meinung[4] auch ohne besondere gesetzliche Anordnung den prima facie nur Handlungen erfassenden „Begehungstatbeständen" zu subsumieren sind. Unsere ständige Frage lautet daher: Unter welchen Voraussetzungen kann das Unterlassen einer Handlung die Strafbarkeit nach einem Tatbestand begründen, in dessen Wortlaut die Unterlassung nicht ausdrücklich als deliktische Verhaltensform genannt ist? Es geht daher im folgenden um die *Gleichstellungsproblematik*, die – ohne Beschränkung auf irgendwelche bestimmten Garantenstellungen – für den Gesamtbereich strafwürdiger Unterlassungen untersucht werden soll. Die ontologischen Probleme der Unterlassung[5] werden zwar nicht völlig ausgeklammert, aber doch nur insoweit gestreift, als das zur Lösung der Gleichstellungsfrage unumgänglich erscheint. Ebenso interessiert die „Dogmatik der Unterlassungsdelikte" (im Sinne von „Systematik der allgemeinen Verbrechenslehre")[6] hier nur am Rande, da in der vorliegenden Arbeit zunächst einmal geklärt werden soll, wann überhaupt ein strafbares Un-

---

1 Kommentar zum StGB, § 1 Anm. IV, 2.

2 Das zeigen die in den letzten Jahren zu diesem Thema ergangenen zahlreichen Veröffentlichungen, vgl. nur die im Literaturverzeichnis ausgewiesenen Monographien von *Rudolphi*, *Pfleiderer*, *Welp* und *Bärwinkel*.

3 Vgl. etwa §§ 138, 221 I 2. Alternative, 330c StGB, §§ 3 I a Peronalausweisgesetz, 45 II Nr. 1 Atomgesetz.

4 Obwohl die verfassungsrechtlichen Bedenken häufig diskutiert werden, hat bisher nur *Kraus*, ZStW 23, 763 ff. (789 ff.), die Behauptung aufgestellt, daß unechte Unterlassungsdelikte schlechterdings nicht existierten; alle übrigen Autoren haben sich zu dieser letzten Konsequenz nicht verstehen können.

5 Dazu *Androulakis*, Studien, S. 17 ff.

6 Vgl. dazu *Grünwald*, Das unechte Unterlassungsdelikt; *Arm. Kaufmann*, Die Dogmatik der Unterlassungsdelikte.

https://doi.org/10.1515/9783110650488-002

terlassungsdelikt vorliegt; daß dabei auch einiger Ertrag für die logisch nachrangigen Probleme der Dogmatik abfällt, ergibt sich aus dem Zusammenhang von System und Systemsubstrat, von Allgemeinem und Besonderem Teil im Strafrecht, ohne daß im folgenden darauf besonders abgestellt würde.

Schließlich ist die vorliegende Arbeit auch nach einer dritten Seite hin abzugrenzen: Die Lösung der Gleichstellungsproblematik wird auf dem Boden des geltenden Rechts unternommen, während rechtspolitische Erwägungen de lege ferenda zu diesem Zweck nicht angestellt werden. Erst wenn die gegenwärtige Rechtslage geklärt ist, kann mit Fug die Frage aufgeworfen werden, ob sie zu befriedigen vermag oder ob nicht eine Änderung der maßgeblichen Rechtsnormen durch den Gesetzgeber vonnöten erscheint.

Als dem geltenden Recht gewidmete Analyse ist unsere Arbeit somit *strafrechtsdogmatischer* Art; die *Kriminalpolitik*[7] interessiert nur insoweit, als sie schon für die gegenwärtige Rechtsgewinnung relevant ist. Infolgedessen sind auch die *kriminologischen* Fragen aus dieser Arbeit völlig herausgelassen worden; bevor eine Kriminologie der Unterlassungsdelikte möglich ist, muß füglich zuvor geklärt werden, wann ein Unterlassungsdelikt überhaupt angenommen werden kann.[8]

II. Überblick über den Gang der Untersuchung

Der Gang der Untersuchung wird von der Überzeugung bestimmt, daß die bei der Ermittlung der Unterlassungsstrafbarkeit zu leistende *rechtsschöpferische* Arbeit mit den traditionellen Mitteln juristischer Hermeneutik, d. h. vor allem den verschiedenen Auslegungsmethoden, nicht zu bewältigen ist. Da die Strafbarkeit aber auch nicht auf das ungewisse Spiel der Intuition gestützt werden kann, besteht die Gleichstellungsproblematik hauptsächlich in der Aufgabe, eine allen Anforderungen gerecht werdende *Methode* der Gleichstellung zu finden. Aus diesem Grunde werden Methodenprobleme in der vorliegenden Arbeit einen ungewöhnlich breiten Raum einnehmen; mit ihrer Lösung hat auch das seit hundert Jahren nicht vollständig gelöste Gleichstellungsproblem seinen Stachel verloren. Um uns an die komplizierten Methodenfragen vorsichtig herantasten zu können, gilt es, zunächst einen Überblick über die hauptsächli-

---

7 Vgl. zu dieser Entgegensetzung *v. Liszt*, Aufsätze und Vorträge, II, S. 80.

8 Daß die Strafrechtsdogmatik in vielen Fällen auf kriminologischen Erkenntnissen aufbaut, soll damit nicht bestritten werden; im Unterlassungsbereich muß aber erst einmal eine „Strafbarkeitsbasis“ gefunden werden, auf der dann eine weitere interdisziplinäre Kommunikation möglich ist.

chen methodologischen Strömungen zu gewinnen. Dies wird – um unser eigentliches Anliegen dabei nicht völlig aus den Augen zu verlieren – im folgenden Kapitel durch ihre Exemplifizierung an der Bestimmung des *Unterlassungsbegriffs* versucht werden. Wenn sich dabei auch zeigen wird, daß der Unterlassungsbegriff nur den Boden, nicht aber die Lösung der Gleichstellungsproblematik bestimmen kann, werden diese Überlegungen doch nicht vergebens sein, denn sie liefern uns das theoretische Rüstzeug, das wir bei unserer eigentlichen Aufgabe nicht entbehren können.

In dem daran anschließenden Kapitel werden wir uns sodann das erforderliche Problembewußtsein verschaffen, indem wir von der naiven Frage ausgehen, ob es ungeschriebene Unterlassungsdelikte überhaupt gibt, und uns sodann den Umfang der gesetzlichen Lücke vor Augen führen. Im Anschluß daran muß die Frage geklärt werden, inwieweit unsere Rechtsfindung durch zwischenzeitlich entstandenes Gewohnheitsrecht gebunden ist. Sobald wir das festgestellt haben, haben wir endlich den hic et nunc bestehenden Umfang der Gleichstellungsproblematik ermittelt und die im *ersten* Teil zu suchenden Lösungsgrundlagen gefunden.

Im *zweiten* Teil werden wir die in neuerer Zeit entwickelten Gleichstellungsmethoden betrachten und kritisch analysieren. Jede wissenschaftliche Untersuchung baut auf dem tradierten Gedankengut ihrer Vorgänger auf, und fast jede neue Erkenntnis ist der Auseinandersetzung mit den vorhergehenden Entwürfen zu verdanken. So werden auch wir danach trachten, aus der Kritik an unseren Vorgängern möglichst großen Nutzen für unsere eigene Lösung zu ziehen, die dann im *dritten* Teil dieser Arbeit unternommen wird. Dabei sind wir in der glücklichen Lage, der Methodenkritik einen verhältnismäßig weiten Raum gewähren zu können. Denn im Unterschied zu den meisten Monographien brauchen wir uns nicht mit einer Schilderung der Dogmengeschichte aufzuhalten: Hier gibt es aus alter wie aus neuerer Zeit so vorzügliche Darstellungen,[9] daß es Eulen nach Athen tragen hieße, wollten wir ihnen eine weitere hinzufügen. Die Methodenkritik beschränkt sich daher auf die Nachkriegsliteratur, während das

---

9 Von den älteren seien nur die dogmenhistorischen Abrisse von *Binding* (Normen II, 1, S. 521 ff.), *Traeger* (Das Problem der Unterlassungsdelikte, S. 28 ff.) und *Nagler* (GS 111, 3 ff.) sowie die rechtsgeschichtlichen Arbeiten von *Honig* (Die Entwicklungslinie des Unterlassungsdeliktes vom römischen bis zum gemeinen Recht, Festg. f. Rich. Schmidt, I, 3 ff.) und *Schaffstein* (Die allgemeinen Lehren vom Verbrechen, S. 56 ff.) erwähnt; von den neueren ist auf die summarischen Darstellungen von *Arm. Kaufmann* (Dogmatik, S. 241 ff.), *Rudolphi* (Gleichstellungsprroblematik, S. 5 ff.) und *Pfleiderer* (Garantenstellung, S. 50 ff.) und auf die eingehenden Schilderungen bei *van Gelder* (Die Entwicklung der Lehre von der sog. Erfolgsabwendungspflicht, S. 4 ff.) und *Welp* (Vorangegangenes Tun, S. 26 ff.) hinzuweisen.

in heute vergangene staatliche und soziale Verhältnisse eingebettete Schrifttum von 1871–1945 in der gesamten Arbeit nur berücksichtigt wurde, soweit es noch heute fruchtbare Ansätze enthält oder für das Verständnis der heutigen dogmatischen Situation von Nutzen ist. Eine ähnliche Zäsur konnte bei der Rechtsprechung nicht gemacht werden, da die Nachkriegsjudikatur für die Unterlassungsdelikte nicht von gleicher Fruchtbarkeit war wie die Nachkriegsliteratur. Um eine repräsentative Übersicht sowohl über das einschlägige Fallmaterial als auch über das in den Gerichtsurteilen zum Ausdruck kommende gelebte Recht zu erhalten, wurde daher die gesamte zum StGB ergangene Rechtsprechung berücksichtigt, und zwar in Gestalt von über 500 ausgewählten Entscheidungen. Diese Zahl dürfte groß genug sein, um einen ausreichenden Praxisbezug unserer theoretischen Überlegungen zu gewährleisten.

Da Umfang und Vielfalt der Gleichstellungsproblematik heute kaum noch überschaubar sind, läßt sich allerdings jetzt schon sagen, daß wir die eigene Gleichstellungslösung im *dritten* Teil dieser Arbeit nicht bis in alle Verästelungen durchführen können. Um den vorgegebenen Rahmen nicht zu sprengen, werden wir uns auf eine ausführliche Erörterung der *Grundprobleme* sowie der Gleichstellung von Tun und Unterlassen bei der (praktisch weitaus wichtigsten) Gruppe der *Erfolgsdelikte* beschränken müssen und im übrigen nur eine flüchtige Skizze entwerfen können, deren nähere Ausarbeitung einer späteren Gelegenheit vorbehalten bleiben muß.

§ 2 Methodologische Vorüberlegungen, exemplifiziert am Begriff der Unterlassung

I. Überblick

1. Auf Sachgebieten, die bereits eine ins einzelne gehende gesetzliche Regelung erfahren haben, besteht das Methodenproblem gewöhnlich allein in der Auswahl zwischen den verschiedenen *Interpretationsformen* der grammatischen, historischen, systematischen und teleologischen Auslegung.[1] Bei unserer Aufgabe, in einem vom Gesetzgeber nicht einmal bruchstückhaft geklärten Bereich Recht zu finden, tritt als weitere Dimension die schöpferische Ausfüllung eines Blanketts (wie etwa des Garantenbegriffs) hinzu, die eine Rückbesinnung auf die *Grundlagen rechtswissenschaftlicher Begriffsbildung* erfordert. Hinter allem steht schließlich die *wissenschaftstheoretische Frage*, ob, inwieweit und mit wel-

1 Vgl. dazu *Engisch*, Einführung, S. 73 ff.

chen Mitteln in der Jurisprudenz überhaupt wissenschaftlich fundierte Erkenntnisse möglich sind.

2. a) Bei unseren Vorüberlegungen wird die allgemeine *wissenschaftstheoretische* Problematik nach Möglichkeit ausgeklammert, weil sie ohne eingehende Vorstudien namentlich der anglo-amerikanischen Forschungen nicht behandelt werden könnte[2] und daher den vorliegenden Rahmen sprengen würde. Eine gänzlich voraussetzungslose Untersuchung der Unterlassungsstrafbarkeit ist ohnehin nicht möglich, und daß eine dogmatische Arbeit von den herkömmlichen wissenschaftstheoretischen Positionen ausgeht, braucht eigentlich nicht besonders betont zu werden.

b) Die Reihenfolge der *Auslegungsmethoden* wird erst im Besonderen Teil der Unterlassungsdelikte von Bedeutung und kann daher im Rahmen einer Grundlegung dahingestellt bleiben.[3]

c) Die *Grundprinzipien der rechtswissenschaftlichen Begriffsbildung* müssen wir dagegen schon jetzt festlegen,[4] weil wir nur so eine erste Orientierungshilfe für die Lösung unserer Rechtsprobleme erhalten können. Nur ist es selbstverständlich im Rahmen dieser Aufgabe ausgeschlossen, die Diskussion der letzten Jahrzehnte im Handumdrehen zu erledigen und eine „endgültige Methode“ zu präsentieren. Möglich ist allein die Entwicklung des eigenen Standpunktes und der Nachweis seiner Plausibilität – ob er darüber hinaus auch richtig ist, darüber mag der Ertrag entscheiden, den er bei der Analyse der Sachprobleme abwirft. Infolgedessen muß und darf es in Kauf genommen werden, daß die verschiedenen methodologischen Konzeptionen simplifiziert werden und die Auseinandersetzung mit ihnen ihren Subtilitäten nicht vollkommen gerecht wird, denn was im folgenden nur in etwas apodiktischer Weise vorgetragen werden kann, wird seine Brauchbarkeit beim weiteren Durchschreiten des „hermeneutischen Zirkels“, nämlich bei der Erörterung der Sachfragen, noch zu erweisen haben.

---

2 Vgl. nur die Darstellung bei *v. Savigny*, Die Überprüfbarkeit der Strafrechtssätze, S. 43 ff., und die Übersicht bei *Krawietz*, JuS 1970, 428 ff.; von den neueren deutschen wissenschaftstheoretischen Arbeiten, die das Strafrecht als Argumentationsfeld benutzen, ist außer *v. Savignys* eigenen Darlegungen (a. a. O. S. 79 ff. und speziell für das Strafrecht S. 99 ff.) die „Denkform der Alternative“ von *Rödig* zu erwähnen, der auf einem Teilgebiet der Rechtswissenschaft eine Axiomatisierung und Kalkülisierung versucht (S. 140 ff., speziell zum Unterlassungsbegriff S. 187 ff. und schon vorher „in Prosa“ S. 77 ff., 125 ff.).

3 Andeutungen s. u. S. 283 ff., 404 f.

4 Es versteht sich von selbst, daß hierbei wissenschaftstheoretische Fragestellungen nicht völlig ausgeklammert werden können, sondern z. T. – wenn auch nur am Rande – miterörtert werden müssen.

3. Um die methodologische Betrachtung nicht allzusehr im Abstrakten verschwimmen zu lassen, sollen die Begriffsbildungsvarianten stets am strafrechtlichen Unterlassungsbegriff exemplifiziert werden. Damit fördern wir zugleich unser sachliches Anliegen, denn das unechte Unterlassungsdelikt hat die Unterlassung zum genus proximum, über das wir uns im klaren sein wollen, bevor wir die differentia specifica zu ergründen suchen. Als Nebenprodukt dieser der Wertung des Objekts vorangehenden Feststellung des Objekts der Wertung dürfen wir eine Klärung der Frage erwarten, ob der Unterlassungsbegriff, wie die Finalisten meinen,[5] für die allgemeinen Lehren der Unterlassungsdelikte fruchtbar gemacht werden kann oder ob er nur den *Rahmen* absteckt für die an Hand *zusätzlicher* Kriterien zu entwickelnde Unterlassungsdogmatik.

II. Definitionsmöglichkeiten

1. Bei der Definition des Terminus „Unterlassung" handelt es sich zunächst um eine bloße *Begriffsvereinbarung*, die wie jede freie Übereinkunft dem Gesetz der Beliebigkeit folgt. Aus Gründen der wissenschaftlichen Begriffsökonomie[6] erscheint es aber zweckmäßig, den Unterlassungsbegriff nicht völlig beliebig, sondern von vornherein so zu bestimmen, daß er unseren späteren Operationen als Grundlage dienen kann. Eine solche Grundlegung für unsere Aufgabe, den Bereich der begehungsgleichen Unterlassung zu bestimmen, könnte in dreifacher Hinsicht erfolgen: 1) indem der Begriff das wirkliche Sein der Unterlassung, d. h. die Unterlassung als vorrechtliches, ontisches Phänomen erfaßt; 2) indem der Begriff alle die Unterlassungen erfaßt, die theoretisch zur Auslösung der Rechtsfolge „Strafe" in der Lage sein können; 3) indem der Begriff die begehungsgleichen Unterlassungen erfaßt.

2. Wie verschieden die danach möglichen Unterlassungsdefinitionen sein können, zeigt schon ein erster Blick in das einschlägige Schrifttum, in dem bis heute über den Unterlassungsbegriff keine allgemeine Vereinbarung getroffen worden ist. Man ist sich lediglich darüber einig, daß Unterlassen ein transitiver Begriff sei und daher nicht bloßes Nichtstun bedeute, sondern „Unterlassen von etwas".[7] Da dieses „Etwas" aber nichts anderes als eine Handlung sein kann,[8]

5 Vgl. *Arm. Kaufmann*, Dogmatik, S. 35 ff., 106 ff.; *Welzel*, Strafrecht, S. 200 f., 204 ff.

6 D. h. man soll nicht mehr Begriffe aufstellen, als man im Rahmen der vorgegebenen Ziele wirklich benötigt.

7 So schon *v. Liszt*, Lehrbuch, 4. Aufl., S. 138; für heute vgl. nur *Welzel*, Strafrecht, S. 200, u. *Rödig*, Denkform, S. 85.

8 Jedenfalls bei der Benutzung des Ausdrucks „Unterlassung" als strafrechtlichen Grundbegriff. Man könnte natürlich auch davon sprechen, jemand habe es unterlassen, zu denken oder zu schwitzen (was, wie sogleich gezeigt wird, keine Handlungen im strafrechtlichen Sinne

setzt sich die unbefriedete Kontroverse um den Handlungsbegriff[9] auch im Unterlassungsbegriff fort. Aber auch davon abgesehen sind auf der gemeinsamen Basis „Unterlassen = Nichtvornahme einer Handlung" vor allem zwei Fragen umstritten: Muß diese Handlung dem Unterlassenden möglich gewesen sein, und muß sie in irgendeiner Weise erwartet worden sein?

a) Nach herrschender Lehre soll nur die Nichtvornahme einer *möglichen* Handlung als Unterlassung bezeichnet werden,[10] wobei teils nur die *physische* Möglichkeit gefordert wird,[11] teils aber auch die *Kenntnis* der tatbestandsmäßigen Situation und die *Planungsfähigkeit* des Unterlassers.[12] Demgegenüber vertritt *Baumann*[13] den Standpunkt, daß die Unmöglichkeit der nicht vorgenommenen Handlung nicht die Unterlassung selbst, sondern nur deren Rechtswidrigkeit entfallen lasse.

b) Noch umstrittener ist die Bedeutung des „Erwartungsmomentes". Die Meinungen, daß erst das Zurückbleiben hinter einer Erwartung die Unterlassung im Rechtssinne ausmache,[14] bzw. daß dies kein Kriterium der Unterlassung selbst, sondern ihrer Rechtswidrigkeit sei,[15] halten sich nahezu die Waage. Die Erwartungstheorie ist dabei noch in sich zerfallen, indem einerseits eine beliebige Erwartung auch in Form eines Wahrscheinlichkeitsurteils ausreichen

---

sind), doch wäre eine solche Begriffsdeutung für das Strafrecht nicht zweckmäßig: Das Schwitzen als physiologischer Vorgang am Menschen ist kein Ausdruck des Person-Seins und ist daher für das den Menschen als rational steuerungsfähiges Wesen ansprechende Strafrecht uninteressant. Das Denken als bloßer innermenschlicher Vorgang kann keine Rechtsgüter unmittelbar verletzen und kommt daher als Verbotsmaterie der Strafrechtsnormen, denen es allein um den Schutz materieller Gemeinschaftswerte geht (s. § 2 I AE, dem schon für das geltende Recht programmatische Bedeutung zukommt), nicht in Frage.

9 Vgl. aus der letzten Zeit nur *Welzel*, Vom Bleibenden und Vergänglichen; JuS 1966, 421 ff.; NJW 1968, 425 ff., einerseits und *Roxin*, ZStW 74, 515 ff.; *Arthur Kaufmann*, Festschr. f. H. Mayer, S. 79 ff.; JuS 1967, 145 ff.; *H. Mayer*, Strafrecht, 1967, S. 49 ff.; *Gimbernat-Ordeig*, NJW 1966, 533 f.; *Roxin*, ZStW 80, 715 ff., andererseits.

10 *Maurach*, AT, S. 499; *Welzel*, Strafrecht, S. 201; *Mezger*, Lehrbuch, S. 133; *Gallas*, ZStW 67, 40 f.; *Schönke-Schröder*, Rdnr. 82 vor § 1 m. weit. Nachw.; *Grünwald*, Dissertation, S. 9 m. weit. Nachw.; *Schaffstein*, Festschr. f. OLG Celle, S. 202 f.; *Stratenwerth*, AT, S. 61; aus der Rspr. z. B. BGHSt. 19, 295, 299.

11 *Maurach*, a. a. O.; *Traeger*, Problem der Unterlassungsdelikte, S. 8; *Radbruch*, Handlungsbegriff, S. 141; *Frank*, StGB, § 1 Anm. IV; *Rödig*, Denkform, S. 87.

12 *Welzel*, Strafrecht, S. 204 f.; *Arm. Kaufmann*, Dogmatik, S. 41 ff.

13 Strafrecht, S. 186, 223.

14 So schon *v. Liszt*, Lehrbuch, 4. Aufl., S. 138; heute vor allem *Gallas*, ZStW 67, 8 ff.; *Mezger*, Lehrbuch, S. 132; *Schönke-Schröder*, Rdnr. 81 vor § 1; *Roxin*, Gedschr. f. Radbruch, S. 266; *Androulakis*, Studien, S. 69 f.

15 *Welzel*, Strafrecht, S. 201 f.; *Grünwald*, Dissertation, S. 17; *Arm. Kaufmann*, Dogmatik, S. 53 ff.; *Schaffstein*, Festschr. f. OLG Celle, S. 202 f.

soll,[16] andererseits eine irgendwie geartete Norm verlangt[17] und schließlich auch eine Rechtsnorm als Grundlage der Erwartung gefordert wird.[18]

3. Ferner ist von *Androulakis* der Versuch unternommen worden, einen vorrechtlichen Begriff der unechten (d. h. begehungsgleichen) Unterlassung zu entwickeln. Nach ihm soll das Charakteristikum der unechten Unterlassung die *Nähe* des Unterlassers zum Gefahrenherd oder zum Träger des geschützten Rechtsguts sein.[19]

4. Auf gänzlich anderen Bahnen scheint schließlich *Rödig* zu wandeln, der Tun und Unterlassen gemeinsam dem Oberbegriff der „Handlung" unterordnet.[20] Bei näherem Zusehen zeigt sich jedoch, daß er sich von der h. M. nur terminologisch unterscheidet, denn da er die Handlung als Ausübung einer Wahlmöglichkeit zwischen diesem und wenigstens einem anderen Verhalten versteht,[21] meint er hiermit den gewöhnlich als „Verhalten" bezeichneten Oberbegriff von Handlung und Unterlassung und will also nicht den Unterschied zwischen Tun und Unterlassen leugnen, sondern nur das (bekanntlich seit *Radbruch* umstrittene) Vorhandensein eines gemeinsamen Oberbegriffs dartun.

5. Eine sinnvolle Auswahl aus diesem Angebot an Unterlassungsbegriffen setzt voraus, daß wir uns zuvor über die Grundsätze rechtswissenschaftlicher Begriffsbildung Klarheit geschaffen haben.

Die moderne juristische Methodenlehre steht im Zeichen des Versuchs, den Graben zwischen Sein und Sollen, der mit der Bekämpfung des naturalistischen Positivismus durch die dualistische Konzeption des Neukantianismus aufgerissen wurde, durch Herausarbeitung der auf beide Sphären bezogenen *Natur der Sache* zu überbrücken. Wir wollen diese methodologischen „Globalströmungen" der Reihe nach betrachten.

III. Der Naturalismus

1. Nach *positivistischer* Auffassung kann man die Begriffe von der Wirklichkeit als deren Spiegelungen abziehen; sie stellen nur Greifzangen zur Erfassung einer *vorgegebenen* Realität dar und besitzen keine gestaltende Kraft. Die ältere Spielart des Positivismus, der *Naturalismus*,[22] hat das Sein als „blinde", wert-

16 *Gallas*, ZStW 67, 10.
17 *Androulakis*, Studien, S. 70.
18 *Roxin*, a. a. O.; wohl auch *Schönke-Schröder*, Rdnr. 81 vor § 1.
19 Studien, S. 158 ff.
20 Denkform, S. 98.
21 a. a. O., S. 95.
22 Vgl. dazu *Welzel*, Naturalismus, S. 14 ff.; *Henkel*, Rechtsphilosophie, S. 195 f.

freie, naturwissenschaftlich erfaßbare Realität zum alleinigen Maßstab der Begriffsbildung genommen. Gerade infolge dieser „naiven" Art der Begriffsbildung sind methodologische Erörterungen eines Positivisten über die Art und Weise der Begriffsbildung schwer aufzufinden. Als Beleg sollen daher hier einige charakteristische Beispiele gebracht werden.

2. Als Grunderscheinung der Realität wurde die *Kausalität* aufgefaßt, und dementsprechend wurden alle Rechtsbegriffe irgendwie an der Kausalitätsfrage ausgerichtet.[23] Am deutlichsten kann dies an den Arbeiten *v. Buris* gezeigt werden. Von der These ausgehend, daß die Zurechnung im Strafrecht mit der Kausalität identisch sei,[24] reduziert er etwa den Rechtsbegriff des unechten Unterlassungsdelikts zu einer bloßen Kausalitätsfrage. Bezeichnend für seine rein naturalistische Lösung dieser Frage sind etwa die folgenden Sätze: „Das Verhältnis eines Gegenstandes zu einem beliebigen anderen kann *objektiv* festgestellt werden. Es entspricht der *Wirklichkeit*, daß ein Gegenstand größer, härter, schwerer usw. ist als ein anderer, und daß, im Falle die Äußerung von Kräften in Frage steht, die eine die andere überwiegt. Aus dieser *objektiven* Grundlage läßt sich dann auch mit Gewißheit annehmen, daß die im Widerstreit zweier Kräfte unterlegene Kraft nicht unterlegen sein würde, wenn sie nicht eine Verminderung ihrer Widerstandsfähigkeit erlitten hätte".[25] Auf dieser Grundlage entwickelt *v. Buri* seine *Interferenztheorie*, die die Kausalität der Unterlassung darin erblickt, daß der Täter in seinem Innern den Willen zur Erfolgsabwendung unterdrückt und damit die „Widerstandsfähigkeit" dieser zur Erfolgsabwendung drängenden Kraft vermindert.[26]

Daß die allgemeine *Subjektivierung* des Strafrechts, die paradoxerweise durch *v. Buri* mit seinem naturalistischen Begriff der kausalen Unterlassung wie auch mit seiner Versuchs- und Teilnahmelehre[27] eingeleitet wurde, einen Irrweg darstellte, bedarf wohl heute keiner weiteren Begründung.[28] Methodologisch interessant bleibt, daß *v. Buri* auf diese Weise den über die Strafbarkeit entscheidenden Unterlassungsbegriff unmittelbar aus der „objektiven" Anschauung der Wirklichkeit (im physischen wie im psychischen Bereich) zu entnehmen gedachte. Wenn auch sein Versuch, die Unterlassung auf das Prokrustesbett der Kausa-

---

23 Es ist klar, daß diese Aussage nur eine ziemlich grobe Verallgemeinerung darstellt. Eine eingehendere Behandlung des Naturalismus ist aber in diesem Zusammenhang nicht erforderlich und würde auch den Rahmen der vorliegenden Arbeit sprengen.

24 Vgl. GS 56, 447.

25 GS 56, 445; Hervorhebungen vom Verf.

26 Vgl. auch schon *v. Buri* GS 21, 199 f.; 27, 26 ff.; Die Kausalität, S. 15 ff.

27 Vgl. ZStW 1, 185 ff.; Kausalität, S. 41.

28 Zur Kritik vgl. zuletzt *Roxin*, Täterschaft, S. 55; *Welp*, Vorangegangenes Tun, S. 46 ff., 54 f.

lität zu spannen und dadurch den Begriff des unechten Unterlassungs*delikts* zu gewinnen, von vornherein nicht gelingen konnte, so scheint es doch immerhin auf den ersten Blick möglich und angebracht, aus der Realitätsanschauung einen *vorrechtlichen Unterlassungsbegriff* abzuleiten und auf diese Weise den Gegenstand der rechtlichen Wertung durch eine Analyse der Wirklichkeit abzugrenzen. Wir wollen sehen, zu welcher Unterlassungsdefinition man dabei gelangen würde.

Exkurs: Die Seinsweise der Unterlassung

Getreu der naturalistischen Methode muß also nun das naturwissenschaftlich bestimmte, reale Wesen der Unterlassung ergründet werden. Hierbei taucht allerdings sofort das Problem auf, daß die Unterlassung einer verbreiteten Meinung zufolge[29] überhaupt keine Realität besitzt, sondern ontologisch ein Nichts sein soll, über das bestimmte Urteile abgegeben würden.[30] Für etwas Irreales kann nun aber sicherlich keine naturwissenschaftlich bestimmte „Realdefinition" gegeben werden, da die naturwissenschaftliche Methode nur für den Bereich des Realen verwendet werden kann.[31] Das bedeutet: Wenn die Unterlassung nicht dem Bereich des Tatsächlichen angehört, sondern ein bloßes Urteil über ein Nichts darstellt, ist die naturalistische Methode zu ihrer Erfassung von vornherein unbrauchbar.

a) Gegen die Einstufung der Unterlassung in den Bereich des Irrealen (bzw. der Urteile) scheint zunächst der naheliegende Einwand zu sprechen, daß man doch nicht gut etwas Unwirkliches bestrafen könne.[32] Indessen ist die Plausibilität dieser Argumentation nur vordergründig, denn bestraft wird ja strenggenommen nicht die Tat, sondern der *Täter wegen der Tat!* Die korrekte Frage

---

29 *Gallas*, ZStW 67, 9 f.; *Schönke-Schröder*, Rdnr. 81 vor § 1; *Maurach*, AT, S. 498; *Mezger*, Lehrbuch, S. 132; *Kielwein*, GA 1955, 229.

30 Diese Ausdrucksweise ist korrekter als die gemeinhin anzutreffende Formulierung, die Unterlassung sei bloß ein Urteil und kein reales Etwas, denn entscheidend ist ja nicht das Urteil selbst, sondern der Seinscharakter, den der *Gegenstand* des Urteils besitzt (vgl. *Seiffert*, Einführung 1, S. 72 f.).

31 Eine nähere Darlegung dürfte sich hierfür erübrigen. Die naturalistische Methode kann Produkte des Geistes, wie etwa ein Urteil oder ein Kunstwerk, nur in ihren psychologischen Dimensionen, d. h. von der Art ihres Zustandekommens her, nicht aber in ihrem geistigen Eigengehalt begreifen und infolgedessen zur Erfassung der geistigen Spezifika keine Kriterien bereitstellen (vgl. *Rickert*, Grenzen der naturwissenschaftlichen Begriffsbildung, S. 212 ff., 220 ff.; Nic. *Hartmann*, Problem des geistigen Seins, S. 162).

32 Vgl. auch *Arm. Kaufmann*, Dogmatik, S. 50, wonach der Gesetzgeber nicht aus einem Nichts ein Etwas machen könne.

lautet daher nicht: „Kann man ein Nichts bestrafen?“, sondern: „Kann man einen Menschen wegen eines Nichts bestrafen?“.[33] Die Antwort auf diese Frage kann nicht die Ontologie, sondern nur die Lehre vom Zweck der Strafe und des Strafrechts geben. Für unser Strafrecht dürfen wir den Rechtsgüterschutz durch Generalprävention als primären Zweck ansehen.[34] Dieser Rechtsgüterschutz ist grundsätzlich in zwei Formen denkbar: durch das strafbewehrte Verbot an die Bürger, Rechtsgütern Schaden zuzufügen, oder durch das strafbewehrte Gebot, anderweitig drohenden Schaden von den Rechtsgütern abzuwenden. Im ersten Fall wird der Täter bestraft, der etwas Verbotenes getan hat, im zweiten Fall derjenige, der etwas Gebotenes nicht getan hat. Wenn man so will, mag man dieses Nicht-Tun als ein Nichts bezeichnen und dann folgern, der Täter werde wegen eines Nichts bestraft; denn ein allgemeines Rechtsprinzip des Inhalts, man dürfe niemanden allein deswegen bestrafen, weil er etwas nicht getan habe, wäre zwar denkbar,[35] existiert in unserer Rechtsordnung aber nicht. Der Streit um die ontologische Einordnung der Unterlassung ist infolgedessen eine bloße Frage des philosophischen Realitätsbegriffs, der für ihre Strafbarkeit gleichgültig ist und im Strafrecht nicht mehr als die façon de parler beeinflussen kann.

b) Diese Lösung mag auf den ersten Blick als ein Ausweichen vor philosophischen Fragen erscheinen, doch hat dieses „Ausweichen“ seinen guten Grund. Es geschieht nämlich in der Überzeugung, daß der Philosophie bei einer dem gegenwärtigen Recht gewidmeten, d. h. nicht spekulativen Untersuchung nur eine begrenzte Aufgabe zukommt. Es ist gefährlich, bei der Lösung eines juristischen Problems wie der Frage, ob den Unterlassungen der für eine Strafbarkeit zu fordernde Realcharakter zukommt, sich über die allgemein anerkannten philosophischen Grundsätze hinaus auf das Schlachtfeld der ontologischen Probleme zu wagen, denn, wie *Naucke* einmal zugespitzt formuliert hat,[36] warum soll die Strafbarkeit des Täters davon abhängen, was sich einmal *Kant* und *Hegel* gedacht haben? Die Nützlichkeit, ja Unentbehrlichkeit anderer Wissenschaften bei der Erfassung und Klarlegung des der Rechtswissenschaft vorgegebenen Substrats soll damit keineswegs geleugnet werden – nur ist ein Eindringen in das Erkenntnisgebäude der fremden Wissenschaft nicht bei allen

33 Wobei dieses „Nichts“ natürlich nicht (normativistisch) im Sinne von „nichtigem Anlaß“, sondern (naturalistisch) im Sinne von „Nicht-Seiendem“ zu verstehen ist.

34 Vgl. § 2 AE; *Schmidhäuser*, Vom Sinn der Strafe, S. 48 ff.; *Baumann*, Strafrecht, S. 12 f.; *Roxin*, JuS 1966, 383.

35 Vgl. die liberalistische Vorstellung, die Verbindlichkeiten der Bürger gingen von Haus aus nur auf ein Unterlassen von schädlichen Handlungen, *Feuerbach*, Lehrbuch, 3. Aufl., § 24.

36 ZStW 76, 431.

juristischen Untersuchungen in gleich weitem Maße erforderlich. So sind etwa bei der Lösung der juristischen Frage, wann die freie Willensbestimmung[37] infolge Geisteskrankheit oder Geistesschwäche ausgeschlossen ist, die Erkenntnissse der Medizin und Psychologie von ausschlaggebender Bedeutung.[38] Das philosophische Problem des Seinscharakters der Unterlassung spielt dagegen für die Frage, ob die Unterlassung bestraft werden kann, keine Rolle; entscheidend ist allein die juristische Frage, inwiefern die so oder anders beschaffene Unterlassung strafrechtlich verpönt werden kann.

c) Die potentielle Strafbarkeit der Unterlassung wird folglich von dem Streit um ihren Realcharakter nicht berührt. Gleichwohl muß er entschieden werden, damit wir die Tauglichkeit der naturalistischen Bildung des Unterlassungsbegriffs beurteilen können.

Da der Unterlassungsbegriff insoweit unstreitig ist, als keineswegs bloßes Nichtstun,[39] sondern nur die Unterlassung einer bestimmten Handlung damit gemeint ist und infolgedessen das *Nichtvorliegen* dieser Handlung das Wesen der Unterlassung ausmacht, spitzt sich das Problem der Seinsweise der Unterlassung auf die Frage zu, inwieweit einem negativen Sachverhalt Realcharakter zukommen kann. Nach Nicolai *Hartmann*[40] bedeutet die „Negativität im Anderssein“ zwar kein absolutes Nichtsein; das Negative soll aber doch nur (als Bestimmung des Positiven durch das Nicht-so-Sein) ein unselbständiges Moment im Positiven sein.[41] Wenn man das anerkennt – und es ist einstweilen nichts zu sehen, das dagegen spräche –, muß man sich weiter fragen, ob etwas Unselbständiges in der Seinsmodalität der „Realwirklichkeit“ vorkommen

37 Deren prinzipielle Anerkennung – von allen zu keinem eindeutigen Ergebnis führenden philosophischen oder naturwissenschaftlichen Theorien abgesehen – Grundvoraussetzung eines freiheitlich-demokratischen Staatswesens ist; aus der unübersehbaren Literatur pro et contra vgl. zuletzt *Bockelmann*, ZStW 75, 372 ff.; *Engisch*, Die Lehre von der Willensfreiheit; *Danner*, Gibt es einen freien Willen?; *Art. Kaufmann*, JZ 1967, 560; *Haddenbrock*, JZ 1969, 121 ff., die insgesamt gesehen etwa zu dem Kompromiß der „normalen Motivierbarkeit“ tendieren.

38 Allerdings ist die Rückführung des juristischen Problems auf den medizinischen Sachverhalt hier bisher noch nicht völlig gelungen, so daß dem Richter immer noch ein eigener Entscheidungsraum verbleibt, vgl. *Sarstedt*, NJW 1968, 181; BGHSt. 7, 238; 8, 113.

39 Strenggenommen ist dieser weitverbreitete Satz freilich mißverständlich, insoweit er nämlich die Annahme involvieren könnte, Unterlassen sei eine Art „qualifizierten Nichtstuns“. In Wahrheit ist Nichtstun selten – nämlich meist nur beim schlafenden oder bewußtlosen, d. h. handlungsunfähigen Menschen anzutreffen –, während die Unterlassungen, wie im folgenden zu zeigen ist, geradezu unübersehbar sind.

40 Aufbau der realen Welt, S. 358.

41 Zur Methode, in ihrem Wesensgehalt noch unbekannte Begriffe durch *Negationen* einzugrenzen, vgl. Nic. *Hartmann*, Metaphysik der Erkenntnis, S. 296 ff.

kann.[42] Ob man diese Frage bejahen will, hängt wiederum von dem jeweils zugrunde gelegten und einer juristischen Diskussion kaum zugänglichen philosophischen Realitätsbegriff ab. Die Meinung, daß die Abwesenheit von etwas ein ontisches Nichts sei, beruht offenbar auf der Auffassung, jegliches Dasein müsse einen substantiellen Charakter haben (d. h. es gebe keine negativ bestimmte Wirklichkeit). Indessen sind die Negationen zur Bestimmung des So-Seins der Wirklichkeit unerläßlich,[43] und vermöge dieses So-Seins nehmen sie auch an dem Da-Sein des substantiellen Etwas teil.[44] Oder, anders ausgedrückt: Die Existenz des Unterlassers begründet auch die Existenz der Unterlassung,[45] ohne daß diese als eine selbständige Wirklichkeit davon geschieden werden kann. Diese ontologische Erkenntnis ist zugleich unabhängig von ihrer logischen Einkleidung. Sicher ist es logisch möglich, die Negation als Positives zu setzen und das Positive als dessen Negation zu formulieren,[46] doch kann durch diese sprachlichlogische Manipulation an dem ontologischen Sachverhalt nichts geändert werden.[47]

d) Damit hat sich ergeben, daß die Unterlassung als unselbständiges So-Sein an der Realität des Unterlassers teilhat; sie ist daher kein ontisches Nichts und auch kein bloßes Urteil ohne realen Sachverhalt, denn ihr Vorhandensein ist von ihrer Feststellung durch einen Menschen unabhängig.[48]

3. Durch diese Überlegungen ist der für eine naturalistische Begriffsbildung ausreichende Realcharakter der Unterlassung deutlich geworden. Wir können daher nunmehr zu der Beantwortung der eingangs aufgeworfenen Frage übergehen, welche Definition der Unterlassung von der naturalistischen Begriffsbildungsmethode geliefert wird.[49]

---

42 Vgl. zu diesem Begriff *Hartmann*, Zur Grundlegung der Ontologie, S. 72 ff., 88 ff.; Möglichkeit und Wirklichkeit, S. 54, 57 ff., sowie *Engisch*, Logische Studien, S. 40.

43 Vgl. Fn. 41.

44 S. *Hartmann*, Grundlegung der Ontologie, S. 105, 128 ff.

45 So auch *Arm. Kaufmann*, Festschr. f. v. Weber, S. 214; noch weitergehend *Rödig*, a. a. O., S. 88 f., der die Existenz der Unterlassung direkt in die anstelle der unterlassenen Handlung vorgenommene Handlung hineinlegt (und damit den alten Gedanken *Ludens* wiederaufgreift, daß die Mutter ihren Säugling, den sie nicht nährt, durch das statt dessen vorgenommene Strümpfestopfen töte, vgl. noch *Rödig*, a. a. O., S. 126 ff.); für den Realcharakter der Unterlassung schließlich wohl auch *Engisch*, Logische Studien, S. 39; *Androulakis*, Studien, S. 68.

46 Vgl. *Androulakis*, a. a. O., S. 71 f.

47 Das verkennt *Androulakis*, a. a. O. S. 71 f., dessen Versuch, die beliebige Vertauschbarkeit von Tun und Unterlassen zu beweisen, allein auf sprachlogischen Argumenten aufbaut und die ontischen Befindlichkeiten völlig vernachlässigt.

48 Vgl. auch *Welzel*, Strafrecht, S. 201 f., zum entsprechenden Problem bei der Erwartung.

49 Darin, daß wir den Realcharakter der Unterlassung schon prüften, bevor wir eine endgültige Definition besaßen, lag nicht etwa ein Zirkelschluß, sondern der Beginn des hermeneutischen Zirkels!

a) Daß die Kategorie der „Erwartung“ für den naturalistischen Unterlassungsbegriff keine Rolle spielt, liegt auf der Hand. Wie verhält es sich aber mit der Handlungsmöglichkeit? Mit Hilfe des Unterlassungsbegriffs wird ein Sachverhalt beschrieben, an dem etwas fehlt. Kann es dafür eine Rolle spielen, ob dieses Fehlen naturgesetzlich notwendig oder (nur) zufällig ist (und kann überhaupt unter der Herrschaft des Kausalgesetzes zwischen dem notwendigen und dem zufälligen Fehlen von etwas unterschieden werden)? Die nach der naturalistischen Methode allein zulässige Betrachtung der Fakten ergibt dafür nichts. Man kann zwar auf diese Weise zur Not feststellen, daß es ein Unterschied ist, ob die fehlende Handlung bei anderen Umständen möglich oder unmöglich gewesen wäre, und dieses Möglichkeitsurteil auch durch eine naturwissenschaftlich-statistische Untersuchung treffen. Die naturalistische Methode versagt jedoch auf jeden Fall bei der Frage, ob dieser Unterschied im vorgegebenen Zusammenhange *relevant* ist und daher eine Begriffsdifferenzierung verlangt, oder ob der Unterschied zu den für eine Generalisierung bedeutungslosen *individuellen* Differenzierungen des faktischen Materials gehört. Für eine naturalistische Begriffsbildung reicht es eben prinzipiell aus, daß dieses Phänomen überhaupt sui generis in der Natur vorkommt, und da die naturalistische Methode als einziges darüber hinausgehendes Ziel die *Generalisierung* kennt, böte sich für sie allenfalls die Unterlassung als Oberbegriff für das Nichtvorliegen von möglichen und unmöglichen Handlungen an.[50]

b) Ein Beispiel mag dies erläutern: Man könnte die Unterlassung auch danach gliedern, ob die fehlende Handlung am Tage oder zur Nacht vorgenommen wäre. Ob diese Differenzierung angebracht ist, kann die naturwissenschaftliche Betrachtung nicht lehren, da sie – auf „objektive“ Wahrheiten gerichtet – sich mit der Feststellung eines solchen Unterschiedes begnügt, die transzendente Frage der Nützlichkeit dieser Feststellung dagegen vorerst ausscheidet. Diese Eigenart der naturalistischen Methode erklärt sich aus ihrem empirischen Ansatz. Sie ist bestrebt, die empirisch vorgefundenen Gegenstände als Individuen von bestimmten Arten und Gattungen zu erkennen und auf diese Weise das Allgemeine *induktiv* zu finden. Die bei dieser Induktion benötigten theoretischen Oberbegriffe können jedoch nicht aus der „Beobachtungssprache“ abge-

50 Es kommt hinzu, daß der Möglichkeitsbegriff für eine naturalistische Betrachtung überhaupt suspekt ist, da man ihn in dem kausalmonistischen System nicht recht unterbringen kann. Auch die moderne Atomphysik, die das Kausalgesetz im Atombereich auf statistische Wahrscheinlichkeiten reduziert sieht, kann daran für einen juristischen Naturalismus nichts ändern, denn den Juristen interessiert nicht die Quantenmechanik, sondern das sinnlich-praktische Weltbild, und hierfür wird das Kausalgesetz auch von der modernen Naturwissenschaft nicht in Frage gestellt. Vgl. hierzu auch *Engisch*, Weltbild, S. 16 ff.

leitet, sondern nur durch eine *wissenschaftliche Hypothese*[51] gesetzt werden. Auf diese Weise kann aber kein juristisch verwertbarer Begriff gewonnen werden, denn naturwissenschaftliche Hypothesen haben als solche für das Recht keine Bedeutung.

4. Diese Schwierigkeiten der naturalistischen Methode bei der Bestimmung des Unterlassungsbegriffs haben noch nichts mit dem bekannten neukantianischen Einwand zu tun, daß die naturwissenschaftliche Begriffsbildung, da sie auf Abstraktion und Generalisierung gerichtet sei, für die „ideographischen", nach gebührender Erfassung des Einzelfalls strebenden Kulturwissenschaften nicht tauge,[52] sondern beruhen auf einem *ursprünglicheren* Grunde: Die Naturwissenschaft kann zwar faktische Unterschiede aufdecken, nicht aber angeben, ob diesen Unterschieden durch Aufstellung verschiedener Begriffe Rechnung zu tragen ist oder ob man sie vernachlässigen darf.[53]

Es handelt sich hierbei um eine selbstverständliche Folge aus der Tatsache, daß die Naturwissenschaften kein apriori außer der vorgegebenen Realität kennen, so daß für sie jede Differenzierung innerhalb dieser Realität schon für sich relevant ist. Da die Naturwissenschaften somit in ihrem Begriffssystem *jeder* Differenzierung Rechnung tragen müssen – denn nur so kann die Gesamtheit der realen Welt auch von der Gesamtheit der Naturwissenschaften erfaßt werden –, brauchen sie auch ihre höheren theoretischen Begriffe nur im Wege der Hypothese zu bestimmen; denn da sie auf totale Erfassung sämtlicher Unterschiede angelegt sind, ist gleichwohl gewährleistet, daß (durch spätere Korrektur anfänglicher Setzungen) ein widerspruchsfreies Gesamtsystem entsteht.[54] Ganz anders verhält es sich bei den Geisteswissenschaften, von denen uns hier die Jurisprudenz interessiert. Vermöge ihrer (von *Rickert* herausgearbeiteten) Bezogenheit auf *Werte*[55] wird bei ihnen von allen Besonderheiten abstrahiert,

---

51 Die dann auf induktivem Wege zu bestätigen ist.

52 *Windelband*, Präludien II, S. 145; *Rickert*, Grenzen, S. 194 ff., 300 ff., 430 (vgl. aber auch a. a. O., S. 528 ff.: nur für die historischen Kulturwissenschaften!); *Schwinge*, Teleologische Begriffsbildung, S. 8 u. ö.

53 Dazu noch ein triviales Beispiel: Die Statistik mag zeigen, daß in Deutschland niemand verurteilt wird, der unter 1,30 m groß ist. Daraus könnte man schließen, daß im Begriff des Straftäters die Körpergröße zu berücksichtigen sei – wenn man nicht wüßte, daß der Grund für diese statistische Tatsache allein in der Straffreiheit der Kinder unter 14 Jahren liegt. Die Irrelevanz der Körpergröße für den Begriff des Straftäters ergibt sich noch nicht aus dem Unterschied selbst, sondern erst aus seiner In-Bezug-Setzung zu den Normen des Strafrechts.

54 Da es keine Total-, sondern nur einzelne Naturwissenschaften gibt, kommt praktisch das jeweilige *Ziel* der Einzelwissenschaften in die einzelwissenschaftliche Begriffsbildung als *Zweck* hinein – aber dieses Ziel ist für juristische Zwecke unbrauchbar!

55 Vgl. dazu unten S. 25 ff.

die unter dem Blickwinkel der jeweiligen Werte keine Rolle spielen. Das Problem einer Begriffsbildung durch Herausarbeitung der wesentlichen Merkmale taucht daher bei ihnen schon primär auf, d. h. es ist überhaupt Voraussetzung dafür, daß sub specie des maßgebenden Wertes Ergebnisse gefunden werden. Da die Werte ferner auf höchster Ebene kein logisch zusammenhängendes Gesamtsystem bilden, sondern teils gleich-, teils gegenläufig und ohne „prästabilierte Harmonie" nebeneinander stehen,[56] gibt es hier keine Selbstregulierung wie bei den Naturwissenschaften, die eine anfangs wahllose Vereinbarung der Begriffsinhalte später korrigieren könnte.

5. Damit hat sich ergeben, daß die naturalistische Methode für die Bestimmung des Unterlassungsbegriffs – als Paradigma für einen höheren juristischen Begriff überhaupt – ungeeignet ist, weil sie nicht angeben kann, welcher der verschiedenen naturwissenschaftlich haltbaren Unterlassungsbegriffe als *juristischer* Unterlassungsbegriff verwendet werden soll.

IV. Der Soziologismus

1. Die Herausarbeitung zweck- und wertbezogener Kriterien zur Auswahl unter den verschiedenen möglichen Unterlassungsbegriffen, zu der der Naturalismus nicht in der Lage war, könnte der modernen Spielart des Positivismus, der *rechtssoziologischen* bzw. *-soziologisierenden* Methode, schon eher gelingen, denn da ihr Gegenstand nicht die wertfreie Welt der Naturwissenschaften, sondern die sinn- und bedeutungshaltige Wirklichkeit der menschlichen Sozialbezüge ist, steht sie Zweck- und Wertbeziehungen von vornherein aufgeschlossener gegenüber. Tatsächlich hat es den Anschein, daß die Selektion der Unterlassungsbegriffe mit ihrer Hilfe ohne weiteres möglich ist, und zwar durch eine Orientierung an der *sozialen Relevanz.* Sozial relevant können offenbar nur Unterlassungen sein, die irgendjemandes *Erwartungen* enttäuschen, und da eine Erwartung nur dann sinnvoll ist, wenn die erwartete Handlung wenigstens möglich erscheint, kämen wir zum Begriff der Unterlassung als der *Nichtvornahme einer erwarteten möglichen Handlung.*

2. Allerdings bestehen doch einige Zweifel, ob wir damit schon den rechtlich relevanten Unterlassungsbegriff gefunden haben. Diese Zweifel beruhen

56 Man denke nur an die bekannten Friktionen von Freiheit und Gleichheit, Rechtsstaat und Sozialstaat – Wertbegriffe, die keineswegs von vornherein in einem derartigen Gegensatzverhältnis stehen, daß der eine die Negation des anderen ist, deren Zusammenfassung in einem Oberbegriff (etwa dem Gemeinwohl) aber nichts daran ändern könnte, daß sie „Letzt-" oder „Höchstwerte" des Staates darstellen, die bei jeder einzelnen Regelungsaufgabe miteinander rivalisieren.

auf grundsätzlichen Bedenken gegen eine soziologische Begriffsbildung in der Rechtswissenschaft. Zur Substantiierung dieser Bedenken müssen wir uns hier auf einige Andeutungen beschränken, weil eine im einzelnen ausgearbeitete rechtssoziologische Methode für die Bildung rechtswissenschaftlicher Begriffe, die Gegenstand der Untersuchung sein könnte, bis heute in Deutschland nicht existiert.[57]

Eine soziologische Bildung der rechtswissenschaftlichen Begriffe setzt voraus, daß die Auswahl- und Relevanzkriterien der Soziologie auch für die Rechtswissenschaft gelten. Diese Prämisse trifft nach der unter den deutschen Soziologen (und erst recht natürlich in der deutschen Rechtswissenschaft!) wohl noch herrschenden Ansicht[58] nicht zu, weil die Rechtssoziologie als Tatsachenwissenschaft keine Angaben über den Norminhalt machen könne, sondern diesen voraussetze. Die „soziologisierende" Bildung der Rechtsbegriffe ist daher nur dann plausibel, wenn man dem Recht eine geistig-ideelle Existenz abspricht und seine Regeln bloß als sozialfaktische, gelebte Verhaltensmuster ansieht.[59] Ob dem nicht schon die Unmöglichkeit einer Identifikation von Sein und Sollen entgegensteht, mag auf sich beruhen, denn es ist hier nicht der Ort, das Problem vom Wesen der Rechtsgeltung zu vertiefen. Statt dessen braucht nur auf die praktischen Folgen einer derartigen soziologisierenden Rechtstheorie für die Rechtsfindung hingewiesen zu werden. An die Stelle der Rechtsidee als oberstem Zielpunkt aller juristischen Bemühungen würde die bloße *Faktizität* der sozialen Übung treten, und der Rechtsfinder könnte sich bestenfalls noch an *Zweckmäßigkeitsmaximen* orientieren. Es darf wohl vermutet werden, daß auf diese Weise eine außerordentliche Verkümmerung der Rechtskultur unvermeidlich wäre, denn die Rechtsidee ist als gestaltende Kraft in der freiheitlichen Demokratie sicherlich unersetzlich. Ferner würde ein soziologistischer Positivis-

---

57 Partielle Versuche wie etwa die Lösung der Garantenprobleme durch den soziologischen Rollenbegriff werden im 2. Teil dieser Arbeit betrachtet werden, s. u. S. 140 ff.; zu den rechtssoziologistischen Strömungen in der amerikanischen Rechtswissenschaft zahlr. Nachw. b. *Reich*, Sociological Jurisprudence, S. 44 ff.; w. N. b. *Krawietz*, JuS 1970, 429.

58 Vgl. *E. E. Hirsch*, Recht im sozialen Ordnungsgefüge, S. 17 u. ö.; *König*, Studien und Materialien, S. 48 f.; *Trappe*, Einleitung zu *Geigers* Vorstudien, S. 35 f.; früher *Max Weber*, Methodologische Schriften, S. 241 ff.

59 So etwa die psychologischen Rechtstheorien in Amerika, Nachw. b. *Kriele*, Theorie der Rechtsgewinnung, S. 102 ff., und der skandinavische legal realism, vgl. die Nachw. b. *Krawietz*, JuS 1970, 429 Fn. 36; für Deutschland vgl. etwa *Geiger* (Vorstudien S. 208 ff., 214 ff., 261 ff., vor allem 253 ff.), der die normative Rechtsgeltung auf die soziale Verwirklichungschance reduziert, und *Jerusalem* (Kritik der Rechtswissenschaft, S. 9), der das Wesen des Rechts nicht in seiner normativen Verbindlichkeit, sondern in der gleichförmigen Übung überkommener Verhaltensmuster sieht; vermittelnd *Gurvitch*, Rechtssoziologie, S. 34 ff.

mus die Rechtswissenschaft zweifellos tiefgreifender verändern als der naturalistische Positivismus des vorigen Jahrhunderts. Ob die juristische Dogmatik und Systematik durch rechtssoziologische Methoden wirklich zu ersetzen wären, ist mindestens zweifelhaft, da die Wertbezüge einer erfahrungswissenschaftlichen Betrachtung nicht ohne weiteres zugänglich sind und ihre Reduzierung auf positive, d. h. faktisch gelebte Werte mindestens zwei nachteilige soziale Folgen haben dürfte: Die besondere *verpflichtende Kraft*, die die Rechtsordnung bisher vor den übrigen sozialen Normensystemen auszuzeichnen scheint, würde gemindert, und die durch eine kunstvolle juristische Technik ziemlich weitgehend gewährleistete *Rechtssicherheit* würde zunächst einmal verlorengehen. Für die *Rechtsfindung* hat die Soziologie daher nur eine *dienende* Funktion: Auf welchen sozialen Voraussetzungen das Recht aufbaut und durch welche sozialen Mechanismen es wirkt – *diese* Fragen sind ihre legitimen Anliegen; über den normativen Inhalt des Rechts kann sie aber nicht letztinstanzlich entscheiden, denn dieser ist durch die Geltung einer *Wertordnung* bestimmt, die sich der Erfassung durch die werttranszendente Methode der Rechtssoziologie entzieht.[60]

3. Infolgedessen verspricht eine soziologische Verfremdung des rechtswissenschaftlichen Begriffssystems keinen Nutzen, weil damit zwar Voraussetzungen und Wirkweise, schwerlich aber die Ziele des Rechts hinreichend exakt einzufangen wären. Daß die soziologischen Relevanzkriterien dementsprechend für Recht und Rechtswissenschaft nicht präjudiziell sind, läßt sich an dem oben skizzierten soziologischen Unterlassungsbegriff leicht zeigen. Die einer sozialen Handlungserwartung zuwiderlaufende Unterlassung ist ja nicht notwendig auch rechtlich, geschweige denn *strafrechtlich* relevant! Gerade weil das Recht nur *ein* sozialwirksames Normensystem unter anderen ist,[61] kann allein die soziale Relevanz für das Recht noch nichts besagen. Die „Erwartungskategorie" könnte nur dann für den strafrechtlichen Unterlassungsbegriff bedeutsam sein, wenn die soziale Erwartung Voraussetzung der Strafbarkeit wäre. Daß sie aber nicht ratio essendi der Strafbarkeit ist, läßt sich am Beispiel des § 330c zeigen, der eine individualethische Pflicht ohne sozial-normative Verankerung zur strafrechtlichen Pflicht gemacht hat. Noch deutlicher wird dies bei den zahllosen Unterlassungstatbeständen des Nebenstrafrechts. Wer es etwa als gesetzlicher Vertreter eines Ausländers unterläßt, für die von ihm vertretene Person die erforderlichen Ausweise zu beschaffen, oder wer es unterläßt, ein männliches Tier einer Körung zuzuführen, macht sich nach § 11 I Nr. 3 des Paßgesetzes bzw. nach § 9 I lit. b des Tierzuchtgesetzes strafbar, nach einer „sozialen Erwartung"

---

60 Vgl. auch *Henkel*, Rechtsphilosophie, S. 245 f.

61 S. dazu *König*, Studien und Materialien, S. 41 ff.

wird man hier aber vergeblich suchen. Diese könnte daher allenfalls ratio cognoscendi der Strafrechtspflicht sein, aber, wie die Beispiele aus dem Nebenstrafrecht zeigen, eben auch nur in dem Sinne, wie die Geltung des Rechts überhaupt von seiner sozialen Wirksamkeit abhängig gemacht wird; ein Spezifikum der Unterlassung wäre damit nicht gefunden. Es ist daher nicht sinnvoll, die Kategorie der sozialen Erwartung zum Merkmal des strafrechtlichen Unterlassungsbegriffs zu nehmen.

4. Wenn auch die vorangegangenen Überlegungen infolge ihres Gegenstandes teilweise im unverbindlich-allgemeinen Bereich verblieben, dürften sie doch deutlich gemacht haben, daß der Unterlassungsbegriff als Grundbegriff des Strafrechts *nicht* soziologisch bestimmt werden kann, weil die rechtliche Relevanz der Unterlassung keine vorgängige soziale Relevanz voraussetzt. Für den besonderen Begriff der „begehungsgleichen Unterlassung" könnte den Sozialstrukturen jedoch eine weit stärkere Präjudizwirkung zukommen, und wir werden uns im zweiten Teil dieser Arbeit mit verschiedenen Versuchen einer soziologischen Lösung der Gleichstellungsproblematik auseinanderzusetzen haben.[62] Ein prinzipielles Hemmnis für die Verwendung soziologischer Methoden im *Strafrecht* kann aber schon jetzt herausgestellt werden: der *nulla-poena-Satz.* Die hieraus folgende, im Grunde der Natur der Sache zuwiderlaufende *Lückenhaftigkeit* des Strafrechts ist für eine soziologisch-phänomenologische Betrachtung unfaßbar, und jede soziologische Begriffsbildung muß daher die Tendenz haben, die durch den nullapoena-Satz gezogenen Grenzen zu sprengen, Hierin dürfte, wie schon Franz *v. Liszt*, der Begründer der „Soziologischen Strafrechtsschule", gesehen und anerkannt hat,[63] der fundamentalste Einwand gegen eine Soziologisierung der Strafrechtswissenschaft liegen. Die Analyse der Sozialstrukturen ist zwar für die Strafrechtsfindung in vielen Punkten hilfreich und sogar richtungweisend – die am Strafgesetz orientierte rechtliche *Wertung* kann dadurch aber nicht ersetzt werden.

V. Der Neukantianismus

Die positivistischen Methoden haben uns somit weder in der naturalistischen noch in der soziologistischen Spielart den allgemeinen strafrechtlichen Unterlassungsbegriff liefern können. Wir wenden uns daher nunmehr einer normativistischen, wertbeziehenden Methode zu und prüfen, welche Ergebnisse uns

---

62 S.u. S. 140 ff., 174 ff.

63 „Das Strafrecht ist die unübersteigbare Schranke der Kriminalpolitik", Aufsätze und Vorträge II, S. 80, vgl. auch a. a. O., S. 434, wo *v. Liszt* vor der Abdankung des Strafrechts zugunsten der Kriminalsoziologie ausdrücklich warnt.

die von *Rickert*[64] für die Geschichtswissenschaft entwickelte, von *Lask*[65] in die Rechtswissenschaft übernommene und von *Radbruch, M. E. Mayer*, Erik *Wolf* und *Schwinge*[66] im Strafrecht heimisch gemachte *neukantianische* Begriffsbildungsmethode bietet.

1. Die Methodologie des südwestdeutschen Neukantianismus kann hier nur in sehr groben Umrissen skizziert werden. In seiner ersten Arbeit, „Zur Lehre von der Definition", legt *Rickert* dar, daß jegliche Begriffsbestimmung in der Heraushebung der *wesentlichen* Merkmale einer „allgemeinen Vorstellung" bestehe, die – wenn auch in unpräziser Form – im allgemeinen bereits im vorwissenschaftlichen Bereich anzutreffen sei. Bei den analytischen Wissenschaften (dazu zählt er außer den Naturwissenschaften etwa auch die Jurisprudenz) könne die Unterscheidung von „wesentlich" und „unwesentlich", sofern man über eine nur klassifikatorische Begriffsbildung hinauskommen und sich irgendwie dem „Wesen" des Gegenstandes nähern wolle, immer nur an Hand der Ziele und Zwecke der jeweiligen Wissenschaft erfolgen.[67] In seiner „Kulturwissenschaft und Naturwissenschaft" und seinem methodologischen Hauptwerk „Die Grenzen der naturwissenschaftlichen Begriffsbildung" behandelt *Rickert* die Ziele und Zwecke der *Kulturwissenschaften* näher und zeigt, daß es sich hierbei allemal um *Werte* handelt – infolge der allgemeinen Ausrichtung der menschlichen Kultur auf Werte überhaupt.[68]

Die Auswahl der wesentlichen Merkmale eines Gegenstandes (Begriffsbildung) erfolge daher bei den Kulturwissenschaften durch die Beziehung sämtlicher Merkmale auf den übergeordneten Wert: Nur die wertungsrelevanten Merkmale seien in den Begriff aufzunehmen.[69]

Um dies an einem trivialen Beispiel zu erläutern: Für die Frage, ob jemand recht oder unrecht[70] gehandelt hat, spielt seine Haarfarbe offenbar keine Rolle.

---

64 In seinem methodologischen Hauptwerk „Die Grenzen der naturwissenschaftlichen Begriffsbildung".

65 In seiner Rechtsphilosophie, Ges. Schriften I, 275 ff.

66 *Radbruch*, Grundzüge der Rechtsphilosophie (1914); *M. E. Mayer*, Rechtsnormen und Kulturnormen (1903); *E. Wolf*, Strafrechtliche Schuldlehre (1928); *Schwinge*, Teleologische Begriffsbildung (1930).

67 a. a. O., S. 31 ff.

68 Unter Kulturwissenschaften versteht *Rickert* alle die Wissenschaften, die das Reich der *Bedeutungen* zum Gegenstand haben – wie etwa Geschichtswissenschaft und Jurisprudenz. Soziologie und Psychologie seien hingegen zu den Naturwissenschaften zu zählen, da sie menschlichen Geist und menschliche Gesellschaft nicht unter normativen, sondern unter faktischen Gesichtspunkten („empirisch") erfaßten.

69 Vgl. Grenzen, S. 318 ff., 325 ff.; Kulturwissenschaft, S. 107 ff.

70 Im Strafrecht geht es begreiflicherweise zumeist nicht um Werte, sondern um ihre Negation („Unwerte").

Unter dem Blickwinkel des Wertepaares „rechtmäßig – rechtswidrig" kann die Haarfarbe daher vernachlässigt, abstrahiert werden. Nicht so sub specie des Wertepaares „schön – häßlich". Im Rahmen einer ästhetischen Begriffsbildung ist dieses Merkmal daher relevant. Merkenswert ist, daß diese *Wertbeziehung* von der konkreten Wertung, ob diese rothaarige Frau nun schön oder häßlich ist, überhaupt nicht abhängt!

2. An diesem Fall dürfte die neukantianische Begriffsbildungsmethode erkennbar geworden sein. Wenn man nun mit ihrer Hilfe den Unterlassungsbegriff bestimmen will, muß man zunächst die Frage beantworten, auf welchen Wert dieser Begriff bezogen ist. Um uns über Bedeutung und Auswirkungen der Wahl des *Bezugswertes* klarzuwerden, wollen wir uns einen der sich prima facie anbietenden Wertgesichtspunkte herausgreifen und den Unterlassungsbegriff daran entwickeln. Welche Bezugswerte in Frage kommen, hängt von der Stellung des Unterlassungsbegriffs in unserem System ab. In der vorliegenden Untersuchung fragen wir nach der Unterlassung als Form strafbaren Verhaltens. Da die Strafbarkeit Rechtswidrigkeit voraussetzt, ist die *oberste* Wertkategorie, auf die die Unterlassungen zu beziehen sind, somit die der Rechtmäßigkeit bzw. Rechtswidrigkeit, wobei im Strafrecht nur die *verhaltensbezogene* (= durch den Verstoß gegen einen Imperativ gekennzeichnete) Rechtswidrigkeit interessiert.[71] Die entscheidende Frage lautet daher zunächst: Spielt die Möglichkeit oder Unmöglichkeit bzw. die Erwartung oder Nichterwartung der unterlassenen Handlung für die Rechtswidrigkeit eine Rolle?

a) Daß die *Erwartung* in dieser Wertbeziehung irrelevant ist, liegt auf der Hand. Ob X erwartet hat, daß Y ihm helfen werde, ist für das Recht, dessen Imperative von der Zustimmung oder Ablehnung des einzelnen grundsätzlich unabhängig sind, ohne Bedeutung.[72] Nimmt man aber nicht die Erwartung von irgend jemand, sondern prüft man das von einer Mindermeinung befürwortete Merkmal der *rechtlichen* Erwartung = des Rechtsgebots an Hand dieser Beziehung, so zeigt sich auf der Stelle dessen Widersinn: Das an der Wertbeziehung zu prüfende Merkmal ist identisch mit dem einen Glied der Relation; eine gegen eine rechtliche Erwartung verstoßende Unterlassung ist eben schon per definitionem rechtswidrig, das ganze stellt einen Zirkelschluß dar.[73]

---

71 Inwieweit es auch eine erfolgsbezogene Rechtswidrigkeit gibt, kann daher hier außer Betracht bleiben; das Problem ist hauptsächlich für das Bürgerliche Recht relevant. Im Strafrecht taucht es nach heute h. M. bei der Frage der Tatbestandsmäßigkeit nicht auf, sondern allenfalls im Zusammenhang mit der Notwehr u. ä. Vgl. auch unten S. 200 f.

72 Zu der „sozialen Erwartung" vgl. schon oben S. 23 f.

73 Die Kategorie der „rechtlichen Erwartung" läßt sich daher nur dann vertreten, wenn man auf ein vorrechtliches Substrat des Unterlassungsbegriffs überhaupt verzichtet; vgl. dazu unten S. 39 f.

b) Die Handlungserwartung ist daher für den strafrechtlichen Unterlassungsbegriff gänzlich irrelevant. Die Handlungsmöglichkeit spielt dagegen schon auf den ersten Blick eine größere Rolle. Das Recht kann nichts Unmögliches verlangen (impossibilium nulla obligatio), das Unvermeidbare kann nie rechtswidrig sein – diese allgemeinen Rechtsgrundsätze sprechen dafür, die Handlungsmöglichkeit als wesentliches Merkmal des strafrechtlichen Unterlassungsbegriffs in dessen Definition aufzunehmen. Hierbei tauchen jedoch sofort erhebliche Probleme auf. Wonach soll sich die Möglichkeit der Handlung bestimmen? Nach den Fähigkeiten des Täters, nach denen eines Durchschnittsmenschen oder nach denen der Menschheit schlechthin? Die Unterschiede sollen an zwei Beispielen deutlich gemacht werden.

Erster Fall: Ein Kind ertrinkt; am Ufer gehen 4 Menschen spazieren, die seinen Tod nicht verhindern. Der erste ist Nichtschwimmer;[74] der zweite ist ein durchschnittlicher Schwimmer, käme aber gegen die haushohen Wellen nicht an; der dritte und der vierte sind begnadete Schwimmer und würden aus diesem Grund als einzige Menschen auf der Erde gegen die Wellen aufkommen; der dritte hat das Kind gesehen, der vierte hat es dagegen nicht bemerkt. Zweiter Fall: Der Astronaut C bleibt am 1. 11. 1969 in der Raumkapsel, während seine Kollegen mit der Raumfähre auf dem Mond landen. Am 1. 11. 1960 lag er wegen einer Krankheit den ganzen Tag im Bett.

Die hier zu stellenden Fragen drängen sich förmlich auf. Haben alle 4 Spaziergänger es unterlassen, das Kind zu retten, oder wer nicht und warum nicht? Hat der Astronaut C es (nur) am 1. 11. 1969 oder auch am 1. 11. 1960 unterlassen, den Mond zu betreten?

Die Antwort hierauf soll an dieser Stelle, streng neukantianisch, nur durch die Prüfung der Handlungsmöglichkeit an der Wertbeziehung Unterlassung-Rechtswidrigkeit unternommen werden. Der namentlich im bürgerlich-rechtlichen Schrifttum anerkannte allgemeine Rechtsgrundsatz „impossibilium nulla obligatio“ gilt nur für die *objektive Unmöglichkeit*, nicht für das *subjektive Unvermögen*.[75] Der im strafrechtlichen Schrifttum anerkannte Satz, daß etwas Unvermeidbares nie rechtswidrig sein kann,[76] gilt ebenfalls nur für die objektive

74 Man muß sich den Fall natürlich so vorstellen, daß nur eine persönliche Hilfeleistung Erfolg haben würde, eine Benachrichtigung anderer aber wegen des damit verbundenen Zeitverlustes zu spät käme.

75 Jedenfalls bei der anfänglichen Unmöglichkeit, während es bei der nachträglichen Unmöglichkeit auf das Vertretenmüssen ankommt, woran man sieht, daß die Unmöglichkeit die Pflicht nicht vollständig zum Erlöschen bringt, sondern ggf. nur umwandelt; vgl. *Esser*, Schuldrecht, AT, S. 205 f.; *Larenz*, Schuldrecht, AT, § 7.

76 Das betont auch *Baumann*, Strafrecht, S. 258 ff., der ansonsten der Unmöglichkeit für den Tatbestand keinen Einfluß zuerkennt. Das Problem spielt namentlich in den Fällen fahrlässi-

Unmöglichkeit, da sonst die schuldlose (= subjektiv unvermeidbare) Tat nie rechtswidrig sein könnte.[77] Der Grund dafür ist das Verständnis der Norm als *generelle Verhaltensanforderung*, die darüber Auskunft gibt, was von jedem Menschen von Rechts wegen verlangt wird, und als allgemeine Regel auf die individuellen Fähigkeiten des einzelnen keine Rücksicht nehmen kann.[78] Das Recht kann nun aber jedenfalls nicht mehr verlangen, als überhaupt menschenmöglich ist; die *objektive Handlungsmöglichkeit* ist daher unter dem Bezugswert „Rechtswidrigkeit" Voraussetzung der Unterlassung. Wohlgemerkt: die absolute Menschenmöglichkeit als *äußerste Grenze* der Rechtswidrigkeit, nicht aber die durchschnittliche Menschenfähigkeit. Diese kann zwar im Einzelfall das Maß der Rechtswidrigkeit bestimmen (etwa bei der „im Verkehr erforderlichen Sorgfalt" als Voraussetzung der objektiven Fahrlässigkeit), gibt aber nicht die im Rahmen der *Wertbeziehung* (die eben nicht mit der Wertung selbst verwechselt werden darf)[79] allein relevante äußerste Grenze der Rechtswidrigkeit an.[80]

c) Da im Rahmen der Rechtswidrigkeitsbeziehung nur die objektive Handlungsmöglichkeit im Sinne von Menschenmöglichkeit Voraussetzung der Unterlassung ist, müßte man in unseren Beispielsfällen zu dem Ergebnis gelangen, daß alle 4 Spaziergänger die in ihrer Situation menschenmögliche Rettung des Kindes unterlassen haben, daß C dagegen nur am 1. 11. 1969 das Betreten der Mondoberfläche unterlassen hat, da dies am 1. 11. 1960 noch nicht menschenmöglich war.

3. So plausibel dieses Ergebnis auf Grund der Rechtswidrigkeitsbeziehung ist – von einem anderen Ausgangspunkt bestehen dagegen mancherlei Bedenken. Nach *Grünwald*[81] muß man auch die *individuelle Handlungsmöglichkeit* als Begriffsmerkmal der Unterlassung ansehen, weil nur so der Unterlassungsbegriff Träger der strafrechtlichen Unwerteigenschaft sein könne. In die neukantianische Sprache übersetzt könnte das etwa folgendermaßen lauten: Für das

---

gen Verhaltens eine Rolle, wo der Erfolg auch bei Beachtung der im Verkehr erforderlichen Sorgfalt eingetreten wäre. Vgl. dazu zuletzt *Roxin*, Festschr. f. Honig, S. 138 ff.

77 Vgl. auch *Art. Kaufmann*, Festschr. f. H. Mayer, S. 113 f.; zu dem dahinter stehenden Problem des Normadressaten *Arm. Kaufmann*, Normentheorie, S. 121 ff. (132).

78 Vgl. *Arm. Kaufmann* a. a. O., S. 121 ff., 139 f.; die von *Kaufmann* geforderte „Handlungsfähigkeit" hat mit der Frage der Unvermeidbarkeit nicht unmittelbar etwas zu tun, denn die Vermeidbarkeit einer Handlung setzt keine Handlungsfähigkeit, sondern umgekehrt Unterlassungsfähigkeit voraus!

79 Vgl. *Rickert*, Grenzen, S. 325, 327 f.

80 Denn es ist anerkannt, daß der Fahrlässigkeitsmaßstab dem außergewöhnlich begabten Täter auch den Einsatz seiner überragenden Fähigkeiten abverlangt, vgl. *Deutsch*, Fahrlässigkeit, S. 143.

81 Dissertation, S. 9 m. weit. Nachw. der h. M.

Strafrecht sei nicht die Rechtswidrigkeit, sondern die Strafwürdigkeit (bzw. besser: Bestrafbarkeit) der oberste Beziehungswert (bzw. Beziehungsunwert); für die Beziehung Unterlassung – Bestrafbarkeit sei aber nicht die generelle, sondern nur die individuelle Handlungsmöglichkeit relevant. Da die Bestrafbarkeit außer der Rechtswidrigkeit (die also darin enthalten ist) auch die *Vorwerfbarkeit* (d. h. die Schuld des Täters) voraussetzt, lautet die Frage daher: Ist die Rechtswidrigkeit oder die aus Rechtswidrigkeit und Vorwerfbarkeit zusammengesetzte Bestrafbarkeit der maßgebliche Beziehungsunwert[82] des Unterlassungsbegriffs?

4. Die bisher dargestellte neukantianische Methode gibt darauf keine Antwort, denn was nützt das wertbeziehende Verfahren, wenn keine Kriterien für die Auswahl unter verschiedenen denkbaren Bezugswerten zur Hand sind!? In seinen „Grenzen der naturwissenschaftlichen Begriffsbildung" stellt *Rickert* zwar heraus, daß es sich um einen *allgemeinen* (d. h. für alle gültigen) Wert handeln müsse,[83] doch hilft uns das hier wenig weiter, denn sowohl die Rechtswidrigkeit als auch die Bestrafbarkeit sind solche allgemeinen (Un)werte. Die Ursache für dieses Schweigen der neukantianischen Methodologie auf unsere Frage ist unschwer zu finden. Soweit *Rickert* allgemein die Wertbezogenheit der Kulturwissenschaften herausgearbeitet hat, lag es außerhalb seines Anliegens, einen Weg zur Auffindung der jeweils maßgeblichen konkreten Werte zu zeigen. Eine nähere Durchführung seiner Theorie hat er nur bei der *Geschichtswissenschaft* geleistet, aber auch hier diese Frage nicht weiter aufgeklärt. Der Grund hierfür ist darin zu sehen, daß *Rickert* in diesem Zusammenhang nur darlegen wollte, auf welche Weise ein „historisches Individuum", d. h. ein für die Menschheitsgeschichte *wesentlicher* Mensch, ermittelt werden kann. Bei dieser *individualisierenden* Begriffsbildung reichte es aus, daß ein Mensch unter überhaupt einem allgemeinen Wertgesichtspunkt als wesentlich erschien – schon dann war er ein historisches Individuum, ohne daß es darauf ankam, unter welchem allgemeinen Wertaspekt er Bedeutung hatte. Eine Herausarbeitung der maßgeblichen Werte findet sich dagegen im Neukantianismus nicht – was ja auch zu dem bekannten Vorwurf des *Wertrelativismus* geführt hat.[84]

Eine bloße Anlehnung an *Rickert* führt bei der Bildung des Unterlassungsbegriffs daher ebenfalls zu keinem abschließenden Ergebnis.

---

82 Um Mißverständnisse zu vermeiden, muß betont werden, daß der Ausdruck „Beziehungsunwert" hier etwas völlig anderes bedeutet als bei *Lampe*, Das personale Unrecht, S. 212; *Lampe* meint damit den Unwert, der aus der Beziehung von Handlungs- und Erfolgsunwert folgt, während hier unter „Beziehungswert" oder „Beziehungsunwert" der maßgebliche Wert verstanden wird, auf den die Unterlassung bei der Begriffsbestimmung zu beziehen ist.

83 S. 318 ff., 326 ff.

84 Vgl. *Wieacker*, Privatrechtsgeschichte, S. 588; *Welzel*, Naturalismus, S. 51 f., 60.

VI. Eigene Lösung

1. Das maßgebliche Kriterium für die Bildung des Unterlassungsbegriffs muß daher erst noch erarbeitet werden. Die bisherigen Überlegungen haben ergeben, daß er nicht einfach aus der Anschauung abgeleitet werden kann, sondern der Orientierung an einem allgemein anerkannten Wert als übergeordnetem Auswahlgesichtspunkt bedarf. Die Auswahl des maßgeblichen Beziehungswertes ist uns a priori ebensowenig vorgeschrieben wie die Funktion, die der Terminus „Unterlassung" bei unserer Untersuchung erfüllen soll. Wenn wir uns aber für eine bestimmte Funktion entscheiden, so haben wir damit zugleich den für die Begriffsbestimmung entscheidenden Zweck gesetzt und müssen den diesem Zweck am ehesten entsprechenden Beziehungswert wählen.

In dieser *Zweck-Beziehung* dürfte überhaupt die allgemeinste Regel für die Definition in allen Wissenschaften liegen: Jede Begriffsbildung geht so vor sich, daß die Merkmale herausgearbeitet werden, die für den mit dem Begriff verfolgten Zweck wesentlich sind.[85] Reichweite und Grenzen des Begriffs können daher nicht, wie es einer naturalistischen Methode entspräche, von seinem Substrat her bestimmt werden (das wäre eine petitio principii, denn das Substrat kennen wir ja zu diesem Zeitpunkt noch gar nicht!), sondern nur von dem Zweckzusammenhang, in den er gestellt werden soll. In diesem Sinne ist *jede* Begriffsbildung, die mehr als eine bloß klassifikatorische Leistung darstellen soll, eine *teleologische* Begriffsbildung.[86]

2. Die Auswahl unter den möglichen Bezugswerten des Unterlassungsbegriffs hängt daher von dem *Zweck* ab, den dieser Begriff in unserem System erfüllen soll. An der Art und Weise, wie dieser Zweck gefunden wird, können wir drei Arten der juristischen Begriffsbildung unterscheiden:[87]

---

85 Vgl. auch *Grünwald*, Dissertation, S. 2 ff.; *Rickert*, Definition, S. 28, 31 ff.

86 Hieraus folgt die dem Juristen geläufige, den Laien aber zunächst verblüffende *teleologische Relativierung* der Rechtsbegriffe (d. h.: der gleiche Ausdruck in verschiedenen Vorschriften braucht keinesfalls den gleichen Sinn zu haben). Die aus dieser wissenschaftstheoretisch unanfechtbaren Einsicht folgende Erkenntnis, daß es einen zweckgelösten Begriffsinhalt nicht gibt und jegliche juristische Hermeneutik daher in teleologisch-analogischem Denken besteht (s. *Art. Kaufmann*, Analogie, S. 29 ff.), hat *Sax* zu der Folgerung veranlaßt, daß zwischen Auslegung und Analogie kein Unterschied bestehe (Analogieverbot, S. 148). Diese methodentheoretisch zutreffende Konsequenz muß aber, um für die Strafrechtsfindung akzeptabel zu sein, mit der rechtspraktischen Aussage des nulla-poena-Satzes (Art. 103 II GG) in Konkordanz gebracht werden, und das Fehlen eines derartigen Versuches ist *Sax* zum Vorwurf zu machen; s. dazu unten S. 406.

87 Vgl. auch Carl *Schmitt* (Über die drei Arten, S. 11 ff.), dem es in seiner entsprechenden Aufteilung in normativistisches, dezisionistisches und konkretes Ordnungsdenken allerdings um mehr geht als um bloße Fragen der Begriffsbildung, nämlich vor allem um ein allgemeines Rechtsverständnis.

a) Die *legislatorische* Begriffsbildung ist einerseits durch ihre *Autonomie*, andererseits durch die Maxime der *Volkstümlichkeit* gekennzeichnet. Das soll heißen: Sie ist insoweit autonom, als sie (in einer dem gesetzgeberischen Ermessen weiten Spielraum lassenden Bindung an die Natur der Sache und die Rechtsidee)[88] weitgehend frei ist in der Lösung der Regelungsaufgabe und infolgedessen auch in der Wahl der dafür verwendeten Begriffe. Vor allem im Strafrecht wird diese Freiheit aber durch die Erfordernisse der *Generalprävention* (und damit auch durch den nulla-poena-Grundsatz)[89] eingeschränkt, denn ein von der Umgangssprache zu stark abweichender Sprachgebrauch würde dem rechtsunterworfenen Laien die Erkennbarkeit des Strafbarkeitsbereiches unmöglich machen und damit die generalpräventive Aufgabe des Strafrechts[90] vereiteln. Der Gesetzgeber ist daher gehalten, das von ihm Gewollte möglichst ohne Veränderung der *natürlichen Wortbedeutungen* auszudrücken; hierin finden wir den Hauptzweck der legislatorischen Begriffsbildung.[91][92]

b) Die *richterliche*, allgemein gesprochen: die bei der Rechtsfindung angebrachte Begriffsbildung wird von dem Zweck bestimmt, aus der abstrakten Gesetzesnorm die für die jeweilige Fallösung einschlägige *konkrete Rechtsregel* zu ermitteln. Zu diesem Zweck ist ein *Konkretisierungsvorgang* erforderlich,[93] der sich an den Gesetzesnormen und den übergeordneten Rechtsprinzipien einerseits und der Natur der Sache andererseits zu orientieren hat. Mehr soll hier noch nicht gesagt werden, denn da die rechtsfindende Begriffsbildung von der Rechtsfindung selbst praktisch nicht getrennt werden kann, werden wir auf die dafür angezeigte Methode im Laufe dieser Arbeit noch oft genug zurückkommen. An dieser Stelle soll nur noch ein Wort zu der *Konkretisierung* gesagt werden. *Schwinge* hat diesen Vorgang – auf dem Boden der neukantianischen Methodenlehre – so aufgefaßt, daß er darunter eine *Individualisierung* im Sinne der von

88 Diese Bindungsfrage kann hier nicht vertieft werden; vgl. dazu *Henkel*, Rechtsphilosophie, S. 288 ff., 299 ff., 438 ff.; *Larenz*, Methodenlehre, S. 399 ff. m. weit. Nachw.

89 Der jedenfalls *auch* in dem auf *Feuerbachs* psychologische Zwangstheorie zurückgehenden Sinn zu verstehen ist, daß er ein dem Laien verständliches Gesetz erfordert, das zu dessen Motivierung in der Lage ist; vgl. *Haffke*, Dissertation, S. 81 ff.

90 Vgl. Fn. 34.

91 Wenn man es ganz genau nimmt, müßte man formulieren: ihr Zweck ist die Allgemeinverständlichkeit, die Beibehaltung der natürlichen Wortbedeutungen ist dazu das Mittel.

92 Freilich können die „natürlichen Wortbedeutungen" bei der gesetzlichen Begriffsbildung auch nicht völlig unangetastet bleiben, denn auf jeden Fall muß die ihnen zugrunde liegende, relativ unbestimmte „allgemeine Vorstellung" zu einem hinreichend exakten Begriff verfestigt werden.

93 Dazu allgemein *Engisch*, Idee der Konkretisierung, S. 75 ff.; *Podlech*, AöR 70, 185 ff.

Windelband[94] beschriebenen *ideographischen Begriffsbildung* versteht.[95] Dieser Beurteilung muß widersprochen werden. Wie übrigens schon *Rickert*[96] gesehen hat, geht es der Rechtswissenschaft – anders als einer idealistischen Geschichtswissenschaft[97] – nicht um das Individuum, den Einzelfall, sondern um „Gruppenbegriffe von relativ geringer Allgemeinheit"[98] bzw., im heutigen Sprachgebrauch, um *Typenbegriffe.* Der Vorgang der Rechtsfindung besteht darin, in dem individuellen Lebensgeschehen das *Typische* zu ermitteln und die für diesen Typus bestimmte Rechtsregel zu finden! Den Historiker mochte etwa *Konrad Adenauer* in seiner Individualität interessieren, den Rechtsfinder interessierte er nur als Bundeskanzler, als Parteivorsitzender, als Hausbesitzer, als Ehemann usw.[99] Eine rein individualisierende, ideographische Begriffsbildung, wie sie *Schwinge* vorschwebte, kommt bei der Rechtsfindung nur in ganz seltenen Fällen in Frage, nämlich wenn die rechtliche Durchdringung der Materie noch in einem so embryonalen Stadium steckt, daß noch keine typischen Strukturen erkennbar sind und die Rechtsfolge allein aus der Anschauung des Einzelfalles entnommen werden muß. Von diesen die eigentliche Rechtsfindung transzendierenden Einzelfällen abgesehen ist die Begriffsbildungsmethode bei der Rechtsfindung zwar nicht generalisierend (wie bei den Naturwissenschaften), aber auch nicht individualisierend (wie *Schwinge* annimmt), sondern *konkretisierend* (in bezug auf die Gesetzesnorm) und *typisierend* (in bezug auf den individuellen Sachverhalt) und erreicht auf diese Weise eine *Abstraktion mittleren Grades,*[100] die den widerstreitenden Anforderungen von Rechtssicherheit und Einzelfallgerechtigkeit vergleichsweise am besten genügen kann.

c) Als dritter Typ[101] ist die *rechtswissenschaftliche* Begriffsbildung zu betrachten. Dabei geht es uns nicht um die nach der rechtsfindenden Begriffsbildungsmethode arbeitende „praktische" Rechtswissenschaft, die die Lösung

---

94 Präludien II, S. 145.

95 Teleologische Begriffsbildung, S. 8, 10 f.

96 Kulturwissenschaft, S. 107, 109 f.

97 Daß *Rickerts* idealistisches Geschichtsverständnis keine allgemeine Gültigkeit beanspruchen darf, zeigt der *historische Materialismus*, für den gerade nicht das historische Individuum, sondern der Gattungsbegriff „Klasse" im Zentrum der Bemühungen steht, vgl. *Marx*, Die Frühschriften, S. 346 ff., und im Vorwort zur Kritik der politischen Ökonomie, S. 12 f.; *Marx-Engels*, Kommunist. Manifest, Abschn. I.

98 So *Rickert*, a. a. O., S. 109.

99 Zu dieser „Als-Beziehung" vgl. näher *Maihofer*, Vom Sinn menschlicher Ordnung, S. 47 ff.

100 Diese Bezeichnung stammt von *Nagler*, GS 111, 46.

101 Bei unserer Betrachtung der verschiedenen Arten der juristischen Begriffsbildung geht es uns – das muß zur Klarstellung gesagt werden – um Idealtypen im Sinne Max *Webers*, die in der Wirklichkeit nie rein vorkommen.

konkreter Rechtsprobleme zur Aufgabe hat,[102] sondern um die systematisch-theoretische Jurisprudenz, die die Ergebnisse der praktischen Rechtswissenschaft in ein *System* zu bringen trachtet. Die Maximen dieser *systematisierenden Begriffsbildung* sind unschwer zu finden: Sie muß erstens in sich *widerspruchsfrei* und zweitens dem zu ordnenden Normenkonglomerat *adäquat* sein sowie drittens dem Prinzip der *Begriffsökonomie* genügen, d. h. das Begriffssystem darf keine überflüssigen Elemente aufweisen.

3. a) Unsere Vorarbeiten für die Bestimmung des Unterlassungsbegriffs als systematischen Grundbegriff sind damit abgeschlossen, und wir können resümieren: Der Wirklichkeitsausschnitt, den wir „Unterlassung“ nennen wollen, wird bestimmt durch den *Beziehungswert.* Als Beziehungswert bzw. -unwert kommen prima facie die *Rechtswidrigkeit* und die *Bestrafbarkeit* in Frage. Die hierzwischen zu treffende Auswahl kann nicht nach Wert-, sondern nur nach *Zweckgesichtspunkten* erfolgen. Zweckgesichtspunkte bei der theoretisch-systematischen Begriffsbildung sind *Widerspruchsfreiheit, Substratadäquanz* und *Begriffsökonomie.*

Die gesuchte Auswahl wird uns schon durch die Maxime der Begriffsökonomie ermöglicht: Eine Rechtswidrigkeitsbeziehung kann den systematischen Grundbegriff der Unterlassungs*delikte* deswegen nicht liefern, weil die Strafbarkeit niemals bloß an die Rechtswidrigkeit geknüpft werden kann, sondern nach dem unser Strafrecht beherrschenden *Schuldprinzip*[103] immer auch Verschulden voraussetzt; die Rechtswidrigkeitsbeziehung ist daher als für unsere Zwecke überflüssig abzulehnen.[104]

b) Bevor der Unterlassungsbegriff demnach an Hand der Bestrafbarkeitsbeziehung zu entwickeln ist, müssen wir uns mit dem naheliegenden (wenn auch bisher kaum beachteten) Einwand auseinandersetzen, daß der auf die Bestrafbarkeit bezogene Unterlassungsbegriff doch nicht als unser systematischer Grundbegriff in Frage komme, da ja das Strafrecht außer der Rechtsfolge *„Strafe“* auch die Rechtsfolgen der *Maßregeln* (etwa: Unterbringung nach § 42b) vorsehe, für die keine Schuld, sondern nur *Rechtswidrigkeit* vorausgesetzt werde.

Dieser Einwand rüttelt an den Grundfesten nicht nur des Unterlassungs-, sondern auch des herkömmlichen kausalen (und erst recht natürlich des finalen) Handlungsbegriffs, denn auch dieser weist eine Verschuldensbeziehung

---

102 Und die darum von *Jerusalem* (Kritik S. 49) sogar als Form der Rechtsprechung qualifiziert wird.

103 Dazu *Art. Kaufmann*, Das Schuldprinzip, S. 127 ff. m. zahlr. Nachw.

104 Etwas anderes kann bereits für eine polizeirechtliche oder zivilrechtliche Systematisierung gelten, bei der es auch auf ein Verschulden nicht ankommt und für die daher die Rechtswidrigkeit der maßgebliche Beziehungswert ist.

auf: indem die individuelle *Willensgetragenheit* der Körperbewegung verlangt wird,[105] fordert man nämlich mehr, als für eine Rechtswidrigkeitsbeziehung ausreichen würde, denn diese würde nur erheischen, daß die Willensgetragenheit dieser Körperbewegung *menschenmöglich* wäre.[106] Der herkömmliche Handlungsbegriff kann daher nur dann Grundbegriff des Strafrechtssystems sein, wenn man für die Anordnung einer Maßregel die Schuldbeziehung „individuelle Willensgetragenheit" voraussetzt (ein schönes Beispiel für die gebotene *Substratadäquanz* der systematisierenden Begriffsbildung!). In der Tat nimmt das die h. M. denn auch an,[107] so daß für ihr Rechtsnormenkonglomerat der herkömmliche Handlungsbegriff als Grundbegriff gerechtfertigt ist. Bei teleologisch-rechtspolitischer Betrachtung spricht freilich vieles für die von *Baumann*[108] vertretene Gegenmeinung, denn daß die Unterbringung nicht möglich sein soll, wenn der Defekt des Täters sogar seinen natürlichen Willen ausgeschlossen hat, leuchtet nicht recht ein.[109] Allerdings muß man dann konsequenterweise einen neuen Grundbegriff des Strafrechtssystems suchen,[110] der nur in der oben beschriebenen „Körperbewegung mit menschenmöglicher Willensgetragenheit" bestehen kann.[111]

Diese schwierigen Probleme um die Auslegung der §§ 42b ff. brauchen wir hier jedoch nicht weiter zu vertiefen, denn es hat den Anschein, daß bei den Unterlassungsdelikten überhaupt keine verschuldensunabhängigen Maßregeln in Frage kommen. Da die Unterbringung in einer Trinkerheilanstalt (§ 42c), die Sicherungsverwahrung (§ 42e) und das Berufsverbot (§ 42 1) eine schuldhafte

---

105 Vgl. nur *Baumann*, Strafrecht, S. 176; *Mezger-Blei*, AT, S. 54.

106 s. o. S. 28 f.; ein Beispiel für eine rechtswidrige, aber nicht vom individuellen Willen getragene Handlung: Jemand unterliegt einer vis, die für den normalen Menschen zu ertragen ist, für ihn aber auf Grund seiner besonders schwächlichen Konstitution zur vis absoluta wird. Die Rechtswidrigkeit wird hier durch die Verletzung des „Vertrauensprinzips" begründet, vgl. dazu *Deutsch*, Fahrlässigkeit und erforderliche Sorgfalt, S. 215, 321. Vgl. i.ü. zu dem obigen Einwand bereits *Maihofer*, Handlungsbegriff, S. 35.

107 Vgl. *Jescheck*, Lehrbuch, S. 534; *Maurach*, AT, S. 754; *Schönke-Schröder*, § 42b Rdnr. 3 in Verb. mit Rdnr. 27a vor § 1.

108 Strafrecht, S. 716.

109 Die stereotype Replik, hier stehe ja das polizeirechtliche Unterbringungsverfahren zur Verfügung, überzeugt nicht: Wo der äußere Rahmen einer Straftat vorliegt, ist aus prozeßökonomischen Gründen immer das Strafgericht für die Verhandlung besser geeignet, denn man kann ja nie wissen, ob sich nicht plötzlich die Zurechnungsfähigkeit des Täters herausstellt.

110 Reflexionen in diese Richtung bei *Baumann*, Strafrecht, S. 176.

111 Vgl. *Art. Kaufmann*, Festschr. f. H. Mayer, S. 113 f.; noch weitergehend *Maihofer*, Handlungsbegriff, S. 72, der unter ausdrücklichem Hinweis auf § 42b (a. a. O., S. 35) auf eine Willensbeziehung überhaupt verzichtet; im Prinzip wie oben aber bereits *ders.* in Festschr. f. Eb. Schmidt, S. 177 ff.

Tat voraussetzen, kommen als verschuldensunabhängige Maßregeln nur die Unterbringung in einer Heil- oder Pflegeanstalt (§ 42b) und die Entziehung der Fahrerlaubnis (§ 42m) in Frage. Davon scheidet die Unterbringung nach § 42b als Rechtsfolge auf die Unterlassung eines Schuldunfähigen sicher aus, denn sie dürfte nicht nur bei einem echten Unterlassungsdelikt, sondern auch bei einem unechten Unterlassungsdelikt offensichtlich gegen den Verhältnismäßigkeitsgrundsatz (§ 42a II) verstoßen, da hier die Entziehung der Garantenstellung (etwa durch die Entziehung des elterlichen Personensorgerechts nach § 1666 BGB) als das mildere Mittel zur Abwendung der für die öffentliche Sicherheit drohenden Gefahren anzusehen ist.

Auch § 42 m zwingt uns nicht, zu dem bisher offengelassenen Auslegungsproblem Stellung zu nehmen. Zwar kann man sich etwa vorstellen, daß ein Autofahrer durch einen unverschuldeten Unfall querschnittsgelähmt wird und die Pflicht zur Absicherung seines liegengebliebenen Fahrzeugs (vgl. § 315c I Nr. 2g) deswegen nicht erfüllen kann, doch hat er dann jedenfalls den Tatbestand des § 315c mangels Rücksichtslosigkeit nicht erfüllt, so daß die Voraussetzungen des § 42 m nicht vorliegen; war er schon bei Fahrtantritt querschnittsgelähmt, so liegt zwar Rücksichtslosigkeit vor, aber nicht bei der späteren „Unterlassung“, sondern (nach den Grundsätzen der actio libera in causa) bei der anfänglichen Handlung (dem Fahrtantritt).

Da somit kein Unterlassungsdelikt ersichtlich ist, das zu einer verschuldensunabhängigen Maßregel führen könnte, ist der Unterlassungsbegriff nicht auf die Rechtswidrigkeit, sondern auf die Bestrafbarkeit zu beziehen.[112]

c) Der Entwicklung des Unterlassungsbegriffs an Hand der Bestrafbarkeitsbeziehung steht daher nichts mehr im Wege. Da die Bestrafbarkeit Rechtswidrigkeit und Schuld voraussetzt und da wir die Rechtswidrigkeitsbeziehung bereits oben vorgenommen haben, brauchen wir sie nunmehr nur noch durch die Verschuldensbeziehung zu ergänzen. Wie wir bereits gesehen haben,[113] heißt „Beziehen“ nicht, die schuldhafte Unterlassung zu ermitteln, sondern vielmehr,

---

112 Selbst wenn sich doch einige Fälle dieser Art finden würden und außerdem *Baumanns* Interpretation des § 42b den Vorzug verdienen sollte, würde sich an den vorangegangenen Ausführungen nur insoweit etwas ändern, als dann die Unterlassung als *allgemein-strafrechtlicher* Grundbegriff auf die Rechtswidrigkeit, als *Delikts*grundbegriff dagegen auf die Bestrafbarkeit zu beziehen wäre. Daran ist sehr schön zu sehen, wie der Inhalt der systematischen Grundbegriffe von der vorherigen Lösung der „einfachen“ Auslegungsprobleme abhängt, und daß es die Dinge auf den Kopf zu stellen hieße, wenn man die „einfachen“ Auslegungsprobleme aus einem voreilig konzipierten „systematischen Grundbegriff“ lösen wollte. Zu den Versuchen, dies aus den sachlogischen Strukturen zu rechtfertigen, s. u. S. 50 ff.

113 s. o. S. 26 f.

die Unterlassungen herauszustellen, die allenfalls schuldhaft sein können,[114] d. h. die unter Schuldgesichtspunkten *relevant* sind. Das Schuld-, d. h. *Vorwerfbarkeitsurteil*[115] kann aber über eine Unterlassung offenbar nur dann gefällt werden, wenn die unterlassene Handlung *dem Täter möglich* gewesen wäre, denn niemandem kann vorgeworfen werden, daß er etwas nicht getan hat, was er nicht tun konnte.

d) Freilich liegt die Frage auf der Hand, warum wir damit gerade die Schuldvoraussetzung „Handlungsmöglichkeit" zur Basis des Schuldurteils nehmen und sie demgemäß anders als die übrigen Schuldvoraussetzungen einstufen. Darauf ist zu antworten: Weil es uns auf diesem Sektor gelungen ist, das Schuldurteil zu *entnormativieren* und auf seine *ontischen Voraussetzungen* zurückzuführen. Die Feststellung, diese oder jene Handlung sei jemandem möglich gewesen, ist kein Wert-, sondern ein *Existentialurteil* und damit – trotz aller praktischen Abgrenzungsschwierigkeiten – nicht durch eine rechtlich-normative Fakten*bewertung*, sondern durch eine *naturwissenschaftliche Faktenermittlung* zu treffen. Es ist uns damit auf diesem Sektor gelungen, aus einer *Rechts-* eine *Tat*frage zu machen. Die Sisyphus-Aufgabe der Rechtsfindung, die rechtliche Wertung am ontischen Material „aufzulösen", indem rein deskriptive Tatbestandsmerkmale geschaffen werden, ist uns durch die Auffindung der Handlungsmöglichkeit auf einem Teilgebiet (einer Teilvoraussetzung der Schuld) geglückt, und wir haben damit hier die für die Schuldbeziehung wesentlichen ontischen Merkmale ermittelt, d. h. mit anderen Worten: ein ontisches Substrat des Schuldurteils gewonnen, das wir daher als „Schuldbasis" bezeichnen und mit gutem Grund „vor die Klammer ziehen", d. h. aus der weiteren rechtlichen Wertung herausnehmen dürfen.[116]

e) Diese Begründung wirft allerdings sofort die weitere Frage auf, warum wir uns bei der Bestimmung des Unterlassungsbegriffs auf die Herausarbeitung der Handlungsmöglichkeit beschränkt haben und nicht weitere ontisch aufgelöste Schuldvoraussetzungen hinzugenommen haben; und wenn man auch zugeben wird, daß etwa die Schuldvoraussetzung „Zumutbarkeit" noch vollstän-

---

114 Sozusagen die *Schuldbasis*, die man natürlich, wenn man will, auch als Schuldvoraussetzung begreifen kann, s.i. f.

115 So der von *Frank* (Aufbau des Schuldbegriffs, S. 11; Kommentar, Anm. II vor § 51) zuerst entwickelte und heute allgemein anerkannte *normative* Schuldbegriff.

116 Es darf wohl nicht unerwähnt bleiben, daß wir uns mit diesem Verständnis der systematisierenden-wertbeziehenden Begriffsbildung von *Rickerts* Methodenlehre entfernt und eine eigene Auffassung der „Wertbeziehung" entwickelt haben – was schließlich schon deshalb nicht unterbleiben konnte, weil *Rickert* über die Methode der „Kulturwissenschaften" nur allgemeine Andeutungen gemacht hat, während es uns hier um handfeste juristische Methodeneinsichten geht.

dig unaufgelöst, noch vollständig normativ ist,[117] könnte man doch etwa die Zurechnungsfähigkeit als in § 51 I „entnormativiert" ansehen. Indessen zeigt schon ein kurzer Blick in die Literatur zum Krankheitsbegriff des § 51 I,[118] daß diese Entnormativierung der Zurechnungsfähigkeit noch längst nicht gelungen ist. Aber selbst wenn dies einmal geschehen sollte, bleibt es doch immer eine Frage der *Systemzweckmäßigkeit*, ob man die ontisch radizierte Zurechnungsfähigkeit bei der Handlung oder bei der Schuld einordnet. In einem am *Täter* ausgerichteten System wäre es etwa ohne weiteres vorstellbar (wenn nicht sogar allein folgerichtig), mit der Zurechnungsfähigkeit als systematischem Grundbegriff zu beginnen.[119] Bei unserem herkömmlichen *tatstrafrechtlichen* System, von dem abzugehen gegenwärtig kein Anlaß besteht, erscheint es dagegen unangebracht, *reine* Täterkriterien in den systematischen Grundbegriff aufzunehmen. Gerade der tatbezogene Grundbegriff vermag unsere tatstrafrechtliche Gesamtkonzeption trefflich zu kennzeichnen (Grundsatz der Substratadäquanz!).

f) Zum Schluß ist der Begriff der *individuellen Handlungsmöglichkeit* noch etwas näher zu erklären.[120] Als allgemeiner Grundbegriff ist er von Momenten, die nur beim vorsätzlichen oder nur beim fahrlässigen Unterlassungsdelikt vorkommen, unbedingt freizuhalten. Man darf daher weder *Kenntnis* der „tatbestandlichen Situation"[121] (das gibt es nur beim Vorsatzdelikt!) noch deren *Erkennbarkeit* durch den Täter (das gibt es nur beim Fahrlässigkeitsdelikt!) ver-

117 Im Grunde nicht einmal das, denn die Zumutbarkeit gehört noch zum Bereich der Regulative, vgl. *Henkel*, Mezger-Festschrift, S. 249 ff.

118 Nachweise bei *Jescheck*, Lehrbuch, S. 284, 289 ff., Fn. 18 ff.

119 So etwa *Berner*, Lehrbuch, S. 74; *Gerland*, Reichsstrafrecht, S. 75; *Kohlrausch*, SchwZStr. 34, 156; *Wegner*, AT, S. 62. Um auch den Maßregeln gerecht zu werden, müßte man hierfür freilich einen eigenen Grundbegriff schaffen, etwa den der Gefährlichkeit (der für eine défense sociale der Grundbegriff des Strafrechts überhaupt sein muß, vgl. *Hilde Kaufmann*, Festschr. f. v. Weber, S. 418 ff.).

120 Er läßt übrigens erkennen, daß der als Deliktsgrundbegriff dienende Handlungsbegriff der h. M. („willentliche Körperbewegung") nicht ganz korrekt ist, daß es vielmehr auf die individuelle *Unterlassungsmöglichkeit* ankommt. Das zeigt etwa der Fall, daß jemand einen physiologischen Brechreiz nicht unterdrückt, obwohl er dies könnte, sich daraufhin übergibt und den Anzug seines Tischnachbarn beschädigt. Vom psychologischen Standpunkt aus könnte man sicherlich (je nach dem vertretenen Willensbegriff) darüber streiten, ob das Übergeben hier „willentlich" war – daß es aber eine strafbare Sachbeschädigung darstellt, steht wohl außer Frage. Die h. M. behilft sich dadurch, daß sie den Begriff der „Willentlichkeit" im Sinne von „Unterlassungsmöglichkeit" versteht, so daß sie etwa auch halbautomatische Reaktionen ausreichen läßt; vgl. *Baumann*, Strafrecht, S. 177, und sogar *Welzel*, Strafrecht, S. 37. Übrigens befinden wir uns hier bereits an der Grenze von Handlung und Unterlassung s. u. S. 264 f.

121 Etwa Kenntnis der Lebensgefahr für das Kind, die den Vater nach der h. M. über § 212 und den Passanten über § 330c zum Einschreiten verpflichtet.

langen, sondern nur die Möglichkeit des Täters, die fragliche Handlung nach seinen *körperlichen* und *intelligenzmäßigen* Voraussetzungen vorzunehmen.[122]

4. Damit können wir die oben[123] zur Diskussion gestellten Fälle folgendermaßen lösen: In dem Fall des ertrinkenden Kindes haben nur der dritte und der vierte Spaziergänger die Rettung unterlassen, weil nur diese beiden dazu individuell in der Lage waren (entsprechend hat der C im Mondlande-Fall nur am 1. 11. 1969 das Betreten des Mondes unterlassen). Nur bei ihnen brauchen wir daher die Frage der Strafbarkeit weiter zu verfolgen. Daß der vierte Spaziergänger das Kind nicht bemerkt hat, ändert daran nichts, denn wenn er auch nicht wegen vorsätzlicher Unterlassung haftbar gemacht werden könnte, käme doch eine Fahrlässigkeitstat in Frage.

VII. Vom Wert eines ontisch fundierten (deskriptiven) Handlungsbegriffs

1. Bevor wir unseren Überblick über die hauptsächlichen Methodenströmungen der Moderne mit einem Blick auf das „rechtstheoretische Problem der Natur der Sache" (*Stratenwerth*) abschließen, erscheinen einige Betrachtungen über den Wert unseres im praktischen Ergebnis mit der h. L. durchaus übereinstimmenden Unterlassungsbegriffs angezeigt. Die herkömmliche Auffassung über die Nützlichkeit eines solchen deskriptiven Grundbegriffs hat jüngst *Roxin* nachdrücklich in Frage gestellt.[124] Da alle Bemühungen, ein *stoffliches* Kriterium der Handlung zu finden, an *Radbruchs* Entdeckung gescheitert seien, daß Tun und Unterlassen auf keine übereinstimmende natürliche Wurzel zurückgeführt werden könnten, kann der Handlungsbegriff nach *Roxin* nicht *stofflich*, sondern nur durch die *normative Richtlinie* der *personalen Zurechenbarkeit* bestimmt werden.[125]

2. Ob *Radbruchs* These von der kategorialen Unvereinbarkeit von Handlung und Unterlassung den in den letzten Jahren dagegen geführten Angriffen[126]

---

122 Die abweichende Ansicht von *Armin Kaufmann* (Dogmatik, S. 41 f.) und *Welzel* (Strafrecht, S. 204), die die Kenntnis der tatbestandlichen Situation als Voraussetzung der Unterlassung ansehen, wird sogleich unter VIII. behandelt werden.

123 S. 28.

124 Gedschr. f. Radbruch, S. 261 ff.; vgl. auch *Art. Kaufmann*, Festschr. f. H. Mayer, S. 80, 116 f.

125 a. a. O., S. 261 f., 264.

126 Vgl. etwa *Arm. Kaufmann* (Dogmatik, S. 84 f.) mit der „Handlungsfähigkeit" als gemeinsamem Merkmal von Tun und Unterlassen sowie *Bärwinkel* (Struktur der Garantieverhältnisse, S. 35 ff.) mit der Gemeinsamkeit in der Sphäre der „disjunktiven Möglichkeit" und schließlich *Rödig* (Denkform, S. 89, 98) mit dem Oberbegriff der Handlung i. w. S. als Ausübung einer Wahlmöglichkeit zwischen mindestens zwei Verhaltensweisen.

standhält, kann hier dahingestellt bleiben, denn wir stimmen mit *Roxin* darin überein, daß an der obersten Stelle der Strafrechtssystematik ein normatives Zurechnungsprinzip zu stehen hat – etwa die personale Zurechenbarkeit, die man auch als „Prinzip des Anders-Könnens" zu umschreiben vermöchte.

Die daran anschließende entscheidende Frage lautet jedenfalls, auf welchem Wege dieses allgemeinste normative Kriterium zu konkretisieren ist. *Roxin* hat dazu zwar nicht im einzelnen Stellung genommen, aber immerhin angedeutet, daß der normative Systemgrundbegriff durch eine die strukturelle Beschaffenheit beschreibende Analyse seiner Erscheinungsformen einen deskriptiv angebbaren Inhalt bekomme.[127] Daran ist zu erkennen, daß zwischen *Roxins* Forderung nach einem normativen Grundbegriff und der hier vorgenommenen Systematisierung in Wahrheit gar kein Widerspruch besteht. *Roxins* „normative Richtlinie"[128] besitzen wir, wenn man so will, in den Beziehungswerten der *Rechtswidrigkeit* und *Bestrafbarkeit*. Der Wert der ontologischen Grundbegriffe „Handlung" und „Unterlassung" liegt demgegenüber darin, daß wir dadurch dem unanschaulichen Beziehungswert sein ontisches Substrat hinzufügen, das überhaupt erst seine Entwicklung und Aufgliederung (*„Entnormativierung"*) ermöglicht. „Personal zurechenbar" könnten auch Gedanken sein – die Feststellung, daß im Strafrecht hierfür nur Handlungen oder Unterlassungen in Frage kommen, ist daher keinesfalls unerheblich, und ihre Selbstverständlichkeit ändert nichts daran, daß sie jedenfalls einmal getroffen werden muß. Wir haben damit vielmehr eine wichtige Etappe zurückgelegt auf dem dornenvollen Weg, der von dem Wert zur Wirklichkeit führt, von der regulativen oder normativen Leitlinie zum rein deskriptiven Tatbestand, der das nie erreichbare Ideal des Rechtsfinders darstellt. Wie sehr eine solche Herausschälung des Objekts der Wertung vor dem eigentlichen Wertungsvorgang angezeigt ist, lassen vor allem die Unterlassungsdelikte erkennen. Wie sollte man überhaupt Tatbestandsmäßigkeit, Rechtswidrigkeit und Schuld im Einzelfall prüfen, wenn man nicht zuvor das Prüfungsobjekt, die konkrete Unterlassung, an Hand unseres Grundbegriffs ermittelt hat? Auch aus praktischen Gründen ist unsere Systematisierung daher kaum entbehrlich.

---

127 a. a. O., S. 264.

128 Dieser Begriff wird uns im folgenden noch öfters beschäftigen. Grundvoraussetzung einer normativen Richtlinie soll nach unserem Sprachgebrauch die Möglichkeit sein, sie allein am vorrechtlichen Substrat zu *konkretisieren*. Da dies bei der Rechtswidrigkeit wie auch bei der von *Roxin* (a. a. O. S. 263) dafür substituierten formellen Verbotenheit und materiellen Sozialwidrigkeit kaum der Fall sein dürfte, handelt es sich hierbei nach unserer Terminologie allerdings eher um *regulative Prinzipien*, die erst mit Hilfe weiterer gesetzlicher Wertentscheidungen konkretisiert werden können.

3. Zusammenfassend kann gesagt werden, daß die Bildung eines auf ein vorrechtliches Substrat bezogenen Unterlassungsbegriffs mit *Roxins* Forderung nach einer normativen Systemgrundlage nicht kollidiert, sondern vielmehr den ersten wichtigen Schritt zur Bestimmung und „Auflösung" der regulativen oder normativen Grundprinzipien (d. h. zu ihrer „Entnormativierung") darstellt.

VIII. Die methodologische Bedeutung der Natur der Sache

1. a) Der Begriff der Unterlassung als „Nichtvornahme einer individuell möglichen Handlung" hat sich damit in den bisherigen Überlegungen gegenüber allen anderen Vorschlägen behauptet. Zum Schluß müssen wir uns noch mit der Auffassung von *Armin Kaufmann*[129] und *Welzel*[130] auseinandersetzen, wonach die Unterlassung die Kenntnis des Täters von der „Situation, in die hinein seine Handlung wirkt" (*Welzel*) bzw. von dem „Handlungsziel" (*Kaufmann*) voraussetzt (von diesem Standpunkt aus würde der vierte Spaziergänger im Fall des ertrinkenden Kindes im Rechtssinne also nicht einmal eine Unterlassung begangen haben).[131] Wenn man nach dem Grund für diese überraschende *Einschränkung* der Handlungsmöglichkeit, die nach unseren bisherigen Überlegungen nur *Erkennbarkeit* der Situation voraussetzt, auf die Fälle der Situations*kenntnis* fragt, so liest man bei *Welzel*:[132] „Welche Anforderungen an die finale Tatmacht („Handlungsfähigkeit") zu stellen sind, ergibt sich aus der *Struktur* der *finalen Steuerung* der Handlung: Um das Handlungsziel zu erfassen, muß der Mensch die Situation kennen, in die hinein seine Handlung wirken soll".[133] Warum diese Erfassung des Handlungsziels Voraussetzung der finalen Tatmacht sein soll, erfahren wir bei *Kaufmann*:[134] „Finale Tätigkeit ist ein bewußt vom Ziel her gelenktes Wirken.[135] Die Handlungsfähigkeit setzt also voraus, daß ein *Ziel erfaßt*

---

129 Dogmatik, S. 41 f.

130 Strafrecht, S. 201.

131 *Welzels* Stellungnahmen sind allerdings nicht eindeutig. Auf S. 201, bei der Analyse der ontologischen Struktur der Unterlassung, fordert er als Voraussetzung der Handlungsfähigkeit und damit für den Begriff der Unterlassung die Kenntnis von der Situation, in die hinein die Handlung wirken soll. Auf S. 207, 223 läßt er dagegen für das fahrlässige Unterlassungsdelikt einen Sorgfaltsmangel bei *Beurteilung* der tatbestandsmäßigen Situation ausreichen. Da er sich hierfür auf *Kaufmann* (Dogmatik, S. 173, 175) beruft, liegt die Annahme nahe, daß er mit der mehrdeutigen Wendung „Sorgfaltsmangel bei Beurteilung der tatbestandsmäßigen Situation" eine Art bewußter Fahrlässigkeit meint.

132 a. a. O., S. 201.

133 Hervorhebungen vom Verf.

134 a. a. O., S. 41.

135 *Kaufmann* zitiert hierfür *Welzel*, Neues Bild, S. 3, und Strafrecht, 6. Aufl., S. 28.

ist, auf das hin der Handlungsablauf gesteuert werden kann". Man könne einen Rettungsakt nur dann ins Auge fassen, wenn man zuvor das Ziel der (möglichen) Handlung kenne. Die Auffassung, daß für die Handlungsfähigkeit schon die Erkennbarkeit des Ziels ausreiche, gehe fehl, denn „die Frage, ob jemand fähig zu der Handlung a ist, (ist) scharf zu trennen von der Frage, ob er sich durch eine Handlung b die Fähigkeit zu der Handlung a hätte verschaffen können". Die Fähigkeit, das Handlungsziel zu erkennen, sei mit der Fähigkeit, die (mögliche) Handlung auch vorzunehmen, keinesfalls identisch.[136]

b) Es ist leicht zu sehen, daß *Kaufmann* und *Welzel* durch ihren Unterlassungsbegriff den Bereich der fahrlässigen Unterlassungsdelikte außerordentlich einschränken[137] – ein merkwürdiger Kontrast zu ihrer Ausdehnung der vorsätzlichen Unterlassungsdelikte auf „unbewußte Unterlassungen".[138] Die Begründung hierfür wird nun nicht etwa aus den *normativen* Prinzipien der Fahrlässigkeit entnommen, sondern aus der *ontologischen* Struktur der „finalen Handlungssteuerung". Die rechtliche Regelung wird hier also unmittelbar aus den berühmten *sachlogischen Strukturen* entnommen, d. h. aus der *Natur der Sache*, bzw. im Sprachgebrauch *Welzels* aus „ontologischen Grundgegebenheiten", an die jede denkbare Wertung gebunden sei und die darum jeder Wertung feste Grenzen setzten – als „ewige Wahrheiten", die kein Gesetzgeber der Welt abändern könne.[139]

Der Unterlassungsbegriff von *Welzel* und *Kaufmann* ist nicht mehr ein rein systematischer Grundbegriff, der, wie wir gesehen haben, von den materialen Wertungen abhängt und sie eben doch nur („passiv") *widerspiegelt*, sondern

136 *Welzel* (Strafrecht, S. 207) interpretiert *Kaufmann* dahin, daß auch bei einem „Sorgfaltsmangel bei Beurteilung der tatbestandsmäßigen Situation" Handlungsfähigkeit gegeben sei. Was *Welzel* damit meint, ist allerdings nicht ganz klar (s. o. Fn. 131). Das von *Kaufmann* a. a. O., S. 173, gebrachte Beispiel für ein fahrlässiges Unterlassungsdelikt macht jedenfalls deutlich, daß *Kaufmann* als Voraussetzung der Handlungsfähigkeit mindestens bewußte Fahrlässigkeit verlangt (in dem Fall, daß jemand ein verunglücktes Fahrzeug sieht, es anfangs für möglich hält, daß Hilfe notwendig ist, und dann schließlich doch zu der irrigen Überzeugung gelangt, daß niemand in Gefahr sei, wird von *Kaufmann* die nach seiner Auffassung für die Handlungsfähigkeit erforderliche Wissensbasis nur deswegen bejaht, weil der Täter es zu irgendeinem Zeitpunkt für möglich gehalten habe, daß Hilfe notwendig sei).

137 So will etwa *Welzel* im Gegensatz zur h. M. den Vater, der fahrlässig nicht bemerkt, daß das in den Wellen ertrinkende Kind sein eigenes ist, und es deswegen nicht rettet, nicht nach § 222, sondern nur nach § 330c bestrafen (Strafrecht, S. 223).

138 *Welzel*, a. a. O., S. 205; *Kaufmann*, a. a. O., S. 110 ff.; Festschr. f. v. Weber, S. 209 ff.

139 Vgl. *Welzel*, Um die finale Handlungslehre, S. 9 ff.; Naturrecht und materiale Gerechtigkeit, 2. Aufl., S. 197 f.; Festschr. f. Niedermeyer, S. 290 ff.; etwas vorsichtiger spricht *Welzel* heute von der *Strukturgesetzlichkeit* (der menschlichen Handlung), an die der Gesetzgeber schlechthin gebunden sei (Vom Bleibenden und vom Vergänglichen, S. 24).

ein Produkt *rechtsfindender* („aktiver") Begriffsbildung, deren Maximen und Prinzipien wir bisher noch weitgehend offengelassen hatten.[140] Wir müssen nunmehr insoweit Stellung beziehen, als es um die Frage geht, welchen Einfluß die *Natur der Sache* auf die rechtsfindende Begriffsbildung auszuüben vermag.

c) Während für ein philosophisches oder theologisches Naturrecht das Recht unmittelbar aus der Natur der Sache zu gewinnen ist,[141] hat dieser Begriff in einem rein positivistischen Rechtsdenken überhaupt keinen Platz.[142] Heute darf wohl *Welzel*, dessen „sachlogische Strukturen" eine besonders prägnante Spielart der Natur der Sache darstellen,[143] als einer der entschiedensten strafrechtlichen Vertreter einer Rechtsfindung aus der Natur der Sache angesehen werden. In Mittel- und Vermittlerstellung zwischen Naturrecht und Rechtspositivismus betont er, daß die den Gesetzgeber bindenden sachlogischen Strukturen zwar „kein geschlossenes System" ergäben, aber doch immerhin den Rechtsstoff *„punktförmig"* durchsetzten[144] – wenngleich *Welzel* heute auch mehr als früher die Freiheit des Gesetzgebers betont, den offenen Raum zwischen diesen Punkten nach seinem Ermessen auszufüllen.[145] Neben *Welzel* sind vor allem (in historischer Reihenfolge) *Stratenwerth,*[146] *Maihofer,*[147] *Armin Kaufmann*[148] und *Arthur Kaufmann*[149] zu nennen. *Maihofer* sieht die Natur der Sache als außergesetzliche Rechtsquelle an, die auch eine Entscheidung contra legem rechtfertige, schränkt diese Verabsolutierung aber durch die Feststellung ein, daß positives Recht und Naturrecht nicht unverbunden nebeneinander stünden, sondern einander ergänzten und durchdrängen; die Aufgabe der Natur der Sache bestehe in der Ergänzung und Berichtigung des konkreten Rechts.[150] *Armin Kaufmann* akzentuiert die *Bindung* des Rechts an die *Sachlogik,*[151] die er als

---

140 s. o. S. 32.

141 Vgl. *Maihofer*, Sammelband S. 53, m. Nachw.

142 S. *Bergbohm*, Jurisprudenz und Rechtsphilosophie I, S. 353.

143 Zum Unterschied zwischen diesen beiden Begriffen vgl. *Larenz*, Festschr. f. Nikisch, S. 288 f.; *Henkel*, Rechtsphilosophie, S. 275 f., 288 ff. Man kommt dem Verständnis *Welzels* wohl am nächsten, wenn man unter den „sachlogischen Strukturen" die unwandelbaren ontologischen Kategorien versteht, während die „Natur der Sache" darüber hinaus auch die wandelbare Sozialstruktur und die soziale Wertordnung umfaßt.

144 Naturrecht und materiale Gerechtigkeit, 2. Aufl., S. 198.

145 Vom Bleibenden und vom Vergänglichen, S. 20; vgl. auch Strafrecht, 7. Aufl., S. 32 einer- und 11. Aufl., S. 37 andererseits.

146 Das rechtstheoretische Problem der Natur der Sache, 1957.

147 ARSP 44, 145 ff. = Sammelband, S. 52 ff.

148 Dogmatik, S. 17 ff.

149 Analogie und Natur der Sache, S. 14, 30 f., 35 ff.; JuS 1965, 5 f.

150 Sammelband, S. 84 ff.

151 a. a. O., S. 20.

Notwendigkeit der Beziehung zwischen Seinsstruktur und Wertung, als notwendige Herausforderung einer Wertung bzw. einer Wertungsschicht durch den Sachverhalt versteht.[152] *Stratenwerth* hat demgegenüber betont, daß das Denken aus der Natur der Sache immer einen vorher bestimmten *Wertgesichtspunkt* voraussetze, unter dem sich die sachlogischen Strukturen als *wesentlich* heraushöben; wenn das Recht allerdings einmal einen solchen Wertgesichtspunkt aufgenommen habe, so sei es durchgängig daran gebunden.[153] *Arthur Kaufmann* sieht, diese Ansätze weiterführend, in der Natur der Sache den „Mittler zwischen Sollen und Sein", das „Fundament des analogischen Verfahrens der Rechtsfindung", und erfaßt sie damit als den Katalysator, der überhaupt erst den Schluß vom Sachverhalt zur Norm ermöglicht;[154] der Naturrechts- oder Freirechtshybris erteilt er jedoch durch den Satz, daß „erst aus Sachverhalt *und* Norm das Recht zu finden" sei,[155] eine klare Absage.

d) Demgegenüber dürfen aber auch die kritischen Stimmen nicht unerwähnt bleiben. Neben *Würtenberger*, der der Rechtsfindung aus der Natur der Sache außerordentlich skeptisch gegenübersteht,[156] ist hier vor allem *Engisch* zu nennen, der eine Bindung des Gesetzgebers an sachlogische Strukturen weitgehend ablehnt und die Natur der Sache nur in dem Sinne verstehen möchte, daß der Gesetzgeber aufgerufen sei, mit seiner Regelung das Zweckmäßige und Gerechte zu finden.[157] Von den Einzeluntersuchungen ist namentlich *Roxins* „Kritik an der finalen Handlungslehre"[158] zu erwähnen, in der *Roxin* die Bindung des Gesetzgebers an eine der Rechtsordnung vorgegebene Finalstruktur und demzufolge auch einen ontologischen Vorsatzbegriff ablehnt[159] und überhaupt bezweifelt, daß ein vorrechtlicher Begriff rechtliche Probleme bewältigen könne.[160]

2. a) Eine rechtsfindende Begriffsbildung aus der Natur der Sache wäre allerdings von vornherein ausgeschlossen, wenn die *neukantianische* Auffassung zutreffen würde, daß die kulturwissenschaftliche Welt nur durch eine theoretische Beziehung der unmittelbaren Wirklichkeit auf Kulturbedeutungen entstehe,[161] daß die rechtlichen Phänomene nur *Produkte* einer kulturwissenschaftli-

---

152 a. a. O., S. 17.
153 a. a. O., S. 16 ff.
154 Analogie, S. 35.
155 JuS 1965, 6.
156 Geistige Situation, S. 14 ff.
157 Festschr. f. Eb. Schmidt, S. 90 ff. = Sammelband S. 204 ff. (242 f.).
158 ZStW 74, 515 ff.; vgl. auch ZStW 80, 715 ff.
159 ZStW 74, 524, 527.
160 ZStW 74, 530.
161 *Lask*, Schriften I, S. 307.

chen Begriffsbildung seien[162] und daß daher nicht die Begriffsbildung auf den Phänomenen, sondern vielmehr umgekehrt die Phänomene auf der Begriffsbildung beruhten. Anstelle dieses etwas überspitzten, für die (auch praktischen Ergebnissen verpflichtete) Rechtswissenschaft unbrauchbaren Idealismus muß aber der zutreffende Ausgangspunkt des *Naturalismus* festgehalten werden, daß die Begriffe zur geistigen Erfassung eines vorgegebenen Wirklichkeitssachverhalts dienen und daher zu ihm nicht in Widerspruch stehen dürfen; primär ist (jedenfalls für die Rechtswissenschaft) die Wirklichkeit, die Begriffe sind sekundär und nur ein Mittel zur Kommunikation darüber, welchen Wirklichkeitsausschnitt man herausgreifen will.[163] Wenn man will, mag man den Gruppierungs- und Abstrahierungsvorgang bei der Begriffsbildung als eine „Formung" oder „Umformung" der Wirklichkeit bezeichnen – nur muß man sich darüber im klaren sein, daß nicht die Wirklichkeit selbst, sondern vielmehr unser *Blickwinkel* dadurch geformt bzw. umgeformt wird. Daß die rechtswissenschaftliche Begriffsbildung erst die eigentliche Disziplinierung des in der sozialen Welt und namentlich auch in den positiven Gesetzen vorgeformten Stoffes schafft,[164] soll zwar nicht in Abrede gestellt werden. Entgegen *Lask* muß aber betont werden, daß die Begriffsbildung keine neue Wirklichkeit, sondern nur einen neuen Ausschnitt der alten Wirklichkeit schafft und die rechtliche Wertung nicht bestimmt, sondern ihr nachfolgt.[165] Die in *Lasks* „Schichtenlehre" betonte Umformung bei der kulturwissenschaftlichen Begriffsbildung ist daher nur eine Umformung der naturwissenschaftlichen Begriffe,[166] nicht auch eine Umformung des zugrunde liegenden Substrats.

b) An einem Beispiel soll das kurz verdeutlicht werden. Es ist zwar möglich, einen Stuhl den Rechtsregeln über die Tische zu unterstellen und ihn damit zu

---

162 *Lask*, a. a. O., S. 308.

163 Dieser Satz bedarf nach zwei Seiten hin der Absicherung: 1. Eine erkenntnistheoretische Grundlegung kann in diesem Rahmen nicht erfolgen, ist aber auch wohl entbehrlich, da wir im Rahmen der Spezialwissenschaft „Jurisprudenz" mindestens arbeitshypothetisch davon ausgehen müssen, daß das wirkliche Sein mit dem uns so scheinenden Wesen der Dinge übereinstimmt (vgl. auch oben S. 11). 2. Bei von vornherein „theoretischen", d. h. rein geistige Gebilde betreffenden Begriffen gilt natürlich etwas anderes; aber solche Begriffe (z. B. das subjektive Recht u. ä.) sind auch nicht durch eine rechtsfindende, sondern durch eine theoretisch-systematisierende Methode zu bilden und daher von vornherein nicht aus der Natur der Sache, sondern an Hand der oben herausgearbeiteten Maximen der Widerspruchsfreiheit, Substratadäquanz (d. h. hier Adäquanz bezüglich des zugrunde liegenden Rechtsnormenkonglomerats) und Begriffsökonomie zu bestimmen.

164 *Lask*, a. a. O., S. 309.

165 Anders anscheinend *Lask*, a. a. O., S. 326, dessen Begriffsrealismus für die Rechtswissenschaft nicht akzeptiert werden kann.

166 Vgl. dazu auch *Welzel*, Naturalismus, S. 69.

einem Tisch im Rechtssinne zu erklären (wobei dann der Rechtsbegriff des Tisches eher dem sozial vorgeformten Begriff des Möbels entspricht). Es ist aber nicht zulässig, die Stühle den Regeln über die Geschäftsfähigkeit von *Menschen* zu unterstellen, weil dem Stuhl die dafür nötige ontische Fähigkeit, Willenshandlungen vorzunehmen, abgeht. Man wende dagegen nicht ein, auch bei den juristischen Personen erfolge eine Zurechnung von an sich persönlichkeitsgebundenen Potenzen an eine unpersonale Wesenheit, und entsprechend müsse es möglich sein, etwa dem Stuhl der Herrscher (einem „Heiligen Stuhl" im gegenständlichen Sinne) eine Geschäftsfähigkeit (wahrgenommen durch den jeweiligen Herrscher) zuzusprechen. Damit würde nämlich (wie es durch die Anerkennung der Handlungsfähigkeit juristischer Personen auch geschehen ist) notwendig der Inhalt des Rechtsbegriffs „Geschäftsfähigkeit" verändert, aus einer rechtswissenschaftlich erfaßten Form persönlicher Willensmacht würde eine abstrakte Zurechnungskategorie. Mit anderen Worten: die *Bezeichnung*, der benützte Ausdruck, wäre zwar bei der beschriebenen Manipulation gleichgeblieben, der *Begriff* hätte sich aber verändert.[167]

c) Der in der rechtsfindenden Begriffsbildung stattfindende Formungs- und Umformungsprozeß stellt daher nur eine neuartige und eigentümliche Gruppierung und Umgruppierung des vorrechtlichen Materials dar und kann keineswegs eine „neue Wirklichkeit" erzeugen. Dies gilt nicht nur für die von vornherein auf reale Sachverhalte bezogenen konkreten Begriffe, sondern auch für die bei der Rechtsfindung zwischengeschobenen abstrakten *Kunstausdrücke*,[168] wie etwa Notwehr oder Unzurechnungsfähigkeit. Denn im Rahmen der entnormativierenden Auflösung, d. h. der Konkretisierung durch Definition und Subdefinition, werden diese Begriffe schließlich doch wieder auf konkrete Deskriptionsbegriffe zurückgeführt[169] – wie wir dies etwa oben bei der Bestimmung des Unterlassungsbegriffs am Bezugswert „Bestrafbarkeit" gesehen haben.

3. Da bei der juristischen Begriffsbildung somit nicht die Wirklichkeit selbst, sondern nur der Wirklichkeits*ausschnitt* verändert wird, müssen die juristischen Begriffe jedenfalls *wirklichkeitskonform* gebildet werden (wobei unter der Wirklichkeit nicht nur die psycho-physischen, sondern auch die sozial-

---

167 S. auch *Welzel*, Naturalismus, S. 77: Mit dem Rechtsbegriff „Hund" ist eben nicht notwendig der zoologische Begriff „Hund" gemeint. Die daran anschließende Behauptung *Welzels*, mit „Krankheit" sei notwendig der medizinische Krankheitsbegriff gemeint, überzeugt freilich nicht, da die vom Recht und von der Medizin damit angesprochenen Seinsprozesse nicht a priori identisch sind; vgl. BGHSt. 14, 30, 32; 19, 201, 204; 23, 176, 190.

168 Für die *rein* theoretisch-systematischen Begriffe gelten dagegen andere Prinzipien, s. o. Fn. 163.

169 Vgl. *Engisch*, Weltbild, S. 24.

kulturellen Vorgegebenheiten des Rechts verstanden werden). Für eine rechtsfindende Begriffsbildung aus der Natur der Sache ist jedoch darüber hinaus erforderlich, daß die *Rechtsfolge* direkt aus der *Anschauung des Substrats* entnommen werden kann. Da dem *Sein* (mag es auch Sinn- und Bedeutungsgehalte in sich tragen wie die Sozialstrukturen und mag es auch, wie wir soeben gesehen haben, eine von der Wertung völlig unabhängige Existenz haben) nun einmal unter logischen Gesichtspunkten *niemals* ein *Sollen* abgezwungen werden kann, oder, in der Formulierung *Stratenwerths*,[170] da die Unabhängigkeit des Seins von der Wertung noch keine Abhängigkeit der Wertung vom Sein stiftet, benötigen wir offenbar irgendeinen *Katalysator*, der dieses „Umschlagen" zu Wege brächte.

a) Ein solcher Katalysator ist nach Ansicht von *Maihofer*[171] in der „goldenen Regel jeder wahren Ordnung" zu finden, dem kategorischen Imperativ, der da lautet: „Was du nicht willst, das man dir tu, das füg auch keinem andern zu". Gegen die Verwendbarkeit dieser Formel auf dem Gebiet des Strafrechts bestehen jedoch zahlreiche Bedenken. Erstens ist nicht recht zu sehen, wie dadurch der schon dem Neukantianismus vorgeworfene *Wertrelativismus* vermieden werden soll, denn der eine Rechtsgenosse wird sich etwa gern verkuppeln oder mit pornographischem Werbematerial überschwemmen lassen (was er konsequenterweise dann auch Dritten antun dürfte), und umgekehrt. Ferner stellt sich die Frage, ob das nach der obigen Formel zu bestimmende rechte soziale Handeln auch im Einzelfall rechtlich geboten ist, denn Recht und Sozialethik sind schließlich nicht identisch. Und selbst wenn man hier etwa mit dem Verständnis des Rechts als dem „sozialethischen Minimum" einen allgemeinen Transformator finden sollte, erscheint doch zweifelhaft, ob das damit eingeführte *Quantifizierungsproblem* andere als kontingente Ergebnisse zuläßt. Vollends im *Strafrecht* erwachsen hieraus unüberwindliche Bedenken. *Erstens* ist hier zu berücksichtigen, daß es im Strafrecht nicht allein um das rechte Handeln der Sozialperson geht, sondern auch um die Frage, wann die *Zwangsgewalt* des Staates zum Einsatz zu bringen ist. Und wenn auch etwa bei der zivilprozessualen Zwangsvollstreckung der Gedanke hilft, daß hiermit der Staat stellvertretend für den säumigen Einzelnen dessen soziale Pflichten wahrnimmt, so muß diese Ableitung bei der strafrechtlichen *Straffestsetzung* versagen, weil die darin liegende Vergeltung eines Übels mit einem anderen, wie *Schmidhäuser* zutreffend dargelegt hat,[172] *an sich sinnlos* ist und allein auf Zweckmäßigkeitserwägungen beruht, die nur zum geringen Teil rationalistischer und zum größeren

170 Natur der Sache, S. 13.
171 Sammelband, S. 78 ff.
172 Vom Sinn der Strafe, S. 64 ff.

Teil *dezisionistischer* Natur sind. *Zweitens* sind die legislatorischen Dezisionen hier sogar von dem *nulla-poena-Satz* (Art. 103 II GG) gefordert, der gerade *nicht* die bloße Natur der Sache, sondern – „erzpositivistisch" – die spontane Entscheidung des Gesetzgebers zum Dreh- und Angelpunkt des Rechts macht und auf diese Weise eine künstliche Lückenhaftigkeit schafft, die in den Kategorien des sachlogischen Denkens unfaßbar ist. Der kategorische Imperativ taugt daher im Strafrecht allenfalls dazu, in extremen Fällen den Pönalisierungsdurst des Gesetzgebers einzuschränken, kann darüber hinaus aber von sich aus keine Strafrechtsfragen lösen.

b) Da auch die von *Maihofer* aufgezeigte sozialethische Grundnorm keine Strafrechtsfindung aus der Natur der Sache ermöglicht, kommen wir daher nicht umhin, den Katalysator im *rechtlichen* Bereich zu suchen. Der Versuch, das Strafrecht allein aus seinem Substrat hervorzuzwingen, gleicht der Quadratur des Kreises, denn – diese Grunderkenntnis des Neukantianismus ist mindestens für das Strafrecht unwiderlegbar – das Sein schafft aus sich selbst kein Sollen, das Substrat des Rechts schafft aus sich selbst kein Recht, der dazu erforderliche Katalysator kann nur im Recht gefunden werden.[173] Die rechtliche Relevanz der Natur der Sache kann hier daher nur durch eine Beziehung auf eine *normative* Größe ermittelt werden.

4. Wir machen uns infolgedessen die Mittelmeinung zu eigen, daß die sachlogischen Strukturen den Gesetzgeber nur bedingt dadurch binden, an welche ihrer Eigenheiten er bei seiner Regelung anknüpft bzw. welche bei ihrer Erfassung leitenden Wertgesichtspunkte er in Ausübung seines legislatorischen Ermessens auswählt.[174] Setzen wir uns damit aber nicht dem Vorwurf *Maihofers* aus, daß eine derartige Auffassung die Rückkehr zum konsequenten Wertrelativismus im Sinne der südwestdeutschen Schule bedeute?[175] Wir glauben: nein, und zwar aus mehreren Gründen.

a) Auch nach unserer Überzeugung sind dem Gesetzgeber in der jeweiligen geschichtlichen Phase gewisse *Grundwerte* vorgegeben, die aus den sozialen und kulturellen Verhältnissen auf einem Boden gemeinsamer Überzeugung in der Sozietät erwachsen und damit letztlich aus der Natur der Sache entstehen.

---

173 Vgl. *Radbruch*, Rechtsphilosophie, S. 7 ff.; *Zippelius*, Wesen des Rechts, S. 75 f.; EvStL, Sp. 1695, 1697; erstmals formuliert von *Kant*, vgl. z. B. Grundlegung zur Metaphysik der Sitten, S. 27 ff.; weit. Nachw. bei *Larenz*, Methodenlehre, S. 102 ff.; eine rein „ontologische Strafrechtsbegründung" ist daher u. E. nicht möglich. Zu der Frage, ob das auf *logischen* oder *erkenntnistheoretischen* Gründen beruht, vgl. *Hoerster*, ARSP 1969, 11 ff.

174 Vgl. *Welzel*, Naturrecht und materiale Gerechtigkeit, 2. Aufl., S. 198; *Stratenwerth*, a. a. O., S. 25; vgl. auch *Art. Kaufmann*, Analogie, S. 41.

175 Sammelband, S. 64 Fn. 39.

Der Katalysator liegt hier in der durch die allgemeine Überzeugung verbürgten *Evidenz* dieser Werte.[176] Die Beachtung dieser Grundwerte sehen wir – insoweit im Anschluß an *Maihofer*[177] – als Voraussetzung an für die Gültigkeit eines jeden positiven Gesetzes. Für das *Strafrecht* folgt daraus aber nur, daß Strafgesetze, die gegen solche Grundwerte verstoßen (auf die Geschichtlichkeit des Heute bezogenes Beispiel: Androhung von martervollen Hinrichtungen), kein Recht zu erzeugen vermögen. Insoweit ist – das muß ganz klar gesehen werden – geschichtliches Naturrecht durch Art. 1 GG in den Buchstaben des Gesetzes gegossen worden, und die Rechtsprechung des BVerfG zeigt,[178] daß eine Konkretisierung dieses Grundwertes immerhin für extreme Fälle als möglich anzusehen ist. Umgekehrt ist es aber nicht möglich, die Bestrafung *positiv* auf die Natur der Sache zu stützen, weil, wie bereits gesagt, erstens der nulla-poena-Satz entgegensteht und zweitens eine dezisionsfreie Ableitung nur bei präventiven Schutz-, nicht aber bei repressiven Vergeltungsmaßnahmen möglich ist.[179] Die „Natur des Strafrechts" setzt hier der „Natur der Sache" unübersteigbare Grenzen!

b) Dem Vorwurf des notwendig zu einem formalistischen Positivismus führenden Wertrelativismus entgehen wir noch aus einem weiteren Grunde. Wir sind nämlich weit davon entfernt, zu behaupten, daß jede einzelne Rechtsfrage eine besondere legislatorische Wertentscheidung voraussetze, die so oder anders getroffen werden könne. Statt dessen bedarf es nach unserer Auffassung für einen bestimmten Komplex von Rechtsfragen jeweils nur einer gesetzgeberischen Wertentscheidung, die dann durch eine Anschauung aus der Natur der Sache *konkretisiert* werden kann; darin liegt die ebenso große wie unverzichtbare methodische Bedeutung der Natur der Sache. Ohne diesen *Hebel* müßte die Konkretisierung einer abstrakten Richtlinie an ein Wunder grenzen, denn wie wollte man sonst aus einer Aussage mehr herausholen, als von vornherein per definitionem in ihr steckt? Allein die Natur der Sache, die Entsprechung von Sachstruktur und Beziehungswert, kann hier den Festpunkt für die Konkretisierung der Norm liefern.[180]

---

176 Vgl. zu der Wertevidenz als Erkenntniskriterium neuerdings eingehend *v. Savigny*, Überprüfbarkeit, S. 49 ff., 72 ff.

177 Sammelband, S. 84.

178 Nachw. bei *Leibholz-Rinck*, Art. 1 Anm. 4b.

179 Auch wenn die modernen spezialpräventiven Theorien die Vergeltung aus Sinn und Zweck der Strafe getilgt haben, können sie doch nichts daran ändern, daß Strafe *faktisch* Vergeltung darstellt, vgl. *Schmidhäuser*, a. a. O., S. 33, 40.

180 Vgl. auch *Roxin*, Kriminalpolitik und Strafrechtssystem, S. 41, wonach ein leitender Wertungsgesichtspunkt je nach der Art des Regelungssubstrats zu wesentlich abweichenden Ergebnissen führen kann.

c) Das Verhältnis von Rechtsnorm und Natur der Sache ist daher *ambivalent:* Ohne einen Beziehungswert können keine sachlogischen Strukturen herausgearbeitet werden, und ohne das Vorhandensein von sachlogischen Strukturen kann keine Rechtsnorm konkretisiert werden.

d) Bei dieser Methode verschlägt der Vorwurf des Wertrelativismus schließlich auch deswegen nichts, weil über ein normatives Prinzip, sofern es auf der Abstraktionshöhe des Gesetzes formuliert ist und daher mit den positiven Strafrechtsnormen verglichen und an ihnen gemessen werden kann, oftmals viel leichter eine Einigung erzielt werden kann als über Ableitungen, deren Wertfundierung im begriffsjuristischen Gestrüpp kaum noch erkennbar ist. Die oft unfruchtbare Polemik in den um strafrechtliche Handlungs-, Tatbestands- und Irrtumsfragen geführten Kontroversen der letzten 20 Jahre scheint zum guten Teil darauf zu beruhen, daß die entscheidenden *Wertungsfragen* häufig im Hintergrund blieben.

e) Damit hat sich für das Strafrecht bei dem rechtstheoretischen Problem der Natur der Sache der Mittelweg als richtig herausgestellt, wie er etwa von *Welzel*, *Stratenwerth* und *Arthur Kaufmann* gewiesen wurde. Die in dieser Theorie schlummernden praktischen Möglichkeiten werden uns im Laufe dieser Arbeit noch oft beschäftigen. Ein Wort noch zu den Grenzen ihrer Tragweite: Der neuralgische Punkt der von uns akzeptierten „vermittelnden Theorie" ist offensichtlich die Frage, wie weit die *Entsprechung* zwischen dem normativen Prinzip und der Natur der Sache *im Einzelfall* reicht. Da hierüber keine allgemeinen Angaben gemacht werden können, liegt die entscheidende Arbeit bei der Rechtsfindung aus der Natur der Sache darin, im Einzelfall Umfang und Grenzen dieser Entsprechung festzustellen. Wie nahe die Gefahr einer Überschätzung und *Überdehnung* dieses Entsprechungsverhältnisses liegt, hat *Engisch*[181] an verschiedenen Beispielen nachdrücklich herausgestellt. Wir werden daher, wenn wir konkrete Rechtsprobleme aus der Natur der Sache zu lösen versuchen, stets darauf zu achten haben, ob der ursprünglich angenommene Beziehungswert noch bis hierher „trägt" oder ob er nicht durch andere Wertungsprinzipien zu ergänzen oder zu ersetzen ist.[182]

181 Sammelband, S. 204 ff., vor allem S. 218 ff., 226 ff.

182 Die Auffassung *Stratenwerths*, daß der Gesetzgeber an die einmal in Bezug genommenen sachlogischen Strukturen durchgängig gebunden sei (a. a. O., S. 17 ff.), geht daher u. E. noch zu weit: Es ist nicht ausgeschlossen, daß sich in einem Lebenssachverhalt verschiedene, je für sich gesetzlich anerkannte Wertgesichtspunkte nebst den zugeordneten sachlogischen Strukturen überlagern, deren Ausbalancierung nicht durch die Verabsolutierung der einen Wertungsschicht, sondern nur durch die dialektische Vereinigung beider Gesichtspunkte erfolgen kann. Als Beispiel für eine derartige Herstellung von „praktischer Konkordanz" zwischen an sich rivalisierenden Prinzipien vgl. u. S. 364 f.

5. a) Wir sind nunmehr ausreichend gerüstet, um den *Unterlassungsbegriff* von *Welzel* und *Arm. Kaufmann*[183] auf seine sachlogische Fundierung zu überprüfen. Beide leiten das Erfordernis der *Situationskenntnis*[184] aus der Finalstruktur der Handlung ab.[185] Da die Handlungsfähigkeit nur potentielle Finalität voraussetzt, ist allerdings auf den ersten Blick nicht recht einzusehen, wieso die potentielle Finalität aktuelle Kenntnis des Handlungsziels erfordern soll; aus dem natürlichen Verständnis der Begriffe scheint vielmehr zu folgen, daß für die potentielle Finalität auch die potentielle Kenntnis (d. h. die Erkennbarkeit) des Handlungszieles ausreicht. Die Annahme *Kaufmanns*, die Handlungsfähigkeit setze die Kenntnis des Handlungszieles voraus,[186] beruht demgegenüber auf einem eigentümlichen Verständnis der „Handlungsfähigkeit", die *Kaufmann* implizite als „Möglichkeit, ein erkanntes Ziel final anzusteuern" definiert. Nun läßt sich sicher nicht leugnen, daß es ontologisch etwas verschiedenes ist, ob ich ein mir vor Augen stehendes Ziel nicht ansteuere oder ob ich ein in meiner „faktischen Reichweite" liegendes Ziel nicht ansteuere, an das ich gar nicht gedacht habe. Ob dieser Unterschied aber sachlogische Relevanz besitzt, kann nach den für die Rechtsfindung aus der Natur der Sache entwickelten Grundsätzen noch nicht aus seiner bloßen Existenz gefolgert werden, sondern hängt von der *Entsprechungsbeziehung* zu einem normativen Prinzip ab. *Kaufmann* will seinen Begriff der Handlungsfähigkeit anscheinend aus den sachlogischen Voraussetzungen der Bestrafbarkeit gewinnen, doch dürfte er damit die Reichweite der Entsprechung von Bestrafbarkeit und potentieller Finalität überdehnen. So gewiß es ist, daß nur die Unterlassung individuell möglicher Handlungen bestraft werden kann, so gewiß ist es auch, daß der Gesetzgeber für den Fall Strafe androhen kann, daß jemand eine in seiner faktischen Reichweite liegende Handlung nicht vornimmt, weil er sich des naheliegenden Zieles nicht bewußt wird. Wenn etwa ein Bademeister nicht aufpaßt und deswegen den Hilferuf nicht hört,[187] so ist schlechterdings kein Grund ersichtlich, warum man ihn nicht (seine Garantenpflicht einmal unterstellt) wegen fahrlässiger Tötung bestrafen sollte. Von seiner *Fähigkeit* zur Rettung des Kindes kann auch dann ohne Verstoß gegen die *Sprachlogik* gesprochen werden, wenn die Existenz des

---

183 s. o. S. 41 f.

184 Damit wird i. f. die von *Welzel* und *Kaufmann* geforderte Kenntnis von dem „Handlungsziel" abkürzend bezeichnet.

185 Wobei *Welzels* endgültiger Standpunkt allerdings unklar bleibt, s. o. Fn. 131; wir werden uns daher i. f. vor allem auf *Kaufmanns* Darlegungen konzentrieren.

186 Dogmatik, S. 41.

187 Dieser Fall findet sich bei *Welzel* (Strafrecht, S. 223) als Beispiel für § 222; zu seiner an anderen Stellen vertretenen Ansicht paßt das allerdings nicht.

Kindes für ihn nicht bekannt, sondern nur erkennbar war. Und im Rahmen der Bestrafbarkeitsbeziehung ist auch keine *sachlogische* Struktur zu sehen, die dem entgenstünde.

b) Der adäquate Beziehungswert für die Sachlogik des ontologischen Sachverhaltes „Erkennbarkeit des Handlungszieles" ist – und darin liegt der eigentliche Grund für die Ablehnung von *Kaufmanns* Unterlassungsbegriff – nicht die Bestrafbarkeit (denn vor ihr ist, wie gezeigt, der Unterschied zwischen Kenntnis und Erkennbarkeit *irrelevant*), sondern die *Sorgfaltswidrigkeit*, d. h. das fahrlässige Unrecht. Im Rahmen dieser Beziehung zeigt sich dann, daß die Kenntnis des Handlungsziels *bewußte*, die Erkennbarkeit *unbewußte* Fahrlässigkeit darstellt und daß daher überall dort, wo die Fahrlässigkeit als solche bestraft wird, die bloße Erkennbarkeit des Handlungsziels ausreicht sowie daß das eigentliche Problem in der Frage liegt, wann in concreto eine *Pflicht* besteht, auf erkennbare Handlungsziele achtzugeben.[188]

c) Es haben sich daher keine sachlogischen Strukturen finden lassen, die den von *Kaufmann* und z. T. auch von *Welzel* vertretenen Unterlassungsbegriff rechtfertigen könnten. Ihr Begriff gibt vielmehr die Minimalvoraussetzung nicht der allgemeinen Unterlassung, sondern der *vorsätzlichen* Unterlassung wieder – worin eine bemerkenswerte Parallele zum finalistischen *Handlungsbegriff* zu erblicken ist, der ja ebenfalls, wie heute überwiegend anerkannt wird,[189] nur für die *vorsätzlichen* Handlungen passen will.[190] Ähnlich wie bei dem finalen Hand-

---

188 *Kaufmanns* Begriff von der Handlungsfähigkeit schafft daher gerade die von ihm selbst in anderem Zusammenhang (Dogmatik, S. 112, 116 f., 310 f.; ebenso *Welzel*, Strafrecht, S. 205) gescholtene *Prämiierung des Gleichgültigen und Gewissenlosen*, wie *Welzels* Fall von dem Vater, der ein Kind ertrinken läßt, weil er es fahrlässig nicht als sein eigenes erkennt, ganz deutlich zeigt: Der gleichgültige und gewissenlose Vater, der sich gar nicht darum kümmert, wo sich sein Kind aufhält, würde nur nach § 330c, der gewissenhafte Vater, der nur in der Aufregung der Rettungsaktion fehlgreift, dagegen nach § 222 bestraft; irgendein Sinn kann hierin nicht mehr erblickt werden. Wenn man den Fall dahin abwandelt, daß der Vater, dessen Kind ertrinkt, von diesem Vorgang *überhaupt nichts* bemerkt, so wird offenbar, daß die von *Welzel*, Strafrecht, S. 223, vorgenommene Unterscheidung zwischen Situationskenntnis und Kenntnis von der eigenen Garantenstellung praktisch undurchführbar ist und jedenfalls eine unterschiedliche Bewertung auf keinen Fall rechtfertigt; entgegen *Welzel* ist es durchaus sinnvoll, den Vater zu verpflichten, auf den Aufenthaltsort seines Kindes Obacht zu geben.

189 Vgl. die Nachw. in Fn. 9 sowie *Jescheck*, Lehrbuch, S. 151 f.; *Schmidhäuser*, AT, S. 146; *Wessels*, AT, S. 11; vgl. aber auch neuestens *Stratenwerth*, AT, S. 56 ff.

190 Unser Gebrauch der Bezeichnungen „Vorsatz" und „Fahrlässigkeit" steht ersichtlich auf dem Boden der h. M., wonach diese Begriffe ohne allzu große Modifikationen auch bei den Unterlassungsdelikten benutzt werden können. Da *Kaufmann* hier auf Grund seines *„Umkehrprinzips"* zu völlig abweichenden Ergebnissen kommt (die wohl die eigentliche Ursache für seine Einschränkung der Handlungsfähigkeit darstellen), müßten wir uns, bevor eine abschließende Stellungnahme abgegeben werden könnte, an sich noch mit diesem „Umkehrprinzip" lungsbegriff ist daher auch hier zu bezweifeln, daß die allgemeine Dogmatik der Unterlassungsdelikte schon aus der ontischen Struktur der Unterlassung entwickelt werden kann.[191]

6. Die Auseinandersetzung mit den Auffassungen von *Welzel* und *Arm. Kaufmann* hat damit ergeben, daß unser Begriff der Unterlassung als *Nichtvornahme einer individuell möglichen Handlung* auch durch die Natur der Sache gerechtfertigt wird.

IX. Echte und unechte Unterlassung

1. Nachdem wir den Unterlassungsbegriff bestimmt haben, müssen wir noch kurz die herkömmliche Unterscheidung zwischen *echten* und *unechten* Unterlassungsdelikten betrachten, die man ebenso – wenn man den Blick von der Norm auf das Normsubstrat wendet – als Unterscheidung von echtem und unechtem Unterlassen formulieren kann.

a) Die h. M. erblickt den Unterschied darin, daß das unechte Unterlassungsdelikt das Pendant zum Erfolgsdelikt und das echte Unterlassungsdelikt das Pendant zum schlichten Tätigkeitsdelikt darstelle.[192] Diese Akzentuierung ist als terminologische Vereinbarung zwar selbstverständlich vertretbar, aber für unsere Zwecke nicht sinnvoll. Für unsere Aufgabe, die „ungeschriebenen Unterlassungsdelikte" zu suchen, ist es nämlich zunächst einmal gleichgültig, ob wir Gegenstücke zu Erfolgs- oder zu Tätigkeitsdelikten finden; die Bezeichnung dessen, was wir suchen, vermag von der herrschenden Nomenklatur daher nicht geliefert zu werden.

b) Die Prinzipien zweckbewußter Begriffsbildung erfordern somit, daß wir jedenfalls die von uns zu suchenden „ungeschriebenen Unterlassungsdelikte" unter *einer* Bezeichnung zusammenfassen, wofür sich das Kriterium der *Unechtheit* anbietet. Es scheint daher einiges für die Terminologie von *Arm. Kaufmann*, *Welzel* und *Schröder*[193] zu sprechen, die alle im Gesetz selbst ausdrücklich erwähnten Unterlassungsdelikte als echte und die darin nicht erwähnten als un-

---

auseinandersetzen. Wir wollen diese Auseinandersetzung jedoch noch verschieben, bis wir einen tieferen Einblick in die Problematik der Unterlassungsdelikte gewonnen haben; s. u. S. 418 f.

191 Wie es am eindrucksvollsten *Arm. Kaufmann* versucht hat, vgl. Dogmatik, S. 87 ff., 106 ff., 110 ff., 204 ff.

192 früher etwa: *Georgakis*, Hilfspflicht, S. 15 f.; *M. E. Mayer*, Lehrbuch, S. 190; heute u. a. *Mezger-Blei*, AT, S. 83 ff.; *LK*, Einl. S. 33 ff.; *Jescheck*, Lehrbuch, S. 402.

193 *Kaufmann*, Dogmatik, S. 206 ff., 275 ff.; JuS 1961, 174; *Welzel*, Strafrecht, S. 202 f.; *Schönke-Schröder*, Rdnr. 79 von § 1.

echte bezeichnen. Mit dieser positivistischen Abgrenzung hätten wir zwar einen Grundbegriff gefunden, zugleich aber auch unsere Aufgabe weidlich erschwert: Es ist ja nicht unwahrscheinlich, daß einige der im Gesetz ausdrücklich geregelten Unterlassungsdelikte dieselbe Struktur aufweisen wie die von uns zu suchenden; angesichts dessen wäre es unklug, uns den Blick auf die Gemeinsamkeiten durch den Gebrauch verschiedener Begriffe zu erschweren.

c) Der Begriffsinhalt der „unechten Unterlassung" ergibt sich zweckmäßigerweise aus dem Ziel unserer Arbeit. Da die „ungeschriebenen Unterlassungsdelikte", wie allgemein anerkannt ist, den *Begehungsdelikten gleichstellbar* sein müssen, definieren wir die *unechte Unterlassung* als die *begehungsgleiche* Nichtvornahme einer individuell möglichen Handlung; echte Unterlassungen sind dann alle übrigen. Auf diese Weise müssen wir zwar in Kauf nehmen, daß wir erst *nach* und nicht vor der Lösung der Gleichstellungsproblematik wissen, was unter diesem Begriff konkret zu verstehen ist; aber so muß es auch sein, denn es würde zu unfruchtbarer Begriffsjurisprudenz führen, wenn man eine inhaltserfüllte Definition vornehmen wollte, bevor man die Sachprobleme gelöst hat.

d) Den Begriff der „Begehungsgleichheit" können wir daher nur Schritt für Schritt auflösen. An dieser Stelle ist nicht einmal eine normentheoretische Erklärung möglich, denn die alte Auffassung, daß die unechten Unterlassungsdelikte im Unterschied zu den echten nicht gegen Gebots-, sondern gegen Verbotsnormen verstoßen,[194] ist, wie *Armin Kaufmann* nachgewiesen hat,[195] strenggenommen normentheoretisch nicht haltbar, und wenn man einen etwas unpräziseren Begriff der Verbotsnorm zugrunde legt, kommt man damit doch nur auf die schon oben abgelehnte Unterscheidung analog Tätigkeits- und Erfolgsdelikt.

2. Aus der von uns vorgenommenen Begriffsbestimmung folgt zugleich, daß wir über den von *Androulakis* entwickelten *konkreten Begriff* der unechten Unterlassung[196] nicht schon in diesem der begrifflichen und methodologischen Grundlegung gewidmeten Kapitel, sondern erst im Zusammenhang mit der Diskussion von Sachfragen, der wir uns nunmehr zuwenden wollen, entscheiden können.

---

194 Vgl. *v. Hippel*, II, S. 153 f.; *v. Liszt-Schmidt*, Lehrbuch, S. 173; heute noch *Baumann*, Strafrecht, S. 226; *Maurach*, AT, S. 492.

195 Dogmatik, S. 257 ff.

196 Studien, S. 140 ff., 158 ff.

§ 3 Das Verhältnis der unechten Unterlassungsdelikte zum StGB im Lichte herkömmlicher Rechtsfindungsmethoden

I. Der Wortlaut des Gesetzes als Ausgangspunkt

1. Betrachtet man das in den folgenden Erörterungn zu lösende Problem einmal unbefangen, gleichsam ohne von der darauf in den letzten hundert Jahren verwandten immensen Gedankenfülle angekränkelt zu sein, so möchte man zunächst meinen, im StGB die ebenso einfache wie verblüffende Antwort zu finden, daß es überhaupt nicht besteht. Da nämlich in einem großen Teil der Tatbestände die Unterlassung eines bestimmten Handlungskomplexes ausdrücklich unter Strafe gestellt ist,[1] insbesondere in zahlreichen Paragraphen Tun und Unterlassen als gleichwertige Begehungsformen nebeneinander genannt sind,[2] könnte man daraus per argumentum e contrario schließen, daß ein Unterlassen eben auch nur in diesen ausdrücklich geregelten Fällen strafbar sei, im übrigen aber – mangels Subsumierbarkeit unter ein Strafgesetz – im straffreien Raum verbleibe. Das Rechtsgefühl würde durch eine solche „alexandrinische" Lösung des gordischen Knotens freilich nicht befriedigt, denn wer würde sich mit der Bestrafung der berühmten Mutter, die ihren Säugling vorsätzlich verhungern läßt, nach § 330c begnügen und nicht nach der schwereren Totschlagsstrafe verlangen? Daß diese radikale Entscheidung jedoch immerhin denkbar ist und sogar den an ein Strafrecht zu stellenden rechtsstaatlichen Forderungen geradezu idealiter entspricht, zeigt ein Blick auf die einschlägige Entwicklung des französischen Strafrechts.[3] Für das deutsche Strafrecht kommt sie, wie eine nähere Prüfung ergibt, gleichwohl nicht in Frage.

2. Zunächst einmal beruht das skizzierte argumentum e contrario auf einer stillschweigenden Prämisse, die nicht nur unbeweisbar, sondern wohl sogar schlicht falsch ist: Der Prämisse nämlich, daß die im Besonderen Teil zur Beschreibung des Tatverhaltens[4] benutzten Verben (etwa „Töten" in § 212, „Miß-

---

1 Die Beispiele sind, wenn man das Nebenstrafrecht hinzunimmt, Legion; hier sei nur auf die §§ 121, 123, 138, 143, 170b–d, 221, 315c I Nr. 2g, 330c, 340, 341, 343, 347, 357, 367 I Nr. 12, 368 Nr. 2 StGB hingewiesen.

2 S. §§ 123, 221, 315c, 340–347.

3 Dargestellt bei *Jescheck*, ZStW 77, 118.

4 Schon der hierfür an sich übliche Terminus „Tathandlung", letztlich sogar der Ausdruck „Tat" beruhen auf eben dieser Prämisse. Im folgenden wird auch die Unterlassung als Tat (und entsprechend der Unterlasser als Täter) i. w. S. angesprochen.

handeln“ oder „Beschädigen“ in § 223, „Beistand leisten“ in § 257) ausnahmslos positive Handlungen umschrieben, d. h. ein bestimmt geartetes Tun bezeichneten. Aus den im vorigen Kapitel angestellten Vorüberlegungen zur juristischen teleologischen Begriffsbildung wird hingegen ohne weiteres klar, daß der „natürliche Sprachgebrauch“, der zur Stützung dieser Prämisse in erster Linie herangezogen werden könnte, dies in Wahrheit nicht zu leisten vermag.[5] Zunächst ist er schon bei einer so hohen Abstraktion wie dem „Töten“ zu vage, um als Objekt einer juristischen Rezeption in Frage zu kommen. Tötet nicht auch die Mutter ihren Säugling, wenn sie ihn verhungern läßt, oder läßt sie ihn nur sterben? Entsprechend: Tötet die Hebamme das Neugeborene, wenn sie es nicht zum Atmen bringt, oder läßt sie es nur sterben? Umgekehrt: Läßt ein Autofahrer, der sich um den von ihm angefahrenen Passanten nicht kümmert, diesen nur sterben, oder tötet er ihn sogar? Die begrifflichen Konturen des Sprachgebrauchs sind zu unscharf, als daß auf diese Fragen eine sichere Antwort möglich wäre. Außer der Einsicht in die Unmöglichkeit, ein rechtsstaatliches Strafrecht allein auf die vage, schwankende Umgangssprache zu stützen,[6] ermöglichen diese Fragen aber auch eine positive Erkenntnis. Man möchte nämlich zwar noch die Mutter und die Hebamme, kaum aber den Autofahrer des „Tötens“ bezichtigen. Der Autofahrer, so legt die Umgangssprache nahe, unterläßt die Rettung, aber er tötet nicht; umgekehrt könnte das Nähren des Säuglings kaum als Rettungstat bezeichnet werden, das Nichtnähren erscheint deswegen nicht als unterlassene Rettung, sondern als regelrechte Tötung.[7] Damit deckt sich schon für die Umgangssprache die Grenze zwischen „Töten“ und „Nicht-Retten“ nicht mit der Unterscheidung zwischen Tun und Unterlassen; sie verläuft vielmehr irgendwo im Unterlassungsbereich. Der natürliche Sprachgebrauch kann daher zur Stützung der verbreiteten These, daß die Tatbeschreibungen im Besonderen Teil (an sich) nur Handlungen umfaßten,[8] nicht mit Erfolg herangezogen werden. Andererseits kann infolge seiner Unbestimmtheit auch nicht mit Sicherheit gesagt werden, daß er eine solche Interpretation direkt ausschließe; denn mit welchem schlüssigen Argument wollte man denjenigen bekämpfen, der unter einer Tötung „im Rechtssinne“ nur eine aktive Todesverursachung versteht? Man könnte lediglich entgegnen, daß die meisten Menschen unter Töten auch noch mehr verstehen würden, hätte damit aber für

---

5 Vgl. zur „teleologischen Relativierung der Begriffe“ oben S. 31 Fn. 86.

6 In diese Richtung – freilich mit weiteren Absicherungen – *H. Mayer*, Strafrecht, 1967, S. 81 u. ö.; zu ihm unten S. 64 f.

7 Auf diese auch in der Umgangssprache anerkannte Unterscheidung hat zuletzt noch einmal *Roxin*, Täterschaft, S. 465 ff., nachdrücklich hingewiesen.

8 Vgl. *Grünwald*, Dissertation, S. 44; *Arm. Kaufmann*, Dogmatik, S. 272 ff.

unser Problem wenig gewonnen; denn es steht außer Frage, daß das Strafrecht auf ungewisse Mehrheitsverhältnisse im Sprachgebrauch des Volkes nicht hinreichend gestützt werden kann. Die grammatische Auslegung kann daher das am Anfang unserer Überlegungen stehende argumentum e contrario[9] weder erhärten noch widerlegen, sondern lediglich etwas in Frage stellen.

Da die Analyse der natürlichen Wortbedeutung zu keiner Lösung führt, muß nunmehr nach der herkömmlichen Methode juristischer Hermeneutik zur Ermittlung des Gesetzessinns die *historische Auslegung* herangezogen werden.[10]

II. Gesetzesgeschichte

1. a) Zu diesem Zweck braucht keine eingehende rechtshistorische Untersuchung über die Unterlassungsdelikte angestellt zu werden, denn abgesehen davon, daß sie den Rahmen dieser Arbeit sprengen würde, wäre sie zur Beantwortung der hier interessierenden Frage auch weitgehend überflüssig. Für den heutigen Rechtszustand ist nämlich nur die Entwicklung der Unterlassungsdelikte unter der Geltung des nulla-poena-Satzes, d. h. seit dem 19. Jahrhundert, interessant. Daß im römischen[11] wie im Gemeinen Recht[12] einzelne Unterlassungsdelikte anerkannt waren, eine allgemeine Gleichstellung von Tun und Unterlassen aber nicht vorgenommen wurde, braucht uns daher hier nicht weiter zu beschäftigen. Entscheidend ist, daß zu Anfang des 19. Jahrhunderts das Problem der Unterlassungsdelikte allgemein gesehen wurde und daß eine Einschränkung der Strafbarkeit auf die im Besonderen Teil ausdrücklich erwähnten Fälle nirgends vorgenommen wurde. Ein dahingehender Antrag, im Besonderen Teil an allen erforderlich erscheinenden Stellen die Strafbarkeit der Unterlassung ausdrücklich zu erklären, wurde lediglich einmal im Zuge der hessischen Strafrechtsreform gestellt, aber allgemein als impraktikabel abgelehnt.[13] Im übrigen herrschte die erstmals von *Feuerbach*[14] vollständig entwickelte Ansicht, daß die Strafbarkeit der Unterlassung grundsätzlich die Verletzung einer besonderen *Rechtspflicht* voraussetze und daß sich die erforderliche Rechtspflicht aus

---

9 „Die Unterlassung ist überall straflos, wo sie nicht im Tatbestand ausdrücklich erwähnt ist."

10 Zu Rang- und Reihenfolge der verschiedenen Auslegungsmethoden vgl. *Larenz*, Methodenlehre, S. 320 ff.; *Engisch*, Einführung, S. 82 ff.; *Lehmann-Hübner*, Allgemeiner Teil, S. 61 f.; vgl. ferner die bei *Leibholz-Rinck*, Einf. 1 f., nachgewiesenen Entscheidungen des BVerfG.

11 Dazu *Honig*, Festschr. f. Rich. Schmidt, S. 7 ff.

12 Vgl. *Schaffstein*, Die allgemeinen Lehren, S. 56 ff.

13 *Clemens*, Die Unterlassungsdelikte im deutschen Strafrecht, S. 19.

14 Lehrbuch § 24.

Gesetz, Vertrag oder Amtspflicht ergeben könne.[15] Da der Gesetzgeber des 19. Jahrhunderts zu einer inhaltlichen Ausfüllung dieser Kriterien nicht in der Lage war, begnügte er sich damit, die prinzipielle Strafbarkeit des Unterlassungsdelikts ausdrücklich oder stillschweigend zu statuieren, und überließ die Lösung der Gleichstellungsprobleme im einzelnen völlig der künftigen Rechtsprechung. Wie *Clemens*[16] herausgearbeitet hat, wurden zur Erreichung dieses Ziels drei rechtstechnisch verschiedene Wege gewählt:[17] 1. Die Unterlassung wurde im Allgemeinen Teil den Handlungen ausdrücklich gleichgestellt. 2. Eine solche Gleichstellung ergab sich unmittelbar oder mittelbar aus dem die Verbrechensdefinition enthaltenden § 1. Entweder wurde die Unterlassung bei der Definition des Verbrechens ausdrücklich miterfaßt („Handlung oder Unterlassung, die vom Gesetz mit Strafe bedroht wird"), oder es wurde der die Begehung wie die Unterlassung gleichermaßen umfassende Begriff der Handlung i. w. S. eingeführt und auf diese Weise die besondere Erwähnung der Unterlassung in § 1 überhaupt erspart. 3. Bei der Positivierung des nulla-poena-Satzes wurde klargestellt, daß dieser die Bestrafung von Unterlassungen nicht hindert („Die Begehung oder Unterlassung einer Handlung ist nur insofern strafbar, als die Strafbarkeit gesetzlich bestimmt ist, bevor die Tat begangen wurde").[18]

---

15 S. *Clemens*, a. a. O., S. 27, 30, 35 f., 47; die kausalmonistischen Lehren haben in der Gesetzgebung niemals eine Rolle gespielt.

16 a. a. O., S. 19 ff.

17 *Clemens* kommt auf vier, indem er eine andere Untergliederung wählt, nämlich die stillschweigende Gleichstellung von Handlung und Unterlassung durch den Begriff der Handlung i. w. S. als eigene Methode erfaßt. Die unmittelbare und die mittelbare Ableitung der Unterlassungsdelikte aus dem Verbrechensbegriff wurden hier dagegen zusammengefaßt, weil es sich im wesentlichen um dieselbe Rechtstechnik handelt und die mittelbare Ableitung nur die äußerste Abbreviatur der unmittelbaren darstellt.

18 Freilich könnte man diese Formulierung auch so verstehen, als ob sie nur auf Begehungs- und echte (d. h. gesetzlich ausdrücklich geregelte) Unterlassungsdelikte gemünzt sei. Die Unrichtigkeit dieser Interpretation wird jedoch sofort klar, wenn man berücksichtigt, daß das Gleichstellungsproblem seit *Feuerbach* allgemein bekannt war, die Unterlassungen aber vielfach (z. B. im Thüringischen Entwurf von 1849) im Besonderen Teil überhaupt nicht erwähnt wurden. An der prinzipiellen Gleichstellbarkeit von Begehung und Unterlassung wollte daher kein Partikularstrafgesetzbuch rütteln, und der Verzicht auf jeglichen Regelungsversuch erklärt sich leicht daraus, daß man die Lösung dieses Problems den Gerichten überlassen und ihnen keine voreiligen Fesseln anlegen wollte, s. den bei *Clemens* a. a. O., S. 26, angeführten sächsischen Bericht. Daß die Gleichstellung eine besondere *Rechtspflicht* voraussetzt, war in solch hohem Maße communis opinio (vgl. *Clemens* a. a. O., S. 29 f. m. Nachw.), daß nur wenige Gesetze – etwa Art. 236 württembergisches StGB im Fall der Tötung – dies besonders aussprachen. Im übrigen blieb dies als selbstverständlich unerwähnt und findet sich nur in den Motiven, s. *Clemens*, a. a. O., S. 12.

b) Für den vorliegenden Zusammenhang genügt die Erkenntnis, daß das Problem der Unterlassungsstrafbarkeit in sämtlichen Partikularstrafgesetzbüchern gesehen und – wenn auch auf rechtstechnisch unterschiedliche Weise – übereinstimmend dahin entschieden wurde, daß die Unterlassung der Begehung grundsätzlich gleichgestellt werden könne, die Voraussetzungen dafür aber noch im einzelnen von der Rechtsprechung zu entwickeln seien. Die klassische Formulierung dieses bewußt offen gelassenen Problems findet sich im Braunschweigischen StGB von 1840, in dessen § 4 es heißt: „Die Vorschriften dieses Gesetzbuches sind auf solche ... Unterlassungen anzuwenden, welche entweder nach den Worten, oder nach dem Sinn, oder nach dem Grunde der einzelnen Bestimmungen desselben, als darin unzweifelhaft enthalten anzusehen sind". Damit ist ausgesprochen, was in den anderen Ländern stillschweigend galt: Die Unterlassung war nicht nur strafbar, wenn sie in den Tatbeständen des Besonderen Teils expressis verbis genannt war, sondern auch dann, wenn sie von „Sinn und Grund" des Tatbestandes miterfaßt wurde.

c) Da die heute gebräuchliche Unterscheidung zwischen echten und unechten Unterlassungsdelikten erst von *Luden*[19] getroffen wurde, trug man bei Schaffung der Partikulargesetzbücher keine Bedenken, im Besonderen Teil einige besonders markante Unterlassungsdelikte ohne Rücksicht darauf zu positivieren, ob die Täterstellung auf einer „allgemeinen" oder auf einer „besonderen" Rechtspflicht im Sinne der Feuerbachschen Gleichstellungslehre beruhte. Deswegen wurden die alten Vorschriften über Tötung, Kindesmord und Beleidigung durch Unterlassen in den meisten Fällen beibehalten, ohne daß an ein daraus möglicherweise zu gewinnendes argumentum e contrario überhaupt nur gedacht wurde.[20]

d) Die Partikularstrafgesetzbücher in der 1. Hälfte des 19. Jahrhunderts ergeben damit zusammenfassend folgendes Bild: Das Problem der Unterlassungsstrafbarkeit wurde erstmals allgemein gesehen und wurde im Gesetz bewußt offen gelassen, um seiner künftigen Lösung nicht vorzugreifen. Die aus einer Zeit ungenügender Abstraktion überkommenen Einzelvorschriften wurden anscheinend aus Gründen der Anschaulichkeit, vor allem aber nach dem Grundsatz: superflua non nocent, überwiegend beibehalten; eine abschließende Regelung hatte man dabei keinesfalls im Sinn.

19 Abhandlungen II, S. 219 ff.

20 Eine Ausnahme gilt für Hessen, wo eine besondere Vorschrift über Tötung durch Unterlassen mit der Begründung abgelehnt wurde, daß sonst in anderen Fällen die Gefahr eines argumentum e contrario bestehen würde. Daß diese Gefahr jedoch nicht allzu groß eingeschätzt wurde, geht daraus hervor, daß auch in Hessen der Kindesmord durch Unterlassen ausdrücklich ins Gesetz aufgenommen wurde, s. Art. 258 I hessisches StGB vom 17. 9. 1841.

2. Dieser Satz trifft im großen und ganzen auch auf die Entwicklung in *Preußen* zu. Da unser heutiges StGB in der Hauptsache auf preußischem Recht fußt, soll dessen Werdegang hier aber im Anschluß an *Clemens* etwas genauer betrachtet werden.

a) Im ALR fanden sich zahllose besondere Vorschriften über Unterlassungsdelikte, die wir heute zumeist als *echte* Unterlassungsdelikte einstufen würden.[21] Von den unechten Unterlassungsdelikten wurden nur die Kindstötung und die Beleidigung[22] besonders erfaßt, nicht dagegen die Tötung durch Unterlassen im allgemeinen. Für die preußische Praxis war dies jedoch kein Hindernis, alle Nichtabwendungen des Todes aus dem Begehungstatbestand zu bestrafen, die gegen ein *gesetzliches Gebot* verstießen.[23] In den Entwürfen von 1829/30 wurde bei Tötung, Körperverletzung und Beleidigung klargestellt, daß auch eine „rechtswidrige" (d.h. gegen ein Handlungsgebot verstoßende) Unterlassung ausreiche. In der Begründung wurde dazu ausgeführt, daß eine Unterlassung, die keinen Rechtspflichtverstoß enthalte, zwar unmoralisch, aber niemals strafbar sein könne. Im Entwurf 1843 fielen dann diese Gleichstellungsklauseln im Allgemeinen Teil wie im Besonderen Teil in der Hauptsache fort, aber nicht auf Grund einer neuen Konzeption, sondern infolge eines schlichten Irrtums.[24] Immerhin verblieben einige Gleichstellungsklauseln noch im preußischen StGB von 1851, und zwar vor allem bei den Amtsdelikten und vor den Übertretungen (§ 332).[25] Bei der Schaffung des RStGB fand hier ein weiterer Kahlschlag statt. Die Gleichstellungsklausel wurde auch bei den Übertretungen gestrichen, maßgeblich auf Grund des Nachweises von *Binding*,[26] daß, da das StGB auch aus-

---

21 Vgl. etwa § 916 II 20, wo der Schwängerer mit einer zwei- bis viermonatigen Gefängnisstrafe bedroht wird, der nicht dafür sorgt, daß die Geschwängerte die Anzeigepflichten erfüllt; vgl. ferner §§ 927, 931, 741, 774, 782, 785 II 20.

22 §§ 967, 571, 583 II 20 (Unterlassungen als „Zeichen der Geringschätzung").

23 *Clemens*, a.a.O., S. 23.

24 Der Staatsrat hatte 1842 die Gleichstellung im Besonderen Teil gestrichen, weil in § 8 des Kommissionsentwurfs von 1840 eine *allgemeine* Gleichstellung vorgenommen war, so daß die besonderen Vorschriften darüber überflüssig wurden. Im Jahre 1843 wurde dann auch die allgemeine Gleichstellungsklausel gestrichen, und zwar mit der offenbar unrichtigen Begründung, daß ja genügend Gleichstellungsklauseln im Besonderen Teil vorhanden seien. Wie *Clemens*, a.a.O., S. 42, nachweist, muß hierbei die vorhergehende Streichung der besonderen Klauseln völlig übersehen worden sein.

25 § 332 lautete: „Als Übertretungen sind nur solche Handlungen oder Unterlassungen zu bestrafen, welche durch Gesetze oder gesetzlich erlassene Verordnungen der Behörden unter Strafe gestellt sind". Die im Entwurf 1843 in § 312 II enthaltene Qualifikation der fahrlässigen Tötung in den Fällen, wo „die Handlung oder *Unterlassung* schon an sich rechtswidrig oder verboten war", ist dagegen nicht Gesetz geworden.

26 Der Entwurf eines Strafgesetzbuches, S. 42.

schließliche Unterlassungstatbestände enthalte, in § 1 notwendig auch Unterlassungen mitverstanden sein müßten (d. h. hier die Handlung i. w. S. gemeint sei) und besondere Gleichstellungsklauseln daher überflüssig seien.

b) Das RStGB bildet somit den Abschluß des das 19. Jahrhundert kennzeichnenden Prozesses, auf besondere Ausprägungen der Unterlassungsstrafbarkeit tunlichst zu verzichten, Teillösungen des Gleichstellungsproblems zu vermeiden und auf eine zukünftige *allgemeine* Lösung durch Rechtsprechung und Wissenschaft zu vertrauen. Daß diese Enthaltsamkeit des Reichsgesetzgebers den Hauptgrund für die heutigen Schwierigkeiten bei der rechtsstaatskonformen Umgrenzung der unechten Unterlassungsdelikte bildet, liegt auf der Hand. Andererseits erscheint es aber auch mindestens fraglich, ob der Gesetzgeber des Jahres 1871 besser beraten gewesen wäre, wenn er eine subsumtionsfähige Gleichstellungsvorschrift in das RStGB einzufügen versucht hätte. Da die Unterlassungsdogmatik damals noch in den ersten Anfängen stand, kann von einem „Beruf" des Reichsgesetzgebers zur legislatorischen Entscheidung der Gleichstellungsproblematik keine Rede sein; denn welche Möglichkeiten boten sich ihm damals? Eine Regelung im Allgemeinen Teil hätte zu jener Zeit nur durch eine Verknüpfung von Unterlassungshaftung und formeller (d. h. metastrafrechtlicher) Rechtspflicht erfolgen können, womit man eine heute nahezu einhellig abgelehnte[27] Theorie zum Schaden der materiellen Gerechtigkeit petrifiziert hätte. Und ob eine Regelung im Besonderen Teil, wie sie heute von *Grünwald*[28] und mit Einschränkungen auch von *Armin Kaufmann*[29] vorgeschlagen, überwiegend aber abgelehnt wird,[30] vor hundert Jahren einigermaßen erfolgversprechend gewesen wäre, darf mit Fug bezweifelt werden.

Freilich hätten auch noch so unvollkommene Fixierungsversuche des Reichsgesetzgebers doch wenigstens die Rechtssicherheit vermehrt, an deren gänzlichem Fehlen die Unterlassungslehre heute noch so furchtbar leidet (so daß man vielleicht meinen möchte: immer noch lieber eine schlechte gesetzliche Regelung als gar keine Regelung.[31] Aber wie die Entwicklung im 19. Jahrhundert auch immer zu beurteilen ist, wir sind doch (vorbehaltlich der Verein-

---

27 Vgl. nur *Jescheck*, AT, S. 413; *Schmidhäuser*, AT, S. 533 f.; *Welp*, Vorangegangenes Tun, S. 63 ff. m. weit. Nachw.; anders *E. A. Wolff*, Kausalität, S. 40 ff.

28 ZStW 70, 412 ff.

29 Vgl. Dogmatik, S. 287 f., wo er die Problematik in den Besonderen Teil verweist, aber auch a. a. O., S. 319, wo er eine gesetzliche Regelung als „zumindest verfrüht" bezeichnet; vgl. auch JuS 1961, 176 f.

30 *Henkel*, MKrim 1961, 186 f.; *Bärwinkel*, Struktur der Garantieverhältnisse, S. 50 ff., m. weit. Nachw.

31 Ob der Verzicht auf jegliche konkrete Regelung überhaupt mit dem nullapoena-Satz zu vereinbaren ist, soll an dieser Stelle noch dahinstehen; vgl. dazu unten S. 281 ff.

barkeit mit Art. 103 II GG[32] an die in ihrem Abschluß, dem RStGB von 1871, niedergelegte Regelung gebunden, wie sie aus der historischen Auslegung ersichtlich ist: Die zur Beschreibung der Tathandlung in den Tatbeständen des Besonderen Teils verwendeten Verben umschreiben nicht nur Handlungen, sondern auch Unterlassungen; tatbestandsmäßig sind aber nicht alle, sondern nur die einer Begehung vergleichbaren Unterlassungen, wobei die Abgrenzung im einzelnen der Rechtsprechung überlassen ist.[33]

III. Systematische und teleologische Auslegung

1. Die von der historischen Auslegungsmethode gelieferte Interpretation wird, wie bereits gezeigt, von der grammatischen Auslegung mindestens zugelassen, wenn nicht sogar unterstützt. Für die logisch-systematische Auslegung gilt dasselbe. Sie könnte nur dann dagegen ins Feld geführt werden, wenn man weiterhin an dem oben erwähnten argumentum e contrario aus den im StGB besonders genannten Unterlassungstatbeständen festhalten wollte. Doch steht es heute außer Streit, daß der Gegenschluß gegenüber der Analogie kein logisches prius besitzt[34] und nicht aus dem Syllogismus „alle a sind b, alle non-a sind -b, x ist non-a und daher -b“ abgeleitet werden kann, bevor nicht der Obersatz „alle non-a sind -b“ auf andere Weise begründet ist. Daran scheitert es aber hier gerade, denn wie die Entstehungsgeschichte gezeigt hat, sind die heute noch im Besonderen Teil expressis verbis geregelten unechten Unterlassungsdelikte nur die bei der Ausmerzung aller Spezialregelungen mehr oder weniger übersehenen Reste, auf die sich ein argumentum e contrario keinesfalls gründen läßt.

2. Auch eine an den Regulativen der „materiellen Rechtswidrigkeit“[35] und der „materiellen Strafwürdigkeit“[36] orientierte teleologische Auslegung unterstützt das durch die vorangegangenen Methoden gewonnene Ergebnis. Die Mutter, die ihren Säugling verhungern läßt, der Bergführer, der den Touristen im Gewirr der Gletscherspalten umkommen läßt – sie haben nach unserem Rechts-

32 Ob der Verzicht auf jegliche konkrete Regelung überhaupt mit dem nullapoena-Satz zu vereinbaren ist, soll an dieser Stelle noch dahinstehen; vgl. dazu unten S. 281 ff.

33 Zu der Frage, ob hierfür eine formell-metastrafrechtliche Rechtspflicht vorliegen muß, s. o. S. 63 f. u. s. u. S. 243 ff.

34 *Klug*, Juristische Logik, S. 124 ff.; *Larenz*, Methodenlehre, S. 368; *Engisch*, Einführung, S. 145.

35 Vgl. zu dieser Unterscheidung erstmals *v. Liszt-Schmidt*, 12./13. Aufl., S. 140 f.; *Sauer*, Grundlagen, S. 273 ff.; *Graf zu Dohna*, Rechtswidrigkeit, S. 48 ff.

36 Ohne sie sollte man im Strafrecht niemals über die materielle Rechtswidrigkeit diskutieren, denn sonst geht leicht der Blick dafür verloren, daß nicht alle rechtswidrigen Handlungen auch der Strafe bedürfen.

gefühl die Totschlagsstrafe verwirkt, und eine Anwendung des § 330c müßte fast als Spott empfunden werden. Diese Fälle machen deutlich, daß auch die Strafwürdigkeitsgrenze nicht zwischen Tun und Unterlassen, sondern mitten durch den Unterlassungsbereich verläuft![37]

3. Daß die unechten Unterlassungsdelikte den Strafvorschriften unseres StGB unterfallen, ist damit auf Grund sämtlicher Auslegungsmethoden eindeutig festgestellt. Allerdings haben wir damit nur eine Antwort auf das „*Ob*", nicht aber auf das „*Wann*" der Strafbarkeit bekommen. Fragen wir uns weiter, ob uns die herkömmlichen Auslegungsmethoden auch hier weiterhelfen.

IV. Gesetzesauslegung und unechtes Unterlassungsdelikt im Einzelfall

1. Das Versagen der *logisch-systematischen* Auslegungsmethode ist offensichtlich. Da dem StGB kein *System* von unechten Unterlassungsdelikten zugrunde liegt, fehlt ihre erste Voraussetzung: ein vorgegebenes System, in dem man weiterdenken kann.

2. a) Die *historische* Methode ist da schon fruchtbarer, denn sie führt immerhin zu der Erkenntnis, daß der Gesetzgeber von 1871 die Strafbarkeit der Unterlassung an ihre Rechtspflichtwidrigkeit im Sinne eines Verstoßes gegen eine *formelle Rechtspflicht* geknüpft dachte.[38] Es ist jedoch zweifelhaft, ob diese Ansicht des damaligen Gesetzgebers für uns heute noch unverbrüchliche Gültigkeit besitzt. Daß der Wille des historischen Gesetzgebers bei der strafrechtlichen Rechtsfindung ausnahmsweise verbindlich sei, wird heute unter Berufung auf den nulla-poena-Satz vor allem von *Naucke*[39] vertreten. Demgegenüber ist nach der h. M.[40] die historische Auslegung nur eine Methode unter anderen gleichwertigen, der im Streitfalle keine ausschlaggebende Bedeutung zukommt; absolute Verbindlichkeit soll für die Auslegung nur der *mögliche Wortsinn*, die sog. Wortlautgrenze, besitzen.

b) Die Entscheidung zwischen diesen beiden Extremen kann an sich nur erfolgen, nachdem das Wesen der Rechtssetzung durch den Gesetzgeber geklärt worden ist. Da das an dieser Stelle mangels der erforderlichen methodologi-

---

37 Strenggenommen ist natürlich wegen § 330c nicht die Strafbarkeitsgrenze überhaupt, sondern die Grenze erhöhter Strafbarkeit gemeint.

38 s. o. S. 57.

39 Zur Lehre vom strafbaren Betrug, S. 189; Festschr. f. Engisch, S. 274 ff.

40 *Jescheck*, Lehrbuch, S. 110 f.; *Baumann*, Strafrecht, S. 137 f.; *Schönke-Schröder*, § 2 Rdnr. 34; *Larenz*, Methodenlehre, S. 320 ff.; *Engisch*, Einführung, S. 82 ff., 104; BVerfGE 1, 127, 312; 8, 307; 10, 244; 11, 130 f.; 13, 268; gänzliche Ablehnung der historischen („subjektiven") Auslegungsmethode bei *Schmidhäuser*, AT, S. 82.

schen Vorklärungen noch nicht möglich ist, muß sich die eigene Stellungnahme auf das Gleichstellungsproblem beschränken. Die Ansicht des Gesetzgebers von 1871, daß die Handlungsäquivalenz der Unterlassung durch das Bestehen einer formellen Rechtspflicht zum Handeln hergestellt werde, ist in dieser Allgemeinheit nach heute einhelliger Auffassung unzutreffend, weil nicht jede beliebige bürgerlich- oder öffentlich-rechtliche Rechtspflicht eine strafrechtliche Haftung begründen kann. Für die Bestimmung der strafrechtlich relevanten Rechtspflichten ist die historische Auslegung daher nicht nur nutzlos, sondern sogar schädlich, weil der historische Gesetzgeber das darin liegende Problem nicht erkannte. Da ihre Verbindlichkeit für *Naucke* aus dem nulla-poena-Satz folgt und dieser einer Abweichung in bonam partem nicht im Wege steht, würde also auch Naucke insoweit die Unbeachtlichkeit der historischen Auslegung zugeben müssen. Ihre einzige Bedeutung könnte daher darin liegen, daß sie für eine Unterlassungsbestrafung eine besondere metastrafrechtliche Rechtspflicht erfordert, womit die Garantenstellungen aus Ingerenz und Übernahme nicht ohne weiteres vereinbar scheinen. Allerdings würde man damit nun bei der Übernahme zu ganz ungereimten Ergebnissen kommen. Die Rechtspflicht aus Vertrag vermag, wie man inzwischen eingesehen hat, die Garantenstellung nicht zu begründen, der Übernahme scheint aber keine Rechtspflicht zu entsprechen – scheidet diese Gruppe daher für eine Garantenstellung überhaupt aus? Man sieht, zu welch unsinnigen Ergebnissen die Bindung an die historische Auslegung führen müßte. Da der Gesetzgeber sich im Jahre 1871 der Gleichstellungsproblematik gar nicht hinreichend bewußt war, erscheint eine Bindung an seine unvollkommenen Vorstellungen aus Gründen der praktischen Rechtsvernunft ausgeschlossen.[41] Zur Lösung der vielschichtigen und komplizierten Gleichstellungsproblematik taugt die historische Auslegung jedenfalls nicht.

3. Daß die *grammatische* Auslegung für sich allein nicht ausreicht, weil der Lebenssprachgebrauch zu unsicher und schwankend ist, wurde bereits oben[42] gesagt. Eine Lösung unmittelbar vom Gesetzeswortlaut her, wie sie schon *Beling*[43] vorschwebte, ist daher mindestens für den praktisch wichtigsten Bereich der Tötungs- und Körperverletzungsdelikte nicht möglich. Nach dem Kriege hat *Hellmuth Mayer* versucht, die alte Theorie *Belings* durch Verbindung mit der historischen Auslegung und der begrifflichen Richtlinie der „gleichwertigen verbrecherischen Willensintensität“ lebensfähig zu machen.[44] Daß die „verbrecherische Willensenergie“ kein mit normalen Auslegungskünsten zu erfassen-

41 Zu der methodologischen Fundierung s. u. S. 300 ff.
42 S. 56 f.
43 Grundzüge des Strafrechts, 10. Aufl. S. 32
44 Strafrecht, AT, 1953, S. 151 ff.; AT, 1967, S. 81 f.

des Merkmal ist, hat er selbst eingeräumt;[45] es gehört daher nicht in den augenblicklichen „konventionellen“ Rahmen, sondern ist erst später zu behandeln.[46] Hier interessiert nur die Frage, ob die grammatische Methode durch die Verbindung mit dem historischen Zusammenhang unserer heute hoch abstrakten Tatbestände praktikabel geworden ist. Diese Frage muß verneint werden. Die im Partikularstrafrecht vor 1871 bestehenden Unterlassungstatbestände waren zu unsystematisch und wären heute zu antiquiert, um bei der Festlegung des Sprachgebrauchs im gegenwärtigen technischen Zeitalter eine Stütze zu bieten.[47] Außerdem müßte man auch vor der Frage Schiffbruch erleiden, ob man denn nun das preußische oder das baierische StGB oder gar ein künstlich integriertes „Gemeindeutsches Strafrecht“ zugrunde legen sollte.

Eine Verbindung von historischer und grammatischer Auslegung vermag daher das Äquivalenzproblem ebenfalls nicht zu lösen.

4. Auch die heute so beliebte *teleologische* Auslegung hilft nicht weiter. Seit den Untersuchungen von *Schwinge*[48] wird darunter im Strafrecht gemeinhin eine am *geschützten Rechtsgut* orientierte Auslegung verstanden. Beim unechten Unterlassungsdelikt steht nun aber die Rechtsgutsverletzung fest, zweifelhaft ist nur ihre Zurechnung an den Täter; Reflexionen über das Rechtsgut bringen da wenig ein. Aber auch die allgemeine teleologische Auslegung nach dem Zweck der Norm versagt, denn bei den unechten Unterlassungsdelikten muß überhaupt erst die Norm gefunden werden, nach der sich die Strafbarkeit des Unterlassers bestimmt!

5. Auch *Analogie* und *Gegenschluß*, die herkömmlichen Rechtsfindungsmethoden jenseits der Auslegung, sind hier auf den ersten Blick von zweifelhaftem Wert. Das immerhin denkbare argumentum e contrario wurde bereits für untauglich befunden;[49] eine Analogie (etwa zu den wenigen im StGB besonders geregelten unechten Unterlassungsdelikten) müßte hier in malam partem erfolgen und wäre daher angesichts des nulla-poena-Satzes problematisch. Ob nicht trotzdem allein ein *analogistisches* Verfahren eine Lösung der Gleichstellungsproblematik verspricht,[50] werden wir noch eingehend prüfen müssen. Hier genügt jedenfalls die Feststellung, daß man damit nicht, wie es herkömmlichen

---

45 AT, 1967, S. 82.

46 s. u. S. 273.

47 Außerdem ist der Grad der Kasuistik sehr unterschiedlich; z. B. hält das ALR in § 691 II 20 für die Körperverletzung eine Generalklausel bereit, die in den folgenden Vorschriften nur z. T. konkretisiert wird.

48 Teleologische Begriffsbildung, S. 22 ff.

49 s. o. S. 62.

50 Vgl. *Art. Kaufmann*, Analogie und Natur der Sache, S. 42; *Rudolphi*, Gleichstellungsproblematik, S. 93.

Strafrechtsmethoden entspricht, streng gesetzesakzessorische Auslegung, sondern vom Gesetz weitgehend gelöste Rechtsschöpfung betreiben würde.

6. Als Ergebnis zeigt sich, daß die herkömmlichen Rechtsfindungsmethoden das Gleichstellungsproblem nicht lösen können. Das nimmt auch nicht weiter wunder, denn eine Auslegung erfordert ein Gesetz, und an einer konkretisierbaren Gesetzesbestimmung fehlt es ja gerade.[51] Es wird daher unsere Aufgabe sein, die unechten Unterlassungsdelikte durch Normschöpfung zu ermitteln. Ob diese Rechtsschöpfung mit dem nulla-poena-Satz vereinbar ist, wird ernsthaft zu prüfen sein. Auf jeden Fall wird die Gewinnung des Rechts der unechten Unterlassungsdelikte nur dann auf allgemeine Zustimmung rechnen können, wenn sie dem Bereich subjektiver Beliebigkeit entzogen ist und auf einer objektiven, rational nachprüfbaren Methode beruht.

V. Die formale Vereinbarkeit mit dem nulla-poena-Satz

1. Da die *materielle* nulla-poena-Problematik (nulla poena sine lege *stricta*) von der Methode der Rechtsgewinnung abhängt, kann sie erst im Zusammenhang mit der eigenen Lösung behandelt werden.[52] Ihre *formelle* Seite (nulla poena sine lege *scripta*) kann dagegen schon jetzt diskutiert werden. Es geht dabei um die Frage, ob wir bei der rechtsschöpferischen Lösung des Gleichstellungsproblems nicht in Wahrheit *ungeschriebene* Straftatbestände schaffen, die mit Sicherheit dem Verbot des Art. 103 II GG unterfallen.[53] So wird etwa von *Grünwald*[54] und *Armin Kaufmann*[55] die Auffassung vertreten, daß die Tatbestände der unechten Unterlassungsdelikte selbständige Garantengebotstatbestände und von denen der Begehungsdelikte völlig verschieden seien. Wenn *Kaufmann* und *Grünwald* hiermit tatsächlich sagen wollten, daß die unechten Unterlassungsdelikte nicht in den Paragraphenformulierungen des StGB unterzubringen seien, so müßte daraus zwingend die Verfassungswidrigkeit der Unterlassungsbestrafung gefolgert werden, weil man damit eben bereits gegen die formelle Seite des nulla-poena-Satzes verstoßen würde. Näher liegt allerdings die Annahme, daß sie damit nur den Tatbestand als systematischen Grundbegriff meinten,[56] der von dem eigentlichen Substrat des Art. 103 II GG, der gesetzli-

51 Dies gilt jedenfalls für die praktisch wichtigste Gruppe, die Tötungsdelikte. Ob bei anderen Tatbeständen im Besonderen Teil die Auslegung mehr verspricht, muß noch untersucht werden.

52 s. u. S. 281 ff.

53 *Maunz-Dürig-Herzog*, Art. 103 Rdnr. 111; *Schönke-Schröder*, § 2 Rdnr. 9.

54 Dissertation S. 44 f.

55 Dogmatik, S. 274; JuS 1961, 175.

56 Vgl. *Roxin*, Täterschaft, S. 461.

chen Formulierung, scharf zu unterscheiden ist,[57] denn weder *Grünwald* noch *Kaufmann* ziehen aus ihrer Tatbestandslehre ernsthaft die Folgerung, daß die Verfassungswidrigkeit der unechten Unterlassungsdelikte damit schon ab ovo gegeben sei. Das wird etwa bei *Kaufmann* ganz deutlich, wenn er die Rechtsstaatsproblematik als eine solche der *Tatbestandsbestimmtheit* (d. h. bezogen auf „nulla poena sine lege stricta") ansieht,[58] also materiell, und die formelle Garantie des Art. 103 II GG außer Betracht läßt. Wie dem auch sei, das Problem der formellen Vereinbarkeit der unechten Unterlassungsdelikte mit Art. 103 II GG muß auf jeden Fall geprüft werden. Das Verbot, aus ungeschriebenen Tatbeständen zu bestrafen, kann nach der eindeutig herrschenden Meinung, die den möglichen Wortsinn als äußerste Grenze zulässiger Auslegung im Strafrecht ansieht,[59] auch dahin formuliert werden, daß es verboten sei, ein Verhalten zu bestrafen, das von dem möglichen Wortsinn der Tatbestandsbeschreibungen des StGB nicht erfaßt werde. Die Frage lautet daher: Ist es möglich, die unechten Unterlassungsdelikte formell in dem Wortlaut der StGB-Paragraphen unterzubringen?[60] Die „Wortlautgrenze" steht, wie bereits festgestellt wurde, nicht im Wege: „Töten" (um ein Beispiel von vielen zu nennen) ist nun einmal auch im natürlichen Sprachgebrauch mit „den Tod verursachen" nicht identisch,[61] denn die Umgangssprache enthält bei besonders evidenten Garantenstellungen bereits eine primitive vorrechtliche Wertung (die Mutter tötet ihr Kind durch Nichtnähren, der Zugführer tötet das Kind auf den Schienen durch Nichtbremsen).[62] Umgekehrt kann „töten" aber, wie gesagt, auch nicht schlechthin als „den Tod nicht abwenden" verstanden werden,[63] denn die Unterlassung des

---

57 *Bärwinkel*, Struktur der Garantieverhältnisse, S. 16 f., spricht in demselben Sinn von Auslegungs- und Kodifikationstatbestand; vgl. auch die Begriffe „Wortlaut-" und „Auslegungstatbestand" bei *Schmidhäuser*, AT, S. 14.

58 Dogmatik, S. 280 ff.

59 Vgl. *Baumann*, Strafrecht, S. 140, und MDR 1958, 394 m. weit. Nachw.; dagegen nur *Sax*, Analogieverbot, S. 152, und *Schmidhäuser*, AT, S. 88, der den Art. 103 II GG praktisch hinwegeskamotiert.

60 Während vorher durchweg geprüft wurde, ob der Wortlaut des Gesetzes etwas Positives für die Bestimmung des unechten Unterlassungsdelikts ergibt, ist jetzt umgekehrt zu untersuchen, ob er vielleicht sogar im Wege steht; daß sich dabei Überschneidungen ergeben, liegt auf der Hand.

61 Anders freilich *Grünwald* a. a. O.

62 Dies ist ein schönes Beispiel für die „primitive Disziplinierung" des Materials durch die vorrechtliche Begriffsbildung, die im vorigen Kapitel im Zusammenhang mit *Lask* erwähnt wurde, s. o. S. 45.

63 So die Auffassung der „Rechtswidrigkeitslösung" („Alle Unterlassungen sind tatsbestandsmäßig, nur die der Garanten sind auch rechtswidrig"), vgl. *Beling*, Verbrechen, S. 164 f.; *M. E. Mayer*, Allgemeiner Teil, S. 191; *v. Hippel*, Strafrecht II, S. 189, 198.

quivis ex populo kann beim besten Willen nicht mehr als Töten im natürlichen Sinne aufgefaßt werden.[64] Die Grenze, die zwischen diesen Extremen irgendwo im Dunkeln verläuft, kann zwar, wie bereits festgestellt, dem natürlichen Wortsinn nicht entnommen werden, eines ist aber doch sicher: Eine vernünftige Garantentheorie wird auch vom Gesetzeswortlaut gedeckt werden, das Nichtretten durch den Garanten wird immer als Töten verstehbar sein; gerade *weil* der Umgangssprachgebrauch keine exakte Grenzziehung zwischen den Extremen ermöglicht, deckt er praktisch jede nicht schlechthin unvernünftige Garantentheorie!

Es bereitet daher keine Schwierigkeiten, den gesetzlichen Begriff des „Tötens" als „aktive Herbeiführung des Todes oder Nichtabwendung seitens eines Garanten" zu bestimmen: Die Weite des Umgangssprachgebrauchs entschärft die formellen Bedenken auf Grund von nulla poena sine lege scripta (und begründet freilich auf der anderen Seite die später zu diskutierenden materiellen Bedenken in bezug auf nulla poena sine lege stricta).

2. Diesem Verständnis der gesetzlichen Tatbestandsbeschreibungen als Zusammenfassung von Handlung und unechter Unterlassung ist allerdings *Armin Kaufmann* mit der Begründung entgegengetreten, daß es aus *logischen* Gründen ausgeschlossen sei.

a) *Kaufmanns* Kritik an *Naglers* Tatbestandslösung[65] beruhte darauf, daß *Nagler* die Unterlassung für ebenso kausal hielt wie die Begehung, trotzdem aber bei ihr zusätzlich eine Garantenstellung forderte. Daß dies unlogisch ist, muß *Kaufmann* zugegeben werden, denn die Definition „x (Tatbestand) = a (Kausalität) oder a + b (Garantenstellung)" ist formallogisch unsinnig, weil es ja auf b gar nicht ankommt, wenn bereits a (= x) vorliegt. Gegenüber unserer Auffassung verschlägt dieser Einwand aber nicht, da wir die Tatbestandshandlung anders definiert haben, nämlich „x = a (mechanische Kausalität) oder b + c (Abwendungsmöglichkeit + Garantenstellung).[66]

b) Auch das normlogische Argument *Kaufmanns*[67] trifft zwar *Naglers*, aber nicht unsere Tatbestandsauffassung. Seine zutreffenden Darlegungen, daß die Begehung einer Verbots-, die Unterlassung aber einer Gebotsnorm widerspreche, stehen unserem Verständnis nicht im Wege, denn wir erkennen unseren „Gesamttatbestand" als Funktion entweder von einer Verbots- oder von einer Gebotsnorm: x = f (a oder c).[68] Gerade *Kaufmanns* Erkenntnis, daß Handlung

64 Daran ist zu erkennen, daß die Vertreter der „Rechtswidrigkeitslösung" mit ihrem Begriff des Tötens etc. „im Rechtssinne" die Wortlautgrenze nicht beachtet haben.

65 Dogmatik, S. 260 f.

66 Vgl. auch *Baumann*, Strafrecht, S. 229.

67 Dogmatik, S. 258.

68 a und c sollen dabei die Ver- bzw. Gebotsnormen symbolisieren.

und Unterlassung normentheoretisch verschieden zu behandeln sind, ermöglicht uns diese selbsttäuschungsfreie Aufgliederung in eine „Entweder-oder-Definition“.

c) Der gegen unser Verständnis somit allein übrigbleibende logische Einwand ist von *Bärwinkel* formuliert worden.[69] Er meint, ein und dasselbe Wort eines kodifizierten Tatbestandes könne aus Gründen der Logik nicht zugleich die Herbeiführung und die Nichtabwendung eines Erfolges bedeuten, wenn Handlung und Unterlassung in einem Oberbegriff nicht zu vereinigende, kontradiktorische Begriffe seien. *Bärwinkel* selbst sucht diesem Einwand dadurch zu begegnen, daß er – im Anschluß an *Nicolai Hartmann* – Handlung und Unterlassung unter dem Oberbegriff der *„disjunktiven Möglichkeit* zur Stellungnahme“ begreift, wobei „disjunktiv“ heißen soll, daß die Möglichkeit nur *vor* der Stellungnahme besteht, mit deren Verwirklichung nur noch eins von beiden (Handlung oder Unterlassung) da sein könne.[70] Diese Gemeinsamkeit im disjunktiven Möglich-Sein reicht nach *Bärwinkel* deswegen zur Rechtfertigung eines einzigen gesetzlichen Oberbegriffs aus, weil auch das Gesetz zunächst als bloße *Anwendungsmöglichkeit* existiere.[71]

Die Richtigkeit dieser Begründung erscheint jedoch fraglich. Die disjunktive Möglichkeit der Stellungnahme, bei der stets alle beide Formen möglich sind,[72] besteht nämlich nur in bezug auf eine Handlung und die Unterlassung gerade *dieser* Handlung. Die Tatbestandsbeschreibung soll jedoch eine Verletzungshandlung und die Unterlassung einer *anderen* Handlung, nämlich der Rettungshandlung, gemeinsam erfassen: von einer disjunktiven Möglichkeit kann hier infolgedessen keine Rede sein. Beide Formen können sogar in der Wirklichkeit durchaus nebeneinander bestehen: So etwa, wenn der zur Heilung des Patienten verpflichtete Chirurg bei einer Krise während der Operation dem Patienten das Skalpell kurzerhand ins Herz stößt, die Krise ohne ärztliche Hilfe ebenso wie der Skalpellstich tödlich war und sich nicht feststellen läßt, woran der Patient zuerst gestorben ist.[73]

Hieran erkennt man den Fehler von *Bärwinkels* Gedankenführung. Indem er an die Stelle der konkreten Tatbestandsbeschreibungen „Töten“, „Verletzen“

---

69 Struktur der Garantieverhältnisse, S. 30; die obigen Ausführungen stimmen mit denen von *Bärwinkel*, a. a. O., S. 16–29, im Ergebnis überein, weswegen sie auch bewußt knapp gehalten wurden.

70 a. a. O., S. 36.

71 a. a. O., S. 40.

72 So ausdrücklich *Bärwinkel*, a. a. O., S. 36.

73 Es braucht auch gar keine (disjunktive) Doppelmöglichkeit vorzuliegen, etwa wenn jemand nur zur Rettung, nicht aber zur aktiven Tötung in der Lage ist.

etc. den abstrakten Verhaltensbegriff setzte, kam er auf den Unterschied von Tun und Unterlassen an sich, als Abstraktum, der jedoch von dem strafrechtlichen Gleichstellungsproblem scharf zu trennen ist. Bei der philosophischen Gleichstellungsfrage wird stets das Tun mit dem Unterlassen dieses Tuns verglichen, bei der strafrechtlichen Gleichstellungsproblematik dagegen das Tun mit dem Unterlassen eines ganz anderen Tuns! Zwischen einem Tun und dem Unterlassen eines anderen Tuns besteht aber von vornherein kein kontradiktorischer Gegensatz, vielmehr ist das Verhältnis ähnlich wie das von Tomaten und Kanonen oder Standardlehrbüchern und Repetitorien, nämlich nach dem Schema a ungleich b.[74] Daß eine solche Zusammenfassung von Ungleichem in einer Bezeichnung zulässig ist, kann an der Urkundenfälschung (§ 267) gezeigt werden. Hier hat bisher noch niemand daran Anstoß genommen, daß sowohl das Herstellen als auch das Gebrauchmachen von einer unechten Urkunde unter einer einheitlichen Firma auftritt. Gegen eine solche „summierende", „junktorische" Begriffsbildung bestehen keine Bedenken, denn daß die Definition nur im klassischen Sinne durch Angabe von genus proximum und differentia specifica möglich sei, kann man nur von einem weder den Strafgesetzgeber noch den Juristen bindenden Vorverständnis des Definitionsbegriffs her behaupen. Freilich, irgendeine Gemeinsamkeit muß zwischen a und b bestehen, damit ihre Zusammenfassung durch einen umfassenden Begriff zweckmäßig und nicht als nutzlose Grille erscheint. Aber diese Gemeinsamkeit von Erfolgsverursachung und Erfolgsnichtabwendung seitens eines Garanten gibt es wenn nicht im bisher betrachteten ontischen so doch jedenfalls im *normativen* Bereich. Daß dies für den Gesetzgeber Anlaß genug ist, um einen einheitlichen Begriff zu verwenden, haben unsere vorangegangenen Überlegungen zu den Prinzipien zweckmäßiger Begriffsbildung hinreichend bewiesen. Das *wertmäßig* Gleiche zu erfassen ist Ziel jeder Rechtsnorm. Allerdings haben unsere Vorüberlegungen auch gezeigt, daß der Gesetzgeber seiner Regelungsaufgabe nur dann vollkommen gerecht wird, wenn er deskriptive, an ontischen Eigenschaften orientierte Begriffe verwendet; und wie weitgehend er die Rechtsfindung auf den Richter verlagert, wenn er normative Begriffe verwendet, beweisen die im vorhergehenden als hochnormativ entlarvten, die Garantenprobleme völlig dem Richter zuschiebenden tatbestandlichen Verhaltensbeschreibungen zur Genüge. Aber die daraus resultierenden Probleme sind nicht logischer Natur – daß der „Gesamttatbestand" von Handlungs- und unechtem Unterlassungsdelikt logisch zulässig ist, wird davon nicht berührt.

74 Es besteht nur ein sog. *konträrer* Gegensatz (vgl. dazu *Diederichsen*, Einführung, S. 34 f.), denn das Tun x kann mit den Unterlassungen a, b, c etc. verglichen werden – immer vorausgesetzt, daß es einen Oberbegriff für Tun und Unterlassen überhaupt gibt.

VI. Zusammenfassung

Unsere Überlegungen zum Verhältnis von unechtem Unterlassungsdelikt und Strafgesetzbuch haben damit ergeben, daß das StGB von der Existenz von unechten Unterlassungsdelikten ausgeht, ohne doch die Anhaltspunkte zu enthalten, auf die eine konventionelle juristische Hermeneutik zur Lösung der Gleichstellungsproblematik angewiesen wäre. Begehungsdelikt und unechtes Unterlassungsdelikt sind zwei Ausformungen des einen gesetzlichen „Gesamttatbestandes", dessen Verhaltensbeschreibung im Begehungsfall *deskriptiv* die Handlung, im Unterlassungsfall *hochnormativ* die Unterlassung durch den im Gesetz nicht näher festgelegten Garanten erfaßt.[75] Auf diese Weise wird dem nulla-poena-Satz formell genügt; ob sein materieller Gehalt einer Strafbarkeit der unechten Unterlassungsdelikte entgegensteht, wird noch zu prüfen sein.

§ 4 Das Problem der gewohnheitsrechtlichen Begründung von Garantenstellungen

I. Grundsätzliche Fragen

1. Wenn uns auch das geschriebene Gesetz bei der Festlegung der Garantenstellungen im Stich läßt, könnten die Tücken dieser Aufgabe doch inzwischen dadurch entschärft sein, daß sich in den letzten 100 Jahren zu dieser Frage ein gesetzesergänzendes *Gewohnheitsrecht* gebildet hat. Die Bedenken, ob die Bestrafung der unechten Unterlassungsdelikte durch das Recht hinreichend bestimmt wird oder ob sie sich im einzelnen nur auf nicht weiter verifizierbare Strafwürdigkeitsmutmaßungen stützen läßt, würden in der Tat durch die Annahme, deren Strafbarkeit sei inzwischen in allen Einzelheiten gewohnheitsrechtlich begründet, radikal verscheucht. Diese These ist erstmals von *Traeger*[1] aufgestellt worden und seitdem in Rechtsprechung und Schrifttum heimisch.[2] Sie hat sich bisher auf die (rechtsquellenmäßig seit je problematischen) Fälle des vorangegangenen gefährlichen Tuns beschränkt, doch steht nichts im

---

75 Daß die Begriffe „deskriptiv" und „normativ" nur idealtypisch absolute Gegensätze sind, während in der Wirklichkeit alle Begriffe in dieser Hinsicht nur graduelle Unterschiede aufweisen, ist dabei natürlich stillschweigend anerkannt.

1 Das Problem der Unterlassungsdelikte, S. 104.

2 *Maurach*, AT, S. 511; *Jescheck*, Lehrbuch, S. 405; *v. Hippel*, Strafrecht II, S. 164; v. *Liszt-Schmidt*, S. 191; *Schönke-Schröder*, Rdnr. 100a vor § 1; *Granderath*, Dissertation, S. 128 ff.; *Fuhrmann*, JuS 1963, 22; RGSt. 58, 132; vgl. auch amtl. Begr. zu § 13 E 1960 (S. 116).

Wege, etwa auch die Bestrafung der Unterlassungen im Rahmen „konkreter Lebensbeziehungen“ darauf zu stützen.

Traegers These löst die Gleichstellungsproblematik auf ungewöhnlich einfache Weise. Man braucht sich danach hinfort nur noch an der gefestigten Rechtsprechung zu orientieren, während einzelne Verlegenheitsentscheidungen, die aus der Kontinuität der Rechtsprechung herausfallen, ohne weiteres übergangen werden können.[3] Auf diese Weise wäre hinreichende Rechtssicherheit gewährleistet und auch eine wirksame Generalprävention ermöglicht.

2. a) Gleichwohl ist die gewohnheitsrechtliche Begründung des unechten Unterlassungsdelikts in den neuesten Monographien durchweg abgelehnt worden. Am weitesten geht dabei *van Gelder*,[4] der (unter Berufung auf *Ernst Wolf*) die Existenz von Gewohnheitsrecht schlechthin in Abrede stellt. Eine eingehende Untersuchung über die Probleme des Gewohnheitsrechts würde Anlage und Umfang dieser Arbeit sprengen. Es kann daher hier nur soviel gesagt werden, daß *van Gelder* die nähere Begründung für seine extrem positivistische Ansicht schuldig geblieben ist. Die Möglichkeit von Gewohnheitsrecht ist auch heute noch von Rechtsprechung[5] und Wissenschaft[6] einhellig anerkannt. Es ist schlechterdings unbestreitbar, daß Gewohnheitsrecht historisch älter ist als das Recht auf Grund staatlicher Setzung und daß am Anfang einer jeden Sozietät eine gewohnheitsrechtliche Rechtsordnung gestanden hat. Daß das römische Amtsrecht, das in den Rechtsspiegeln beschriebene mittelalterliche Volksrecht und das englische common law auch ohne eine positive Setzung genuines Recht darstellten, könnte wohl auch *van Gelder* nicht bestreiten. Bei der Begründung von Gewohnheitsrecht wird das Volk (bzw. seine repräsentative Gruppe) gewissermaßen in seiner Eigenschaft als ursprünglicher Souverän tätig, der die Rechtssetzungsgewalt zwar grundsätzlich dem Parlament übertragen hat, im Einzelfall aber zur Normsetzung noch durchaus in der Lage ist.

b) Da das Wesen des Rechts somit der Existenz von Gewohnheitsrecht nicht entgegensteht, könnte van *Gelders* Standpunkt höchstens noch darauf gestützt werden, daß unter der Herrschaft des *Grundgesetzes*, d. h. in unserer konkreten Rechtsordnung, die Existenz von Gewohnheitsrecht ausgeschlossen sei. Ein Be-

---

3 Da zur Entstehung von Gewohnheitsrecht nach allgemeiner Ansicht eine *längerdauernde* Übung erforderlich ist, vgl. nur *Enneccerus-Nipperdey*, AT I, S. 266 f.

4 Dissertation, S. 127; vgl. auch *Pfleiderer*, Garantenstellung, S. 95, und *Welp*, Vorangegangenes Tun, S. 147 f.

5 Nachw. der einschlägigen Rechtsprechung des BVerfG bei *Leibholz-Rinck*, Einf. 59; vgl. ferner etwa RGSt. 46, 108 ff.; BGHSt. 11, 241 f.

6 Vgl. außer *Enneccerus-Nipperdey*, a. a. O., nur *Schönke-Schröder*, § 2 Rdnr. 24 ff. m. zahlr. Nachw.; *Lehmann-Hübner*, S. 21; *Wolff*, Verwaltungsrecht I, S. 104 f.

weis dafür findet sich bei *van Gelder* nicht. In der Rechtsprechung des BVerfG ist zwar anerkannt, daß nachkonstitutionelles Gewohnheitsrecht insoweit, als in der Verfassung formelle Gesetzesvorbehalte enthalten seien (d. h. praktisch bei der Beschränkung von Grundrechten), nicht gültig entstehen könne; vorkonstitutionelles Gewohnheitsrecht wird dagegen nach Art. 123 GG behandelt, d. h. es gilt nach Ansicht des BVerfG fort, solange es inhaltlich dem GG nicht widerspricht.[7] Ob diese Beschränkung des nachkonstitutionellen Gewohnheitsrechts richtig, ist, braucht hier ebenso wenig näher untersucht zu werden wie das Problem der „Versteinerung" des Gewohnheitsrechts.[8] Bei der gewohnheitsrechtlichen Begründung der Unterlassungsstrafbarkeit würde es sich jedenfalls um *vorkonstitutionelles* Recht handeln, da sich die einschlägige Rechtsprechung, wie *van Gelder* selbst anerkennt,[9] in den Grundfragen zwischen dem ersten und dem zweiten Weltkrieg endgültig gefestigt hatte und seit dieser Zeit in jedem Urteil regelmäßig eine große Zahl von Präjudizien angegeben werden konnte.[10] Falls dadurch Gewohnheitsrecht entstanden war, hätte sich seine Fortgeltung nach Art. 123 GG und damit allein danach bestimmt, ob es mit den materiellen Garantien des Grundgesetzes in Einklang stand. Von diesen Garantien könnte nur eine – aber sehr naheliegende – verletzt sein: der nulla-poena-Satz des Art. 103 II GG.[11] Da dieser aber nicht erst im Grundgesetz formuliert wurde, sondern schon in § 2 RStGB von 1871 und in Art. 116 der Weimarer Reichsverfassung enthalten war, fällt die Frage, ob garantenpflichtbegründendes Gewohnheitsrecht *fortbestehen* konnte, mit der Frage zusammen, ob es überhaupt *entstehen* konnte.

3. Das Problem der gewohnheitsrechtlichen Begründung der Unterlassungsstrafbarkeit spitzt sich damit auf die Frage zu, ob die Festlegung der Garantenpflichten unter der Herrschaft des nulla-poena-Satzes überhaupt eine dem Gewohnheitsrecht geöffnete Materie darstellte. Ohne den Sinn von „nulla poena

---

7 BVerfGE 22, 121; 28, 28.

8 Dazu *Jesch*, Gesetz und Verwaltung, S. 234 ff.

9 a. a. O., S. 123 ff.

10 Ob die Wendung des RG von der Rechtspflicht zur Sozialethik, die im Dritten Reich begann und die der BGH weitgehend fortgesetzt hat, schon vor 1945 Gewohnheitsrecht hätte schaffen können, ist eine Einzelfrage, die aus den im folgenden entwickelten Gründen auf sich beruhen kann. Die Rechtspflichttrias „Gesetz, Vertrag und vorangegangenes Tun" beherrschte jedenfalls die Rechtsprechung seit 1900 ganz unangefochten.

11 Möglicherweise auch der Gleichheitsgrundsatz und der Wesensgehalt des Rechts auf allgemeine Handlungsfreiheit (Art. 2, 3, 19 GG), aber das hängt von dem konkreten Umfang der Unterlassungsbestrafung ab, der für den Verstoß gegen den nulla-poena-Satz hingegen keine Rolle spielt.

sine lege"[12] hier schon eingehender zu ermitteln, möchte man diese Frage prima facie verneinen, denn schließlich steht ja überall zu lesen, daß strafbegründendes Gewohnheitsrecht durch den nulla-poena-Satz ein für allemal ausgeschaltet sei.[13] Die Beweislast trifft infolgedessen die Anhänger der Gewohnheitsrechtstheorie; sie haben aufzuzeigen, wieso der nulla-poena-Satz hier ausnahmsweise nicht im Wege stehen soll.

An Versuchen, diesen Beweis zu führen, hat es in den letzten 60 Jahren nicht gefehlt. Wir wollen sie der Reihe nach durchmustern.[14]

II. Die „Rechtspflicht-Apologie"

1. Die älteste Gewohnheitsrechtsapologie ist verblüffend einfach und scheint für *Traeger* bei Aufstellung seiner Gewohnheitsrechtsthese so selbstverständlich gewesen zu sein, daß er sie der Erwähnung nicht einmal für wert hielt. Sie lautet schlicht: Es handelt sich bei der Begründung von Erfolgsabwendungspflichten überhaupt nicht um strafrechtliche, sondern um *metastrafrechtliche*, vor allem zivilrechtliche Rechtssätze, für die der nullapoena-Satz von vornherein nicht einschlägig ist.

Diese Annahme, die für die zu Zeiten *Traegers* in voller Blüte befindliche formelle Rechtspflichttheorie keiner Diskussion bedurfte, wäre heute auch für alle die Autoren akzeptabel, die das Garantenproblem der Rechtswidrigkeit zuschlagen und damit dem strafrechtlichen Tatbestand entrücken. So meint etwa *Baumann*,[15] daß die Verfassungsmäßigkeit (scil. der unechten Unterlassungsdelikte) besonders dann gehalten werden könne, wenn man das Problem als Problem der Rechtswidrigkeit ansehe, und stellt ausdrücklich fest, daß eine Garantenpflicht auch durch Gewohnheitsrecht begründet werden könne.[16]

---

12 Genau genommen handelt es sich hier um ein Problem von nullum *crimen* sine lege (s. *Baumann*, Strafrecht, S. 70). Da die Differenzierung zwischen crimen und poena für unsere Zwecke jedoch nicht erheblich ist, wird hier immer nur allgemein vom „nulla-poena-Satz" gesprochen.

13 Vgl. vorerst nur als ein Beispiel für viele *Dürig* in *Maunz-Dürig-Herzog*, Art. 103 Rdnrn. 106, 112.

14 Die Gewohnheitsrechts-Problematik wird auch durch § 13 AT 73 nicht obsolet werden, denn die darin enthaltene Generalklausel ändert an dem gegenwärtigen Rechtszustand nichts: Daß es unechte Unterlassungsdelikte gibt, steht auch heute schon außer Streit, und auf die entscheidende Frage nach ihren sachlichen Voraussetzungen gibt auch § 13 AT 73 keine Antwort.

15 Strafrecht, S. 230.

16 Strafrecht, S. 235; weitere Anhänger der „Rechtswidrigkeitslösung" sind *Böhm*, Dissertation S. 49, JuS 1961, 181 (mit ausdrücklicher Betonung der nulla-poena-Problematik) und *Sauer*, Allgemeine Strafrechtslehre, S. 59.

2. Voraussetzung dieser „Rechtswidrigkeitstheorie" ist zunächst, daß außerstrafrechtliches Gewohnheitsrecht überhaupt für das Strafrecht relevant werden kann. Kronzeuge für die allgemeine Billigung dieses mittelbar-strafrechtlichen Gewohnheitsrechts[17] ist eine Entscheidung des Reichsgerichts, die sich mit der Eigenschaft der Kaninchen als jagdbaren Tieren beschäftigt.[18] Das Reichsgericht stellte dort fest, daß Kaninchen kraft sächsischen Gewohnheitsrechts als jagdbare Tiere im Sinne des § 292 anzusehen seien und dieser Tatbestand somit ein auf Gewohnheitsrecht beruhendes Rechtsgut zum Gegenstand habe. Die Strafbestimmung selbst beruhe aber nicht darauf, sondern auf dem StGB. Infolgedessen stelle § 2 StGB (der nulla-poena-Satz) keine rechtliche Schranke dar für die zur Ergänzung des Strafgesetzes erfolgende Heranziehung von Gewohnheitsrecht, das sich auf anderen Rechtsgebieten gebildet habe; ein ähnlicher Vorgang finde sich bei allen Blankettgesetzen.

Daß die knappe Begründung des RG die Problematik nicht voll ausschöpft, zeigt sich schnell. Angenommen, der Gesetzgeber wäre bei Erlaß des StGB bewußt davon ausgegangen, daß Kaninchen nicht zu den jagdbaren Tieren im Sinne des Jagdrechts gehörten, und hätte nur deswegen die Verweisung auf das fremde Jagdrecht riskiert, weil die Kaninchen damit nicht betroffen waren, hätte also die Bestrafung der bagatellarischen „Kaninchenwilderei" dem Landesrecht überlassen – müßte man dann nicht einer gewohnheitsrechtlichen Änderung des materiellen Jagdrechts die Anerkennung im Strafrecht versagen, weil dadurch eben doch der Strafbarkeitsbereich außerhalb des formellen Gesetzes erweitert würde?[19] Dieses Beispiel zeigt, daß das außerstrafrechtliche Gewohnheitsrecht nur unter einer zusätzlichen Voraussetzung strafrechtsrelevant ist: Das Strafrecht muß auf die Regelung des anderen Rechtsgebietes in Bausch und Bogen verweisen, es muß schlechthin *akzessorisch* sein. Nach der heute h. M. liegt eine solche *Akzessorietät* des Strafrechts nur in wenigen Fällen vor,[20] zu denen allerdings, insoweit ist dem RG im Ergebnis beizupflichten, auch die Anknüpfung des § 292 an das subjektive Jagdrecht als Aneignungsrecht zählen dürfte.[21] Daß im Rahmen einer solchen Bezugnahme auch fremdes Gewohn-

---

17 Vgl. *Schönke-Schröder*, § 2 Rdnr. 28; *Jescheck*, Lehrbuch, S. 95.

18 RGSt. 46, 108 ff. (111 f.).

19 Dasselbe gölte an sich auch, wenn das Jagdrecht durch Gesetz auf Kaninchen erstreckt würde. Hier könnte man sich aber durch die Annahme helfen, daß das spätere Jagdgesetz (sofern es gleichen Rang hatte) das frühere Strafgesetz modifiziert hätte.

20 Kennzeichnend ist die Schrift von *Bruns*, Die Befreiung des Strafrechts vom zivilistischen Denken, vor allem S. 290 ff.; vgl. auch *meine* Kontroverse mit *Dreher*, in GA 1969, S. 46 ff., 56 ff.

21 Nach h. M. ist auch der strafrechtliche Eigentumsbegriff zivilrechtsakzessorisch. Für das Eigentum an Geld versucht *Roxin*, Festschr. f. Hellmuth Mayer, S. 467 ff., eine Lösung aus dieser Abhängigkeit (vgl. auch *Mezger-Blei*, BT, S. 157); gegen ihn *Miehe*, Festschr. f. Honig, S. 118 f.

heitsrecht strafrechtsrelevant wird, wird man deswegen nicht ausschließen können, weil das Strafrecht ja an vielen Stellen sogar auf außerrechtliche normative Maßstäbe verweist, die ebenfalls in ständiger Wandlung begriffen sind (so etwa mit den Begriffen der Beleidigung und der Unzucht). Daß der nulla-poena-Satz dieser Gesetzgebungspraktik nicht im Wege stehen kann, folgt einigermaßen zwingend aus dem Gebot der materialen Gerechtigkeit, denn sonst wäre das Strafrecht nicht in der Lage, sich bei gleichbleibendem Gesetzeswortlaut an den Wandel der Verhältnisse anzupassen; der Rechtswert der Gerechtigkeit schränkt hier daher den in Art. 103 II GG zum Ausdruck gekommenen Rechtswert der Rechtssicherheit ein, weil sonst keine „praktische Konkordanz" zu erzielen wäre.[22]

Allerdings wird man, um dem nulla-poena-Satz in der dialektischen Spannung von Rechtssicherheit und materialer Gerechtigkeit das verfassungsrechtlich gebotene Gewicht zu belassen, für die Verweisung des Strafrechts auf metastrafrechtliche Normengefüge mindestens eine Grenze[23] anerkennen müssen: Die Abdankung des Strafgesetzgebers darf nicht dergestalt erfolgen, daß die in Bezug genommene Regelung unter der Hand zu einem Strafrechtsnormenwerk avanciert. Damit soll gesagt sein, daß die Bezugsordnung (etwa das Jagdrecht oder die soziale Sittenordnung betreffend Anstand und Achtung gegenüber den Mitbürgern) eine eigenständige Regelungsaufgabe haben muß und nicht nur ein Abglanz des Strafrechts sein darf. Die im Volke lebendige geschlechtliche Sittenordnung etwa kann infolgedessen nur dann in der Strafrechtsnorm aufgegriffen werden, wenn sie zunächst einen von der Strafbarkeitsfrage völlig unabhängigen Bestand hat; eine Volksansicht etwa, der Verlobtenbeischlaf sei Unzucht, weil doch die Kuppelei bestraft werde, wäre daher strafrechtlich ohne jede Bedeutung.[24] Außerstrafrechtliches Gewohnheitsrecht ist danach also nur dann strafrechtsrelevant (und zugleich überhaupt nur zulässig), wenn es gerade auch außerstrafrechtliche Geltung besitzt und nicht lediglich verkapptes Strafrecht darstellt.

3. Damit haben wir einerseits festgestellt, daß die auf der formellen Rechtspflichttheorie oder, allgemeiner, auf der Qualifikation der Gleichstellungsfrage

---

22 Zu diesem Ausdruck *Hesse*, Grundzüge, S. 28 f., 126 f.; zu den Schranken des nulla-poena-Satzes auf Grund der Natur der Sache vgl. eingehend *Lenckner* JuS 1968, 249 ff., 304 ff.

23 Eine eingehende Analyse, die hier aber nicht am Platze ist, würde wahrscheinlich weitere Einschränkungen ergeben; vgl. die abgewogene Untersuchung von *Lenckner*, a. a. O.

24 Die ehemals Zündstoff bietende Frage, ob mit dem Unzuchtsbegriff auf die Volksanschauung oder auf überzeitliche absolute Wertwesenheiten verwiesen sei, lohnt heute nicht mehr eine Diskussion, denn weder BGHSt. (GS) 6, 46 ff. noch BGHSt. 17, 230 ff. sind zur Zeit noch aktuell. Eine etwas verspätete, im Prinzip aber zutreffende Polemik findet sich dazu bei *Wiethölter*, Rechtswissenschaft, S. 124 ff.

als Problem der Rechtswidrigkeit basierende Gewohnheitsrechtsapologie[25] jedenfalls nicht a limine verworfen werden kann, und uns andererseits genügend Kriterien erarbeitet, um über ihre Tauglichkeit endgültig entscheiden zu können.

a) Genau genommen müßte allerdings zuerst die Grundvoraussetzung aller Theorien, die das Garantenproblem zur Rechtswidrigkeit schlagen, überprüft werden, die These nämlich, daß das unechte Unterlassungsdelikt eine metastrafrechtliche formelle Rechtspflicht voraussetze.[26] Die Behandlung dieses schwierigen Problems soll hier jedoch noch ausgespart werden, denn es greift über den Gewohnheitsrechtskomplex weit hinaus und kann auch nicht im Handumdrehen gelöst werden. Eine einstweilige Fürwahrunterstellung der bezeichneten These erscheint um so angezeigter, als sie sich nach ihrer Zurückdrängung in den Dreißiger Jahren[27] heute wieder wachsender Beliebtheit erfreut.[28]

b) Diese Wahrunterstellung ist auch völlig unschädlich, denn es gibt genug andere Punkte der Rechtspflicht-Apologie, an denen der Hebel der Kritik angesetzt werden kann. Den ersten Einwand liefern unsere vorangegangenen Überlegungen zum verkappt-strafrechtlichen Gewohnheitsrecht, denn das angebliche Gewohnheitsrecht der Garantenpflichten hat sich doch nirgends anders gebildet als in der Rechtsprechung der Strafgerichte, vor allem des Reichsgerichts! Vergeblich sucht man nach einer ständigen Zivilrechtsprechung, die auf der Ingerenzpflicht beruhte, und selbst wenn man das eine oder andere Urteil dieser Art auffinden würde, würde man darin ohne Zweifel an Stelle von Begründungen Zitate von Strafurteilen finden; die Schaffung von Gewohnheitsrecht könnte darin gewiß nicht gesehen werden.

Daß das Garantengewohnheitsrecht in Wahrheit verkapptes Strafrecht ist, zeigt sich nicht nur (wenn auch hier besonders deutlich) bei der Ingerenz, sondern auch bei der sog. Garantenstellung aus konkreter Lebensbeziehung. Wo ist das Zivilurteil, das aus diesen gesellschaftlich-faktischen Gemeinschaften einmal einen Anspruch abgeleitet hat? Die verpflichtende Kraft dieser Verhältnisse findet man nur in der Strafrechtsprechung ausgesprochen, nur im Strafrecht

---

25 im folgenden kurz „Rechtspflicht-Apologie" genannt.

26 Noch genauer genommen scheint es eine noch grundlegendere Prämisse zu geben: die Dreigliedrigkeit des Verbrechensaufbaus. Von der Diskussion dieser reinen Systemfrage kann hier jedoch abgesehen werden, denn die formelle Rechtspflichttheorie dürfte auch in einem zweigliedrigen Aufbau unterzubringen sein.

27 Vor allem durch die Kritik von *Schaffstein*, Festschr. f. Gleispach, S. 87 f., und *Nagler*, GS 111, 74, 82.

28 Vgl. *Schönke-Schröder*, Rdnr. 101 vor § 1; *Baumann*, Strafrecht, S. 240; *Maurach*, AT, S. 511.

erblühte diese Subkultur des Familienrechts! Eine eigenständige Regelungsaufgabe der Garantenbezugsordnung ist nirgends zu erkennen, das Garantengewohnheitsrecht existiert überhaupt *nur im* Strafrecht und *für* das Strafrecht. Der Fall liegt nicht anders, als wenn bei den Kaninchen niemals jemand auf die Idee gekommen wäre, ein Aneignungsrecht des Jagdberechtigten anzunehmen, und nur die Strafsenate des RG die hoppelnden Nager als dem Jagdrecht unterliegendes Wildbret angesehen hätten. Dann wäre die Jagdbarkeit der Kaninchen kein echtes außerstrafrechtliches Gewohnheitsrecht, sondern verkapptes, gegen den nullapoena-Satz verstoßendes Strafrecht gewesen. Ebenso stellen die (einer formellen Rechtspflichttheorie allein Schwierigkeiten bereitenden) Erfolgsabwendungspflichten aus Ingerenz oder konkreter Lebensbeziehung mangels einer außerstrafrechtlichen Existenz verkapptes Strafrecht dar und unterfallen deshalb ausnahmslos dem Anwendungsbereich des nulla-poena-Satzes.

c) Gegenwärtig stellt die Rechtspflicht-Apologie somit nur einen erfolglosen Versuch zur Umgehung von § 2 StGB und Art. 103 II GG dar. Für die Zukunft wäre aber eine andere Entwicklung vorstellbar. Gesetzt den Fall, die Zivilsenate des BGH würden in ständiger Rechtsprechung die Briefträger für verpflichtet erklären, auf ihren Dienstgängen Leib und Leben der Postbenutzer zu schützen,[29] und schließlich ein dahingehendes Gewohnheitsrecht schaffen; würde das nicht eine Garantenbegründung ermöglichen, die auch vor dem nulla-poena-Satz Bestand hätte?

Das Beispiel läßt bereits erkennen, daß hier irgend etwas nicht stimmen kann. Tatsächlich krankt die Rechtspflicht-Apologie an einem weiteren Mangel, der ihre Grundlagen betrifft und daher auch für die Zukunft nicht geheilt werden kann. Sie setzt nämlich eine *Akzessorietät* der strafrechtlichen Garantenstellung zu der metastrafrechtlichen Rechtspflicht voraus, deren Unhaltbarkeit heute außer Frage steht. Mag auch die These, daß die Garantenstellung überhaupt eine metastrafrechtliche Rechtspflicht voraussetzt, heute wieder an Anhängern gewinnen, so ist doch die die formelle Rechtspflichttheorie darüber hinaus kennzeichnende Annahme, die Garantenstellung sei mit der außerstrafrechtlichen Rechtspflicht identisch,[30] seit der herben Kritik von *Schaffstein* und *Nagler*[31] in der Literatur mehr und mehr preisgegeben worden. Wie am Beispiel des Kindermädchens, das seine Stelle vertragswidrig nicht antritt und nach einhelliger Meinung dadurch keine Garantenpflicht verletzt, bis heute unwiderlegt bewiesen wird, erfordert eine Handlungsäquivalenz der Unterlassung eben nicht

29 Das Beispiel findet sich in abgewandelter Form bei *Arm. Kaufmann*, Dogmatik, S. 285.

30 Vgl. *Traeger*, a. a. O., S. 70, und die weit. Nachw. bei *Welp*, a. a. O., S. 61 ff.

31 Festschr. f. Gleispach, S. 70 ff.; vgl. auch *Nagler*, GS 111, 23 f., *Schaffstein*, DJ 1936, 767 ff., und *Grünwald*, Dissertation, S. 52.

irgendeine, sondern eine bestimmt geartete Rechtspflicht zum Handeln. Die Frage, ob überhaupt eine Rechtspflicht besteht, bereitet weit weniger Schwierigkeiten als die für die Gleichstellung ausschlaggebende Frage, ob diese Pflicht als eine strafrechtliche Garantenpflicht angesprochen werden kann. Und darüber kann kein zivil- oder öffentlich-rechtliches Gewohnheitsrecht entscheiden, denn die Strafrechtsrelevanz der Rechtspflicht ist ein ausschließlich strafrechtliches Problem! Der Kindermädchenfall ist nur einer von vielen, die alle deutlich machen, daß das Strafrecht nicht einfach akzessorisch ist, daß es vielmehr eine eigenständige Wertung erfordert. Um den klassischen Satz von Nagler zu zitieren:[32] „Daß die Nichterfüllung bürgerlich-, disziplinar-, völkerrechtlicher oder sonstiger Verpflichtungen an sich bloß die von jenen Rechtsgebieten selbst dargebotenen Wirkungen auslösen kann, lehrt schon die einfachste Überlegung". Die formelle Rechtspflichttheorie hat verkannt, daß das Gleichstellungsproblem nur durch Auffindung einer oder mehrerer *Strafrechtsnormen* gelöst werden kann und daß diese Normen infolgedessen kein zulässiger Gegenstand gewohnheitsrechtlicher Rechtsbildung sein können.

Auch die modernen Versuche, die Garantenpflicht bei der Rechtswidrigkeit zu plazieren, vermögen an dieser Grundeinsicht nichts zu ändern. Sie kommen ebenfalls nicht um die Anerkennung der Tatsache herum, daß das unechte Unterlassungsdelikt nicht schon durch die Rechtswidrigkeit der Unterlassung konstituiert wird, sondern erst durch ihre Strafrechtswidrigkeit, d. h. durch ihren Verstoß gegen Strafrechtsnormen.[33] Sonst müßten sie sich nämlich zu der ungeheuerlichen Konsequenz verstehen, bei den Unterlassungen die Strafbarkeit bereits an die bloße Rechtswidrigkeit zu knüpfen, wozu aber begreiflicherweise niemand bereit ist. Auch *Baumann* gibt durch seine Forderung nach einer Pflicht von „tatbestandsmerkmalähnlicher Stärke"[34] zu erkennen, daß er nicht daran denkt, die Garantenstellung ohne weiteres aus der metastrafrechtlichen Rechtspflicht zu entnehmen.

d) Damit ist das Urteil über die Rechtspflicht-Apologie endgültig gesprochen. Die Frage, ob eine Garantenpflicht besteht, ist eine originär strafrechtliche Frage, ihre Beantwortung fällt daher in den Anwendungsbereich des nulla-poena-Satzes. Eine Begründung von Handlungspflichten durch metastrafrechtliches Gewohnheitsrecht ist dadurch zwar nicht ausgeschlossen, seine Bedeutung für das Strafrecht ist aber auf ein Minimum reduziert worden. Erst wenn die strafrechtlichen Maßstäbe der Garantenstellung feststehen, kann un-

32 GS 111, 23 f.

33 Zu dieser normentheoretischen Unterscheidung, s. u. S. 123 ff.

34 Strafrecht S. 232; vgl. auch a. a. O., S. 236, wo er ausführt, die Pflicht sei nicht einfach aus der gesetzlichen Vorschrift zu entnehmen.

tersucht werden, ob eine auf anderen Rechtsgebieten gewohnheitsrechtlich begründete Pflicht diesen materialen Anforderungen genügt. Bei den sog. Erfolgsabwendungspflichten aus Ingerenz und konkreter Lebensbeziehung ist eine solche gewohnheitsrechtliche „Minimalabstützung" aber schon deswegen ausgeschlossen, weil es sich hierbei (wenn überhaupt) um verkapptes strafrechtliches Gewohnheitsrecht handelt.

III. Die Apologie „in bonam partem"

1. Als außerstrafrechtliches Gewohnheitsrecht können die heutigen Garantenstellungen daher nicht gerechtfertigt werden. Die Apologie muß infolgedessen auf Gründe gestützt werden, die gerade strafrechtliches Gewohnheitsrecht als zulässig erscheinen lassen. Eine wegen ihrer Einfachheit geradezu verblüffende Lösung wird heutzutage von *Maurach* angeboten.[35] Nach seiner Auffassung stellt die Begründung von Garantenpflichten nämlich keine *Erweiterung*, sondern eine *Einschränkung* der an sich gegebenen Strafbarkeit dar, so daß darüber bestimmendes Gewohnheitsrecht nur *in bonam partem* wirke und als solches gemäß der allgemeinen Meinung[36] zulässig sein müsse.

2. Bei genauerem Zusehen zeigt sich freilich bald, daß die Verblüffungswirkung von *Maurachs* Apologie „in bonam partem" aus deren Natur als *Kunstgriff* folgt und von keiner Überzeugungswirkung ergänzt wird. Daß im Gesetz an sich alle Unterlassungen den Handlungen gleichgestellt wären, daß die Nichtabwendung des Todes durch den quivis ex populo an sich Tötung, die Nichthinderung eines Deliktes an sich Beihilfe sei, ist eine extravagante Vorstellung, die angesichts unserer Ergebnisse im vorigen Kapitel ganz und gar unhaltbar erscheint. Der Gesetzgeber von 1871 dachte nicht im entferntesten daran, alle Unterlassungen den Begehungstatbeständen zuzuschlagen; die Qualifikation der Garantenstellungen als strafbarkeitseinschränkender Merkmale wird daher der historischen Entwicklung nicht gerecht. Mit nahezu demselben Recht könnte man alle strafrechtlichen Tatbestände als Strafbarkeitseinschränkungen ansprechen, denn sie beschränken die Strafbarkeit auf diejenigen, die die Tatbestände erfüllen, und nehmen den quivis ex populo von der Strafbarkeit aus! *Maurachs* Argument ist daher ein sprachlicher Kunstgriff, der auf der Eigenart der Sprache beruht, für die meisten Aussagen – je nach dem Beziehungspunkt – eine positive und eine negative Formulierung bereitzuhalten (so kann man ja etwa das Handlungsverbot auch als Unterlassungsgebot formulieren und das Handlungs-

35 AT, S. 510 f.

36 *Schönke-Schröder*, § 2 Rdnr. 25 ff.; *Jescheck*, Lehrbuch, S. 79.

gebot als Unterlassungsverbot!). Der von der sprachlichen Formulierung unabhängigen Idee des nulla-poena-Satzes kann man dadurch aber natürlich nicht entrinnen. Die Garantenstellungen bleiben bei jeder denkbaren Formulierung doch immer ratio essendi der Strafbarkeit und können daher der Geltung des nulla-poena-Satzes nicht entzogen werden.[37]

IV. Die Apologie aus der Natur der Sache

1. Damit bleibt nur noch eine Gewohnheitsrechtsapologie übrig, die allerdings in zwei verschiedenen Spielarten vertreten wird. *Schröder* stellt darauf ab, daß die *Auslegung* bestimmter, vom Gesetz selbst nicht definierter Begriffe auch zum Nachteil des Täters gewohnheitsrechtliche Verbindlichkeit erlangen könne,[38] wobei er anscheinend von dem Gedanken ausgeht, das Gewohnheitsrechts*verbot* des nulla-poena-Satzes könne keinen größeren Umfang haben als das Bestimmtheitsgebot. *Jescheck*[39] betont, daß viele der wichtigen *allgemeinen* Lehren des Strafrechts im Gesetz selbst keinen Niederschlag gefunden hätten und sich allein aus Gewohnheitsrecht ergäben, und zählt dazu auch die Strafbarkeit der unechten Unterlassungsdelikte; er spielt also auf den Satz an, daß der nulla-poena-Satz nur im Besonderen Teil gelte.[40] Beide Begründungen hängen in gewisser Weise zusammen, denn gerade im Allgemeinen Teil des Strafrechts findet man natürlich zahllose Begriffe, die vom Gesetz selbst nicht definiert sind. Wir werden daher zunächst die Prämisse *Jeschecks* untersuchen, daß die Bestimmung der Garantenstellungen ein Problem des Allgemeinen Teils sei, und uns sodann der übergreifenden Frage zuwenden, ob die schöpferische Ausfüllung von Blankettbegriffen im StGB wirklich durch Gewohnheitsrecht erfolgen kann.

2. a) Die Frage, ob die Gleichstellungsproblematik in den Allgemeinen oder in den Besonderen Teil gehört, ist heute einer der beliebtesten Streitpunkte der Unterlassungssystematik. Nachdem jahrzehntelang die Behandlung der Garantenstellungen im Allgemeinen Teil eine Selbstverständlichkeit war, haben *Grünwald*[41] und *Armin Kaufmann*[42] in den Fünfziger Jahren eine alte Anregung

37 Im Ergebnis ebenso *Welp*, a. a. O., S. 143 f., der vorwiegend auf ein argumentum e contrario aus den echten Unterlassungsdelikten abstellt, was zwar teleologisch richtig, formallogisch aber deswegen nicht ganz stringent ist, weil ja auch die echten Unterlassungsdelikte partielle Strafeinschränkungen sein könnten.

38 *Schönke-Schröder*, § 2 Rdnr. 29.

39 Lehrbuch, S. 79, 405 f.

40 *Maurach*, AT, S. 93.

41 Dissertation, S. 76; ZStW 70, 424 ff.

42 Dogmatik, S. 287 ff.; JuS 1961, 176; vgl. auch *Meyer-Bahlburg*, MKrim 1965, 251 f.

Schaffsteins[43] wieder aufgegriffen und die Bestimmung des unechten Unterlassungsdelikts in den Besonderen Teil verwiesen. In den letzten Jahren haben sich *Rudolphi*[44] und *Welp*[45] darum bemüht, die Domizilierung der Gleichstellungsproblematik sowohl im Allgemeinen als auch im Besonderen Teil nachzuweisen, und hierfür ein Aufteilungsschema entwickelt.

b) Ohne den in dieser Arbeit später noch vorzunehmenden Versuch einer eigenen Systematisierung allzusehr zu präjudizieren, kann hier immerhin doch schon folgendes gesagt werden: Die Gleichstellungsfrage ist ebenso viel und ebenso wenig ein Problem des Allgemeinen oder Besonderen Teils wie alle strafrechtlichen Fragen überhaupt. Der sog. Allgemeine Teil stellt ja nur ein Bündel von Grundsätzen dar, die bei den meisten Delikten irgendwie relevant werden, besitzt aber auf Grund seines hohen Abstraktionsgrades nicht mehr die Inhaltsfülle der einzelnen Delikte. Jeder allgemeine Grundsatz gilt bei den verschiedenen Delikten nur mit mehr oder weniger großen Einschränkungen, und es ist ja allgemein bekannt, daß unsere heutigen allgemeinen Lehren vorwiegend an den Tötungsdelikten entwickelt wurden und quasi ein Destillat der §§ 211–222 darstellen. Entsprechend kann man auch die vor allem bei den Tötungs- und Körperverletzungsdelikten relevanten Garantenstellungen verallgemeinern und im Allgemeinen Teil behandeln, muß sich hierbei jedoch darüber im klaren sein, daß die auf diese Weise aufgestellten Grundsätze bei ihrer Anwendung auf die übrigen Delikte erheblicher Modifikationen bedürfen. Darin unterscheiden sie sich aber nicht von anderen Prinzipien des Allgemeinen Teils. Zum Beispiel spielt auch der Kausalitätsbegriff nicht bei allen Tatbeständen eine Rolle (bei den höchstpersönlichen Tätigkeitsdelikten, wie bei Meineid und Blutschande, kommt es darauf überhaupt nicht an), und ob die allgemeinen Regeln über Tatbestands- und Verbotsirrtum für alle besonderen Delikte in gleicher Weise gelten, ist eine meist viel zu voreilig bejahte schwierige Frage.[46]

---

43 Gleispach-Festschrift S. 110, 114.

44 Gleichstellungsproblematik, S. 57 ff.

45 Vorangegangenes Tun, S. 18 ff.

46 So spricht etwa vieles dafür, bei den Zueignungsdelikten die „Vorsatztheorie" zu vertreten, die im Wortlaut des § 242 („Absicht rechtswidriger Zueignung") eine kräftige Stütze findet und bei den wegen ihrer Reparabilität nicht so schwerwiegenden Vermögensdelikten kriminalpolitisch angebrachter erscheint als die rigorose „Schuldtheorie". In welche Schwierigkeiten die Rechtsprechung beim Diebstahlstatbestand mit dem Dogma von der Allgemeingültigkeit der Schuldtheorie kommt, zeigt die verunglückte und in ihrem Gedankengang kaum verstehbare Entscheidung BGHSt. 17, 90, die beim juristisch meist ungebildeten Täter Distinktionen voraussetzt, die nur ein Rechtsprofessor an deutschen Hochschulen vornehmen könnte. Weder die weitere Rechtsprechung des BGH (in GA 1962, 144; 1966, 212) noch die Stellungnahmen im Schrifttum (*Schröder* JR 1962, 346; *Hirsch* JZ 1963, 153) bieten eine befriedigende Lösung der Vorsatzproblematik, die hier wahrscheinlich nur durch die Vorsatztheorie möglich ist.

c) Diese Einsicht in die „relative Allgemeinheit“ der Garantenstellungen führt zugleich aber auch zu dem Ergebnis, daß der nulla-poena-Satz für sie unveränderte Geltung besitzt. Wenn nämlich die Schaffung eines Allgemeinen Teils nur heuristischen Wert besitzt und die wissenschaftliche Durchdringung des Strafrechts ermöglicht, jeder allgemeine Begriff aber im Grunde genommen in den Tatbeständen des Besonderen Teils – oft in modifizierter Form – wieder auftaucht, so kann es für die Reichweite des nulla-poena-Satzes offenbar nicht darauf ankommen, ob eine im Besonderen Teil vorzufindende Erscheinung verallgemeinert und „vor die Klammer“ gezogen wird oder nicht. Sonst könnte man ja etwa den nulla-poena-Satz für die Zueignungsdelikte (und entsprechend in vielen anderen Fällen) dadurch außer Kraft setzen, daß man einfach im Allgemeinen Teil einen allgemeinen Zueignungsbegriff schaffte (was durchaus vertretbar wäre, da die Zueignung ja in mehr als einem Tatbestand eine Rolle spielt). Daß dies ein erfolgloser Versuch der Gesetzesumgehung wäre, liegt auf der Hand. Zu dem *Garantietatbestand* im Sinne des § 2 StGB und des Art. 103 II GG zählen daher *alle* Voraussetzungen der Strafbarkeit, mögen sie besondere oder allgemeine, „vor der Klammer“ weitgehend einheitlich geregelte Tatbestandsmerkmale sein, und deswegen auch die Vorschriften des Allgemeinen Teils.[47] Die Gewohnheitsrechtsapologie kann daher darauf, daß die Garantenstellungen im Allgemeinen Teil behandelt werden können, nicht mit Erfolg gestützt werden.

3. a) Als letzte Apologie bleibt daher nur noch die These übrig, daß die Auslegung der unbestimmten Rechts- oder Gesetzesbegriffe allgemein durch Gewohnheitsrecht verfestigt werden könne.[48] Beim ersten Zusehen entfaltet sie eine außerordentliche Überzeugungskraft. Wenn man nämlich mit der nahezu einhellig herrschenden Meinung[49] die unechten Unterlassungsdelikte trotz der offenbar mangelhaften Bestimmung im StGB für verfassungsmäßig erklärt, so statuiert man damit anscheinend eine Ausnahme vom nulla-poena-Grundsatz, d. h. einen Bereich, in dem dieses Prinzip jedenfalls nicht in voller Schärfe gilt. Liegt es da nicht nahe, auch das Verbot strafbegründenden Gewohnheitsrechts in der gleichen Weise zu beschränken? Wird nicht der Rechtssicherheit viel besser gedient, wenn dieses vom Gesetz nicht geregelte Gebiet wenigstens durch Gewohnheitsrecht erfaßt und für den Rechtsunterworfenen wie den Richter berechenbar gemacht wird?

---

47 So übrigens auch *Jescheck*, Lehrbuch, S. 96 f.; *Schönke-Schröder*, § 2 Rdnr. 21 m. weit. Nachw.

48 Vgl. außer *Schönke-Schröder*, § 2 Rdnr. 29, auch *Jagusch*, LK, § 2 Anm. I, 2c.

49 Anderer Ansicht früher nur *Kraus*, ZStW 23, 789 ff.; die heutige Skepsis von *H. Mayer*, MatStrR I, S. 275 ff., *Grünwald*, Dissertation, S. 69 ff., *Arm. Kaufmann*, Dogmatik, S. 280 ff., *Busch*, Festschr. f. v. Weber, S. 192 ff., schreckt vor der letzten Konsequenz zurück.

b) So plausibel die mit diesen rhetorischen Fragen intendierte Auffassung zunächst ist – bei einigem Nachdenken ergeben sich doch Zweifel. Wenn man die Rechtssicherheit subjektiv, etwa im Sinne von *Feuerbachs* psychologischer Zwangstheorie,[50] versteht, wird sie durch die gewohnheitsrechtliche Festlegung nicht allzu sehr befördert, denn der Durchschnittsbürger wird die Rechtsprechung des RG oder des BGH ohnehin kaum kennen. Wirklich gefördert wird daher nur die Rechtssicherheit im objektiven Sinne, d. h. die Uniformität der gerichtlichen Entscheidungen. Diese objektive Rechtssicherheit, die keineswegs den alleinigen Zweck des Art. 103 II GG ausmacht,[51] tritt hier aber in Widerspruch zu zwei Hauptquellen des nulla-poena-Satzes, nämlich seiner *demokratischen* und seiner *kriminal-politischen* Begründung.[52]

Die sog. *demokratische* Begründung ist historisch gesehen die Wurzel des nulla-poena-Satzes überhaupt gewesen. In der Aufklärungszeit wurde aus dem Denkmodell des contrat social die Forderung abgeleitet, nur der souveräne Gesetzgeber dürfe die Strafe für die Verbrechen bestimmen. So heißt es etwa bei *Beccaria*:[53] „Die erste Folge aus diesen Grundsätzen (scil. über den Gesellschaftsvertrag) ist, daß allein die Gesetze die Strafe für die Verbrechen bestimmen können, und diese Befugnis kann nur dem Gesetzgeber zustehen, der die gesamte durch einen Gesellschaftsvertrag vereinigte Gesellschaft repräsentiert; kein Beamter kann, denn auch er ist ein Teil der Gesellschaft, gerechterweise über ein anderes Mitglied der Gesellschaft, der er angehört, Strafe verhängen".[54] Dieses klassische Verständnis des nulla-poena-Satzes würde natürlich strenggenommen schon die gegenwärtige Gesetzesunbestimmtheit der Unterlassungsdelikte nicht zulassen; die Auffassung, die Rechtsprechung könne hier sogar Gewohnheitsrecht entwickeln, würde davon jedoch praktisch gar nichts mehr übrig lassen. Da die demokratische Begründung des nulla-poena-Satzes in unserer gewaltenteilenden Demokratie aber eine besondere Legitimation besitzt, erscheint eine solche Deklassierung des Art. 103 II GG kaum angängig.

Zu demselben Ergebnis kommen wir bei Heranziehung der *kriminalpo*litischen Begründung, die wir allerdings etwas anders als *Grünwald*[55] akzentuieren.

---

50 Lehrbuch, 3. Aufl., S. 14 f.

51 Denn sie wird bereits durch den strafprozessualen Instanzenzug, vor allem durch das Rechtsmittel der Revision und die Vorlagepflicht der Oberlandesgerichte nach § 121 II GVG, in hinreichendem Maße gewährleistet (vgl. dazu *Hanack*, Der Ausgleich divergierender Entscheidungen, S. 55 ff.); ihretwegen wäre der nulla-poena-Satz daher nicht erforderlich.

52 Vgl. dazu näher *Grünwald*, ZStW 76, 1 ff. (13 f.).

53 Über Verbrechen und Strafen, Kapitel III, S. 54.

54 Gemeint ist: Strafen verhängen, die sich nicht aus dem Gesetz ergeben. *Beccaria* hängt der Lehre *Montesquieus* an, wonach der Richter nur „la bouche, qui prononce les paroles de la loi" ist, vgl. seine Ausführungen über die Auslesung der Gesetze a. a. O., im 4. Kapitel.

55 ZStW 76, 13 f.

Die Nüchternheit und Distanz des Gesetzgebers bei Aufstellung von Normen, die die Gerechtigkeit der zu treffenden Regelung bestmöglich gewährleistet,[56] ist dem Richter nämlich deswegen ausnahmslos verwehrt, weil er immer den einen, bei ihm zur Entscheidung anstehenden Fall vor Augen hat. Das muß auch so sein, denn schließlich ist ja die gerechte Aburteilung des ihm vorgelegten Falles zuvörderst seine Aufgabe. Die von ihm dabei aufgestellte Norm behält deswegen aber einen typischen Bezug gerade auf diesen Fall, und die Vorstellung, daß der nächste Richter bei Entscheidung eines ganz anderen Falles daran gebunden sein sollte, erweckt einiges Unbehagen. Insoweit wirkt die Rechtsprechung daher nur in die Vergangenheit, als Rechtfertigung der bereits entschiedenen Fälle, wohingegen die mit einer Anerkennung als Gewohnheitsrecht verbundene Wirkung in die Zukunft außerordentlich bedenklich ist.

c) Ein weiterer Einwand erwächst daraus, daß im Strafrecht nur ein einziger Gewohnheitsrechtsmechanismus möglich ist: die ständige Rechtsprechung. Die „longa consuetudo" wird hier also von vornherein auf einen Gerichtsgebrauch reduziert. Auf anderen Rechtsgebieten ist es immerhin denkbar, daß sich im Volk selbst eine entsprechende Übung herausbildet, etwa indem Verträge immer auf eine bestimmte Art und Weise abgefaßt werden oder bestimmte Ansprüche regelmäßig erfüllt werden. Im Strafrecht ist das alles nicht denkbar. Selbst wenn ein bestimmtes Verhalten im Volk allgemein mit opinio necessitatis gemieden würde, könnte man doch daraus nur auf dessen anerkannte Rechtswidrigkeit schließen; ein Schluß auf die gewohnheitsrechtliche Anerkennung der Strafbarkeit ist dagegen so lange unmöglich, wie man nicht auf Grund freier (reuiger) Anmeldung, sondern nur nach einem Gerichtsurteil von einer Strafanstalt aufgenommen wird! Das strafbegründende Gewohnheitsrecht[57] kann daher gar nicht auf den ursprünglichen unbeschränkten Souverän „Volk", sondern nur auf die beschränkte dritte Gewalt zurückgeführt werden.[58] Das angebliche Gewohnheitsrecht besteht daher in Wahrheit in der *Verbindlichkeit von Präjudizienketten* und stellt infolgedessen eine Umgehung des kontinental-europäischen Grundsatzes dar, daß Präjudizien keine Rechtsquellen darstellen.[59]

---

56 Vgl. *Grünwald* a. a. O.

57 Anders das strafausschließende Gewohnheitsrecht, denn eine ständige Übung im Volk läßt den Schluß auf die Rechtmäßigkeit und damit auch auf die Straflosigkeit dieses Verhaltens zu (wenn die sonstigen Voraussetzungen des Gewohnheitsrechts vorliegen).

58 Vgl. auch die Skepsis gegenüber der Deklarierung einer ständigen Rechtsprechung als Gewohnheitsrecht bei *Larenz*, Methodenlehre, S. 340.

59 Vgl. *Larenz*, Methodenlehre, S. 403 ff. m. zahlr. Nachw.; *Jescheck*, Lehrbuch, S. 78 f. Die einzige Ausnahme im deutschen Recht ist die Verbindlichkeit einer Entscheidung des BVerfG nach § 31 BVGG, vgl. dazu *Kriele*, Rechtsgewinnung, S. 290 ff.; anders im anglo-amerikanischen Rechtskreis, vgl. *Radbruch*, Geist des englischen Rechts, S. 33 ff.

d) Aus all diesen Gründen erscheint auch *Schröders* Gewohnheitsrechtsapologie unzureichend. Der letzte für ihre endgültige Verwerfung noch benötigte Anhaltspunkte erwächst aus einer Analyse ihrer unausgesprochenen Grundlage, daß die Zulässigkeit des Gewohnheitsrechts bei der Festlegung unbestimmter Begriffe die Konsequenz daraus sei, daß diese Begriffe trotz ihrer Unbestimmtheit von dem nulla-poena-Satz geduldet würden. Um den Wert dieses Schlusses beurteilen zu können, muß man sich in groben Umrissen klar machen, auf welche Weise die Ausfüllung dieser Blankette vor sich zu gehen hat. Durch unüberprüfbare, dem gesetzgeberischen Willensakt vergleichbare Dezision offenbar nicht, denn dann stünde die Bestrafung ja völlig im Belieben des einzelnen Richters, und das könnte vor Art. 103 II GG keineswegs mehr gerechtfertigt werden. Die Strafbarkeit der unechten Unterlassungsdelikte ist daher überhaupt nur haltbar, wenn eine Methode aufgewiesen werden kann, mit deren Hilfe innerhalb des weiten Kreises des „juristisch Vertretbaren" noch zwischen „richtig" und „falsch" bzw., besser gesagt, zwischen „richtiger" und „weniger richtig" unterschieden werden kann. Wenn man aber eine solche Methode besitzt, ist die Lösung der Gleichstellungsproblematik keine Domäne unkontrollierbaren Gewohnheitsrechts, sondern eine Aufgabe rationaler juristischer Beweisführung, und eine Gerichtsentscheidung verdient nicht deswegen Nachahmung, weil sie Gewohnheitsrecht artikulierte, sondern nur und immer dann, wenn sie *richtig* ist. Eine verfehlte Rechtsprechung bleibt aber auch dann noch verfehlt, wenn sie sich auf fünfzig Präjudizien berufen kann, sie weicht von der richtigen Lösung zu Lasten des Angeklagten ab und kann daher niemals Gewohnheitsrecht begründen.

e) Diese Überlegung zeigt unmißverständlich den wahren Charakter sämtlicher Gewohnheitsrechtsapologien. Weil man um eine rationaler Überprüfung standhaltende Lösung der Gleichstellungsproblematik verlegen ist, beruft man sich auf den deus ex machina des Gewohnheitsrechts und fühlt sich plötzlich aller Sorgen ledig. Unsere Kritik hat dagegen deutlich gemacht, daß allein schon die Annahme, die Gleichstellungsproblematik sei ein taugliches Objekt gewohnheitsrechtlicher Rechtsbildung, zu der Folgerung zwingt, daß die Bestrafung der unechten Unterlassungsdelikte generell gegen den nulla-poena-Satz und damit gegen die Verfassung verstößt.

V. Ergebnis

1. Unsere Betrachtungen zum Problem der gewohnheitsrechtlichen Begründung von Garantenstellungen haben damit zu dem Ergebnis geführt, daß wir bei unseren weiteren Untersuchungen von dieser Seite aus keinerlei Bindungen unterliegen. Ein beachtliches Gewohnheitsrecht existiert auf dem Sektor der unech-

ten Unterlassungsdelikte nicht, und jede bisher geäußerte Meinung, mag sie in der höchstrichterlichen Rechtsprechung oder im Schrifttum auch allgemein anerkannt sein, hat sich der Überprüfung an Hand der Kriterien von Wahrheit und Gerechtigkeit zu stellen.

2. Damit eine solche Überprüfung aber überhaupt möglich ist, muß erst einmal eine Methode erarbeitet werden, die zur Lieferung hinreichend konkreter Maßstäbe in der Lage ist. Nachdem wir uns über den im Gesetz bestehenden Spielraum für eine solche Methode klargeworden sind, müssen wir uns nunmehr der Methode selbst zu nähern suchen. Zu diesem Zweck sollen zunächst die modernen Lösungsentwürfe kritisch überprüft werden.

Zweiter Abschnitt: Methodenkritik

§ 5 Vorbemerkung

1. Im folgenden werden fast sämtliche neueren Lösungen des uns interessierenden Problems kritisch überprüft. Eine Ausnahme wird nur in soweit gemacht, als die „Rohentwürfe“ von *Hellmuth Mayer,*[1] *Grünwald*[2] und *Armin Kaufmann*[3] im Rahmen der Entwicklung der eigenen Methode behandelt werden, weil sie einerseits richtungweisenden Gehalt haben, andererseits aber erst noch einer Durchführung im einzelnen bedürfen, um in ihren Konsequenzen völlig überschaubar zu sein. Ferner konnte aus Raumgründen bei der Behandlung der zahlreichen nach dem Kriege erschienenen unveröffentlichten Dissertationen Vollständigkeit nicht einmal angestrebt werden. Es war statt dessen eine exemplarische Behandlung erforderlich, womit natürlich kein Werturteil über die in diesem Abschnitt nicht untersuchten Arbeiten abgegeben werden soll. Besonders eingehend werden die drei jüngsten Studien von *Pfleiderer, Welp* und *Bärwinkel* untersucht, weil sie im Gegensatz zu den anderen, schon wieder mannigfach überprüften Entwürfen noch als „unbestrittene Provokation“ im Raum stehen und, auf ihren zahlreichen Vorgängern aufbauend, die modernsten Lösungsversuche darstellen, in denen das Vorhergedachte schon mitverarbeitet ist.

2. Getreu der Zielsetzung im ersten Abschnitt dieser Arbeit wird im folgenden die Frage im Vordergrund stehen, welche Methode von den einzelnen Autoren angewendet und – das ist das entscheidende – welcher Erfolg damit erzielt wurde. Wenn daher in den weiteren Untersuchungen auch die methodologischen Fragen im Vordergrund stehen, folgt doch aus der Natur der Sache, daß auch konkrete Problemlösungen diskutiert werden müssen. Hierbei wird es von Wichtigkeit sein, die eigene Unbefangenheit zu erhalten und sich nicht vorschnell bei der Kritik auf diese oder jene Gegenposition festzulegen. Wir werden dieses Prinzip jedoch nicht apodiktisch handhaben, sondern uns nicht scheuen, im einen oder anderen Fall, wo sich dies aus der Diskussion der Methodenfrage gerade ergibt, auch schon die Sachprobleme vertieft zu behandeln.

3. Auch bei der Diskussion von Sachfragen darf jedoch das eigentliche Anliegen – die Methodenfrage – nicht aus dem Auge gelassen werden, denn sie muß zuvor entschieden werden, ehe die Sachprobleme endgültig zu lösen sind.

---

1 Strafrecht AT, 1953, S. 151 ff., sowie 1967, S. 81 f.

2 Das unechte Unterlassungsdelikt, S. 71, 76 ff.; seine Ausführungen in ZStW 70, 412 ff. bleiben hier noch gänzlich außer Betracht, weil sie sich in der Hauptsache auf das künftige Recht beziehen.

3 Dogmatik, S. 283 ff.

https://doi.org/10.1515/9783110650488-003

Das Wort *Nicolai Hartmanns*, wonach die Sachfrage immer vorrangig sei und Methodenprobleme erst nach ihrer Behandlung, zur Unterstützung der eigenen Lösung, reflektiert würden („Die Eule der Minerva beginnt erst mit der einbrechenden Dämmerung ihren Flug"),[4] das praktisch die Methodenfrage allein dem Intuitionsbereich zuweist, kann (mindestens für die Rechtswissenschaft) nicht akzeptiert werden. Jede nachprüfbare Erkenntnis – und zumal auf einem Gebiet, das so viele komplexe Vorgegebenheiten aufweist wie die Jurisprudenz – setzt eine methodische Grundlegung voraus, sofern sie als wissenschaftliche Bemühung anerkannt und nicht ein bloßes Ratespiel sein soll. Daß jede Wissenschaft als solches „Ratespiel" begonnen hat und daß die „Intuition", die „Voreingenommenheit gegenüber dem Ergebnis", den Weg des forschenden Menschen in einem nicht zu unterschätzenden Maße bestimmt, soll damit nicht bestritten werden. Aber die Intuition läßt sich nicht „beweisen", und ein auf Überprüfung und Überzeugung angelegter Gedankengang bedarf der methodischen Grundlage, die seine Richtung einleuchtend erscheinen läßt. Vollends bei einer dem geltenden Recht gewidmeten Untersuchung ist dieser „Wegweiser für die Fahrt ins Ungewisse" unerläßlich, denn eine auf Intuition allein gestützte Gesetzesauslegung würde heute kaum noch als Rechtsgewinnung akzeptiert werden.[5]

4. Unsere Darstellung wird sich nicht an die historische Reihenfolge anschließen, sondern die Autoren nach ihrem methodologischen Standort gruppieren. Wir werden daher mit der *topischen* Methode *Pfleiderers* beginnen, danach die sachlogisch orientierten *ontologischen* Lösungsversuche betrachten und schließlich zu den *„normativistischen"* Theorien gelangen. Eine exemplarische Behandlung der in der *Rechtsprechung* zu beobachtenden Gleichstellungsmethode wird den Abschluß bilden.

§ 6 Die topische Methode *Pfleiderers*

I. Überblick

1. In der 1968 von *Pfleiderer* vorgelegten Monographie über die „Garantenstellung aus vorangegangenem Tun" wird die Problemlösung mit Hilfe einer topischen Methode gesucht. Wenn Pfleiderer auch die methodischen Grundlagen seines Vorgehens nirgends eingehend reflektiert, ist doch die Topik (man möch-

4 *Hegel*, Vorrede zur Rechtsphilosophie (Glockner-Ausgabe S. 37). 4 S. 62 ff.

5 4) Der Voluntarismus der Freirechtsschule von *Kantorowicz* und *Ernst Fuchs* wird heute allgemein abgelehnt, vgl. *Larenz*, Methodenlehre, S. 62 ff.

te fast sagen: der Verzicht auf jegliche übergreifende Einordnung) bei ihm allenthalben evident. Er nimmt zwar zum Schluß (S. 128 ff.) eine Gliederung seiner Ergebnisse vor, bleibt dabei aber so konkret, daß der Gliederungspunkt noch mit dem Argumentationstopos übereinstimmt, will sagen, die Materie noch in ihrer konkreten Anschaulichkeit wiedergibt.[1]

Hauptargument seiner topischen Methode ist dabei der Analogieschluß: *Pfleiderer* geht von „Grundfällen" aus, bei denen die Strafbarkeit der Unterlassung außer Diskussion steht, und entwickelt daraus per analogiam die Gruppe der dazu passenden Garantenstellungen. Da die Topik heute in der Rechtswissenschaft den Platz, den sie bei jeder einigermaßen hohen (d. h. den archaischen Formalismus überwunden habenden) Rechtskultur im Verborgenen wohl immer innehat, auch offiziell zugebilligt erhält[2] und da das analogische Denken heute immer mehr als die spezifische Art rechtswissenschaftlicher Erkenntnis gesehen wird,[3] verlohnt es sich, *Pfleiderers* Methode und Ergebnis eingehend zu überprüfen. Eine gründliche Diskussion von *Pfleiderers* Methode kann ferner auch deswegen nicht unterbleiben, weil Pfleiderers Lehrer *Schmidhäuser* die „Grundfallmethode" jüngst in seinem Lehrbuch aufgegriffen und für den Gesamtbereich der Gleichstellungsproblematik nutzbar zu machen versucht hat.[4] *Pfleiderers* monographische Handhabung dieser Methode kann daher zugleich als Prüfstein für das von *Schmidhäuser* im Strafrecht favorisierte Grundfalldenken überhaupt dienen.

2. Nach ausführlicher Darstellung und Kritik der bisherigen Lehre und Rechtsprechung zu der „Garantenstellung aus vorangegangenem gefährlichen Tun" (sie soll im folgenden kurz „Ingerenzpflicht" oder auch „Ingerenzhaftung"[5] genannt werden) entwickelt *Pfleiderer* seine eigene *Grundfallmethode*. *Pfleiderer* geht davon aus, daß die „Garantenbegriffe", d. h. die Bezeichnungen der Garantenstellungen (etwa: aus enger Verbundenheit, aus Übernahme einer

---

1 S. etwa a. a. O., S. 141: Einschließung eines anderen; vgl. auch seine Oberbezeichnung auf S. 158: Garantenstellung aus der Verletzung einer Überwachungs-, Verwahrungs- oder Warnungspflicht.

2 vgl. nur *Viehweg*, Topik und Jurisprudenz; *Esser*, Grundsatz und Norm; *Kriele*, Theorie der Rechtsgewinnung, S. 114 ff.; *Horn*, NJW 1967, 601 ff.; *Otte*, Rechtstheorie 1970, 183 ff.; *Schmidt-Salzer*, JR 1969, 80 ff. Vgl. aber auch die kritischen Stellungnahmen von *Larenz*, Methodenlehre, S. 153 ff.; *Diederichsen*, NJW 1966, 696 ff.; *Canaris*, Systemdenken und Systembegriff, S. 141 ff.; weit. Nachw. bei *Wieacker*, S. 596, Fn. 47 u. 48.

3 S. nur *Arthur Kaufmann*, Analogie und Natur der Sache, passim.

4 AT, S. 534 ff.

5 Die Bedenken, daß diese Bezeichnung als zivilistische Verfremdung mißverstanden werden könnte, wiegen angesichts der Kürze und Prägnanz des Ausdrucks gering; „Haftung" soll hier natürlich „strafrechtliche Haftung im Fall der Pflichtverletzung" bedeuten.

Schutzposition) dem Rechtsanwendenden kein scheinbar fertiges und feststehendes Ergebnis in die Hand gäben, so daß sich die Garantenstellung im Einzelfall nicht daraus entwickeln lasse. Die Kriterien für die Auslegung dieser Begriffe könnten vielmehr nur dem Ausgangsfall entnommen werden, auf dem sie aufgebaut seien (S. 121). Dieser *Grundfall* übe eine ordnende Funktion aus und gebe dem Garantenbegriff die notwendige Stütze; er bilde das Zentrum, um das herum sich die anderen Unterlassungsfälle bis hin zur Peripherie der Garantenstellung gruppierten (S. 120). „Aus der Anschauung des Grundfalles wird der Bereich der Garantenstellung entwickelt" (S. 121). Eine Lösung der Gleichstellungsproblematik sei nicht, wie gewöhnlich angenommen werde, durch einen Vergleich der Unterlassung mit einem gedachten aktiven Tun möglich, denn dieser Versuch, Disparates zueinander in Beziehung zu setzen, könne niemals sichere Schlüsse ermöglichen.[6] Eine hinreichende Basis für einen Vergleich finde man nur, wenn man die zu bewertende Unterlassung mit einer gedachten anderen Unterlassung vergleiche, deren rechtliche Bewertung bereits feststehe (S. 126). Auf der einen Seite dieses Vergleichsvorgangs müsse die Straflosigkeit (bzw. geringe Strafbarkeit nach § 330c) des Unbeteiligten, auf der anderen Seite der fraglos einem Begehungstatbestand einzuordnende Grundfall stehen; zwischen diesen beiden Polen ist nach *Pfleiderer* die Bewertung der in Frage stehenden Unterlassung vorzunehmen (S. 126 f.).

Der Ur-Grundfall ist für *Pfleiderer* der der Mutter, die ihr Kind verhungern läßt (S. 127).[7] Dieser Sachverhalt vermittele ein so klares Unwerterlebnis, daß keine weitere Begründung erforderlich erscheine, um hier ein Tötungsdelikt zu bejahen. Ähnlich eindeutig sei auch das Verhalten des Schwimmlehrers zu bewerten, der den Schwimmschüler vorsätzlich ertrinken lasse.

Pfleiderer räumt ein, daß in diesen Grundfällen die Einordnung in den Begehungstatbestand auf einen Vergleich von Tun und Unterlassen zurückgehe, empfindet dies jedoch als nicht weiter problematisch, da die Gleichheit im Unwert hier so stark empfunden werde, daß keine Zweifel aufkämen. (Alle und nur) die wenigen Sachverhalte, die ein so klares Werterlebnis vermittelten, seien deshalb als Grundfälle geeignet (S. 127). Getreu dieser Theorie unternimmt *Pfleiderer* sodann die Herausarbeitung der Grundfälle bei der Ingerenzhaftung und versucht, den Umfang der Ingerenzpflichten durch Orientierung an diesen Fällen zu bestimmen.

3. Der methodische Ansatz *Pfleiderers* ist durchaus originell zu nennen. Ob die unabsehbare Mannigfaltigkeit der konkreten Garantenstellungen entgegen

---

6 S. a. a. O., S. 124: „Zu einem Unterlassungsfall läßt sich niemals ein im Geschehensablauf analoger Handlungsfall konstruieren."

7 Ebenso *Schmidhäuser*, AT, S. 534.

seiner Annahme doch durch einen oder mehrere subsumtionsgerechte Begriffe eingefangen werden kann, wird uns noch zu beschäftigen haben. Selbst wenn dies der Fall sein sollte, ist *Pfleiderers* Art des Vorgehens nicht ohne weiteres von der Hand zu weisen. Wo juristisches Neuland aufzuschließen ist, ist die topische, fall- und problem-orientierte Methode das primäre Erkenntnismittel. Um es an einem (selbstverständlich mit der gebotenen Vorsicht zu betrachtenden) Bild zu veranschaulichen: Mit Hilfe der Topik können in das „Meer des Unbekannten" die ersten Dämme und Buhnen getrieben bzw. die ersten Gliederungen der terra incognita vorgenommen werden. Sobald der Gesetzgeber durch Generalklauseln und unbestimmte Rechtsbegriffe Haltepunkte und Orientierungsrichtlinien geschaffen hat, kann das Feld schon ziemlich genau aufgegliedert werden, indem man die bereits differenzierte Landschaft von diesen „Straßen" her erforscht. Erst wenn man auf diese Weise zu einer weitgehenden Kartographierung gelangt ist oder eine solche bereits in Gestalt einer eingehenden gesetzlichen Regelung vorgefunden hat, kann man in diesem Koordinatengefüge „geschlossene" Systematik betreiben und der klassischen Subsumtionsmethode huldigen.[8] Da nun im StGB eine konkrete Regelung der Unterlassungsprobleme nicht vorfindbar ist und auch keine konkretisierungsfähigen Leitbilder vorhanden sind, muß am Anfang jeglicher Lösung fallorientierte Topik stehen. Diese Einsicht zeigt aber zugleich auch die Begrenztheit, besser vielleicht: Unvollkommenheit dieser Methode. Am Ende muß immer eine systematische Verarbeitung stehen, ohne die sich keine Wissenschaft über das Klassifikationsniveau erheben kann. Da während der letzten 100 Jahre auch genügend Fallmaterial in der Rechtsprechung angefallen ist, um eine nahezu vollständige Durchmusterung des Regelungsbereiches zu ermöglichen, muß am Ende dieser Methode, wenn sie befriedigen soll, ein die Ergebnisse sinnvoll ordnendes System gewonnen sein.

II. Kritik der Grundfallmethode

Nach dieser grundsätzlichen Überlegung ist nunmehr zu prüfen, wie *Pfleiderer* seine Grundfallmethode durchführt und ob er am Ende zu einer hinreichenden Systematisierung gelangt.

1. Bei der analogistischen Methode der Fallvergleichung muß, wenn die Gefahr einer Kaprizierung auf bloße Zufälligkeiten vermieden werden soll,

---

8 Daß auch dann die Ergebnisse von keinem „Subsumtionsautomaten" geliefert werden können, hat die moderne Methodenlehre zur Genüge ergeben; vielmehr hat dann wieder im Detail zu beginnen, was oben im großen geschildert ist, so daß die Rechtssätze immer konkreter werden.

stets Klarheit darüber geschaffen werden, welche Fallelemente für die Entscheidung *wesentlich* sind und welche Varianten nur rechtlich bedeutungslose Äußerlichkeiten darstellen. Wie bereits im Zusammenhang mit der Methodenlehre *Rickerts* festgestellt wurde, ist eine solche Herausarbeitung der wesentlichen Momente nur möglich, wenn man zuvor den leitenden Wert- oder Auswahlgesichtspunkt gefunden hat. Das bedeutet: Der Vergleich mit dem Grundfall kann nur fruchtbar sein, wenn zuvor die wesentlichen Merkmale des Grundfalls erkannt sind, d. h. wenn Klarheit über den *Wertaspekt* besteht, unter dem der Grundfall dem Begehungstatbestand zugeordnet wird. Auch die Fallvergleichung muß auf diese Weise hinter die konkreten Fälle „zurückfragen", wenn sie über eine Aneinanderreihung von Zufälligkeiten hinauskommen will, d. h. der hinter dem Fall stehende Topos muß herausgearbeitet werden.[9] Ein banales Beispiel: Ein rothaariger Massenmörder wird unter allgemeinem Beifall verurteilt. Nun wäre es unsinnig, aus diesem Grund die Verurteilung aller rothaarigen Mitbürger für gerecht zu halten; man würde damit nicht an ein essentiale, sondern an ein accidentale des Falles anknüpfen und seine Teleologik verfehlen.

Diese notwendige Trennung von Grundfall und Grundtopos, diese notwendige Herausarbeitung des Grundtopos aus dem Grundfall ist *Pfleiderer*, wie im folgenden zu zeigen ist, nicht gelungen. Durch begriffliche Unklarheit verwischt er die Unterscheidung und argumentiert mit Falläußerlichkeiten, wo es auf den Topos ankommt, deklariert als Grundfall, was in Wahrheit ein Topos ist.

2. Dies zeigt sich schon bei der ersten von ihm behandelten Fallgruppe, dem „Haus", mit aller Deutlichkeit. Er sieht als „Grundfall im häuslichen Bereich" die *Verletzung der Verkehrssicherungspflicht an* (S. 128), obwohl es sich hier um einen bereits einer generalklauselartigen Norm stark angenäherten Topos handelt.[10] Man könnte geneigt sein, diesen Vorwurf für Haarspalterei zu halten, weil es nicht auf die Herausarbeitung des begrifflichen Unterschiedes zwischen Grundfall und Topos, sondern nur auf das sachliche Ergebnis ankom-

---

9 Man könnte meinen, hierdurch habe man sich wieder der systematischen Methode genähert. Der Unterschied liegt aber darin, daß bei dieser von der *Norm* ausgegangen wird, die auf die verschiedenen casus „angewendet" wird, während bei der Fallvergleichung zunächst der Fall da ist, hinter dem man erst den *Topos* aufspüren muß, wobei wiederum das an den verschiedenen Fällen erprobte Rechtsgefühl einen wichtigen Fingerzeig gibt. Abgekürzt könnte man sagen: Bei der Topik schreitet man vom Fall zum (immer noch ziemlich konkreten) Topos, bei der Systematik schreitet man von der (weitgehend abstrakten) Norm zum Fall und sieht ihn kaum als Prüfstein, sondern nur als Konkretionsobjekt an.

10 Grundfall kann, s. o., nur ein *deskriptiv* dargestellter Sachverhalt sein. Bei der „Verletzung der Verkehrssicherungspflicht" handelt es sich dagegen um eine normative Richtlinie, deren Sachverhalte erst noch besonders aufgewiesen werden müssen.

me. Es ist jedoch leicht zu zeigen, daß auch der Blick auf die Sachfrage (d. h. auf die Bewertungsfrage) getrübt wird, wenn man die Art der Entscheidungsfindung verkennt. Ohne daß dem späteren eigenen Versuch einer Problemlösung hier allzu sehr vorgegriffen wird, kann doch so viel gesagt werden, daß die Verkehrssicherungspflichten oder, allgemeiner, die *Verkehrspflichten*, prima facie zu den wichtigsten „Aufhängern" für eine Gleichstellung von Tun und Unterlassen gehören.[11] Art und Umfang dieser Verkehrspflichten variieren je nach dem Gegenstand, auf den sie bezogen sind. Wenn auch ihre positivrechtliche Ausprägung in den §§ 836 ff. BGB auf das *Haus* beschränkt war, ist doch inzwischen einhellig anerkannt, daß sie in sämtlichen sozialen Bereichen existieren.[12] Das wird von *Pfleiderer* zwar gesehen, denn er stellt ausdrücklich fest, daß zum häuslichen Bereich auch gewerbliche Betriebe oder Forschungsstätten (S. 129) und sonstige stationäre Anlagen oder Maschinen gehörten (S. 130) und daß eine entsprechende Garantenstellung aus Verkehrssicherungspflicht auch bei Bauarbeiten auf privaten und öffentlichen Grundstücken bestünde (S. 130 f.). Die über diese Verbesonderungen hinausgehende *Allgemeinheit* seines Ansatzes erkennt er jedoch nicht. Er untersucht nämlich im Anschluß an das Haus die Garantenbereiche des *Gewerbes* (S. 132 ff.) und der *mobilen Gefahrenquellen* (S. 136 ff.) als eigene Gruppen, obwohl doch auch hier die Verkehrspflicht der übergreifende Topos ist, der die höhere Einheit dieser drei Gruppen „Haus, Gewerbe und mobile Gefahrenquellen" stiftet.

Pleiderer nimmt dagegen an, neben der Verkehrssicherungspflicht, die er auf S. 135 erwähnt, treffe den Gewerbetreibenden eine besondere Handlungspflicht, deren Herkunft und Umfang er nicht näher anzugeben weiß. Auf der ihm infolgedessen erforderlich erscheinenden Suche nach einem neuen Grundfall nennt er hier den „*Vertrieb gesundheitsschädlicher Lebens- oder Arzneimittel*" und verstößt dabei evident gegen seine eigenen Leitprinzipien, denn dieser Grundfall stellt eine *Handlung* dar, während *Pfleiderer* doch selbst nur Unterlassungen als Vergleichsmaterial zulassen wollte (s. S. 124). Wie aus seinen folgenden Beispielen deutlich wird, schwebt *Pfleiderer* anscheinend in Wahrheit ein ganz anderer Grundfall vor, nämlich der Fall, daß ein Unternehmer oder Händler schuldlos schädliche Lebensmittel (z. B. Mineral- statt Speiseöl) in den Verkehr gebracht hat, nunmehr von der Gefahr erfährt und es unterläßt, öffentlich davor zu warnen, die bei ihm gekauften Gegenstände weiter zu benutzen. *Pfleiderer* meint, daß man an der Verantwortlichkeit diese Unternehmers „für weitere Todes- und Krankheitsfälle kaum zweifeln" könne (S. 133). Dieses unbesehe-

11 S. eingehend unten S. 310 ff.

12 S. nur *Esser*, Schuldrecht II, S. 412 ff., und *von Caemmerer* in der Festschrift zum Deutschen Juristentag 1960, Band II, S. 49 ff.; sowie *Medicus*, Bürgerliches Recht, S. 266 ff.

ne Gefühlsurteil macht die unbefangene Art deutlich, mit der *Pfleiderer* seine Grundfallmethode anwendet: Die Problemerörterung wird durch die Behauptung eines Grundfalles ersetzt, dessen Strafbarkeit in Wahrheit nicht begründet, sondern vorausgesetzt wird. Die notwendige Gliederung der Verkehrspflichten, durch die man allein die Strafbarkeit in diesem „Speiseölfall" begründen könnte, wird unterlassen; statt dessen wird eine Stoffgliederung nach äußerlichen Merkmalen vorgenommen, die die übergreifenden Zusammenhänge verdunkelt und an die Stelle einer nachprüfbaren Entscheidung ein irrationales Gefühlsurteil setzt.[13]

3. Die Unbeirrtheit des in Wahrheit wohl höchst problematischen Urteils von *Pfleiderer* im Speiseölfall scheint von der falschen Etikettierung des Grundfalls als „Vertrieb gesundheitsschädlicher Lebensmittel" beeinflußt zu sein, denn daß dieser Vertrieb grundsätzlich für die Folgen haftbar macht, dürfte in der Tat außer Frage stehen. Wenn etwa ein Arzneimittelhersteller infolge mangelhafter Fertigungskontrolle tödliche Arzneimittel in Verkehr bringt, so ist er ohne Zweifel dafür verantwortlich zu machen.[14] Er hat gegen das Verbot „neminem laede" im eigenen Einstandsbereich verstoßen[15] und haftet daher für die Folgen. Im Speiseölfall hingegen steht mit der Öffentlichkeitsaufklärung eine Handlung in Frage, die den Herrschaftsbereich des Unternehmers transzendiert, so daß es, wenn darin überhaupt noch eine Verkehrspflichtverletzung liegen sollte, jedenfalls der Herausarbeitung eines zusätzlichen Topos zur Begründung bedürfte. Prima facie muß man erst einmal feststellen, daß der Speiseölfall im Vergleich zu dem von *Pfleiderer* fortentwickelten Ziegenhaarfall[16] den wertungsrelevanten Unterschied aufweist, daß sich die Ziegenhaare weiterhin im Herrschaftsbereich des Fabrikanten befinden und ihre Gefährlichkeit auf dem Fortwirken seiner Anordnung beruht, während der Unternehmer auf das

---

13 Natürlich hat auch die Gliederung der Verkehrspflichten, nachdem man eine Leitlinie gefunden hat, durch deren Konkretisierung in den verschiedenen Sachverhaltstypen zu erfolgen. Solche Typen sind dann aber nicht „Haus" und „Gewerbe", denn eine derartige Unterscheidung von Äußerlichkeiten ist allenfalls von klassifikatorischem Interesse: Sie arbeitet nicht die unter *Wert*aspekten wesentlichen Differenzierungen heraus. Zu einer wertungsrelevanten Gliederung s. skizzenhaft im folgenden und gründlicher unten S. 318 ff., 323 ff.

14 Die naheliegende Replik, hier liege ein Fall des aktiven Tuns vor, geht fehl, denn wie im einzelnen noch zu zeigen sein wird, ist die Unterscheidung von Tun und Lassen im Rahmen der Verkehrspflichten weitgehend gleichgültig; s. u. S. 312, 318.

15 Das wird im einzelnen unten (§ 21) ausgeführt; dort findet sich auch die Antikritik zu *Pfleiderers* Einwand (S. 131) gegen *Schröder* (in *Schönke-Schröder*, Rdnr. 128 vor § 1), daß der „Herrschaftsbereich" ein „zu blasser Gesichtspunkt" sei.

16 A. a. O., S. 136: Der Fabrikant erfährt nach schuldloser Aushändigung der giftigen Ziegenhaare an seine Arbeiter von der Gefahr und unterläßt es nunmehr, sie zu warnen bzw. die Haare wieder aus dem Verarbeitungsprozeß zu ziehen.

weitere Schicksal des giftigen Speiseöls überhaupt keinen Einfluß hat. Vieles spricht daher dafür, den Unternehmer im Speiseölfall nur wegen unterlassener Hilfeleistung bei gemeiner Gefahr nach § 330c, nicht aber wegen Totschlags (wenn er seinen Gewinn nicht aufs Spiel setzen wollte und daher aus Habgier handelte: sogar wegen Mordes) zu bestrafen. Welches Ergebnis letztlich richtig erscheint, soll an dieser Stelle noch nicht erörtert werden, denn hier sollte nur gezeigt werden, daß die von *Pfleiderer* beschworene Evidenz im Speiseölfall keineswegs vorliegt, sondern als Argument schlechthin ausscheidet – die gesamte auf diesen angeblichen Grundfall gestützte Ableitung mithin „in der Luft hängt". Daran ändert auch *Pfleiderers* Hinweis (S. 133) nichts, daß ein großes Automobilwerk im Sommer 1966 alle Käufer einer bestimmten Fahrzeugserie angeschrieben und auf einen nachträglich erkannten Konstruktionsfehler hingewiesen habe. Abgesehen davon, daß aus diesem Sein kein Sollen folgt, kann der Hersteller hier aus geschäftlicher Rücksichtnahme, aus Furcht vor einer Bestrafung aus § 330c oder aus religiösen oder hochethischen Motiven gehandelt haben – für eine Garantenstellung ergibt das nichts.[17]

4. Die Einstufung der Verkehrssicherungspflichtverletzung als Grundfall im *Hausbereich*, wie sie *Pfleiderer* vornimmt, führt also zu einer Verkürzung dieses grundlegenden Zurechnungsgesichtspunktes und verhindert auf diese Weise eine umfassende Problemaufbereitung im *Gewerbebereich* mit der Folge, daß die hier erzielten Ergebnisse mehr oder weniger zufällige Produkte eines unverifizierbaren Rechtsgefühls sind. Daß dies auch bei *Pfleiderers* Behandlung des „Hausbereichs" nicht ohne Folgen bleibt, ist an seiner Stellungnahme zu dem umstrittenen Fall des Hauseigentümers zu erkennen, der einen ohne sein Verschulden entstandenen Brand seines Hauses nicht löscht. Pfleiderer hält dies für einen „zweifelsfreien Garantenfall" (S. 128), ohne sich irgendwelche Gedanken darüber zu machen, daß mit der Brandlöschung eine *Rettungs*pflicht in Frage steht, deren Ableitung aus den Verkehrs*sicherungs*pflichten alles andere als zweifelsfrei ist.[18]

5. Die vorschnelle Postulierung von „Grundfällen" anstelle der gebotenen Aufbereitung der Verkehrspflichten führt bei *Pfleiderer* auch sonst zu widersprüchlichen Ergebnissen. So lassen sich etwa seine Annahme einer Strafbar-

---

17 Der Hersteller konnte auch auf Grund einer nachvertraglichen Schutzpflicht handeln, die ihn nach den Regeln der „Drittwirkung" im Schuldverhältnis gegenüber den Käufern (s. dazu *Esser*, Schuldrecht I, S. 397 ff.; *Larenz*, Schuldrecht I, § 11 III u. § 14 IV; beide m. weit. Nachw.) treffen mochte; für eine Strafbewehrung dieser zivilrechtlichen Pflicht bleibt *Pfleiderer* aber jeden Beweis schuldig.

18 S. i. e. u. S. 318 ff.; speziell zur Brandstiftung S. 412 f.

keit des Eigentümers im „Einschließungsfall"[19] und seine bei den „*mobilen*" Gefahrenquellen vertretene strafbarkeitseinschränkende Ansicht (S. 138) kaum auf ein sinnvolles Differenzierungsprinzip zurückführen. Im Einschließungsfall begründet *Pfleiderer* die Garantenpflicht des Hauseigentümers damit, daß die Gefahr unmittelbar vom Gebäude ausgehe, weil es durch die eingebauten Vorrichtungen verschließbar gemacht sei (S. 131). In dem Fall dagegen, daß der Koffer oder der tote Hund eines Spaziergängers ohne dessen Verschulden auf die Fahrbahn geraten sind und dort den Verkehr gefährden, lehnt er in Auseinandersetzung mit *Schröder*[20] eine Garantenpflicht des Spaziergängers mit der Begründung ab, daß eine allgemeine Pflicht des Eigentümers, seine Sachen gefahrlos zu halten, nur in polizeirechtlicher Hinsicht bestehe, eine Garantenpflicht aber nur insoweit, als eine Sache auf Grund ihrer natürlichen Eigenschaften Gefahren für andere heraufbeschwöre. Eine solche typische Gefährlichkeit gehe etwa von einem Haus oder lebenden Tier,[21] nicht aber von einem Koffer oder toten Tier aus.

Ob diese Unterscheidung im vorliegenden Fall zutreffend und fruchtbar ist, muß ernstlich bezweifelt werden. Die Begriffe der „typischen Tiergefahr" und „typischen Fahrzeuggefahr", an die *Pfleiderer* hier anscheinend anknüpft, stammen aus dem bürgerlichen Deliktsrecht und wurden dort entwickelt, um die verschuldensunabhängige Gefährdungshaftung des Tierhalters und des Kraftfahrzeughalters auf ein vernünftiges Maß zu beschränken.[22] Im Rahmen der verschuldensbezogenen Haftung aus Verkehrspflichtverletzung ist eine so weitgehende Beschränkung der Verantwortlichkeit jedoch nicht am Platze. Von einem toten Hund wie von einem Koffer kann nämlich eine durchaus spezifische Gefahr ausgehen, und zwar wenn sie – als unbelebte Körper – als Hindernisse in einen Verkehr geraten. Hier wird der tote Hund zu einer Gefahr, die vom lebendigen, den Zusammenstoß mit Autos gewöhnlich vermeidenden Vierbeiner gerade nicht ausgehen würde. Entsprechend sind im Verkehr zwar auf die Straße geworfene Koffer, nicht aber Häuser typisch gefährlich, weil diese nur selten auf die Straße stürzen. Weitere spezifische Gefahren von Koffern und toten Hunden sind unschwer vorstellbar, etwa die von einem verwesenden Hundeleichnam ausgehende Seuchengefahr oder die allen Bundesbahnreisenden sattsam bekannte Gefahr, die von einem im Gepäcknetz unzulänglich befestigten Koffer aufgrund der Erdanziehung ausgeht.

---

19 A. a. O., S. 130 f.: Der Eigentümer unterläßt es, einen ohne sein Verschulden in seinem Haus Eingeschlossenen zu befreien.

20 *Schönke-Schröder*, Rdnr. 125 vor § 1.

21 Weshalb *Pfleiderer* auch in der mangelnden Beaufsichtigung eines *bissigen* Hundes einen *Grundfall* erblickt.

22 Vgl. nur *Esser*, Schuldrecht II, S. 489 ff.

Diese Beispiele zeigen, daß eine Unterscheidung von typischerweise gefährlichen und ungefährlichen Sachen nicht durchführbar, eine Beschränkung der Verkehrspflichten auf typisch gefährliche Sachen weder sinnvoll noch möglich ist. Alle Sachen können irgendwann einmal gefährlich werden – es kommt immer auf die jeweilige Situation an, und die Unterschiede in der Gefährlichkeit der Sachen sind nur graduell. Für das Bestehen einer Verkehrspflicht kann es aber nicht darauf ankommen, wie oft eine Sache gefährlich wird (das ist nur für die Anzahl der Pflichten entscheidend), sondern nur darauf, daß in dieser konkreten Hinsicht eine Gefahr von der Sache ausgeht – was in der Rechtsprechung auch allgemein anerkannt ist.[23]

Mit diesem Unterschied fällt auch *Pfleiderers* Begründung für die verschiedenen Ergebnisse im Einschließungs- und im Kofferfall. Gegen eine Garantenpflicht im Kofferfall spricht jedoch vom Standpunkt der Grundfallmethode aus auch jetzt noch die „weite Entfernung" vom Grundfall des bissigen Hundes – mag die geringere Gefährlichkeit als Topos auch sub specie Verkehrspflicht keine Rolle gespielt haben, so könnte ja doch irgendein anderer einleuchtender Topos dahinterstehen. Getreu der Methode *Pfleiderers*, die „vom Grundfall zu weit entfernten Fälle" aus der Garantenpflicht auszuscheiden (S. 139), erschiene es daher plausibler, auch den Eigentümer im Einschließungsfall für straflos zu erklären. Denn da der wahre Grundfall der Verkehrssicherungspflichtverletzung im Hausbereich die total verlotterte, von gebrochenen Gasrohren, einsturzgefährdeten Decken und Treppenhäusern und offenen Kellerschächten wimmelnde Spelunke sein dürfte, die jedem Besucher zum Verhängnis wird, scheint der Fall der gepflegten Luxusvilla, in die der Hausmeister abends einen heimlichen Eindringling eingeschlossen hat, als davon so weit entfernt, daß man an der strafrechtlichen Haftung des Eigentümers zweifeln möchte; ganz abgesehen davon, daß es sich hier auf den ersten Blick um keinen Sicherungs-, sondern um einen die Verkehrspflichten transzendierenden Rettungsfall zu handeln scheint.

6. An diesen Beispielen ist wohl hinreichend deutlich geworden, wie dürftig *Pfleiderers* Argumentation aus der „Entfernung vom Grundfall" in Wahrheit ist: Da die Entfernung natürlich nicht in Zentimetern gemessen werden kann, bleibt ihre Abschätzung ein unverifiziertes und unverifizierbares Gefühlsurteil. Und selbst wenn man einmal eine vom Grundfall zweifelsfrei weit entfernte Konstellation finden sollte, ist damit noch längst nicht bewiesen, daß hier keine Garantiehaftung in Frage kommt. Wie sehr *Pfleiderer* in dieser Hinsicht seine Grundfallmethode überschätzt, zeigt seine Stellungnahme zu den umstrittenen Fragen, ob der Wohnungsinhaber zur Verhinderung von Straftaten in seiner

---

23 Vgl. *Esser*, Schuldrecht II, S. 417 und aus der Rspr. BGHZ 34, 206 ff.; BGH VersR 1957, 518; OLG Koblenz NJW 1967, 50; weit. Nachw. bei *Geigel*, Haftpflichtprozeß, S. 387 ff.

Wohnung[24] und der Autofahrer zur Rettung eines von ihm verletzten Unfallopfers verpflichtet sei.[25]

a) Eine Garantenstellung des Wohnungsinhabers wird von *Pfleiderer* mit der Begründung abgelehnt, daß der Grundfall der verletzten Verkehrssicherungspflicht der Garantenstellung im häuslichen Bereich eine „schärfere Kontur" gebe, wohingegen der „soziale Herrschaftsbereich" als Wertungsgesichtspunkt nicht die Stärke eines Leitfalles habe (S. 131 f.). Logische Prämisse dieser Argumentation ist die „Alleinherrschaft" des hinter dem Grundfall stehenden Topos[26] im Hausbereich, und dafür liefert *Pfleiderer* keinen Beweis (das könnte er auf dem Boden seiner Grundfallmethode auch gar nicht), sondern setzt es anscheinend voraus. In Wahrheit bedürfte es einer eingehenden Prüfung, ob nicht die Verkehrssicherungspflicht nur eine Konkretisierung des eigentlichen Leitgesichtspunktes des *sozialen Herrschaftsbereichs* darstellt und demzufolge nur eine unter mehreren gleichberechtigten Konkretionsformen ist – aber derartige Überlegungen sind für eine Methode, die hinter die „Grundfälle" prinzipiell nicht zurückfragt, unvollziehbar.

b) Daß *Pfleiderer* dementsprechend schon durch die bloße Möglichkeit eines neuen Grundfalles in äußerste Verlegenheit gerät, zeigen seine gekünstelten Versuche, das Urteil des BGH im o. a. „Autofahrerfall[27] als Ausnahmeentscheidung zu deklassieren.[28] Da eine allgemeine Anerkennung in der Rechtsprechung den Autofahrerfall zum Grundfall hochspielen würde und *Pfleiderers* methodischer Ansatz hiergegen machtlos wäre, muß *Pfleiderer* nach abweichenden Entscheidungen auf die Suche gehen und damit das Sachargument durch Präjudizienarithmetik ersetzen; daß er dabei die von ihm gegen die Annahme einer Garantiehaftung ins Feld geführten Entscheidungen OGHSt. 1, 357 und BGHSt. 14, 282[29] mehr oder weniger verzeichnet und in dem erwünschten Sinne uminterpretiert, sei nur noch am Rande erwähnt.[30]

---

24 Die h. M. bejaht eine Garantiehaftung, vgl. *Schönke-Schröder*, Rdnr. 128 vor § 1.

25 Für die Garantenstellung des Autofahrers BGHSt 7, 287 ff. und die wohl noch herrschende Meinung.

26 Hier natürlich des „Grundfalles" selbst, denn *Pfleiderer* hat ja den Topos „Verkehrspflichtverletzung" als Grundfall eingestuft, s. o. S. 93 f.

27 BGHSt 7, 287 ff.

28 A. a. O., S. 24 f., 139.

29 In OGHSt 1, 357 ff. versetzte ein Bäckergeselle seinem Kollegen einen Faustschlag, wodurch dieser unbeabsichtigt in die Teigmaschine geriet und darin erstickte; ob der Bäckergeselle zu dem Zeitpunkt, als er den „Tötungsvorsatz" faßte, seinen Kollegen noch retten konnte, war zweifelhaft. – In BGHSt 14, 282 ff. schlug der Angeklagte einen Fremden lebensgefährlich zusammen und ließ ihn ohne Hilfe liegen; das Opfer starb später an den Verletzungen.

30 *Pfleiderers* Behauptung, die Angeklagten seien in beiden Fällen nur nach § 226 verurteilt worden (a. a. O., S. 139), trifft für OGHSt. 1, 357 nicht zu, denn der OGH verwies an die Tatsa-

7. Daß *Pfleiderers* Grundfallmethode, deren einziges Skelett die „allgemeine Anerkennung“ ist, mangels eines systematischen Hintergrundes die eklektische Herausbildung neuer „Grundfälle“ und damit eine uferlose Strafbarkeitsausdehnung allein auf Grund des Rechtsgefühls in keiner Weise verhindern kann, soll abschließend noch an zwei besonders markanten Beispielen gezeigt werden: an *Pfleiderers* Stellungnahmen zur Einschließung eines anderen[31] und zur sog. Meineidsbeihilfe durch Unterlassen.

a) „Der Fall der *Einschließung*“ (scil. eines anderen in einem beliebigen, sei es auch dem Täter fremden Raum) ist „wohl als selbständiger Grundfall anzusehen“, denn „es ist weder eine Gerichtsentscheidung noch eine Äußerung im Schrifttum bekannt, wonach in diesem Fall keine Garantenstellung anzunehmen wäre“ (*Pfleiderer*, S. 141 f.). Dieses für *Pfleiderer* „offenbar eindeutige Werterlebnis“ beruht außer auf der trivialen Einsicht, daß man sich kein anderes Geschehen vorstellen könne, in dem sämtliche Elemente dieses Geschehens wiederkehrten,[32] auf der Annahme, daß sich dieser Fall an die Garantenfälle aus enger Verbundenheit bzw. Übernahme einer Schutzposition anschließe. Wieso dies so sein soll, bleibt allerdings unerfindlich, denn die Behauptung *Pfleiderers*, der Einschließende sei in diese „Fürsorgebeziehung“ zwar ungewollt eingetreten, gebe aber, indem er sie „aufrechterhalte“, zu erkennen, daß er sie weiterhin „bewußt ausüben möchte“ (!), wird man kaum als ernsthaft diskutabel ansehen können. Hier zeigt sich wieder, wie sehr *Pfleiderers* Grundfallmethode an Äußerlichkeiten und Nebensächlichkeiten hängen bleibt, denn von den essentialia der Garantenstellungen aus enger Verbundenheit und Übernahme, der verwandtschaftlichen oder existentiellen Bindung bzw. der freiwilligen, einer anderen Person gegenüber abgegebenen Einstandserklärung,[33] findet man bei der Einschließung schlechthin nichts. Als besonderes von *Pfleiderer*

cheninstanz zurück, um feststellen zu lassen, ob das Opfer noch zu retten war, als der Angeklagte den Tötungsvorsatz faßte. Und daß in BGHSt 14, 282 „niemand ... an eine Verurteilung wegen eines vorsätzlichen Tötungsdelikts herangehen“ wollte (*Pfleiderer* S. 24), findet seine einfache Erklärung darin, daß der Tod des Verletzten vom Vorsatz des ihn ohne Hilfe lassenden Angeklagten nicht umfaßt war (s. BGHSt 14, 287). – Schließlich sollte man auch mit dem Vorwurf, daß die eine Garantiehaftung bejahenden Urteile bloße „*Beweisnoturteile*“ seien (so *Pfleiderer*, a. a. O., S. 42 ff.), vorsichtiger sein, denn einmal wird dadurch den erkennenden Richtern letztlich Rechtsbeugung vorgeworfen, und zum anderen lassen sich genug Urteile finden, in denen eine – wie auch immer zu verstehende – Beweisnot ganz gewiß keine Rolle gespielt hat (vgl. nur BGHSt 14, 229 ff.).

31 Diese Situation wird auch von *Schmidhäuser*, AT, S. 538, als ein Grundfall angesehen.

32 Ein offensichtlicher Zirkelschluß, denn der Begriff des „anderen Geschehens“ schließt die Identität in sämtlichen Elementen notwendig aus!

33 Das ist natürlich noch keine verbindliche Aussage über die spätere eigene Lösung, sondern nur die Abbreviatur der h. M.

hier entdecktes Merkmal bleibt daher nur das der *Dauer*, aber wieso das langsame Verdursten des Eingeschlossenen eine andere Situation schaffen soll als das langsame Ertrinken des etwa von der rettenden Planke versehentlich ins Wasser Gestoßenen, vermag *Pfleiderer* nirgends anzugeben. Da die Einschließung eines anderen auch „wegen der einmaligen Umstände dieser Situation ... nicht erweiterungsfähig" ist (*Pfleiderer* S. 142), steht sie da als ein erratischer Block, den ein unerforschlicher Ratschluß zum Grundfall machte.

b) Bei der *Meineidsbeihilfe* durch Unterlassen erkennt *Pfleiderer* zwar zutreffend die innere Widersprüchlichkeit der Rechtsprechung, die in diesen Fällen zu einer eingeschränkten Strafbarkeit gelangen möchte,[34] trifft dann aber die überraschende Feststellung, daß es nur zwei Wege zu einer vertretbaren Lösung gebe: die Ingerenz entweder ohne Einschränkung oder überhaupt nicht zur Begründung einer Meineidsbeihilfe durch Unterlassen ausreichen zu lassen (S. 148). Überraschend ist diese Feststellung deshalb, weil *Pfleiderer* selbst meint, für die einschränkungslose Ingerenzhaftung sei „eine rechtliche Grundlage nicht ersichtlich", andere als „Beweisnotgründe" ließen sich dafür nicht finden (S. 148). Daß *Pfleiderer* diese Lösung trotzdem für „vertretbar" hält, ist anscheinend nur dadurch zu erklären, daß die ständige Rechtsprechung die Meineidsbeihilfe des Ehebrechers mit dem Schimmer des Grundfalles umgeben hat (*Pfleiderer* selbst: „Die Rechtsprechung behandelt folgende Situation als Grundfall ...", S. 145) und die Grundfallmethode ihr daher selbst dann noch Vertretbarkeit bescheinigen muß, wenn für diese Hypostasierung eines Grundfalles kein vernünftiger Grund ersichtlich ist.

III. Ergebnis

1. Dieser Überblick über *Pfleiderers* Methode und Ergebnisse dürfte genügen, um ein abschließendes Urteil über die Grundfallmethode zu ermöglichen: Sie führt in der bei *Pfleiderer* zu beobachtenden Anwendung zu einer Verkürzung der Problematik und liefert nur mehr oder weniger zufällige, unsichere, hauptsächlich auf ein nicht nachprüfbares Werterlebnis gestützte Ergebnisse; zu einer Lösung der Gleichstellungsproblematik ist sie daher untauglich.

2. Dieses Urteil mag überraschen, da ja oben[35] die Topik als wertvolles juristisches Erkenntnismittel anerkannt wurde und die Fallvergleichung zur

---

34 eingehend dazu unten S. 228 f.

35 S. 92.

Denkweise der Topik eine besondere Affinität aufweist.[36] Ihre an der Arbeit *Pfleiderers* festgestellte Unzulänglichkeit beruht in erster Linie[37] auf der Unmöglichkeit, im Bereich der Rechtswissenschaft mit einer einzigen Methode auszukommen. Die Topik kann zu einer ersten Aufbereitung des Materials führen, Gliederungs- und Lösungsgesichtspunkte liefern und den Rechtsstoff in seiner Mannigfaltigkeit übersehbar machen – das ist ihr Verdienst, aber darin liegt auch ihre Grenze. Da sich in jedem konkreten Fall die verschiedensten Topoi überkreuzen, die bald mit-, bald gegeneinander laufen, und da sich meist in jedem Fall Topoi für das eine und solche für das andere, entgegengesetzte Ergebnis finden lassen, bedarf es einer Handhabe, um diese Topoi bewerten und unter ihnen nach Relevanzgesichtspunkten eine Auswahl vornehmen zu können.

Solange der für ein Subsumtionsverfahren benötigte Vorrat an relativ konkreten, inhaltsreichen Begriffen nicht besteht (wie bei der durch keinen subsumtionsfähigen Rechtssatz gelösten Gleichstellungsproblematik), ist dies nur durch die Herausarbeitung eines oder mehrerer Leitgesichtspunkte möglich, die – selbstverständlich in einem offenen, d. h. ihre ständige Anpassung an die neugewonnenen Erkenntnisse zulassenden Verfahren – die Topoi zu ordnen vermögen und im Zusammenspiel mit den Topoi eine sinnvolle Gliederung des Materials und eine ebenso problem- wie systemorientierte Lösung ermöglichen.[38] Ohne eine solche Leitlinie heben sich *Pfleiderers* Grundfälle aus der

---

36 Zu dem ebenfalls verwandten (aber auf einem höheren Abstraktionsniveau stehenden) Typus-Denken vgl. *Engisch*, Idee der Konkretisierung, S. 237 ff., 259 ff.; *Henkel*, Recht und Individualität, S. 44; *Larenz*, Methodenlehre, S. 265 f.

37 Abgesehen von der bei *Pfleiderer* festzustellenden unzureichenden Herausarbeitung der maßgeblichen Topoi.

38 Dieser *systematische* Ansatz geht, indem er zu einer Gruppierung der einzelnen Topoi an Hand eines systematischen Leitwertes führt, über die Topik hinaus; sobald man dieses Niveau erreicht hat, geht das regelungsbedürftige Feld als Gesamtheit der Topik verloren, und sie wird auf einzelne Parzellen in dem nunmehr vorliegenden „offenen" System zurückgeworfen. Bisweilen wird zwar behauptet, daß die Topik von vornherein auf eine solche „Systembildung kleiner Münze" angelegt sei (z. B. *Schmidt-Salzer*, JR 1969, 81; vgl. auch *Horn*, NJW 1967, 605), doch scheint dies eine ungerechtfertigte Harmonisierung der Kontroverse und eine deutliche Abschwächung der ursprünglichen Stoßrichtung der topischen Methodenlehre zu sein. So wird bei *Viehweg* (Topik und Jurisprudenz, S. 61, 63) das Deduktivsystem noch ohne Beschönigung verworfen und einer in diesem Sinne erfolgenden „Szientifizierung der juristischen Techne" einstweilen keine Lebenschance eingeräumt. Die unverfälscht verstandene Topik bedarf daher doch eines ihrem Wesen fremden systematischen Überbaus, wenn den Postulaten von Rechtssicherheit und -berechenbarkeit in einer auch nur mäßig komplizierten Gesellschaft wenigstens annähernd genügt werden soll (vgl. *Esser*, Grundsatz und Norm, S. 238 f., 302 f.; *Kriele*, Theorie der Rechtsgewinnung, S. 145, 153; *Horn* NJW 1967, 608; starke Betonung der systematischen Komponente noch bei *Diederichsen*, NJW 1966, 696 ff.).

amorphen Regelungsmaterie wenig heraus. Als konkrete Grundfälle strotzen sie von Äußerlichkeiten und Unwesentlichkeiten und bieten einem analogistischen Verfahren nur morastigen Boden. Als aus den Grundfällen präparierte Topoi bleiben sie Lösungsgesichtspunkte eines Einzelfalles, die sich auf andere Einzelfälle nicht einfach übertragen lassen, weil das „Mischverhältnis" der Topoi in jedem Fall anders ist und nur ein übergreifender Gesichtspunkt darüber Auskunft geben kann, wie weit ein aus seiner konkreten Erscheinung isolierter Topos trägt. Ohne diese Richtschnur bleiben *Pfleiderers* Ergebnisse so zufällig und schwankend wie die Topoi, von denen sie getragen werden, und jeder neue Topos kann, wie es oben zu zeigen versucht wurde, ihr Gegenteil beweisen.

3. Neben dieser allgemeinen Unzulänglichkeit der Grundfallmethode sprechen speziell im Strafrecht weitere Gründe gegen sie. Die Evidenz der Strafwürdigkeit kann auf einem so stark gesetzesbestimmten Rechtsgebiet wie dem Strafrecht nichts Entscheidendes bedeuten, denn angesichts der notorischen *Lückenhaftigkeit* des Strafrechts[39] bedarf es außer der Feststellung der Strafwürdigkeit immer noch des Nachweises, daß die Strafbarkeit auch vom Strafgesetz bestimmt ist. Mangels einer gewohnheitsrechtlichen Begründbarkeit der Unterlassungsstrafbarkeit[40] kann auch die von *Pfleiderer* als Grundfallkriterium verwendete einhellige Übereinstimmung von Rechtsprechung und Lehre nichts daran ändern, daß in jedem einzelnen Grundfall die Strafbarkeit nicht mit Hilfe von unüberprüfbaren Wert- und Evidenzerlebnissen, sondern auf rational kontrollierbarem Wege ermittelt werden muß.

Ferner führt die Grundfallmethode bei konsequenter Anwendung zu einem *case law*, das zwar im anglo-amerikanischen Rechtskreis und auch in unserer heutigen rechtsfortbildenden Zivilrechtsprechung verbreitet ist, gegen dessen Zulässigkeit im Strafrecht aber größte Bedenken bestehen. Der verfassungskräftig gewährleistete nulla-poena-Grundsatz (Art. 103 II GG) duldet nur eine auf das Gesetz oder – wo dieses keine konkrete Anweisung enthält – auf allgemeine Rechtsgrundsätze zurückführbare Bestimmung des Strafbarkeitsbereiches. Damit soll nicht geleugnet werden, daß die Rechtsfindung im subsumtionsfreien Raum zunächst durch die vom Rechtsgefühl geleitete Auffindung von Leitfällen vor sich geht. Nur darf man in unserem Strafrecht (anders als im anglo-amerikanischen Recht und im Zivilrecht) danach nicht stehenbleiben, sondern muß um eine Verankerung dieser ersten Ergebnisse in (einen höheren Abstraktionsgrad aufweisenden) *Normen* bemüht sein. Das bedeutet: Die oben[41] skizzierte „Schichtung" der rechtswissenschaftlichen Methoden ist im Strafrecht keine

39 Eingehend *Baumann*, Strafrecht, S. 141 ff.; ferner *Jescheck*, Lehrbuch, S. 96.
40 S. o. § 4.
41 S. 92.

bloße Rechtstheorie, sondern liegt hier bereits in der Konsequenz des nulla-poena-Satzes.

Zusammenfassend kann daher festgestellt werden: Die Grundfallmethode ist für unser Anliegen nur von sehr begrenztem Wert; sie allein kann uns keine Lösung der Unterlassungsprobleme liefern.

4. Die eingehende Kritik von *Pfleiderers* Arbeit erübrigt es, noch ausführlich auf *Schmidhäusers* Grundfallmethode einzugehen (die dieser außer bei den Unterlassungsdelikten[42] auch bei den Täterschaftsproblemen[43] bevorzugt). Wie *Pfleiderer* versteht auch *Schmidhäuser* die Grundfälle als „Kristallisationspunkte, an die sich andere Fälle anschließen“[44] und deren Strafbarkeit überhaupt keines Beweises mehr bedarf, weil die Beurteilung „ohne jedes Theoriengeklapper“[45] aus den Begriffen selbst in ihrer Anschaulichkeit folgen soll.[46] Gegen *Schmidhäusers* Methode greifen daher die gleichen Einwände durch, die in den vorhergehenden Überlegungen gegen *Pfleiderer* entwickelt wurden. *Schmidhäusers* Grundfall-Rechtsfindung ist sogar noch weit entschiedener abzulehnen, weil man sie im Zusammenhang mit seiner allgemeinen Auslegungstheorie sehen muß: Da *Schmidhäuser* den „möglichen Wortsinn“ als Auslegungsgrenze verwirft und das objektive Analogieverbot auf die Forderung nach subjektiver Redlichkeit des Richters reduziert,[47] hegt er gegen die autonome Festlegung der Garantenstellungen durch die Rechtsprechung keinerlei Bedenken.[48] Und da er als einziges Rezept hierfür die (subjektiv beliebige) Annahme von Grundfällen nebst Ankristallisation von Randfällen angibt, weist er der Judikatur hiermit eine genuin legislatorische Aufgabe zu, von der auch ohne nähere Analyse des nulla-poena-Satzes[49] gesagt werden kann, daß sie mit der in Art. 103 II GG verfassungsrechtlich festgelegten Beschränkung der Strafrechtsschöpfung durch den Richter schlechterdings nicht zu vereinbaren ist.[50] Indem der Richter nach seinem Rechtsgefühl Grund- und Randfälle der Garantiehaftung postulieren und den Angeklagten danach bestrafen darf, avanciert er zum autonomen Ge-

42 AT, S. 534 ff.
43 AT, S. 417 ff.
44 AT, S. 417.
45 AT, S. 466.
46 Vgl. etwa AT, S. 458 f.
47 Vgl. AT, S. 88.
48 AT, S. 525.
49 S. dazu unten § 19.
50 Es ist bezeichnend, daß *Schmidhäuser* a. a. O., S. 74, zunächst den Richter „an den Auftrag des Gesetzgebers gebunden“ erklärt und diese Bindung erst durch seine Auslegungstheorie auf die subjektive Überzeugung des Richters (a. a. O. S. 88) von dem „vernünftigsten Sinn“ des Gesetzes (a. a. O. S. 82) reduziert.

setzgeber, und der die individuelle Freiheit sichernde und die Generalprävention ermöglichende Sinn des Art. 103 II GG wird in sein Gegenteil verkehrt. Man kann sich leicht vorstellen, daß *Schmidhäusers* Auslegungs- und Grundfallmethode in der Hand von Richtern, die nicht von seinem hohen Rechtsethos[51] geleitet werden, das Ende rechtsstaatlicher Strafrechtsprechung überhaupt bedeuten würde. Wenn es keine bessere Methode zur Fixierung der unechten Unterlassungsdelikte geben sollte, wird ihre Verfassungswidrigkeit nicht länger zu leugnen sein.

§ 7 Die neokausale Methode *Wolffs*

I. Einleitung in die ontologischen Methodenentwürfe

Ein *systematischer* Versuch zur Lösung der Gleichstellungsfrage kann das Problem von zwei Seiten angehen: durch eine Ergründung der *ontischen* Vorgegebenheiten, die in der Natur der Sache liegen, oder durch eine Ermittlung der *normativen* Maßstäbe, die das Recht bereithält. Da das StGB auf den ersten Blick keine allgemeingültigen Normen für das unechte Unterlassungsdelikt liefert, liegt es nahe, die angemessene Regelung direkt aus einer Anschauung des Regelungssubstrats zu entnehmen. Da das unechte Unterlassungsdelikt dieselbe Rechtsfolge wie das Begehungsdelikt auslösen soll, muß die Unterlassung in diesen Fällen offenbar irgendwelche Gemeinsamkeiten mit dem positiven Tun aufweisen. Die im 19. Jahrhundert in verschiedenen Spielarten verbreitete Annahme, beim unechten Unterlassungsdelikt sei ebenso wie beim Begehungsdelikt *mechanische Kausalität* aufzuweisen, wird heute einhellig abgelehnt. Gleichwohl kreisen die Gedanken immer noch um die Frage, ob beim strafbaren Unterlassen ein der mechanischen Kausalität vergleichbares ontisches Verhältnis existiert. In unausgesprochenem Anschluß an ältere Lehren von *Kohler*[1] und *v. Bar*[2] hat jüngst (1964) *E. A. Wolff* versucht, den Graben zwischen Tun und Unterlassen durch eine vom naturwissenschaftlichen Kausalbegriff gelöste Bewirkensauffassung zu überbrücken. *Welp* hat 1968 die Beziehung zwischen Täter und Opfer beim Begehungsdelikt und unechten Unterlassungsdelikt analysiert und eine weitgehende Übereinstimmung zu finden geglaubt. Als Pendant

---

51 Das etwa in der Forderung *Schmidhäusers* nach tunlichster Einschränkung der Unterlassungsstrafbarkeit (a. a. O. S. 531) zum Ausdruck kommt; leider läßt die von ihm gewählte Methode aber gerade eine unbegrenzte Ausdehnung der Garantenpflichten zu.

1 Studien aus dem Strafrecht I, S. 45 ff.

2 Gesetz und Schuld II, S. 244 ff.

zu diesen beiden Vertretern einer *naturalistischen Sachlogik* finden sich die aufeinander aufbauenden Entwürfe von *Vogt* (1950), *Androulakis* (1963) und *Bärwinkel* (1969), die das Gleichstellungsproblem aus den dem Recht vorgelagerten *Sozialstrukturen* lösen wollen. Sie haben den Versuch, eine naturalistische Gemeinsamkeit von Tun und unechtem Unterlassen[3] zu finden, aufgegeben und das Gleichstellungsproblem in die Welt der Sozialbezüge verlagert. Von einer ontologischen (im Gegensatz zur normativen) Methode kann man bei ihnen um dessentwillen sprechen, weil auch sie ihre Entscheidung auf „transnormative" Befindlichkeiten stützen, die als Substrat dem Recht vorgelagert sind.

Die Reihenfolge unserer Darstellung ist an dieser kleinen „Methodensystematik" orientiert.

II. Übersicht über Wolffs Methode

1. *E. A. Wolff* hat versucht, die Gleichstellungsproblematik allein mit Hilfe seines *Bewirkungsbegriffs* zu lösen.[4] Nach seiner Auffassung kann ein Verhalten – infolge des nulla-poena-Satzes wie aus Gründen der Gerechtigkeit schlechthin – nur dann (beispielsweise nach § 212) bestraft werden, wenn es den Tod *bewirkt* hat (S. 33). Daß diese spezifische Kausalität der Unterlassung mit dem mechanischen Kausalbegriff oder der conditio-Formel nichts gemein hat und auch nicht haben kann, ist *Wolff* klar (S. 34); „Bewirken" heißt für ihn „es dem anderen zum Schlechten wenden", im Bewirkensbegriff steckt daher zugleich das ganze Äquivalenzproblem. Den Grund für die Möglichkeit, durch Unterlassen zu bewirken, sieht *Wolff* in der *ursprünglichen Abhängigkeit* des Opfers vom Täter, derzufolge die unterlassene Handlung zum normalen, bestimmungsgemäßen Leben gehöre und keine besondere „Vergünstigung" sei (S. 37). Unter Menschen könne dies nur eine auf die freie Entscheidung des anderen bauende Abhängigkeit sein (S. 38); die die Abhängigkeit konstituierende Ordnung könne daher keine zwingende Naturordnung, sondern nur eine die menschliche Freiheit anerkennende Sollensordnung sein. Soweit diese Abhängigkeit Voraussetzung der Strafe als Rechtsfolge sei, müsse sie auf einer *rechtlichen* Sollensordnung beru-

---

3 Dieser Begriff wurde von *Androulakis*, S. 140 ff., entwickelt. Ohne uns auf seine Theorien über das ontische Wesen der unechten Unterlassung einzulassen, werden wir diesen Ausdruck hinfort als Bezeichnung für eine Unterlassung gebrauchen, die den Tatbestand eines unechten Unterlassungsdelikts erfüllt; vgl. auch oben § 2 VIII.

4 In seiner Schrift „Kausalität von Tun und Unterlassen"; Seitenangaben im Text dieses Kapitels beziehen sich hierauf (ebenso wie im vorigen und den folgenden Kapiteln alle im Text vorzufindenden Seitenangaben auf die Monographie des jeweils behandelten Autors bezogen sind).

hen. Da es eine gesetzliche Regelung dieser Abhängigkeitsverhältnisse nicht gebe, sei man darauf angewiesen, sie aus der Rechtsordnung als ganzer zu konkretisieren.

Dabei müsse man grundsätzlich davon ausgehen, daß jeder für sich selbständig sei und niemand die Befugnis oder gar die Pflicht habe, in die Angelegenheiten des anderen hineinzureden (S. 39); nur in einigen besonders zu begründenden Fallgruppen sei das anders. Das hier vorliegende ursprüngliche Abhängigkeitsverhältnis werde zunächst durch einen *Mangel* des einen begründet, wie er etwa beim Kind offenkundig sei, aber darüber hinaus in allen Fällen vorliege, wo der einzelne bestimmte, für sein Leben notwendige Leistungen aus Gründen der Arbeitsteilung anderen übertragen habe (S. 40). Da der einzelne darauf baue, daß die anderen ihre Verpflichtung erfüllten, könne man dafür auch die Bezeichnung „Vertrauensverhältnis" wählen; immer sei aber ein *rechtlich gegründetes* Vertrauen notwendig (S. 40 Fn. 18).

2. Eine nähere Ausführung dieses Vertrauensverhältnisses gibt *Wolff* nicht, er läßt nur durchblicken, daß es ein auf Dauer angelegtes persönliches oder ein durch ein Versprechen begründetes Verhältnis sein könne (S. 41). In dieses Schema scheint zwar die Ingerenz nicht recht zu passen; doch findet *Wolff* auch bei ihr ein Vertrauensverhältnis: Bei den rechtswidrigen Vorhandlungen vertraue das durch die Rechtsnormen geschützte Opfer auf ihr Ausbleiben (S. 42), bei den Risiko-Vorhandlungen immerhin darauf, daß der Garant die Gefahr einschränken und sich daher innerhalb des erlaubten Risikos halten werde (S. 43). Dieses „Vertrauensverhältnis" reicht nach *Wolff* allerdings noch nicht aus, um bei der Ingerenz eine Garantenstellung zu begründen, denn damit sei nur die Vernünftigkeit, noch nicht aber die Existenz einer daraus folgenden Garantenpflicht nachgewiesen (S. 42). Die Geltung einer Erfolgsabwendungspflicht beruhe hier vielmehr auf *Gewohnheitsrecht* (S. 42f. m. Fn. 22).

3. *Wolff* glaubt, mit dem *Abhängigkeitsverhältnis* das entscheidende Moment des unechten Unterlassungsdelikts gefunden zu haben. Hierin soll der maßgebliche Unterschied zu der Hilfspflicht des quivis ex populo begründet sein (S. 44), und zugleich soll durch dieses Kriterium eine erhebliche Einschränkung der bisherigen Garantentypologie erzwungen werden (S. 45). Ist dieser hoch abstrakte Begriff dazu wirklich in der Lage?

III. Brauchbarkeit des Normalitätskriteriums

Ausgangspunkt von *Wolffs* Abhängigkeitsbegriff ist die These, daß immer dann ein unechtes Unterlassen anzunehmen sei, wenn die unterlassene Handlung zum normalen, bestimmungsgemäßen Leben gehöre und nicht als besondere Vergünstigung anzusehen sei (S. 37). Es lohnt sich, diesen Ansatz einmal ohne

Rücksicht auf die ihm von *Wolff* in seinen anschließenden Erörterungen gegebene Tendenz weiter zu verfolgen. Die ursprüngliche Abhängigkeit des einzelnen, sein Angewiesensein auf normale, alltägliche Verrichtungen anderer, die diese bestimmungsgemäß ausführen, ist nämlich ein Faktum, das bereits einer vorrechtlichen, „sozialen" Analyse zugänglich zu sein scheint. Daß eine besondere Fallgruppe dieser Art existiert, hat bereits *Roxin*[5] aufgezeigt. Das Füttern des Säuglings durch die Mutter oder die korrekte Weichenstellung durch den Bahnbeamten[6] sind normale, bestimmungsgemäße, alltägliche Vorgänge, bei denen kein Mensch auf die Idee kommen würde, von einer „Rettungstat" der Mutter oder des Weichenstellers zu sprechen; sie stellen „nach ihrem sozialen Sinn Erscheinungsformen des Begehens" dar,[7] oder, um *Wolffs* Formulierung zu benutzen, Kind und Reisende können nicht davon sprechen, daß ihnen von der Mutter oder dem Weichensteller eine besondere Vergünstigung zuteil geworden sei. Ganz anders ist es, wenn die Mutter das Kind aus den hohen Wellen vor dem Ertrinken rettet. Zwar wird auch hier die soziale Wertung lauten, daß sie nur ihre Pflicht und Schuldigkeit getan habe; man wird sie aber immerhin als *Retterin* des Kindes ansehen müssen.

Die Frage lautet daher: Kann diese soziale Unterscheidung auch für die rechtliche Qualifikation fruchtbar gemacht werden? Wenn *Wolff* dies im folgenden auch nicht ausdrücklich behauptet (sondern auf das *rechtlich* begründete Abhängigkeitsverhältnis umschwenkt,[8] so geht sein Hinweis doch immerhin in diese Richtung. *Roxin* läßt diesen Unterschied hingegen nur für das Strafmaß beachtlich sein; das Vorliegen eines unechten Unterlassungsdelikts macht er davon nicht abhängig.[9] Tatsächlich kann diese soziale Differenzierung uns die Existenz des unechten Unterlassungsdelikts zwar erklären,[10] aber nicht begrenzen; der von der Umgangssprache anerkannte Unterschied von „normalem" Ablauf und „Rettung" kommt als Strafbarkeitsgrenze[11] aus mehreren Gründen nicht in Frage.

1. Der soziale Sprachgebrauch ist zu schwankend und unsicher, um für sich allein als Grundlage der richterlichen Rechtsfindung dienen zu können.[12] Man

5 Täterschaft S. 465 ff.

6 Beide Beispiele finden sich bei *Roxin* a. a. O.

7 *Roxin* a. a. O., S. 466.

8 Vgl. aber auch a. a. O., S. 40, wo er die Abhängigkeit wieder dahingehend pointiert!

9 a. a. O., S. 467.

10 Denn sie weist auf eine vorgegebene Unwertschwelle hin.

11 Strenggenommen: als Grenze der erhöhten Strafbarkeit, denn es kommt ja in allen Fällen eine Bestrafung nach § 330c in Frage. Aus Gründen der sprachlichen Vereinfachung wird im folgenden unter „Strafbarkeitsgrenze" u. ä. diese Marke zwischen unechtem Unterlassungsdelikt und § 330c immer mitverstanden.

12 S. schon oben S. 56, 64.

müßte also schon eine über die Ergründung der durchschnittlichen Wortbedeutungen hinausgehende Analyse des „normalen sozialen Ablaufs" geben, der dem einzelnen „keine besonderen Vergünstigungen" bietet. Bei diesem Versuch würde man schon nach kurzer Zeit in unüberwindliche Schwierigkeiten geraten, wie am Mutter-Kind-Verhältnis leicht gezeigt werden kann. Das Nähren des Kindes soll normaler Vorgang, das Bergen aus der aufgewühlten See Rettung sein. Wie verhält es sich aber mit dem Zurückhalten des Kindes, das ahnungslos ins tiefe Wasser will, oder mit dem Einflößen einer lebenswichtigen Medizin? Kann man hier danach differenzieren, ob das Kind aus dem tiefen Wasser zurückgerissen (Rettung) oder schon vorher festgehalten wird (normaler Vorgang) bzw. ob die Medizin zur Verhütung oder nach Eintritt der Krankheitskrisis gegeben wird? Im Grunde ist ja die ganze Krankheit des Kindes überhaupt kein normaler, bestimmungsgemäßer Vorgang, und für die Annäherung an tiefes Wasser gilt dasselbe; muß die Grenze deshalb noch weiter vorverlegt werden? Aber auch damit erreicht man nichts, wie an den Fallalternativen zu sehen ist, daß eine Mutter a) nicht verhindert, daß das Kind eine giftige Substanz zu sich nimmt, b) daraufhin keinen Arzt alarmiert. Wo die Grenze des Normalen, Bestimmungsgemäßen liegt, kann praktisch kaum entschieden werden.

2. Das ist auch nicht weiter verwunderlich, denn die zur Prüfung anstehende Differenzierung gibt keinen essentiellen, sondern nur *graduelle* Unterschiede her und ist daher nur für die Strafzumessung, nicht aber für die Frage der Strafbarkeit als solcher beachtlich.[13] Die sozialen Anschauungen haften nämlich leicht an Äußerlichkeiten der Fallgestaltung und werden den eigentlich relevanten Strukturen nicht voll gerecht, oft sogar von unwesentlichen Veränderungen irregeführt. Daß das Nähren des Säuglings nicht als Rettungshandlung aufgefaßt wird, beruht augenscheinlich weniger auf seiner Normalität als auf der zeitlichen Entfernung der Gefahr. Das Verhungern geht ja nicht so schnell, und wenn die Vier-Uhr-Mahlzeit versäumt wird, dann wird eben die Acht-Uhr-Mahlzeit um so besser schmecken; die juristische Handlungseinheit des „Eine-Woche-lang-nicht-Nährens" ist dagegen in der Umgangssprache schwer faßbar. Daß es für das unbefangene Verständnis im Hinblick auf die „Rettungsqualität" eines Handelns kaum auf seine Bestimmungsgemäßheit und in der Hauptsache auf die Evidenz der Gefahr ankommt, zeigen zwei weitere Beispiele. Der Klaps, der dem Neugeborenen verabreicht wird, rettet es ohne Zweifel aus akuter Lebensgefahr. Diese Gefahr wird nun allerdings wegen des Routinecharakters des Klapses (seiner Normalität) leicht übersehen, und des-

13 Mit den folgenden Ausführungen wird daher die Annahme *Roxins*, man könne die soziale Normalität oder Anomalität für die Strafzumessung fruchtbar machen, letztlich nicht in Frage gestellt.

wegen würde man wohl erst dann von einer Rettungshandlung sprechen, wenn das Kind schon blau angelaufen war und damit nachdrücklich auf die Notwendigkeit schnellen Eingreifens hinwies. Eine ähnliche Abwandlung erlaubt auch der Weichenstellerfall. Wenn etwa die Weichenstellung auf Grund einer Störung in der elektrischen Anlage erst erfolgen kann, als die Züge fast aufeinandergerast sind – dann gestattet wohl auch die Umgangssprache, von einer Rettung aus Lebensgefahr zu sprechen.[14]

Diese Beispiele haben die wahre Bedeutung des „Normalitätskriteriums" deutlich gemacht. Bestimmte Gefahren sind so häufig, andererseits aber so leicht zu bannen, daß die Gesellschaft die Tätigkeit der zur Gefahrenabwehr Berufenen nicht mehr als solche erkennt und sie für etwas ganz Natürliches hält. Andere Gefahren sind so selten, daß die Gesellschaft keinen Abwehrdienst „de tous les jours" unterhält, sondern sich mit der sporadischen Aktivität der zur Abwehr Berufenen begnügt. Daß ihre (seltenen) Taten dann immer besondere Beachtung finden, beruht auf der allgemein-menschlichen Langeweile bei gleichförmigen Geschehensabläufen (der erste Mord steht auf der Titelseite einer Zeitung, der tausendste wird noch mit einer Zeile unter „Verschiedenes" erwähnt). Unter dem leitenden Wertgesichtspunkt der „Berufung zur Gefahrenabwehr" kann es aber keinen Unterschied machen, ob das Eingreifen ständig und gleichförmig oder nur in besonderen Gefahrfällen zu erfolgen hat. Die Pflichten mögen im ersten Fall einfacher zu erfüllen sein als im zweiten, aber das kann an ihrer gleichen Struktur nichts ändern. Die Normalität der nicht vorgenommenen Handlung ist daher als Kriterium des unechten Unterlassungsdelikts unbrauchbar.

IV. Wolffs Abhängigkeitsbegriff

1. Die Differenzierung zwischen „besonderen Vergünstigungen" und „normalen, bestimmungsgemäßen Darreichungen" vermag das Gleichstellungsproblem daher nicht zu lösen. *Wolff* gründet seine Methode auch nicht auf so eine schlichte Unterscheidung, sondern verbindet, wie im folgenden zu zeigen sein wird, mit diesen beiden Ausdrücken eine in ihrem gewöhnlichen Verständnis nicht ohne weiteres enthaltene tiefere Bedeutung. Er versteht nämlich unter dem, was zum normalen, bestimmungsgemäßen Leben des einzelnen gehört (d. h. unter dem Gegenstand der Abhängigkeit), alles das, worauf der eine ge-

---

14 Konkretheit der Gefahr und Normalität der Abwehrmaßnahmen stehen also in einem reziproken Verhältnis, s. i. f.

genüber dem anderen einen rechtlichen Anspruch hat. Grund der Abhängigkeit ist daher für *Wolff* die *Rechtspflicht* des anderen.

Auf diese Weise ist die Rechtspflicht zum maßgeblichen Kriterium des Bewirkens durch Unterlassen geworden, und zwar die *metastrafrechtliche* Rechtspflicht, denn da die Strafnormen das Bewirken durch Unterlassen verbieten (so wenigstens *Wolff* S. 44 f.), wäre es eine Tautologie, wenn man als Grundlage des Bewirkens auch originär strafrechtliche Pflichten ausreichen lassen würde (vgl. auch *Wolff* S. 40 Fn. 18).

Wolffs Ergebnis lautet daher, daß die das Bewirken konstituierende Abhängigkeit auf einer rechtlichen Sollensordnung beruhe und daß diese Abhängigkeitsverhältnisse, da sie keine gesetzliche Regelung gefunden hätten, aus der Gesamtheit der Rechtsordnung konkretisiert werden müßten.

Wolff führt also – im Gegensatz zur heute h. M.[15] – die Garantenstellungen letztlich auf eine formelle Rechtspflicht zurück. Nun bedarf es allerdings keines besonderen Beweises, daß eine so weitreichende sachliche Entscheidung nicht auf Grund einer bloßen (willkürlichen) Definition getroffen werden kann. Um überzeugungskräftig zu sein, muß sie – wie jede rechtswissenschaftliche Behauptung – durch eine Reihe einsichtiger Schlüsse auf verschiedene billigenswerte Prämissen zurückführbar sein, d. h. sie darf nicht durch Definitionen, sondern muß durch Argumente aus den Prämissen entwickelt werden. Dies ist jedoch, wie eine kritische Überprüfung zeigt, bei *Wolff* nicht der Fall; das Rechtspflichterfordernis wird vielmehr von ihm in Wahrheit per definitionem eingeführt.

2. Die Abhängigkeit des einen kennzeichnet *Wolff* zunächst dadurch, daß dieser zu seinem normalen, bestimmungsgemäßen Leben vom anderen etwas benötige (S. 37). An einem Beispiel macht er deutlich, daß das bestimmungsgemäße, normale Schicksal eines Säuglings im Weiterleben bestehe, weswegen das Abhängigsein von der mütterlichen Hilfe zu dessen normalem Leben gehöre. Schon dieses Beispiel ist aber verwirrend, denn *Wolff* nennt die Abhängigkeit des Kindes in einem Atemzuge mit der Rechtspflicht der Mutter, die für das Kind zu sorgen hat. Die Abhängigkeit wird auf diese Weise mit dem Bestehen einer Rechtspflicht erklärt, d. h. die Notwendigkeit der Rechtspflicht wird nicht aus dem Abhängigkeitsbegriff gefolgert, sondern darin vorausgesetzt. Auch *Wolffs* Hinweis, die Abhängigkeit sei derart, daß die negative Entscheidung des anderen die Verhältnisse des Abhängigen zum Schlechten wende (S. 37), führt nicht weiter, da es sich hier bei genauem Hinsehen um eine Definition per defi-

---

15 Die auch aus *engen Lebensbeziehungen* Garantenstellungen entstehen läßt, vgl. *Baumann*, Lehrbuch, S. 240 (kritisch), und *Jescheck*, Lehrbuch, S. 413 ff., sowie RGSt. 67, 314; BGHSt. 19, 167.

niendum handelt: „Bewirken“ bedeutet nach Wolff „es dem anderen zum Schlechten wenden“ (S. 34), und da hierfür im Unterlassungsfall die Abhängigkeit des anderen konstitutiv sein soll, ist deren Definition durch die „Wendung zum Schlechten“ eine petitio principii.

3. a) Mehr Licht in *Wolffs* Abhängigkeitsverständnis scheint sein Vergleich mit dem jungen Vogel zu bringen, der auf die Atzung durch seine Eltern angewiesen sei (S. 37 f.). Die Abhängigkeitsbeziehung scheint demnach eine besondere Bedürftigkeit auf der Seite des einen und eine spezifische „Hilfsnähe“ auf der Seite des anderen vorauszusetzen. Daß diese Nähe allein durch eine metastrafrechtliche Rechtspflicht hergestellt wird, ist damit freilich noch nicht gesagt. Die Passage, in der *Wolff* dies zu begründen unternimmt, ist daher für seine Methode von zentraler Bedeutung. *Wolff* geht davon aus, daß der Mensch im Unterschied zu den Vögeln frei über den Fortgang des Geschehens entscheiden könne. Ob der Abhängige das, was ihm zustehe, auch bekomme, liege daher in der freien Entscheidung des anderen. Die Abhängigkeit *baue* daher auf die freie Entscheidung des anderen, infolgedessen müsse die die Abhängigkeit konstituierende Ordnung für die Freiheit der Entscheidung einen Platz haben. Sie müsse daher eine Sollensordnung, und zwar – als Voraussetzung für die Rechtsfolge „Strafe“ – eine rechtliche Sollensordnung sein.

b) Es ist interessant zu sehen, wie das Ergebnis kaum merklich in diese Schlußfolge schon vorher als Voraussetzung aufgenommen wurde. Die Abhängigkeit war ja ursprünglich dadurch gekennzeichnet, daß etwas Bestimmungsgemäßes fehlte (so *Wolff* S. 37), und diese Bestimmung entnahm *Wolff* aus der eigenen Struktur des Objekts, des jungen Vogels oder kleinen Kindes, deren eigenes Prinzip „Wachsen und Leben“ verlangt. Indem *Wolff* nunmehr davon spricht, daß die Abhängigkeit auf die freie Entscheidung des anderen baue und diese in der die „Abhängigkeit konstituierenden Ordnung einen Platz“ habe, versteht er die normale Bestimmung des Abhängigen nicht mehr aus dessen Prinzip (sozial möchte man sagen), sondern aus den Normgeboten der einschlägigen Ordnung (sozialethisch). Er geht also nicht dergestalt vor, daß er einen Begriff der „sozialen Abhängigkeit“ entwickelt und die sozialethische Hilfspflicht aus dieser Abhängigkeit *folgert*, sondern er macht die Hilfspflicht von vornherein zur Voraussetzung der Abhängigkeit! Entsprechend beschreibt er keinen sozialen Tatbestand der Abhängigkeit als Grund der strafrechtlichen Rechtspflicht (diese soziale Abhängigkeit lehnt er als Mittel der Rechtserkenntnis auf S. 39 entschieden ab), sondern begnügt sich mit der lapidaren Feststellung, Voraussetzung der Strafe als Rechtsfolge sei eine rechtliche Sollensordnung (S. 38).

c) *Wolffs* Beschreibung des Abhängigkeitsverhältnisses gibt daher im eigentlichen Sinne keine Begründung, sondern nur eine Definition seines Ansatzes. Warum für das unechte Unterlassungsdelikt kein soziales Abhängigkeitsverhältnis im Sinne einer spezifischen Nähebeziehung ausreichen soll, erklärt er deswegen letztlich nicht. Er meint nur, die Abhängigkeit müsse, soweit sie Voraussetzung der Rechtsfolge „Strafe" sei, durch eine rechtliche Sollensordnung festgelegt sein. Das reicht aber zur Begründung nicht aus, weil es keine Prämisse des Inhalts gibt, Strafe könne nur für die Verletzung metastrafrechtlicher Rechtspflichten angedroht werden. Wie die Beispiele der §§ 138, 330c, 360 I Nr. 11 zeigen, kann die der Strafandrohung zugrunde liegende Norm vielmehr auch durch das Strafrecht (originär) geschaffen werden. Das Argument der h. M., durch die Forderung einer formellen Rechtspflicht (*Wolffs* rechtliches Abhängigkeitsverhältnis ist insoweit nur eine Paraphrase) trete eine „Doppelung der Rechtswidrigkeit" ein,[16] wird durch *Wolffs* lakonische Bemerkungen also noch nicht widerlegt.

4. Ganz deutlich wird dies noch einmal bei seinen Darlegungen zum *Ingerenz*problem. Er begründet die Abhängigkeit hier mit dem enttäuschten Vertrauen des durch die Vorhandlung in Gefahr Gebrachten, leitet daraus aber die strafrechtliche Garantenstellung noch nicht ab, sondern bemüht hierfür zusätzlich das Gewohnheitsrecht (S. 42). Die dazu gegebene Begründung ist unklar und widerspricht seinen eigenen Prämissen. *Wolffs* Grundgedanke war ja, daß im Falle einer Abhängigkeitsbeziehung das Unterlassen kausal ist und damit gegen eine Verbotsnorm[17] verstößt (S. 44 f.); in dieser allgemeinen Norm soll das Verbot kausaler Unterlassungen nichts Sekundäres, sondern mit dem Verbot kausaler Handlungen gleichrangig sein. Bei der Ingerenz spricht *Wolff* aber davon, daß die durch die Vorhandlung übertretenen Verbote zwar „Gebote (!) nach sich ziehen müssen (!)", damit aber noch nicht gesagt sei, „daß sie es auch wirklich tun" (S. 42). Wenn er damit nur sagen will, daß die Garantenstellung aus Ingerenz rechtspolitisch vernünftig sei, so mag das zwar richtig sein, hebt aber erstens den juristischen Erkenntniswert seiner Abhängigkeitsanalyse völlig auf[18] und setzt zweitens seine eigenen Prämissen über die Kausalität der Unterlassung ins Zwielicht. Außerdem erweckt die Redewendung, die Verbote „müßten" entsprechende Gebote nach sich ziehen, an *Wolffs* normlogischem Konzept zusätzliche Zweifel. Die Erklärung für diese Systeminkongruenz (die Abhängigkeitsbeziehung begründet allgemein die Kausalität der Unterlassung und damit

---

16 Erstmals formuliert von *Schaffstein*, Festschr. f. Gleispach, S. 87 f.; *Nagler* GS 111, 74, 82; heute *Arm. Kaufmann*, Dogmatik, S. 263; *Welp*, Vorangegangenes Tun, S. 63 f.

17 im Sinne einer kausale Handlungen wie Unterlassungen gleichermaßen verbietenden „negativen Sollennorm".

18 Denn rechtspolitisch vernünftig ist manches; und ob das nach seiner Auffassung bestehende Gewohnheitsrecht einer solchen Stütze wirklich bedürfte, ist zweifelhaft.

das unechte Unterlassungsdelikt; bei der Ingerenz reicht sie dagegen nicht aus, entscheidend ist hier vielmehr die gewohnheitsrechtliche Rechtspflicht) findet sich wiederum nur in der Prämisse, das unechte Unterlassungsdelikt setze eine metastrafrechtliche Rechtspflicht zum Handeln voraus. Eine Begründung dafür gibt *Wolff* aber auch hier nicht.

5. Dasselbe gilt für seine Ausführungen zum die Abhängigkeit begründenden Vertrauensverhältnis bei *Verträgen:* Der einzelne baue darauf, daß die anderen ihre Verpflichtungen wirklich erfüllten (S. 40); auch hier setzt die Abhängigkeit also per definitionem eine Rechtspflicht voraus. Der anschließende Satz, solche Vertrauensverhältnisse fänden im Recht Anerkennung, da die Rechtsordnung eine wirksame Lebensgestaltung ermöglichen solle, vermag den vorrechtlichen Charakter dieser Verhältnisse ebenfalls nicht zu begründen, denn der einzelne vertraut, wie vorher gesagt wurde, nur darauf, daß die anderen ihre (scil.) rechtlichen Verpflichtungen erfüllen.

V. Formelle Rechtspflicht und Strafrechtsrelevanz

1. *Wolffs* Darlegungen sind daher nicht geeignet, die Notwendigkeit der formellen Rechtspflicht für die Garantenstellung nachzuweisen. Seine Methode würde gleichwohl dann noch wertvoll sein, wenn sie taugliche Kriterien für die *Auswahl* unter den metastrafrechtlichen Pflichten anböte, d. h. für die Ermittlung ihrer *strafrechtlichen Relevanz.* In dieser Richtung finden sich aber nur wenige Hinweise, die für die gebotene systematische Erfassung der Relevanzkriterien kaum Anhaltspunkte bieten. *Wolff* schlägt vor, die Abhängigkeitsverhältnisse mangels spezieller gesetzlicher Regelungen aus der gesamten Rechtsordnung zu konkretisieren (S. 38). Grund des Abhängigkeitsverhältnisses sei zunächst ein Mangel der einen Person, wie er beim Kind offenkundig sei, bei Erwachsenen aber ebenfalls, und zwar als Mangel der eigenen Gestaltungsmöglichkeit, vorgefunden werde (S. 40). An Fallgruppen nennt er die Versprechensübernahme und das einem Familienverhältnis vergleichbare, auf Dauer angelegte persönliche Verhältnis (S. 41).

2. Daß diese wenigen, etwas eklektischen Hinweise keine fertige Gleichstellungslehre darstellen, hat *Wolff* selbst betont (S. 38). Es ist aber auch nicht zu sehen, wie daraus eine Gleichstellungslehre entwickelt werden sollte. Ein Mangel einer Person an Gestaltungsmöglichkeit wird wohl immer vorliegen, wenn ein Unterlassungsdelikt in Frage steht, denn ohne einen solchen Mangel wäre es kaum zu einer Rechtsgutverletzung gekommen. Ob z. B. die auf die Betriebssicherheit bezogene Garantenstellung des Unternehmers maßgeblich auf seinen Vertragspflichten gegenüber seinen Arbeitnehmern beruht (so *Wolff* S. 40), muß ernsthaft bezweifelt werden, da etwa auch ein betriebsfremder Besucher Schutz

verdient. Außerdem ist das Vertragskriterium zur Selektion der Rechtspflichten wenig geeignet, weil es ja nur auf die Vorfrage bezogen ist, ob überhaupt eine Rechtspflicht besteht. Ein der „Familie vergleichbares persönliches Verhältnis" kann man schließlich nicht finden, solange der Vergleichsmaßstab, das tertium comparationis, nicht festgelegt ist.

3. Die fragmentarischen Bemerkungen *Wolffs* zu konkreten Gleichstellungsfragen schaffen daher für die Garantenstellungen keine Konturen. Da auch sein Abhängigkeitsbegriff keinen darüber hinausgehenden, richtungweisenden Gehalt aufweist[19] – mit einigen wenigen Beispielen kann man einen Begriff nicht erfassen! –, muß *Wolffs* Meinung, die Garantenstellung bekomme durch das Abhängigkeitsverhältnis und seine Begründung eine neue Festigung (S. 40), als zu optimistisch zurückgewiesen werden.

VI. Abschließende Stellungnahme

1. *Wolffs* Methode kann nunmehr abschließend beurteilt werden. Sein Ausgangspunkt ist der Versuch, einen gemeinsamen Kausalbegriff für Tun und Unterlassen zu finden, wozu er sich deswegen verpflichtet glaubt, weil er die „Begehungstatbestände" nach dem Muster „Wer eine Tötung verursacht ..." interpretiert (so S. 33). Die von ihm gesuchte „Rechtskausalität" ist freilich nach moderner Terminologie keine Kausal-, sondern eine Zurechnungskategorie, doch kann das hier auf sich beruhen, da es sich insoweit bloß um einen Unterschied in der Nomenklatur handelt. Da *Wolff* ausdrücklich die Bezeichnung „Kausalität" wählt, dürfte die Vermutung zutreffen, daß er die Herausarbeitung der *ontischen Struktur* beabsichtigt, d. h. die seinsmäßigen Bedingungen der Unterlassungskausalität finden will. So meint er etwa: „Würde das Unterlassen den Tod nicht *bewirken*, dann könnten auch die differenziertesten *Werterwägungen* nichts daran ändern, daß ein Unterlassen einem Bewirken durch Tun nicht wertmäßig gleichsteht".[20] Daran wird deutlich, daß *Wolff* das Gleichstellungsproblem durch eine Aufdeckung der sachlogischen Strukturen, d. h. aus der Natur der Sache lösen will.

2. Seine erste Formel, „Bewirken" bedeute „es zum Schlechten wenden", ist noch neutral, denn sie enthält noch keinen bestimmten Sinn, sondern ist mit weitgehend beliebigem Inhalt füllbar. Entscheidender Prüfstein wird daher sein zentraler Begriff der *Abhängigkeit*. Da man unter Abhängigkeit sehr viel verste-

---

19 Abgesehen von dem Rechtspflichterfordernis, das aber natürlich für sich allein nicht ausreicht und außerdem nicht einmal begründet wurde.

20 a. a. O., S. 33; Hervorhebungen vom Verf.

hen kann (nicht zuletzt auch das bloße Angewiesensein auf mögliche fremde Hilfe, d. h. Abhängigkeit als Kurzbezeichnung der conditio-Formel), muß ihr Inhalt näher bestimmt werden, entweder (wenn sie ein definibler Begriff ist) durch Angabe ihrer Merkmale oder (wenn sie ein offener Begriff ist) durch Angabe ihrer Richtpunkte. In dem Fehlen einer solchen Begriffsdeutung liegt der entscheidende Mangel von *Wolffs* Methode; spärliche Beispiele (vom Kind und jungen Vogel) vermögen an der Unüberprüfbarkeit seines Abhängigkeitsverständnisses nichts zu ändern, und die Forderung nach „ursprünglicher Abhängigkeit“ beseitigt keine Unklarheiten, sondern schafft nur neue. Diese oberste Chiffre erlaubt daher vermöge ihrer Konturenlosigkeit, autonom gesetzte Definitionen als Folgerungen auszugeben und den wirklichen Charakter der Methode zu verschleiern. In Wahrheit werden die Ergebnisse nicht aus dem Ansatz gewonnen, sondern sind intuitiv gefundene Entscheidungen, sind Prämissen, deren axiomatischer Charakter durch die allgemeine, als vermeintlichen Quell einer Ableitung hingestellte Chiffre verdeckt wird. Bei *Wolff* zeigt sich dies ganz deutlich an der Art, wie er zu dem Rechtspflichterfordernis kommt: Obwohl es sich hier im Grunde um die erste Teildefinition der Abhängigkeitsvorstellung handelt, erscheint es bei ihm als eine Folgerung aus diesem vorher durch nichts bestimmten Begriff. Hierin zeigt sich eine typische Unzulänglichkeit der phänomenologisch-ontologischen Methode. Zur Überwindung des Grabens zwischen Sein und Sollen[21] müssen ontische Grundstrukturen gesucht werden, die die Unterschiede der Regelungsmaterie verschwinden lassen, denn da man keinen leitenden Wertgesichtspunkt hat, mit dessen Hilfe man zwischen wesentlichen und unwesentlichen Differenzierungen unterscheiden kann, wird man bei der ontologischen Rechtsfindung die unübersehbaren Besonderheiten des Rechtsstoffs nur durch die Auffindung einer *allgemeinen* Struktur hinter sich lassen können. Gerade bei Tun und Unterlassen droht aber jede Suche nach einer allgemeinen Struktur an der schon von *Radbruch*[22] aufgestellten These zu scheitern, daß sich Handlung und Unterlassung im ontischen Bereich wie a und non-a gegenüberstünden. Die ontologischen Methoden geraten infolgedessen in die Gefahr, in einer inhaltslosen Chiffren-Sphäre eine Gemeinsamkeit herzustellen, die in der Wirklichkeit gerade nicht vorfindbar ist. Nicht von ungefähr benutzen die Vertreter dieser Methode daher undefinierte Blankette, die über der differenzierten Wirklichkeit eine scheinbare Einheit stiften, eine Einheit, die nur in dem gewählten Ausdruck besteht, aber keine sachliche Entsprechung hat. Diese Verwendung undefinierter, mit jedem beliebigen Inhalt verbindbarer

---

21 Vgl. dazu oben S. 46 f.

22 Handlungsbegriff, S. 140; zu den modernen Antithesen vgl. o. § 2 Fn. 126.

Ausdrücke stellt eine moderne Art von Begriffsjurisprudenz dar, die mit der alten Begriffsjurisprudenz die scheinbar logischen Deduktionen gemein hat, sie an Unbestimmtheit des Ergebnisses aber um vieles übertrifft.

3. Dieser bei allen phänomenologischen Lösungen der Gleichstellungsproblematik drohende Einwand trifft *Wolff* freilich nur zum Teil, denn wie seine Darlegungen zur Ingerenz zeigen, läßt er eine sozial-faktisch verstandene Abhängigkeit zur Gleichstellung gerade nicht ausreichen, sondern verlangt eine besondere Rechtspflicht. Damit wird er jedoch andererseits seinem eigenen Anliegen untreu, die Handlungsäquivalenz der Unterlassung durch eine Aufdeckung ihrer ontischen Befindlichkeit nachzuweisen. Mit der Rechtspflicht gerät ihm unter der Hand ein *normatives* Kriterium in seine ontologische Analyse, ein Kriterium zudem, das seit den materiellen Unrechtslehren immer mehr zurückgedrängt worden ist. Zum Nachweis der Richtigkeit dieses Lösungsansatzes ist *Wolffs* Methode freilich nicht in der Lage, denn die Notwendigkeit der formellen Rechtspflicht kann nur von einem normativen Ansatz her bestätigt werden; von den ontischen Gegebenheiten führt kein Weg dorthin. Andererseits bedeutet die Verwerfung der Methode aus dem gleichen Grunde noch kein Verdikt über das Ergebnis, und wenn daher auch *Wolffs* Methode abgelehnt werden muß, kann über sein Resultat (Notwendigkeit einer formellen Rechtspflicht) doch erst nach Erarbeitung einer eigenen Lösung abschließend geurteilt werden.[23] Es spricht immerhin für diesen uralten Lösungsansatz, daß er ausgerechnet in einer modernen ontologischen Problemanalyse wieder aufgetaucht ist!

§ 8 Die ontologische Methode *Welps*

I. *Welps* Analyse der Opferposition bei rechtswidriger Vorhandlung

1. Die modernen Versuche einer ontologischen Begründung der Gleichstellung sind mit *Wolffs* Arbeit noch nicht erschöpft. Der neueste, gründlichste und scharfsinnigste Entwurf einer solchen Problemlösung aus der Natur der Sache stammt von *Welp*.[1] *Welp* legt sich als Thema seiner Arbeit die Frage vor, unter welchen Voraussetzungen vorangegangenes Tun die *Bewirkensäquivalenz* einer nachfolgenden Unterlassung begründet, d. h. er prüft die Grundlage der Ingerenz-Garantenstellung (s. S. 21). Diese Frage untersucht er allgemein, d. h. ohne Rücksicht auf die tatbestandlichen Verschiedenheiten im Besonderen Teil (die

---

23 s. u. § 17 III.

1 In seiner Schrift „Vorangegangenes Tun als Grundlage einer Handlungsäquivalenz der Unterlassung".

von ihm sog. *Modalitätsäquivalenz*, S. 18 ff.); praktisch bedeutet das, daß er die Gleichstellungsfrage lediglich für die reinen *Erfolgsdelikte* der Tötung und Körperverletzung behandelt. Die Bewirkensäquivalenz des Unterlassens setzt nach *Welp* eine *Gleichunwertigkeit* von Tun und Unterlassen voraus (S. 164), die – das kennzeichnet ihn als Vertreter einer ontologischen Methode – auf der wesensmäßigen Gleichheit von Begehungs- und unechtem Unterlassungsdelikt beruhen soll. Diese Gleichheit findet er, anders als die im vorigen Abschnitt dargestellte Theorie *Wolffs*, aber nicht in der Kausalstruktur – hier konstatiert er einen fundamentalen Unterschied (S. 111, 170) –, sondern in der *finalen Herrschaft* des Täters und der *besonderen Abhängigkeit* des Opfers.

2. Dies entwickelt er zuerst für die Unterlassungen nach *rechtswidriger Vorhandlung*. Um die Frage der Gleichunwertigkeit klären zu können, untersucht er zunächst, warum eine aktive Erfolgsbewirkung immer schon Unrecht sei (S. 173). Den Grund dafür findet Welp in der *finalen Initiative*, die den Verursacher zum *Täter* mache und den Erfolg als sein Werk erscheinen lasse (S. 174). Dem entspreche auf der Opferseite, daß das Opfer, durch die Verbotstatbestände der Strafrechtsordnung geschützt, auf das Ausbleiben der finalen Initiative *vertraue* und infolgedessen vom Unterlassen des verbotenen Tuns und damit vom Täter *gesteigert abhängig* sei (S. 176 f.): Finale Initiative auf der Täter-, gesteigerte Abhängigkeit (oder auch: besondere Verletzbarkeit) auf der Opferseite sollen das Unrecht der Begehungsdelikte konstituieren.

Mit Hilfe dieser schematischen Trennung von Täter- und Opferseite gliedert *Welp* nunmehr die Situation nach vorangegangener rechtswidriger Gefährdung auf und prüft, ob er die beiden Elemente des Begehungsunrechts auch hier vorfindet. Die für eine Handlungsäquivalenz auf der Opferseite erforderliche *besondere Abhängigkeit* des Opfers vom Täter kann sich – das liegt auf der Hand – bei der Ingerenz-Garantenstellung nur aus dem vorangegangenen Tun ergeben (S. 179). In der Tat glaubt *Welp* sie auch auf diese Weise zu finden, denn, so meint er, die zwischen der rechtswidrigen Vorhandlung und dem Erfolgseintritt bestehende Abhängigkeit des Opfers gleiche völlig der Abhängigkeit des Opfers beim Begehungsdelikt, wie sie zu dem Zeitpunkt bestehe, da der Täter seine Aktivität abgeschlossen habe (S. 180 f.). Im einzelnen wird dies von *Welp* folgendermaßen begründet: Zunächst sei das Opfer vom Unterlassen solcher Handlungen abhängig, die die Verletzung seiner Güter zum Ziel hätten oder auf deren Unversehrtheit nicht die gehörige Rücksicht nähmen (Situation beim Begehungsdelikt). Diese Abhängigkeit müsse auch später erhalten bleiben, wenn der Täter seinen Entschluß in die Tat umgesetzt und sich der Wirkungen seiner Aktivität entäußert habe, denn hierauf basiere gerade die Annahme, daß der Erfolg das Werk seiner Handlung sei. In dieser kritischen Phase, d. h. mit der Tat, schlage die generelle Abhängigkeit von der Einhaltung der Verbotsnorm durch den anderen in konkrete Abhängigkeit um, unter der sich der Erfolg als Werk des Täters realisiere. Im Normalfall des Begehungsdelikts, bei dem der Täter den Erfolg mit dem Abschluß seiner Aktivität aus der Hand gegeben habe,[2] sei diese Abhängigkeit zwar mit dem Tatherrschaftsverlust des Täters beziehungslos geworden; gleichwohl sei sie nicht bloße *Fragilität*, d. h. nicht bloßes Ausgeliefertsein an die kausalen Naturkräfte, denn sie bestehe immer noch im Hinblick auf drohende Wirkungen einer *verbotswidrigen Handlung*. Da sich die auf dem Vertrauen in die Verbotsbefolgung durch den anderen beruhende besondere Verletzbarkeit des Opfers hierin realisiere, sei die Opferposition qualitativ verschieden von bloßer Fragilität, stehe der Erfolg nicht nur beziehungslos neben der Handlung, sondern sei ihr Werk und begründe so die Verantwortlichkeit des Täters.

3. Damit glaubt *Welp* bewiesen zu haben, daß die Situation des Opfers nach einer rechtswidrigen Vorhandlung mit dem Durchgangsstadium einer jeden Begehung identisch, nämlich Abhängigkeit vom Nichteintreten eines Erfolges sei, der durch die rechtsverletzende Voraktivität des Täters herbeigeführt werde. Da diese Abhängigkeit jedoch bisher noch beziehungslos ist,[3] fragt *Welp* sich weiter, wie die Beziehung auf eine *Rettungshandlung* mit dem Täter als deren *Subjekt* hergestellt werden könne.

4. Grundsätzlich, stellt *Welp* fest, sei das Opfer ja von jeder Rettungshandlung abhängig, könne sie nun vom Täter oder von einem Dritten erfolgen (S. 182). Die dadurch aufgeworfene Frage, ob man gleichwohl eine besondere Abhängigkeit von der Rettung durch den Täter aufweisen könne, beantwortet *Welp* vorerst jedoch noch nicht, sondern verweist sie in die Erörterung über die Täterposition. Für die Opferposition glaubt er seine Aufgabe, Strukturgleichheit von Begehungs- und Unterlassungsdelikt nachzuweisen, erfüllt zu haben, da sich das Opfer nach der rechtswidrigen Vorhandlung in dem auch beim positiven Tun vorgefundenen Zustand der Abhängigkeit befinde, der allerdings nicht auf das Unterbleiben der Vorhandlung selbst, sondern auf den Nichteintritt ihrer Folgen und damit auf eine Rettung bezogen sei.

5. Dieser Überblick über das Grundgerüst von *Welps* Konstruktion mag zunächst genügen, denn wenn sich schon seine Hauptstützpfeiler als nicht tragfähig erweisen sollten, braucht auf seine Detailarchitektur (z. B. zu der Frage, ob nur vorsätzliche oder auch fahrlässige Vorhandlungen die Handlungsäquiva-

---

2 Gemeint ist offenbar der Fall, daß der Täter zwischen beendetem Versuch und Erfolgseintritt keine Möglichkeit mehr hat, den Erfolg noch abzuwenden.

3 D. h.: nur von einem drohenden Erfolg besteht, nicht von einem Menschen und seiner finalen Aktivität.

lenz der Unterlassung begründen können[4] – S. 183 ff. –) nicht mehr eingegangen zu werden.[5]

II. Kritik an *Welps* Abhängigkeitsbegriffs und seiner Opferpositionanalyse

Bevor *Welps* Analyse der „Täterposition" dargestellt wird, erhebt sich die Frage, ob seine Darlegungen zur Opferposition das Bestehen einer Garantenstellung nach rechtswidriger Vorhandlung irgendwie plausibel gemacht haben. Um die Antwort vorwegzunehmen: Sie haben es nicht, und sie konnten es auch nicht, weil er das Problem mit einer von vornherein unzulänglichen Methode zu lösen versucht hat.

1. Die „Kausalmonisten" des 19. Jahrhunderts[6] mußten scheitern, weil sie in der Unterlassung etwas suchten, was ihr evidentermaßen gerade fehlte: die effektive Kausalität. Sie argumentierten ontologisch und gingen fehl, weil sie die ontische Wirklichkeit verkannten. *Welp* erkennt die Kausalwirklichkeit richtig, unterliegt aber in anderer Beziehung einer vergleichbaren Täuschung. Er glaubt, die *Abhängigkeit* des Opfers als gemeinsame ontische Grundstruktur von Begehungs- und Unterlassungsdelikt aufweisen zu können, und verfehlt damit die Wirklichkeit in ähnlicher Weise wie die von ihm so scharfsinnig kritisierten Kausalmonisten. Der Grund für seinen Irrtum, die rechtliche Regelung aus der faktischen Struktur entwickeln zu können, beruht dabei in erster Linie auf einer quaternio terminorum, d. h. auf der Benutzung einer einzigen Bezeichnung (eines Wortes) für verschiedene Begriffe. Dieser Fehler, den *Welp* so oft in seiner Arbeit bei anderen aufgedeckt hat, erweckt zwar prima facie den Eindruck, daß Welp eine vertiefte Einsicht in die Opferposition gewonnen habe und die diesbezügliche Gleichstellung von Begehungsdelikt und Unterlassung nach rechtswidriger Vorhandlung daraus mit Hilfe logischer Schlüsse abzuleiten vermöge. In Wahrheit gibt *Welp* aber nur eine begrifflich komplizierte Paraphrase schon

---

4 In *Welps* Annahme, auch eine fahrlässige Vorhandlung könne die für die Handlungsäquivalenz entscheidende Abhängigkeit begründen (S. 186), scheint auf den ersten Blick ein Widerspruch zu seiner oben S. 104 wiedergegebenen Feststellung zu liegen, der Grund für die Erfolgszurechnung beim Begehungsdelikt liege in der finalen Aktivität. Dieser scheinbare Widerspruch löst sich aber schnell auf, da *Welp* auf S. 186 selbst klarstellt, daß er im Anschluß an *Welzel* (Strafrecht S. 129 ff.) auch die unbewußt-fahrlässige Tat als finale Tat ansieht.

5 Zu *Welps* Annahme, in jedem Vorsatzdelikt, das dem Täter nach beendetem Versuch noch eine Erfolgsabwendungsmöglichkeit lasse, stecke zugleich ein unechtes Unterlassungsdelikt (S. 183, aus- und weitergeführt S. 321 ff.), vgl. u. S. 353 f.

6 S. die Darstellungen und Kritik bei *Welp* S. 32 ff. und S. 45 ff.

bisher allgemein anerkannter Tatsachen, die seine Schlüsse gerade nicht zu tragen vermögen.

2. a) Den Ausgangspunkt für seine Analyse der Opferposition bildet der von ihm in Anschluß an *E. A. Wolff*[7] entwickelte Begriff des *Vertrauensverhältnisses.* Ein Begehungsdelikt verletzt nach *Welp* das Opfer in seinem *Vertrauen* auf dessen Ausbleiben, das auf den im Besonderen Teil des Strafgesetzbuches strafrechtlich sanktionierten Verboten beruht (S. 176). In seinen Ausführungen zur rechtswidrig-schuldlosen Vorhandlung (S. 185, 187) macht er deutlich, daß dieses Vertrauen durch die weitere Annahme mitbedingt ist, daß „der andere“ eine den Anforderungen des Soziallebens gewachsene Person sei. Wegen der grundlegenden Bedeutung dieses Vertrauensbegriffs für *Welps* Beweisführung verdient er eine nähere Analyse. Es liegt auf der Hand, daß Welp hiermit keinen psychologischen Befund kennzeichnen wollte, denn ein konkret vorfindbares Vertrauen („Zutrauen“) des Opfers kann nicht als Begriffsmerkmal oder notwendige Erscheinung einer strafbaren Handlung angesehen werden. Auch wenn das Opfer schon lange einen Angriff des Täters argwöhnt oder sogar weiß, daß sich dieser Täter durch die Verbote des Strafgesetzbuches nicht wird bestimmen lassen, und auch wenn es deswegen (vergebliche) Schutzvorkehrungen trifft, bleibt die Verletzung des nicht mehr vertrauenden Opfers ein Delikt! Ein „aktuelles Vertrauen“ (etwa der „Arglosigkeit“ in der Rechtsprechung des BGH zum Heimtückebegriff oder sogar dem darüber hinausgehenden „konkreten Vertrauen“ in der Auslegung der h. M.[8] entsprechend) kann daher auch *Welp* nicht als Wesensmerkmal der Opferposition angesehen haben. Das wird sowohl aus seiner Bemerkung deutlich, Heimtücke sei im Begriff der Finalität nicht vorausgesetzt (S. 137), wie auch aus seiner ausdrücklichen Forderung nach einem *berechtigten* Vertrauen (S. 185).

b) *Welps* Vertrauensbefund ist auch nicht mit dem im Straßenverkehrsrecht anerkannten *Vertrauensgrundsatz*[9] identisch.[10] Bei diesem Satz geht es um eine Festlegung der an den Verkehrsteilnehmer zu stellenden Sorgfaltsanforderun-

---

7 Kausalität S. 41 f.

8 So eingehend *Schmidhäuser*, Gesinnungsmerkmale, S. 138 ff.; *Schaffstein*, Festschr. f. Hellmuth Mayer, S. 424 ff.

9 Vgl. *Floegel-Hartung-Jagusch*, § 1 StVO, Anm. 5a–5d; *Schönke-Schröder*, § 59 Rdnr. 197 ff.; beide mit zahlr. Nachw.

10 Eine Verbindungslinie zwischen dem „normentheoretischen“ und dem straßenverkehrsrechtlichen Vertrauensgrundsatz zieht *Baumann* in „Berücksichtigung der Ursächlichkeit von Straßenmängeln bei der strafrechtlichen Behandlung von Straßenverkehrsunfällen“, Österr. Zeitschr. f. Verkehrsrecht, 1965, 57 ff., jetzt Aufsätze und Vorträge zum Verkehrsstrafrecht, S. 92. Daß ein solcher Zusammenhang besteht, werden unsere Überlegungen noch deutlicher machen; der Vertrauensbefund *Welps* gehört aber einer höheren Ebene an, s. i. f.

gen, und sein Inhalt, daß man beim Verhalten im Straßenverkehr auf die Einhaltung der Rechtsordnung durch die übrigen Verkehrsteilnehmer vertrauen dürfe, ist eine praktische Nutzanwendung des von *Welp* angesprochenen Vertrauensbefundes, setzt diesen also logisch voraus.

c) Mit dem Vertrauensverhältnis *Welps* wird vielmehr die Erkenntnis umschrieben, daß bereits auf Grund der strafrechtlichen Normen (d. h. der „hinter" den Tatbeständen stehenden Bestimmungssätze[11] eine *Befriedung* der Sozietät eintritt und, da sich die meisten Menschen nach diesen Normen richten, im Gemeingeist der Sozietät[12] ein *Vertrauen* auf die Einhaltung dieser Normen entsteht.[13] Daß es *Welp* nicht um ein aktuelles, konkretes, subjektives, sondern um dieses potentielle, abstrakte, objektive Vertrauen geht, wird daran besonders deutlich, daß er wiederholt von einem *Vertrauen-Dürfen* spricht (etwa S. 176, 177). Dieses objektive Vertrauen ist daher schlechthin eine *Folge oder Begleiterscheinung der Geltung von Strafrechtsnormen.*

3. Nachdem die Bedeutung von *Welps* Vertrauensbegriff geklärt ist, kann man sich weiterfragen, ob die dahinter stehende Erkenntnis zur Lösung des Äquivalenzproblems bei Unterlassungen nach rechtswidriger Vorhandlung einen Fingerzeig geben kann. Die Schlußfolgerung Welps lautet in aller Kürze wie folgt: Das Vertrauen erzeugt eine gesteigerte Abhängigkeit, diese Abhängigkeit besteht nicht nur vor der verbotenen Handlung, sondern auch (in einer konkreteren Form) zwischen Vornahme dieser Handlung und Erfolgseintritt, und dieselben Wesensmerkmale sind auch zwischen rechtswidriger Vorhandlung und Unterlassung der Erfolgsabwendung (Nichtrettung) festzustellen.

4. Bei diesem Gedankengang stolpert man als erstes über die Inkonsequenz, daß *Welp* das Vertrauen aus der Geltung von Strafrechtsnormen ableitet (auf S. 176 rechtfertigt er das Vertrauen gerade damit, daß die Integrität der bedrohten Interessenpositionen vom Recht durch die schwerste aller Sanktionen, scil. die Strafe, geschützt ist), daß er für Vorhandlungen aber nur Rechtswidrigkeit, d. h. Verstoß gegen Rechtsnormen überhaupt, fordert.[14] Offenbar kann bei einer zwar rechtswidrigen, aber gegen keine Strafrechtsnormen verstoßenden Handlung (etwa eine fahrlässige Sachbeschädigung oder Freiheitsberaubung) das

11 Vgl. dazu *Binding*, Normen I, S. 4 ff., und *Arm. Kaufmann*, Normentheorie, passim.

12 Zu diesem Begriff *Henkel*, Rechtsphilosophie, S. 28 ff.

13 *Welp* spricht von „Verboten", weil er ja am Anfang die Situation beim Begehungsdelikt analysiert; damit meint er offenbar die *Verbotsnormen.* Strenggenommen muß daher im obigen (*Welps* Gedankengang wiedergebenden) Satz nicht von Normen schlechthin, sondern von Verbotsnormen gesprochen werden. Im folgenden ist zu sehen, daß *Welp* durch diese Verkürzung, der Wahrheit auf den falschen Weg geführt, nämlich zu einer quaternio terminorum verleitet wird.

14 Zu dieser Unterscheidung vgl. *Armin Kaufmann*, Normentheorie, S. 238.

von *Welp* dargestellte besondere Vertrauen des Opfers nicht verletzt werden. Demnach wäre die Opferposition in dem Zeitpunkt zwischen einer fahrlässigen Sachgefährdung oder Freiheitsberaubung und der vorsätzlich unterlassenen Rettung mit der Situation bei einer vorsätzlichen Sachbeschädigung oder Freiheitsberaubung nicht vergleichbar.

Welp ist freilich anderer Ansicht. Er meint, die Rechtswidrigkeit der Vorhandlung bedürfe offenbar keiner Norm, die die fahrlässige Erfolgsverursachung unter Strafe stelle. Denn jede strafbewehrte Verbotsnorm, die sich gegen vorsätzliche Begehung wende, enthalte zugleich die Basis einer Wertung, die schon die fahrlässige Verletzung des geschützten Gutes als Unrecht erscheinen lasse, möge diese nun strafrechtlich sanktioniert sein oder nicht. Die rechtliche Abwertung des Erfolges durch ein Verbot, das sich die Gutsintegrität zum Gegenstand gesetzt habe, strahle somit auf jeden Fall vermeidbarer Verursachung aus (S. 206).

In dieser Gedankenführung dürften jedoch gleich zwei Fehler liegen.

a) Zum ersten ist die normlogische These, das Verbot einer finalen Verletzung enthalte immer auch das Sorgfaltsgebot, falsch. Wenn man eine rein erfolgsbezogene Rechtswidrigkeitslehre mit der heute h. M.[15] ablehnt und die Finalität als Voraussetzung der Rechtswidrigkeit annimmt, wie es *Welp* zur Grundlage seiner Arbeit schlechthin macht und wozu er sich auch ständig ausdrücklich bekennt (vgl. nur S. 205), so kommt man nicht umhin, einen essentiellen Unterschied zwischen Verletzungsverboten und Sorgfaltsgeboten zu konstatieren, und kann niemals die Sorgfaltsgebote bloß als „unselbständige Nebenpflichten" im Sinne *Bindings*[16] begreifen. Dies und nicht die Richtigkeit der von *Welp* aufgestellten These dürften denn auch in Wahrheit die von ihm zitierten Ausführungen *Armin Kaufmanns*[17] beweisen. Quelle einer solchen von *Welp* versuchten Ableitung könnte nur die Norm „Du sollst keine Verletzung verursachen" sein, und daß diese Norm vom finalistischen, auch von *Welp* geteilten Standpunkt aus sinnlos ist, hat *Armin Kaufmann* überzeugend nachgewiesen.[18] Aus einem finalen Verletzungsverbot ist ein Sorgfaltsgebot schlechterdings nicht abzuleiten – an diesem Satz kommt *Welp* nicht vorbei, und eine

15 Vgl. *Arm. Kaufmann*, Normentheorie, S. 123 ff.; *Stratenwerth*, SchwZStr. 79, 247 f.; *Krauß* ZStW 76, 34; *Noll*, Übergesetzliche Rechtfertigungsgründe, S. 29 ff.; *Welzel*, Strafrecht, S. 62; s. auch die vermittelnden Ansichten von *Maihofer*, Festschr. f. Rittler, S. 156 ff.; und (neuestens) *Lampe*, Das personale Unrecht, S. 208 und passim.

16 Normen I, S. 110.

17 Normentheorie, S. 110 ff.; vgl. auch – vom entgegensetzten Standpunkt, aber mit dem gleichen Ergebnis – *Baumann*, Lehrbuch, S. 128 f.

18 Normentheorie S. 114–120.

eigentliche Begründung vermag er für die Vernachlässigung dieses Grundsatzes auch nicht anzugeben, denn sämtliche von ihm zitierten Sätze stellen nur Behauptungen dar. Der Grund für *Welps* Irrtum liegt anscheinend darin, daß die meisten Strafrechtsverbote (etwa §§ 239, 303 StGB) durch Sorgfaltsgebote im bürgerlichen Recht ergänzt werden (§ 823 I BGB), so daß tatsächlich in den meisten Fällen die Rechtswidrigkeit nicht davon abhängt, ob Vorsatz oder nur Fahrlässigkeit vorliegt. Daß dies aber nicht mit normlogischer Notwendigkeit so ist, zeigen etwa § 330c StGB[19] und § 826 BGB.[20] Aus dem hinter § 826 BGB stehenden Verbot, einen anderen unter bestimmten Voraussetzungen vorsätzlich zu schädigen, kann unter keinen Umständen ein entsprechendes Sorgfaltsgebot abgeleitet werden, das nun auch die fahrlässige Schädigung verböte! Wenn auch eine vorsätzliche Verleitung zum Vertragsbruch rechtswidrig ist,[21] so ist damit über den Rechtscharakter einer fahrlässigen Herbeiführung eines Vertragsbruches nichts gesagt, sie ist vielmehr (mangels einer einschlägigen Verbotsnorm) rechtmäßig bzw., wenn man diese Terminologie vorzieht, *unverboten.*[22] Schon dieses eine Beispiel zeigt deutlich die Unhaltbarkeit von Welps normlogischer These; auf weitere Paradigmen kann daher verzichtet werden.

Welps These läßt sich auch nicht dadurch halten, daß man sie (wie er möglicherweise will[23] auf *strafrechtliche* Verbotsnormen beschränkt. Am Beispiel des § 263 wird das evident. Aus dem Verbot, fremdes Vermögen durch Täuschung zu verletzen, ist das Sorgfaltsgebot, fahrlässige Irrtumserregungen zu vermeiden, auf keine denkbare Art abzuleiten. Mit gutem Grund, möchte man hinzufügen, denn es würde zu einer Verödung der Kommunikation führen, wenn man bei jedem Gespräch von Rechts wegen prüfen müßte, ob man nicht mißverstanden werden kann und ob die Quellen der eigenen Kenntnisse auch zuverlässig sind. Wie am Tatbestand des fahrlässigen Falscheids (§ 163) zu er-

---

19 Da es sich hierbei um ein „finales Gebot" handelt und die normlogische Problematik damit erheblich vergrößert wird, soll das hier nicht näher ausgeführt werden; jedenfalls besteht kein Gebot, bei fremden Unfällen Sorgfalt anzuwenden.

20 Hierbei handelt es sich zwar um eine „bürgerlichrechtliche" Norm, ihr Beispielswert wird dadurch aber nicht gemindert, denn Normen sind im Grunde allgemein und nur aus Klassifikationsgründen den verschiedenen Rechtsgebieten zugeordnet, vgl. *Arm. Kaufmann*, Normentheorie, S. 238.

21 *Palandt-Thomas*, § 826 Anm. 8q m. zahlr. Nachw.

22 Der Einwand, fahrlässige Schädigungen seien eben niemals sittenwidrig, spräche nicht gegen, sondern für die hier angetretene Beweisführung, denn er würde gerade zeigen, daß aus einer finalen Verbotsnorm auch aus *sachlichen* (axiologischen) Gründen kein Sorgfaltsgebot destilliert werden kann.

23 Er spricht seine ganze Argumentation ausdrücklich nur für *strafbewehrte* Verbotsnormen aus, ohne allerdings deutlich zu machen, welche Rolle die Strafbewehrung für die Normlogik spielen soll.

kennen ist, besteht eine solche *Sorgfaltspflicht* bezüglich der Richtigkeit der eigenen Rede nur vor Gericht,[24] nicht aber allgemein im Hinblick auf fremdes Vermögen.

b) *Welps* normlogische These geht daher fehl. Immerhin könnte man sein Ergebnis noch durch die (wohl auch unausgesprochen dahinterstehende) Überlegung zu retten suchen, daß ja in den meisten Fällen der eine vorsätzliche Begehung voraussetzenden Delikte (*Welp* nennt besonders Sachbeschädigung und Freiheitsberaubung) die Sorgfaltgebotsnormen aus dem bürgerlichen Recht (vor allem § 823 BGB) entnommen werden könnten und daher das durch diese Rechtsnormen begründete Vertrauen des Opfers enttäuscht werde. Zu einer Handlungsäquivalenz auf der Opferseite kann man jedoch auf diesem Wege nicht gelangen. Wie bereits oben dargelegt wurde, ist das Vertrauensverhältnis im Sinne *Welps* durch den Bezug auf *Strafrechtsnormen* bestimmt. Ein Vertrauen auf die Beachtung anderer – etwa bürgerlichrechtlicher – Normen mag zwar ebenfalls berechtigt sein, aber es ist nicht in der Lage, den Schlußfolgerungen, mit denen *Welp* die Handlungsäquivalenz der Unterlassung beweisen will, eine Grundlage zu bieten. Wie bereits gezeigt, ist für *Welp* die Gleichheit der Opferposition zwischen Vorhandlung bzw. Straftat und Erfolgseintritt nur die konkretere Form ihrer Gleichheit vor der Vorhandlung bzw. Straftat. Wenn nun aber die Vorhandlung keine strafrechtliche, sondern nur eine bürgerlichrechtliche Norm verletzt, kann auch die Opferposition nach ihrer Vornahme nur mit der Opferposition bei einer bürgerlichrechtlichen Rechtsverletzung, nicht aber mit der bei einer Straftat verglichen werden! M. a. W.: Da die *Abhängigkeit* des Opfers nach der Vorhandlung prinzipiell die gleiche sein soll wie vor der Vorhandlung (so ausdrücklich *Welp* S. 180), kann, wenn die Vorhandlung nur bürgerlichrechtliche und keine strafrechtlichen Normen verletzt, die Abhängigkeit nach der Vorhandlung immer nur bürgerlichrechtliche und niemals strafrechtliche Handlungsäquivalenz begründen!

5. Da dieses Ergebnis ausschließlich durch logische Schlüsse aus *Welps* Prämissen gewonnen wurde, ist es als intrasystematische Kritik schlechthin zwingend. *Welps* Ansatz – seine Richtigkeit einstweilen unterstellt – kann daher nur bei strafrechtswidrigen, d. h. mit Strafe bedrohten Vorhandlungen die Handlungsäquivalenz der Unterlassung begründen! Obwohl *Welps* Argumentation noch weitere Angriffspunkte für eine intrasystematische Kritik bietet,[25] soll auf

24 u. U. auch bei der üblen Nachrede (§ 186); das Problem der dahinter stehenden Norm ist hier aber nicht zu behandeln, vgl. zu den neueren Lösungen *Hirsch*, Ehre und Beleidigung, S. 152 ff.

25 Z. B. die These, eine fahrlässige Vorhandlung könne ein vorsätzliches Unterlassungsdelikt begründen; liegt wirklich nach Abschluß der Vorhandlung nur ein „Umschlagen" (*Welp* S. 194 u. ö.) der Abhängigkeit von der generellen in die konkrete Form vor, wenn die Vorhandlung

deren weitere Ausbreitung verzichtet werden, denn wenn bereits Welps *Grundkalkül* in die Irre geht, kann die Frage der Systemkongruenz auf sich beruhen.

6. *Welps grundlegender* Fehler, die *quaternio terminorum des Abhängigkeitsbegriffes*, fällt nicht ohne weiteres ins Auge und muß daher behutsam entwickelt werden.

a) Bei seiner Analyse des Begehungsdeliktes stellt *Welp* fest, aus dem *Vertrauen*[26] des Opfers (scil. auf die Einhaltung der Strafrechtsordnung) folge dessen *gesteigerte Abhängigkeit* vom Unterbleiben rechtsverletzender Aktivität (S. 176 f.). Was oben zum Vertrauensbegriff gesagt wurde, gilt auch hier:[27] Die „gesteigerte Abhängigkeit", von *Welp* auch öfters als *besondere Verletzbarkeit* paraphrasiert, ist potentiell, abstrakt, objektiv zu verstehen. Sie ist im Grunde die Kehrseite des Vertrauens, sie ist seine logische Konsequenz. Das Vertrauen im Sinne *Welps* erzeugt ohne weitere Bedingungen Abhängigkeit, die Abhängigkeit setzt *nur und immer* Vertrauen voraus. Man ist abhängig vom „Unterbleiben rechtsverletzender Aktivität" (so *Welp* S. 176 unter Berufung auf *E. A. Wolff*), d. h. von *einer gegen eine Rechtsnorm verstoßenden Handlung*. Daß es allein hierauf und nicht etwa auf das „Ausgeliefertsein" ankommt, wird durch den von *Welp* als Pendant verwendeten Begriff der *Fragilität* bestätigt (vgl. *Welp* S. 175, 185). Das Ausgeliefertsein des Menschen an kausal determinierte (d. h. von den strafrechtlichen Normen nicht erfaßte) Gefahren definiert *Welp* als Fragilität – so etwa die menschliche Anfälligkeit gegenüber Naturgewalten (Gewitter) oder Tieren (bissige Hunde). In dieser Entgegensetzung liegt bereits der Keim für Welps späteren Fehler. Abhängigkeit i. e. S. und Fragilität sind nämlich – und das scheint *Welp* übersehen zu haben – keine kontradiktorischen Begriffe, vielmehr bleibt eine dritte Art der Gattung „Ausgeliefertsein"[28] aus dieser begrifflichen Gliederung *Welps* völlig heraus: Das *Angewiesensein* auf die Hilfe eines anderen Menschen. Auf die Loyalität eines entschlußfreien Menschen ist man schließlich nicht nur angewiesen, wenn Schaden von ihm droht, sondern auch, wenn man Hilfe von ihm erwartet. Damit ergibt sich folgende Begriffspyramide:

---

nur in einer *Sorgfaltsverletzung* bestand, also nur das Vertrauen des Opfers auf die Gewissenhaftigkeit des Täters enttäuscht wurde, jetzt dagegen eine vorsätzliche Unterlassung in Frage steht!?

26 Das oben S. 121 f. näher aufgeschlüsselt wurde.

27 Daß die Bezeichnung „Abhängigkeit" auf Grund des Vorverständnisses dieses Ausdrucks etwas gezwungen erscheint, mag hier, bei der Begriffsdefinition, noch auf sich beruhen. Es bleibt aber zu vermuten, daß der schillernde Terminus „Abhängigkeit" *Welps* quaterniones terminorum nicht wenig begünstigt hat.

28 Genaugenommen: eine zweite Art der Gattung „Abhängigkeit i. w. S.", s. i. f.

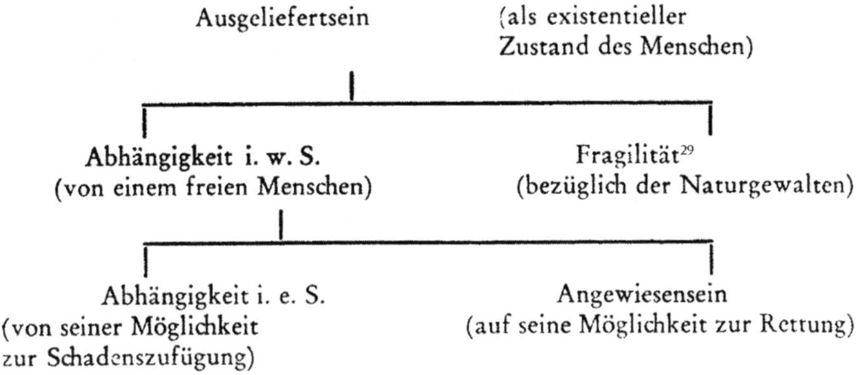

Bei unseren Arten der Abhängigkeit i. w. S. ist zu beachten, daß sie noch überhaupt nicht auf die Rechtsordnung bezogen sind. Man muß daher die Abhängigkeit i. e. S. noch zweimal *untergliedern* (bezüglich der rechtmäßigen und rechtswidrigen Schadenszufügung, und im letzteren Falle endlich bezüglich strafrechtswidriger, bürgerlichrechtswidriger etc. Schadenszufügung).[30] Ebenso kann man auch das Angewiesensein untergliedern bezüglich rechtlich irrelevanter und rechtlich gebotener Rettung, letztere wieder bezüglich strafrechtlich gebotener und von anderen Rechtsgebieten gebotener Rettung.

b) Die Abhängigkeit, wie sie *Welp* anfangs definiert hat, steht also genau genommen 3 Stufen unter der Abhängigkeit i. w. S. und damit auf einer Höhe mit dem „Angewiesensein auf strafrechtlich gebotene Rettung". Es ist interessant zu sehen, wie *Welp* unter dem ständig gleichen Ausdruck „Abhängigkeit" erst eine Form der Fragilität und dann Formen des Angewiesenseins begreift und, da er diesen Wechsel des Begriffsinhalts übersieht, mit Hilfe der ständig gleichen Bezeichnung auf die Handlungsäquivalenz der Unterlassung schließt.[31]

Der erste seiner beiden entscheidenden Schlüsse lautet: Die Abhängigkeit bleibt auch zwischen Handlung und Erfolgseintritt erhalten und schlägt nur von genereller in konkrete Abhängigkeit um, denn hierauf basiert gerade die Annahme, daß der Erfolg das Werk der Täterhandlung sei (S. 180). In Wahrheit

---

29 Eine entsprechende Untergliederung kann selbstverständlich auch bei der Fragilität vorgenommen werden und würde den Aufbau der Begriffspyramide erst richtig deutlich machen. Da die Fragilität aber hier nicht weiter interessiert, wurde darauf verzichtet.

30 Damit soll nicht gegen das unantastbare juristische Dogma von der „Einheit der Rechtswidrigkeit" verstoßen werden, sondern nur – wie es auch *Welp* tut – danach differenziert werden, ob die Handlung gegen Strafrechtsnormen oder andere Rechtsnormen verstößt, vgl. *Arm. Kaufmann*, Normentheorie, S. 238.

31 In diesem Abschnitt natürlich immer nur: soweit es die Opferposition betrifft.

verdeckt Welp mit diesem irrationalen Bild des „Umschlagens“, daß er hier zwei völlig inkommensurable Gegenstände miteinander gleichsetzt. Wesentlicher Bestandteil von *Welps* Abhängigkeitsbegriff war, wie im einzelnen gezeigt wurde, das Vertrauen auf das strafrechtstreue Verhalten des anderen. Nachdem der andere nun aber strafrechtswidrig gehandelt hat, ist dieses Vertrauen endgültig enttäuscht; die Unsicherheit, ob nach den normindifferenten Naturgesetzen die Täterhandllung auch zu einem Schädigungserfolg führt, unterscheidet sich in nichts von der allgemeinen Unterworfenheit des Menschen unter die Naturgesetze und kann daher nach *Welps* Sprachgebrauch nur als *Fragilität* bezeichnet werden.[32] Die von *Welp* für diese Situation weiter beibehaltene Bezeichnung „Abhängigkeit“ steht dagegen im Widerspruch zu seinen Prämissen, denn ein auf Strafrechtsnormen gegründetes Vertrauen, daß eine bereits vorgenommene strafrechtswidrige Handlung keine schädlichen kausalen Folgen hat, ist schlechthin sinnlos. Daran kann auch der Kunstgriff *Welps*, anstelle des Vertrauensbegriffs nunmehr den darauf aufbauenden Begriff der Abhängigkeit zu benutzen, nichts ändern. Daß der Erfolg das Werk der Täterhandlung ist (darauf stellt *Welp* entscheidend ab), spielt für das Vertrauensproblem keine Rolle und ist außerdem auf der Opferseite deplaziert. Wie sehr sich *Welp* hier von seinem ursprünglichen, auf der *Vertrauensbeziehung* beruhenden Abhängigkeitsbegriff entfernt, zeigt seine weitere Annahme, im Normalfall (d. h. wenn keine Rettungsmöglichkeit zwischen Handlung und Erfolg besteht) bestehe diese Abhängigkeit als eine *subjektlose* (S. 180). Denn „subjektlose Abhängigkeit“ ist Ausgeliefertsein ans Naturgesetz und damit nach *Welps* Sprachgebrauch keine Abhängigkeit, sondern Fragilität!

c) Bei den Unterlassungen gewinnt *Welp* freilich wieder ein Subjekt der Abhängigkeit, und zwar indem er den Blick von dem drohenden Schaden auf die mögliche Rettung wendet: Subjekt der Abhängigkeit sei dadurch der *Rettungsmächtige*. Wie jedoch bereits bei Aufstellung der Begriffspyramide[33] gezeigt, handelt es sich hierbei nicht um den anfangs von *Welp* aufgestellten Begriff der Abhängigkeit i. e. S., sondern in Wahrheit um ein *Angewiesensein*.[34] Der Versuch

---

32 Denn die kausalen Folgen der Täterhandlung unterscheiden sich in keiner Beziehung von den Folgen der Naturereignisse, die Zurechnung zur Täterhandlung erfolgt nur auf Grund der Kausalität. Hiergegen kann man höchstens einwenden, die Trennung von Handlung und Erfolg sei überhaupt künstlich, doch abgesehen davon, daß dieser Einwand nicht zutreffen dürfte (auf dieser Trennung beruht immerhin die gesamte moderne Fahrlässigkeitsdogmatik), trifft er nicht die hier vorgebrachte Kritik, sondern vielmehr *Welps* Unterscheidung von Täter- und Opferposition; *für Welps* Gedankengang ergibt sich daraus *nichts*.

33 oben S. 127.

34 Hierbei handelt es sich natürlich (nur) um Begriffsvereinbarungen, die aber getroffen werden mußten, um die von *Welp* verunklarten tatsächlichen Strukturen deutlich zu machen.

einer Gleichstellung dieses Angewiesenseins mit *Welps* beim Begehungsdelikt vorgefundener Abhängigkeit muß nun aber scheitern (und das enthüllt seine Beweisführung als *petitio principii*), weil diese Abhängigkeit im Sinne *Welps* auf dem Vertrauen des Opfers auf die Geltung der Strafrechtsnormen beruhte, bei dem Angewiesensein aber gerade geprüft werden soll, ob die Rettung dem anderen durch Strafrechtsnormen geboten wird! Das Angewiesensein auf eine im Belieben des anderen stehende Rettung kann der Abhängigkeit gerade nicht gleichgestellt werden, weil hierfür das Vertrauen auf Strafrechtsnormen konstitutiv war; das Angewiesensein auf eine durch Strafrechtsnormen gebotene Rettung ist zwar gleichstellbar, aber diese Einsicht nützt uns nichts, da es ja gerade um die Klärung der Frage geht, *wann* die Strafrechtsnormen eine Rettung gebieten.[35]

d) *Welps* unter dem Dach des Ausdrucks „Abhängigkeit" durchgeführte Beweisführung würde allerdings trotz seiner Begriffsäquivokationen dann noch eine gewisse Überzeugungskraft besitzen, wenn seine verschiedenen Abhängigkeitsauffassungen einen gemeinsamen *Abhängigkeitskern* enthielten, der – das wäre Voraussetzung für die strafrechtliche Relevanz dieses Begriffes! – einen spezifischen Bezug zur strafrechtlichen Zurechnung aufweisen würde. Wie jedoch aus der zuvor aufgestellten Begriffspyramide hervorgeht, gipfeln *Welps* Vorstellungen erst in dem *Ausgeliefertsein* als dem existentiellen Zustand des Menschen. Und da dieser Begriff mit der strafrechtlichen Zurechnung schlechterdings nichts zu tun hat, sie insbesondere nicht im mindestens indiziert, kann auch er *Welps* System nicht tragen.

e) *Welps* Gleichstellungsnachweis auf der Opferseite stimmt also nur für die von vornherein strafrechtswidrigen Unterlassungen (das hat ohnehin noch niemand bestritten), kann aber für die Frage, *wann* eine Unterlassung strafrechtswidrig ist, nicht den mindesten Fingerzeig geben. Im Grunde stellen seine Ausführungen nur eine komplizierte Paraphrase dar des ebenso unbestreitbaren wie zur Problemlösung ungeeigneten Satzes: Der Erfolgsunwert setzt nur die Rechtswidrigkeit, nicht auch die Schuldhaftigkeit der Verursachungshandlung voraus.[36] Er schließt also von der Rechtswidrigkeit der Handlung auf die Rechtswidrigkeit des Erfolges,[37] für die Rechtswidrigkeit der Unterlassung leistet sein Gedankengang dagegen nichts.

---

35 Von dem Gebot des § 330c, das *Welps* Argumentation zusätzlich in Frage stellt, soll dabei völlig abgesehen werden.

36 Die „Opferposition" hat zwar in *Welps* Ausführungen zu Anfang mit dem Erfolgsunwert wenig zu tun; er nähert sich aber später einer Identifizierung von beiden immer mehr an, vgl. a. a. O., S. 187.

37 Ob man hiervon stricto sensu sprechen darf, mag dahingestellt bleiben; der Sache nach bedeutet *Welps* „subjektlose Abhängigkeit" nichts anderes als die Rechtswidrigkeit der Handlungsfolgen!

f) Seine Trennung von Opfer- und Täterposition widerspricht außerdem seinem finalistischen Ansatz und führt nicht weiter – wie unschwer an seiner Annahme zu zeigen ist, auf der Opferseite bestehe eine Abhängigkeit von Rettung durch beliebige Leute (S. 182). Diese Feststellung führt nicht nur nicht weiter, sondern ist sogar an sich schädlich, denn die Abhängigkeit von anderen Leuten hat nichts mehr mit dem Vertrauen auf das Ausbleiben der Täterhandlung zu tun und würde genauso bestehen, wenn die Ursache der Gefahr in einer Naturkatastrophe läge. Das Ergebnis der Opferanalyse bietet daher für die Täteranalyse keinen Anhaltspunkt und sagt über die Strafbarkeit der Unterlassung überhaupt nichts aus.

7. Nach dieser sachbezogenen Analyse von *Welps* Ausführungen zur Opferposition bleibt noch die interessante Frage zu klären, wie sich die Unzulänglichkeit seiner Beweisführung unter methodologischen Gesichtspunkten darstellt. Man muß *Welps* Schlußfolgerungen wohl als Argumentation aus der Natur der Sache[38] bezeichnen. Denn er leitet einerseits seine Ergebnisse (anders als der Naturalismus) nicht bloß aus der wertfreien Struktur des ontischen Seins ab, sondern betrachtet auch Struktur und Bedeutung von rechtlichen Regelungen (indem er sich um eine gründliche Analyse des Begehungsdelikts bemüht); andererseits glaubt er, die Unterlassungsstrafbarkeit[39] nach rechtswidriger Vorhandlung allein mit der strukturellen Vergleichbarkeit mit dem Begehungsdelikt begründen zu können, ohne daß er eine zusätzliche Wertung für nötig oder eine abweichende Wertung für möglich hält. Das sachlogische Denken kann nun aber nur dann Erfolg haben, wenn die Auffindung einer Struktur gelingt, die sowohl in der Realität unzweifelhaft vorhanden als auch unter Wertgesichtspunkten als wesentlich anzusehen ist.[40] Die Kritik an *Welps* Beweisführung hat nicht nur Umfang und Größe der hierbei auftauchenden Schwierigkeiten, sondern auch die Hauptgefahr des Denkens aus der Natur der Sache nachdrücklich gezeigt: Da die evidenten Einsichten in das Wesen der Unterlassung noch keine Lösung nahelegen, schafft er einen begrifflichen Überbau („Vertrauen, Verletzbarkeit, Abhängigkeit"), der nach einer Reihe von Schlüssen das gesuchte Ergebnis zu liefern scheint. Tatsächlich wird die Problemsicht durch diese komplizierte Begrifflichkeit aber nicht gefördert, sondern sogar getrübt, weil jeder neue, meist mit einem neuartigen Verständnis verbundene Begriff durch seine Abgrenzungsschwierigkeiten neue Unklarheiten schafft. Auf Grund dieser Unklarheiten unterläuft dann fast unmerklich eine Veränderung

---

38 Vgl. dazu den von *Arthur Kaufmann* herausgegebenen Sammelband „Die ontologische Begründung des Rechts" mit einer Bibliographie von *Hassemer*, S. 664 ff., u.o. S. 43 ff.

39 Einstweilen immer noch: (nur) was die Opferposition betrifft.

40 s. o. S. 46 ff.

des Begriffsinhalts, und Zirkelschlüsse und Begriffsäquivokationen verkleiden Behauptungen als Schlüsse und führen zu einer Scheinlösung des Problems. Diese (bereits bei *E. A. Wolff*[41] vorgefundene) „moderne Begriffsjurisprudenz“, die das Ergebnis durch das Medium eines neugeschaffenen und mit ungewohnten Bedeutungen erfüllten Begriffshimmels findet, ist interessanterweise besonders bei Beweisführungen aus der Natur der Sache anzutreffen. Der methodische Wert eines solchen Vorgehens soll damit zwar keinesfalls in Abrede gestellt werden, es muß aber betont werden, welche beträchtlichen Schwierigkeiten und Gefahren diese Methode mit sich bringt.

III. *Welps* Täterposition; Darstellung und Kritik

1. *Welps* Darlegungen zur Opferposition bei rechtswidrigen Vorhandlungen sind hier exemplarisch für seine gesamte Methode dargestellt und kritisiert worden. Aus Raumgründen kann seine Theorie im übrigen nur kursorisch abgehandelt werden; daß die folgende Skizze den originellen und komplizierten Gedankengängen *Welps* daher nicht in vollem Umfang gerecht werden kann, liegt auf der Hand, ist aber wohl verzeihlich, da seine Methode in einer grundlegenden Frage so ausführlich behandelt worden ist.

2. Die Äquivalenz der *Täterposition* wird von *Welp* im wesentlichen mit Argumenten begründet, die auf seiner Analyse der Opferposition beruhen. So sagt er selbst, der materielle Grund für die Ableitung des Abwendungsgebots sei in der *Abhängigkeitsbeziehung* zu sehen (S. 191). Eine nicht irgendwie auf dieser Abhängigkeit beruhende Begründung der Äquivalenz von Tun und Unterlassen in der Täterposition gibt *Welp* kaum,[42] denn auch der Satz, die Abhängigkeit sei eben das Werk des Täters (S. 191), setzt diese ja logisch voraus. Daneben ist eigentlich nur noch das teleologische Argument zu nennen, daß es, wenn die Verbotsnorm auf den Schutz des Gutes vor Angriffen gerichtet sei, die sich seine Verletzung initiativ zum Zweck setzten oder diese pflichtwidrig nicht vermieden, in ihrer auf Gutsintegrität abzielenden Intention liege, die geschehene subjektive Verbotsverletzung so lange mit einem komplementären Abwendungsgebot zu versehen, wie mit der Abwendungsmöglichkeit des Täters eine Chance für die Erhaltung des Gutes bestehe (S. 191).

---

41 s. o. S. 115 f.

42 Woran erneut deutlich wird, daß die bei seinem finalistischen Ansatz inkonsequente Aufteilung in Opfer- und Täterposition wenig Sinn hat und die Probleme nur zu komplizieren, nicht aber zu erhellen geeignet ist.

3. a) Daß dieses Argument, das sich auch bei *Schönke-Schröder*[43] und *Rudolphi*[44] findet, *normlogisch* nicht zutrifft, hat bereits *Binding* gesehen:[45] Das Abwenden-müssen sei kein „Muß“ unter dem Blickwinkel von Rechtspflichten, sondern eine Folge des Kausalgesetzes. Das heißt: Wenn der Täter vermeiden will, daß er wegen seiner vorangegangenen *Handlung* als Verursacher des Erfolges, d. h. als Verletzer des Verletzungsverbotes, haftbar gemacht wird, ist er *gehalten*, den drohenden Erfolg abzuwenden; ob er dazu verpflichtet ist, ist eine ganz andere Frage, für die das Verletzungsverbot nichts hergibt. In Übernahme einer bürgerlich-rechtlichen Terminologie könnte man auch sagen: Aus dem Verletzungsverbot folgt normlogisch die *Obliegenheit*,[46] die drohende Verletzung (scil. im eigenen Interesse auch ohne Rechtspflicht) abzuwenden, um nicht wegen eines Verstoßes gegen das Verletzungsverbot haftbar gemacht zu werden. Ein darüber hinausgehendes Abwendungsgebot läßt sich dagegen normlogisch nicht ableiten.[47]

b) Aber auch die teleologische Ableitung, die *Welp* vorschwebt, ist nicht stichhaltig. Es wird dabei übersehen, daß die Verbotsnormen niemals die Gutsintegrität schlechthin zum Ziel haben, sondern immer nur dessen Sicherheit vor *bestimmten* Angriffen. Diese oft mit dem Schlagwort von der „fragmentarischen Natur des Strafrechts“[48] artikulierte Erkenntnis läßt sich am leichtesten an den Tatbeständen verifizieren, die nur bestimmte Angriffe gegen das geschützte Rechtsgut pönalisieren (vor allem die Vermögensdelikte). Der hier besonders sinnfällige, eine unabdingbare Strafbarkeitsvoraussetzung darstellende *Handlungsunwert* ist aber sogar noch bei den Tötungsverboten, deren Rechtsgut „Leben“ von allen Gütern am stärksten und umfassendsten geschützt ist, unverzichtbarer Normbestandteil. Auch hier bleibt noch der gerade im *aktiven Tun* liegende Handlungsunwert, der bei der Unterlassung nach vorangegangenem gefährlichen Tun vergeblich zu suchen ist. Da die Verbotsnorm ja gerade nicht Güterschutz in jeder Form (um jeden Preis) bezweckt, kann es daher nicht anerkannt werden, daß das Abwendungsgebot in der „auf Gutsintegrität abzielenden Intention“ der Verbotsnorm liegen soll.

---

43 Rdnr. 119 vor § 1.

44 s. u. S. 188 f.

45 Normen II, S. 549.

46 vgl. zu diesem in der zivilistischen Dogmatik gebräuchlichen Terminus *Larenz*, Schuldrecht I, S. 290, und *Reimer Schmidt*, Die Obliegenheiten, S. 102 ff.

47 Wohlgemerkt: eine Ableitung aus dem *Verletzungsverbot*. Ob eine Ableitung aus anderen Rechtsinstituten möglich ist, wird später noch im einzelnen geprüft, s. u. § 14.

48 *Baumann*, Strafrecht, S. 9; *Jescheck*, Lehrbuch, S. 31 ff.; geprägt wurde der Ausdruck von *Binding*, Lehrbuch, Besond. Teil I, S. 20 ff.

c) Um diesen für die Ingerenzhaftung zentralen Gesichtspunkt noch einmal mit anderen Worten deutlich zu machen: Das Verbot sagt nur, daß eine rechtsgutsgefährdende Handlung nicht vorgenommen werden soll – und der dazugehörige Straftatbestand sagt, daß auf deren Vornahme (unter einigen weiteren Voraussetzungen) Strafe steht. Wie die Rechtslage ist, wenn die verbotene Handlung trotzdem vorgenommen wird – darüber sagt das Verbot selbst nichts aus, und daß der dazugehörige Straftatbestand auf die Fälle der unterlassenen Erfolgsabwendung nach Verbotsübertretung anwendbar sei, ist damit erst recht nicht ausgesprochen. Das Problem liegt insoweit ähnlich wie bei der Rücknahme eines rechtswidrigen Verwaltungsaktes. Dem Argument *Forsthoffs*, daß sich eine ausnahmslose Rücknahmepflicht aus dem Rechtsstaatsprinzip (= Verbot rechtswidrigen Verwaltungshandelns) ergebe,[49] wird zu Recht entgegengehalten,[50] daß das Verbot nichts darüber aussage, welche Pflichten bei seiner Verletzung entstünden.[51]

Dieses Ergebnis, daß sich die Ingerenz-Garantenstellung nicht aus den Verbotsnormen ableiten läßt, ist unausweichlich, wenn man – wie hier – die vom Standpunkt einer personalen Zurechnungslehre allein vertretbare *handlungsbezogene* Normentheorie *Armin Kaufmanns* akzeptiert.[52] Aber auch vom Standpunkt der heute überwiegend abgelehnten erfolgsbezogenen Normentheorie (Norm als Verursachungsverbot bzw. -gebot)[53] läßt sich die Strafbarkeit des Ingerenten nicht begründen. Denn auch dann bezieht sich das Verursachungsverbot nur auf die kausale Handlung, und das „Müssen" der Erfolgsabwendung ist keine rechtliche Pflicht, sondern nur eine aus dem Kausalgesetz folgende Obliegenheit. An dem Verdikt, mit der Ingerenz-Garantenstellung einen bloßen dolus subsequens zu bestrafen, kommt man auch auf diese Weise nicht vorbei.

4. Auch *Welps* Ausführungen zur Täterpostion sind daher nicht geeignet, eine Garantenstellung nach rechtswidriger Vorhandlung zu begründen. Daß in

---

49 Lehrbuch S. 239 f.

50 *Wolff*, Verwaltungsrecht I, S. 320 m. zahlr. Nachw.

51 Gegen diese Kritik könnte allerdings *Forsthoff* (und entsprechend die h. M. zur Ingerenzproblematik) einwenden, daß er das Rechtsstaatsprinzip anders verstehe (bzw. die h. M.: daß sie die Verbotsnorm umfassender verstehe). Für diese ungewöhnliche Interpretation würde aber wiederum *Forsthoff* (bzw. die h. M.) die „Beweislast" tragen. Dem könnte die h. M. nur dadurch genügen, daß sie an die Stelle der handlungsbezogenen Bestimmungsnorm eine rechtsgutsbezogene *Bewertungsnorm* setzt, die aber – so die sich mit Recht immer mehr durchsetzende Meinung (s. *Jescheck*, Lehrbuch S. 162 m. zahlr. Nachw.) – im Strafrecht neben der Bestimmungsnorm nicht relevant wird (vgl. auch *Roxin* ZStW 74, 529: anders als das Zivilrecht gibt das Strafrecht keine Zustands-, sondern nur eine Verhaltensordnung); siehe ferner i. f.

52 Normentheorie S. 105 ff.; vgl. auch *Welzel*, Strafrecht, S. 37.

53 Anklänge finden sich allerdings wieder bei *E. A. Wolff*, Kausalität, S. 45.

diesen Fällen einige Punkte für eine Gleichbewertung von Tun und Unterlassen sprechen, hat er zwar dargelegt; der Nachweis einer die Gleichbewertung erzwingenden Handlungs*äquivalenz* ist ihm dagegen nicht gelungen. Die „gekünstelte" Aufteilung seiner Betrachtung in Täter- und Opferseite hat vielmehr auf keiner Seite einen Äquivalenznachweis ergeben.

IV. Die Äquivalenzfrage bei rechtmäßigen Vorhandlungen

Auch bei der Behandlung der Unterlassung nach *rechtmäßigen Risiko-Vorhandlungen* erliegt *Welp* der oben beschriebenen Überschätzung seiner Begriffswahl. Auf seine Ausführungen braucht hier nur noch insoweit eingegangen zu werden, als er nicht auf den Pfaden seiner Darlegungen zur Unterlassung nach rechtswidriger Vorhandlung wandelt.

1. a) Die Abhängigkeit des *Opfers* von dem Unterbleiben der gefährdenden Vorhandlung sieht *Welp* nunmehr in dem *sozialen* Zwang zur Gefahrenhinnahme begründet (S. 217). *Welp* erkennt, daß bei diesem „sozialen Zwang" – im Unterschied zu der Abhängigkeit bei rechtswidrigen Handlungen – das Vertrauensmoment gerade fehlt (S. 218), das dort *Ausgangspunkt* des Gleichstellungsversuches auf der Opferseite war. Nunmehr gelangt er aber zu der überraschenden Feststellung, daß dieses Vertrauensmoment auf der Opferseite überhaupt nicht wesentlich sei (S. 220); weil die Zulassung der Risikohandlungen durch die Rechtsordnung dem Opfer nicht zugute komme, sondern gerade auf seine Kosten erfolge, werde es durch sie qualitativ in derselben Weise betroffen wie durch eine fahrlässige Handlung.

b) Auch hier verdunkelt die Beibehaltung des Wortes „Abhängigkeit" durch *Welp* wieder die Erkenntnis, daß die Begriffsinhalte so verschieden sind, daß eine Zusammenfassung unter diesem Ausdruck keinen Nutzen verspricht.[54] Das entscheidende Kriterium der von *Welp* beim Begehungsdelikt herausgearbeiteten Abhängigkeit war das Vertrauen auf die Strafrechtsordnung gewesen; dies war im Grunde das einzige dort vorfindbare Spezifikum gewesen, und wenn die Bezeichnung „Abhängigkeit" dafür wegen ihres Vorverständnisses auch nicht besonders gut zu passen schien, so konnte man sie – als autonome Chiffrensetzung – doch akzeptieren. Nicht akzeptieren kann man aber die Behauptung *Welps*, die erlaubten Risikohandlungen seien sub specie Abhängigkeit vergleichbar. Die Risikohandlungen sind erlaubt und müssen geduldet werden

54 Das hat sich bereits bei den rechtswidrigen Vorhandlungen gezeigt, fällt hier aber, nachdem *Welp* den Abhängigkeitsbegriff nochmals gewaltig ausgedehnt hat, besonders stark ins Auge.

(insoweit besteht also nicht nur ein sozialer Zwang, sondern ein rechtliches Müssen), die strafbaren Handlungen hingegen sind verboten, gegen sie kann Notwehr geübt werden (das stellt *Welp* auf S. 219 auch ausdrücklich heraus). Anstatt bei den rechtmäßigen Vorhandlungen von einer Abhängigkeit des Opfers zu sprechen, sollte man wohl eher darauf hinweisen, daß solche Risiko-Vorhandlungen für jedermann voraussehbar sind, daß man mit ihnen jederzeit rechnen muß und sich daher auf sie einstellen kann – ähnlich wie auf Regen und Gewitter (d. h. es liegt eine Affinität zur Fragilität vor!). Die einzige Gemeinsamkeit zwischen beiden Handlungsgruppen besteht also darin, daß durch beide eine Gefahr für fremde Rechtsgüter geschaffen wird, eine Gefahr, die bei den strafrechtswidrigen (sorgfaltswidrigen) Handlungen groß, bei den erlaubten Risikohandlungen dagegen relativ klein ist. Da aber, wie die erlaubten Risikohandlungen zeigen, nicht jede geringe Gefahr eine Handlung rechtswidrig machen kann, kann eine *Zurechnung zum Unrecht* nicht schon mit der Gefährlichkeit der Handlung begründet werden. Die Möglichkeit, daß eine sorgfaltsgemäße Handlung Rechtsgüterverletzungen verursachen kann, kann nach der heute h. M.[55] und speziell nach *Welps* finalistischem Ansatz ihre Rechtswidrigkeit nicht begründen. Da das Vertrauensmoment, das *Welps* Ausführungen zur Opferseite bei rechtswidrigen Handlungen getragen hatte, hier sonderbarerweise keine Rolle spielen soll,[56] findet sich in *Welps* nunmehr gewaltig erweitertem Abhängigkeitsbegriff kein Merkmal mehr, das auch nur den leisesten Bezug zur Strafrechtswidrigkeit aufweisen könnte. Sämtliche Ähnlichkeiten, die er hiermit festzustellen meint, sind daher schlechthin unerheblich, weil sie zur allein interessanten Frage der Strafbarkeit nichts beisteuern können. Kein Wunder: Wenn *Welp* das auf die Strafrechtswidrigkeit bezogene Vertrauensmoment aus seinem Abhängigkeitsbegriff entfernt hat,[57] taugt dieser nicht mehr dazu, über die Strafbarkeit der Unterlassung – sei es auch beschränkt auf die Opferposition – irgend etwas auszusagen.[58] *Welp* gibt damit im Grunde nur eine gelehrte Paraphrase der Binsenweisheit, daß auch verkehrsrichtige Handlungen Rechtsgüter-

55 vgl. *Mezger-Blei*, AT, S. 218; *Welzel*, Strafrecht, S. 128; *Jescheck*, Lehrbuch, S. 375; für das Zivilrecht *Esser*, Schuldrecht I, S. 245; *Nipperdey*, NJW 1957, 1777 ff.; BGHZ (GrS) 24, 21 ff.

56 Man fragt sich unwillkürlich, wieso er dann auf diese Nebensächlichkeit an anderer Stelle so weitgehende Schlüsse stützen konnte.

57 Freilich taugte, wie wir gesehen haben, auch das „Vertrauensmoment“ nicht dazu, die Handlungsäquivalentz der Unterlassung nach rechtswidriger Vorhandlung zu beweisen, weil es letztlich in einer petitio principii stecken blieb; es wies aber immerhin wenigstens noch einen Bezug zur Strafrechtswidrigkeit auf, der nunmehr bei *Welp* völlig verlorengeht.

58 Dagegen läßt sich auch nicht sagen, daß es *Welp* primär nicht um die Strafrechtswidrigkeit, sondern um die Handlungsäquivalenz gehe. Denn nach dem Gesetz, nach dem er angetreten, ist die Strafrechtswidrigkeit das alleinige Kriterium der Handlungsäquivalenz.

verletzungen verursachen können; für die Strafbarkeit der nachfolgenden Unterlassung ergibt sich daraus aber nichts. Es erübrigt sich daher, *Welps* „Umschlagen der Abhängigkeit" nach Vornahme der Risikohandlung zu verfolgen, denn auch damit könnte allenfalls die Gefährlichkeit, nicht aber die Strafbarkeit der Unterlassung bewiesen werden.

2. a) Auf der *Täterseite* begründet *Welp* die Handlungsäquivalenz der Unterlassung mit der Überlegung, die Pflicht zur Erhaltung des bedrohten Gutes folge aus der Eigenart der *Gefährdungserlaubnis*, die eben kein Eingriffsrecht in fremde Rechtsgüter gebe, sondern nur eine möglichst geringe Gefährdung gestatte (S. 224). Daß dies normlogisch nicht zutrifft, liegt auf der Hand: Aus der Gefährdungserlaubnis folgt nicht zwingend die Pflicht, bei drohendem Erfolg Rettungsmaßnahmen zu treffen. Aber auch norm-teleologisch vermag *Welps* Argument nicht zu überzeugen. Für eine handlungsbezogene Normentheorie, von der auch *Welp* ausgeht, erfolgen Gestattung oder Verbot einer Handlung unabhängig davon, ob die Handlung schließlich eine Rechtsgüterverletzung verursacht. Die *Welps* Ableitung („Du darfst gefährden, mußt aber daraus drohende Erfolge abwenden") zugrunde liegende Norm „Du darfst gefährden, aber keine Rechtsgüterverletzungen verursachen" kann daher niemals dem Sinn einer handlungsbezogenen Norm entsprechen. Auf ein erfolgsbezogenes Normverständnis[59] kann *Welp* hier aber deswegen nicht ausweichen, weil danach die einen schädlichen Erfolg verursachende Handlung rechtswidrig wäre und daher nicht in die Kategorie der rechtmäßigen Handlungen gehörte.

b) In Prosa läßt sich der begrenzte Normsinn der Gefährdungserlaubnis durch die Überlegung umschreiben, daß durch die Pflicht, ständig die kausalen Folgen der erlaubten Handlung zu überwachen und ggf. hintanzuhalten, der mit der Gefährdungsgestattung bezweckte Nutzen (Raschheit und Unkompliziertheit des Verkehrs) weitgehend vereitelt würde. Natürlich könnte aus ande-

---

59 So etwa für das Zivilrecht *Weitnauer*, Karlsruher Forum, 1961, S. 28 ff.; NJW 1961, 107 ff.; in gewisser Weise auch *Larenz*, Schuldrecht I, S. 227 f., u. in Festschr. f. Dölle I, S. 169 ff.; ähnlich *Deutsch*, Fahrlässigkeit und erforderliche Sorgfalt, S. 229, 282; für das Strafrecht wird diese Meinung heute nur noch in der Abschwächung vertreten, daß die Erfolgsverursachung zwar zur Tatbestandserfüllung ausreichen soll, die Einhaltung des erlaubten Risikos (= die Sorgfaltsgemäßheit) aber einen Rechtfertigungsgrund darstelle (*Schönke-Schröder* § 59 Rdnr. 162 ff.; *Baumann*, Lehrbuch, S. 246 ff., 268 f.). Dogmatischer Hintergrund dieser Auffassung ist die Qualifikation der Strafrechtsnormen als *Bewertungsnormen* (als Statuierung eines „unpersönlichen Sollens"), während die handlungsbezogenen Unrechtslehren die *Bestimmungsnorm* verabsolutieren (im Anschluß an die alte *Imperativentheorie*). Vgl. *Mezger*, GS 89, 240 ff. u. Lehrbuch, S. 164, sowie *Nowakowski*, ZStW 63, 288, 291 einerseits und *Engisch*, Einführung, S. 22 ff., sowie *Arm. Kaufmann*, Normentheorie, S. 123 ff. und *Stratenwerth*, SchwZStr. 79, 247 f., andererseits.

ren Gründen eine solche Rettungs- und Prüfungspflicht statuiert werden – aus dem Sinn der Gefährdungserlaubnis folgt sie aber nicht, denn der Satz „Du darfst diese nicht ungefährliche Handlung vornehmen“ stellt eine auf diese Handlung bezogene Entscheidung dar und läßt die Frage, was zu geschehen hat, wenn diese Handlung nach ihrem Abschluß eine Rechtsgüterverletzung zu verursachen droht, noch völlig offen. Während die auf die Art und Weise der Gefährdungshandlung bezogene *Sicherungspflicht* noch aus dem Sinn der Gefährdungserlaubnis folgt (weil diese eben nur geringstmögliche Gefährdungen zuläßt), geht die nach Vornahme der gefährlichen Handlung in Frage stehende *Rettungspflicht* hierüber hinaus und bedarf daher einer selbständigen Norm.[60]

3. Die gleichen Einwände gelten auch gegenüber *Welps* Versuch, eine Handlungsäquivalenz der Unterlassung nach gerechtfertigter Vorhandlung nachzuweisen (S. 265 ff.): Aus der handlungsbezogenen Erlaubnisnorm läßt sich eine Gebotsnorm zur Abwendung des Erfolges weder logisch noch teleologisch ableiten, und die von *Welp* hier ebenfalls konstatierte Abhängigkeit weist wiederum einen völlig neuen Begriffsinhalt auf und hat daher mit der beim Begehungsdelikt vorgefundenen „Abhängigkeit“ nichts mehr gemein.

V. Schlußbetrachtung

Darstellung und Kritik von *Welps* Gleichstellungslehre sind damit beendet, wenngleich auf seine inhaltsreiche Schrift noch an vielen Stellen zurückzukommen sein wird. Hier soll nur noch ein abschließender Blick auf seine Methode geworfen werden.

1. Auffallendstes Merkmal von *Welps* Beweisführung ist zunächst die Trennung in eine Täter- und eine Opferseite. Dieses Vorgehen verdient wohl keine Nachahmung, denn durch diese Auseinanderreißung von Zusammengehörigem wird das ganze ohne sichtbaren Gewinn nur kompliziert. Die Frage nach dem Erfolgsunwert, um derentwillen *Welp* die Opferposition anscheinend isoliert hat, kann doch eigentlich nur dann selbständig relevant werden, wenn der Erfolg ausbleibt oder der Handlungsunwert fehlt; im Normalfall fällt dagegen beides zusammen.

2. Interessant ist, daß sich *Welp* auf den beiden Seiten jeweils ganz verschiedener Methoden bedient.

a) Auf der Täterseite argumentiert er aus dem *Sinn der Normen* und damit auf dem Boden einer gesetzesimmanenten, teleologisch-exegetischen, kurz gesagt *normativistischen* Methode. Es wäre in der Tat die einfachste Lösung des

60 Zu dieser Unterscheidung von Sicherungs- und Rettungspflicht s. i. e. u. S. 321 ff.

Unterlassungsproblems, wenn die Gebotsnormen schlicht aus Sinn und Zweck der Verbotsnormen entwickelt werden könnten. Nach den bisherigen Überlegungen ist das aber nicht möglich. Der eigentliche Grund für die Erfolglosigkeit aller dieser „Ableitungsbemühungen" dürfte in der *Gleichwertigkeit* bzw., besser gesagt, in der *Gleichberechtigung* von Gebot und Verbot zu sehen sein: Eine Ableitung des einen aus dem anderen käme nur bei einem Stufenverhältnis in Frage; angesichts ihrer Gleichstufigkeit besteht die einzige Möglichkeit für einen Normvergleich darin, beide als Konkretisierungsformen eines wie auch immer beschaffenen allgemeinen Normgebildes zu begreifen. Ob ein dahingehender Versuch erfolgversprechend ist, wird noch zu prüfen sein.

b) Auf der Opferseite dominiert in *Welps* Beweisführung der *Abhängigkeitsbegriff*, auf dem überhaupt das Schwergewicht seiner Arbeit liegt, und damit die gesetzestranszendente, *ontologische* Rechtsfindung aus der *Natur der Sache*. Daß die von ihm vorgenommene Entwicklung des Abhängigkeitsbegriffs die Gleichstellungsproblematik nicht zu lösen vermag, haben wir bereits gesehen. Was noch zu klären bleibt, ist der „tiefere" Grund für sein Scheitern, d. h. das methodologische Fundamentalprinzip, dessen Verletzung einen Erfolg seiner Bemühungen mit Notwendigkeit ausschloß; dieser Frage wollen wir uns abschließend zuwenden.

aa) Für die begriffliche Erfassung des unechten Unterlassungsdelikts bestehen grundsätzlich zwei Möglichkeiten. Als erstes kann man es durch einen allgemeinen Begriff zu bezeichnen suchen, der seinen Unterschied sowohl zum Begehungsdelikt als auch zum echten Unterlassungsdelikt hervorhebt, indem er das Spezifikum der unechten Unterlassung angibt, das an die Stelle der mechanischen Kausalität beim Begehungsdelikt tritt. Auf diesen Bahnen wandelte etwa die formelle Rechtspflichttheorie (die spezielle Rechtspflicht sollte das unechte Unterlassungsdelikt vom echten unterscheiden und zugleich Ersatz für die im Vergleich zum Begehungsdelikt fehlende mechanische Kausalität sein), und als modernes Beispiel dieser Methode kann z. B. die (im nächsten Kapitel näher zu besprechende) Arbeit von *Bärwinkel*[61] genannt werden, in der die „spezielle Rechtspflicht" grob gesagt durch eine „soziale Rollenpflicht" ersetzt wird. Für ein unbefangenes Verständnis scheint zunächst auch *Welps* Abhängigkeitsbegriff auf dieser Linie zu liegen, denn man möchte prima facie meinen, daß sich das unechte Unterlassungsdelikt vom Begehungsdelikt durch eine (nur bei ihm vorhandene) *vorgegebene Abhängigkeitsbeziehung* unterscheidet, die das Fehlen der mechanischen Kausalität wettmacht (man denke nur an den Fall der Mutter, die ihren Säugling verhungern läßt!). Bei genauerer Lektüre zeigt

61 Zur Struktur der Garantieverhältnisse, S. 91 ff.

sich dann aber, daß *Welp* diese erste Methode zur Bestimmung des Allgemeinen (man könnte auch sagen: des Spezifikums) der unechten Unterlassung nicht gewählt hat.[62]

bb) *Welps* Vorgehen ist vielmehr durch die schon oben[63] kurz angedeutete Suche nach einer *allgemeinen Struktur* von Begehung *und* unechter Unterlassung gekennzeichnet; in der *Abhängigkeit* des Opfers vom Täter glaubt er (in Weiterführung von *E. A. Wolffs* Gedankengängen) das beiden gemeinsame genus proximum gefunden zu haben. Es bedarf keines weiteren Nachweises, daß die analogistische Entwicklung der unechten Unterlassung aus dem mit der Begehung gemeinsamen genus proximum die überzeugendste und befriedigendste Lösung der Gleichstellungsproblematik darstellen würde; es ist aber auch bereits auf die erheblichen Schwierigkeiten hingewiesen worden, die der Auffindung eines nicht bloß blankettartigen, sondern aussagekräftigen und konkretisierungsfähigen genus proximum von Begehung und unechter Unterlassung im Wege stehen.[64] *Welp* mußte an diesen Schwierigkeiten scheitern, weil er nicht genügend beachtete, daß das Allgemeine von Begehung und Unterlassung mangels einer konkreten Entscheidung des Strafgesetzbuches nur *materiell-vorstrafrechtlich* bestimmt werden darf, wenn Grund und Grenzen der unechten Unterlassungsdelikte aus ihm zu entwickeln sein sollen. Wie wir gesehen haben, ist *Welps* Abhängigkeitsbegriff aber in seiner ursprünglichen Ausdeutung bei den Begehungsdelikten praktisch mit dem Geltungsanspruch der Strafrechtsnormen identisch.[65] Hier liegt bereits der Grund für die Untauglichkeit dieses Begriffs, denn da die Frage der Strafrechtswidrigkeit bei den Unterlassungsdelikten gerade noch offen ist, würde seine weitere inhaltsgleiche Verwendung in einer petitio principii stecken bleiben. *Welp* mußte ihm daher im folgenden eine andere Wendung geben und ihn schließlich, wie wir festgestellt haben, zu einer für die Rechtsfindung wertlosen Hülse disparater Gegenstände deklassieren. Die Auffindung einer der Begehung und der unechten Unterlassung gemeinsamen materiell-vorstrafrechtlichen, d. h. „sachlogischen" Struktur konnte ihm dagegen nicht gelingen, weil er insoweit als treuer Anhänger des Finalismus das Begehungsdelikt durch die *„finale Initiative"* des Täters gekennzeichnet sieht

---

62 Nebenbei bemerkt hätte die Ingerenzhaftung bei Anwendung dieser ersten Methode wohl auch von *Welp* vollständig abgelehnt werden müssen, weil hier weder die Handlungsmittel des Täters besondere, gerade ihm zur Verfügung stehende sind (jeder kann etwa den Verletzten ins Krankenhaus bringen) noch zwischen ihm und dem Opfer ein besonderes vorgegebenes Band besteht. Eine spezifische Abhängigkeit des Opfers von der Rettung gerade durch den Ingerenten besteht bei einem unbefangenen Verständnis dieses Begriffs also nicht.

63 S. 116 f.

64 s. o. S. 116 f., 130 f.

65 s. o. S. 122.

(S. 174), von der zu der „unfinalen Passivität" beim Unterlassen keine Brücke geschlagen werden kann.[66] Der Versuch *Welps*, das unechte Unterlassungsdelikt aus der Natur der Sache zu entwickeln, mußte daher scheitern. Ein endgültiges Urteil über die Möglichkeiten einer sachlogischen Bestimmung der Unterlassungsstrafbarkeit kann aber erst abgegeben werden, wenn auch die übrigen Entwürfe dieser Art durchgemustert sind.

§ 9 Die normativ-soziologische Methode *Bärwinkels*

I. Darstellung

Der Abhängigkeitsbegriff von *Wolff* und *Welp* war noch weitgehend *wertfrei* gewesen und beruhte vorwiegend auf der *ontischen* Struktur von Handlung und Unterlassung. Die Rechtsfindung aus der Natur der Sache ist aber noch in einer zweiten, die Wertaspekte bereits mitberücksichtigenden Form möglich. Es ist nämlich daran zu denken, daß das Recht nicht nur auf der naturalistischen, sondern auch auf der sozialen Realität aufbaut, d. h. daß auch die bereits wertbezogenen und werthaltigen sozialen Strukturen zu seinen Vorgegebenheiten zählen.[1] Für eine sachlogische, aus der Regelungsmaterie zu gewinnende Problemlösung kommt daher auch eine Anknüpfung an die Welt der sozialen Beziehungen in Frage, wobei diese werterfüllte Welt zunächst als Faktum hingenommen wird, so daß die juristische Methode selbst *wertfrei* ist (mindestens am Anfang).[2] Die bisher gründlichste Untersuchung dieser Art ist in der Arbeit von *Bärwinkel* zu sehen.

1. *Bärwinkel* geht davon aus, daß der Gesetzgeber mit dem „Verhaltensbegriff" sowohl die Begehung als auch die Unterlassung erfaßt habe und daß dieser Begriff, soweit er eine Tätigkeit bezeichne, hinreichend bestimmt sei, daß er dagegen, soweit er auf eine Unterlassung gemünzt sei, einen erst noch von Lehre und Rechtsprechung zu konkretisierenden unbestimmten Rechtsbegriff darstelle (S. 53). Die Konkretisierung dieses wertausfüllungsbedürftigen, auf den außergesetzlichen Bereich verweisenden Begriffs habe einerseits (faktisch)

---

66 Denn daß man das Unterlassen nicht als eine Form der Initiative begreifen kann, steht außer Frage, und daß es keine Unterlassungsfinalität gibt, gehört zu den unverbrüchlichsten Dogmen des Finalismus, vgl. *Armin Kaufmann*, Dogmatik, S. 66 ff., und *Welzel*, Strafrecht, S. 201.

1 S. nur *Henkel*, Rechtsphilosophie, S. 198 ff., 236 ff.

2 Wenn es dabei mit der juristischen Analyse sein Bewenden hat, so handelt es sich um eine rein rechts-soziologische Methode. Wenn spezifisch rechtliche Werterwägungen angeschlossen werden, wie bei *Bärwinkel*, so ist die Methode gemischt normativ-soziologisch.

durch Orientierung an den sozialen Sinnbezügen und andererseits (normativ) durch Orientierung an den in der Gesellschaft gültigen objektiven Werten zu erfolgen; wichtigste Methode sei dafür die an evidente Grundfälle anknüpfende Fallvergleichung (S. 54 f.).

2. a) In der Erwartung, *Bärwinkel* würde nunmehr eine Bestandsaufnahme der sozialen Verflechtungen vornehmen und hierein – von evidenten Grundfällen ausgehend – mit Hilfe der Fallvergleichung (ähnlich wie *Pfleiderer*) Ordnung zu bringen suchen, sähe man sich jedoch getäuscht. *Bärwinkel* sucht vielmehr zunächst die in der Gesellschaft gültigen objektiven Werte zu ergründen und bedient sich hierzu eines *deduktiven Verfahrens.* Da man zur Wertausfüllung des Verhaltensbegriffs auf die Sozialethik verwiesen sei, obwohl nicht alle sozialethischen Pflichten rechtliche und nur wenige strafrechtliche Relevanz besäßen, müsse für diese Auswahl unter den sozialethischen Pflichten zunächst der Unrechtsbegriff geklärt werden (S. 91 f.). In Anknüpfung an *Schmidhäusers* „wertteleologische Unrechtslehre“[3] sieht *Bärwinkel* das Wesen des Unrechts in der Verletzung der für das Gemeinwohl *notwendigen* sozialethischen Pflichten;[4] strafrechtlich relevantes Unrecht sei wegen der sekundären Natur des Strafrechts (als „ultima ratio“) nur die Verletzung solcher sozialethischer Pflichten, die für das Gemeinwohl im Sinne einer besonderen Dringlichkeit *unbedingt notwendig* seien (S. 95).

b) Diesen obersten Wertungsgrundsatz, das *Gemeinwohl,* versucht *Bärwinkel* zu konkretisieren, um die sozialethischen Pflichten im Einzelfall daran zu messen und auf ihre rechtliche Relevanz prüfen zu können. Als eines seiner wichtigsten Elemente erkennt er die Erhaltung der hierzu *notwendigen* Güter, der *Rechtsgüter* (S. 99), wobei er darlegt, daß der Wert eines Gutes unter Gemeinwohlaspekten nicht nur von seinem *Eigenwert,* dem Sachwert, sondern auch von seinem *Mittelwert* abhänge (z. B. sei der Eigenwert einer schmerzhaften Operation negativ, als Mittel zum Zwecke der Heilung sei sie aber trotzdem wertvoll; umgekehrt sei eine Fensterscheibe an sich wertvoll, nach dem Bruch einer Gasleitung werde sie aber – als Mittel zum Erstickungstod – unwerthaft).[5]

---

3 Gesinnungsmerkmale, S. 162, 168, 178.

4 *Bärwinkel* formuliert: „... auf deren Erfüllung die Menschen für ein gedeihliches Zusammenleben angewiesen sind.“ Sachlich ist damit wohl die Notwendigkeit gemeint. Unklar ist allerdings wieder die anschließende Formulierung, daß das Recht „nur die für das Gemeinwohl bedeutsameren Sozialphänomene“ erfasse; alles a. a. O., S. 95.

5 Wie an den Beispielen deutlich wird, will *Bärwinkel* mit seinen Koordinaten „Eigen-“ und „Mittelwert“ nicht die (ideellen) Rechtsgüter an sich, sondern ihre konkreten *Rechtsgutsobjekte* (s. a. a. O., S. 104) erfassen. Ob der Begriff des Eigenwertes sinnvoll ist, muß allerdings bezweifelt werden, denn jeder Gutswert hängt von dem jeweiligen Zweckzusammenhang ab; die Aussage, ein Gut habe einen Eigenwert, ist daher nur die statistische Feststellung, daß es in den meisten Fällen werthaft sei.

Diese Relativität der Rechtsgüter, ihre Bezogenheit auf das Gemeinwohl, sei der Grund dafür, daß die unterlassene Rettung eines Rechtsgutes nicht schon an sich bestraft werden könne, sondern nur unter besonderen Voraussetzungen (S. 102).

3. Diesen Voraussetzungen sucht *Bärwinkel* durch eine soziologischphänomenologische Beschreibung näherzukommen. Er legt dar, daß jeder Mensch in die verschiedenartigsten sozialen *Gruppen* (Ehe, Familie, Schule, Tanzparties, Volk usw.) eingegliedert sei, in der ihm jeweils eine bestimmte *Rolle* zukomme (als Ehemann, Vater, Lehrer, Nachbar usw.; S. 105 ff.). Für jede Rolle gebe es vorgeformte Verhaltensmuster, die von dem Rollenträger ein bestimmtes Verhalten erforderten und daher *normative Qualität* besäßen (S. 109).

a) Die Bedeutung des Rollenbegriffs für die Auffindung der Garantieverhältnisse erblickt Bärwinkel darin, daß das Recht, wenn nicht die Sozialordnung zerstört werden solle, nur rollengemäßes, d. h. zur Rolle gehörendes Verhalten verlangen könne (S. 111). Die soziale Rolle sei damit ein Strukturelement des Garantieverhältnisses. Für das Strafrecht seien – wegen seines ultima-ratio-Charakters – nur die für das Gemeinwohl notwendigen Rollen relevant. Die Rollen des Freundes, des Nachbarn, des Zechkumpans, des Liebhabers u. ä. seien deswegen für das Strafrecht irrelevant, denn die dahinterstehenden Gruppen (Freundschafts- und Nachbarschaftsverhältnisse, Zechgemeinschaften und Liebesverhältnisse) befriedigten keine grundlegend wichtigen Bedürfnisse und Interessen des einzelnen und seien daher für das Gemeinwohl entbehrlich. Aber auch innerhalb von für das Gemeinwohl an sich notwendigen Gruppen müsse man noch zwischen rechtlich relevanten und irrelevanten Rollen unterscheiden. Nur die *gruppennotwendigen* (d. h. für die Funktion der Gruppe unentbehrlichen) Rollen seien auch für das Gemeinwohl unentbehrlich, nicht aber die bloß *gruppenmöglichen* (des Nesthäkchens in der Familie, des Pantoffelhelden in der Ehe, des Sündenbocks in der Schule; S. 112).[6]

b) Neben dem Rechtsgut hat *Bärwinkel* damit die soziale Rolle als zweiten Wertungssachverhalt im Garantieverhältnis ermittelt. Nur eine von der Rollenfunktion gedeckte Pflicht zum Rechtsgüterschutz soll deshalb ein Garantiever-

---

6 Von der Notwendigkeit eines doppelten Wertungsaktes will *Bärwinkel* insoweit eine Ausnahme machen, als es sich um eine Rolle innerhalb der *Gesamtgesellschaft* handele (etwa Berufsrollen oder die Rolle des Ingerenten). Eine solche Rolle werde bereits in ihrem Inhalt vom Gemeinwohl als Aufgabe der Gesamtgesellschaft unmittelbar festgelegt, womit zugleich über ihre strukturelle Notwendigkeit entschieden werde, so daß hier nur noch ein Wertungsakt erfolge (S. 113). Hier bleibt unklar, ob *Bärwinkel* die zweifelhafte Konsequenz ziehen will, daß Rollen in der Gesamtgesellschaft immer schon für das Gemeinwohl notwendig seien; seine Ausführungen sind insoweit zumindest mißverständlich.

hältnis begründen können (S. 115); im Sprachgebrauch *Bärwinkels* kommt daher nur eine „durch die Rolle spezialisierte sozialethische Pflicht" in Frage. Z. B. könne daher ein Versicherungsvertrag keine strafrechtlich sanktionierte Pflicht zum Schutz von Menschenleben vor Brandgefahr begründen (S. 155 f.).

4. Als dritten Wertungssachverhalt im Garantieverhältnis erkennt *Bärwinkel* die „objektiven Bewertungsmerkmale des Gemeinwohls", d. h. die (schon vorher wiederholt angesprochene) *Notwendigkeit* der spezialisierten sozialethischen Pflicht für das Gemeinwohl (S. 118). Die die Notwendigkeit begründenden Merkmale sind seiner Ansicht nach bei jeder Gruppe verschieden, sie sollen nur aus der „jeweiligen Gruppensituation" zu begreifen und sollen überhaupt von der verschiedensten Art sein (S. 119). Als Beispiele nennt Bärwinkel die Hochwertigkeit der (konkreten) Rechtsgutsobjekte, den Grad der Gefahr (bei der Ingerenz) und die Monopolstellung. So werde etwa die sozialethische Pflicht der Ehegatten, einander vor Schaden, darunter auch vor Vermögenseinbußen zu bewahren, erst bei *existentiell wichtigen Vermögensgegenständen* zur Rechtspflicht (S. 120).

5. Kurz zusammengefaßt lautet *Bärwinkels* Theorie folgendermaßen: Eine Garantenstellung setzt voraus, daß der Schutz des Rechtsgutes von einer für das Gemeinwohl notwendigen Rolle gefordert wird. Die Rolle ist die Summe der sozialethsichen Pflichten, ihre Notwendigkeit ist an Hand von faktischen Kriterien zu ermitteln (S. 130). Das nach diesen Grundsätzen zu fällende Werturteil über das Bestehen einer Garantenstellung ist unabhängig davon, ob die für relevant befundene sozialethische Pflicht oder das maßgebliche objektive Bewertungsmerkmal bereits in einem Rechtssatz verrechtlicht wurden; das wäre nur ein (allerdings schwerwiegendes) Indiz, soll aber für die Annahme einer Garantenstellung weder notwendig noch ausreichend sein (S. 132).

II. Kritik des Gemeinwohlkriteriums

Die Arbeit *Bärwinkels* ist bisher der Abschluß der in den letzten Jahrzehnten immer mehr in den Vordergrund getretenen Versuche, die Garantenstellungen aus dem *sozialen* Gefüge heraus zu erklären und zu bestimmen. Indem *Bärwinkel* die Ansätze seiner Vorgänger, deren Reihe bis auf *Kohler* zurückgeht,[7] weiterführt und durch eine am Gemeinwohl orientierte rechtliche Wertung ergänzt, erarbeitet er eine der gründlichsten und differenziertesten Methoden zur Lösung der Gleichstellungsproblematik. Trotzdem scheint das Methodenproblem auch durch sie noch nicht gelöst zu sein, denn ihre Leitbegriffe sind nur *Leerfor-*

---

7 Studien aus dem Strafrecht, S. 45 ff.

meln und vermögen daher die Ergebnisse zwar zu etikettieren, aber nicht mit der im Strafrecht gebotenen Stringenz zu begründen. Sein methodischer Ansatz vermag nur für *extreme Fälle* eine brauchbare Richtlinie zu geben; in der „grauen Zone des Zweifels“ führen seine Kriterien dagegen nicht weiter. Wenn er im letzten Teil seiner Arbeit, der der Exemplifizierung seiner Methode an den Garantieverhältnissen aus Ehe, Verwandtschaft und Lebensgemeinschaft dient (S. 134 ff.), gleichwohl z. T. zu billigenswerten Ergebnissen gelangt, so beruht das in Wahrheit darauf, daß er meistens die in Jahrzehnten bewährten Wertungen übernimmt, auch wenn das von seiner Methode nicht erzwungen, sondern – und das beruht gerade auf ihrem Leerformelcharakter – nur ermöglicht wird.

1. Zunächst ist *Bärwinkels* oberster Wertungsgrundsatz, das *Gemeinwohl*, zu inhaltsleer, um in den hier interessierenden Fällen irgendeine Aussage zu ermöglichen. Diese Erkenntnis folgt zwingend aus der von *Bärwinkel* im Anschluß an *Henkel* vorgenommenen Qualifizierung des Gemeinwohls als dem obersten Grundwert des Rechts. Der oberste Rechtswert kann, wenn man nicht die heute als unhaltbar erkannte Konstruktion eines in allen Einzelheiten rational begründbaren Naturrechts bemühen will,[8] nur extreme Lösungen fordern oder verbieten,[9] und auch nur in dem Maße, wie er durch grundlegende Wertentscheidungen der Sozietät faßbar geworden ist. So könnte man etwa sagen, daß in unserem Staat die Einführung der Sklaverei für das Gemeinwohl schädlich wäre. Der wahre Grund für diese Einsicht liegt aber nicht erst in der Wesensschau des Gemeinwohls, sondern in dem Wissen um die grundlegenden Wertentscheidungen unseres Staates als einer auf Freiheit und Gleichheit angelegten Demokratie.[10] Ebenso kann man sagen, daß das Gemeinwohl eine allgemeine Arbeitslosenversicherung gebietet. Auch hier ist aber wieder nicht das Gemeinwohl der unmittelbare Anknüpfungspunkt, sondern die Wertentscheidung des Sozialstaates. Man kann daher zwar die Summe der grundlegenden Wertentscheidungen einer Sozietät als „Gemeinwohl“ bezeichnen, muß sich aber davor hüten, hiermit irgendeine konkretere Wertvorstellung zu verbinden (denn alle konkreteren Entscheidungen müssen erst – wie bei uns im Grundgesetz – von der Sozietät getroffen werden, und danach sind nur sie maßgeblich und die Heranziehung des „Gemeinwohls“ ist unnütz und überflüssig). Die Rechtsidee, das

---

8 S. die Nachweise bei *Henkel*, Rechtsphilosophie, S. 409, Fn. 2.

9 Damit soll gesagt sein: nur evident nützliche Regelungen fordern und nur evident schädliche verbieten.

10 Daß die Sklaverei u. U. auch für das Gemeinwohl nützlich sein kann, zeigen die antiken Kulturen, deren Leistungen ohne die Sklavenverfassung unmöglich gewesen wären; damit war seinerzeit folglich nicht nur dem Wohl der Aristokraten, sondern dem Wohl aller gedient.

Gemeinwohl, ist daher eine Abstraktion oberster Stufe und nur von rechtstheoretischem Wert, indem sie auf die dialektische Verknüpfung und Ausgleichsbedürftigkeit der obersten Wertentscheidungen der Sozietät (etwa Freiheit und Gleichheit, Rechts- und Sozialstaatlichkeit) oder der obersten Rechtsprinzipien (materielle Gerechtigkeit, Rechtssicherheit und Zweckmäßigkeit[11] hinweist. Irgendeine Lösung dieser Wertkonflikte kann die Gemeinwohlidee aber nicht anbieten, wie aus ihrem Charakter als Abstraktion oberster Stufe logisch zwingend folgt.[12] Das Gemeinwohl ist daher ein theoretisches Blankett, das nur durch das Medium grundlegender Wertentscheidungen wirkt, aber keine unmittelbare rechtliche Relevanz besitzt.

2. Auch *Henkel*, auf den sich *Bärwinkel* beruft, lehnt die „naturrechtliche“ Auffassung, das Gemeinwohl habe die Bedeutung eines Rechtsprinzips, zunächst strikt ab.[13] Er meint allerdings, daß die Auslegung der Rechtsvorschriften in ihm einen bedeutsamen Rückhalt fänden,[14] doch kann ihm in dieser nicht näher verifizierten Behauptung nicht gefolgt werden. Daß der Gemeinwohlbegriff als solcher, etwa in *Benthams* Umschreibung als „größtes Glück der größten Zahl“, keinerlei Abwägungskriterien bietet und auch die Benthamsche Quantifizierungsformel die Antinomie der zahllosen Individualinteressen mangels eines beigefügten Maßstabes zu keinem Kollektivnutzen zu integrieren vermag,[15] braucht hier nicht näher ausgeführt zu werden, denn daran zweifelt auch *Henkel* nicht im mindesten.[16] Seine Einschätzung der Gemeinwohlvorstellung als Rückhalt für die Auslegung beruht vielmehr auf der Annahme eines „Gemeinwohls im konkreten Sinne“,[17] das aus den geschichtlichen Verhältnissen und Wertanschauungen der jeweiligen Sozietät erwachse. Der theoretische

---

11 So die Gruppierung bei *Henkel*, Rechtsphilosophie, S. 300.

12 Im Sprachgebrauch *Henkels* (vgl. Recht und Individualität, S. 35; Festschr. f. Mezger, S. 303 f.) ist das Gemeinwohl daher kein normatives, sondern ein regulatives Prinzip höchster Abstraktionsstufe. Über die Gültigkeit einer je konkreten Vorstellung kann es daher keine erweisbare Sicherheit geben, vgl. *Sontheimer*, Staatsidee und staatliche Wirklichkeit heute, Das Parlament, 1964 Nr. 16 (Beilage).

13 Rechtsphilosophie S. 378.

14 Rechtsphilosophie S. 378.

15 *Wieacker*, Privatrechtsgeschichte, S. 568, Fn. 27, spricht von einer Antinomie von Individual- und Kollektivnutzen, doch ist der Kollektivnutzen wohl nur die Umschreibung für „überwiegende Individualinteressen“, so daß der eigentliche Konflikt auf der Individualseite liegt.

16 Der von ihm in Rechtsphilosophie, S. 375, skizzierte „richtlinienhafte Leitgehalt“ des abstrakten Allgemeinwohls umfaßt nur die Erkenntnis, daß die Individualinteressen nicht schrankenlos durchsetzbar sind. Diese selbstverständliche Forderung nach *Abwägung* soll natürlich auch hier nicht bestritten werden; entscheidend sind aber immer erst die *Maßstäbe* der Abwägung.

17 Rechtsphilosophie S. 375 im Anschluß an *Utz*, Sozialethik I S. 160.

Wert dieser Sicht soll nicht bestritten werden; für die Auslegung praktisch wichtig werden aber auch hier nur die geschichtlichen Verhältnisse und Wertanschauungen selbst, nicht der Gemeinwohlbegriff als ihre abstrahierende Zusammenfassung!

3. Der Gemeinwohlbegriff ist daher für die Rechtsfindung nicht fruchtbar.[18] Diese allgemeine Einsicht gilt für unsere Probleme im doppelten Maße.

a) Speziell im *Strafrecht* muß die Rechtsfindungsmethode wegen des nulla-poena-Satzes *präzise* (und keine kontingenten) *Ergebnisse* liefern. Wie wenig dazu eine Besinnung auf das Gemeinwohl in der Lage ist, wird durch die beifallswürdige Rechtsprechung des BVerfG zum Ermessen des Strafgesetzgebers a fortiori bewiesen. Das BVerfG[19] hat überzeugend dargelegt, daß dem Strafgesetzgeber in der Frage, welche Verhaltensweisen er pönalisieren soll, selbst bei Durchführung der grundgesetzlichen Wertentscheidungen ein weitgespanntes Ermessen zukommt. Um wieviel größer ist die Entscheidungsfreiheit, wenn man nur auf den Leerbegriff des Gemeinwohls verwiesen wird! Das Gemeinwohl kann daher wohl den Gesetzgeber bei der *Rechtssetzung* in gewissem (wenn auch vagem) Umfange *leiten, nicht* aber den Strafrichter oder Wissenschaftler bei der *Rechtsfindung binden.* Wenn auch die Rechtsfindung bei den unechten Unterlassungsdelikten, wie im ersten Teil dieser Arbeit gezeigt wurde, nicht einfach durch eine Gesetzesauslegung erreicht werden kann, so muß doch die dabei zu leistende schöpferische Tätigkeit von dem Ermessen des Gesetzgebers grundlegend unterschieden werden, wenn sie als Strafrechtsfindung in einem Rechtsstaat Bestand haben und nicht ausschließlich den individuellen Wertanschauungen des jeweils zuständigen Richters überlassen bleiben soll. Für die richterliche Rechtsschöpfung gelten im Strafrecht nicht nur die allgemeinen Beschränkungen (z. B. daß der Richter die vorgegebenen gesetzlichen Wertentscheidungen prinzipiell zu respektieren hat, während der Gesetzgeber über seine bisherigen Entscheidungen verfügen und sie nahezu nach Belieben durchbrechen kann,[20] sondern auch die besonderen Schranken des nullapoena-

---

18 Dies ist etwa auch schon daran deutlich zu erkennen, daß selbst der *Sozialstaatsgrundsatz*, also ein im Vergleich zum Gemeinwohl erheblich inhaltsreicheres Prinzip, nach der zutreffenden h. M. zwar für den konkretisierenden Gesetzgeber einen verbindlichen Auftrag, aber keine verbindlichen Richtlinien für die Erfüllung dieses Auftrages enthält; vgl. *Hesse*, Grundzüge, S. 85; BVerfGE 18, 257 (273); OVG Bremen NJW 1970, 293 (294).

19 NJW 1969, 1621m. zahlr. Nachw. aus seiner früheren Rspr.

20 Er ist insoweit nur an den Gleichheitsgrundsatz (Art. 3 GG) gebunden, aber wie die Rechtsprechung des BVerfG zeigt, ist die Justiziabilität (und das ist gleichbedeutend mit: die rational überprüfbare Anwendbarkeit) dieses obersten Regulativs außerordentlich gering (s. die Nachweise der Rspr. bei *Leibholz-Rinck*, Art. 3, Anm. 2, 3, 9); das BVerfG macht in diesen Entscheidungen sehr schön deutlich, daß die Auswahl des jeweils leitenden Wertgesichtspunktes

Satzes, der die zuungunsten des Täters wirkende rechtsschöpferische Tätigkeit des Richters erstens nur innerhalb eines gesetzlichen Auftrags zuläßt und zweitens auf rational überprüfbare Ableitungen begrenzt.[21] Als völlige Leerformel kann der Gemeinwohlbegriff diesen Anforderungen nicht genügen, denn er läßt der irrationalen Dezision freien Raum. Um praktikabel zu sein, müßte er in konkretisierbare normative Prinzipien aufgelöst werden – aber das bleibt *Bärwinkel* uns schuldig.

b) Speziell bei den *unechten Unterlassungsdelikten* muß eine Rückbesinnung auf das Gemeinwohl vollends versagen. Da die *Verbote* nur wenig in die Handlungsfreiheit des einzelnen eingreifen, ist bei ihnen das „Mehr-Nutzen-als-Schaden-Prinzip" noch einigermaßen praktikabel;[22] da die *Gebote* den einzelnen dagegen in seiner Handlungsfreiheit in hohem Maße beschränken, fehlt hier die eine Entscheidung nach der „materiellen Rechtswidrigkeit" allein erlaubende Evidenz. Es kommt hinzu, daß Rechtswidrigkeit der Unterlassung und Strafbarkeit des Täters in den meisten Fällen schon aus § 330c folgen. Ob eine darüber hinausgehende qualifizierte Bestrafung des Täters erforderlich ist, kann eine Besinnung auf das Gemeinwohl beim besten Willen nicht lehren!

4. Damit kann zusammenfassend gesagt werden, daß das Gemeinwohl als oberster Richtpunkt bei der Lösung der Gleichstellungsproblematik nichts zu leisten vermag.

III. Kritik des Gemeinwohlelementes „Rechtsgut"

Auch das von *Bärwinkel* als Gemeinwohlelement qualifizierte *Rechtsgut* vermag noch keine Lösungshinweise für unsere Frage zu geben. Eine Unterlassung kann immer nur bestraft werden, wenn ein durch den fraglichen Straftatbestand geschütztes Rechtsgut verletzt worden ist (von der Rechtsgutsgefährdung beim Versuch einmal abgesehen), d. h. die Rechtsgutsfrage ist bereits im StGB beantwortet und nicht erst noch im Rahmen der Gleichstellung zu entscheiden. Die Rückbesinnung auf die Verbindungslinie von Rechtsgut und Gemeinwohl[23] kann daher für die Lösung des Äquivalenzproblems nichts ergeben, und zwar auch dann nicht, wenn man unter Rechtsgütern mit *Bärwinkel* (S. 102) die für

grundsätzlich Sache des Gesetzgebers ist, dessen Wertung nur in evidenten Ausnahmefällen durch eine richterliche Dezision korrigiert werden kann.

21 S. dazu eindringlich *Roxin*, Täterschaft, S. 624 ff., und i.e.u. S. 281 ff.

22 Vgl. hierzu *Sauer*, Grundlagen des Strafrechts, S. 286, 456; *Kissin*, Die Rechtspflicht zum Handeln bei den Unterlassungsdelikten, S. 65, 83 f.

23 Die *Bärwinkel* a. a. O., S. 99 ff., vornimmt.

die Erhaltung des Gemeinwohls *notwendigen* Güter versteht. Ganz abgesehen davon, daß dieses Notwendigkeitsurteil rein *dezisionistisch* und daher zur strafrechtlichen Rechtsfindung ungeeignet ist,[24] stellt sich, wie gesagt, die Frage nach dem Rechtsgutsinhalt im Rahmen des Gleichstellungsvorganges *nicht*, denn sie ist beim Handlungs- wie beim Unterlassungsdelikt die gleiche und wird bereits in den Tatbeständen des Besonderen Teils abschließend beantwortet. Für die Bestimmung der Garantieverhältnisse kann daher nicht die allgemeine Rechtsgüterlehre, sondern höchstens das „Beziehungsverhältnis" von Rolle und Rechtsgut sowie *Bärwinkels* Entdeckung eine Rolle spielen, daß es bei einigen Garantieverhältnissen auf die Hochwertigkeit des konkreten Rechtsgutsobjekts ankomme (S. 104); dies wird später noch zu prüfen sein.[25]

IV. Kritik des Rollenbegriffs

Auch *Bärwinkels* weiteres Gemeinwohlelement, die *soziale Rolle* (S. 104 ff.), vermag die Problemlösung infolge seiner Abstraktheit noch nicht zu steuern.

1. a) Die soziale Rolle des einzelnen erwächst für *Bärwinkel*, der sich an den gebräuchlichen soziologischen Sprachgebrauch anschließt, aus seiner Stellung in einer *Gruppe* und stellt letztlich die zusammenfassende Bezeichnung für die möglichen Anforderungen der Gruppe an den einzelnen dar. Der für die Rolle somit grundlegende Gruppenbegriff hat für die Soziologie eine ähnliche Bedeutung wie der Gemeinwohlbegriff für die Rechtswissenschaft: Er stellt eine der höchsten, wenn nicht sogar die höchste Abstraktion dar. Daß die neuere Soziologie dahin tendiert, die Gruppe als ihren Hauptgegenstand überhaupt zu betrachten[26] (und das will sagen: als ihre höchste Abstraktion), wird auch an *Bärwinkels* Gewährsmann *Wössner* deutlich, der über das von *Bärwinkel* mit „Gruppe" bezeichnete soziale Feld aussagt, daß es die theoretische Grundeinheit von jeder Kollektivierung und Sozialisierung sei.[27] Nach *Eisermann*[28] bildet die „Gruppe das soziale Objektivgebilde katexochen", und die zahlreichen Gruppentypen bei *Gehlen-Schelsky*[29] zeigen, daß sämtliche Beziehungen der Menschen untereinander mit dem Gruppenbegriff erfaßt werden können.

b) Durch die Wendung des Blicks vom Kollektiv auf das kollektivbezogene Individuum tritt der Rollenbegriff an die Stelle der Gruppe; sein Abstraktions-

24 S. i. e. u. S. 153 ff.
25 s. u. S. 156 f.
26 So ausdrücklich *König*, Fischer-Lexikon Soziologie, S. 104.
27 in Mensch und Gesellschaft, S. 395.
28 Die Lehre von der Gesellschaft, S. 76.
29 Soziologie, S. 125, 144, 148, 183, 210.

grad ist nur wenig geringer. *Wössner*[30] schließt sich der Rollendefinition *Hofstätters*[31] an, der die Rolle als „in sich zusammenhängende, auf die Verhaltenssequenz anderer Personen abgestimmte Verhaltenssequenz" versteht und damit ihren Charakter als allgemeinen Systembegriff unterstreicht, ähnlich wie *Eisermanns* Erklärung[32] der sozialen Rolle als System von (der sozialen Position eines Menschen entsprechenden) Verhaltensweisen.

c) Hieran ist zu erkennen, daß Gruppe und Rolle überall dort vorfindbar sind, wo sich gesellschaftlicher Kontakt abspielt; diese beiden Begriffe erfassen also den Gesamtbereich der sozialen Prozesse, irgendeine Affinität zum Gleichstellungsproblem ist nicht zu sehen. Vermöge dieser Allgemeinheit weist die Rolle nicht einmal eine bestimmte Wertbeziehung auf, sondern kann bald positiv, bald negativ zu bewerten sein. *Bärwinkels* Behauptung, die sozial-funktionale Stellung und ihre Präzisierung, die Rolle (S. 108), seien „Gemeinwohlelemente" (S. 104), kann daher nicht unwidersprochen bleiben. Innerhalb der Gruppe der Verbrecherbande mag es z. B. die Rolle des „Polizistenkillers" geben, dessen sichere Hand die Komplizen vor der Festnahme bewahrt. Dieser macht sich durch sein rollenspezifisches Verhalten strafbar, und sein rollenwidriges Verhalten, wenn er die Verhaftung eines Komplizen geschehen läßt, würde nicht zur Strafbarkeit wegen Freiheitsberaubung durch Unterlassen, sondern zur Straffreiheit führen. Die Rolle ist daher zwar insoweit „normativ" (*Bärwinkel* S. 109), als sie auf einer bestimmten Verhaltenserwartung beruht; ob sie aber dem Gemeinwohl nützt oder schadet, spielt für ihren Begriff keine Rolle, sie ist gerade nicht von vornherein auf das Gemeinwohl, sondern nur auf die Gruppe (nicht einmal notwendig auf das Gruppenwohl) bezogen.

2. Die Nützlichkeit des Rollenbegriffs wäre allerdings immerhin dann noch anzuerkennen, wenn *Bärwinkels* Satz zuträfe, daß „das Recht nur rollengemäßes Verhalten verlangen" könne (S. 111), denn dann hätte der Rollenbegriff immerhin limitierende bzw. selegierende Funktion. Die Nützlichkeit des Rollenbegriffs für die Lösung der Gleichstellungsproblematik hängt daher von zwei Prämissen ab: 1. Das Recht kann keine im Sozialleben bisher nicht anerkannte Rolle schaffen. 2. Ob eine soziale Rolle gegeben ist, läßt sich im Prinzip durch eine metajuristische, soziographische Analyse des Sozialgefüges ermitteln.

a) Die zweite Voraussetzung ist offensichtlich gegeben, denn sie ist nur eine Folgerung aus der vorangegangenen Rollendefinition. Wir werden sie im folgenden ständig im Auge behalten müssen, denn die in ihr enthaltene Zurück-

---

30 a. a. O., S. 551 f., Fn. 6.

31 Sozialpsychologie S. 36.

32 a. a. O., S. 71.

führung rechtlicher Fragen auf faktische Verhältnisse ist gerade das Spezifikum von *Bärwinkels* Lösungsansatz.

b) Gegen die erste Prämisse, das Recht könne keine Rollen schaffen, scheint zunächst schon *Bärwinkels* eigene Erkenntnis zu sprechen, das Verhältnis von sozialer Wertordnung und Rechtsordnung sei ein gegenseitiges „Tragen und Getragensein".[33] Aus seiner Bemerkung, eine Rechtsnorm könne als Sozialnorm zum Normenbündel einer sozialen Rolle gehören (S. 111), wird jedoch deutlich, daß er die soziale Rolle als den umfassenden Bezirk ansieht, dem die Rechtsnorm – unter Umwandlung in eine Sozialnorm – lediglich integriert wird.

In dieser Annahme einer rechtlichen Bindungswirkung der sozialen Rolle manifestiert sich *Bärwinkels* Überschätzung der soziologischen Methode. Ob eine soziale Rolle rechtlich relevant ist, entscheidet prinzipiell der Gesetzgeber, der sich dabei zwar von den Sozialstrukturen beeinflussen lassen wird, aber an sie nicht direkt gebunden ist. Jede andere Auffassung würde die Aufgabe der Gesetzgebung zur *Gestaltung* und *Veränderung* der gesellschaftlichen Verhältnisse verkennen. Die Rechtssetzung muß gerade da eingreifen, wo die *Selbstregulierung* des sozialen Prozesses nicht ausreicht, um das Gemeinwohl zu garantieren. Das allgemeine Problem, welchen Einfluß die sozialen Vorgegebenheiten auf die Rechtssetzung haben, kann hier nicht näher vertieft werden; einige Andeutungen müssen genügen. Aus der heute im „Spätpositivismus" herrschenden Meinung bezüglich der Geltungsgrenzen der staatlichen Rechtssätze[34] ergibt sich jedenfalls zwingend, daß die Sozialstrukturen für den legislatorischen Akt überwiegend bloße Empfehlungen darstellen, denen sich der Gesetzgeber im Rahmen seines (weitgespannten) Ermessens[35] ohne weiteres entziehen kann. Andererseits kann der Gesetzgeber auch dort Normen schaffen und mit Strafe bewehren, wo im Sozialprozeß bisher kein vorgeformtes Verhaltensmuster, sondern nur die Individualentscheidung existierte. Eine solche eine soziale tabula rasa vorfindende Norm wird dann nicht dem Normenbündel einer anderen sozialen Rolle angelagert, sondern schafft entweder, wenn sie sich in der Sozietät durchsetzt und dort als vernünftiges Verhaltensmuster heimisch wird, eine neue Rolle oder bleibt, wenn dieser Transformationsprozeß nicht erfolgreich zu Ende geführt wird, im Bereich des rein Rechtlichen.

Dies mag zum Einfluß der Sozialstrukturen auf die Rechts*setzung* genügen; er ist keineswegs unerheblich, aber nicht in dem Maße zwingend, daß die legis-

33 a. a. O., S. 110 unter Berufung auf *Henkel*, Rechtsphilosophie, S. 147, und *Schmidhäuser*, Von den zwei Rechtsordnungen, S. 25.

34 Nachw. bei *Henkel*, Rechtsphilosophie, S. 456 ff., und *Engisch*, Einführung, S. 172 u. Fn. 232.

35 Vgl. dazu die Rspr. des BVerfG, Nachw. bei *Leibholz-Rinck*, Art. 3 Anm. 15, N 9; ferner *Maunz* in *Maunz-Dürig-Herzog*, Art. 20 Rdnr. 117 ff. m. zahlr. Nachw.

latorische Einzelentscheidung dadurch bereits festgelegt wäre.[36] Für die uns hier obliegende Aufgabe der Rechts*findung* ergeben sich daraus wichtige Konsequenzen. Die Sozialstrukturen sind danach nicht schon ab ovo für die Rechtsfindung verbindlich, sondern werden hierfür prinzipiell erst dann relevant, wenn der Gesetzgeber sie erkennbar in Bezug genommen, an *irgendeiner Stelle* „rechtlich institutionalisiert" hat,[37] oder wenn sich (ausnahmsweise) nachweisen läßt, daß die Natur der Sache ihre Berücksichtigung *erfordert*. Das gilt in besonderem Maße für das Strafrecht, wo die schöpferischen Elemente der Rechtsfindung (die, wie bereits mehrfach festgestellt, nach den Erkenntnissen der modernen Methodenlehre bei jeglicher Normenkonkretisierung zu finden sind) durch den nulla-poena-Satz besonders beschränkt sind. Da die soziale Rolle von Haus aus keinerlei Bezug zum rechtlichen Bereich aufweist, vermag der Rollenbegriff als solcher noch keine rechtliche Lösung und erst recht keine strafrechtliche Lösung der Gleichstellungsproblematik zu bieten oder auch nur nennenswert zu fördern; dafür sind zu viele Rollen (sicherlich ihr weitaus größter Teil) für das Recht vollkommen uninteressant. Erst der Selektionsvorgang bei der Rechtssetzung trennt hier die Spreu vom Weizen; daher ist durch die Feststellung, daß eine soziale Rolle vorliegt (etwa die des Spaßmachers oder die des Polizistenkillers), fürwahr so wenig gewonnen, daß es die Übernahme der soziologischen Methode angesichts der darin liegenden Unsicherheiten kaum lohnt; denn schließlich kommt die Erkenntnis, daß eine soziale Rolle mit diesem oder jenem Inhalt vorliegt, nicht einfach von selbst, sondern muß erst (wegen des Mangels an Positivität der ungeschriebenen Normen der Sozialethik) durch eine mit mancherlei Unsicherheiten behaftete soziographische Methode ermittelt werden. Mangels eines souveränen Normschöpfers im sozialen Bereich dürfte jede einzelne der unzähligen gelebten Gruppen andere Strukturen und andere Rolleninhalte aufweisen, so daß bei einer an den sozialen Fakten orientierten Betrachtungsweise nur unter Inkaufnahme beträchtlicher Unschärfe von der Gruppe der „Familie" oder der Rolle des „Vaters" gesprochen werden kann. In Wahrheit dürfte der Gehalt der konkreten sozialen Vaterrollen durchweg verschieden sein, und welcher sozialethische Grundbestand sich als Inhalt des Oberbegriffs in der Realität wirklich feststellen ließe, kann vom grünen Tisch aus kaum gesagt werden. Daß ein Abstellen auf den *konkreten* Rollen-

36 Vgl. zur Relativität der Bindung des Gesetzgebers etwa auch die Ausführungen *Arndts* zum Begriff der Sozialschädlichkeit als Voraussetzung der Pönalisierung (in Verhandlungen des 47. Deutschen Juristentages, Bd. II, J 10).

37 Zu dieser wichtigen *Transformationswirkung* des Setzungsaktes, auf dem die Vermutung für die Gerechtigkeit des Gesetzes beruht, *Maunz-Dürig-Herzog*, Art. 20, Rdnrn. 60 ff., bes. 63 m. Nachw.

inhalt (dieses trotteligen Vaters Franz Meyer etwa) aber aus Rechtssicherheitsgründen ausscheidet, ist klar; ob andererseits die Vaterrolle „an sich" auf soziologischem Wege hinreichend sicher ermittelt werden kann (und dann auch für den Einzelfall gilt), ist, wie gesagt, recht unklar.[38]

c) Daß das Strafrecht infolgedessen auf die *Bärwinkel* vorschwebende Nachzeichnung von „antezedenten" Rollenpflichten nicht notwendig beschränkt ist, soll an zwei Beispielen verdeutlicht werden.

Vor Schaffung des § 330c[39] konnte von einer in der Gesamtgesellschaft anerkannten Rolle des „barmherzigen Samariters" sicherlich nicht gesprochen werden. Ob jemand sich seiner in einer Notlage befindlichen Mitmenschen annahm, war – als Konsequenz einer liberalistischen Gesellschaftsstruktur – seiner höchstpersönlichen Entscheidung anheim gegeben. Die Rolle eines Christen mochte eine solche Hilfspflicht umfassen, zu der Rolle als Bürger gehörte sie nicht, weil sie von keiner *allgemeinen* Erwartung getragen wurde.[40] Erst die strafrechtliche Statuierung einer solchen Hilfspflicht schuf ein sozial anerkanntes, gesamtgesellschaftliches Verhaltensmuster, und erst seitdem kann in der Gesamtgesellschaft mit Fug von der „Samariterrolle" gesprochen werden. Nicht weniger interessant ist die von *Bärwinkel* (S. 113 f.) selbst beispielhaft erwähnte „Rolle des Gefahrbegründers". Daß jeder Mensch eine sozialethische Pflicht zur Beseitigung von ihm selbst herbeigeführter Gefahren hat, steht für Bärwinkel außer Frage (S. 114). Indessen bestehen gegen diese nicht näher begründete Annahme erhebliche Bedenken. Ob aus der Ingerenz eine allgemeine *Rechtspflicht* zur Erfolgsabwendung folgt, ist noch heute lebhaft umstritten.[41] Um wieviel zweifelhafter muß dann die Frage sein, ob eine sozialethische Pflicht dieses Inhalts in der Sozietät allgemein anerkannt ist (und sich von der allgemeinen Samariterpflicht trennen läßt). Bei der Feststellung, ob eine dahingehende Rolle wirklich in der Gesamtgesellschaft und nicht nur in verschiedenen Gruppen existiert, dürften die oben erwähnten Schwierigkeiten der soziologischen Methode bei der präzisen Entscheidung eines konkreten Falles erheblich ins Gewicht fallen. Ein Nachweis der „Ingerenzrolle" durch die soziologische Analyse wäre dabei wohl nur deswegen möglich, weil die „Garantenstellung aus voran-

---

38 *Bärwinkel* meint, das lasse sich an Hand der ausgebildeten Sinnobjektivationen (Sitten und Gebräuche, soziale Institutionen und Rechtsnormen) phänomenologisch beschreiben (S. 114), doch scheint zweifelhaft, ob diese bloße faktische Analyse hinreichende Rechtssicherheit ermöglichen würde (die Gesellschaft kennt eben nicht wie der Staat einen zur Gewährung von Rechtssicherheit verpflichteten Gesetzgeber).

39 Durch Gesetz vom 28. 6. 1935, RGBl. I S. 839.

40 Vgl. die Rollendefinition bei *Hofstätter*, Einführung in die Sozialpsychologie, S. 53, 435 Anm. 3.

41 Vgl. nur die neuesten Monographien von *Rudolphi, Pfleiderer* und *Welp*.

gegangenem gefährlichen Tun" seit Jahrzehnten zu den unerschütterlichsten Dogmen der Rechtsprechung gehört. Umgekehrt wäre eine gelebte Rolle dieses Inhalts kaum vorzufinden, wenn diese Garantenstellung aus der Rechtswirklichkeit getilgt wäre. Damit zeigt sich, daß die soziale Rolle nicht notwendig ratio essendi, sondern meist nur ratio cognoscendi einer Rechtspflicht ist,[42] ein bloßes Indiz für eine Rechtsnorm also, das mangels Positivität[43] überdies meist erheblich schwerer zu ermitteln ist als die Rechtsnorm selbst.

d) An diesen beiden Beispielen dürfte klar geworden sein, zu welch unsicheren Ergebnissen eine *rein* sozialethische Untersuchung führen muß. Weil es bei der Sozialethik an dem *Setzungsakt* einer souveränen Instanz fehlt, der gerade die Praktikabilität des modernen Rechts als „geronnener Sozialethik" ausmacht, vermag sie bei der Rechtsfindung – und vollends bei der durch den nulla-poena-Satz auf besondere Rechtssicherheit angewiesenen Strafrechtsfindung – nur eine beschränkte Funktion zu erfüllen. Im Zivilrecht mag es angängig sein, den Richter durch die Generalklauseln der §§ 138, 242, 826 BGB auf die *Rechtsschöpfung* an Hand der sozialethischen Maßstäbe zu verweisen – im Strafrecht ist dies, wie die Beispiele der §§ 226a, 240 StGB zeigen,[44] höchst problematisch.

V. Kritik an *Bärwinkels* Rollenspezifikation

1. Die grundsätzlichen Bedenken gegen *Bärwinkels* Versuch, die Garantenstellungen mit Hilfe des Rollenbegriffs aus der Sozialethik zu entwickeln, sind damit klargestellt; ein abschließendes Urteil erlauben sie gleichwohl noch nicht. Für *Bärwinkels* Methode könnte nämlich die Überlegung sprechen, daß die unechten Unterlassungsdelikte im StGB noch weniger umgrenzt seien als etwa der Nötigungstatbestand und daß daher hier – wie auch immer die Friktionen mit dem nulla-poena-Satz zu beurteilen seien – der Rückgriff auf die Sozialethik der einzige überhaupt gangbare Weg sei; d. h.: Die Rechtfertigung für Vagheit und Unsicherheit der Methode könnte in dem Fehlen einer konkreten strafgesetzlichen Regelung und damit in der Natur der Sache liegen.[45]

---

42 Falls sich die Rechtsnorm im sozialethischen Bereich nicht eingelebt hat, nicht einmal das!

43 Darunter wird hier immer das Bestehen auf einem konkreten Rechtssetzungsakt verstanden (Positivität i. w. S., die von der auch die Rechtsverwirklichung umfassenden Positivität i. e. S. zu unterscheiden ist, vgl. zu letzterer *Luhmann*, Jahrb. f. Rechtssoziologie I, S. 182 ff.).

44 Vgl. dazu *Roxin*, JuS 1964, 373 ff. einer- und *Lenckner*, JuS 1968, 249 ff., 304 ff. andererseits.

45 Nach *Bärwinkel*, a. a. O., S. 50 ff., liegt sogar dieses Fehlen einer gesetzlichen Regelung selbst wieder in der Natur der Sache. Zu diesem Problem de lege ferenda unten S. 421 ff.

2. Diese Prämissen einmal unterstellt, hängt der Wert von *Bärwinkels* Methode immer noch davon ab, ob sie in ihrer konkreten Durchführung die Schaffung eines (wenn auch offenen) Systems erlaubt, durch das eine gewisse Berechenbarkeit der Ergebnisse gewährleistet wird. Denn auch ohne eine nähere Analyse des nulla-poena-Satzes[46] kann doch, wie bereits festgestellt, so viel gesagt werden, daß jede Rechtsfindungsmethode im Strafrecht notwendig *Berechenbarkeit* prästieren muß und eine Verweisung des Rechtssuchers auf Leerbegriffe wie das Gemeinwohl oder die Sozialethik oder die soziale Rolle diesen Anforderungen nicht genügt. Damit stellt sich die Frage: Haben die von *Bärwinkel* zur Konkretisierung seines globalen Ansatzes angebotenen Kriterien seine Methode praktikabel gemacht?

3. Die erste Spezialisierung im Garantieverhältnis findet *Bärwinkel* in der notwendigen Entsprechung von Rollenfunktion und verletztem Rechtsgut (S. 144 ff.). Auf diese Weise kann er etwa überzeugend begründen, daß aus der ehelichen Lebensgemeinschaft keine zur Erfüllung des § 306 ausreichende Garantiepflicht folgt, weil Träger des in § 306 vor abstrakter Gefährdung geschützten Rechtsguts „Menschenleben“ die Allgemeinheit ist, die soziale Rolle des Ehegatten aber nur auf den Partner bezogen ist (S. 116). Diese Erkenntnis ist sehr wertvoll, soll hier aber noch nicht weiter verfolgt werden, da sie keine spezifische Konsequenz von *Bärwinkels* Methode ist, sondern, wie die zivilistische Dogmatik zum Schutzbereich bzw. Schutzzweck der Norm zeigt,[47] notwendiger Bestandteil einer jeden sich über den versari-Gedanken erhebenden Pflichtenlehre.

Größeres Interesse verdienen daher an dieser Stelle die Versuche *Bärwinkels*, seinen globalen *Rollenansatz* zu konkretisieren.

4. Der entscheidende Hebel, um die unübersehbare Rollenvielfalt auf das strafrechtsrelevante Maß einzuschränken, ist für Bärwinkel ihre *Notwendigkeit für das Gemeinwohl*, die sich aus der *Notwendigkeit* der Bezugs*gruppe* für das Gemeinwohl und der Gruppen*notwendigkeit* der konkreten Rolle zusammensetzen soll (S. 112). Hat er damit einen praktikablen, hinreichende Rechtssicherheit verbürgenden Maßstab gefunden?

a) Die obigen Erörterungen zum Gehalt des Gemeinwohlbegriffs legen bereits die Annahme nahe, daß ihm diese Verfestigung nicht gelungen ist. Die Entscheidung darüber, ob ein bestimmter Gruppentyp für das Gemeinwohl *notwendig* ist, kann mit rationalen Mitteln nicht gefunden werden. Unabdingbare Voraussetzung für ein solches Notwendigkeitsurteil ist nämlich (schon aus formallogischen Gründen) ein inhaltserfülltes Verständnis vom Gemeinwohl. Da

---

46 Zu seinen Anforderungen s. i. e. u. S. 281 ff.
47 s. *Esser*, Schuldrecht I, § 45m. zahlr. Nachw.

aber das Gemeinwohl, wie oben im einzelnen dargelegt, nur eine sehr allgemeine Maxime für den Gesetzgeber, aber keinerlei konkrete Maßstäbe für den Rechtsfinder liefert, hängt das ganze Notwendigkeitsurteil in der Luft. Was sind schon „grundlegende, wichtige Bedürfnisse und Interessen des einzelnen, die dann die meisten auch haben" (*Bärwinkel* S. 112)? Wer wollte nicht (entgegen *Bärwinkel* S. 112) das existentielle Bedürfnis nach Liebe und Freundschaft dazu zählen? Eine Sozietät, in der keine Freundschafts- und Liebesbeziehungen zwischen den Mitgliedern bestünden, wäre eine triste Roboterheimat, deren Gemeinwohl sehr im argen liegen dürfte. Sicher spricht vieles dafür, aus einer Lieb- und Freundschaft keine Garantenstellung erwachsen zu lassen – *Bärwinkels* Gemeinwohlbegriff vermag dafür aber keine Erklärung zu bieten.[48]

Diese Beispiele zeigen vielmehr, daß die von *Bärwinkel* als Trennungslinie von Recht und Sozialethik apostrophierte „Notwendigkeit für das Gemeinwohl" dieser Aufgabe – von ihrer Unbestimmtheit ganz abgesehen – nicht genügen kann. Gewisse für das Wohl aller und damit auch für das Integrat „Gemeinwohl" erforderliche Bezirke entziehen sich per se rechtlicher Normierung, weil sie Gefühlsregungen und -entscheidungen voraussetzen, die kein Büttel erzwingen kann. Nicht die Unwichtigkeit von Liebe und Freundschaft, sondern ihre Unerzwingbarkeit begründet hier die Resignation des Rechts!

Der Maßstab der „Notwendigkeit einer Gruppe für das Gemeinwohl" ist also nicht nur zu vage, sondern auch zu einseitig, um zur Bestimmung der strafrechtlichen Garantieverhältnisse dienen zu können. Interessanterweise bleibt auch *Bärwinkel* seiner Methode später nicht treu. Er hält z. B. innerhalb einer Räuberbande Garantiepflichten für möglich (S. 117), obwohl man doch beim besten Willen nicht davon sprechen kann, die Existenz von Gangstergruppen sei für das Gemeinwohl notwendig![49]

---

48 Die soziale Notwendigkeit solcher Gruppen wird allerdings von *Bärwinkel* später (unter dem Begriff der „engen Lebensgemeinschaft") für den Fall bejaht, daß sie für einen der beiden Partner existentiell lebenswichtig seien (a. a. O., S. 182 f.). Indessen ist damit nur etwas über die Notwendigkeit der Gruppe für die Partner, nicht auch für die Allgemeinheit, gesagt. Für das Gemeinwohl lassen sich vielmehr zwei extreme Ansichten gleichberechtigt vertreten: a) Freundschaften sind schon per se notwendig für das Gemeinwohl einer „zufriedenen" Gesellschaft; b) auch existentielle Freundschaften brauchen deshalb nicht mit Rechtszwang ausgestattet zu werden, weil niemand in dem Maße auf sie angewiesen ist, daß er ohne sie nicht zu leben vermöchte. (Da sich diese beiden Behauptungen bei näherem Hinsehen gar nicht ausschließen, liegt die Vermutung nahe, daß das Verhältnis von Recht und Gemeinwohl von *Bärwinkel* nicht zutreffend gesehen wird, s. i. f.).

49 Auf S. 182 f. (a. a. O., vgl. Fn. 46) wird deutlich, worauf *Bärwinkels* Fehler hier beruht: Er prüft bei den engen Lebensbeziehungen nur ihre existentielle Wichtigkeit für einen der Partner, unterläßt es aber, an Hand von *Gemeinschaftswerten* die Notwendigkeit der *Gruppe* für das Gemeinwohl zu untersuchen, und wird damit seinen eigenen Prämissen untreu.

b) Auch *Bärwinkels* zweites Selektionsmerkmal, die *Gruppennotwendigkeit* einer *Rolle*, überzeugt nicht. Daß der Prügelknabe, das Nesthäkchen oder der Angeber keine Garantiepflichten haben (vgl. *Bärwinkel* S. 112), folgt nicht aus der bloßen „Gruppenmöglichkeit" ihrer Rolle,[50] sondern daraus, daß ihre Rollen keinerlei Rechtsgüterschutz zum Inhalt haben.[51] Wo das anders ist, braucht die Garantenstellung keinesfalls an der bloßen „Gruppenmöglichkeit" zu scheitern. Wenn etwa ein Siedlertreck in den Wilden Westen neben dem gruppennotwendigen Scout noch einen gruppenmöglichen Grislybären-Töter anheuerte, waren beide in gleichem Maße erfolgsabwendungsverpflichtet, wenn Komantschen einen Hinterhalt legten bzw. ein „Vater Ephraim" nachts in das Lager einbrach.[52] Die Unterscheidung von Gruppennotwendigkeit und -möglichkeit einer Rolle ist daher für die Abgrenzung der Garantieverhältnisse wenig fruchtbar und vermag dem Phänomen der (freiwilligen) Übernahme einer Garantiepflicht nicht gerecht zu werden.

VI. Kritik der „objektiven Bewertungsmerkmale"

Bärwinkels Rollenspezifikation hat demnach die Auffindung der Garantieverhältnisse nicht zu fördern vermocht. Von seiner Methode bleiben damit allein die „objektiven Bewertungsmerkmale" übrig, deren Brauchbarkeit nunmehr zu prüfen ist.

1. Diese Bewertungsmerkmale haben die Aufgabe zu erfüllen, aus dem rechtsgutsbezogenen Pflichtbündel einer für das Gemeinwohl notwendigen Rolle die für das Gemeinwohl notwendigen Pflichten zu ermitteln (a. a. O., S. 118). Sie sind – so *Bärwinkel* – von Gruppe zu Gruppe verschieden, ihre Aufzählung sei sinnlos, da sie nur aus der jeweiligen Gruppensituation zu begreifen seien (S. 119). Nur beispielhaft nennt *Bärwinkel* die Hochwertigkeit des Rechtsgutsobjekts (Eheleute sollen z. B. eine allgemeine sozialethische Pflicht zur gegenseitigen Vermögensfürsorge haben, die aber erst bei existentiell wichtigen Gütern für das Gemeinwohl notwendig werde), die Konkretheit der Gefahr (bei der Ingerenz), die Monopolstellung einer Sozialrolle (S. 119), die Gefahrerhöhung

---

50 Zu diesem Begriff s. o. S. 142.

51 Man könnte sogar daran zweifeln, ob hier überhaupt der im Rollenbegriff *Bärwinkels* vorausgesetzte Forderungscharakter vorliegt (ebenso *Bärwinkel* a. a. O., S. 130).

52 Man könnte zwar daran denken, den Grislybären-Töter als für diese konkrete Gruppe notwendig anzusehen. Dadurch würde aber der Notwendigkeitszum bloßen Nützlichkeitsbegriff denaturiert und außerdem eben auf die konkrete Gruppe abgestellt, während *Bärwinkel* – offenbar aus Rechtssicherheitsgründen – die Herausarbeitung von Rollen- und Gruppen*typen* erstrebt.

bei der Übernahme (S. 122) und den Doppelangriff auf zwei Rechtsgüter (S. 149: Bei einem Diebstahl von DM 5,– soll der Ehemann keine Erfolgsabwendungspflicht haben, bei einer leichten Nötigung auch nicht, wohl aber beim Raub von DM 5,– als einer Kombination von beiden).

2. Die sachliche Richtigkeit dieser Kriterien mag einstweilen auf sich beruhen. Wichtiger ist zunächst die Frage, auf welche Weise *Bärwinkel* sie gewinnt.

Daß die „Notwendigkeit für das Gemeinwohl" hierzu keinen brauchbaren Maßstab bietet, ist bereits bekannt. Davon abgesehen gibt *Bärwinkel* nur noch einen allgemeinen Hinweis: Für die Allgemeingültigkeit der objektiven Bewertungsmerkmale sei die Objektivation in einem Gesetz oder Urteil ein wichtiges *Indiz* (S. 132).

a) Schon die Gleichstellung von Gerichtsurteil und Gesetz schafft hier Verwirrung. Ein Richterspruch kann mindestens im Strafrecht keine präjudizielle Wirkung entfalten,[53] und es erscheint gefährlich, ihm über den entschiedenen Fall hinaus für weitere, ähnliche Fälle eine „Indizwirkung" zuzusprechen. Selbst eine ständige Rechtsprechung muß es sich gefallen lassen, bei jeder neuen Entscheidung in Frage gestellt zu werden. Die Annahme einer „Indizwirkung" beruht auf einer heute so häufigen Überschätzung der sozialen Wirkungen einer Gerichtsentscheidung.[54] Entweder gibt das Urteil den Inhalt der gelebten Sozialethik zutreffend wieder, dann muß sich das überprüfen lassen; oder es verfehlt den sozialethischen Hintergrund, und dann muß sich das ebenfalls nachweisen lassen. Als Beispiel mag nur die vielstrapazierte Kuppeleientscheidung des Großen Senats dienen,[55] die schon z.Z. ihres Erlasses zwar für die Ethik der deutschen Richterschaft, keinesfalls aber für die allgemeine Sozialethik als Indiz dienen konnte. Die Annahme einer Indizwirkung der Gerichtsentscheidungen würde außerdem zu einer bedenklichen Petrifizierung eines einmal erreichten Standards führen und ist daher abzulehnen.[56]

b) Auf der anderen Seite kann auch die Klassifikation der Rechtsnormen als Indiz für die Allgemeingültigkeit der Wertungsgrundlagen nicht überzeugen. Eine Rechtsnorm prästiert die Allgemeingültigkeit der zugrunde liegenden Wertung in einem Maße, das von der schwankenden und nach Bevölkerungsgruppen differierenden Sozialethik nie erreicht werden kann.

---

53 s. o. S. 83 f.

54 Die etwa in der häufig anzutreffenden Gleichsetzung von Gewohnheitsrecht und Gerichtsgebrauch zum Ausdruck kommt; dagegen überzeugend *Larenz* NJW 1951, 497 ff.

55 BGHSt. 6, 46 ff.

56 Entwas anderes gilt natürlich dann, wenn die Gerichtsentscheidung allgemeine Zustimmung fand und die Herausbildung eines neuen sozialethischen Verhatensmusters zur Folge hatte; aber für eine solche nicht allzu häufige Entwicklung kann niemals die Entscheidung selbst schon ein Indiz liefern.

Es geht bei der Ermittlung der Garantieverhältnisse auf der letzten Stufe der „objektiven Bewertungsmerkmale" aber auch gar nicht um die Allgemeingültigkeit, sondern um die *Strafrechtsrelevanz* der Wertungsgrundlagen; und darüber kann auch ihre Erfassung in einer strafrechtstranszendenten Norm nichts aussagen.[57]

3. *Bärwinkel* gibt daher zur Auffindung der objektiven Bewertungsmerkmale keinerlei brauchbare Richtlinien an die Hand. Da er letztlich nur darauf verweist, bei jeder einzelnen Garantenstellung die richtige Lösung aus der konkreten Problemlage zu finden, wird seine Methode den auf Grund des nulla-poena-Satzes zu stellenden Bestimmtheitsanforderungen nicht gerecht. Sie kommt damit über einen Apell an das *Rechtsgefühl* nicht hinaus, und wenn *Bärwinkel* in seinem „Besonderen Teil" (S. 134 ff.) z. T. zu billigenswerten Ergebnissen kommt, so beruht das weniger auf der Stringenz seiner Methode als auf der Güte seines Judizes. Daß ihm die erforderliche rationale Ableitung der objektiven Bewertungsmerkmale nicht gelungen ist, soll kurz an zwei markanten Beispielen gezeigt werden, die den Charakter des Meinungsmäßigen, der zufälligen Intuition nirgends verleugnen und einer rationalen Überprüfung nicht standhalten können.

a) Wieso *Bärwinkel* etwa dazu kommt, (nur und immer) bei existentiell wichtigen Vermögensgütern[58] eine Rechtspflicht der Ehegatten zum Schutz der Güter des anderen anzunehmen (S. 119), bleibt verborgen. Angesichts unserer auf dem Prinzip der Gütertrennung basierenden Eheverfassung[59] spricht vieles dafür, eine generelle Pflicht der Ehegatten zum Schutz der Güter des anderen überhaupt abzulehnen, im rechtlichen wie im sozialethischen Bereich (eine Ausnahme gilt natürlich für den gemeinsamen Hausrat etc.); denn darin könnte mit Recht eine unzulässige Einmischung in das selbständige Verwaltungsrecht des anderen gesehen werden. Wenn man aber gleichwohl mit *Bärwinkel* eine so weitgehende sozialethische Pflicht annimmt, bleibt unklar, woher man beim Übergang zur Rechtspflicht die Einschränkung auf existentiell wichtige Güter nimmt. Die Frage nach der Notwendigkeit für das Gemeinwohl ergibt nichts, denn diese Leerformel gestattet jedwede nicht völlig sinnlose Entscheidung,[60]

---

57 Zum wahren Verhältnis von Rechtsnorm und Strafrechtsrelevanz s. u. S. 239 ff.

58 Nebenbei bemerkt dürfte die „existentielle Wichtigkeit" nicht ganz leicht zu erfassen sein.

59 Die sog. Zugewinngemeinschaft ist ein System der Gütertrennung mit späterem Zugewinnausgleich, vgl. *Gernhuber*, Familienrecht, S. 321 ff.

60 Für die unbeschränkte Rechtspflicht zum Vermögensschutz kann z. B. geltend gemacht werden, daß die eheliche Lebensgemeinschaft nicht nur Schutz vor dem Ruin, sondern vor jeder Beeinträchtigung bieten müsse, und daß die Ehe wenig Wert hätte, wenn man sich auf den Partner nur in den fundamentalsten Fragen verlassen könnte – von Prinzipien wie „principiis obsta!" oder „Viele wenig machen ein Viel" ganz abgesehen.

würde aber jedenfalls eher für eine gänzliche Verneinung einer Garantiepflicht als für eine Beschränkung auf existentiell wichtige Fälle sprechen.[61] Ferner ist zu bedenken, daß im Strafrecht die Geringwertigkeit des verletzten Rechtsguts stets nur Anlaß zur Strafmilderung, nie aber zur gänzlichen Straflosigkeit ist.[62] Das objektive Bewertungsmerkmal der „Hochwertigkeit des verletzten Rechtsgutsobjekts" beruht daher auf einer nicht weiter ableitbaren, rechtsschöpferischen Dezision und kann nicht mehr als Produkt einer Rechtsfindung angesehen werden.[63]

b) Unerfindlich bleibt ferner auch *Bärwinkels* Ableitung des Bewertungsmerkmals „Angriff auf zwei Rechtsgüter zugleich" (S. 149). Es hätte an sich von seinen Prämissen aus näher gelegen, einen zwei Rechtsgüterverletzungen voraussetzenden Tatbestand (etwa § 249) nur dann als durch Unterlassen erfüllt anzusehen, wenn *beide* Rechtsgüter in existentiellen Objekten verletzt worden wären (etwa: Raub eines Brillantdiadems durch lebensgefährliche Gewalt). Daß die Summierung von zwei quantités négligeables (etwa: überraschendes Entreißen eines 5-Pfennigstücks) dagegen zu einem beachtlichen Saldo führen soll, ist nicht zwingend.[64]

4. Damit ergibt sich, daß auch *Bärwinkels* dritter Wertungssachverhalt, das objektive Bewertungsmerkmal, noch keine irgendwie konkretisierbare Problemlösung enthält. Ein über dem einzelnen Garantieverhältnis liegendes und zugleich die Rechtsfindung förderndes System liefert er daher nicht.

VII. Zusammenfassung

Wenn zum Abschluß noch einmal allgemein die Frage aufgeworfen wird, worauf die Unzulänglichkeit von *Bärwinkels* Methode im Grunde beruht, so lassen sich darauf drei (zueinander in einem Stufenverhältnis stehende) Antworten geben.

---

61 Die existentielle Bedeutung des Rechtsgutsobjektes kann nur die Notwendigkeit der Pflicht für den Partner, nicht aber auch für das Gemeinwohl begründen, denn für das Gemeinwohl ist ein einzelnes Vermögensobjekt wohl niemals bedeutsam.

62 Vgl. §§ 248a, 264a, 370 I Nr. 5; übrigens sind hier neben der Geringwertigkeit noch weitere Privilegierungsgründe erforderlich.

63 Übrigens ist es von *Bärwinkel* auch im Paradefall der Mutter, die ihr Kind verhungern läßt, a. a. O., auf S. 125 falsch angewendet worden: Da hier bereits das Rechtsgut „Leben" absolut ist, ist eine *besondere* Hochwertigkeit des konkreten Rechtsgutsobjekts nicht ersichtlich.

64 Diese kurze Analyse zeigt, daß der von *Bärwinkel* gegenüber *Rudolphi* erhobene Vorwurf, dessen Wertungen würden nicht vom Zufall des Aufgefundenwerdens befreit (a. a. O., S. 84), in potenziertem Maße auf ihn selbst zurückfällt. An dieser Stelle soll immerhin angemerkt werden, daß *Bärwinkel* überhaupt weit stärker in den Fußstapfen seiner Vorgänger wandelt, als er selbst zu erkennen gibt. Den Rollengedanken und die Notwendigkeit einer Garantiebe-

1. *Bärwinkel* glaubt, die Lösung des juristischen Gleichstellungsproblems mit Hilfe einer soziologischen, auf die Herausarbeitung sozialethischer Normen gerichteten Methode fördern zu können. Die Beziehungen des Rechts zur Sozialethik sind aber für den Rechtstheoretiker und den Rechtssetzer ungleich wichtiger als für den Rechtsfinder. Für jene liegt die Entwicklung des Rechts aus der Sozialethik und die „Rückkoppelung" der Sozialethik an das Recht noch offen und problemlos zu Tage: Für den Gesetzgeber, weil er durch die vielfältigen Impulse der Sozialethik in seinem Setzungsakt beeinflußt wird, von der Unbestimmtheit und Unklarheit dieses nicht positivierten Normengefüges aber nicht belastet wird, weil er bei seiner Rechtsschöpfung hinreichend autonom ist; für den Rechtstheoretiker, weil ihn nur die allgemeinen Verhältnisse interessieren und die Unmöglichkeit, die Relation von Recht und Sozialethik im Einzelfall exakt zu bestimmen, nicht bekümmert. Hingegen ist für den Rechtsfinder die Sozialethik durch den legislatorischen Setzungsakt „mediatisiert" und als Orientierungspunkt überhaupt nur dort noch legitim, wo die Unvollkommenheit und Unbestimmtheit der gesetzlichen Regelung den Rechtsfinder zum Rechtsschöpfer promovieren läßt. Im Strafrecht ist dieser schöpferische Bezirk der Rechtsfindung wegen des nulla-poena-Satzes besonders eng und der zur Orientierung erfolgende Rückgriff auf die Sozialethik, soweit er über bloße Randkorrekturen hinausgeht, besonders problematisch. Sind die dagegen gerichteten Bedenken bei § 240 gerade noch und bei § 226a kaum überwindlich,[65] so sind sie bei den unechten Unterlassungsdelikten nicht mehr zu beschwichtigen. Bei den §§ 226a, 240 liegt immerhin eine dem Täter zurechenbare Rechtsgutsverletzung vor, und es geht nur um die Frage der Rechtfertigung, für die der nulla-poena-Satz nicht in demselben Maße gilt.[66] Bei der Gleichstellungsproblematik geht es dagegen um die Frage der Zurechnung überhaupt, d. h. um die Aufstellung des Indiztatbestandes. Wenn der nulla-poena-Satz noch irgendeinen Sinn behalten soll, muß es aber als ausgeschlossen erachtet werden, selbst den Indiztatbestand allein auf den unsicheren und schwankenden Boden der Sozialethik zu gründen.[67]

---

ziehung für das Gemeinwohl findet man bereits bei *Rudolphi* (Gleichstellungsproblematik S. 23 f., 99), und viele der methodischen Gruppierungen *Bärwinkels* sind schon von *Androulakis* vorgezeichnet worden (s. u. S. 165 ff.).

65 Vgl. die Nachweise in Fn. 44.

66 Anders freilich *Kratzsch*, Grenzen der Strafbarkeit im Notwehrrecht, S. 30 f., der aber nicht genügend berücksichtigt, daß die Rechtfertigungsgründe von vornherein nicht genuin strafrechtlich sind und deswegen die „gelockerte" Positivität der anderen Rechtsgebiete teilen; diese „Natur der Sache" überspielt Kratzsch durch ein nicht verifizierbares Vorverständnis des nulla-poena-Satzes. Vgl. auch neuerdings *Roxin*, Kriminalpolitik und Strafrechtssystem, S. 31.

67 Zu den Anforderungen des nulla-poena-Satzes s. i. e. u. S. 281 ff.

2. Entscheidender Prüfstein von *Bärwinkels* Methode muß daher sein Versuch sein, die sozialethischen Maßstäbe rechtlich zu verfestigen. Dieser Versuch scheitert, weil das von Bärwinkel in immer neuen Variationen bemühte Kriterium der „Notwendigkeit für das Gemeinwohl" keine konkretisierbare Richtlinie abzugeben vermag.

a) Daß die „Notwendigkeit für das Gemeinwohl" nicht justiziabel ist, ist oben bereits zur Genüge dargelegt worden. Hier interessiert zunächst noch der Hinweis, daß *sämtliche* Wertungsstufen *Bärwinkels* auf diesen Leerbegriff zurückgeführt werden können und daher nur scheinbar eine inhaltliche Ausfüllung bieten. Mit seiner ersten Wertungsstufe, dem Rechtsgut, erfaßt er die für das Gemeinwohl notwendigen Güter (S. 99). Seine zweite Wertungsstufe, die soziale Rolle, beruht auf Grund der Gemeinwohlnotwendigkeit der Bezugsgruppen und der Gruppennotwendigkeit der Rolle ebenfalls auf diesem obersten Rechtsblankett (S. 112). Die dritte Wertungsstufe schließlich, das objektive Bewertungsmerkmal, soll zur Ermittlung der Notwendigkeit der spezialisierten sozialethischen Pflicht für das Gemeinwohl dienen (S. 118) – auch hier wieder dieselbe Leerformel. Sämtliche Bewertungsstufen weisen daher dieselbe inhaltslose Allgemeinheit auf.

b) *Bärwinkels* Versuch, das Recht allein auf die soziale Notwendigkeit zu gründen, ist letztlich der Versuch eines modernen Naturrechts auf einem Teilgebiet des Strafrechts. Es würde in seiner Konsequenz liegen, auch die positiv geregelten Rechtsmaterien unter den Vorbehalt der „Gemeinwohlnotwendigkeit" zu stellen und so ein allgemeines Naturrecht „mit wechselndem Inhalt"[68] zu schaffen. Ein solcher Versuch ist aber, wie es der heute ganz h. M. entspricht[69] und hier nicht näher ausgeführt zu werden braucht, von vornherein zum Scheitern verurteilt: Seine Durchführung bedeutet keine noch im Rahmen der Gesetze bleibende Rechtsschöpfung, sondern nur von dem eigenen Wertempfinden geleitete *Rechtssetzung* und ist daher in unserem in der Tradition der Gewaltenteilungslehre konventionell verfaßten Gemeinwesen (vgl. Art. 20 III GG) nicht gestattet.[70]

c) Speziell im Strafrecht lassen sich für die Unzulänglichkeit von *Bärwinkels* Methode weitere Gründe finden. Ist nämlich schon das Notwendigkeitsurteil zu vage, um Sozialethik und Recht im Einzelfall voneinander abgrenzen zu können, so ist es erst recht ausgeschlossen, aus den Erfordernissen des Gemeinwohls die

68 Dieser Begriff wurde von *Stammler*, Wirtschaft und Recht, S. 181, geprägt.

69 Vgl. die Nachweise in Fn. 8.

70 Auch wenn heute das Richterverständnis *Montesquieus* (im „Geist der Gesetze", 11. Buch, 6. Kapitel, S. 225, vgl. auch S. 217, 220) überwunden ist, ist der Richter bei uns – jedenfalls auf dem Gebiet des Strafrechts (Art. 103 II GG!) – doch noch nicht zu gänzlich autonomer Rechtssetzung befugt; vgl. i.e.u. S. 255 ff.

Unterscheidung zwischen Rechtsgebot und Strafbewehrung im konkreten Fall abzuleiten. Die allgemeinen Ansichten über den materiellen Verbrechensbegriff[71] helfen, wie sogleich zu zeigen ist, jedenfalls bei den unechten Unterlassungsdelikten nicht weiter. Auch *Bärwinkels* Unterscheidung zwischen der Notwendigkeit einer Pflicht im Sinne eines besonderen *Angewiesenseins* der Gemeinschaft (dadurch soll die Rechtsnormqualität begründet werden) und der Notwendigkeit im Sinne einer besonderen *Dringlichkeit* (daraus soll die Strafbewehrung folgen, S. 95) hilft hier nicht weiter. Denn ob die Gemeinschaft auf etwas (nur) angewiesen ist oder ob dies besonders dringlich ist – wie will man das im Einzelfall ohne autonome Wertungen entscheiden? (Tatsächlich ist bei *Bärwinkel* im folgenden auch von dieser Unterscheidung nichts mehr zu merken, der Sache nach prüft er immer nur die Notwendigkeit, wenn er sie auch bei den objektiven Bewertungsmerkmalen im Sinne einer besonderen Dringlichkeit interpretiert). Und die *Sozialschädlichkeit* als das Verbrechensspezifikum der h. M.[72] dient heute als Forderung an den Gesetzgeber, antiquierte Tatbestände, die auf Grund der gewandelten Gesellschaftsstruktur nicht mehr als sozialschädlich erscheinen, für die Zukunft abzuschaffen; die komplizierte Gleichstellungsproblematik kann damit de lege lata nicht gelöst werden. Daß der materielle Verbrechensbegriff dazu niemals in der Lage sein wird, folgt außer aus seiner Unbestimmtheit auch mit logischer Notwendigkeit aus der Existenz des § 330c: Da bereits die Unterlassung eines Nicht-Garanten strafwürdig ist,[73] geht es in den meisten Fällen bei dem Gleichstellungsproblem (und das ist ein weiterer, grundsätzlicher Fehler von *Bärwinkels* Methode!) *nicht* um das *Ob*, sondern um das *Wie* der Strafbarkeit! Da auch die Hilfe des unbeteiligten Samariters, wie die Existenz des § 330c zeigt, dringend notwendig im Sinne *Bärwinkels* ist, ergibt sich für die Unterlassung des Garanten unter diesem allgemeinen Gesichtspunkt nichts besonderes. Da das Strafrecht auch echte Unterlassungsdelikte umfaßt, ist *Bärwinkels* Versuch, die unechten Unterlassungsdelikte aus dem Wesen des Strafrechts zu entwickeln, bereits aus logischen Gründen zum Scheitern verurteilt![74] Da er aber für das Maß der Strafe (§ 330c oder etwa § 212) keine Kriterien zur Hand hat, ergibt sein Ansatz für das Gleichstellungsproblem

---

71 Vgl. dazu *Jescheck*, Lehrbuch, S. 30 f. mit Nachweisen; *Arndt*, 47. Deutscher Juristentag, Verhandlungen Band II, J 10; *Zipf*, MDR 1969, 889 ff.

72 Vgl. *Hanack*, Verhandlungen des 47. DJT, Band I, S. 28 ff.; *Arndt* a. a. O.

73 Jedenfalls in den praktisch wichtigsten Fällen der Leibes- odere Lebensgefahr, die § 330c erfaßt.

74 *Bärwinkel* könnte seine Methode daher nur dann retten, wenn er den § 330c für nicht notwendig erklären würde. Da aber in diesem Fall auf Grund des Verhältnismäßigkeitsgrundsatzes die Verfassungswidrigkeit des § 330c angenommen werden müßte, hierfür aber in Wahrheit nichts ersichtlich ist, braucht diese Rettungsmöglichkeit nicht weiter untersucht zu werden.

nicht den mindesten Fingerzeig. Abgesehen von ihrer Unbestimmtheit leistet seine Methode daher auch deswegen für die Lösung der Gleichstellungsproblematik nichts, weil sie keine spezifische Beziehung zu ihrem Substrat aufweist; Reflexionen über das Wesen des Unrechts oder das Wesen der Straftat helfen hier nicht weiter.

3. Erfolgreicher als *Bärwinkels* Versuche einer Gemeinwohlkonkretisierung könnte allenfalls seine Verknüpfung von Unterlassungsstrafbarkeit und sozialer Rollenpflicht sein, denn diese schon von *Vogt*[75] und *Rudolphi*[76] hergestellte Verbindungslinie ist neuerdings auch von *Roxin*[77] vorsichtig ausgebaut worden. Gleichwohl ist nicht anzunehmen, daß der von Bärwinkel nicht geführte Beweis für den Ableitungszusammenhang von sozialer Rolle und unechter Unterlassung in Zukunft gelingen und damit zugleich eine praktikable Methode zur Lösung der Gleichstellungsproblematik ermittelt wird.

Denn selbst wenn man auf diese Weise einen konkretisierungsfähigen Allgemeinbegriff für die unechte Unterlassung finden sollte, könnte man doch niemals beweisen, daß man damit auch den Strafbarkeitsgrund des unechten Unterlassungsdelikts gefunden hätte. Man hätte dann nämlich nur gefunden, daß sich das Begehungsdelikt durch das Merkmal a (h. M.: mechanische Kausalität oder finale Aktivität) auszeichnet und für die unechte Unterlassung das Merkmal b (soziale Rollenpflicht) in Frage kommt. Da das StGB aber über die dem Merkmal b zugehörige Rechtsfolge schweigt, hat man keine Handhabe für den erforderlichen Nachweis, daß gerade b und nicht etwa das ebenfalls in Frage kommende Merkmal c (sei es nun ein Abhängigkeits- oder Näheverhältnis, eine formelle Rechtspflicht oder was auch immer) die Strafbarkeit des unechten Unterlassungsdelikts auslöst.[78] Alle Theorien darüber müssen bloße subjektive Meinungen über die unter rechtspolitischen Gesichtspunkten (d. h. de lege ferenda) beste Lösung bleiben, weil ihre Gültigkeit de lege lata immer nur mit der Behauptung begründet werden könnte, daß dies die vernünftigste Regelung sei, und weil gerade eine solche Hervorzauberung der Strafbarkeit aus der kriminalpolitischen Zweckmäßigkeit durch den nulla-poena-Satz verboten wird.[79] Da die unechte Unterlassung, sofern sie durch das Merkmal der sozialen Rollen-

---

75 s. u. § 11.

76 s. u. § 12.

77 Kriminalpolitik und Strafrechtssystem S. 18 ff.

78 Insoweit unterscheiden sich die unechten Unterlassungsdelikte von den *„Pflichtdelikten"*, wie sie *Roxin* in Täterschaft, S. 352 ff., im einzelnen analysiert: Während z. B. bei § 266 die Relevanz der Sonderpflicht unmittelbar aus der Tatbestandsfassung folgt und daher leicht zu beweisen ist, bietet das Gesetz bei den unechten Unterlassungsdelikten keine vergleichbare Stütze, so daß hier zusätzliche Beweismittel vonnöten sind.

79 Vgl. *Jescheck*, AT, S. 95 f.

pflicht gekennzeichnet ist, mit der Begehung, als deren Spezifikum in der Literatur teils die mechanische Kausalität, teils die finale Initiative angesehen wird, in keinem materiellvorstrafrechtlichen genus proximum zusammentrifft,[80] wäre die aus dem Rollengedanken zu entwickelnde Lösung der Gleichstellungsproblematik überhaupt nicht mehr eine Rechtsfindung aus der Natur der Sache, wie wir sie oben charakterisiert haben.[81] Denn man würde auf diese Weise nicht bloß die unter einem *vorgegebenen* leitenden Wertgesichtspunkt für die Rechtsfolge relevanten Sachstrukturen aufdecken, sondern zusätzlich den maßgeblichen Beziehungswert (die sozialethische Rollenpflicht als vollkommen eigenständigen Strafbarkeitsgrund) durch ein autonomes (d. h. von keiner konkreten Wertentscheidung des StGB geprägtes) Verfahren postulieren, und daß dieser grundlegende Beziehungswert aus der Natur der Sache gerade nicht entnommen werden kann, ist schon in unseren methodologischen Vorüberlegungen[82] festgestellt worden.

Die Postulierung des Rollenbegriffs als Grundaxiom der unechten Unterlassung würde daher keine dem Richter nach dem modernen Methodenwissen ohne weiteres gestattete *heteronome* und trotz aller schöpferischen Bestandteile rational nachprüfbare Rechts*findung* sein, sondern *autonome*, nur dem eigenen Werterleben verantwortliche Rechts*setzung*, keine durch *Entnormativierung* erfolgende *Wertkonkretisierung*, sondern eine auf das Gesetz nicht mehr rückführbare *Wertsetzung*! Diese autonome Rechtssetzung mag dem Richter etwa im Bürgerlichen Recht auf Grund legislatorischer Blankoverzichte wie § 242 BGB gestattet sein, im Strafrecht steht dem aber, wie noch im einzelnen zu zeigen sein wird,[83] das *Bestimmbarkeitsgebot* des Art. 103 II GG entgegen, das keine Blankoverzichtserklärungen des Gesetzgebers gestattet.

Zusammenfassend kann daher gesagt werden, daß die „Rollentheorie" keine Lösung der Gleichstellungsproblematik bieten kann, weil bei ihrer Übernahme die Bestrafung der unechten Unterlassungsdelikte überhaupt wegen Verstoßes gegen Art. 103 II GG als verfassungswidrig anzusehen wäre.

---

80 Etwas anderes würde lediglich für die Pflichtdelikte im Sinne Roxins gelten, die ja auch durch die Verletzung einer metastrafrechtlichen Sonderpflicht gekennzeichnet sind. Aber einmal geht es hier in erster Linie um die der Unterlassungsdogmatik ungleich größere Schwierigkeiten bereitenden „Herrschaftsdelikte" (im Sinne *Roxins*, Täterschaft, S. 354 f.), und zum andern braucht bei den Pflichtdelikten die nebulose „soziale Rollenpflicht" überhaupt nicht bemüht zu werden, weil sich die Strafbarkeit des Unterlassens bereits zwanglos aus der im jeweiligen Tatbestand beschriebenen Rechtspflicht ergibt, vgl. *Roxin*, Täterschaft, S. 460, und unten S. 411.

81 s. o. § 2 VIII.

82 s. o. S. 46 ff.

83 s. u. S. 281 ff.

§ 10 Die phänomenologische Methode von *Androulakis*

I. Darstellung

Während *Welp* und *E. A. Wolff* in ihrer ontologischen Analyse zu der *Abhängigkeit* als dem entscheidenden Gesichtspunkt zur Lösung des Gleichstellungsproblems gekommen sind, hat *Androulakis* eine entsprechende Aufgabe dem Begriff der *sozialen Nähe* im Sinne eines „schon vorher Da-neben-seins" des Unterlassers zuerkannt (Studien S. 205). Allerdings hat dieser Begriff bei Androulakis im Vergleich zur „Abhängigkeit" bei *Wolff* und *Welp* deswegen nur eine eingeschränkte Funktion, weil *Androulakis* damit nur die (ontologische) Frage entscheiden will, ob überhaupt eine unechte Unterlassung vorliege; die axiologische Frage, ob darin ein (strafbares) unechtes Unterlassungsdelikt zu sehen sei, müsse davon scharf getrennt werden (S. 219). Die Gleichstellungsmethode von *Androulakis* zerfällt also in einen ontologischen und einen axiologischen Teil und vermeidet auf diese Weise eine einseitige Festlegung. Immerhin ist die ontologische Betrachtung doch auch bei *Androulakis* in dem Sinne primär bzw. präjudiziell, daß er für die normative Entscheidung nur dort einen Platz läßt, wo die Analyse der ontischen Gegebenheiten gezeigt hat, daß überhaupt eine unechte Unterlassung vorliegt; auf dieser Frage liegt daher bei *Androulakis* eindeutig der Schwerpunkt.[1]

1. Ausgangspunkt für *Androulakis*' Suche nach dem Wesen der unechten Unterlassung ist die Frage, ob bzw. wann die Unterlassung mit einer möglichen, wählbaren, sinnvollen Handlung *ontologisch* vergleichbar sei. Das Subjekt müsse die Unterlassung anstelle einer vergleichbaren Handlung *gewählt* haben, als Wahl zwischen zwei Durchführungsarten des Bösen (S. 158). So sei etwa das Unterlassen der Mutter, ihren Säugling zu nähren, mit dem Erwürgen des Kindes vergleichbar (also unechte Unterlassung), nicht aber die nicht rechtzeitige Reinigung von Schornsteinen (§ 368 Nr. 4) mit dem Verstopfen derselben, weil diese Handlungen *sinnlos*, objektiv *unverstehbar* seien (S. 159).

Gemeinsames Charakteristikum aller einer Handlung ontologisch vergleichbaren Unterlassungen sei die soziale *Nähe* des Unterlassers zum Gefahrenherd oder zum Träger des geschützten Rechtsguts. Dieses „schon vorher Da-nebensein" setze den Unterlasser überhaupt erst in den Stand, dasselbe Resultat wahlweise durch eine Handlung oder durch eine Unterlassung zu erreichen; er hafte bereits für die *Entstehung* der Gefahr, der nach § 330c verpflichtete „Entfernte" komme dagegen erst durch den *Eintritt* der Gefahr aus dem Modus der Gleichgültigkeit heraus (S. 160).

---

1 Er sagt selbst: „Das Wichtigste ist die Unechtheit der Unterlassung" (Studien S. 158).

Dieses „schon vorher Danebensein“ wird von *Androulakis* nach verschiedenen Richtungen konkretisiert.

a) Man müsse *für* jemanden oder *für* etwas da sein im Sinne einer personifizierbaren „Einanderzugehörigkeit“ (der Vater und sein Kind, der Arzt und sein Patient, der Bürger und der für seine Sicherheit zuständige Polizist; S. 206). Im Anschluß an *Vogt*[2] spricht Androulakis hier von einer *engeren sozialen Ordnung*, die – nicht als sozialethische, sondern als sozialfaktische Ordnung – den einzelnen zu rollengemäßem Handeln verpflichte (S. 208).

b) Man müsse *daneben* sein, d. h. neben der Gefahr stehen (S. 208). Wie an seinen Beispielen (der Vater sei zwar für sein minderjähriges Kind immer daneben, nicht aber im Hinblick auf die wirtschaftlichen Belange des Vetters, Nachbarn, Untergegebenen etc.) zu erkennen ist, meint *Androulakis* hiermit die Begrenzung des „Nähebereiches“ auf spezifische Rechtsgüter, d. h. es handelt sich um eine Anwendung der Schutzzwecklehre auf die soziale Ordnung.

2. a) Von dieser Grundlage aus gibt *Androulakis* sodann eine phänomenologische Beschreibung der verschiedenen Arten des unechten Unterlassens. Dabei unterscheidet er die Fälle der Nähe zum *Verletzten* (S. 210), zum *Verletzer* (S. 211 f.) und zur *gefährlichen Sache* (S. 212 f.), welche drei Hauptgruppen er in weitere Untergruppen gliedert (z. B. nach der *totalen* Nähebeziehung – Eltern/Kind – und der *begrenzten* – Geschäftsververhältnisse –).

b) Auch die *Ingerenzsituation* sieht *Androulakis* als eine Nähebeziehung an, da „der andere als Gefährdeter“ den Gefährdenden mehr angehe „als er irgendwelchen anderen Menschen“ angehe; „der vor der Gefährdung Zufällige“ werde „durch sie als innigst Verbundener dem Gefährdenden anvertraut“ (S. 214).

Das geforderte „schon vorher Danebensein“ liegt nach *Androulakis* auch in diesen Fällen vor, denn das „vorher“ bedeute nur, daß die Beziehung vor der Unterlassung begründet sein müsse, nicht auch, daß sie schon vor der Gefahrentstehung vorhanden sei.

3. Nach dieser ontologischen Untersuchung über das Wesen der unechten Unterlassung wendet sich *Androulakis* der axiologischen Frage nach ihrer Strafwürdigkeit und *Strafbarkeit* zu. Hierfür sei, so meint er, „das jeweils vorherrschende weltanschauliche, politische, im allgemeinen soziale Klima“ maßgeblich (S. 220). Deswegen sei etwa das Imstichlassen des Unfallopfers durch den Unfallverursacher früher eine Bagatelle gewesen, heute aber zur Hochkriminalität zu rechnen. Von diesem sozialen Klima hänge auch die jeweilige Wichtigkeit der zur Problemlösung allgemein verfügbaren materialen Topoi ab, d. h. der *objektiven Bewertungsmomente*, die über die Strafwürdigkeit und Strafbarkeit

2 Zu ihm s. u. § 11.

der konkreten unechten Unterlassung entschieden. Als Beispiele nennt *Androulakis* den Grad der Blutsverwandtschaft, den Herrschaftsbereich oder die Monopolstellung des Garanten und den Konkretisierungsgrad der durch die Vorhandlung herbeigeführten Gefahr (S. 221) – wobei zu beachten ist, daß es sich hierbei nach *Androulakis* um keine Voraussetzungen der Garantenstellungen, sondern um Kriterien zur Auswahl unter den Garantenstellungen im Hinblick auf die Frage der Strafbarkeit handelt.

Androulakis ist der Auffassung, die Lösung dieser Frage nach dem „Wann" der Strafbarkeit sei so vielgestaltig und differenziert wie die Situationen, in denen sich diese Frage stellen könne. Trotzdem hofft er, durch seine anschließende Erörterung der legislatorischen Probleme auch zu der sich hic et nunc stellenden Gleichstellungsfrage etwas beitragen zu können (S. 222). In diesem Zusammenhang gibt er folgende Hinweise:

a) Bei der *Ingerenzhaftung* bedürfe es keiner Einschränkung nach der Wertqualität des vorangegangenen Tuns, wohl aber einer Einschränkung auf die Fälle einer konkreten (und nicht bloß typischen) Gefahr (S. 234).

b) Bei der unechten Unterlassung wegen einer *Nähe zum verletzten Rechtsgut* müßten zunächst sämtliche in Frage kommenden Garantenstellungen ermittelt und nach dem Grad ihrer Nähe abgestuft werden und sodann mit der sozialen Werthaftigkeit des jeweiligen Rechtsguts in Zusammenhang gebracht werden (S. 234). Zu diesem Zweck könnten zunächst alle Rechtsgüter herausgearbeitet werden, bei denen *keiner* (etwa bei der Ehre) oder *alle* (etwa bei der persönlichen Freiheit) in der Nähe stünden. Als Beispiele für die übrigen Rechtsgüter, die „eine gewissermaßen klar umgrenzte Sphäre des Nahseins" aufwiesen, nennt er das werdende Leben (Nahestehende: Eltern und Pfleger nach § 1912 BGB) und das Vermögen (Nahestehende: Vertrags- und Geschäftspartner – §§ 246, 263; Verwalter – § 266; Wächter – §§ 242, 49; Eltern und alle anderen „total" in der Nähe Stehenden; S. 235). Bei der *Graduierung* der Nähe sei zu berücksichtigen, daß der „total" Nahestehende zwar bei den Delikten gegen Leib und Leben, nicht aber in allen Fällen auch der Nächste sei. In vielen Fällen, vor allem bei den Vermögensdelikten, komme es mehr auf das *begrenzte*[3] Danebensein an; maßgebliche Faktoren seien hier die *Monopolstellung* (die bei einer Freiheitsberaubung durch Unterlassen schon ganz allein die Strafbarkeit begründen könne) und die Befindlichkeit im *Herrschaftsbereich* des Unterlassers (S. 235).

---

3 *Androulakis* sagt hier „konkrete"; von den auch schon vorher von ihm synonym gebrauchten Ausdrücken „konkret" und „(räumlich) begrenzt" ist hier aber nur der letztere wiedergegeben worden.

c) Bei der unechten Unerlassung wegen einer *Nähe zum Verletzer* seien ebenfalls der Grad der Nähe und der Wert des Rechtsguts von Bedeutung (S. 236 f.).

II. Kritik des Nähebegriffs

Die Untersuchungen von *Androulakis* haben die meisten Arbeiten der letzten Jahre – auch wenn er als Gewährsmann nicht überall ausdrücklich erwähnt wurde – nachhaltig beeinflußt. So ist etwa *Bärwinkels* Stufenmethode von sozialer Rolle und objektiven Bewertungsmerkmalen bei *Androulakis*, der die soziale Rolle als Merkmal der unechten Unterlassung genannt hat und die Strafbarkeitsfrage nach objektiven Bewertungsmomenten entscheiden wollte, bereits deutlich vorgezeichnet. Auch *Wolffs* Zweiteilung von Abhängigkeit und Rechtspflicht kann eine gewisse Verwandschaft zu *Androulakis*' Stufung „soziale Nähe – objektive Strafbarkeitskriterien“ nicht leugnen, und selbst *Welps* zur Ingerenz entwickelte „Abhängigkeit“ hat *Androulakis*' „Nähe“ zur Grundlage. Unter diesen Umständen verdient es besondere Beachtung, daß *Androulakis*, dem man einen übertriebenen Normativismus wahrlich nicht nachsagen kann, die phänomenologisch-ontologische Methode zur Lösung des Gleichstellungsproblems nicht als ausreichend erachtet, sondern ihre Ergänzung durch eine axiologische Methode für notwendig hält, und zwar in einer Form, die in den letzten Jahren von *Bärwinkel* wieder aufgegriffen wurde. Bei *Bärwinkel* haben wir festgestellt, daß weder sein ontologischer noch sein axiologischer Methodenstrang irgendwelche konkreten Ergebnisse zuläßt; nunmehr ist zu prüfen, ob sein Vorgänger *Androulakis* genauere Maßstäbe an die Hand gegeben hat.

1. Zunächst fragt es sich, inwieweit seine ontologische Methode fruchtbringend ist. Daß sein Grundgedanke, die Garantenstellung sei immer durch eine besondere „Nähebeziehung“ entweder zum bedrohten Rechtsgut oder zur bedrohenden Gefahrenquelle gekennzeichnet, einen beachtlichen Ausgangspunkt darstellt, wird bereits durch eine oberflächliche Durchsicht der bisher anerkannten Erfolgsabwendungspflichten bestätigt. Indessen bedeutet das noch nicht, daß hiermit bereits eine praktikable Methode gefunden wäre. Der Begriff der „Nähe“ stellt ein mindestens ebenso aussageschwaches Blankett dar wie etwa *Bärwinkels* „Rolle“. Unter diesem Blickwinkel könnte jeder, der mit dem konkreten Geschehen irgendetwas zu tun hat – sei es auch etwas völlig Belangloses –, als Garant angesprochen werden, denn er ist ja „näher“ daran als der völlig unbeteiligte Bürger. Die Argumentation aus der Nähebeziehung muß infolgedessen dazu führen, daß man jeden als Garanten ansieht, der bei der phänomenologischen Betrachtung überhaupt ins Blickfeld gerät, ohne zu fragen, *warum* er ins Blickfeld gerät. Daß man auf diese Weise das Spezifikum der

Garantenstellung nicht erfassen kann, bedarf keines weiteren Nachweises. Immerhin würde der Nähebegriff doch noch eine – wenn auch äußerst ärmliche – Funktion erfüllen, wenn er wenigstens dazu taugte, die für eine Garantenstellung schlechterdings nicht in Frage kommenden Bürger auszuscheiden. Wie *Androulakis*' eigene Darlegungen zeigen, ist er jedoch auch dazu nicht in der Lage. *Androulakis* meint nämlich, alle Menschen stünden in der Nähe der persönlichen Freiheit jedes einzelnen Mitmenschen, denn diese beruhe auf der Seinsart des Individuums als (zusammen mit allen anderen) Mitsein (S. 235). Wieso das daraus folgen soll, ist jedoch nicht recht zu begreifen, und das Beispiel zeigt daher, wie wenig Widerstand der „Nähegedanke" solchen absonderlichen Konsequenzen (daß sämtliche Menschen Garanten für die Freiheit sämtlicher Mitmenschen seien) entgegenzusetzen vermag.[4]

Androulakis' entgegengesetztes Beispiel von der „Nähe zur Ehre" kann das nur bestätigen. Er meint nämlich, daß, insoweit die Ehre als die eigene Würde des Subjekts aufzufassen sei, niemand außer ihrem Träger in ihrer Nähe sei (S. 235). Indessen beruht dies auf einer Verkennung des Rechtsguts der §§ 185 ff. Die Ehre als Würde kann tatsächlich nur von ihrem eigenen Träger verletzt („beschmutzt") werden, gerade deswegen wird aber durch die §§ 185 ff. der den anderen gegenüber bestehende *soziale Achtungsanspruch* geschützt.[5] Und dieser Achtungsanspruch richtet sich gegen alle, so daß man bei der Beleidigung mit dem gleichen Recht wie bei der Freiheitsberaubung davon sprechen könnte, alle Mitmenschen stünden „in der Nähe". Daran wird deutlich, daß die unspezifizierte Nähe nicht einmal eine regulative Funktion erfüllen kann;[6] sie ist zur Lösung oder Förderung des Gleichstellungsproblems methodisch unbrauchbar.

2. Das Nähekriterium könnte allerdings durch seine konkreteren Ausformungen praktikabel werden.

a) Diesen Zweck könnte zunächst die von *Androulakis* im Sinne einer „personifizierbaren Einanderzugehörigkeit" verstandene „Für-Beziehung" (S. 206) erfüllen. Die von ihm zur Illustration gebrachten Beispiele „Vater und sein Kind, Arzt und sein Patient, Bürger und sein Polizist" lassen aber erkennen, daß hiermit keine konkretere Bedeutung als mit der Nähe überhaupt verbunden ist. Auf den unsicheren und unwägbaren Sprachgebrauch („sein" Kind, „sein" Patient, „sein" Polizist etc.) kann man die Garantenstellung ebenfalls nicht stützen, ohne subjektiven Sprachgepflogenheiten und Zufälligkeiten Tür und Tor zu öffnen.

---

4 Was in dieser Hinsicht der Hinweis von *Androulakis* bedeutet (a. a. O., Fn. 286), die persönliche Freiheit des hilflos an einer Bergwand Hängenden werde erst durch die Nichterhörung seiner Hilferufe gefährdet, ist ebenfalls nicht recht verständlich.

5 *Schönke-Schröder*, Rdnr. 1 vor § 185, m. weit. Nachw.

6 Zu Begriff und Bedeutung der regulativen Prinzipien s. hier nur *Henkel*, Rechtsphilosophie, S. 357 ff.; Mezger – Festschr. S. 249 ff.; Recht und Individualität, S. 35.

Soweit *Androulakis* schließlich in diesem Zusammenhang zur „engeren sozialen Ordnung“ und zur „Rolle“ gelangt, sind die entscheidenden methodischen Einwände bei der Behandlung seines Vorgängers *Vogt*[7] und seines Nachfolgers *Bärwinkel*[8] zu finden.

b) Die von *Androulakis* ferner geforderte „Neben-Beziehung“ (die Nähebeziehung muß nicht nur den Rechtsgutsträger, sondern auch das gefährdete konkrete Rechtsgut umfassen) ist zwar beachtlich, aber, wie bereits bemerkt, nur eine „säkularisierte“ (will sagen: vom normativen in den faktischen Bereich übertragene) Schutzzwecklehre; sie taugt daher zwar zur Begrenzung, nicht aber zur Begründung einer Garantiestellung.

c) Ohne die erforderliche Grundlegung hängt *Androulakis*’ Beschreibung der verschiedenen Garantentypen gewissermaßen in der Luft, denn sie setzt ähnlich wie die Schutzzwecklehre die Kenntnis vom essentiale der Garantenstellungen voraus – jedenfalls wenn man sie wie *Androulakis* rein phänomenologisch vornimmt. Seine Distinktionen (Nähe zum Verletzten, zum verletzten Rechtsgut, zum Verletzer, zur Gefahrenquelle) erfassen den gesamten Bereich denkbarer Nähebeziehungen und können daher ebenso wenig wie der Nähebegriff das entscheidende Kriterium einer Garantenstellung erfassen. Deswegen sind sie, auch wenn der Nähebegriff durch sie gewisse Konturen erhält (was keineswegs verkannt werden soll), zur Begründung einer Garantenlehre doch nicht in der Lage. Daß die von *Androulakis* gelieferte Typologie im Grunde nicht abschließend-systematisch, sondern weitgehend beliebig ist, zeigen seine Ausführungen zur Ingerenz. Obwohl von einer sozialen Nähe hier an sich nicht gesprochen werden kann (vgl. auch seinen Widerspruch auf S. 215, wo er eine antezedente Nähebeziehung nicht für erforderlich hält, zu S. 160, wo er dies gerade fordert), hat er keine Bedenken, diese Fälle seinem Näheansatz mit der Begründung zu integrieren, daß der vor der Gefährdung Zufällige durch sie als innigst Verbundener dem Gefährdenden anvertraut werde (S. 214). Indem *Androulakis* hier auf die dem Näheansatz als Selektionskriterium allein sinngebende *antezedente Beziehung* verzichtet (S. 215), macht er einmal mehr den Blankettcharakter seiner Methode deutlich. Die Ingerenz paßt, da sie in ihrer „Zufälligkeit“ keinen echten, über die Frage der Garantenstellung hinausgehenden Sozialkontakt begründet, in das „sozialfaktische“ Modell an sich nicht hinein; wenn man sie dennoch – wie *Androulakis* – darunter begreift, wird der Nähebegriff zu einem bloßen Synonym für „Garantenstellung“ und kann keinerlei Auswahl- und Abgrenzungsfunktionen mehr erfüllen.

---

7 s. u. § 11.

8 s. o. § 9.

3. Da die Nähebeziehung weder als Allgemeines noch in ihren Verbesonderungen eine Auffindung der Garantenstellungen erlaubt (wie das Beispiel der Freiheitsverletzung zeigt, ist sie bei *Androulakis* kaum in der Lage, den quivis ex populo auszuscheiden, geschweige denn zwischen verschiedenen mehr oder weniger Nahen den Garanten zu ermitteln), bleiben nur noch seine anfänglichen Bemerkungen zur ontologischen Vergleichbarkeit von Handlung und Unterlassung zu prüfen. Sein Ausgangspunkt ist hier die Forderung, die Unterlassung müsse, um einer Handlung ontisch zu gleichen, als Wahl des Subjekts zwischen zwei Durchführungsarten des Bösen erscheinen (S. 158). *Androulakis* irrt freilich, wenn er in diesem schon von *Schaffstein*[9] erwähnten Kriterium ein Moment der *ontologischen* Vergleichbarkeit zu sehen glaubt; denn als „Modus des Bösen" steht die Unterlassung, wie leicht ersichtlich, unter dem (Un-)Wertgesichtspunkt des „Bösen" und ist daher *normativ* bestimmt. Abgesehen von dieser falschen Einordnung kann aber auch *Androulakis*' weitere Ausbreitung dieses (sehr allgemeinen, im Grunde die Erfolgsabwendungspflicht voraussetzenden) Topos nicht überzeugen. Er meint, nur die sinnvolle Unterlassung (etwa: Nichtnähren des Säuglings) sei mit einer Handlung vergleichbar, nicht aber die sinnlose (wie das Nichtreinigen des Schornsteins). Daß diese Sinnfrage von *Androulakis* aber in einen allzu verkürzten Rahmen gestellt ist und in Wahrheit für die Handlungsäquivalenz der Unterlassung nichts ergibt, zeigt schon eine kleine Erweiterung seines Beispiels (s. o. I, 1): Wenn der Hausbesitzer den Schornstein nicht reinigt, um dadurch einen Brand zu verursachen und die Versicherungssumme zu kassieren, so erfüllt diese Unterlassung denselben Zweck wie die Verstopfung des Schornsteins durch aktives Tun und ist daher für den Hausbesitzer ebenso sinnvoll.

4. Es ist *Androulakis* daher nicht gelungen, einen Kreis von „unechten Unterlassungen" herauszuschälen, die mit Handlungen ontisch vergleichbar wären.

III. Kritik der axiologischen Gleichstellung

1. Nachdem sich die Unzulänglichkeit der „ontologischen Selektion" von *Androulakis* ergeben hat, sind nunmehr seine axiologischen Betrachtungen im Hinblick darauf zu prüfen, ob sie eine praktikable Methode zur Lösung der Gleichstellungsproblematik ergeben. Der Prüfungsbereich ist hier von vornherein auf die Frage beschränkt, ob entwicklungsfähige Anhaltspunkte vorhanden sind, denn den Anspruch, eine fertige Methode zu liefern, hat Androulakis im

---

9 Festschr. f. Gleispach, S. 111.

Grunde selbst nicht erhoben. Seine Bemerkung, für die Strafbarkeit der unechten Unterlassung sei das jeweils vorherrschende weltanschauliche, politische, im allgemeinen soziale Klima maßgeblich (S. 220), macht das bereits deutlich, denn ein soziales „Klima" kann niemals nach Graden Celsius oder sonstwie exakt gemessen, sondern nur vom eigenen Erlebnisinhalt her subjektiv empfunden werden. Konsequenterweise meint Androulakis denn auch, daß die Lösung der Strafbarkeitsfrage so vielgestaltig wie die Regelungsmaterie sei (S. 222), und die von ihm beispielhaft genannten objektiven Bewertungsmomente (S. 221) machen einen etwas eklektischen Eindruck (so wird etwa nicht deutlich, auf welche Weise das Bewertungsmoment „Herrschaftsbereich", vgl. S. 221, von der Garantenstellung geschieden werden soll, denn schließlich ist die Herrschaftsbeziehung ja wohl ein Nähemoment). *Androulakis* verweist hiermit auf den Einzelfall, und ein solcher (vor allem in der Rechtsprechung beliebter) Hinweis hat schon immer keine Methode, sondern gerade die *Abwesenheit* jeglicher Methode bedeutet.[10] Ein Methodenansatz könnte daher bei *Androulakis* lediglich im Rahmen seiner de lege ferenda angestellten Betrachtungen zu finden sein.

2. Seine Forderung, eine Ingerenzhaftung solle nur bei einer konkreten und nicht bei einer bloß typischen Gefahr Platz greifen (S. 234), ist zu unsubstantiiert und kann daher zu weitergreifenden Reflexionen keinen Anlaß geben; außerdem ist das damit Gemeinte überhaupt unklar, denn wenn keine konkrete Gefahr besteht, wird im allgemeinen für niemanden ein Anlaß zum Einschreiten bestehen. Mehr Beachtung verdienen seine Ausführungen zur Graduierung der Nähe zum verletzten Rechtsgut. Der Gedanke, daß der Umkreis der Garanten von der Art des Rechtsguts abhängt (S. 235), ist sicher beachtenswert; ausgerechnet die von *Androulakis* gebrachten Beispiele vermögen aber nicht zu überzeugen,[11] und seine weiteren Hinweise sind so knapp und eklektisch, daß man die Möglichkeiten für eine Graduierung nicht zu übersehen vermag; sie erwecken sogar eher Bedenken gegen seine Stufentheorie. An einem Beispiel soll das noch kurz gezeigt werden. Androulakis ist der Auffassung, von den Rechtsgütern „Leib und Leben" abgesehen sei oft nicht der total Nahestehende (etwa Eltern), sondern der begrenzt Danebenseiende (etwa der Vertragspartner) der Nächste (S. 235). Wenn man mit seinem Differenzierungsprinzip Ernst machen will, muß man daraus offenbar den Schluß ziehen, daß dann auch nur die unechte Unterlassung des Nächsten (des Vertragspartners), nicht aber die der total Nahestehenden (der Eltern) strafbar sein könne. Ein solches Ergebnis wäre aber ganz erheblichen Bedenken ausgesetzt. Denn es ist nicht recht einzusehen, warum ein Garant dadurch, daß noch ein zweiter (näherer) Garant vorhanden ist,

10 Vgl. *Roxin*, Täterschaft, S. 624 ff.
11 s. o. S. 169 f.

völlig entlastet werden soll. Allenfalls könnte sich seine Schutzpflicht dadurch zu einer Pflicht, den näheren Garanten zu beaufsichtigen, wandeln; ein gänzlicher Fortfall der Garantenpflicht erscheint aber wenig plausibel, und zwar vor allem aus dem folgenden Grunde: Ob ein (näherer) Vertragspartner existiert, ist oft reiner Zufall, der den total Nahestehenden meist wenig angeht. Hat dieser aber den Vertragspartner selbst beschafft, so kann darin zwar u. U. eine Übertragung der Garantenpflichten gesehen werden; auf Grund der Totalität ihrer Nähebeziehung müssen die Eltern dann aber die durch diese Übertragung folgende spezifische Gefahr absichern, und das ist gleichbedeutend mit einer Aufsichtspflicht über den „Nächsten".

IV. Ergebnis

Damit dürfte sich gezeigt haben, daß *Androulakis*' axiologische Betrachtungen ebenso wie seine ontologische Analyse über bloße Anregungen nicht hinauskommen und die gesuchte Lösungsmethode sich darauf jedenfalls nicht gründen läßt. Abschließend ist noch ein Blick auf seine *Teilungskonzeption*[12] zu werfen, die die späteren Monographien nicht unerheblich beeinflußt hat.[13] Bei *Androulakis* ist die zweite Stufe der objektiven Bewertungsmomente zur Abgrenzung des Strafbarkeitsbereiches nötig, weil sein Nähekriterium viel zu weit gespannt ist, als daß man mit dessen Hilfe die Strafwürdigkeit irgend feststellen könnte. Alle irgendwie in der Nähe Stehenden als Garanten zu bezeichnen, ist daher vom Standpunkt einer ökonomischen, zweckbestimmten Begriffsbildung aus wenig sinnvoll. Strafrechtlich relevant wird, wie die obige Kritik seiner ontologischen Betrachtungen gezeigt hat, erst die Ebene der objektiven Bewertungsmomente, während das Nähekriterium keine nennenswerte selegierende Funktion hat. Da unter dem Gesichtspunkt der Strafbarkeit erst eine spezifische Nähe interessant wird, verstößt die Bildung des allgemeinen Nähebegriffs daher gegen die oben[14] erarbeiteten Prinzipien rechtswissenschaftlicher Begriffsbildung. Von dem hieraus folgenden Verdikt über die Teilungskonzeption einmal abgesehen, bestehen gegen *Androulakis*' Spielart des Methodendualismus weitere, noch gewichtigere Bedenken. Eine so scharfe Trennung von Ontologik und Axiologik, wie sie von *Androulakis* vorgenommen wird, ist nämlich allem Anschein

---

12 Damit ist sein Methodendualismus von ontologischer und axiologischer Problemlösung gemeint.

13 *Bärwinkel* greift sie in vielen Einzelheiten auf, auch *Wolff* hat, was sich allerdings nur bei seiner Behandlung der Ingerenz zeigt, eine (eigenständige) Zweigliedrigkeit entwickelt.

14 S. 33 ff.

nach bei der Lösung des Gleichstellungsproblems überhaupt nicht möglich. Die objektiven Bewertungsmomente sind bei Androulakis im Grunde nur Kriterien des Nähegrades und daher ebenso viel und ebenso wenig ontischer Natur wie seine Nähebeziehung: Sie geben die Eigenschaften des Näheverhältnisses an, und diese Eigenschaften können – ebenso wie das Verhältnis selbst – an und für sich sowohl normativ als auch faktisch betrachtet werden. Wie die Erörterung der juristischen Begriffsbildung jedoch ergeben hat,[15] ist jedes faktische Moment in der Rechtswissenschaft nicht als solches, sondern nur in seinen normativen Bezügen bedeutsam – ebenso wie die normative Richtlinie erst durch Heranführung an ihr faktisches Substrat Leben und Gestalt gewinnt. Die ontologische Betrachtungsweise muß daher immer dergestalt mit der axiologischen verknüpft werden, daß man sich ständig fragt: Unter welchem Wertgesichtspunkt erscheint diese faktische Differenzierung relevant bzw. irrelevant? Ebenso muß bei jeder normativen Untersuchung ununterbrochen geprüft werden, auf welche Sachverhalte diese Norm trifft und ob nicht besondere Verhältnisse ihre Modifikation bzw. Ergänzung erfordern. Dieses notwendige „Wechselspiel" zwischen Norm und Tatbestand[16] wird zerstört, wenn man eine schematische Trennung von ontologischer und axiologischer Betrachtung vornimmt. Darin dürfte der fundamentalste Einwand gegen die Teilungskonzeption von *Androulakis* wie von *Bärwinkel* liegen: Sie reißen Zusammengehöriges auseinander und schaffen anstelle eines fruchtbaren Ganzen zwei sterile beziehungslose Hälften.

§ 11 Die soziologische Methode *Vogts*

Bei Darstellung und Kritik der von *Vogt* im Jahre 1951 vorgelegten „soziologischen" Methode[1] können wir uns kurz fassen – nicht etwa, weil sie zu unbedeutend und unfruchtbar wäre, sondern aus dem entgegengesetzten Grunde: Sie hat fast alle neueren Untersuchungen (vor allem *Androulakis* und *Bärwinkel*, aber auch etwa *Rudolphi*) nachhaltig beeinflußt, und deswegen ist die Lehre von *Vogt* durch Darstellung und Kritik seiner auf ihm aufbauenden Nachfolger bereits weitgehend miterfaßt worden.

1. *Vogts* oberster Topos ist die *engere soziale Ordnung*, deren Funktionieren für die Gemeinschaft so wichtig sei, daß die Nichterbringung der von und in dieser Ordnung geforderten Leistung ebenso schwer wiege wie ein aktiver Ein-

---

15 s. o. S. 25 ff., 46 ff.

16 Vgl. die (allerdings dort auf den konkreten Auslegungsvorgang bezogenen) Ausführungen von *Engisch*, Logische Studien, S. 15.

1 in ZStW 63, 381 ff.

griff in die gesellschaftliche Friedensordnung (S. 399 f.). Den Umkreis dieser engeren Ordnungen[2] gewinnt *Vogt* zunächst durch eine Induktion aus den gesetzlich geregelten unechten Unterlassungsdelikten (S. 396), sodann durch eine Aufgliederung der Reichsgerichtsrechtsprechung (S. 397 f.). Auf diese Weise kommt er zu den Gruppen Ehe, Familie, nahe blutmäßige Abstammung, Haus- oder ähnliche enge Lebensgemeinschaft, Stand (Beruf) und wirtschaftliches Vertrauensverhältnis (S. 399), ferner zu den Gefahrengemeinschaften (S. 401) und den gewöhnlich als „rechtsgeschäftliche Übernahme" firmierenden Sozialbeziehungen (S. 401 f.). Schließlich erkennt *Vogt* auch in der *Ingerenz* eine engere soziale Ordnung, und zwar die bedeutendste und im Volke lebendigste überhaupt (S. 402); die Ingerenz *schaffe* eine ganz besondere, ausschließlich auf Gefahrenabwehr gerichtete Ordnung des Sozialprozesses (S. 403).

Zum Schluß geht *Vogt* noch kurz auf die bei jeder Gleichstellungslösung naheliegenden Friktionen mit dem nulla-poena-Satz ein. Er meint, die anderen Autoren, die auf ungeschriebenes Recht oder soziologische Tatsachen und Wertungen verwiesen, höben den Satz „nulla poena sine lege" aus den Angeln, seine eigene Methode könne dagegen dessen Anforderungen genügen, da die engere soziale Ordnung hier Tatbestandsmerkmal sei und auf diese Weise auch jede noch nicht normierte Pflicht aus dieser Ordnung zur Rechtspflicht erhoben werde (S. 411).

2. Wie die Dogmengeschichte lehrt, hat es schon vor *Vogt* nicht an Versuchen gefehlt, die Gleichstellungsproblematik aus den Sozialstrukturen zu lösen,[3] und daß die engere soziale Ordnung – mag sie auch als Nähe- oder Vertrauensverhältnis, als Gruppe oder als soziale Schutzposition bezeichnet werden – zu der Gleichstellung von Tun und Unterlassen eine spezifische Affinität aufweist, ist, wie die modernen Monographien zeigen, nachgerade beinahe communis opinio geworden. Eine Methode hat man damit aber erst gewonnen, wenn man Kriterien dafür zur Hand hat, wann ein Sozialkontakt eine solche engere Ordnung darstellt!

„Soziale Ordnung" ist nur ein anderer Ausdruck für „soziale Beziehung", ist also – wegen der Unzahl der rechtlich irrelevanten Sozialbeziehungen – kein

2 Ihre Herkunft aus dem „konkreten Ordnungsdenken" der Dreißiger Jahre können sie auch bei *Vogt* nicht verleugnen. Da die meisten neueren Monographien zur Gleichstellungsproblematik irgendwie auf *Vogt* fußen, ist der Einfluß der stark an der Natur der Sache orientierten Vorkriegs-Strafrechtswissenschaft auf die heutigen Lehren auch in diesem Punkte stärker, als unter der Herrschaft eines „neuklassischen Dogmatismus" in den Fünfziger Jahren gemeinhin zugegeben wurde.

3 Hier ist vor allem *Kohler*, Studien aus dem Strafrecht, S. 45 ff., zu erwähnen, ferner auch *Kissin*, Die Rechtspflicht zum Handeln, S. 107 ff.

entscheidendes Kriterium.[4] Das ganze Gewicht von *Vogts* Methode ruht daher auf dem Komparativ „enger". Da die Maßstäbe für die damit angesprochene Abstufung aber fehlen, scheint eine Konkretisierung dieses Leitbildes nicht recht möglich. Wann etwas enger, wann etwas weniger eng ist, hängt offenbar von einem transzendenten Wertmaßstab ab, über den erst einmal Einigkeit erzielt werden müßte. Der Begriff der „engeren sozialen Ordnung" ist als oberstes Gleichstellungskriterium daher weit weniger praktikabel, als *Vogt* annahm, und infolgedessen nicht nur methodologisch bedenklich, sondern auch mit dem nulla-poena-Satz unvereinbar. *Vogts* Kunstgriff, die engere soziale Ordnung in den Unterlassungstatbestand zu versetzen, kann natürlich nichts daran ändern, daß es sich dabei weiterhin um ein ungeschriebenes und (vor allem) ein weitestgehend unbestimmbares Tatbestandsmerkmal handelt mit allen daraus im Hinblick auf den nulla-poena-Satz folgenden Komplikationen. Wie leer dieser Begriff im Grunde ist, geht aus seiner „apologetischen" Entstehung bei *Vogt* mit aller Deutlichkeit hervor. *Vogt* destilliert ihn nämlich nicht etwa nur aus den gesetzlich geregelten Einzelfällen, sondern aus der gesamten Rechtsprechung des Reichsgerichts. Daß ihm dabei zahlreiche Ungereimtheiten unterlaufen (z. B.: die Pflichten aus rechtsgeschäftlichen Vertrauensverhältnissen zählt er – ebenso wie die Verkehrssicherungspflichten – zu den „Standespflichten",[5] die qualitative Verschiedenheit der Ingerenz von den anderen „prästabilierten" Sozialverhältnissen sieht er nicht), soll hier nicht im einzelnen hervorgehoben werden. Wichtiger ist die aus diesem Ansatz notwendig folgende Grundschwäche seiner Methode: Sie dient nicht zur Erfassung der absoluten Gleichstellungskriterien, sondern nur zur Rechtfertigung der reichsgerichtlichen Rechtsprechung. Wenn *Vogt* den Begriff der engeren sozialen Ordnung entwickelt hätte, ohne von der „Gedankenblässe des Reichsgerichts angekränkelt" zu sein, so hätte sich wohl trotz der oben in § 9 dargelegten Grundschwäche jeder soziologischen Gleichstellungslösung immerhin ergeben, daß die Rechtsprechung den Bogen der „engeren Ordnung" in vielen Fällen beträchtlich überspannt hätte, und man hätte ihre Auswüchse auf ein erträglicheres Maß zurückschneiden können. Daß das Reichsgericht schon immer in dem durch diesen Leitbegriff abgesteckten Rahmen judiziert hat (das setzt *Vogts* Methode voraus), kann dagegen als ausgeschlossen gelten, denn es würde wohl an ein Wunder grenzen, wenn die auf einer ganz anderen methodischen Grundlage arbeitende Rechtsprechung durch Intuition haarscharf den Bereich der engeren Ordnungen erfaßt hätte.

---

4 Man könnte natürlich unter „Ordnung" auch ein irgendwie besonderes Gefüge verstehen, aber das tut *Vogt*, wie seine Beispiele zeigen, gerade nicht.

5 a. a. O., S. 398 u. S. 402 Fn. 42.

3. *Vogts* Methode weist damit neben den allgemeinen Schwächen einer soziologischen Bestimmung des unechten Unterlassungsdelikts zwei weitere gravierende Mängel auf: Ihr Leitbegriff, die engere soziale Ordnung, ist erstens zu inhaltsleer, um als Grundlage eines Konkretisierungsvorganges dienen zu können, und zweitens eine bloße Apologie der Reichsgerichtsrechtsprechung und daher zur Trennung von Spreu und Weizen innerhalb dieser Rechtsprechung ungeeignet.

§ 12 Die dualistische Methode *Rudolphis*

I. Darstellung seiner allgemeinen Gleichstellungstheorie

Rudolphi hat bei seiner Untersuchung der Ingerenzproblematik[1] eine über diesen Bereich hinausgehende Garantentypologie entwickelt, die durch eine Verschmelzung von faktischen und normativen Kriterien gekennzeichnet ist und – auch wenn sie von ihm nur an den Ingerenzfällen näher demonstriert wurde – sehr wohl als allgemeine Methode zur Bestimmung der Garantenstellungen in Frage kommt.

1. *Rudolphi* geht davon aus, daß der Unterlassende, um Garant zu sein, im sozialen Leben eine *Schutzfunktion* ausüben müsse, kraft derer er in der Weise zur Abwendung der einem bestimmten Rechtsgut drohenden Gefahren berufen sei, daß ihm die maßgebliche Entscheidung über den Eintritt der drohenden Rechtsgutsverletzung obliege und er daher als *Garant* für den Nichteintritt dieser Rechtsgutsverletzung erscheine; der Unterlassende müsse m. a. W. die „*Zentralgestalt*“ des zu der Rechtsgutsverletzung hindrängenden Geschehens sein (S. 99).

2. Im einzelnen hat die Bestimmung dieser Garantenstellungen laut *Rudolphi* durch ein analogistisches Verfahren zu erfolgen (S. 93), das sich in drei Stufen vollziehe (S. 100): Erstens seien (mit Hilfe einer sinnerfassenden Betrachtungsweise) die verschiedenen sozialen Erscheinungsformen der Garantenstellungen in ihren Grundtypen zu ermitteln, sodann seien jeweils für ihre verschiedenen Typen diejenigen gesetzlichen Wertvorstellungen und Ordnungsprinzipien festzulegen, die darüber entschieden, ob und unter welchen Voraussetzungen in den ihnen zugehörigen Fällen der Unterlassende als die Zentralgestalt des zu dem Unrechtserfolg hinstrebenden Geschehens erscheine,

1 Die Gleichstellungsproblematik der unechten Unterlassungsdelikte und der Gedanke der Ingerenz.

und schließlich seien mit Hilfe dieser Wertmaßstäbe die einzelnen sozialen Erscheinungsformen des unechten Unterlassens zu werten.

3. Wie eine Gliederung der sozialen Erscheinungsformen der Garantenstellungen (1. Schritt) etwa aussehen müßte, skizziert *Rudolphi* im Anschluß an die moderne[2] materiale Zweiteilung von Schutzpflichten gegenüber bestimmten Rechtsgütern und auf Grund der Überwachung bestimmter Gefahrenquellen (S. 101 ff.). Den 2. Schritt (Ermittlung der maßgeblichen gesetzlichen Wertvorstellungen und Ordnungsprinzipien) bereitet *Rudolphi* auf die Weise vor, daß er die sozialen Ursachen bzw. Notwendigkeiten der einzelnen Garantentypen ergründet (S. 105 ff.). Denn die gesetzlichen Wertvorstellungen und Ordnungsprinzipien, die darüber entschieden, ob ein Unterlassender als Zentralgestalt des zu einer Rechtsgutsverletzung drängenden Geschehens erscheine, stünden nicht nur in einem bestimmten Abhängigkeitsverhältnis zu den sozialen Sinngehalten der verschiedenen Schutzverhältnisse, sondern seien in ähnlicher Weise von den unterschiedlichen sozialen Notwendigkeiten abhängig, aus denen die einzelnen Schutzverhältnisse hervorgingen (S. 106). Die Möglichkeit zu einer dementsprechenden Differenzierung erwächst *Rudolphi* aus der Erkenntnis, daß man *zwei* Gruppen von Garantenstellungen unterscheiden könne: a) *primäre* oder ursprüngliche, die unmittelbar aus den Notwendigkeiten eines geordneten Gemeinschaftslebens erwüchsen, weil in der heutigen Zeit besondere Gefahrenabwendungspositionen in der Gesellschaft unbedingt erforderlich seien und sich die Bedrohten darauf bei ihrem Verhalten verlassen würden; b) *sekundäre*, die im Unterschied zur ersten Gruppe durch ein bestimmtes, die soziale Schutzordnung störendes Verhalten des Garanten entstünden und in die Fallgruppen der *Übernahme* und der *Ingerenz* zu gliedern seien (S. 23–25). Den Geltungsgrund beider Gruppen sieht *Rudolphi* in einer nach seiner Auffassung axiologischen Betrachtungsweise[3] in der *sozialen Notwendigkeit*, der der Staat durch Schaffung bestimmter Ämter und Pflichtenstellungen Rechnung trage; auch vom Gesetzgeber nicht ausdrücklich anerkannte und ausgestaltete Hilfestellungen hätten daher durchaus ihre Bedeutung und könnten zur Begründung von Garantenstellungen herangezogen werden (S. 23 f.).

Die soziale Notwendigkeit entwickelt *Rudolphi* durch ein *beschreibendes Verfahren* an Hand eines von den „primären" und „sekundären" Garantenstellungen einerseits und den Schutz- und Aufsichtsgarantenstellungen andererseits gebildeten Koordinatengefüges (S. 24 f., 106 ff.).

---

2 Vgl. *Arm. Kaufmann*, Dogmatik, S. 283; *Androulakis*, Studien, S. 290 ff.; *Henkel*, MKrim 1961, 190; *Schönke-Schröder*, Rdnr. 103 ff. vor § 1.

3 Vgl. a. a. O., S. 26: „Die axiologische Natur der Gleichstellungsproblematik (scil. hat sich) mehr oder weniger bei allen Theorien durchgesetzt".

4. Diese vorrechtlich-wertfreie Feststellung sozialer Schutzfunktionen wird bei *Rudolphi* ergänzt durch die normativ-juristische Frage nach den *gesetzlichen Wertvorstellungen*, die das für die primären Garantenstellungen erforderliche Maß an Schutzlosigkeit des Rechtsguts und die für die sekundären Garantenstellungen erforderliche Qualität der Vorhandlung bestimmten (S. 108 f.).

II. Kritik

Bevor *Rudolphis* Versuch, diese Fragen bei der *Ingerenz* im einzelnen zu beantworten, näher betrachtet wird, soll der methodische Wert seiner im vorhergehenden dargestellten *allgemeinen* Garantenlehre ergründet werden. Die hierfür entscheidenden Fragen lauten: Ist seine vorrechtliche Garantenphänomenologie geeignet, den Kreis der möglichen Unterlassungstäter zu beschränken („selegierende Funktion“) oder sogar den Grund (das „Spezifikum“) des unechten Unterlassungsdelikts herauszuarbeiten („spezifizierende Funktion“), und wie verhält sich seine vorrechtliche Betrachtung zu den von ihm für entscheidend erachteten gesetzlichen Wertvorstellungen?

1. Oberster Leitpunkt in *Rudolphis* Garantensystem ist der Begriff der „Zentralgestalt des zur Rechtsgutsverletzung drängenden Geschehens“. Daß man gegen einen solchen Systemoberbegriff vernünftigerweise nicht von vornherein einwenden kann, er sei zu abstrakt und könne daher für den Einzelfall nichts leisten, bedarf keiner Erläuterung. Ein solcher hoch abstrakter Begriff kann vielmehr schon dann eine sinnvolle Funktion erfüllen, wenn er einen *Richtliniengehalt* besitzt, der die materialen Gemeinsamkeiten seiner Konkretisierungen erkennen läßt. Die bisher betrachteten Oberbegriffe (Abhängigkeit bei *Wolff* und *Welp*, Nähe bei *Androulakis*, Rolle bei *Bärwinkel*) hatten diesen Anforderungen ausnahmslos nicht genügen können: *Wolffs* Abhängigkeitsbegriff hatte keinen faßbaren Richtliniengehalt (schwache Selektionsfunktion) und infolge seiner Angewiesenheit auf eine komplettierende formelle Rechtspflicht auch nur eine schwache Spezifikationswirkung. *Welps* Abhängigkeitsbegriff konnte zwischen den verschiedenen Abhängigkeiten bei Tun und Unterlassen keinerlei Gemeinsamkeiten schaffen und war daher schon seiner Grundkonzeption nach unzulänglich. Der Nähebegriff von *Androulakis* wie auch *Bärwinkels* Rollenbegriff hatten eine noch schwächere Selektionswirkung und überhaupt keine Spezifikationswirkung, weil es für die Garantenstellung nicht auf Nähe oder Rolle schlechthin, sondern auf eine spezifische Nähe bzw. einen spezifischen Rollentyp ankommt. *Rudolphis* Begriff der Zentralgestalt ist neuartig und weicht von den übrigen Versuchen erheblich ab. Während Abhängigkeit und Nähe die Beziehung Garant – Opfer ansprechen und die Rolle die sozialethische Fundierung hervorhebt, wird mit der Zentralgestalt auf eine intuitive Ganzheitsbetrachtung

abgestellt. Das mit diesem Ausdruck gekennzeichnete vorrechtliche Substrat kann sowohl sozialfaktischer als auch sozialethischer Natur sein, ohne daß doch ein bestimmter Topos sozialethischer (z. B. Rolle) oder bzw. und sozialfaktischer Provenienz (etwa Abhängigkeit) in Bezug genommen wäre. Insoweit ist der Begriff der Zentralgestalt daher entleerter als die in den früheren Abschnitten betrachteten Leitbilder. Das Urteil, jemand sei die Zentralgestalt des Geschehens, kann immer nur das Produkt einer durch eine ontologisch-phänomenologische Wesensschau vorbereiteten Wertung sein, ohne für den Wertungsvorgang selbst nähere Anhaltspunkte zu bieten. Materiale Kriterien, die als Konkretisierungsrichtlinien verwendet werden könnten, enthält der Begriff der Zentralgestalt daher nicht. Auf Grund dieses reinen Formalcharakters kann *Rudolphis* Begriff der „Zentralgestalt" nicht auf seine Richtigkeit überprüft werden (denn eine nachprüfbare materielle Aussage enthält er ja gerade nicht), sondern nur auf seine *Zweckmäßigkeit.*

a) Seine Zweckmäßigkeit müßte auf jeden Fall dann verneint werden, wenn er wegen der Möglichkeit, das Allgemeine des unechten Unterlassungsdelikts durch einen inhaltserfüllten, konkretisierungsfähigen Begriff zu kennzeichnen, *überflüssig* wäre.[4] Ob ein derartiger materialer Allgemeinbegriff der unechten Unterlassung trotz des Scheiterns der einschlägigen Bemühungen von *Welp, Bärwinkel* und *Androulakis* auffindbar ist, wird erst unsere eigene Lösung zeigen können. Auf der Grundlage der h. M. in der Lehrbuch- und Kommentarliteratur muß der Formalcharakter von *Rudolphis* Zentralgestaltsbegriff jedenfalls als allein praktikabel erscheinen, denn ob man die alte formelle Sammelgruppenlehre mit ihrer Dreiteilung der Garantenpflichten in solche durch Gesetz, Vertrag und Ingerenz[5] oder die moderne materielle mit ihrer Zweiteilung in Schutzpflichten in Bezug auf ein Rechtsgut und Überwachungspflichten in Bezug auf eine Gefahrenquelle zugrunde legt – stets stiftet nur ein formaler Oberbegriff Einheit unter den disparaten Einzelgruppen.

b) Die Unzweckmäßigkeit des Zentralgestaltsbegriffs könnte aber durch seine aus einem abweichenden Vorverständnis folgende *Mißverständlichkeit* begründet sein. Während er in seiner ursprünglichen Prägung bei *Roxin*[6] zur Lösung des Differenzierungsproblems, ob jemand als Täter oder nur als Teilneh-

4 So ist denn auch der zuerst in *Roxins* Täterlehre benützte „formale Leitgedanke" der Zentralgestalt (*Roxin*, Täterschaft, S. 26) dort allein deswegen gerechtfertigt, weil *Roxin* drei verschiedene Täterschaftskriterien aufdeckt, die miteinander keine materiale Grundlage haben (nämlich Tatherrschaft, Sonderpflicht und Eigenhändigkeit, vgl. *Roxin*, a. a. O., S. 335 ff., 352 ff., 410 ff.).

5 Sie wird auch heute noch vertreten, vgl. etwa *Baumann*, Strafrecht, S. 235 ff.

6 Täterschaft, S. 25 ff., 578 ff.

mer anzusehen ist, und damit nicht zur Begründung der Tatzurechnung, sondern nur zur Unterscheidung ihrer verschiedenen Formen verwendet wird, wird er von *Rudolphi* als Etikett für die Begründung und nicht bloß für die Differenzierung der Strafbarkeit verwendet. Der Begriff der „Zentralgestalt" insinuiert die Beteiligung von mehreren an einer Straftat, von denen einer „im Zentrum" steht; als Bezeichnung des für sein Unterlassen ohne Rücksicht auf die Beteiligung anderer verantwortlichen Garanten erscheint er nicht so glücklich.

2. Wenn daher auch gegen den von *Rudolphi* für sein Garantenblankett gewählten Namen gewisse Bedenken bestehen, kann über den ungleich wichtigeren materialen Gehalt seiner Methode doch erst an Hand der von ihm angegebenen inhaltserfüllten Garantenkriterien geurteilt werden.

Nach *Rudolphis* Definition (a. a. O., S. 99) ist als Zentralgestalt anzusehen, wer im sozialen Leben eine Schutzfunktion ausübt, kraft derer er derart zur Abwendung einer drohenden Rechtsgutsverletzung berufen ist, daß ihm die maßgebliche Entscheidung über deren Eintritt obliegt; die weitere Forderung, daß er daher als Garant für den Nichteintritt dieser Rechtsgutsverletzung scheinen müsse, stellt offenbar nur eine Paraphrase des vorher Gesagten dar und bedarf daher keiner selbständigen Prüfung.

Diese Definition kann in folgende Einzelmomente aufgelöst werden: soziale Schutzfunktion + Obliegenheit zur maßgeblichen Entscheidung über die drohende Rechtsgutsverletzung (= Berufung zur Gefahrabwendung). Mit der sozialen Schutzfunktion ist etwa derselbe Tatbestand angesprochen, den *Bärwinkel* (insoweit der Sache, wenn auch nicht der Bezeichnung nach im Anschluß an *Rudolphi*) mit Rolle + Rechtsgut erfaßt hat. Auf das oben[7] dazu Ausgeführte kann daher hier weitgehend verwiesen werden. Der Begriff der „sozialen Schutzfunktion" kann erst dann durch eine soziologische Faktensammlung und -analyse entnormativiert werden, wenn die Art der Schutzfunktion näher bestimmt ist (z. B. stellt auch die allgemeine Hilfspflicht des § 330c eine soziale Schutzfunktion i. w. S. dar, ohne doch eine Garantenstellung zu erzeugen.[8]

Anstelle einer allgemeinen Erklärung gibt *Rudolphi* eine Beschreibung ihrer verschiedenen Erscheinungsformen, wobei er im Anschluß an die moderne Sammelgruppenlehre die Garantenstellungen aus enger persönlicher Beziehung, Dienst- oder Amtsstellung und räumlich begrenztem sozialen Herrschaftsbereich sowie Vertragsverhältnissen auf der einen, aus Ingerenz, Monopolstellung, Herrschaft über sächliche oder persönliche Gefahrenquellen oder

---

7 S. 148 ff.

8 Zwar könnte *Rudolphi* auch bei § 330c die soziale Schutzfunktion bejahen und die Garantenstellung erst an seinen normativen Kriterien scheitern lassen; aber dann wäre der Schutzfunktionsbegriff so weit gefaßt, daß ihm keine selegierende Funktion mehr zukäme.

über einen sozialen Konfliktsbereich auf der anderen Seite nennt (S. 102 ff.). Mit dieser phänomenologischen Gruppierung vermag er das Selektionsbedürfnis weitgehend zu befriedigen (wenn auch nicht vollkommen, denn die Entwicklung neuer Gruppen ist an sich jederzeit vorstellbar, ganz abgesehen davon, daß schon die alten den Bereich denkbarer Garantenstellungen weitgehend ausschöpfen). Die Spezifikationsaufgabe ist damit jedoch noch nicht erfüllt, denn erstens wurden die Sammelgruppen ohne eigentliche (sei es deduktive, sei es induktive) Begründung aneinandergereiht, und zweitens wurden keine genügenden übergreifenden Gemeinsamkeiten ersichtlich, die einem inhaltserfüllten Schutzfunktionsbegriff als Grundlage dienen könnten. Dieser durch seine Phänomenologie nicht gelösten Aufgabe könnte Rudolphi allerdings durch seine „Garantenätiologie" näherkommen. Wie bereits dargelegt, unterscheidet er *primäre* Garantenstellungen, deren Notwendigkeit sich unmittelbar aus den Gegebenheiten des Gemeinschaftslebens ergebe, und *sekundäre*, deren Notwendigkeit aus einer Störung des sozialen Gleichgewichts folge (s. nur S. 106). Durch eine Integration dieser beiden Gruppen wird der Geltungsbereich von *Rudolphis* sozialer Schutzfunktion erkennbar: Grund aller „vorrechtlichen Garantenstellungen" ist die *soziale Notwendigkeit*. Damit ist aber letztlich dasselbe gesagt, was *Bärwinkel* einige Jahre später mit „Notwendigkeit für das Gemeinwohl" umschrieben hat, so daß fast alle dagegen vorgebrachten Bedenken auch hier einschlägig sind. Gegen *Rudolphis* obersten vorrechtlichen Ansatz der „sozial notwendigen Schutzfunktion" sind daher vor allem drei Gründe ins Feld zu führen: 1. Die soziale Notwendigkeit ist zu unbestimmt, als daß sie eine praktikable, ohne ständige autonome Wertungen konkretisierbare Richtlinie abgeben könnte.[9] 2. Mangels hinreichender soziographischer Analysen wird man unsere heutige Sozialstruktur kaum in allen Bereichen zutreffend erfassen können und statt dessen gezwungen sein, das persönliche soziale Strukturideal zugrunde zu legen. 3. Da bis heute noch keine Kriterien dafür entwickelt wurden, wann trotz Schutzwürdigkeit[10] und Schutzbedürftigkeit eines Rechtsgutsträgers keine soziale Hilfspflicht besteht (m. a. W. das „soziale Freiheitsinteresse" des potentiell Hilfsverpflichteten noch nicht systematisch erfaßt und durchgegliedert ist), wird man geneigt sein, für die soziale Schutzfunktion immer schon Schutzbedürftigkeit des Rechtsgutsträgers und „relative Nähe" des potentiell Schutzverpflichteten ausreichen zu lassen – und damit die besonderen Anforderungen an den Garanten aus dem Blick verlieren.

3. Freilich bedeutet dieses Manko des Schutzfunktionsbegriffs noch kein endgültiges Verdikt über *Rudolphis* Methode, denn er fordert ja zusätzlich, daß

---

9 Ausführlich dazu oben S. 153 ff.

10 Die sich in einem Rechtsgüter schützenden Strafrecht meist von selbst versteht.

der Unterlassende Träger der *maßgeblichen* Entscheidung sein müsse und drückt hiermit offenbar die speziellen Garantenanforderungen aus. Da er jedoch für die Feststellung der Maßgeblichkeit keine aus der Welt des Sozialen stammenden Kriterien angibt, muß angenommen werden, daß es sich hierbei für ihn um eine reine *Rechtsfrage* handelt; und das bedeutet immerhin, daß er bei seiner vorrechtlichen (sozialen) Betrachtung doch nur die oben kritisierte „soziale Schutzfunktion" als Leitbild hat. Wenn er auch bei seinen rechtlichen Erörterungen zahlreiche Einschränkungen entwickelt (s. i. f.), hat er sich doch damit die Möglichkeit, schon auf dem vorrechtlichen Sektor scharf konturierte Garantenstellungen herauszuarbeiten, versperrt. Das Schwergewicht seiner Methode liegt daher ganz offensichtlich auf dem juristischen Strang; die vorrechtliche Betrachtung hat nur schwache selektive und spezifikative Funktion.

III. Darstellung und Kritik von *Rudolphis* Ingerenzlösung

Es gilt daher nunmehr, den juristischen Methodenteil *Rudolphis* zu überprüfen. *Rudolphi* besitzt hier keinen allgemeingültigen Wertmaßstab, sondern betont, daß für die einzelnen in ihrer sozialen Aufgabenstellung unterschiedlichen Garantentypen jeweils besondere Wertmaßstäbe zu entwickeln seien (S. 108). Da ein allgemeiner Wertmaßstab etwa im Sinne des „Mehr-Nutzen-als-Schaden-Prinzips"[11] notwendigerweise zu inhaltslos ist, um für konkrete Fallösungen praktikabel zu sein, andererseits die bei *Androulakis*[12] und *Bärwinkel*[13] anzutreffende Verweisung auf den Einzelfall praktisch den Verzicht auf eine systematische Erfassung darstellt und daher das Rechtssicherheitsbedürfnis noch weniger befriedigen kann, erscheint diese von *Rudolphi* angestrebte „Abstraktion mittleren Grades" zunächst einmal plausibel. Da er die von ihm bei den *primären* Garantenstellungen vorangestellte Frage, welches Maß an Schutzlosigkeit der Gesetzgeber für eine Garantenstellung fordere (S. 108 f.), im Rahmen seiner Untersuchungen über die Ingerenz nicht weiter behandelt, kann es hier auf sich beruhen, ob der Schutzlosigkeitsgrad des Bedrohten in diesen Fällen das einzige Kriterium für die rechtliche Wertung ist. Statt dessen ist seine Begründung der Garantenstellung aus *Ingerenz* näher zu betrachten, d. h. die Beantwortung seiner zu den *sekundären* Garantenstellungen entwickelten Fragen, welcher Art die Störung der sozialen Schutzordnung und das diese Störung auslösende Verhalten nach den gesetzlichen Wertvorstellungen sein müßten (S. 109).

11 Vgl. *Sauer*, Grundlagen, S. 456; *Kissin*, Rechtspflicht, S. 83 f.
12 s. o. S. 171 f.
13 s. o. S. 156 ff.

1. a) Als erste Fallgruppe untersucht *Rudolphi* den *Ausschluß eines Garanten* durch die Vortat (S. 113 ff.; Beispiel: A schlägt im Streit den Schrankenwärter nieder und verhindert dann nicht, daß ein Pkw auf Grund der offenen Schranke von einem herannahenden Zug erfaßt wird). Daß die gesetzlichen Wertvorstellungen hier den A zur Zentralgestalt stempeln, begründet *Rudolphi* folgendermaßen: Wenn die Rechtsordnung Hilfspflichten begründe, die nichts anderes seien als das vom Gesetzgeber für notwendig erachtete Korrelat zu der Schutzlosigkeit bestimmter Rechtsgüter, so bedeute das, daß der Schutz bestimmter Rechtsgüter wegen der Schutzunfähigkeit ihres Trägers *ständig einer anderen Person* obliegen solle;[14] der Wille des Gesetzgebers gehe dahin, diesen Zustand der Schutzlosigkeit so lückenlos wie nur möglich durch die Normierung seiner Hilfspflichten zu beseitigen. Daraus folge, daß derjenige, der die Unfähigkeit eines Hilfsverpflichteten herbeiführe, grundsätzlich nach den gesetzlichen Wertvorstellungen in dessen Pflichtenstellung einrücken müsse, damit ein Zustand der Schutzlosigkeit so weit wie möglich vermieden werde.[15]

b) Bei näherer Prüfung scheint diese Schlußfolge das erzielte Ergebnis jedoch nicht zu tragen. Die Begründung von rechtlichen Hilfspflichten besagt ja nicht, daß der Schutz des gefährdeten Rechtsguts ständig einer anderen Person (scil. schlechthin) obliege, sondern, daß der Schutz einer *bestimmten* anderen Person obliegt. Aus diesem Grund muß auch der Behauptung *Rudolphis* widersprochen werden, nach dem Willen des Gesetzgebers solle dieser Zustand der Schutzlosigkeit durch die Normierung seiner (wessen?) Hilfspflichten so lückenlos wie nur möglich beseitigt werden. Die Normierung von primären Schutzpflichten stellt im Gegenteil gerade einen bewußt *lückenhaften* Schutz dar, denn für einen lückenlosen Schutz wäre erforderlich, daß erstens jeder Hilfsmächtige auch hilfsverpflichtet wäre, und zweitens, daß bei jedem (etwa auch durch Naturereignisse herbeigeführten) Ausfall eines Hilfsverpflichteten automatisch ein Substitut an seine Stelle treten würde. Selbst beim Tode der Eltern (als den wohl wichtigsten Schutzverpflichteten) ist aber eine besondere Vormund*bestellung* erforderlich,[16] die Rechtsfigur eines ex lege („automatisch") eintretenden Interimsvormunds ist unserem Recht fremd.[17] Die gesetzlichen Wertvorstellungen decken dieses Einrücken des Verursachers in die Pflichtenstellung des Garanten daher gerade nicht, denn ein Rechtssatz des Inhalts, daß Zustände der Schutz-

14 Hervorhebung vom Verfasser.

15 a. a. O., S. 114, die Einschränkung, daß das vorangegangene Tun dafür seiner rechtlichen Qualität nach eine geeignete Grundlage bieten müsse, interessiert hier noch nicht.

16 Vgl. §§ 1774 ff. BGB und dazu *Gernhuber*, Familienrecht, S. 702 f.; die alte Amtsvormundschaft über nichteheliche Kinder ist heute ebenfalls stark eingeschränkt, vgl. § 1791c BGB n. F.

17 Auch die vorläufige Vormundschaft nach den §§ 1906 ff. BGB bedarf der Bestellung.

losigkeit so weit wie möglich zu vermeiden seien, ist weder irgendwo positiviert noch sonst feststellbar und wird gerade durch die Existenz punktueller Garantieverhältnisse widerlegt. *Rudolphis* These würde auch zu untragbaren Konsequenzen führen. Der Kraftfahrer, der eine Mutter überführe, müßte bis zur Bestellung eines Vormundes Elternstelle an dem Kind vertreten; überführe er das Organ einer juristischen Person, so müßte er ohne amtsrichterlichen Auftrag die Geschäfte eines Notvorstandes wahrnehmen;[18] überführe er den Dorffeuerwehrmann, so müßte er auf der Stelle mit der Spritze den Scheunenbrand bekämpfen. Dieses Einrücken des Ingerenten[19] ist daher nicht nur theoretisch nicht erklärlich, sondern würde auch in der Praxis zu allgemeiner Verwirrung führen; das wohlabgewogene, gegliederte System von sozialen Schutzpositionen würde völlig durcheinander gebracht.

c) Daß es auf die Garantenstellung des von dem Ingerenten Verletzten letztlich nicht entscheidend ankommt, geht auch aus *Rudolphis* Stellungnahme zum Fall der Verletzung eines zur Hilfe zwar Entschlossenen, aber nicht Verpflichteten hervor; auch hier will er eine Garantenstellung des Ingerenten annehmen (S. 115). Die Garanteneigenschaft des Verletzten spielt dann nur noch insoweit eine Rolle, als es in diesem Fall nicht darauf ankommen soll, ob der Garant zur Hilfe willens war oder gewesen wäre (S. 115). Indessen erscheint das gänzlich ungereimt.[20] Denn hier fehlt es ja sogar an der potentiellen Kausalität der Vorhandlung für die Rechtsgutsverletzung, die doch allererste Voraussetzung einer jeglichen denkbaren Ingerenzhaftung sein muß! Wer eine Mutter überfährt, die ihre Kinder bereits vorher im Stich gelassen hat und gar nicht daran denkt, sich um sie zu kümmern, schafft für die Kinder überhaupt keine Gefahr und kann für Gefahren, die bereits in der mangelnden Pflichterfüllung des Garanten ihren Grund hatten, daher nicht verantwortlich gemacht werden.

d) Als Ergebnis ist daher festzuhalten, daß die Ausschaltung eines Garanten keine besonderen Gesichtspunkte für die Statuierung einer Ingerenzhaftung ergibt.

2. a) Als nächste Fallgruppe behandelt *Rudolphi* den Ausschluß des *Rechtsgutsträgers* (S. 116 ff.), z. B. wenn A den B versehentlich in einem Zimmer einschließt und ihn, als danach in dem Haus ein Brand ausbricht, nicht befreit. Das Vorliegen einer von der Rechtsordnung mißbilligten Störung der sozialen Schutzordnung begründet *Rudolphi* mit zwei Argumenten: Erstens mache der

---

18 Vgl. § 29 BGB.

19 So soll das Subjekt der Ingerenzhandlung im folgenden abgekürzt bezeichnet werden.

20 Und wird denn auch von *Rudolphi* für den Fall, daß der Garant mit der Verletzung einverstanden ist (etwa: ein Bademeister läßt sich vom Gastwirt bis zur Volltrunkenheit Alkohol verkaufen), wieder eingeschränkt, s. a. a. O., S. 116.

Tatbestand der Aussetzung (§ 221) deutlich, daß der Gesetzgeber das Versetzen einer Person in hilflose Lage allgemein mißbillige, und zweitens müsse für die Ingerenzfälle dasselbe wie bei der vertraglichen Gewährübernahme gelten, wo es nämlich zur Begründung einer Garantenstellung bereits ausreiche, daß sich der Partner im Vertrauen darauf in eine hilflose Lage begebe (S. 117 f.).

b) Dieses letzte Argument überzeugt nicht, denn eine Analogie zwischen Übernahme und Ingerenz muß daran scheitern, daß die entscheidenden Strukturen – dort die einverständliche Pflichtübernahme, die zur bewußten Inkaufnahme der Gefahr durch den anderen führt, hier die Gefahrherbeiführung ohne Willen des anderen – zu keinem „Ähnlichkeitskreis" zusammengefaßt werden können,[21] der noch die Begründung einer Garantenpflicht zu tragen vermöchte. Selbst wenn das aber möglich wäre, müßte immer noch zur Beweisführung auf das *Allgemeine* von Ingerenz und Übernahme zurückgegriffen werden; ein Schluß direkt von der Übernahme auf die Ingerenz ist angesichts der zwischen beiden bestehenden tiefgreifenden Unterschiede nicht statthaft.

c) Ebenso wenig stichhaltig wie der Hinweis auf die Übernahmegarantenstellung ist auch der Verweis auf § 221. Normentheoretisch bestätigt § 221 nur die allgemeine Erkenntnis, daß ein Verletzungsverbot ein Gefährdungsverbot umfaßt, im Grunde genommen sogar nur als Gefährdungsverbot zu formulieren ist.[22] Daß das Verbringen eines Menschen in hilflose (d. h. Gefahren wehrlos ausgesetzte) Lage rechtswidrig ist, steht daher unabhängig von der Existenz des § 221 fest. Ob durch eine solche Vorhandlung eine Garantenstellung entsteht, sagt § 221 aber nicht, denn selbst soweit dort die Aussetzung durch Unterlassen erfaßt ist, wird die Garantenstellung nicht begründet, sondern vorausgesetzt – aus dem Verbot kann eben auf keinerlei Weise ein Gebot abgeleitet werden![23] In Wahrheit spricht die Existenz des § 221 eher gegen eine Ingerenz-Garantenstellung. Denn wenn bereits das Verbringen in eine hilflose Lage eine Garantenstellung erzeugt, wäre der ganze Tatbestand weit einfacher als reines Unterlassungsdelikt zu formulieren gewesen, etwa nach dem Muster: „Wer einen anderen, den er in eine hilflose Lage versetzt hat oder in seiner Obhut hat, in einer solchen Lage vorsätzlich verläßt ...". Die Voranstellung der aktiven Aussetzung zeigt dagegen, daß dieser Fall von dem der Obhutspflichtverletzung verschieden ist. In der Bestrafung der Lageverschlechterung wird die anschließende Nichtwiederherstellung miterfaßt, denn wer den Rollstuhlinsassen nur kurz in die Kälte schiebt, sich dabei eines besseren besinnt und ihn wieder mit ins Haus nimmt,

21 Dazu allgemein *Klug*, Juristische Logik, S. 120 ff.

22 Denn für den Verursacher beherrschbar ist nur die Gefährdung durd die Handlung, ob sie zu einem Erfolg führt, ist im Grunde Zufall.

23 S. *Arm. Kaufmann*, Dogmatik, S. 6; Normentheorie, S. 120.

hat keine vollendete Aussetzung mit Erfüllung der daraus resultierenden Garantenpflicht, sondern nur einen Aussetzungsversuch begangen, von dem er rechtzeitig zurückgetreten ist. Eine aktive Aussetzung ist ohne das anschließende Liegenlassen nicht denkbar, und wie § 221 zeigt, ist dieses Liegenlassen nichts Selbständiges, sondern nur die Unterlassung eines Rücktritts vom Versuch, und wird durch die aktive Tat aufgezehrt.

d) Auch beim Ausschluß des Rechtsgutsträgers haben sich daher keine besonderen Gründe für die Garantenhaftung des Ingerenten finden lassen – so daß es dahingestellt bleiben kann, ob sich diese Fälle von der anschließend zu betrachtenden „Schaffung neuer Gefahrenquellen" (a. a. O., S. 118) überhaupt trennen lassen.[24]

3. Bei dieser umfassenden Gruppe (der Schaffung neuer Gefahrenquellen) ist für *Rudolphi* die Störung der sozialen Schutzordnung praktisch mit der Schaffung einer Gefahrenlage identisch. Er meint, der Umstand, daß sich in diesen Fällen einem ausgelösten gefährlichen Kausalprozeß keinerlei Barrieren mehr entgegenstellten, lasse in der Tat eine Garantenposition zum Schutze der bedrohten Rechtsgüter als geboten erscheinen (S. 119). Hier wird deutlich, daß seine Konzeption auf der schon oben abgelehnten Grundannahme beruht, Ziel der Strafrechtsordnung sei ein *lückenloser* Rechtsgüterschutz:[25] *Rudolphi* folgert die Schutzpflicht aus der Schutzbedürftigkeit. Seine Einschränkungen – die Garantenpflicht entfalle, wenn der Rechtsgutsträger selbst zur Erfolgsabwendung in der Lage sei (S. 120) oder wenn die Rechtsgutsverletzung nicht vorhersehbar sei (S. 122) – ergeben sich daraus, daß die Vorhandlung in diesen Fällen nicht wirklich gefährlich (im Sinne von: ex ante gefahrerhöhend) ist; der Grundsatz, daß jede Gefährdung ein Erfolgsabwendungsgebot erzeuge, wird dadurch nicht in Frage gestellt.

4. *Rudolphis* Antwort auf die von ihm aufgeworfene erste Frage, welcher Art die Störung der sozialen Schutzordnung nach den gesetzlichen Wertvorstellungen sein müsse, kann daher kurz dahin zusammengefaßt werden, daß die Vorhandlung eine echte Gefahr für das Rechtsgut geschaffen haben muß.[26] Dem ist entgegenzuhalten, daß eine dahinzielende gesetzliche Wertung nirgends er-

---

24 So bringt etwa *Rudolphi* den Einschließungsfall auch auf S. 119 unter der Rubrik „Schaffung neuer Gefahrenquellen".

25 Sowohl durch Verletzungsverbote als durch Schutzgebote – aber das letztere ist in Wahrheit nicht Ausgangspunkt der Beweisführung, sondern thema probandum!

26 Seine eingehenden und differenzierten Erwägungen zu den Problemen der Teilnahme durch Unterlassen (S. 125 ff.) bleiben hier außer Betracht, da die allgemeine Ingerenzproblematik dafür präjudiziell ist und eine Erörterung der Ingerenzprobleme bei Straftaten Dritter erst dann sinnvoll ist, wenn die Ingerenz zuvor grundsätzlich als garantenpflichtbegründend anerkannt wurde.

kennbar ist und der Schluß von der Schutzbedürftigkeit auf die Schutzverpflichtung gerade durch die Existenz der mannigfach gegliederten, an zahlreiche spezielle Voraussetzungen gebundenen gesetzlich verankerten Garantenstellungen widerlegt wird. Die einzige erkennbare gesetzliche Wertung ist die des § 330c, wonach Schutzbedürftigkeit grundsätzlich nur zu einer allgemeinen Hilfspflicht, aber zu keiner Garantiepflicht führt. *Rudolphis* Reflexionen über die nach den gesetzlichen Wertvorstellungen für eine Garantenpflicht erforderliche Störung der sozialen Schutzordnung sind letztlich mit der Feststellung identisch, daß eine Rechtsgutsverletzung ernsthaft droht; einen gesetzlichen Anhaltspunkt, daß dies *immer* schon Anlaß für eine Garantiepflicht ist, gibt es aber nicht.[27] Die erforderliche Begründung für die Garantenstellung des Ingerenten kann daher in *Rudolphis* Antwort auf die erste Frage nicht gesehen werden.

5. a) Die zweite Frage, welcher Art das die Störung auslösende Verhalten sein müsse, damit die Rechtsordnung dem Ingerenten die Verantwortung für die von ihm nicht abgewendeten Folgen dieser Störung auferlegt, wird von *Rudolphi* dahin beantwortet, daß das vorangegangene Tun so beschaffen sein müsse, daß die herbeigeführte Gefahrenlage dem Unterlassenden objektiv zur Person zurechenbar sei (S. 153).

Dann führe das unser gesamtes Strafrecht beherrschende Verantwortungsprinzip dazu, dem Unterlassenden die von ihm verursachte Störung zuzurechnen, und zwar mit der Folge, daß er den von ihm selbst ausgelösten Gefahren entgegenzutreten habe. Der Ingerent habe durch seine Störung der primären sozialen Schutzordnung seinen individuellen Freiheitsraum verlassen und sei in die rechtlich geschützte Sphäre einer anderen Person eingedrungen. Damit trete die soziale Pflichtbindung eines jeden Freiheitsrechts in Kraft, und der Ingerent sei um eines gedeihlichen sozialen Zusammenlebens gehalten, die von ihm zurechenbar ausgelösten Gefahren zu bekämpfen. Da er allein in eine besonders nahe und enge Beziehung zu dem gefährdeten Rechtsgut getreten sei, nehme er eine Schlüsselstellung ein; ihm obliege daher nach den Wertvorstellungen der Rechtsordnung die maßgebliche Entscheidung, er sei die beherrschende Zentralgestalt des Geschehensablaufes.

Im folgenden erläutert *Rudolphi* die objektive Zurechenbarkeit der Vorhandlung zur Person dahin, daß sie vom Willen beherrschbar (S. 155 ff.) und *pflichtwidrig*[28] sein müsse (S. 163 ff.). Hiermit kann er den Selektionsanforderungen genügen und auch ein für das Rechtsgefühl erträgliches Ergebnis erreichen;

---

27 Schließlich sind ja auch bei gefährlichen Naturereignissen nicht gleich Garanten vorgesehen.

28 Wobei die Pflichtwidrigkeit als rechtsgutsbezogene („schutzzweckimmanente") Rechtswidrigkeit zu verstehen ist.

eine eigentliche Begründung für die Ingerenzhaftung liefert er aber auch damit nicht. Seine eingehenden, hier im übrigen nicht darzustellenden Ausführungen zur Qualität der Vorhandlung enthalten nur eine Auseinandersetzung mit der häufig[29] vertretenen These, auch eine rechtmäßige Vorhandlung könne eine Garantenstellung begründen; daß eine rechtswidrige Vorhandlung dafür ausreicht, wird von ihm in diesem Zusammenhang vorausgesetzt.

b) *Rudolphis* Begründung der Ingerenz-Garantenstellung läßt sich damit, soweit es die Antwort auf seine zweite Frage betrifft, folgendermaßen zusammenfassen: Bei einer rechtswidrigen Vorhandlung wird dem Ingerenten die Gefährdung auf Grund des das Strafrecht beherrschenden Verantwortlichkeitsprinzips mit der Folge zugerechnet, daß er die drohende Rechtsgutsverletzung abzuwenden hat. Im Grunde gewinnt er damit das *Erfolgsabwendungsgebot* aus dem *Verletzungsverbot* – wenn auch in einer im Vergleich zur h. M.[30] differenzierten Form. Diese Ableitung kann aber auch in der bei *Rudolphi* anzutreffenden Fassung nicht als ausreichende Begründung der Ingerenz-Garantenstellung anerkannt werden. Insoweit kann vollständig auf die obige Kritik an *Welp* verwiesen werden, der *Rudolphis* Begründung in diesem Punkt ohne nennenswerte Modifikationen übernommen hat.[31]

IV. Zusammenfassung

Damit ist der Weg für eine zusammenfassende Stellungnahme zu *Rudolphis* Methode geebnet. Unter seinem formalen Leitbild, der Zentralgestalt, führt er eine dualistische Methode durch, die in der ersten, vorrechtlichen Etappe die sozialen Schutzpositionen ermittelt und sie in dem zweiten Arbeitsgang unter Rechtskriterien auf ihre strafrechtliche Relevanz prüft. Mit Hilfe phänomenologischer Gruppierungen und einer subtilen Auswertung aller Hinweise, die sich in der Rechtsordnung finden lassen, werden die Ergebnisse berechenbar und einsehbar und auch – auf Grund der generellen Heranziehung des Beihilfestrafrahmens[32] – für das Rechtsgefühl (d. h. mindestens de lege ferenda) akzeptabel.[33] Durch seine Erarbeitung mittelhoher Abstraktionen entgeht *Rudolphi*

---

29 Zuletzt wieder von *Welp*, s. o. § 8.

30 Wie sie in der 11. Auflage von *Schönke-Schröder*, Rdnr. 77 f. vor § 1, zum Ausdruck kommt (anders heute 15. Aufl., Rdnr. 120b vor § 1, wo *Schröder* sich der Meinung *Rudolphis* anschließt).

31 s. o. S. 132 f.

32 a. a. O., S. 146.

33 Damit ist freilich noch nicht gesagt, daß dies die das Rechtsgefühl am besten befriedigende Lösung wäre; s. dazu unten S. 353.

auch der Gefahr, die Lösung des Einzelfalls der autonomen Dezision zu überlassen. Daß seine Methode trotz all dieser unbestreitbaren Vorzüge zur Lösung des Gleichstellungsproblems noch nicht auszureichen scheint, dürfte daran liegen, daß er – bedingt durch seinen Methodendualismus – den eigentlichen *Grund* der Gleichstellung von Tun und Unterlassen nicht hinlänglich herausarbeitet. Die soziale Schutzposition kann es nicht sein, denn in der Weise, wie *Rudolphi* sie versteht, gibt es zu viele Schutzpositionen, die keine Garantenstellungen nach sich ziehen. Die Rechtskriterien können es aber auch nicht sein, denn sie sind (ganz abgesehen von ihrem disparaten Charakter) nur zur Einschränkung, nicht aber zur Begründung der Gleichstellung in der Lage. *Rudolphi* hat somit keinen eigentlichen materialen Leit-Topos (die „Zentralgestalt" ist zu formal) und kann daher zwar eine phänomenologische Gruppierung unter den Garantentypen und auch eine Begrenzung des Ingerenztypus an Hand erkennbarer gesetzlicher Wertvorstellungen vornehmen, kann aber über das Vorliegen einer Garantenstellung dort nicht entscheiden, wo keine gesetzlichen Wertvorstellungen ersichtlich sind. So muß seine Stellungnahme zur Ingerenz letztlich unbefriedigend bleiben: Eine gesetzliche Wertvorstellung, daß der Ingerent aus dem Begehungstatbestand bestraft werde, ist nirgends auffindbar, und ein die Ingerenz-Garantenstellung tragender Gleichstellungs-Grundtopos ist nirgendwo aufgewiesen.

§ 13 Die materielle Sammelgruppenlehre *Henkels*

I. Darstellung

1. Ausgangspunkt von *Henkels* methodologischen Erörterungen zur Gleichstellungsproblematik[1] ist die Annahme, daß hierbei zwei Problembereiche zu unterscheiden seien: Die Frage, ob jemand Garant sei, und die davon verschiedene Frage, ob sein Unterlassen dem Tun in seinem kriminellen Unrechtsgehalt gleichgeachtet werden könne („Gleichwertigkeitsfrage"; S. 178 f.). Er spaltet also – in Übereinstimmung mit einer heute häufig vertretenen Lehre[2] – das allgemeine Gleichstellungsproblem auf in die Fragen nach den besonderen Tätervoraussetzungen und nach den besonderen Tatvoraussetzungen, während das unechte Unterlassungsdelikt nach der klassischen Lehre nur durch das Erfordernis einer besonderen Garantenstellung des Täters gekennzeichnet ist.[3] In

---

1 in MKrim 1961, 178 ff. (Tesar-Festschrift).

2 *Arm. Kaufmann* JuS 1961, 177; *Welp*, Vorangeganges Tun, S. 18 ff.; *Rudolphi*, Gleichstellungsproblematik, S. 57 ff.; *Art. Kaufmann-Hassemer* JuS 1964, 153.

3 Etwa *Baumann*, Strafrecht, S. 229 f.

methodischer Hinsicht will *Henkel* freilich beide Probleme bis zu einem gewissen Grade gleich behandeln, so daß sie hier nebeneinander dargestellt werden können und auch die Frage, ob die Gleichstellungsproblematik einschichtig oder doppelbödig gesehen werden muß, in diesem Abschnitt noch auf sich beruhen kann.

2. a) In seinen de lege ferenda angestellten Erwägungen legt *Henkel* dar, daß eine *legislatorische* Lösung des Gleichstellungsproblems wegen der unübersehbaren Vielfalt der Regelungsmaterie unmöglich sei. Bei den Garantenstellungen sei die bisherige Rechtsprechung so komplex und die Herausbildung neuer Garantengruppen noch so im Fluß, daß es ausgeschlossen sei, die Regelungsaufgabe durch eine Bildung von tatbestandlichen Sondertypen zu lösen; vor allem dürfe auch die auf dem Wandel der Sozialverhältnisse und der sozialethischen Allgemeinwertungen beruhende ständige Entwicklung auf diesem Gebiet durch keine abschließende Gesetzesformulierung zum Stillstand gebracht werden (S. 186 f.). Die Gleichwertigkeitsfrage könne vollends nur im *Einzelfall* in einem Prozeß fortschreitender Konkretisierung beantwortet werden (S. 188). Aus diesen Gründen könne im Gesetz nur ein unbestimmter Begriff, eine Generalklausel, gegeben werden, die keine anwendbare Norm darstellen, sondern nur eine regulative Funktion entfalten könne (S. 187 f.). Der Gesetzgeber könne auf Grund der methodischen Gesetzmäßigkeit seiner Bindung an die Regelungsmaterie dem Rechtsanwender nur eine Richtlinie an die Hand geben, die den wesentlichen Grundgehalt des Problems herausstelle; für ihre Formulierung sei § 13 E 1960 als vorbildlich anzusehen (S. 187, 189).[4]

b) Von dieser Generalklausel ausgehend hätten dann höchstrichterliche Rechtsprechung und Wissenschaft die Garantenstellung durch Herausarbeitung von *Fallgruppen* zu veranschaulichen. Hierbei sehe man sich zunächst – angesichts der Norminhaltsleere der Garanten-Generalklausel – einem Vakuum gegenüber, das nur durch die Herausarbeitung von ausschließlich materiellen Zuordnungs- und Differenzierungsmerkmalen angefüllt und gegliedert werden könne (S. 189). Im Anschluß an *Arm. Kaufmann*[5] und *Schönke-Schröder*[6] skizziert *Henkel* in groben Zügen eine solche Gliederung nach *materiellen Sammelgruppen*,[7] die auf der grundlegenden Unterscheidung von Schutzpositionen ge-

4 § 13 E 1960 lautet: Wer es unterläßt, einen zum Tatbestand eines Strafgesetzes gehörenden Erfolg abzuwenden, ist als Täter oder Teilnehmer strafbar, wenn er rechtlich dafür einzustehen hat, daß der Erfolg nicht eintreten werde, und sein Verhalten den Umständen nach der Verwirklichung des gesetzlichen Tatbestandes durch ein Tun gleichwertig ist. – Vgl. ferner § 13 AT 73, der sich davon nur in Formulierungsnuancen unterscheidet.

5 Dogmatik S. 283.

6 10. Aufl., S. 29 ff.

7 Die seither, wie die früheren Betrachtungen gezeigt haben, sehr beliebt geworden ist.

genüber einem bestimmten Rechtsgut und zur Überwachung einer bestimmten Gefahrenquelle aufbaut (S. 190).

c) Die erste Sammelgruppe soll dadurch gekennzeichnet sein, daß der Garant in dem Sinne auf Posten gestellt sei, daß er das ihm anvertraute Rechtsgut gegen alle Beeinträchtigungen in einer Rundumverteidigung zu schützen habe. Als Untergruppen nennt *Henkel* die Garantenstellungen aus Fürsorge- und Obhutsverhältnissen und aus Gemeinschaftsverhältnissen.

d) Grundgedanke der zweiten Sammelgruppe sei, daß der Garant zur Überwachung einer bestimmten Gefahrenquelle verpflichtet sei und deswegen allen in deren Bereich geratenden Rechtsgütern Rundumschutz gegenüber der daraus folgenden Bedrohung zu gewähren habe. Als Untergruppen nennt *Henkel* hier die Überwachung von gefährlichen Sachen, von Bereichen, in denen sich menschlicher Verkehr abspielt, und die Ingerenz, sofern sie zu einem sozialen Kontakt geführt habe (S. 191, 184 Fn. 13).

e) Als dritte Sammelgruppe ordnet *Henkel* die Pflichten des Garanten ein, innerhalb des ihm anvertrauten Herrschaftsbereiches Straftaten Dritter zu verhindern (z. B. dürfe der Haushaltungsvorstand keine Abtreibungen, Unzuchtsdelikte oder Delikte gegen Leib und Leben in seiner Wohnung dulden).

f) Weitere Sammelgruppen, etwa bei Garantenstellungen aus Berufsstellungen oder aus besonderen Vertrauensverhältnissen, hält *Henkel* für möglich, führt sie aber nicht näher aus.

3. Diese Bildung materieller *Garantengruppen* ist für *Henkel* das wichtigste methodische Hilfsmittel bei der Lösung der Gleichstellungsproblematik (s. a. a. O., S. 191). Wenn der Richter darin auch nur einen Rechtsgedanken und kein subsumtionsfähiges Begriffsgebilde finde, so besitze er doch damit eine im Verhältnis zur Generalklausel bereits spezifizierte Richtlinie. Diese Leitlinie sei allerdings für die Rechtsanwendung noch in einem doppelten Sinne offen: Einmal könne im Einzelfall trotz Vorliegens der begrifflichen Typenmerkmale eine Garantenstellung allein wegen der besonderen relevanten Umstände des Falles abzulehnen sein, und zum anderen böten die bisherigen Sammelgruppen Angliederungspunkte für neue zusätzliche Typen (S. 192).

4. Für das *Gleichwertigkeitsproblem* ist nach *Henkels* Auffassung hingegen *keine* Sammelgruppenbildung möglich. Schon der Bezugspunkt des hier erforderlichen Wertungsaktes könne nur durch eine vollkommen individualisierende Betrachtung fixiert werden. Für die Unrechtsbewertung des durch seine Einmaligkeit und Situationsgebundenheit bestimmten Unterlassens könne es gar keine Regel- oder Typenbewertungen geben. Hier müsse der Rechtsanwender daher die Unrechtsbewertung und sogar ihren aus den sozialethischen Allgemeinvorstellungen folgenden Maßstab im Einzelfall aktualisieren, ohne daß ihm mehr Rückhalt als eine Generalklausel gegeben werden könne (S. 188 f.).

Diese dritte Stufe bei der Lösung des Gleichstellungsproblems sei Aufgabe des Tatrichters, der die konkrete Garantenstellung aus der Anschauung des Einzelfalles bestimme und auf Grund eines besonderen Wertungsaktes über die Gleichbewertung des Unterlassens mit dem tatbestandlichen Tun entscheide.

II. Kritik

Henkels methodischer Abriß beschreibt – das versucht er auch nirgends zu verschleiern – eine Methode der Rechtsschöpfung in einer terra incognita, und zwar einer Rechtsschöpfung durch eine unter dem Gesetzgeber stehende Instanz, nämlich durch Rechtsprechung und Rechtswissenschaft. Dieser Übergriff in die „Vorrechte des Souveräns" wird von *Henkel* de lege ferenda damit gerechtfertigt, daß die Regelungsmaterie bei weitem zu vielgestaltig sei, als daß der Gesetzgeber in seinem beschränkten Normenwerk eine subsumtionsfähige Entscheidung treffen könne. Da de lege lata jedenfalls feststeht, daß der Gesetzgeber keine derartige Entscheidung hinterlassen hat, erheischen *Henkels* auf das künftige Recht gemünzten Darlegungen schon heute Beachtung.[8] Ein Unterschied besteht nur insoweit, als Henkel von der in § 13 E 1960 niedergelegten generalklauselartigen Grundnorm als geltendem Recht ausgeht, während gegenwärtig auch dieses oberste Prinzip noch von dem Rechtsanwender gefunden werden muß.

1. Ein grundsätzliches Bedenken gegen die Benutzung von *Henkels* Rechtsfindungsmethode zur Lösung der durch das geltende StGB aufgeworfenen Probleme erwächst daraus jedoch nicht. Die Grundnorm des § 13 E 1960 ist nämlich so allgemein gehalten, daß sie bereits de lege lata auf die Zustimmung sämtlicher im einzelnen doch so kontroversen Meinungen rechnen könnte. Da das „rechtliche Einstehen für den Nichteintritt des Erfolges" ersichtlich nicht bedeuten soll, daß eine „formelle Rechtspflicht" gefordert werde und ausreichend sei,[9] ist damit offenbar nur gemeint, daß der Unterlasser „strafrechtlich für den Erfolg geradezustehen habe", und damit stellt diese Formel gar keine Umschreibung des Inhalts der Garantenstellung, sondern nur ihrer *Rechtsfolge* dar.[10] Es

---

8 Voraussetzung ist natürlich, daß sich dieser Zustand überhaupt mit dem nullapoena-Satz verträgt; dazu unten S. 281 ff.

9 Vgl. die amtl. Begründung zu § 13 E 1960 (S. 117), die keine Bedenken gegen die Beibehaltung der Garantenstellungen aus Ingerenz und Übernahme erkennen läßt; vgl. auch die von Henkel selbst genannten Beispiele der „konkreten Lebensbeziehung".

10 *Henkel* versteht das „Einstehenmüssen" allerdings enger, etwa im Sinne einer „Normverletzung"; aber abgesehen davon, daß diese Auslegung nicht zwingend ist, wird eine Garantenpflicht ja nicht durch eine beliebige Normverletzung versäumt, sondern nur bei der Verletzung einer Strafrechtsnorm!

wird damit also nicht der Weg, sondern das Ergebnis der Garantenbestimmung angegeben, daß nämlich jemand gesucht werde, dem man den Erfolg zurechnen könne; und wer wollte gegen diese Erkenntnis protestieren? Dieser Satz des § 13 E 1960 kann daher schon dem geltenden Recht unbedenklich vorangestellt werden.

Mit dem zweiten Erfordernis des § 13 E 1960, der Gleichwertigkeit des Unterlassens mit dein Tun, ist es schon etwas schwieriger, denn eine heute immer noch stark verbreitete Meinung lehnt eine solche spezielle Gleichwertigkeitsprüfung ab.[11] Indessen ist auch hier eine Harmonisierung möglich, da die Kontroverse weitgehend formaler und kaum sachlicher Natur ist: Die „Einheitstheorie" braucht sich nämlich einem Sachargument der „dualistischen Theorie" nicht zu verschließen, sondern kann es im Rahmen der von ihr umfassender verstandenen Garantenfrage behandeln.[12] Die Gleichwertigkeitsprüfung ist daher nach der Einheitstheorie mit der Feststellung, daß jemand Garant sei, inzidenter bejaht; ihre besondere Erwähnung ist somit vom Standpunkt der Einheitstheorie nicht falsch, sondern nur überflüssig.

2. Es zeigt sich also, daß *Henkels* Methode schon de lege lata in Erwägung gezogen werden kann. Zugleich ist damit aber auch klar geworden, daß die von *Henkel* als legislatorisch allein erfaßbar angesehenen, in § 13 E 1960 enthaltenen regulativen Prinzipien nur das Ziel, nicht aber das Mittel (die Methode) der Rechtsfindung anzugeben vermögen. Es ist daher mindestens mißverständlich, wenn *Henkel* diese Regulative als eine *Richtlinie* bezeichnet (S. 187). An anderen Stellen[13] hat er selbst betont, daß die Regulative leere Räume seien, daß sich der Gesetzgeber bei ihnen zum Verzicht auf vorwegbestimmte Normgebung entschlossen habe, um dem Rechtsanwender die Entscheidung des Einzelfalles freizustellen. Als treffendstes Beispiel mag § 242 BGB dienen, der im Grunde ja nur zur Verwirklichung der materialen Gerechtigkeit anweist, ohne irgendwelche Maßstäbe zu deren Bestimmung zu enthalten. Ähnlich verhält es sich mit dem „rechtlichen Einstehenmüssen" und der „Gleichwertigkeit": Hier wird, wie *Henkel* selbst sagt (S. 187), nur der Grundgehalt des Problems herausgestellt, ein konkretisierbarer Rechtsgedanke ist darin aber nicht enthalten. Der Rechtsanwender besitzt damit noch keine Richtlinie (dafür ist nach unserem ständigen Sprachgebrauch ein materiales Leitbild erforderlich, etwa was *Henkel* unter

---

11 vgl. *Baumann*, Strafrecht, S. 235; *Maurach*, AT, S. 510; *Mezger-Blei*, AT, S. 83.

12 Vgl. auch *Henkel*, a. a. O., S. 178; ferner kann man die Gleichstellungsklausel auch noch so verstehen, daß sie nur auf die Tätigkeitsdelikte, nicht aber auf die reinen Erfolgsdelikte gemünzt ist, vgl. *Jescheck*, Lehrbuch S. 418.

13 Rechtsphilosophie, S. 68 f., 359 f.; Festschr. f. Mezger, S. 303; Recht und Individualität, S. 24 ff., 30 ff., 35.

„Rechtsgedanken“ versteht,[14] sondern nur einen Hinweis auf die Aufgabe, der er gegenübersteht. Eine Lösungsmethode kann aus *Henkels* „erster Stufe“ folglich nicht gewonnen werden.

3. a) Daß auch die „dritte Stufe“, die Verweisung auf den individuellen Wertungsakt des Tatrichters, keine Methode nachprüfbarer Rechtsfindung darstellt, ist so evident, daß darüber kein weiteres Wort verloren zu werden braucht. Damit soll freilich nicht geleugnet werden, daß die rationalen Rechtsfindungsmethoden bei der Entscheidung konkreter Fälle häufig nur bis zu einem gewissen Grade weiterhelfen[15] und die letzte Etappe schließlich doch einen auf der Individualität des Falles und der Rechtsintuition beruhenden dezisionistischen Wertungsakt erfordert. Eine solche Dezision vermag aber allein dort den Anforderungen der *Rechtssicherheit* standzuhalten, wo die wichtigsten Vorfragen auf methodischem Wege geklärt sind und die Entscheidung auf diese Weise rational vorbereitet wurde; nur dann ist gewährleistet, daß die Dezision mit den Grundlagen des einschlägigen Rechtsgebiets im Einklang steht und sich nicht durch Fußangeln und Zufälligkeiten im konkreten Sachverhalt verblüffen läßt.

b) An zwei Beispielen soll dies erläutert werden, wobei das der „Gleichwertigkeit“ vergleichbare zivilistische Regulativ von Treu und Glauben herangezogen wird. Im ersten Fall kauft eine Handelsgesellschaft eine Ware, wird aber vor deren Lieferung auf Klage eines Gläubigers (s. § 135 HGB) aufgelöst, so daß die Verwendungsmöglichkeit der Ware fortfällt.[16] Im zweiten Fall wird eine Apothekenrealkonzession verkauft, kurz darauf fällt die öffentlich-rechtliche Bedürfnisprüfung bei Erteilung einer Apothekenbetriebsberechtigung fort.[17] Wird der Kaufpreisanspruch in diesen Fällen von der nachträglichen Entwicklung berührt? Wollte man diese Fälle allein durch eine Besinnung auf Treu und Glauben, d. h. auf die materiale Gerechtigkeit, entscheiden, so würde man sicher in heillose und unüberwindliche Schwierigkeiten geraten, und zu welchem Ergeb-

---

14 vgl. Rechtsphilosophie, S. 69, 359.

15 Wohlgemerkt: nur häufig und nicht immer! Viele Fälle werden sogar so eindeutig durch den *Begriffskern* der klassifikatorischen Gesetzesbegriffe erfaßt, daß die Entscheidung im klassischen Subsumtionsverfahren ergehen kann – auch wenn das im Zuge des heute vor allem durch die Topik repräsentierten Systemkritizismus meist übergangen wird (wer wollte etwa in den Alltagsfällen, daß ein Taschendieb auf einem Fußballplatz eine Geldbörse „zieht“ oder eine Rechtsmittelschrift einen Tag nach Ablauf der Rechtsmittelfrist erst bei Gericht eingeht, nach der Natur der Sache oder einem Topoikatalog suchen). Die Grenzen des Systems liegen erst dort, wo der Begriffskern in den *Begriffshof* übergeht; vgl. zu dieser Unterscheidung *Wolff*, Verwaltungsrecht I S. 148, der auf *Jesch*, AöR 1957, 163 ff. rekurriert, dieser wiederum auf *Heck*, Gesetzesauslegung, S. 173.

16 Vgl. den ähnlichen Fall des OLG Stuttgart in NJW 1954, 233.

17 s. BGH LM (Bb) Nr. 33 zu § 242 BGB.

nis man sich auch immer durchringen würde: Stets würde in dem Veröffentlichungsblatt einige Nummern später eine Anmerkung erscheinen, in der man der Kadijustiz geziehen würde. Erst die allgemeinen Rechtsgedanken der objektiven Geschäftsgrundlage würden zeigen, daß durch die nachträgliche Entwicklung im zweiten Fall der Vertragszweck betroffen wurde, im ersten Fall dagegen nur die Risikosphäre des Käufers.[18] Und noch ein weiteres ist zu bedenken: Erst die Verfügbarkeit materialer Richtlinien (oder – im Sprachgebrauch *Henkels* – Rechtsgedanken) schärft unseren Blick für die notwendige Selektion unter den unübersehbaren Sachverhaltsbesonderheiten, denn – das haben unsere Betrachtungen zum Neukantianismus gelehrt[19] – ohne einen solchen leitenden Auswahlgesichtspunkt müßten wir in den Zufälligkeiten des konkreten Lebens versinken, und jede die gerechte Entscheidung auffindende Intuition müßte als Glücksfall erscheinen.

c) Während die Brauchbarkeit von *Henkels* Methode bei der Garantenfrage somit von seiner „zweiten Stufe" abhängt, ist sein Verzicht auf eine rationale Methode bei der Lösung des *Gleichwertigkeitsproblems*[20] nach dem oben Gesagten allenfalls vertretbar, wenn die Gleichwertigkeit durch die Bejahung der Garantenstellung indiziert würde und die anschließende Dezision nur noch Ausnahmefällen gerecht zu werden hätte.[21] Aus *Henkels* Stellungnahme (s. S. 179) geht aber klar hervor, daß er die Feststellung der besonderen Tatvoraussetzungen durch das Gleichwertigkeitsurteil als dem Garantenurteil gleichrangig und dadurch in keiner Weise präjudiziert ansieht. Infolgedessen ist sein Verzicht, dieses Urteil auf eine rationale Methode zu gründen, mit dem Bestimmbarkeitsgrundsatz des Art. 103 II GG nicht vereinbar[22] und kann daher nicht akzeptiert werden.

4. a) Zur Befriedigung unseres Bedürfnisses nach einer praktikablen Methode zur Ermittlung der Garantenstellungen kommt daher allenfalls noch *Henkels* zweite Stufe in Frage. Seine Sammelgruppenlehre stellt eine Ausformung der für die Gegenwart wohl kennzeichnendsten methodischen Denkweise dar: der *typologischen Betrachtungsweise*. Der Typus als „offene Abstraktion mittleren Grades" erfüllt weitaus am besten die heute nach der dialektischen Überwin-

---

18 Vgl. zu dieser Abgrenzung näher *Esser*, Schuldrecht I, S. 233; *Lehmann-Hübner*, Allgemeiner Teil, S. 294.

19 s. o. S. 25 ff.

20 Wo er keine zweite Stufe kennt, s. a. a. O., S. 188 f.

21 Ein Beispiel für eine derartige methodologische Struktur bietet etwa die im Schrifttum h. L. zur Auslegung des Mordtatbestandes, wonach trotz Vorliegens der Tatbestandsmerkmale ausnahmsweise dann kein Mord anzunehmen sei, wenn die Tat trotzdem nicht besonders verwerflich sei (s. die Nachw. bei *Schönke-Schröder*, § 211 Rdnr. 6).

22 s. u. S. 285 ff.

dung von Begriffsjurisprudenz und Freirechtslehre an einen Rechtsbegriff (i. w. S.) zu stellenden Anforderungen: Er faßt das bisher Erreichte systematisch zusammen und ist doch für jede neue Erkenntnis offen, er vergewaltigt nicht den Sachverhalt, sondern schmiegt sich ihm an.[23] Aus diesen Gründen muß der Wert der von *Henkel* auf der zweiten Stufe durchgeführten materialen Typenbildung außerordentlich hoch veranschlagt werden. Gleichwohl ist auch dadurch unser Verlangen nach einer brauchbaren Methode nicht ohne Rest erfüllt. *Henkels* Typen sind nämlich im Grunde empirische Geschehenstypen (im Sprachgebrauch *Engischs*[24] und *E. E. Hirschs*[25] bzw. soziologische Typen (im Sprachgebrauch von *Larenz*.[26] Henkel gewinnt sie aus einer Durchmusterung des sozialen Materials, wobei er als Selektionskriterium allein das Merkmal des „sozialen Kontakts" benutzt, das praktisch mit der schon früher[27] für untauglich befundenen „sozialen Nähe" identisch ist. Da diese Typen durch keine Gesetzesvorschrift in Bezug genommen wurden, kann die Feststellung ihrer rechtlichen Relevanz nicht einfach durch eine Anschauung der sozialen Realität erfolgen, vielmehr bedarf man dazu eines leitenden Auwahlprinzips. Wie wir bei unserer methodischen Grundlegung gesehen haben,[28] ist eine Disziplinierung des faktisch-sozialen Materials durch Gruppierung und Typenbildung unmöglich, solange man sich von keinem übergeordneten Gesichtspunkt leiten läßt; ohne diesen sind alle gefundenen Typen mehr oder weniger zufällig, kein leitender Wertgesichtspunkt hebt die relevanten Merkmale von den Zufälligkeiten des Substrats ab (allenfalls gelingt ein Glücksfall der Intuition, aber wer wollte darauf eine Methode gründen?). Da *Henkels* inhaltsleeres Regulativ zum Auswahlkriterium nicht taugt, ist zu erkennen, daß in seiner Methode zwischen Regulativ und Garantentypen das *Zwischenglied* fehlt, dessen Bedeutung er selber an anderer Stelle[29] so deutlich herausgearbeitet hat: Es fehlt (im Sprachgebrauch Henkels) der allgemeine Rechtsgedanke bzw. (in unserem Sprachgebrauch) die konkretisierbare materiale Richtlinie! Deswegen bleibt sein Regulativ inhaltsleer, deswegen sind seine Garantentypen so offen, daß jederzeit neue

---

23 Zur Lehre vom *Typus* vgl. *Larenz*, Methodenlehre, S. 423 ff.; *Henkel* Rechtsphilosophie, S. 353 f.; Recht und Individualität, S. 12, 25, 46, 57 u. passim; *Art. Kaufmann*, Analogie, S. 37 ff.; *Engisch*, Idee der Konkretisierung, S. 239 ff.

24 Idee der Konkretisierung S. 240 ff., 272.

25 Recht im sozialen Ordnungsgefüge, S. 163, 323.

26 Methodenlehre, S. 433 ff.

27 s. o. S. 168 ff.

28 s. o. S. 48.

29 Rechtsphilosophie, S. 68 f.

Typen angegliedert werden können (vgl. a. a. O., S. 192), ohne daß zu ersehen ist, welche Gesichtspunkte dafür maßgeblich sein sollen.[30]

b) *Henkels* Methode reicht also – trotz zahlreicher fruchtbarer Hinweise in seiner Sammelgruppenskizze – für unsere Zwecke nicht aus, da sie das notwendige Zwischenglied zwischen Regulativ und Garantentypen, die *materiale Richtlinie*, weder berücksichtigt noch liefert.

5. Der vorstehend begründete methodologische Vorwurf gegen *Henkel* erhält durch den nulla-poena-Satz besonderes Gewicht. Daß seine Ausführungen die Erwartung, daß ein Gesetz die Strafbarkeit vor der Tat bestimme, nur in fragwürdiger formaler Weise erfüllen, hat *Henkel* selbst eingeräumt (S. 188). Er hat diese Resignation des Rechtsstaats aus der Natur der Regelungsmaterie erklärt. Selbst wenn das zutreffen sollte – als Minimalanspruch des nulla-poena-Satzes bleibt dann, wie bereits mehrfach festgestellt, die Forderung, daß die Rechtsfindung des Richters durch ein rational nachprüfbares Verfahren erfolgt und damit der Beliebigkeit subjektiven Werterlebens entrückt ist. Da *Henkels* Methode jedoch, wie oben dargelegt, infolge des Fehlens einer materialen Richtlinie die richterliche Entscheidungsfreiheit nur in äußerst geringem Umfange an rational nachprüfbare Ableitungen zu binden vermag, verstößt sie auch gegen den nulla-poena-Satz.

§ 14 Die normativistische Methode *van Gelders*

I. Darstellung

1. Die Dissertation *van Gelders* aus dem Jahre 1967[1] stellt einen der wenigen Versuche nach dem Kriege dar, die Frage nach der Erfolgsabwendungspflicht ohne jeden Rückgriff auf soziale Strukturen rein *normativistisch*, d. h. hier durch eine zivilistische Rechtspflichtlehre zu lösen. Wenn es ihm hierbei auch in erster Linie um die *Rechtswidrigkeit* der Unterlassung geht und er die Frage nach ihrer Strafbarkeit am Schluß unter Hinweis auf die verfassungsrechtlichen Bedenken ausdrücklich offen läßt (S. 132 Fn. 7), darf seine für die Ingerenzfälle entwickelte Rechtspflichtlehre im Strafrecht doch nicht unbeachtet bleiben,

30 *Henkel* hat die Garantentypen als seine materialen Richtlinien angesehen (a. a. O., S. 192), doch dürfte es sich hierbei schon um konkretere Methodenformen – eben um *Typenbegriffe* – handeln. Es fehlt ihm jedenfalls eine diese Typenbegriffe vereinigende, allgemeine und doch zugleich materiale Richtlinie.

1 Die Entwicklung der Lehre von der sog. Erfolgsabwendungspflicht aus vorangegangenem Tun im Schrifttum des 19. Jahrhunderts.

denn wie auch immer das Verhältnis von Rechtspflichtwidrigkeit und Strafbarkeit des Unterlassens zu beurteilen sein mag – gerade bei der Ingerenzhaftung würde es einen wesentlichen Fortschritt bedeuten, wenn über Art und Herkunft der hier angeblich bestehenden Erfolgsabwendungspflicht Klarheit geschaffen würde.

2. Eine Handlung ist nach *van Gelders* Auffassung (nur) dann rechtswidrig, wenn sie mit dem Inhalt eines subjektiven Rechts eines anderen nicht vereinbar ist (S. 101). Dementsprechend soll es etwa eine Rechtspflicht aus vorangegangenem Tun zwar an sich nicht geben (S. 128); in den meisten mit dieser Bezeichnung erfaßten Fällen soll aber eine Rechtspflicht aus Gesetz vorliegen (S. 129 ff.). Die hierfür von *van Gelder* im Anschluß an Ernst *Wolf*[2] entwickelte Begründung geht von der These aus, daß eine Pflicht immer den Anspruch (d. h. ein subjektives Recht) eines anderen voraussetze. Ein solcher Anspruch könne durch Störung eines Menschen in einem absoluten Recht durch einen anderen oder durch rechtsgeschäftliche Erklärung der Beteiligten entstehen. Eine Störung in einem absoluten Recht liege dann vor, wenn die Handlung eines anderen die erhebliche Gefahr für eine Änderung des Rechtsgegenstandes berge (weswegen diese Handlung rechtswidrig sei). In Bezug auf diese Handlung bestünden für den Betroffenen vorher Unterlassungsansprüche, zwischen ihrer Vornahme und der Veränderung des absoluten Rechts Beseitigungsansprüche (d. h. auf Beseitigung der Gefährdung) und nach Veränderung des absoluten Rechts Schadensersatzansprüche (auf Wiederherstellung). So sei etwa derjenige, der einen anderen versehentlich einsperre, analog § 1004 BGB zu dessen Befreiung verpflichtet. Ebenso ließen sich in zahlreichen anderen Ingerenzfällen entsprechende Rechtspflichten herleiten.[3]

---

2 Vgl. nur Festschr. f. Herrfahrdt, 1961, S. 197 ff., u. JuS 1968, 78.

3 Die Stellungnahme *van Gelders* zu der „Übernahmegarantenstellung" braucht hier nicht näher behandelt zu werden, weil er erstens mit der Behauptung irrt, hier werde herkömmlicherweise eine Rechtspflicht aus vorangegangenem Tun angenommen, weil zweitens seine „Entdeckung", die Rechtspflicht ergebe sich in diesen Fällen aus Vertrag, alles andere als neu ist (die Vertragskategorie ist schon seit *Feuerbach* bekannt – Lehrbuch, § 24 – und entsprach seit Überwindung der kausalmonistischen Lehren des 19. Jahrhunderts der jahrzehntelang ganz herrschenden Meinung, vgl. nur *M. E. Mayer*, Allgemeiner Teil, S. 192; *v. Hippel*, Strafrecht II, S. 162; *Frank*, § 1 Anm. IV; *v. Liszt-Schmidt*, S. 190; *Mezger*, Lehrbuch, S. 143 f.), und weil sie drittens in den prekären Fällen der zivilrechtlich ungültigen Übernahme versagt (deswegen wurde auch die Vertragskategorie seit Rückgang der formellen Rechtspflichtlehren zunehmend durch den Gesichtspunkt der *faktischen Übernahme* ersetzt, vgl. *Maurach*, AT, S. 514 f.; *Mezger-Blei*, AT, S. 90 ff.).

II. Kritische Untersuchung der „Rechtspflicht zur Beseitigung"

1. Die Ausführungen *van Gelders* zur Rechtspflicht bei der Ingerenz verdienen ernste Beachtung. Wie oben bei der Kritik an *Welp*[4] dargelegt wurde, kann hier aus der die Vorhandlung verbietenden Verhaltensnorm *keine* Rechtspflicht zur Erfolgsabwendung hergeleitet werden. *Van Gelder* versucht nun, sie aus dem Wesen der absoluten Rechte herzuleiten, und zwar in Anlehnung an die gebräuchlichen zivilrechtlichen Institute der Unterlassungs- und Beseitigungsklage. Um seinen Ausführungen gerecht werden zu können, ist es zunächst erforderlich, auf die einschlägige zivilrechtliche Dogmatik etwas näher einzugehen.

2. Das BGB sieht verschuldensunabhängige negatorische Ansprüche an sich nur bei absoluten Rechten und auch nur dann vor, wenn bereits eine Beeinträchtigung vorliegt, die entweder fortdauert oder weitere Wiederholungen besorgen läßt (s. § 1004 BGB). Das Reichsgericht hat diese Ansprüche in einer Rechtsanalogie nach und nach auch dann anerkannt, wenn keine absoluten Rechte, sondern nur die in den §§ 823 ff. BGB geschützten Rechtsgüter und Interessen betroffen waren und selbst wenn noch keine Beeinträchtigung erfolgt war, sondern nur ein erstmaliger Eingriff drohte;[5] diese Rechtsprechung ist im wesentlichen bis heute beibehalten.[6] Was mit diesen Klagen auf Beseitigung oder Unterlassung verlangt werden kann, ist im einzelnen noch nicht geklärt. Jedenfalls muß insoweit zwischen den beiden Klagetypen streng unterschieden werden.

a) Der *Beseitigungsklage* liegt – wie in der zivilrechtlichen Lehre unbestritten ist[7] – ein materiellrechtlicher Anspruch zugrunde, bei dem lediglich die Abgrenzung zum Schadensersatzanspruch aus § 823 I BGB Schwierigkeiten bereitet. Der Beseitigungsanspruch geht jedenfalls nicht auf Wiederherstellung des früheren Zustandes, sondern nur auf Beseitigung der *fortwirkenden* Beeinträchtigungen; man kann damit nur den contrarius actus der störenden Tätigkeit bzw. die Beseitigung der Störungsquelle verlangen.[8] In dem von *van Gelder* genannten Fall, daß jemand einen anderen versehentlich einschließt, scheint dieser andere also tatsächlich einen zivilrechtlichen Anspruch auf Beseitigung der fortdauernden Beeinträchtigung, d. h. auf Öffnen der Tür, zu haben.

Von besonderer Bedeutung ist hier noch die Frage nach der Rechtswidrigkeit der Beeinträchtigung. Die früher herrschende Meinung, daß die Beeinträch-

---

4 s. o. S. 132 ff.

5 RGZ 48, 114; 60, 6; 101, 335; 151, 245 f. u. v. a. m.

6 Zahlr. Nachw. bei *Boehmer*, Grundlagen I, S. 37 ff.; BGHZ 2, 394; 17, 266 ff. (291).

7 Vgl. *Esser*, Schuldrecht II, S. 474; *Larenz*, Schuldrecht II, S. 479 ff.

8 *Baur*, Sachenrecht, S. 95; *Westermann*, Sachenrecht, S. 180; eingehend *Baur* AcP 160, 487 ff.; zahlr. Nachw. der Rspr. bei *Palandt-Degenhart*, § 1004 Anm. 5.

tigung eines absoluten Rechts, sofern sie nicht geduldet werden müsse, stets rechtswidrig sei,[9] wird heute immer mehr zugunsten der Erkenntnis aufgegeben, daß auch im Zivilrecht der Begriff der Rechtswidrigkeit allein zur Verhaltensordnung gehört, daß die (hier im Unterschied zum Strafrecht daneben vorhandene) „Zustandsordnung"[10] dagegen andere Kategorien erheischt.[11] Die Beeinträchtigung braucht daher – so die mit Recht vordringende Meinung – vom Störer nicht rechtswidrig herbeigeführt, sondern nur überhaupt *veranlaßt* zu sein;[12] die Kategorie der Rechtswidrigkeit ist hier fehl am Platze.[13]

b) Die heute gewohnheitsrechtlich anerkannte sog. vorbeugende *Unterlassungsklage* dient dagegen der Abwehr drohender Rechtsgutseingriffe, indem sie eine Vorverlegung des im BGB ausdrücklich eingeräumten Rechtsschutzes schafft. Die in der zivilistischen Dogmatik außerordentlich umstrittene Frage, ob dieser Klage ein materiellrechtlicher Anspruch zugrunde liegt,[14] kann hier offen gelassen werden, denn daß den Beklagten in diesen Fällen jedenfalls eine entsprechende *Rechtspflicht* trifft, ist unbestritten und auch unbestreitbar, denn es handelt sich dabei im Grunde um das allgemeine Verbot, die Deliktstatbestände der §§ 823 ff. BGB zu erfüllen. Dementsprechend wird in der Rechtsprechung auch ausnahmslos die *Rechtswidrigkeit* der drohenden Handlung als Voraussetzung der Unterlassungsklage angesehen.[15] Man kann also sagen: Die

---

9 So heute noch *Baur*, Sachenrecht, S. 92; AcP 160, 465 ff.

10 Dieses Begriffspaar wurde von *Roxin*, ZStW 74, 529, übernommen. Noch korrekter wäre es vielleicht, statt von „Zustandsordnung" von einer „Risikoordnung" zu sprechen, weil hiermit zugleich deutlich gemacht wäre, daß es dabei um die Zurechnung von Risiken und Schäden geht, die auf keine normbestimmte menschliche Handlung zurückgeführt werden können.

11 Aus dem unübersehbaren zivilrechtlichen Schrifttum *Esser*, Schuldrecht II, S. 470 f.; *Münzberg*, Verhalten und Erfolg, S. 383 ff.; JZ 1967, 689 f.; *Wiethölter*, Rechtfertigungsgrund, S. 55; *Deutsch*, Fahrlässigkeit und erforderliche Sorgfalt, S. 212.

12 S. *Münzberg*, Verhalten und Erfolg, S. 384, und das Beispiel bei *Esser*, a. a. O., S. 470.

13 Wenn man an der alten Terminologie festhält und auch die Störung als „rechtswidrig" bezeichnen will, muß man sich doch darüber im klaren sein, daß diese „Rechtswidrigkeit" etwas ganz anderes ist als die im Strafrecht relevante Normwidrigkeit und daß eine Gleichstellung dieser beiden Kategorien ausgeschlossen ist!

14 Vgl. – bejahend – *Lehmann*, Unterlassungspflicht, S. 125 ff.; *Münzberg* JZ 1967, 689; – verneinend – *Esser*, Schuldrecht II, S. 474 f.; *Larenz*, Schuldrecht II, S. 479 f.; – vermittelnd – *Zeuner*, Festschr. f. Dölle I, S. 305 f.

15 Vgl. nur RGZ 101, 340; 151, 245; BGHZ 2, 394; 17, 291 u. auch *Baur*, a. a. O. Die Zahl dieser Entscheidungen ist im übrigen auf dem Gebiet des gewerblichen Rechtsschutzes Legion, denn hier ist die Unterlassungsklage (etwa nach den §§ 1, 3, 6a, 6b, 13, 14, 16, 25 UWG; 24 WZG u. v. a. m.) auch in ihrer vorbeugenden Form zum normalen Rechtsschutzmittel geworden. Eine nähere Darstellung oder Nachweisung dieser Rspr. ist jedoch für die Zwecke der vorliegenden Darstellung nicht erforderlich. Hinzuweisen ist lediglich noch auf die interessante (und proble-

Unterlassungsklage wird von der ständigen Rechtsprechung gegen drohende Verbotsverletzungen zur Verfügung gestellt.

3. a) Die Einordnung der (möglicherweise bestehenden) Rechtspflicht aus Ingerenz in diese beiden Pflichttypen (auf Beseitigung und auf Unterlassung) bereitet einige Schwierigkeiten. Eine Pflicht zur Beseitigung kann sie nicht sein, sofern nicht (wie in dem Einschließungsfall) die Ausnahme vorliegt, daß bereits eine Rechtsgutsbeeinträchtigung eingetreten ist, die in die Zukunft fortwirkt. Ein Unterlassungsanspruch ist andererseits, wie bereits dargelegt, in der Rechtsprechung bisher nur dann anerkannt worden, wenn die Eingriffshandlung noch gar nicht vorgenommen war.[16] Die Rechtsprechung zum Beseitigungs- und Unterlassungsanspruch ergibt für die Frage der Rechtspflicht aus Ingerenz daher unmittelbar nichts. Eine Begründung dieser Rechtspflicht könnte jedoch in der neuerdings im Vordringen begriffenen Lehrmeinung gefunden werden, daß die Unterlassungsklage auch gegen drohende nicht-rechtswidrige Eingriffe zur Verfügung stehe, etwa wenn die Beeinträchtigung aus einem in den Veranlassungsbereich des Beklagten fallenden gefährlichen *Zustand* drohe.[17] Bei dieser Auffassung wird die Unterlassungsklage nicht als vorverlegter Rechtsschutz gegen drohende Verbotsverletzungen, sondern als Vorverlegung des (keine Rechtswidrigkeit voraussetzenden) *Beseitigungsanspruchs* gesehen: Der Unterlassungsanspruch ist bereits dann gegeben, wenn die drohende Beeinträchtigung dem anderen nur als *Veranlasser* zugerechnet werden kann, eine drohende oder bereits vorliegende Normverletzung ist nicht erforderlich.[18] In diese Konstruktion läßt sich auch die zur Prüfung anstehende Rechtspflicht aus Ingerenz zwanglos fügen. Die Vorhandlung macht den Ingerenten zum *Veranlasser*, gleichgültig, ob sie ein Verbot verletzte oder nicht, und auf Grund dieser Kausalhaftung ist er zur „vorbeugenden Beseitigung" verpflichtet.

b) Eine solche von der Rechtswidrigkeit unabhängige Verpflichtung kann nicht nur bei einer drohenden Beeinträchtigung von absoluten Rechten und ab-

---

matische!) Entscheidung BGH (ZS) NJW 1970, 243 ff. (245), in der der BGH zu einer weitgehenden Verquickung von Unterlassungs- und Beseitigungsanspruch gelangt.

16 Vgl. die Sachverhalte in RGZ 101, 335 ff.; 151, 239 ff.; BGHZ 2, 394 ff.; 17, 266 ff.; in sämtlichen Fällen sollte eine für die Zukunft erwartete Beeinträchtigungs*handlung* des Gegners verhindert werden.

17 *Stoll* AcP 162, 223; *Münzberg* JZ 1967, 690 f.; *Esser*, Schuldrecht II, S. 470 mit einem instruktiven Beispiel.

18 Zwar darf nicht verkannt werden, daß auch dieser „vorgezogene Beseitigungsanspruch" auf einer Norm beruht, die dem Veranlasser die Verhinderung oder Beseitigung von Rechtsgutsbeeinträchtigungen zur Pflicht macht; diese Norm hat aber mit der Verbotsnorm nichts zu tun und kann erst recht nicht aus ihr abgeleitet werden.

solut geschützten Lebensgütern bestehen,[19] sondern auch bei der Beeinträchtigung bloßer *Rechtsgüter* im Sinne von rechtlich geschützten Interessen,[20] allerdings mit einer wichtigen Einschränkung: die drohende Beeinträchtigung muß gerade durch die im gesetzlichen Tatbestand (etwa den Vorschriften des UWG oder anderer Schutzgesetze) beschriebene *Handlung* erfolgen, denn die Rechtsgüter sind eben nicht absolut, sondern nur relativ, d. h. nur gegen gesetzlich besonders umschriebene Eingriffe geschützt. Die quasinegatorische Abwendungsverpflichtung setzt daher neben der drohenden Rechtsgutsverletzung auch die *Tatbestandsmäßigkeit* der Vorhandlung voraus.[21] In den meisten Fällen wird hier ausreichen, daß die Handlung (dem Veranlassungsprinzip folgend) den *objektiven* Tatbestand erfüllt, so wenn etwa das Schutzgesetz § 263 StGB dadurch verletzt wird, daß durch eine unvorsätzliche Täuschung ein Irrtum erregt wird. Es sind aber auch Fälle denkbar, wo sich der subjektive Tatbestand nicht vom objektiven trennen läßt, weil der objektive erst vom subjektiven sein Gepräge bekommt. Ein Beispiel ist etwa § 826 BGB: Hier ist die *vorsätzliche* Schädigung unverzichtbare Voraussetzung der Handlungsmodalität.[22] Infolgedessen setzt auch der quasinegatorische Abwendungsanspruch hier voraus, daß die Vorhandlung von Schädigungsvorsatz getragen war.

4. Die Behauptung *van Gelders*, die Rechtspflicht bei der Ingerenz folge aus dem Wesen des absoluten subjektiven Rechts, hat sich also in gewissem Umfange erhärten lassen; nur in gewissem Umfange, weil diese Rechtspflicht zwar eine in das Verständnis vom absoluten Recht passende Rechtsfolge darstellt, aber keineswegs mit der Aufstellung (bzw. Annahme) eines absoluten Rechts notwendig mitgegeben ist (und weil eine solche Pflicht, wie wir gezeigt haben, nicht nur bei absoluten Rechten, sondern auch bei bloß relativ geschützten Rechtsgütern begründbar ist!). Nach der Konstruktion des BGB besteht nämlich ein Beseitigungsgebot erst *nach* Eintritt einer Beeinträchtigung,[23] während vorher nur das Verbot rechtswidriger Beeinträchtigung, aber kein den Veranlasser treffendes Abwendungsgebot besteht. Während die Rechtsprechung diese Schranke, wie wir gesehen haben, bisher noch nicht durchbrochen hat, hat die neuere Literatur das *Veranlassungsprinzip* über die in § 1004 BGB ausdrücklich

---

19 S. dazu *Zeuner*, a. a. O., S. 306 und *Fikentscher*, Schuldrecht, S. 645.

20 Die zivilistische Terminologie ist nicht eindeutig, häufig werden die absolut geschützten Lebensgüter des § 823 I BGB (Leben, Freiheit, Gesundheit) als Rechtsgüter bezeichnet – etwa bei *Esser*, Schuldrecht II, S. 397. Die hier verwendeten Begriffsbestimmungen erscheinen jedoch angebrachter, weil sie den entscheidenden Unterschied zwischen *absolut* und bloß *relativ* geschützten Rechtspositionen erkennen lassen.

21 *Esser*, Schuldrecht II, S. 470; *Münzberg* JZ 1967, 690 f. m. weit. Nachw.

22 *Esser*, Schuldrecht I, S. 243; Schuldrecht II, S. 411.

23 Vgl. den Wortlaut des § 1004 BGB und zur Entstehungsgeschichte *Münzberg* JZ 1967, 688 ff.

geregelten Rechtsfolgen hinaus erweitert und daraus ein *Abwendungsgebot* gewonnen, und zwar durch *Rechtsschöpfung*, denn durch Auslegung des BGB war dieses Ergebnis nicht zu erreichen. Da die Meinung einiger weniger Autoren[24] noch kein Gewohnheitsrecht schaffen konnte und auch die ständige Ingerenz-Rechtsprechung der Strafgerichte dazu nicht in der Lage war,[25] steht die Rechtspflicht bei Ingerenz noch heute im Zwielicht aller Rechtsschöpfung, die von einer Instanz unterhalb des Gesetzgebers erfolgt: Man kann sie als interessengemäße Weiterentwicklung der Beseitigungspflicht „post festum" gutheißen, oder man kann sie als zu weitgehende Ausdehnung der Veranlassungshaftung ablehnen.

5. Einmal unterstellt, daß die rechtsschöpferische Ausdehnung des Veranlassungsprinzips im Zivilrecht sich als richtig erweist – was hat das für die strafrechtliche Ingerenzhaftung zu bedeuten? Zu dieser Frage läßt sich auch ohne besonderen Vorgriff auf unsere späteren Erörterungen zum Verhältnis von metastrafrechtlicher Rechtspflicht und strafrechtlicher Garantenstellung[26] folgendes sagen: Die Ingerenz-Garantenstellung steht nicht expressis verbis im Gesetz und muß daher irgendwie begründet werden (diese Ausgangsweisheit ist trivial). Nach unseren bisherigen Überlegungen scheidet eine gewohnheitsrechtliche Begründung ebenso aus wie eine Ableitung aus der Verbotsnorm. Auch eine Ableitung aus dem Prinzip der Naturalrestitution (§ 249 BGB) ist nicht möglich, da hierbei immer ein bereits entstandener Schaden vorausgesetzt ist, während es bei der Ingerenz-Garantenstellung gerade um die Abwendung drohender Schäden geht. Der einzige überhaupt zur Stützung der Ingerenz-Garantenstellung in Frage kommende Rechtsgedanke ist daher das *Veranlassungsprinzip*. Seine *polizeirechtliche* Ausprägung[27] ist für das Strafrecht wegen ihrer Uferlosigkeit und ihrer einseitigen Orientierung zu Lasten des Verursachers wenig brauchbar. Im bürgerlichen Recht finden wir hingegen eine gegliederte Durchbildung des Veranlassungsprinzips, die in ihrer Differenzierung nach absolut und relativ geschützten Rechtspositionen sogar weitgehend der strafrechtlichen Unterscheidung von Erfolgs- und Tätigkeitsdelikten entspricht. Das Veranlassungsprinzip in seiner bürgerlichrechtlichen Ausgestaltung vermag daher einen Anhaltspunkt für die Ingerenz-Garantenstellung zu liefern und läßt diese jedenfalls als *möglich* erscheinen. Aus der im einzelnen noch später zu begründenden Forderung, daß die Annahme einer Garantenstellung niemals im Widerspruch

---

24 *Esser, Münzberg, Stoll,* Ernst *Wolf* und *van Gelder.*

25 s. o. S. 74 ff.

26 s. u. S. 243 ff.

27 Vgl. dazu *Friauf* in *von Münch,* Besonderes Verwaltungsrecht, S. 166 ff.; *Drews-Wacke,* Polizeirecht, S. 220 ff.; *Hurst* AöR 1958, 45 ff.

zu der engeren (metastrafrechtlichen) rechtlichen Ordnung stehen darf,[28] ergibt sich ferner, daß die bürgerlichrechtliche Veranlassungshaftung für die strafrechtliche Garantenhaftung zugleich die äußerste Grenze darstellt. Sie bedeutet daher sowohl einen *Anhaltspunkt* für die Möglichkeit der Ingerenz-Garantenstellung als auch eine *Begrenzung* jeglicher Begründung.

6. a) Damit taucht jedoch sogleich die Frage auf, ob nicht die vorangegangene strikte Ablehnung aller Versuche, das Gebot bei der Ingerenz aus dem Verbot zu entwickeln,[29] hierdurch desavouiert ist. Ist es nicht eine bloße Frage der façon de parler, ob man hier die Rechtspflicht aus dem Verbot ableitet oder aus dem Beseitigungsgebot gewinnt? So naheliegend dieser Einwand gegen unser Vorgehen an sich ist, so wenig wird er doch der eigentlichen Problematik gerecht. Wenn man die Rechtspflicht aus dem Verbot ableitet, gelangt man nämlich unweigerlich zu dem Ergebnis, daß die Verletzung des Verbotes und die Nichterfüllung des Gebotes gleich zu behandeln seien, da das Verbot und das daraus abgeleitete Gebot im Grunde ebenfalls qualitativ gleichwertig seien. Bei der hier vorgenommenen, allein haltbaren Gewinnung der Ingerenz-Rechtspflicht aus dem am *Veranlassungsprinzip* orientierten Beseitigungsgebot wird dagegen ohne weiteres klar, daß dieses Abwendungsgebot auf einem qualitativ verschiedenen Grundgedanken beruht, der den Bereich der Zurechnung im Vergleich zur Zurechnung qua Verbotsnorm in gewaltigem Maße ausdehnt – letztlich nämlich einer reinen Verursachungshaftung nahekommt.[30] Bei dieser Einbettung – und nur bei ihr – zeigt sich, daß die Ingerenz-Rechtspflicht zwar auf dem Gebiet des am Verursachungsprinzips orientierten Polizeirechts die Zurechnung begründen kann, auf dem Gebiet des am Unrechtsprinzip orientierten Strafrechts aber – wenn überhaupt – nur in Verbindung mit zusätzlichen Kriterien.

b) Die Erfolgsabwendungspflicht nach vorangegangenem gefährlichem Tun hat also nichts mit der Verbotsnorm zu tun, sondern beruht auf viel ausgedehnteren Zurechnungsgrundsätzen. Ihre strafrechtliche Relevanz kann auch nicht durch die Lehre *Rudolphis* gerettet werden, der ja nur *verbotswidrige* Vorhandlungen zur Begründung einer strafrechtlichen Erfolgsabwendungspflicht ausreichen lassen will.[31] Denn sub specie „Rechtspflicht“ macht das keinen Unter-

---

28 s. u. S. 248 ff.

29 s. o. S. 132 ff.

30 Die einzige Einschränkung ist praktisch noch das Erfordernis der *Adäquanz*, während die „Unmittelbarkeit“ keine große Rolle spielt, denn nach st. Rspr. braucht die Störung nur *mittelbar* auf den Willen des Störers zurückzuführen zu sein, s. die zahlr. Nachw. bei *Soergel-Siebert* (*Mühl*), § 1004, Rdnr. 30 f.

31 s. o. S. 188 f.

schied, weil dafür, wie dargelegt, *nur* der Störungscharakter der Vorhandlung, nicht auch ihre Rechtswidrigkeit relevant ist. *Rudolphis* Einschränkung ist daher für eine pflichtimmanente Betrachtung unverwertbar; ihre Bedeutung für eine pflichttranszendente (spezifisch strafrechtliche) Betrachtung steht hier nicht zur Debatte.

7. Damit ist auch das abschließende Urteil über *van Gelders* Methode vorbereitet. Sein normativistischer, an höchste Abstraktionen wie dem „subjektiven Recht" und dem „Rechtsverhältnis" anknüpfender Ansatz ermöglicht zwar eine Lösung der zivilistischen dogmatischen Probleme, kann aber für die strafrechtliche Rechtsfindung nur unter zwei alternativen Voraussetzungen fruchtbar sein: Wenn entweder alle bürgerlichrechtlichen Rechtspflichten die Unterlassung zum strafrechtlichen Handlungsäquivalent machen, oder wenn die strafrechtliche Handlungsäquivalenz wenigstens eine metastrafrechtliche Rechtspflicht voraussetzt. Die erste Voraussetzung ist, wie seit dem Niedergang der formellen Rechtspflichttheorie einhellig anerkannt ist, schlechterdings unzutreffend. Die zweite Voraussetzung ist, wie im einzelnen noch zu erarbeiten ist,[32] zwar in gewisser Weise richtig. Der Wert von *van Gelders* Methode liegt dementsprechend aber nur darin, daß die strafrechtliche Ingerenz-Garantenstellung als *möglich* erkannt wird;[33] darüber hinausgehende Selektions- oder Spezifikationsfunktionen vermag sie dagegen kaum zu erfüllen. Spezifikationsbedürfnisse kann sie von vornherein nicht befriedigen, denn dafür sind, wie gesagt, zusätzliche *strafrechtliche* Kriterien erforderlich. Zur Selektion würde sie nur dann dienen, wenn sie das *Fehlen* von zivilistischen Rechtspflichten erwiese. Und gerade hierfür haben die bisherigen Betrachtungen wenig ergeben, denn die Beseitigungspflichten gehen im heutigen Zivilrecht so weit, wie es geschützte Rechtspositionen überhaupt gibt.[34] Als Methode der strafrechtlichen Gleichstellung von Tun und Unterlassen kann *van Gelders* Argumentation daher nicht dienen.[35]

---

32 s. u. S. 248 ff.

33 D. h. sie kann die Ingerenz-Garantenstellung nicht begründen, sondern lediglich nicht widerlegen (hat also nur eine negative Funktion).

34 Zu einer Selektionswirkung s. aber u. S. 236 f. bei der Meineidshilfe durch Unterlassen.

35 Dabei muß allerdings bemerkt werden, daß *van Gelders* diesen Anspruch auch nie erhoben hat und die strafrechtliche Problematik bewußt nur am Rande streift (a. a. O., S. 132 Fn. 7).

§ 15 Die legalistische Methode *Böhms*

I. Darstellung

1. Während *van Gelders* Betrachtung also nur für die Frage Frucht bringt, ob eine (zivilistische) Rechtspflicht besteht, die strafrechtlichen Probleme hingegen offen läßt, hat *Böhm* in seiner Dissertation aus dem Jahre 1957[1] versucht, die strafrechtliche Garantenfrage durch eine Induktion aus positiven gesetzlichen Stellungnahmen, und zwar vornehmlich solchen des StGB, zu lösen.[2]

2. Die Suche nach der rechtswidrigen Unterlassung[3] beginnt *Böhm* mit der unzweifelhaft richtigen Feststellung, daß sich die Rechtmäßigkeit oder Rechtswidrigkeit eines Verhaltens jeweils aus der gesamten Rechtsordnung ergebe. Da die Rechtsordnung seiner Meinung nach für uns nur in den Gesetzen erkennbar ist, in denen sie ihren Niederschlag gefunden habe, soll bei der Ermittlung der Erfolgsabwendungspflichten von den im Strafgesetzbuch geregelten Fällen einzelner unechter Unterlassungsdelikte auszugehen sein (Diss. S. 51, 94). Im Jahre 1961 spricht *Böhm* sogar davon, daß sich aus diesen „positiven" unechten Unterlassungsdelikten (u. a. §§ 121, 123, 221) ein *Gleichstellungsobersatz* ableiten lasse (JuS 1961, 179). Zur Ergänzung will *Böhm* auch Bestimmungen anderer Gesetze heranziehen, die Rechte und Pflichten des einzelnen normieren (Diss. S. 95).

3. Wie *Böhm* auf diese Weise aus den wenigen unechte Unterlassungsdelikte ausdrücklich erwähnenden Vorschriften des Strafgesetzbuchs Garantenstellungen „destilliert", soll an einigen charakteristischen Beispielen gezeigt werden.

Wenn es auch den Anschein hat, daß seine Bedenken gegen die strafrechtliche Relevanz der Ingerenz-Rechtspflicht nur auf den nulla-poena-Satz gestützt sind, hat er doch nirgends ausdrücklich gesagt, daß die zivilistische Rechtspflicht schon „an sich" für die strafrechtliche Handlungsäquivalenz der Unterlassung ausreiche.

1 Die Rechtspflicht zum Handeln bei den unechten Unterlassungsdelikten.

2 Eine kurze Zusammenfassung seiner Ansichten hat er später in JuS 1961, 177 ff. gegeben (dort aber mit stärkerer Betonung der Induktion aus dem StGB).

3 Die Garantenstellung ist nach *Böhms* Auffassung (Diss. S. 49 ff.) Merkmal der Rechtswidrigkeit. Wenn das damit angesprochene Standortproblem auch inzwischen dahin geklärt sein dürfte, daß die sachlichen Voraussetzungen der Garantiepflicht zum Tatbestand gehören (BGHSt. 16, 155), so spielen diese systematischen Unterschiede auf der Grundlage des heute zunehmend vertretenen zweigliedrigen Verbrechensaufbaus (vgl. aus dem unübersehbaren Schrifttum nur *Roxin*, Offene Tatbestände, S. 174 ff.; M *Krim* 1961, 213 ff. (Tesar-Festschrift); ZStW 74, 542 ff.; *Schaffstein* MDR 1951, 199; ZStW 72, 369 ff.; *Art. Kaufmann* JZ 1954, 653; 1956, 353, 393; *Schönke-Schröder*, § 59 Rdnr. 21; weit. Nachw. bei *Hirsch*, Die Lehre von den negativen Tatbestandsmerkmalen, S. 21 ff.) doch im wesentlichen nur noch für die Irrtumsfragen eine Rolle.

a) Als strafgesetzlich vertypte Ingerenzfälle sieht Böhm die §§ 170c (Diss. S. 53 Fn. 232) und 123 2. Alt. (JuS 61, 180) an. Allerdings scheint ihm die Beweiskraft dieser beiden Bestimmungen nicht ausreichend zu sein, denn bei seiner nach Garantengruppen gegliederten Einzeldarstellung begründet er die Ingerenzhaftung aus dem Grundrecht auf freie Entfaltung der Persönlichkeit (Art. 2 GG): Da der Gesetzgeber nicht jedes Verhalten, das Dritte gefährden könnte, verboten habe, folge daraus für denjenigen, der eine Dritte gefährdende unverbotene Handlung vornehme, zugleich die Pflicht, mögliche Schädigungen zu verhindern (Diss. S. 83 f.).

b) Für die Garantenstellung der Eltern findet *Böhm* in den §§ 170b, 170d, 221, 223b eine relativ breite Basis. Diese Bestimmungen seien Ausdruck der überall in der Rechtsordnung anerkannten Norm, daß die Eltern für ihre minderjährigen Kinder zu sorgen hätten (Diss. S. 62).

c) Die Garantenstellung des Wohnungsinhabers sieht *Böhm* in § 223b anerkannt (Diss. S. 54, 67). Einen „höheren Rückhalt" findet er in dem verfassungsrechtlich verankerten Recht auf Unverletzlichkeit der Wohnung (s. Art. 13 GG), das jedem Fremden und weitgehend auch der Polizei das Betreten der Wohnung versage. Wem die Rechtsordnung ein solches Vorrecht einräume, von dem könne sie auch verlangen, daß er in seiner Wohnung Schädigungen einzelner oder der Allgemeinheit verhindere.

d) Die Rechtspflicht aus Vertrag sieht *Böhm* zwar in § 266 anerkannt (Diss. S. 53 Fn. 231), doch stützt er sie später nicht auf eine Induktion aus dem Strafgesetzbuch, sondern auf den Gedanken, daß derjenige, der freiwillig die Fürsorge für ein Rechtsgut übernehme und damit das Vertrauen des Rechtsgutsträgers oder anderer schutzverpflichteter oder schutzbereiter Personen in Anspruch nehme, die Rechtspflicht habe, den drohenden Erfolg abzuwenden (Diss. S. 74 ff., 95). Später betont er stark die Verwandtschaft dieser Erfolgsabwendungspflicht mt der Ingerenz (Diss. S. 94 f., JuS 1961, 180 f.).

4. Nachdem *Böhm* auf diese Weise die verschiedenen Fallgruppen abgehandelt hat, skizziert er eine allgemeine Garantenlehre Sie erschließt sich ihm durch die Aufteilung sämtlicher Garantenstellungen in zwei Gruppen:

a) Die Pflichten der ersten Gruppe („aus Gesetz") seien den Personen auferlegt, denen die Rechtsordnung besondere *Vorrechte* einräume. Die Ehegatten hätten ein Recht auf Gemeinschaft mit dem Partner, seien folglich auch verpflichtet, die Rechtsgüter des anderen zu schützen; der Beamte habe in dem Umfang, in dem er vor anderen besondere Rechte genieße, besondere Pflichten.[4] Diese „besonderen Vorrechte" erläutert *Böhm* dahin, daß nicht jedes klei-

4 Diss. S. 94; die weiteren Beispiele wurden schon oben gestreift.

ne Recht und nicht jeder kleine Vorzug ausreiche, sondern vielmehr solche Rechte erforderlich seien, in deren Inhaber die Allgemeinheit zugleich das Vertrauen setze, daß er, diesen Rechten entsprechend, die Abwehr der Gefahren übernehme, die typischerweise innerhalb seines Herrschaftsbereiches vorkämen. Der Grund für die aus diesen Rechten folgenden Pflichten sei, daß die Gesellschaft im Vertrauen auf das Funktionieren der Träger dieser Rechte auf sonst übliche Sicherungen verzichte (Diss. S. 74).

b) Die Pflichten der zweiten Gruppe sollen denjenigen Personen obliegen, die – sei es erlaubt, sei es unerlaubt – eine Lage schaffen, die zur Begründung oder Erhöhung von Gefahren für fremde Rechtsgüter geeignet ist; Unterfälle seien die Übernahme und die Ingerenz (S. 94 f.).

II. Kritik

Von *Böhms* Ableitungsmethode verdienen zwei Punkte eine eingehende Analyse: die Induktion aus dem StGB und die These von den Garantenstellungen qua besonderer Vorrechte. Seine übrigen Darlegungen enthalten nichts für uns grundsätzlich Neues und sind durchweg schon in den früheren Abschnitten behandelt worden.

1. Die Induktion der Garantenstellungen aus dem StGB ist ein außerordentlich verlockender Gedanke, der ja schon *Nagler* bei der Entwicklung des Garantenbegriffs geleitet hat.[5] Gleichwohl muß man schon a priori skeptisch sein, wenn man sich die Gründe vor Augen führt, die zu den rudimentären Erscheinungen der versprengten unechten Unterlassungsdelikte im RGStGB von 1871 geführt haben. Der Verkümmerung der etwa im ALR zu findenden überreichen Kasuistik zu relativ wenigen abstrakten Tatbeständen sind die meisten alten Unterlassungstatbestände zum Opfer gefallen.[6] Vom Standpunkt der im 19. Jahrhundert in den gesetzgebenden Gremien allgemein anerkannten „formellen Rechtspflichttheorie“ war die Erwähnung der Unterlassung im Gesetz schlechthin überflüssig, und es war dem Zufall zu danken, wenn sich ein unechter Unterlassungstatbestand ins RStGB hinüberrettete. Von vielen möglichen Beispielen sei hier nur die Kindstötung genannt, wo etwa die zahllosen Tatmodalitäten des ALR nach und nach abgestorben sind, bis im RStGB die Unterlassung als (selbstverständliche) Tathandlung gar nicht mehr genannt wurde.[7] Da somit

5 GS 111, 55, 59 f.

6 s. o. S. 60 f.

7 Vgl. etwa die Kasuistik in § 967 II 20 ALR, wo z. B. die Nichtverbindung der Nabelschnur besonders genannt wird.

hinter den im StGB ausdrücklich erwähnten unechten Unterlassungsdelikten keine irgendwie geartete systematische Konzeption steckt, müßte es an ein Wunder grenzen, wenn sie Stoff genug für eine vollständige Induktion, für die Schaffung eines vollständigen Ähnlichkeitskreises im Sinne *Klugs*,[8] bieten könnten.

2. *Böhms* Analogieversuch hat daher von vornherein nur geringe Erfolgsaussichten. Freilich muß nun noch an den oben ausgewählten Beispielen untersucht werden, ob nicht doch das Unwahrscheinliche zum Ereignis wurde und *Böhm* eine einigermaßen vollständige Induktion geschafft hat.

a) Die §§ 123, 170c vermögen, wie auch *Böhm* implizite zugegeben hat, die allgemeine Ingerenz-Garantenstellung in Wahrheit nicht zu tragen. Voraussetzung des Hausfriedensbruchs durch Unterlassen der Entfernung ist nach § 123 nur, daß sich der zum Gehen Aufgeforderte überhaupt in den geschützten Räumen befindet. Wie er dort hineingekommen ist – rechtswidrig, rechtmäßig oder auch ohne sein Zutun –, spielt überhaupt keine Rolle. Der Hausfriedensbruch durch Unterlassen hat daher mit dem Ingerenzgedanken überhaupt nichts zu tun.[9]

Um von § 170c zu einer allgemeinen Ingerenzhaftung zu kommen, muß man schon auf das für einen Analogieschluß allgemein anerkannte Erfordernis der Übereinstimmung in *wesentlichen* Punkten[10] überhaupt verzichten. Die durch VO von 1943 ins StGB eingeführte Vorschrift beruht auf kriegs- und ideologiebedingter Mutterschutzemphase und stellt, da sie geflissentlich keine metastrafrechtliche Rechtspflicht verlangt,[11] sondern sich mit der „Gewissenlosigkeit" des Täters begnügt, eindeutig einen Übergriff des Strafrechts in den Bereich reiner Individualmoral dar.[12] Eine Verallgemeinerung des Rechtsgedankens dieser singulären und bedenklichen Vorschrift (seelische Grausamkeit ist – leider! – kein tauglicher Gegenstand des Kriminalrechts) kommt daher nicht in Frage, ganz abgesehen davon, daß *Böhm* die Konsequenz, nur der *gewissenlose* Ingerent sei zu bestrafen, wohl nicht akzeptieren würde.

Das StGB bietet für die Ingerenzhaftung somit keine Induktionsbasis.[13] Daß *Böhm* dies im Grunde ebenfalls gesehen hat, zeigen seine späteren Versuche,

---

8 Juristische Logik, S. 120 ff.

9 Ebenso *Welp*, Vorangegangenes Tun, S. 153 ff.; dort auch S. 155 ff. die Überprüfung weiterer potentieller Induktionsbasen.

10 *Engisch*, Einführung, S. 143 ff.; *Larenz*, Methodenlehre, S. 360 ff.

11 Vgl. BGH NJW 1963, 214; *Roth-Stielow* FamRZ 1960, 482; *Welzel*, Strafrecht, S. 428; *Jagusch*, LK, § 170c Anm. 2; a. M. *Kohlrausch-Lange*, § 170c Anm. I; *Maurach*, BT, S. 420.

12 Vgl. *Schönke-Schröder*, § 170c Rdrn. 1.

13 Vgl. auch die treffenden Ausführungen von *Welp*, Vorangegangenes Tun, S. 155 ff.

dafür eine materiale Begründung zu geben (s. o. S. 188). Seine Ableitung der Ingerenz-Garantenstellung aus dem Grundrecht auf allgemeine Handlungsfreiheit ist jedoch nicht recht verständlich, und auch seine sonstigen Ausführungen erreichen bestenfalls die Argumentationskraft der schon früher behandelten Autoren; ein nochmaliges Eingehen auf diese Argumente ist daher hier überflüssig.

b) Daß die §§ 170b, 170d, 221, 223b (und, so möchte man hinzufügen, manche anderen mehr, vgl. nur § 143) die Garantenstellung der Eltern für ihre minderjährigen Kinder mit einiger Sicherheit ergeben, kann *Böhm* unbedenklich zugegeben werden. Hier liegt einer jener seltenen Glücksfälle vor, wo das StGB noch reich an anschaulichen Tattypen ist,[14] die in ihrer Gesamtheit wirklich einmal einen Analogieschluß auf eine allgemeine Garantenstellung zulassen. Allerdings ist der Ertrag auch nicht so groß, wie man auf den ersten Blick annehmen könnte. Denn daß die Eltern eine Garantenstellung haben, vermöchte man für diesen geradezu archetypischen Fall wohl auch ohnedem zu erweisen. Und daß die entscheidende Frage nach der Reichweite dieser Garantenstellung durch die Handvoll positiver StGB-Normen nicht vollständig beantwortet wird, versteht sich ohne langen Kommentar.

c) *Böhms* Versuch, aus § 223b die Garantenstellung des Wohnungsinhabers herauszupräparieren, erscheint weniger gelungen. Qualifikationsgrund ist hier offensichtlich die Pflicht zur Obhut über eine habituell hilflose bzw. gebrechliche Person; welche Rolle der Hausherr beim flüchtigen Kontakt mit Gesunden in seiner Wohnung spielt, ist damit nicht im mindesten gesagt.

d) Die Ableitung der Übernahmegarantenstellung aus § 266 ist bei *Böhm* schon nur noch ganz vage. Da § 266 überdies auf das zivile, formell gültige Rechtsgeschäft abzustellen scheint, ist nicht recht zu sehen, wie die Garantenstellung qua faktischer Übernahme aus ihm destilliert werden sollte. Die eigentliche Begründung *Böhms* für die Übernahme-Garantenstellung lautet denn auch ganz anders (s. o. S. 189); da sie sich von der h. M. nicht unterscheidet, ist sie an dieser Stelle nicht weiter interessant.

3. a) Das a priori gewagte Urteil hat sich damit a posteriori bestätigt. Eine Induktion aus dem StGB ist praktisch nur bei den Pflichten der Eltern möglich, und auch dort kann der nähere Umfang der Garantenstellung auf diese Weise nur unvollkommen bestimmt werden.[15] In den übrigen Fällen ergibt *Böhms* Me-

---

14 Daß die §§ 170b, d in rechtspolitischer Hinsicht fragwürdig sind, wird mit der Feststellung ihrer Fruchtbarkeit für das Gleichstellungsproblem natürlich nicht in Abrede gestellt!

15 Die von *Böhm* mit besonderer Gründlichkeit behandelten Beamtenpflichten bleiben hier noch völlig außer Betracht, denn bei ihnen spricht vieles dafür, aus den Amtsdelikten ein arg. e contrario zu gewinnen; s. u. S. 403 f.

thode dagegen keine verallgemeinerungsfähigen Ergebnisse. Ihr Wert wird auch dadurch weiter herabgesetzt, daß (vermöge des oben beschriebenen fragmentarisch-rudimentären Charakters der „positiven" unechten Unterlassungsdelikte) die Induktion aus dem StGB keinerlei Ausschließlichkeitsanspruch erheben dürfte, denn wer wollte behaupten, daß sämtliche Garantentypen durch eine „List der Vernunft" auch in irgendeiner Ausprägung in unser Strafgesetzbuch geraten wären?

b) Wenn *Böhms* Induktionsversuche somit auch keine für unsere Zwecke brauchbare Methode abgeben, so bleibt doch bei der Entwicklung unserer eigenen Lösung zu beachten, daß sie zu den sporadischen Regelungen der Gleichstellungsproblematik im StGB jedenfalls nicht in Widerspruch stehen darf; die „Induktion aus dem StGB" kann daher in (seltenen) Einzelfällen als Anhaltspunkt und im ganzen als Kontrolle einer auf andere Weise zu erarbeitenden Gleichstellungsmethode dienen.

4. Zu prüfen ist noch die These *Böhms*, daß die erste Garantengruppe („aus Gesetz") an ihren besonderen *Vorrechten* zu erkennen sei. *Bärwinkel* hat dagegen eingewendet, daß damit das Verhältnis von Rechtspflicht und Vorrecht auf den Kopf gestellt werde, denn das Primäre sei immer die Pflicht, zu deren Erfüllung die Rechtsordnung allenfalls besondere Vorrechte einräume.[16] Dieser Vorwurf ist jedoch weder begründet noch überhaupt schlüssig. Einmal kann das Verhältnis von Vorrecht und Pflicht, sofern eine notwendige Entsprechung vorliegt, dahingestellt bleiben, denn auch wenn die Pflicht dem Vorrecht vorangeht, ist letzteres zwar nicht mehr ratio essendi, aber doch immer noch ratio cognoscendi der Pflicht und daher für eine Methode der Pflichterkennung durchaus wertvoll. Zum anderen ist das Verhältnis von Pflicht und Vorrecht weder im Sinne *Böhms* noch im Sinne *Bärwinkels* einseitig, sondern ambivalent: Manche Rechte sind nur Ergänzungen der primären Pflichten (so etwa bei den Beamten), manche Pflichten sind aber auch zum Ausgleich primärer Rechte geschaffen (so etwa bei den Eltern und auch – einmal unterstellt, ihn träfe wirklich eine Garantenpflicht – beim Wohnungsinhaber).[17]

Die Crux von *Böhms* These liegt jedoch in seiner stillschweigenden Bejahung der Frage, ob besonderen Vorrechten immer eine Garantenpflicht ent-

---

16 Zur Struktur der Garantieverhältnisse, S. 86 f.

17 Wenn *Bärwinkel* es a. a. O. auf S. 87 in Fn. 10 „eigenartig" findet, daß Böhm die Ingerenz-Garantenstellung aus dem allgemeinen Menschenrecht auf Handlungsfreiheit (Art. 2 GG) ableitet, obwohl darin kein besonderes Vorrecht liege, so beruht das auf einem offensichtlichen Mißverständnis; die Ingerenz gehört bei Böhm zur zweiten Garantengruppe, für die es auf besondere Vorrechte überhaupt nicht ankommen soll. Daß freilich die Ableitung der Ingerenzhaftung aus Art. 2 GG schon für sich nicht überzeugt, steht auf einem anderen Blatt.

spricht (a) und ob eine Garantiepflicht „aus Gesetz“ immer besondere Vorrechte voraussetzt (b).[18]

a) Zu der ersten Frage findet sich bei *Böhm* nur die lakonische Bemerkung, daß nicht jeder „kleine Vorzug“ ausreiche, sondern solche Rechte erforderlich seien, in deren Inhaber die Allgemeinheit zugleich das Vertrauen auf Gefahrenabwehr setze (Diss. S. 74). In der Tat liegt in letzterem der springende Punkt; auf die „Größe“ des Vorrechts kommt es nicht an. Ausschlaggebend ist vielmehr, ob das *Vorrecht* ein typisches *Abwehrrecht* darstellt (so etwa das von *Böhm* falsch interpretierte Recht auf Unverletzlichkeit der Wohnung[19] oder ein *Pflichtrecht* (wie etwa das „natürliche Elternrecht“.[20] Die entscheidende Arbeit ist daher mit der Feststellung, daß ein besonderes Vorrecht besteht, noch längst nicht getan; erst die Untersuchung, ob ein Abwehr- oder ein Pflichtrecht vorliegt, kann endgültige Klarheit bringen. Da *Böhm* hierfür keine Kriterien angibt, kann seine These von den besonderen Vorrechten als Spezifikum der Garantenstellung nur eine erste Orientierungsrichtlinie, aber keine praktikable Methode abgeben.

b) Darüber hinaus krankt sie an der Verabsolutierung eines keinesfalls in allen Fällen vorliegenden Momentes. Einmal kennt *Böhm* selbst außer den „Vorrechts-Garantenstellungen“ eine zweite Gruppe (Vertrag und Ingerenz), und da er nicht beweist, daß dies die beiden einzigen Gruppen seien (das könnte er nur mit Hilfe einer übergeordneten Richtlinie, die er nicht besitzt!), kann man in Fällen, wo keine Vorrechtsposition gegeben ist, überhaupt nicht wissen, ob nicht irgendein anderes Garantenprinzip eingreift (das sich zufällig nicht ins StGB retten konnte). Zum anderen trifft sein Vorrechtskriterium nicht einmal in der von ihm dafür vorgesehenen Gruppe überall zu; denn der uneheliche Vater, der Weichensteller, der Beifahrer in Fernlastzügen – sie alle haben keine besonderen Vorrechte, sondern (wenn überhaupt) nur besondere Pflichten. Bei allen von *Böhm* in dieser Gruppe untergebrachten Garantenpflichten aus Berufsstellung (s. Diss. S. 73) ist es ein Produkt des Zufalls, ob diese Personen zur Erfüllung ihrer Pflichten besondere Vorrechte benötigen (und sie dann auch von der Rechtsordnung eingeräumt bekommen) oder ob sie ihren Aufgaben auch ohne das gerecht werden können. Die Garantenstellungen hängen infolgedessen nicht davon ab.

c) Damit hat sich ergeben, daß *Böhms* Kriterium der „besonderen Vorrechte“ weder die Selektions- noch die Spezifikationsbedürfnisse befriedigen kann.

---

18 Vgl. zu b) die instruktiven Beispiele bei *Bärwinkel*, a. a. O., S. 87, auf die hier teilweise zurückgegriffen wird.

19 Dazu eingehend unten S. 401 ff.; Konsequenz: keine Garantenstellung.

20 Vgl. dazu allg. *Hesse*, Grundzüge, S. 114; *Maunz*, Staatsrecht, S. 147; BVerfGE 24, 138, 143; hier besteht eine Garantenstellung!

Wenn es auch nicht ausgeschlossen ist, daß ihm bei der Konkretisierung der noch zu findenden übergeordneten Richtlinie gewisse begrenzte Aufgaben zukommen, ist seine Verwendung als allgemeines Leitbild doch ausgeschlossen.

§ 16 Die begriffsjuristische Methode der Rechtsprechung, dargestellt an der „Meineidsbeihilfe durch Unterlassen“

I. Allgemeine Tendenzen der Rechtsprechung

Welch ungeheure Schwierigkeiten bei der Lösung des Gleichstellungsproblems zu bewältigen sind, dürfte durch die bisherigen Betrachtungen hinreichend klar geworden sein. Die infolgedessen kaum beneidenswerte Aufgabe der Rechtsprechung, die komplexe Gleichstellungsproblematik von Fall zu Fall fortschreitend teilzulösen, wurde noch dadurch erschwert, daß ihr in den für eine Rechtsprechungstradition meist entscheidenden Anfangsjahren (hier des Reichsgerichts) keine befriedigende wissenschaftliche Theorie die Richtung wies, weil damals die unfruchtbaren und in der Judikatur ohne nennenswerten Einfluß gebliebenen kausalmonistischen Gleichstellungslehren[1] das wissenschaftliche Feld beherrschten. Da die Rechtsprechung nicht die Möglichkeit hat, jedem Fall eine monographische Analyse zu widmen, darf es nicht weiter verwundern, wenn die Geschichte ihrer Unterlassungsurteile zahlreiche schwache Punkte[2] aufweist und ein buntscheckiges, im ganzen wenig befriedigendes Bild gibt. Die ihr hier wie sonst nirgendwo im Strafrecht übertragene Aufgabe der *Rechtsschöpfung* hat sie auf die Weise gelöst, daß sie – in einer in den späten Jahren des Reichsgerichts und den frühen Jahren des BGH kulminierenden Entwicklung – in fast allen Fällen, wo nicht gerade ein quivis ex populo im Spiele war, unechte Unterlassungsdelikte angenommen hat. Sie hat nicht den praktisch vernünftigen, sondern den theoretisch gerade noch konstruierbaren Bereich der Unterlassungsdelikte Wirklichkeit werden lassen und damit kurioserweise ihre Aufgabe, *Rechtssicherheit* zu gewährleisten,[3] in durchaus verträglicher Weise erfüllt. Ob

1 Nachweise bei *Welp*, Vorangegangenes Tun, S. 32 ff., 45 ff., 55 ff.

2 Der Ausdruck „Irrtümer“ wurde bewußt vermieden, da die Rspr. hier ja nicht die gewöhnliche Auslegung zu betreiben hatte und ihr daher selten handfeste Unrichtigkeiten unterliefen; der für die Erkennung eines Irrtums erforderliche Maßstab liegt bei der Gleichstellungsproblematik eben nicht so einfach auf der Hand.

3 Zu dieser Aufgabe der höchstrichterlichen Rechtsprechung, die natürlich im Vordergrund unserer Betrachtungen steht und mit dem Ausdruck „Rechtsprechung“ im allgemeinen gemeint ist, *Hanack*, Der Ausgleich divergierender Entscheidungen, S. 55 ff., 76.

das Verhalten eines Nahestehenden als unechtes Unterlassungsdelikt zu bestrafen war – diese Frage stellen hieß für die Rechtsprechung fast immer: sie bejahen, und so konnte sich natürlich jedermann darauf einstellen. Freilich, die materiale Gerechtigkeit nahm hin und wieder Schaden, aber immerhin nicht allzu häufig, denn bekanntlich wird die fragmentarische Natur des Strafrechts von der Gerechtigkeitsidee nicht geboten, so daß die „Lückenschließung" durch die Rechtsprechung oft mit der materialen Gerechtigkeit durchaus vereinbar war.[4] Der einzige Vorwurf, den man der Rechtsprechung mit Fug machen kann, geht infolgedessen dahin, daß sie Rechtsschöpfung so recht ohne Schranken betrieben hat, genau wie ein Gesetzgeber, indem sie nämlich als unechtes Unterlassungsdelikt nicht nur die Fälle begehungsgleichen Unterlassens, sondern alle irgendwie unsozialen Unterlassungen bestraft hat. Der fundamentale Irrweg der Rechtsprechung ist darin zu sehen, daß sie sich an die Stelle des Gesetzgebers gesetzt und die Lücken *autonom* geschlossen hat, ohne die ihr durch den nulla-poena-Satz auferlegte Bindung an die Handlungs*äquivalenz* der Unterlassung zu respektieren. Mochte dieser Verstoß in den späten Jahren des Reichsgerichts auch kaum merkbar sein, weil ja das Analogieverbot aufgehoben war und die bestraften Unterlassungen immerhin handlungsäquivalenten Unterlassen ähnlich sein konnten[5] – für den BGH galt der nulla-poena-Satz wieder in alter, durch die Väter des Grundgesetzes erneuerter Strenge. Daß sich der BGH gleichwohl in seinen frühen Jahren (übrigens nicht nur in seiner Unterlassungsjudikatur) von den Banden der späten RG-Rechtsprechung nicht zu lösen verstand, ist wohl nur durch die wiederholt diagnostizierte[6] Neigung des frühen BGH erklärlich, anstelle der völkischen Moral des Dritten Reiches nicht die (niedere) Sozialethik, sondern die christliche Hochethik zu setzen und auf diese Weise zu einer äußersten Ausdehnung des Kriminalrechts zu gelangen. Eine wirkliche Umgrenzung des handlungsäquivalenten unechten Unterlassungsdelikts war unter diesen Auspizien nicht zu erwarten. Daß auch unser bis heute nicht beseitigtes Rechtsquellendilemma eine Folge dieser in der Rechtsprechung festzustellenden Vielstraferei ist, soll nur am Rande erwähnt werden:

---

4 Dies gilt jedenfalls dann, wenn man die materiale Gerechtigkeit im klassischen Sinne dahin versteht, daß jedermann das widerfahren soll, was seine Taten wert sind (vgl. *Kant*, Metaphysik der Sitten, Der Rechtslehre Zweiter Teil, 1. Abschnitt, Allg. Anm. E, Sämtl. Werke, Band III, S. 161).

5 Immerhin ist festzuhalten, daß es auf anderen Gebieten eine ganze Reihe von RG-Entscheidungen gegeben hat, die die strafschöpfende Analogie sehr genau überprüft haben und sie nahezu auf eine teleologische Auslegung zurücksetzten, vgl. RGSt. 70, 175, 186, 369; 71, 388; JW 1937, 162.

6 s. *Henkel*, Rechtsphilosophie, S. 148 ff.; MKrim 1961, 193; *Wiethölter*, Rechtswissenschaft, S. 127.

Man kann sich unschwer ausmalen, daß der Gesetzgeber in den letzten hundert Jahren weit mehr echte Unterlassungstatbestände geschaffen und das unechte Unterlassungsdelikt auf diese Weise e contrario begrenzt hätte, wenn nicht die Rechtsprechung jeglichem wirklichen oder vermeintlichen Strafbedürfnis sogleich durch eine Ausdehnung des unechten Unterlassungsdelikts nachgekommen wäre.[7]

Seit einigen Jahren ist beim BGH das Bemühen zu erkennen, die hypertrophe Unterlassungsbestrafung auf ein angemessenes Maß einzuschränken; Marksteine dieser Entwicklung sind die Entscheidungen BGHSt. 17, 321; 19, 152 und 23, 327. Daß diese Versuche noch unsicher tastend, ganz im alten System befangen vor sich gehen, kann niemand dem BGH zum Vorwurf machen.

II. Methodische Prinzipien richterlicher Rechtsschöpfung

Die vorangegangenen Ausführungen bedürfen – das steht außer Frage – auf Grund ihrer apodiktischen Allgemeinheit sorgfältiger Verifizierung, was in den folgenden Abschnitten dieser Untersuchung an Hand von mehreren hundert ausgewerteten Entscheidungen geschehen soll – als Nebenprodukt unseres Bemühens um Lösung der Gleichstellungsprobleme. Hier interessiert zunächst nur die Frage nach der *Methode* der Rechtsprechung, die eine so uferlose Ausdehnung der Unterlassungsstrafbarkeit wenn nicht gefordert, so doch zumindest gestattet hat. Selbstverständlich gibt es im eigentlichen Sinne keine „Methode der Rechtsprechung“, sondern immer nur eine Methode des einzelnen Erkenntnisses. Man stößt aber in den weitaus meisten Entscheidungen auf einen gemeinsamen Argumentationsfundus, der es erlaubt, cum grano salis von der „Methode der Rechtsprechung“ zu reden. Bevor diese an einem signifikanten Beispiel dargestellt wird, erscheint es angezeigt, eine kurze Betrachtung darüber anzustellen, welche Methode für die Lösung der Gleichstellungsproblematik durch die *Judikatur* die angemessenste wäre.

1. Die Rechtsschöpfung durch den Richter besitzt gewisse eigene Maximen, die sich aus ihrer ambivalenten Struktur ergeben: Das dazu berufene Gericht soll einerseits den konkreten Fall gerecht entscheiden, andererseits die dafür maßgebliche Norm auffinden. Da meistens nur der vorliegende Fall überblickt wird, die an die Norm geknüpften Weiterungen aber nicht von vornherein zu übersehen sind, ist in weiser Beschränkung die Forderung zu stellen, daß jede

7 Wie sehr eine restriktive Rechtsprechung hier den Gesetzgeber zur Tätigkeit zwingen kann, zeigt die Entscheidung RGSt. 32, 165, die zur Schaffung des § 248c (durch Gesetz vom 9. 4. 1900, RGBl. I, S. 288) führte.

von einem Gericht anläßlich eines konkreten Falles propagierte Norm so *konkret wie möglich* ist und so wenig wie möglich von den Eigenheiten des Falles abstrahiert. Nur dann ist gewährleistet, daß das Gericht nicht seine Kompetenz überschreitet und durch die psychologische Bindungswirkung seiner autoritätsbehafteten Entscheidung, die „präsumtive Verbindlichkeit" im Sinne *Krieles,*[8] in die Lösung anderer Fälle durch andere Gerichte eingreift und damit Entscheidungen trifft, die es vorher nicht übersehen kann. Vom Gesetzgeber wird erwartet, daß er in dem langwierigen und gründlichen Gesetzgebungsverfahren alle oder möglichst viele der denkbaren Gestaltungen ins Auge faßt und seine abstrakte Regelung im Bewußtsein ihrer Konsequenzen trifft. Einem Richter ist dies aus vielerlei Grünen unmöglich (wie wenig Zeit hat er schon für eine einzelne Entscheidung, bei der noch dazu der konkrete Fall absoluten Vorrang besitzt), und selbst der zur Rechtsfortbildung primär berufene Revisionsrichter verfügt nicht über annähernd so viel Zeit und Hilfsmittel wie der Gesetzgeber. All das erfordert, wie gesagt, bei der Aufstellung des Entscheidungsobersatzes weise Beschränkung. Das nächste Gericht mag ihn an Hand seines konkreten Falles vorsichtig erweitern, das übernächste wird wieder eine Nuance durch Verallgemeinerung tilgen, usw. usf. Auf die Dauer wird auch auf diese Weise ein allgemeiner Rechtssatz erreicht – aber unter ständiger Kontrolle jeder Abstraktion am konkreten Fall! Jede neue Entscheidung ist hier fruchtbar, stellt bei ihrer Normfortbildung das bisher Erreichte in Frage und führt so zu einer laufenden Überprüfung des Richterrechts. Hat man dagegen schon in der ersten Entscheidung eine hochabstrakte Norm geschaffen, so wird diese in den folgenden Urteilen nur noch unreflektiert angewendet, und im Handumdrehen entsteht ein Recht, das niemals ernstlich überprüft wurde. Nur wenn im Leitsatz der Entscheidung die ratio decidendi so konkret wie möglich angegeben wird, kann dieser Gefahr entgangen werden, daß unkontrollierte dicta[9] sich durch den Abstraktionsvorgang Präjudizienkraft erschleichen.

2. Die richterliche Rechtsfindung hat daher interessanterweise umgekehrt zu erfolgen wie die wissenschaftliche Lösung von Rechtsproblemen. Wie in der Methodenkritik der vorangegangenen Kapitel deutlich geworden ist, hat der Rechtswissenschaftler bei der Lösung eines jeden Problems zunächst eine allgemeine, aber materialhaltige Richtlinie zu suchen, die er dann in der Arbeit am Fallmaterial konkretisiert.[10] Diese verschiedenen Bewegungsvorgänge – der

8 Theorie der Rechtsgewinnung, S. 247 ff., 258 ff.

9 Gebräuchlicher, aber an sich zu eng, ist der Ausdruck „obiter dicta", s. *Kriele* a. a. O., S. 282.

10 Allerdings kann diese Richtlinie zumeist erst nach einer provisorischen Durchsicht des Fallmaterials gefunden werden und wird ggf. bei der Konkretisierung am Fallmaterial noch wieder modifiziert. Der Unterschied zwischen der Rechtsfindung des Richters und der des Wissenschaftlers ist daher in praxi nicht so groß, wie es in der Theorie den Anschein hat. Auch

Richter geht schrittweise vom Individuellen zum Allgemeinen, der Rechtswissenschaftler verfolgt das Allgemeine in seine Verbesonderungen – erklären sich aus dem verschiedenartigen Standpunkt der beiden: Der Richter steht vor dem individuellen Fall und hat über ihn – letztlich immer mit einem Stück unüberprüfbaren Ermessens – zu urteilen; dem Rechtswissenschaftler geht es um die Ergründung der Norm, um das Allgemeine, dessen Wahrheit und Richtigkeit sich aber immer in seinen Verbesonderungen zu bewähren hat.[11]

3. Daß die deutsche Unterlassungsrechtsprechung sich an die oben grob skizzierte Maxime gehalten hat, erscheint von vornherein wenig wahrscheinlich. Da unser Rechtssystem seit langen Zeiten maßgeblich auf Gesetzes- und nicht auf Präjudizienrecht beruht, ist die Präjudizienlehre bei uns nur wenig verbreitet;[12] noch heute wird zwischen der Auslegung der Gesetze und der Rechtsfortbildung ein grundsätzlicher Unterschied gemacht.[13] Da die Rechtsprechung sich ihrer Rechtsschöpfungsaufgabe bei der Gleichstellungsfrage nur selten vollständig bewußt geworden ist, dachte sie meist in den herkömmlichen Auslegungsmethoden und war daher stets auf der Suche nach einer möglichst allgemeinen Norm. So unrichtig dies war – ein Vorwurf kann ihr deswegen kaum gemacht werden, denn für eine bessere Methode fehlten eben allenthalben die Voraussetzungen.[14]

---

die Rechtsprechung kommt schließlich zur materialen Richtlinie, nur ist der Weg dahin mit den dornenreichen Einzelfallentscheidungen gepflastert.

11 Um Mißverständnissen vorzubeugen, müssen die vorangegangenen Ausführungen nach zwei Richtungen hin klargestellt werden: 1. Es wurden hier Idealtypen dargestellt, die natürlich in der Wirklichkeit in mannigfaltiger Vermischung auftreten. 2. Es handelt sich dabei um „praktische Typen", die an sich noch nichts darüber aussagen, auf welche Weise die Rechtsschöpfung am besten zu erfolgen hat. Wenn danach gefragt würde, müßte man wohl mit der Binsenweisheit antworten: durch ein Zusammenwirken von Gesetzgeber, Rechtsprechung und Rechtswissenschaft.

12 Vgl. aber die grundlegende Darstellung von *Esser*, Grundsatz und Norm, dort auch S. 183 ff. zur Vertiefung der hier flüchtig entworfenen Skizze, und ferner *Kriele*, a. a. O., S. 269 ff.

13 S. *Larenz*, Methodenlehre, S. 291 ff., 341 ff., namentlich S. 382 ff.; s. aber auch *Kriele*, a. a. O., S. 201 ff.

14 Die hier vertretene Auffassung zur Rechtsschöpfungsmethode der Rechtsprechung scheint mit der in früheren Kapiteln wiederholt ausgesprochenen Ansicht, daß die Rechtsfindung im *Srafrecht* auf Grund des nulla-poena-Satzes an Hand von möglichst allgemeinen Normen vor sich zu gehen habe, in Widerspruch zu stehen. Indessen war damit nur die endgültige wissenschaftliche Methode als Ergebnis propädeutischer Versuche gemeint. Es wäre töricht und auch unbillig gegenüber der Rechtsprechung, wenn man ihr zumuten wollte, gleich in den ersten Entscheidungen auf einem neuen Gebiet Normen aus dem Nichts zu schöpfen. Daß heute die Zeit für eine abschließende Methode reif erscheint, besagt noch nichts über die Möglichkeiten vor 100 Jahren; und weil die Beschränkungen, die damals erforderlich gewesen wären, in der Natur der Sache angelegt sind, spricht vieles dafür, sie auch als immanente Schranken des

III. Die Rechtsprechung zur Meineidsbeihilfe durch Unterlassen

Als Paradigma für die Unterlassungsrechtsprechung soll in diesem methodenkritischen Kapitel die Judikatur zur *Meineidsbeihilfe durch Unterlassen* analysiert werden, die die Ausuferung der Unterlassungsbestrafung wohl am deutlichsten erkennen läßt.

1. Die früheste feststellbare Entscheidung des Reichsgerichts zu der Frage, ob und wann eine Rechtspflicht zur Verhinderung eines Meineides besteht, stammt aus dem Jahre 1936.[15] Ein Prozeßbevollmächtigter (Beistand) hatte, als ein Zeuge in seiner Gegenwart einen Meineid zu leisten sich anschickte, die Aufforderung des Prozeßgegners, den Zeugen auf die Unglaubwürdigkeit seiner Aussage aufmerksam zu machen, schroff zurückgewiesen und den Zeugen dadurch in seiner falschen Aussage bestärkt. Da es sich hierbei um einen Fall der aktiven psychischen Beihilfe handelte,[16] erscheint zunächst verwunderlich, wieso das RG Anlaß fand, eine Erfolgsabwendungspflicht aus § 138 ZPO zu diskutieren und zu bejahen. Eine nähere Betrachtung zeigt jedoch, daß das RG dazu guten Grund hatte und daß die allgemeine Kritik an der Heranziehung des § 138 ZPO zur Begründung einer „Garantenpflicht"[17] zwar die unglückliche Begründung, nicht aber den sachlichen Gehalt der RG-Entscheidung trifft. Wenn den Prozeßvertreter nämlich keine prozessuale Pflicht zur Verhinderung des Meineids getroffen hätte, hätte er das Ansinnen der Gegenpartei mit Recht zurückweisen dürfen. Infolgedessen ist der Gedankengang des RG im Klartext so zu verstehen, daß eine prozeßordnungsgemäße Äußerung keine (scil. aktive) psychische Beihilfe begründen könne! Diese (leider in dem Urteil nur zwischen den Zeilen erkennbare) Ansicht läßt sich hören, denn da ein Prozeßvertreter eine Zeugenaussage häufig mit dolus eventualis für falsch halten wird, würde er in seinen prozessualen Möglichkeiten schier unerträglich beschnitten, wenn er bei jeder Äußerung immer darauf Rücksicht nehmen müßte, ob sich ein Zeuge dadurch in seinem Meineidsvorsatz bestärkt fühlen könnte. Im Strafprozeß wird es ja sogar von der Fürsprachepflicht des Verteidigers[18] geboten, einen – sei es auch zwielichtigen – Zeugen gegen polemische Angriffe in Schutz zu neh-

nulla-poena-Satzes anzusehen. Gerade die heute vollständig zu überblickende Unterlassungsrechtsprechung zeigt deutlich, wie gefährlich es ist, wenn sich die Rechtsprechung vorschnell auf hochabstrakte Normen festlegt.

15 RGSt. 70, 82–85.

16 Ebenso *Drost* GS 109, 39.

17 Damals *Schaffstein* JW 1938, 578; *Wolf* ZAkDR 1938, 352f.; *Mezger* DR 1940, 638; heute Maurach, Strafrecht BT, S. 693; vorher schon in DStR 1944, 18u. SJZ 1949, 543.

18 Vgl. dazu *Kern-Roxin*, Strafverfahrensrecht, S. 74.

men; dieses zur Pflicht gewordene prozessuale Recht darf ihm nicht durch die Strafdrohung der psychischen Beihilfe verkümmert werden!

Die Entscheidung RGSt. 70, 82 ff. stellt also entgegen der allgemeinen Auffassung keineswegs den Anfangspunkt der Judikatur zur Meineidsbeihilfe durch Unterlassen dar, sondern enthält nur eine interessante und einleuchtende Einschränkung der psychischen Beihilfe. In seinen Formulierungen verstieß das RG jedoch gegen die oben entwickelte Maxime, den Entscheidungsobersatz möglichst konkret auszusprechen, und indem es allgemein von der „Rechtspflicht zur Meineidsverhinderung aus § 138 ZPO" sprach, mußte es zwangsläufig den Eindruck erwecken, als wolle es damit die ein unechtes Unterlassungsdelikt konstituierende Garantenpflicht ansprechen.

2. a) Daß dieser Fehlgriff nicht gänzlich folgenlos blieb, erkennt man daran, daß kurze Zeit später in RGSt. 72, 20 ff. über eine Schwurgerichtsentscheidung zu befinden war, in der die Garantenstellung auf § 138 ZPO gestützt wurde.[19] Weitere Folgen wurden allerdings dadurch ausgeschlossen, daß das RG nunmehr die Tauglichkeit des § 138 ZPO als Aufhänger der Garantenpflicht dahingestellt sein ließ und statt dessen die *Ingerenz* bemühte. Der dazu Anlaß gebende Sachverhalt war ein Ehescheidungsverfahren, wie es mit wechselnden Nuancen noch häufig die höchstrichterliche Rechtsprechung beschäftigt hat. Die Angeklagte hatte den Entschluß ihres Geliebten, im Armenrechtsverfahren über ihre ehebrecherischen Beziehungen unwahre Angaben zu machen, durch psychische Beihilfe (Bestärkung) unterstützt. Vor der Beweisaufnahme im Hauptverfahren hatte sie ihm gegenüber erklärt, man könne jetzt nicht gut etwas anderes sagen als vorher. Diese Erklärung war aber nach den Feststellungen des Schwurgerichts auf den Zeugen deswegen ohne Einfluß, weil er seinen Meineidsentschluß davon unabhängig auf Grund einer Art „Lehnstreue des Geliebten" gefaßt hatte. Das RG meint, infolgedessen könne man in dieser Bemerkung weder eine Anstiftung noch eine Beihilfe sehen.[20] Statt dessen liege eine Beihilfe durch Unterlassen vor, denn die Angeklagte sei aus vorangegangenem Tun zur Verhinderung des Meineids verpflichtet gewesen. Die Vorhandlungen seien in der psychischen Beihilfe im Armenrechtsverfahren, in der Äußerung vor der Beweisaufnahme im Hauptverfahren sowie darin zu sehen, daß sie ihren jugendlichen Liebhaber so stark in ein ehebrecherisches Verhältnis an sich gezogen habe, daß er alles für sie zu tun bereit war.[21] Zur Begründung der hieraus folgenden Garantenpflicht zieht das RG eine Entscheidung heran, in der die Angeklagte, die jahrelang die vorgeschriebene Abgabe von Vermögenserklärungen unterlassen hatte, aus In-

19 S. RGSt. 72, 22.
20 S. RGSt. 72, 21.
21 a. a. O., S. 23.

gerenz für verpflichtet befunden wurde, nach Aufhebung der Abgabepflicht von sich aus eine Steuererklärung einzureichen.[22]

b) Schon an dieser ersten höchstrichterlichen Entscheidung zur Meineidsbeihilfe durch Unterlassen wird klar, auf welche Weise die Rechtsprechung die ihr obliegende Aufgabe der Rechtsschöpfung zumeist gelöst hat: mit den Mitteln der *Begriffsjurisprudenz*. Das RG besitzt in dieser Entscheidung zwei Obersätze:

1. Das Unterlassen steht dem aktiven Tun gleich, wenn es einer Rechtspflicht zur Erfolgsabwendung zuwiderläuft. 2. Eine Rechtspflicht zur Erfolgsabwendung entsteht (u. a.) durch ein Tun, das die Gefahr eines schädlichen Erfolges hervorruft.

Durch einfache Subsumtion erzielt es dann ohne die geringste Schwierigkeit das glatte Ergebnis, daß die Angeklagte eine Beihilfe durch Unterlassen begangen hat; Probleme scheinen gar nicht zu bestehen – in Wahrheit werden sie mit Hilfe der Begriffe zugedeckt.

Dabei soll gar nicht bestritten werden, daß das Strafrecht infolge des nulla-poena-Satzes eine besondere Affinität zur Begriffsjurisprudenz besitzt. Diese Affinität hört aber dort auf, wo man sich an keine deskriptiven Tatbestandsmerkmale mehr halten kann und das Recht nicht mehr aus den gesetzlichen Begriffen hervorzaubern kann. Die beiden Obersätze des RG stehen in keinem Gesetzbuch; sie können daher nur gelten, wenn sie richtig sind. Daß sie den Anschein der Richtigkeit erwecken, beruht auf den zahlreichen Präjudizien, die, genau wie die augenblicklich betrachtete Entscheidung, den Anschein der Deduktion zu erwecken suchten, um die für suspekt gehaltene Induktion zu verbergen, und die dann, als Gefangene ihrer eigenen Methode, gar nicht mehr zur Induktion kamen, weil sie in den Fesseln ihrer vermeintlichen Deduktion nur noch leere Formeln anzuwenden verstanden. In Wahrheit hatte es ja nie einen Fall gegeben, in dem das Abstraktum „Rechtspflicht" die Handlungsäquivalenz begründete, immer waren es bestimmte Rechtspflichten mit zahlreichen speziellen Eigenschaften gewesen. Aber durch die Abstrahierung zur „Rechtspflicht" gingen alle diese – möglicherweise relevanten! – Kriterien verloren, und übrig blieb eine dürre Chiffre ohne Signifikanz. In Wahrheit hatte es ja nie einen Fall gegeben, in dem das Abstraktum „gefährliche Vorhandung" das Abstraktum „Rechtspflicht" erzeugte, immer waren es bestimmte Vorhandlungen mit zahlreichen speziellen Eigenschaften gewesen, die allenfalls bestimmte Rechtspflichten erzeugen konnten. Durch die voreilige Abstraktion zu einem Zeitpunkt, da deren Folgen nicht im mindesten zu überblicken waren, und anläßlich durchaus extra-

22 RGSt. 68, 99 ff.

vaganter Sachverhalte,[23] wurde die gesamte spätere Judikatur des Reichsgerichts gebunden, und an die Stelle schöpferischer Rechtsprechung trat ein öder Begriffsautomatismus. Wie sehr der begriffsjuristische Ansatz in RGSt. 72, 20 ff. den methodologisch fruchtbaren „Widerstand der Sache"[24] nivellierte, zeigt schon ein kurzer Aufriß der in diesem Fall schlummernden Probleme.

3. a) Die erste Besonderheit, die den Sachverhalt in RGSt. 72, 20 ff. von allen früheren RG-Entscheidungen zur Ingerenz-Garantenstellung grundlegend unterscheidet, liegt darin, daß der Angeklagte nur als *Gehilfe* in Frage kam. Zwar hatte das RG schon früher über Beihilfe durch Unterlassen judiziert,[25] in keinem Fall aber über eine Unterlassungsbeihilfe qua Ingerenz. Daß die allgemeine Ingerenz-Garantenstellung – ihr Vorhandensein einmal im folgenden unterstellt – in diesen Fällen nicht von vornherein eingreift, sondern durch eine zusätzliche Wertung ergänzt werden muß, liegt auf der Hand. Ob man nun annimmt, daß ihr Grundgedanke auf die Beihilfe durch Unterlassen überhaupt nicht zutrifft,[26] oder ob man sie schließlich nach einer problemorientierten Analyse auch darauf erstreckt[27] – stets muß man sich bei der Diskussion auf die konkreten Gestaltungen einlassen und hat dabei reichlich Gelegenheit, die materialen Topoi aufzuspüren. So ist etwa *Rudolphis* allgemeine Forderung nach der Pflichtwidrigkeit der Vorhandlung bei der Beihilfe durch Unterlassen besonders einleuchtend: Da der von der Vorhandlung ausgelöste Kausalverlauf erst durch den dolus malus des Haupttäters wirklich gefährlich wird, kann nur die durch pflichtwidrige Vorhandlung verursachte Rechtsgütergefährdung dem Ingerenten auch zugerechnet werden, denn alle anderen Förderungen eines fremden Deliktsentschlusses verblassen gegenüber der fremden Finalität als Agens der Rechtsgutsverletzung.[28] Wie schon die Entscheidung RGSt. 70, 82 ff. gezeigt hat, wird der Unwert der Beihilfe (sei sie auch nur objektiv gegeben wie hier die Vorhandlung) nicht von der bloßen Kausalität bestimmt, sondern vom Verstoß gegen ein auf typischen Erfahrungen aufbauendes Förderungsverbot. Wie *Ru-*

---

23 Nämlich bereits in RG Rspr. 10, 74 ff. (zu § 235!) und in RGSt. 18, 96 ff. (zum Verbot der Verbreitung sozialistischer Schriften!).

24 Dazu *Roxin*, Täterschaft, S. 584 ff.

25 Die frühesten Entscheidungen: RGRspr. 6, 343 f. und RGSt. 11, 153 f., beide zur Diebstahlsbeihilfe.

26 So weitgehend *Welp*, Vorangegangenes Tun, S. 283 ff.

27 So *Rudolphi*, Gleichstellungsproblematik, S. 125 ff.

28 Es ist hier nicht der Ort, das näher auszuführen; entscheidend ist der Gedanke, daß die Kausalität bei dem vorsätzlichen Eingreifen eines Dritten zwar nicht abbricht – so die alte Regreßverbotslehre –, daß die Verantwortlichkeit des Ingerenten dadurch aber doch geringer wird.

dolphi zutreffend festgestellt hat,[29] kommen bei der Beihilfe durch Unterlassen qua Ingerenz daher nur solche Vorhandlungen in Frage, die objektiv gegen die *Beihilfe-Verbotsnorm verstoßen.*[30]

b) Wenn das RG nicht aus seinen Begriffen deduziert, sondern diese sachgebundenen Topoi berücksichtigt hätte, wäre seine Entscheidung wahrscheinlich ganz anders ausgefallen. Die Bemerkung der Angeklagten, man könne vorm Landgericht nicht gut anders aussagen als im Armenrechtsverfahren, scheidet schon deshalb als garantenpflichtbegründende Vorhandlung aus, weil sie nach der vom RG vorgenommenen Interpretation der erstinstanzlichen Feststellungen auf den bereits tatentschlossenen Geliebten überhaupt keinen Einfluß hatte; das RG führt selbst aus, daß es nicht einmal als psychische Beihilfe in Frage kam (a. a. O., S. 21). Da es infolgedessen für den Meineid nicht einmal kausal war, fehlt geradezu die Minimalvoraussetzung der Ingerenz! Daß das RG dies nicht gesehen hat, macht deutlich, wie sehr der begriffsjuristische Ansatz den Blick für die Realitäten getrübt hatte.

Die zweite vom RG herangezogene Vorhandlung war das ehebrecherische Ansichketten des jugendlichen Liebhabers. Aus den vorangegangenen Überlegungen ergibt sich, daß es ebenfalls zur Begründung einer Erfolgsabwendungspflicht nicht ausreichen konnte. Die ehebrecherische Liebe, mag sie auch in ein Hörigkeitsverhältnis ausarten, kann sub specie des Meineidstatbestandes nicht als pflichtwidrig angesehn werden.[31] Das wird offenbar, wenn man sich (getreu dem obigen Grundsatz) vorstellt, die Angeklagte habe damals den Liebhaber absichtlich so stark an sich gebunden, um in ihm später einen willfährigen Meineidszeugen zu haben. Auch dann könnte dieses Verhalten nämlich nicht als Anstiftung oder psychische Beihilfe gewertet werden, sondern wäre nur eine *straflose Vorbereitungshandlung* gewesen; für die Einstufung als Anfang der Ausführung der Beihilfe fehlte ihm die unmittelbare Gefährlichkeit.[32] Hier hat das RG infolge seiner Begriffsautomatik also zum zweiten Male die Unterlassungshaftung weiter ausgedehnt als die Begehungshaftung – ein offensichtlich unhaltbares Ergebnis.

Auch die übrigbleibende dritte Vorhandlung ist weit problematischer, als die Deduktion des RG erkennen läßt. Denn entweder war die Verabredung im

---

29 a. a. O., S. 136 ff.

30 Dabei ist in Erinnerung zu behalten, daß wir im gegenwärtigen Abschnitt aus darstellerischen Gründen das Bestehen einer Ingerenz-Garantenstellung als solcher kritiklos unterstellen wollen.

31 Vgl. *Rudolphi* a. a. O., S. 173.

32 Zur Gefährlichkeit als Strafgrund von Versuch und Beihilfe vgl. neuerdings *Schaffstein*, Festschr. f. Honig, S. 169 ff.

Armenrechtsverfahren für den späteren Meineid kausal – und dann liegt es nahe, schon hierin eine aktive Anstiftung oder Beihilfe zu sehen. Oder sie hatte darauf keinen Einfluß, und dann kam sie auch nicht als gefährliche Vorhandlung in Frage.

c) Wie man sieht, fehlte dem RG also bereits das *Problembewußtsein* als erste Voraussetzung für die Lösung der bei der Unterlassungsbeihilfe qua Ingerenz auftauchenden Fragen.[33] Die Mängel seiner Rechtsfindungsmethode in RGSt. 72, 20 ff. sind hier deshalb so ausführlich dargestellt worden, weil diese Entscheidung exemplarischen Charakter hat; ohne Schwierigkeiten könnten Dutzende von vergleichbaren Urteilen vorgeführt werden, ohne daß sich daraus etwas prinzipiell Neues ergeben würde.

4. a) Der exemplarische Charakter dieser Entscheidung zeigt sich auch noch in einer zweiten Beziehung: In der Art, wie das RG ein Ventil zur Korrektur seines unbeschränkten Ingerenz-Obersatzes einbaut. Das RG hebt das verurteilende Erkenntnis des Schwurgerichts schließlich doch auf, und zwar deswegen, weil es bisher „an ausreichend sicheren Feststellungen über den inneren Tatbestand" fehle (S. 24). Es könne nämlich sein, daß der Angeklagten „das erforderliche Förderungsbewußtsein" gefehlt habe. Dabei kam in Wirklichkeit, da eine Beihilfe durch *Unterlassen* in Frage stand, von vornherein kein „Förderungs-", sondern nur ein „Nichthinderungsbewußtsein" in Frage, und daß die Angeklagte wußte, daß sie durch das Bekenntnis der Wahrheit auch ihren Geliebten vom Meineid zurückgehalten hätte, ist wohl evident.[34] Die übertriebenen Anforderungen an den subjektiven Tatbestand sind daher hier das Vehikel, mit dessen Hilfe den untragbaren praktischen Konsequenzen des schrankenlosen Ingerenz-Obersatzes gesteuert wird. Was bei solchen Ausflüchten stets die Haupttriebfeder der Rechtsprechung gewesen sein dürfte, stellt unter methodologischen Gesichtspunkten zugleich ihre Hauptschwäche dar: die Verweisung auf die richterliche Gefühlsentscheidung. Da der Vorsatz, wie dargelegt, zweifelsfrei gegeben ist, ist das „Förderungsbewußtsein" eine allenfalls mit den berühmt-berüchtigten „animi auctoris et socii" vergleichbare *Chimäre*, deren „Wesensschau" verständlicherweise nur im irrationalen Bereich erfolgen kann. Darin zeigt sich wohl das zweite charakteristische Moment der von der Rechtspre-

---

33 Dazu, daß die Unterlassungsbestrafung im vorliegenden Fall auch wegen der Natur des Meineids als eines *höchstpersönlichen Tätigkeitsdelikts* besondere Probleme aufwarf, die das RG mit seinem begriffsjuristischen Ansatz zugedeckt hat, vgl. u. S. 235 ff.

34 Insoweit lag bei ihr mindestens „Mitbewußtsein" vor, vgl. *Platzgummer*, Die Bewußtseinsformen des Vorsatzes, S. 81 ff.; weniger zimperlich auch RGSt. 75, 276, wo für den Beihilfevorsatz nur gefordert wird, daß der Gehilfe sich seiner gefährlichen Vorhandlung bewußt ist. Ähnlich verworren wie RGSt. 72, 24 aber etwa RGSt. 74, 286 u. v. a. m.

chung bei der Lösung des Gleichstellungsproblems verwendeten Methode: Die Verfehltheit des schrankenlosen begriffsjuristischen Ansatzes wird durch eine verkappte Gefühlsentscheidung korrigiert. Daß unter solchen Umständen die Entscheidung des konkreten Falles *allein* vom persönlichen Empfinden des Richters, seinen individuellen Eindrücken und Vor-Urteilen abhängt, ist die notwendige Folge. Zwar ist für eine realistische Methodenlehre nicht zu leugnen, daß das individuelle Judiz des Richters einen niemals austilgbaren und auch für die Erzielung materialer Einzelfallgerechtigkeit unverzichtbaren Einfluß auf die konkrete Fallentscheidung besitzt. Aber die unter Rechtssicherheitsaspekten ebenso notwendige *Objektivierung* der Rechtsfindung und damit die für das Recht charakteristische Dialektik von Rechtssicherheit und materialer Gerechtigkeit muß fehlen, wenn der rationale Ansatz von vornherein zu weit geraten ist und die irrationale Einzelfallwürdigung über ihre angestammte Aufgabe hinausschreiten und die Globalkorrektur des rationalen Methodenstranges übernehmen muß; denn dazu kann sie auf Grund ihrer vergleichsweise ärmlichen methodischen Mittel niemals in der Lage sein!

b) Wie häufig die Rechtsprechung ihr Heil in solchen Ausflüchten suchen mußte, kann auch an anderen Beispielen unschwer nachgewiesen werden. An dieser Stelle soll nur auf die nach dem 2. Weltkrieg lange Zeit verbreitete Gewohnheit hingewiesen werden, das Pflichtbewußtsein beim unechten Unterlassungsdelikt zum Vorsatz zu schlagen,[35] und auf das heute noch gebräuchliche Regulativ der *Unzumutbarkeit*, das ebenfalls nicht dazu benutzt wird, um Ausnahmesituationen gerecht zu werden, sondern um den zu weit geratenen Ansatz auf ein erträgliches Maß zurückzuführen.[36]

5. Die entscheidenden methodischen Schwächen der Unterlassungsjudikatur dürften damit am Paradigma von RGSt. 72, 20 ff. erkennbar geworden sein. Zur Abrundung des Bildes soll kurz verfolgt werden, wie sich der die wahren Probleme verschüttende begriffsjuristische Ansatz von RGSt. 72, 20 ff. in der anschließenden reichhaltigen Rechtsprechung zur Meineidsbeihilfe durch Unterlassen ausgewirkt hat.

Die auf RGSt. 72, 20 ff. aufbauende Rechtsprechung kann nach der Art der Vorhandlung in drei Gruppen aufgegliedert werden: a) Veranlassung der Vernehmung des später meineidigen Zeugen durch Nichtbekennen der Wahrheit im Prozeß, b) Veranlassung seiner Vernehmung durch Aufstellung einer falschen Behauptung und Benennung des Zeugen zu ihrem Beweis, c) Veranlas-

---

35 So noch in BGHSt. 14, 229 ff.

36 Vgl. die Nachweise bei *Welzel*, Strafrecht, S. 220 f.; *Maurach*, AT, S. 520 f.; eine Rechtfertigung der Zumutbarkeitsklausel unternimmt *Henkel*, Festschr. f. Mezger, S. 249 ff.

sung des Meineides durch vor- oder außerprozessuale Einwirkung auf den Zeugen.

a) Daß den Angeklagten im deutschen Strafprozeß keine Rechtspflicht zur Angabe der Wahrheit trifft, ist im strafprozessualen Schrifttum einhellig anerkannt.[37] Gleichwohl existieren drei Entscheidungen, in denen dem Angeklagten im Strafverfahren aus Ingerenz eine Rechtspflicht zur Angabe der Wahrheit auferlegt wird. In der ersten Entscheidung[38] werden die für die Fragen der Meineidsbeihilfe in *Zivilprozessen*[39]anerkannten Obersätze ohne nähere Erörterung auf den Strafprozeß übertragen – ein weiterer schöner Beweis für die begriffsjuristische Argumentationsweise der Rechtsprechung. Der allgemeingültige Satz, daß der Angeklagte im Strafverfahren unter keinen Umständen verpflichtet ist, seine Schuld einzugestehen, wird mit Hilfe einer geradezu klassischen, in zahlreichen Meineidsentscheidungen anzutreffenden *petitio principii* umgangen: Das natürliche Recht auf Selbstschutz trete zurück, wenn durch neues Unrecht in die Rechtsordnung eingegriffen werde[40] (obwohl doch gerade thema probandum ist, ob die Unterlassung neues Unrecht darstellt!). Die beiden folgenden Entscheidungen fahren ganz in diesen Geleisen,[41] und in RG DR 1943, 748 rettet den der Heimtücke Angeklagten bloß die „Inadäquanz der Vorhandlung", denn als er seine Schuld leugnete, war es nach den Feststellungen des RG nicht vorauszusehen, daß seine Geliebte ausgerechnet über die gar nicht zur Sache gehörende Liebesbeziehung einen Meineid leistete.

Die Verfehltheit dieser Rechtsprechung ergibt sich – mögen alle vorangegenen Ingerenztheorien auch richtig sein – schon aus dem Fehlen einer Wahrheitspflicht des Angeklagten im Strafprozeß. Diese für unsere Verfahrensstruktur grundlegende Vergünstigung darf auch nicht auf dem Wege verkümmert werden, daß man ihm die Verantwortung für fremde Falschaussagen auferlegt – das ist so evident, daß es keiner näheren Begründung bedarf.[42] Da es im Zivilprozeß einen solchen Grundsatz nicht gibt, scheinen hier einer Annahme von Meineidsbeihilfe durch Unterlassen weit weniger Hindernisse im Wege zu stehen. In der Tat ist auch der Zivilprozeß – und besonders das Ehescheidungsverfahren – das Eldorado dieser Rechtsprechung. In der ersten Entscheidung, in

---

37 Nur die Formulierung dieser Erkenntnis ist kontrovers, vgl. *Kern-Roxin*, Strafverfahrensrecht, S. 107; *Eb. Schmidt*, Lehrkommentar II, § 136 Nrn. 10–15.

38 RG DR 1942, 1782.

39 Dazu vgl. i. f.

40 RG DR 1942, 1782; ebenso der BGH bei *Dallinger*, MDR 1953, 272 u. ö., z. B. auch in BGHSt. 3, 18; ferner auch OLG Hamm HESt. 2, 244.

41 RG DR 1943, 748 f. und BGH bei *Dallinger*, MDR 1953, 272.

42 Vgl. auch *Maurach*, DStR 1944, 1 ff.

der ein prozessuales Verhalten als garantenpflichtbegründende Vorhandlung eingestuft wurde, bestand dieses immerhin noch in einer volldeliktischen, aktiven Meineidsbeihilfe.[43] Bald darauf ließ das RG es jedoch ausreichen, daß eine Partei falsche Angaben[44] machte, die der Ehepartner als Zeuge beschwor,[45] wobei es sich allerdings teilweise noch auf eine nebenhergehende aktive Beihilfe stützte.[46] In seinen letzten Entscheidungen schränkte das RG diese Aussage allerdings derart ein, daß praktisch nur noch Ehescheidungsprozesse in Frage kamen:[47] Von einer Gefahrschaffung könne man erst dann sprechen, wenn zu der falschen Prozeßbehauptung etwas hinzukomme, das die Entschließung des Zeugen zum Meineid beeinflusse, etwa wenn dieser sich bei wahrer Aussage einer strafbaren oder unehrenhaften Handlung bezichtigen müßte. Mit dieser Einschränkung findet sich der Satz, daß die Aufstellung einer falschen Parteibehauptung eine Garantenpflicht zur Verhinderung von Meineiden erzeuge, in der Nachkriegsrechtsprechung noch bis zum Jahre 1953.[48]

b) Die Benennung eines Zeugen für eine falsche Prozeßbehauptung ist schon vom RG in zwei Entscheidungen als garantenpflichtbegründende Vorhandlung anerkannt worden;[49] allerdings lag in beiden Fällen auch eine aktive Beihilfe vor. Der BGH hat diese Rechtsprechung in seinen Anfangsjahren mit der bereits bekannten Einschränkung aufgegriffen, daß nur dann eine ernstliche Meineidsgefahr bestehe, wenn der Zeuge bei Offenbarung der Wahrheit einen ernsten Nachteil erleiden würde.[50]

c) Der schon dem ausführlich besprochenen Urteil RGSt. 72, 20 ff. zugrunde liegende Gedanke, daß die Vorhandlung in einer *außerprozessualen Einwirkung* auf den Zeugen bestehen kann, ist nach dem Kriege wiederholt aufgegriffen worden. War er in der ersten einschlägigen Entscheidung noch mit den Überlegungen zu a) und b) verquickt,[51] und wurde in zwei weiteren Erkenntnissen

43 RGSt. 74, 38–40m. Anm. v. *Mezger*, DR 1940, 637.

44 Wofür auch das Bestreiten zutreffender Behauptungen des Prozeßgegners ausreichte.

45 RG DJ 1940, 629 und RG DR 1940, 2234 f. m. zust. Anm. v. *Mittelbach*.

46 Nämlich in RG DR 1940, 2235.

47 Vgl. RGSt. 75, 271 ff.; DR 1941, 1837 f.; ferner RG DR 1943, 577 f. und DR 1943, 893 f., in denen diese Einschränkung zwar nicht ausdrücklich gemacht wird, aber doch daraus folgt, daß in beiden Fällen Scheidungsprozesse zugrunde lagen.

48 Vgl. – dezidiert – BGHSt. 3, 18 ff. m. Anm. v. *Krumme* bei LM Nr. 7 zu § 154; BGH NJW 1952, 229 f.; möglicherweise noch weitergehend OGHSt. 2, 161 ff.; in diesem Sinne wohl auch die im Sachverhalt nicht ganz klaren Entscheidungen BGHSt. 4, 217 ff. und BGH NJW 1953, 1193 f.

49 RG HRR 1941 Nr. 216; RGSt. 74, 283 ff. m. Anm. v. *Schickert*, DR 1940, 2057.

50 BGHSt. 1, 22 f. m. Anm. v. *Krumme* bei LM Nr. 1 zu § 153; BGH bei *Dallinger*, MDR 1951, 274.

51 OLG Hamm HESt. 2, 242 ff., wo dem Angeklagten im Strafprozeß eine Wahrheitspflicht auferlegt wurde!

auch noch ein etwas wirres Konglomerat von einer volldeliktischen aktiven Beihilfe als Vorhandlung und der späteren Beihilfe durch Unterlassen hergestellt,[52] so existieren doch immerhin zwei Entscheidungen, die dieser außerprozessualen Vorhandlung ein charakteristisches Gepräge geben: In BGHSt. 2, 129 ff.[53] lehnt der BGH ausdrücklich ab, daß die Aufstellung einer falschen Prozeßbehauptung eine Garantenpflicht begründen könne, und nimmt an deren Stelle die Fortsetzung und Festigung eines ehebrecherischen Liebesverhältnisses während des Rechtsstreits als Vorhandlung, weil daraus die naheliegende Gefahr entstehe, daß der Ehebruchspartner einen Meineid leiste.[54] Später hat der BGH ein solches Verhalten zur Begründung einer Garantenstellung sogar dann ausreichen lassen, wenn die treulose Prozeßpartei mit ihrem Ehebruchspartner die Zeugnisverweigerung verabredet hatte und sich der Partner trotzdem anschickte, einen Meineid zu leisten.[55]

7. Man sieht also, welch zahlreiche Gefolgschaft RGSt. 72, 20 ff. in der Rechtsprechung gefunden hat. Die Fairness gebietet es freilich, auch die Urteile kurz aufzuführen, in denen eine Unterlassungsbeihilfe abgelehnt wurde; außerdem interessiert uns auch die Methode, mit der die Rechtsprechung die Haftung auf diesem Gebiet zu beschränken versucht hat. Zunächst sind 5 Urteile von Instanzgerichten zu nennen, deren Rechtsgefühl sich ganz offensichtlich gegen die „deduktive Begriffsjurisprudenz des Reichsgerichts“[56] empörte. Argumentierten sie anfangs noch mit begrifflich matt konturierten Zumutbarkeitserwägungen,[57] so trat später immer mehr die Erwägung in den Vordergrund, daß das Aufstellen einer falschen Prozeßbehauptung und die zu ihrer Unterstützung erfolgende Zeugenbenennung überhaupt keine adäquate Meineidsgefahr schüfen und daher überhaupt nicht „gefährlich“ seien.[58] Auch der BGH ist auf diese Richtung schrittweise eingeschwenkt. Am Anfang stand die Feststellung, daß die *wahre Prozeßbehauptung* den Zeugen keiner gesteigerten, prozeßunangemessenen Gefahr aussetze und deswegen auch keine Meineidsverhinderungspflicht begründe.[59] Dies wurde aber bald dahin ausgedehnt, daß auch bei der gutgläubigen[60]

---

52 BGHSt. 4, 172 ff. und 4, 244 ff.

53 m. Anm. v. *Jagusch* bei LM Nr. 9 zu § 154 und Anm. v. *Schmidt-Leichner* NJW 1952, 512.

54 BGHSt. 2, 134; ebenso BGH LM Nr. 25 zu § 154.

55 BGHSt. 14, 229 ff. m. Anm. v. *Martin* bei LM Nr. 60 zu § 154 u. Anm. v. *Bindokat* NJW 1960, 2318.

56 So LG Essen NJW 1952, 116.

57 So OLG Hamm HESt. 2, 241 f. m. Anm. v. *Meister* MDR 1948, 92, und LG Essen NJW 1952, 116 f.

58 LG Göttingen NJW 1954, 731 f.; OLG Bremen NJW 1957, 1246; OLG Köln NJW 1957, 34 f.

59 BGHSt. 4, 327 ff. m. Anm. v. *Jagusch* bei LM Nr. 26 zu § 154 u. Anm. v. *Lay* JZ 1954, 165.

60 BGH bei *Dallinger*, MDR 1957, 267.

und sogar bei der bösgläubigen Zeugenbenennung nur dann eine Garantenstellung angenommen werden könne, wenn der Zeuge dadurch in eine besondere, *prozeßinadäquate* Gefahr gebracht werde.[61] Den Abschluß bildet das Urteil vom 6. 4. 1962,[62] in dem der 4. Senat seine weitergehende Ansicht in BGHSt. 3, 18 ff. ausdrücklich aufgibt und sich ebenfalls auf den Standpunkt zurückzieht, daß eine garantenpflichtbegründende Gefahr nur bei *besonderen Umständen* entstehe, etwa durch Fortsetzung des ehebrecherischen Verkehrs während des Scheidungsrechtsstreits.

IV. Kritik sonstiger Einschränkungsversuche

1. a) Wenn der BGH dies auch nur selten ausgesprochen hat, steht es doch außer Frage, daß er sich bei seinen Bemühungen um eine Einschränkung der Unterlassungsbeihilfe zum Meineid vornehmlich auf die eingehenden Untersuchungen von *Maurach* stützt.[63] *Maurachs* Unterscheidung von *prozeßadäquater* (d. h. sozialadäquater, dem Verursacher daher nicht zurechenbarer) und *prozeßinadäquater* (daher dem Verursacher zurechenbarer) Gefahr beruht letztlich auf dem zutreffenden Gedanken, daß Zivil- und Strafverfahren in den Prozeßordnungen eine eigenständige Regelung erfahren haben, deren Ausgewogenheit nicht durch eine plumpe Kausalhaftung durcheinandergebracht werden darf. Wie wichtig eine derartige Begrenzung der Rechtswidrigkeit ist, die nicht aus einem allzu hoch abstrakten begrifflichen Ansatz, sondern aus der „konkreten rechtlichen Ordnung des Substrats" hervorgeht, braucht wohl nicht besonders betont zu werden. Gleichwohl reicht auch *Maurachs* von der modernen Rechtsprechung rezipierte Methode zur Zurückführung der Meineidsbeihilfe durch Unterlassen auf ihren strafbaren Kern nicht aus. Sie stellt der Sache nach eine Entwicklung von *prozessualen Rechtfertigungsgründen* dar, die die an sich indizierte Rechtswidrigkeit beseitigen sollen. Als solche ist sie unentbehrlich, um die gerade im Prozeß so unübersehbar zahlreich vorkommende „rechtmäßige aktive Beihilfe" straflos zu stellen. Zwei Beispiele sind schon im vorhergehenden genannt: Außer dem Fall RGSt. 70, 82 ff.[64] vor allem die unwahre Aussage des Beschuldigten, die selbst dann keine Beihilfehaftung begründet, wenn sie mit seinem Willen dem Zeugen zu Ohren kommt und dieser unter ihrem Einfluß

61 BGH NJW 1953, 1399 f.; BGHSt. 6, 322 ff. m. Anm. v. *Werner* bei LM Nr. 9 vor § 47.
62 BGHSt. 17, 321 ff.
63 DStR 1944, 1 ff. und SJZ 1949, 541 ff.
64 s. o. S. 219.

einen Meineid leistet[65] – anders, wenn er den Zeugen unter der Hand wissen läßt, er werde ihn decken.[66] Diese Begrenzung der strafbaren Beihilfe aus der besonderen Ordnung des Prozesses läßt sich auch im Zivilprozeß erkennen, etwa bei der Benennung eines Zeugen auf Grund einer unzutreffenden Klagebehauptung.[67]

b) Für die Erfassung der strafbaren aktiven Beihilfe ist *Maurachs* auf die konkrete Ordnung des Prozesses gestützte normative Methode also unentbehrlich – für das Problem der Unterlassungsbeihilfe bietet sie aber nur eine Teillösung an, wodurch zugleich klar wird, daß sie den spezifischen Gesichtspunkt für die Ingerenzproblematik noch nicht enthält. Wie nämlich die letzten Entscheidungen des BGH[68] lehren, kann die Rechtsprechung trotz Übernahme seiner Methode immer noch die Fortsetzung des ehebrecherischen Verhältnisses als garantenpflichtbegründende Vorhandlung ansehen, weil eben außerehelicher Beischlaf eine „prozeßinadäquate Verhaltensweise", die Versuchung durch Liebeskünste für den Zeugen nicht „prozeßadäquat" ist. Das Einschwenken der Rechtsprechung auf *Maurachs* Linie hat also das Problem einer *Zurückschneidung* des überdehnten begrifflichen Ansatzes weit weniger gelöst, als heute gemeinhin angenommen wird;[69] man muß daher nach weiteren Möglichkeiten suchen.

2. Eine plausible Restriktion findet sich bei *Rudolphi*. Er meint,[70] die Fortsetzung des Liebesverhältnisses könne sogar bei entsprechendem Vorsatz keine pflichtwidrige psychische Beihilfe sein und daher auch keine Garantenstellung begründen. In den meisten Fällen wird er damit Recht haben, weil die Liebe mit dem Meineid meist erst dann etwas zu tun bekommt, wenn letzterer von dem verleitungswilligen Partner ausdrücklich oder stillschweigend als Bedingung für die körperliche Gunst hingestellt wird (dann kommt sogar Anstiftung in Frage). Es sind aber auch andere Gestaltungen denkbar, etwa wenn die Ehefrau weiß, daß ihr Geliebter aus einer „Treuevorstellung" heraus für sie bereits zum Meineid entschlossen ist, wenn sie aber seine Anstrengungen spürt, sich

65 Insoweit von BGH NJW 1958, 956 f. m. Anm. *v. Martin* bei LM Nr. 53 zu § 154 offen gelassen.
66 Anders *Roxin*, Festschr. f. Engisch, S. 404 f.; das schwierige Problem kann hier nicht weiter behandelt werden.
67 Allerdings könnte man hier ernstlich zweifeln, ob nicht die Wahrheitspflicht aus § 138 ZPO das Recht auf Zeugenbenennung überlagert; doch soll das hier nicht vertieft werden, da zusätzlich die schwierige Frage auftaucht, ob nur physische oder auch psychische Beihilfe erfolgen kann, bevor der potentielle Haupttäter überhaupt einen Tatentschluß gefaßt hat (was letztlich wohl doch zu bejahen wäre).
68 Vor allem BGHSt. 14, 229 ff. und 17, 321 ff.
69 Vgl. *Maurach*, Strafrecht BT, S. 694.
70 Gleichstellungsproblematik S. 172 f.

von ihr zu lösen und vollständig auf den Pfad der Tugend zurückzukehren. Gesetzt den Fall, sie verstrickt ihn jetzt durch raffinierte Liebeskünste immer tiefer in die zum Meineid führende Leidenschaft – sollte man da nicht aktive Beihilfe annehmen und sie, wenn ihr Vorsatz erst später kommt, nach dem allgemeinen Ansatz wegen Beihilfe durch Unterlassen bestrafen können?[71] *Rudolphi* könnte dem nicht entgehen, obwohl es doch ungeheuerlich erscheint, die Ehefrau während des Scheidungsprozesses ausgerechnet mit Hilfe der Meineidsstrafdrohung zur Keuschheit zu verpflichten.

3. Als Ausweg aus diesem Dilemma bietet sich die Argumentation *Bockelmanns*[72] an, daß eine Unterlassungsbeihilfe qua Ingerenz deswegen ausscheide, weil die Vorhandlung allemal nur *Versuchung* des Haupttäters sei und daher keine Rechtsgutsgefährdung begründe. Diese für die meisten Fälle neuerdings von *Welp*[73] eingehend begründete Auffassung scheitert aber, wie bereits *Rudolphi*[74] nachgewiesen hat, daran, daß im Rahmen einer einmal anerkannten Ingerenz-Garantenstellung ein Abbrechen der Haftung bei vorsätzlichen Straftaten Dritter nicht generell angenommen werden kann. Da eine eingehende Untersuchung an dieser Stelle nicht erfolgen kann, muß weitgehend auf die überzeugenden Ausführungen *Rudolphis* verwiesen werden. Lediglich zu der neuesten, bisher noch nirgends behandelten Argumentation von *Welp* erscheinen einige Bemerkungen unerläßlich.

a) *Welp* geht davon aus, daß die Frage nach der Erfolgsabwendungspflicht aus unvorsätzlicher Ermöglichung oder Förderung einer fremden Straftat für die Problematik des *Regreßverbots* präjudiziell sei, und wirft *Rudolphi* vor, daß dessen Ableitung der Unterlassungslösung aus der Entscheidung zum Regreßproblem die Dinge auf den Kopf stelle.[75] In Wahrheit ist es jedoch genau umgekehrt: *Welp* sieht die Sachlage spiegelverkehrt und kommt dadurch in beiden Problembereichen zu einem verkehrten Ergebnis. Die Regreß- und die Beihilfeproblematik sind insoweit *identisch*, als es in beiden Fällen um die Zurechnung eines Erfolges an einen zuvor unvorsätzlich Handelnden trotz Dazwischentretens eines vorsätzlich handelnden Dritten geht. Die Beihilfeproblematik umfaßt nur noch *zusätzlich* die Frage, ob eine Vorhandlung überhaupt eine Erfolgsabwendungspflicht erzeugen kann.[76] Da die *besondere* Beihilfeproblematik (im

71 Dasselbe gilt etwa für den Fall, daß jemand einen Zeugen gutgläubig in dessen Meineidsabsicht bestärkt und zwischenzeitlich die Wahrheit erfährt!

72 NJW 1954, 700 = Strafrechtliche Untersuchungen S. 133 f.

73 Vorangegangenes Tun S. 283 ff.

74 Gleichstellungsproblematik S. 129 ff.

75 Vorangegangenes Tun S. 299 Fn. 56.

76 Was wir hier zur Zeit unterstellt haben.

Unterschied zur *allgemeinen* Ingerenzproblematik) demnach mit der *allgemeinen* Regreßproblematik identisch ist, kann sie zwangsläufig nicht – so aber *Welp* – an Hand der speziellen Unterlassungsmaterie, sondern nur allgemein entschieden werden. Ferner ist diese Frage nicht – so aber *Welp* – ontologisch, sondern *normativ* zu entscheiden, nämlich nach dem *Zweck* der strafrechtlichen Zurechnungstatbestände. Eine solche rein normative Problemlösung ist hier deswegen ausnahmsweise möglich, weil der *Normzweck* der Fahrlässigkeitstatbestände[77] allein auf Grund einer praktischen Rechtsvernunft mit einer Sicherheit ermittelt werden kann, dergegenüber die aus der historischen Auslegung gewonnenen Bedenken *Nauckes*[78] gering wiegen. Am deutlichsten läßt sich dies an den vorgelagerten Sorgfaltsnormen des Waffen- und Arzneimittelrechts zeigen. Eine Faustfeuerwaffe oder ein Gift darf von dem Händler danach nur dann an dritte Personen ausgegeben werden, wenn deren Zuverlässigkeit von einer Behörde überprüft bzw. die medizinische Indikation der Giftausgabe von einem Arzt attestiert ist.[79] Daß diese Pflichten nicht nur aufgestellt sind, um Kinder und Geisteskranke von derart gefährlichen Gegenständen fernzuhalten, dürfte unbestreitbar sein, denn es geht aus dem Gesetzeswortlaut eindeutig hervor. Warum müßte sonst vor Erteilung des Waffenerwerbsscheins die Zuverlässigkeit des Bewerbers geprüft werden, und warum ist die Prüfungspflicht auf Faustfeuerwaffen beschränkt, wenn nicht deswegen, weil Verbrecher nun einmal nicht mit Schrotflinten, sondern mit Pistolen umzugehen pflegen? Diese besonderen Normen zeigen, wie ernst der Gesetzgeber die mit einem ungenügend geschützten Besitz von Waffen und Giften verbundenen Gefahren nimmt.

Allerdings könnte man das Regreßverbot dadurch zu halten suchen, daß man diese Sorgfaltspflichten auf den abstrakten Gefährdungstatbestand beschränkt, in dem sie aufgestellt sind, und für die Verletzungstatbestände der §§ 222, 230 für irrelevant erklärt. Die hierin liegende Ausnahme von dem Grundsatz, daß alle konkreten Sorgfaltsgebote nur Verbesonderungen der allgemeinen Sorgfaltsnorm der §§ 222, 230 sind, würde jedoch zu völlig ungereimten Ergebnissen führen. Der Apotheker, der seinem integren Freund einmal eine Giftampulle ohne ärztliche Verordnung überläßt und dadurch keinerlei konkrete Gefährdung verursacht, würde dann nämlich demselben Strafrahmen unterfallen wie sein Kollege, der die gleiche Ampulle einer Giftmischerin überläßt und da-

77 Vgl. dazu allgemein *Rudolphi* JuS 1969, 549 ff.

78 ZStW 76, 409 ff.

79 S. §§ 11, 14 f. Reichswaffengesetz vom 18. 3. 1938 (RGBl. I, S. 265); § 35 Arzneimittelgesetz vom 16. 5. 1961 (BGBl. I, S. 533); § 3 f. Opiumgesetz vom 10. 12. 1929 (RGBl. I S. 215); zum Handel mit Giften vgl. *Drews-Wacke*, Polizeirecht, S. 69.

durch den Tod einer ganzen Familie verursacht! Beider Verschulden ist im Rahmen des abstrakten Gefährdungsdelikts gleich[80] – aber der zweite Apotheker hat den Tod vieler Menschen verursacht,[81] und daß ihm dies auch vorgeworfen werden kann und muß, zeigt das vorgeschaltete abstrakte Gefährdungsdelikt, durch das ihm besondere Pflichten zum Schutz von fremden Menschenleben auferlegt sind. Diese Schutzpflichten sind bei schuldhaften Taten Dritter viel wichtiger als bei den auch von *Welp*[82] vom Regreßverbot ausgenommenen schuldlosen Taten Dritter, denn daß für eine Gesellschaft die Verbrecher gefährlicher sind als die Irren, läßt sich wohl nicht leugnen! Ein Bekenntnis zum Menschenbild *Kants* und *Hegels* kann, wie selbst *Naucke* in einer rhetorischen Frage festgestellt hat,[83] an diesen „vitalen Schutzinteressen" der Gesellschaft nichts ändern. Die Annahme eines allgemeinen Regreßverbots würde die Schutzaufgabe des Strafrechts in einem wesentlichen Punkte preisgeben, ohne durch irgendeinen materialen Topos erzwungen zu sein. Der Wortlaut der §§ 222, 230 „verlautet" darüber nichts, und aus diesem Grunde ist auch die von *Naucke*[84] analysierte herrschende Meinung des Jahres 1871 für uns ohne jede Bindungswirkung.[85]

b) Der Regreßproblematik wird man daher durch keine schematische Lösung, sondern nur durch eine gründliche Untersuchung des jeweiligen Schutzzwecks der Sorgfaltsnorm gerecht. Es versteht sich nämlich keineswegs von selbst, daß mit der Aufstellung von Sorgfaltspflichten auch den Mißbräuchen fremder Schurken gesteuert werden soll, vielmehr bedarf es zu dieser Annahme stets einer besonderen Begründung, wie sie im vorhergehenden für die Bewahrungspflicht des Waffen- und Giftbesitzers angedeutet wurde.[86]

c) Da ein allgemeines Regreßverbot demnach nicht existiert, *Welp* andererseits die allgemeine Tauglichkeit einer gefährlichen Vorhandlung zur Begründung einer Garantenstellung bejaht hat, müßte er konsequenterweise auch bei der Teilnahme durch Unterlassen qua Ingerenz keine Bedenken haben. Da er gleichwohl zu einem anderen Ergebnis kommt, muß in seiner Beweisführung irgendwo eine Inkonsequenz stecken, die es nunmehr aufzuspüren gilt. Bei näherem Zusehen zeigt sich denn auch bald, wo der Hase im Pfeffer liegt: bei

---

80 Der abstrakte Gefährdungstatbestand ist deswegen auch nur ratio cognoscendi der allgemeinen Sorgfaltsnorm.

81 Daß die Ursächlichkeit beim Regreßproblem vorliegt, steht heute außer Streit.

82 a. a. O., S. 301 ff.

83 ZStW 76, 431.

84 a. a. O.

85 Zu dieser mit der Auslegung des nulla-poena-Satzes zusammenhängenden Frage s. u. S. 300 ff.

86 Vgl. zu weiteren Fällen und auch zum ganzen *Roxin*, Täterschaft, S. 541 ff.

Welps schon früher[87] eingehend kritisiertem Abhängigkeitsbegriff. *Welp* meint nämlich, an der erforderlichen Abhängigkeitsbeziehung zwischen Teilnehmer und Opfer der Haupttat fehle es hier deswegen, weil die Position des Opfers mit der Abhängigkeit von der Haupttat bereits vollständig erklärt sei.[88] Für ein unbefangenes Abhängigkeitsverständnis ist das freilich nicht einzusehen, denn daß das Opfer nicht nur vom Haupttäter, sondern auch vom Teilnehmer faktisch abhängig ist, ist für den Fall der Herausgabe des Monopolmittels durch den Teilnehmer evident und in allen anderen Fällen kausaler Teilnahme ebenfalls nachweisbar.[89] Die Tragfähigkeit dieser Argumentation hängt daher von der näheren Begründung ab, die *Welp* für das von ihm behauptete Fehlen der Abhängigkeit gibt. Sein Schlüsselsatz lautet: „Da die fahrlässige Teilnahme straflos ist, bleibt die unvorsätzliche Beeinflussung des fremden Entschließungsvermögens im Bereich des Unverbotenen; sie bildet daher auch keine tragfähige Basis für eine Gleichwertigkeit des Unterlassens".[90] Daß diese Begründung im System *Welps* nicht schlüssig ist, weil er ja als garantenpflichtbegründende Vorhandlung auch rechtmäßiges Tun ausreichen läßt,[91] fällt sofort ins Auge. Dieser Einwand braucht aber nicht weiter verfolgt zu werden, denn die ganze Beweisführung *Welps* stellt schon davon abgesehen eine reine *petitio principii* dar. Ob die fahrlässige Teilnahme straflos ist, hängt ja entscheidend von der Stellungnahme zum Regreßverbot ab, denn wenn man mit der hier vertretenen Auffassung das Regreßverbot ablehnt, ist sie ja strafbar, wenn auch nicht als Teilnahme, so aber doch als *fahrlässige Tat*. Indem *Welp* aber unreflektiert von der Unverbotenheit der fahrlässigen Teilnahme ausgeht, macht er das Regreßverbot zur axiomatischen Voraussetzung seiner Untersuchung. Daß er infolgedessen zu dem Ergebnis gelangen *muß*, daß eine Teilnahme durch Unterlassen qua Ingerenz nicht existiert, folgt aus der oben von uns konstatierten Identität von Regreß- und Unterlassungsteilnahmeproblem.[92] *Welps* Zirkelschluß vollendet sich, wenn er später[93] aus seinem Ergebnis, der Straflosigkeit der Unterlassungsteilnahme qua Ingerenz, auf dessen Voraussetzung – das Regreßverbot – schließt.

87 s. o. S. 126 ff.
88 a. a. O., S. 283 f.
89 Ob auch nicht kausale Teilnahme strafbar ist – dazu neuestens *Schaffstein*, Festschr. f. Honig, S. 169 – spielt hierfür keine Rolle, da ja nach allgemeiner Meinung nur die kausale Vorhandlung eine Garantenstellung erzeugt.
90 a. a. O., S. 284
91 s. o. S. 134 ff.
92 Selbstverständlich nur im Hinblick auf die Ingerenz-Garantenstellung.
93 a. a. O., S. 299 ff.

d) *Bockelmanns* Annahme, die Ingerenz-Garantenstellung passe nicht zur Teilnahme durch Unterlassen, ist daher auch mit der ausführlichen Begründung *Welps* nicht haltbar.[94]

V. Eigene Lösung

1. Der von der Rechtsprechung bis heute festgehaltene Bereich der Meineidsbeihilfe durch Unterlassen kann ihr also weder durch eine Einschränkung der aktiven Meineidsbeihilfe (*Rudolphi*) noch durch eine Beschränkung der Ingerenzhaftung auf Täterpositionen (*Bockelmann, Welp*) entrissen werden. Das Unbehagen an der Rechtsprechung, die, pointiert gesagt, den Ehebruch aus dem Meineidsstrafrahmen bestraft, besteht jedoch fort,[95] und es besteht auch bei den Autoren, die an sich an der Garantenstellung aus Ingerenz keine Zweifel hegen.[96] In der Tat bestehen alle diese Bedenken zu Recht, denn bei einem *höchstpersönlichen Tätigkeitsdelikt* wie Meineid und Falschaussage ist eine Ingerenz-Garantenstellung von vornherein ausgeschlossen, d. h. selbst dann nicht haltbar, wenn man die Prämissen der Ingerenzhaftung als richtig unterstellt.

2. Wie im nächsten Kapitel ausführlich dargelegt wird,[97] gehen die Garantiepflichten beim unechten Unterlassungsdelikt niemals weiter als die *metastrafrechtlichen Rechtspflichten* der „engeren rechtlichen Ordnung". Da eine gewohnheitsrechtliche Rechtfertigung der Ingerenz-Garantenstellung versagt[98] und deren Ableitung aus der Verbotsnorm ebenfalls nicht möglich ist,[99] kommt,

---

94 Da bereits *Welps* Grundthese abgelehnt wurde, können seine einzelnen Differenzierungen hier außer Betracht bleiben. Immerhin sei angemerkt, daß seine bei der „fahrlässigen physischen Beihilfe" vorgenommene Unterscheidung von „Ausschaltung einer Schutzfunktion" (z. B.: argloses Herunterdrehen der kugelsicheren Scheibe des Präsidentenwagens; hier soll im Falle eines drohenden Attentats eine Garantenpflicht zum contrarius actus bestehen, *Welp* a. a. O., S. 294 ff.) und „Hingabe eines Monopolmittels" (z. B. des Präzisionsgewehrs, mit dem allein der Präsident zu treffen ist; hier soll keine Garantenstellung bestehen) nicht zu überzeugen vermag. Im Grunde genommen ist es nämlich gleichgültig, wodurch die Tat ermöglicht wird, und das Fehlen des Monopolmittels stellt ebenfalls eine Schutzfunktion zugunsten des Bedrohten dar. So wagt man sich etwa deshalb in Deutschland eher als in den USA ohne Waffe („ohne Schutzfunktion") in verrufene Viertel, weil man davon ausgeht, daß den potentiellen Gegnern zumeist die waffenscheinpflichtige Pistole (das „Monopolmittel") fehlen wird.

95 Vgl. auch die im ganzen ablehnende Stellungnahme von *Pfleiderer*, Garantenstellung, S. 145 ff.

96 Das wird besonders deutlich bei *Rudolphi*.

97 s. u. S. 243 ff.

98 s. o. S. 74 ff.

99 s. o. S. 132 f.

wie wir gesehen haben, allein aus der *Veranlassungshaftung* eine Rechtspflichtbegründung in Frage.[100] Bei dieser Veranlassungshaftung ist nun, wie ebenfalls bereits gezeigt wurde, zwischen dem absolut (d. h. gegen alle Beeinträchtigungen) geschützten Recht oder Lebensgut und dem nur relativ (d. h. nur gegen bestimmte Beeinträchtigungen) geschützten Rechtsgut zu unterscheiden. Zu der letzteren Gattung gehört die *Rechtspflege*, die in den §§ 153 ff. gegen die Beeinträchtigung durch eine *falsche Aussage* geschützt ist.[101] Handlungen, die nicht eine Falschaussage sind, verletzen dieses Rechtsgut im Rechtssinne daher nicht, es sei denn, sie sind als Anstiftung, Beihilfe oder Verleitung durch die den Schutzbereich ausdehnenden Vorschriften der §§ 48, 49, 160 erfaßt. Ausschlaggebend ist nun, daß der zivilrechtliche negatorische Schutz als Grundlage der Veranlassungshaftung und demzufolge als äußerste Grenze einer denkbaren Ingerenz-Garantenstellung bei der Beihilfe ähnlich wie bei § 826 BGB[102] *Vorsatz* voraussetzt. Dies ergibt sich aus folgender Überlegung: Die Rechtsgüter sind nur gegen bestimmte, im gesetzlichen Tatbestand umschriebene Beeinträchtigungshandlungen geschützt. Da die Beihilfe (§§ 830 II BGB, 49 StGB) keine derartigen Handlungsmodalitäten voraussetzt, stellt sie bei den Rechtsgütern eine erhebliche Ausdehnung der Haftung dar. Wenn man nun für den negatorischen Schutz die bloß objektive Beihilfe ausreichen lassen wollte, käme man zu dem geradezu absurden Ergebnis, daß der Haftungsumfang des „fahrlässigen Gehilfen" den des Haupttäters um ein Vielfaches überträfe. Auch für die Veranlassungshaftung wird daher erst die *vorsätzliche Beihilfe* relevant. Die „objektive Beihilfe" kann dagegen nur dann einen negatorischen Anspruch auslösen, wenn sie einen objektiven Veranlassungstatbestand – d. h. normalerweise die Handlungsbeschreibung eines Fahrlässigkeitstatbestandes – erfüllt.

3. Wie leicht zu sehen ist, greift nun aber die Verursachung einer fremden Falschaussage nur dann in den durch die §§ 153 ff. abgesteckten Schutzbereich der Rechtspflege gegenüber Falschaussagen ein, wenn sie *vorsätzlich*, nämlich als Anstiftung, Verleitung oder Beihilfe erfolgt; eine allgemeine Veranlassungshaftung läßt sich daraus folglich nicht gewinnen. Die fahrlässige Förderung fremden Meineides kann infolgedessen keine negatorische Haftung und, da dies die äußerste Grenze der Ingerenz-Garantenstellung ist, auch keine strafrechtliche Erfolgsabwendungspflicht auslösen. Aus der Struktur der Falschaussagetat-

100 s. o. S. 200 ff.

101 Dazu, daß Schutzgut der §§ 153 ff. die Rechtspflege ist, *Schönke-Schröder*, Rdnr. 2 vor § 153, m. weit. Nachw.

102 s. o. S. 203.

bestände als *höchstpersönlichen Tätigkeitsdelikten*[103] folgt daher zwingend, daß eine Garantenstellung aus Ingerenz bei ihnen ausgeschlossen ist. Da bei ihnen Tätigkeit und Erfolg zusammenfallen, ist die Ingerenz-Garantenstellung hier nicht einmal bei täterschaftlich-schuldloser Vorhandlung möglich: Denn in diesen Fällen fehlt es an der weiteren Grundvoraussetzung der Ingerenz-Garantenstellung, daß ein von der Vorhandlung verschiedener Erfolg droht. Bei dem Gehilfen könnte man allenfalls dann noch eine Ingerenz-Garantenstellung annehmen, wenn seine Handlung *vorsätzlich-schuldlos* war und wenn sic entweder noch nicht den Haupttäter erreicht hat (Pflicht zur Abwendung des Beihilfeerfolges), oder wenn man den Gehilfen auf Grund des Veranlassungsprinzips nicht nur zur Abwendung einer drohenden Bestärkung des Haupttäters („unmittelbarer Erfolg der psychischen Beihilfe"), sondern auch zur Abwendung der drohenden Haupttat („mittelbarer Erfolg") für verpflichtet erachtet. Wegen der Seltenheit der vorsätzlich-schuldlosen Beihilfe (guter Glaube an die Wahrheit der Aussage läßt den Beihilfevorsatz entfallen!) braucht dieser subtilen Frage hier aber nicht weiter nachgegangen zu werden. Fest steht, daß der Ingerenzgedanke sogar in seiner weitesten Fassung für eine Meineidsbeihilfe durch Unterlassen praktisch nichts ergibt. Auch die eingeschränkte Rechtsprechung des BGH seit BGHSt. 14, 229 ff. ist daher nicht haltbar: Die Prozeßpartei im Ehescheidungsverfahren kann nur bei einer prozeßinadäquaten *aktiven* Beihilfe bestraft werden; am weiteren Ehebruch während des Scheidungsprozesses kann sie mit den Mitteln des Strafrechts nicht gehindert werden.

4. Diese Argumentation würde freilich dann nicht ohne weiteres durchgreifen, wenn man – wie es die Rechtsprechung häufig getan hat[104] – den Unwert der Vorhandlung *nicht* in der Gefährdung der *Rechtspflege* erblickt, sondern in der Gefährdung des *Zeugen* (der in „Meineidsgefahr" gerät), und dementsprechend eine *Garantenpflicht* zugunsten des *Zeugen* annimmt. Indessen ist diese Konstruktion so bar jeder Vernunft, daß man sich ernstlich fragen muß, wieso sie in die Erkenntnisse unserer höchsten Gerichte Eingang finden konnte; sie stellt wohl die schlimmste *Entartung der Begriffsjurisprudenz* dar, die bei der Gleichstellungsproblematik überhaupt anzutreffen ist. Die Unrichtigkeit ihrer scheinlogischen Schlüsse ist von seltener Evidenz: Zum ersten wird der Gefahrbegriff pervertiert, wenn man die Herbeiführung einer Situation, in der der Zeuge *frei* zwischen Wahrheit und Lüge wählen kann und alles von seiner Entscheidung abhängt, als Gefährdung bezeichnet. Daran ändert auch die später von

---

103 Dieser Terminus wurde gewählt, um die Streitfrage, ob der Meineid zu den sog. eigenhändigen Delikten zählt (vgl. *Roxin*, Täterschaft, S. 400 ff. m. zahlr. Nachw.), außer Betracht lassen zu können.

104 Vgl. nur RGSt. 75, 274; BGHSt. 3, 19; 4, 218; BGH NJW 1952, 230; 1953, 1194.

der Rechtsprechung vorgenommene Einschränkung nichts, daß eine Gefahr für den Zeugen nur dann bestehe, wenn er sich bei wahrheitsgemäßer Aussage einer unehrenhaften oder strafbaren Handlung bezichtigen müßte; denn durch die Zeugnisverweigerungsrechte der §§ 52 ff., 55 StPO, 383 ff. ZPO ist die Entscheidungsfreiheit des Zeugen auch in solchen Fällen gewährleistet. Selbst wenn man aber hier die Gefahr bejahen würde und dementsprechend aus der Ingerenzformel eine Garantenstellung zugunsten des Zeugen herleiten wollte, wäre diese doch ohne jede strafrechtliche Relevanz, denn ein Tatbestand „Wer einen anderen in Strafrechtsschuld verstrickt, wird ... bestraft" existiert bei uns nicht, und der Beihilfetatbestand kann diese Aufgabe nicht übernehmen, da, wie § 50 zeigt, nicht die „Schuldteilnahme", sondern die „Erfolgsverursachung" den Strafgrund der Beihilfe abgibt.[105] Die angebliche Garantenpflicht gegenüber dem potentiellen Meineidstäter liegt daher überhaupt nicht im Schutzbereich der §§ 153 ff.![106]

Die Figur der „Rechtspflicht zum Schutz des Zeugen" ist daher in jeder Beziehung mißglückt und kann unsere Schlußfolgerungen nicht in Frage stellen. Außerdem ließen sich aber unsere Überlegungen wohl sogar hierauf übertragen: Erst die *vorsätzliche* Vorhandlung greift in den Schutzbereich des Bürgers vor „Schuldverstrickung" ein, und sie allein könnte daher nach dem Veranlassungsprinzip allenfalls eine Ingerenz-Garantenstellung begründen.

5. Für unsere folgenden Überlegungen bleibt festzuhalten, daß wir hier ein erstes interessantes Beispiel für die mögliche Abhängigkeit der Garantenpflicht von dem Tatbestandstypus gefunden haben.[107]

---

105 S. *Baumann*, Strafrecht, S. 565 f.; *Maurach*, AT, S. 576 f.; *Jescheck*, Lehrbuch, S. 455 f.; alle m. weit. Nachw.; für die Beihilfe auch *Trechsel*, Strafgrund der Teilnahme, S. 107. Die abgelehnte Konstruktion der Rechtsprechung mochte daher allenfalls vor Einführung der limitierten Akzessorietät vertretbar sein, obwohl sie auch damals nur auf die Anstiftung und kaum auf die Beihilfe gepaßt hätte.

106 Zu diesem notwendigen Entsprechungsverhältnis von Garantenpflicht und Tatbestand vgl. auch *Bärwinkel*, Struktur der Garantieverhältnisse, S. 114 ff.

107 Freilich muß noch geprüft werden, ob eine Ingerenz-Garantenstellung überhaupt im allgemeinen existiert (was in diesem Kapitel unterstellt worden war). Selbst wenn es aber deswegen auf die oben skizzierte tatbestandliche Differenzierung für die Nichtexistenz der Meineidsbeihilfe durch Unterlassen im Ergebnis nicht ankommen sollte, bleibt die von uns entwickelte intrasystematische Kritik von praktischem Wert, denn ob die Rechtsprechung auf das Ingerenzprinzip als handliche Gleichstellungskrücke allgemein verzichten wird, dürfte vom grünen Tisch her nicht sicher zu prognostizieren sein.

Dritter Abschnitt: Eigene Lösung

A. Grundlegung

§ 17 Garantenstellung und formelle Rechtspflicht

I. Zusammenfassung der bisherigen Ergebnisse

Wenn wir nunmehr am Anfang unseres eigenen Lösungsversuches noch einmal kurz resümieren, auf welchen Boden die Gleichstellungsproblematik durch unsere bisherigen Überlegungen gestellt wurde, so müssen folgende Ergebnisse festgehalten werden: Grund und Grenzen der unechten Unterlassungsdelikte sind im Gesetz nicht ausdrücklich geregelt worden,[1] obwohl es außer Frage steht, daß ihre Existenz im StGB stillschweigend vorausgesetzt wird.[2] Die herkömmlichen Auslegungsmethoden sind daher für usere Aufgabe untauglich,[3] und da auch kein bindendes Gewohnheitsrecht entstehen konnte,[4] muß die Gleichstellungsfrage auf dem Wege der *Rechtsschöpfung* beantwortet werden.[5] Da sich die unechte Unterlassung im Rahmen der natürlichen Wortbedeutungen der Tatbestandsbeschreibungen hält, kann hierin kein Verstoß gegen die formelle Garantie des Art. 103 II GG („nulla poena sine lege scripta") gesehen werden,[6] umso schwerer wiegen aber die Bedenken, die sich aus dessen materieller Garantie („nulla poena sine lege stricta") ergeben. Auch ohne eine nähere Analyse dieses Grundsatzes darf doch so viel gesagt werden, daß seinen Anforderungen allenfalls dann genügt werden kann, wenn die Auffindung einer Methode gelingt, die die Ergebnisse dem Dezisionismus subjektiver Beliebigkeit entrückt und eine rational überprüfbare Begründung der unechten Unterlassungsdelikte zu liefern vermag.[7] Die *begriffsjuristische* Methode der Rechtsprechung erwies sich hierfür als untauglich, da die Scheinlogik ihrer Deduktionen auf Obersätzen beruht, die niemals ernsthaft überprüft, geschweige denn überzeugend nachgewiesen wurden.[8] Auf der anderen Seite verspricht auch eine rein *topische* Methode keinen Erfolg, denn sie kann die gerade im Strafrecht so handgreiflichen

1 s. o. S. 63 ff.
2 s. o. S. 56 ff.
3 s. o. S. 63 ff.
4 s. o. S. 71 ff.
5 s. o. S. 66.
6 s. o. S. 66 ff.
7 s. o. S. 66.
8 s. o. S. 219 ff.

https://doi.org/10.1515/9783110650488-004

Rechtssicherheitsbedürfnisse auch nicht annähernd befriedigen.[9] *Normativistische* Methoden müssen schließlich daran scheitern, daß konkretisierbare gesetzliche Wertentscheidungen nicht in ausreichendem Maße vorhanden sind,[10] insbesondere der Versuch einer Induktion aus den im StGB ausdrücklich geregelten Fällen unechten Unterlassens keinen Erfolg verspricht.[11]

Es nimmt nach alledem nicht wunder, daß sich die Lösungsentwürfe in letzter Zeit immer mehr auf eine Ableitung aus der *Natur der Sache* konzentriert haben. Die *ontologischen* Begründungsversuche haben bisher noch nicht zu überzeugen gewußt, denn weder das Vertrauens- noch das Abhängigkeitsmoment konnte als tertium von Begehung und Unterlassung anerkannt werden.[12] Aber auch die *soziologischen* Konzeptionen haben keinen größeren Erfolg gehabt, denn ihr oberster Ansatz – mochte er nun im Einzelfall als Rolle, als Näheverhältnis oder als soziale Schutzfunktion bezeichnet werden – war zu unbestimmt und ließ auch den spezifischen Bezug auf die unechte Unterlassung vermissen, der allein seine Konkretisierung ermöglicht hätte.[13] Auch die sachlogischen Gleichstellungslehren sind daher insgesamt gesehen über fruchtbare Ansätze selten hinausgekommen. Die Fortführung dieser Ansätze wird im folgenden unsere Aufgabe sein.

II. Dogmengeschichte der formellen Rechtspflichttheorien

Bevor wir dementsprechend eine eigene sachlogische Gleichstellungstheorie zu entwickeln versuchen, müssen wir uns allerdings zunächst über ein Problem Klarheit verschaffen, das seit 150 Jahre die Gemüter bewegt und auch von uns schon mehrfach angesprochen, aber bisher immer noch offen gelassen wurde: das Verhältnis von *formeller Rechtspflicht* und *Garantenstellung*. Ist nun eigentlich die Rechtspflicht der Grund der Garantenstellung oder ist die Garantenstellung der Grund für die Rechtspflicht? Damit im Zusammenhang steht die weitere Frage, ob die Garantenstellung eine *metastrafrechtliche Rechtspflicht* voraussetzt oder nicht. Die Dogmengeschichte dieses Problembereichs zeigt ein interessantes Wechselspiel.

1. Die Auffassung, daß die Unterlassungshaftung (in der heutigen Terminologie: die Garantenstellung) mit der Rechtspflicht zum Handeln notwendig ge-

---

9 s. o. S. 101 ff.
10 s. o. S. 171 ff., 184 ff.
11 s. o. S. 209 ff.
12 s. o. S. 110 ff., 120 ff.
13 s. o. S. 148 ff., 168 ff., 181 ff.

geben und somit nur eine Folge der Rechtspflicht sei, findet sich bereits bei *Feuerbach.*[14] Etwa um die Mitte des 19. Jahrhunderts wurde sie von den *kausalmonistischen* Theorien *Ludens,*[15] *Temmes,*[16] *Krugs,*[17] *Glasers,*[18] *Ad. Merkels,*[19] *v. Buris,*[20] *Bindings,*[21] *Hälschners,*[22] *Geyers*[23] und *Aldossers*[24] verdrängt, die bei allen Unterschieden im einzelnen[25] darin übereinstimmten, daß die Unterlassungshaftung eine Frage der *Kausalität* sei, d. h. also (im modernen Sprachgebrauch) die Rechtspflicht zur Handlung aus der Garantenstellung folge. Zu dieser Gruppe können schließlich auch *v. Bar*[26] und *Kohler*[27] gerechnet werden, die die „Garantenstellung" zwar nicht naturalistisch, sondern sozial-normativistisch bestimmten, aber mit den kausalmonistischen Theorien darin übereinstimmten, daß die Erfolgsabwendungspflicht eine bloße Folge der durch eine pflichttranszendente Betrachtung zu begründenden Garantenstellung sei.[28]

2. Zu Beginn dieses Jahrhunderts trat ein großer Umschwung ein, man erkannte die Fruchtlosigkeit des Kausalmonismus und besann sich wieder auf die alte *Rechtspflichttheorie.*[29] Kennzeichnend ist hierfür etwa die eingehende Untersuchung *Traegers*, der nach einer scharfsinnigen Kritik der Kausalitätstheorien unter ausdrücklichem Rückgriff auf *Feuerbach* die Unterlassungshaftung mit der Rechtspflichtwidrigkeit gleichsetzte und diese Rechtspflicht metastrafrechtlich, d. h. vorwiegend zivilistisch verstand.[30] Auch in der *Rechtsprechung des RG* ist dieser Standpunkt von Anfang an zu finden.[31]

14 Lehrbuch, § 24.
15 Abhandlungen II, S. 219 ff.
16 Lehrbuch des Preußischen Strafrechts, S. 262 ff.
17 Abhandlungen, S. 21 ff.
18 Abhandlungen, S. 289 ff.
19 Lehrbuch, S. 111 ff.; Abhandlungen I, S. 76 ff.
20 GS 21, 190 ff.
21 Normen II, 1, S. 516 ff., 536 ff., 560 ff.
22 Strafrecht, S. 237 ff.
23 Kritische Vierteljahresschrift 1882, 237 ff.
24 Unterlassungen, S. 81 ff.
25 Vgl. dazu die auf S. 9, Fn. 9, angegebenen dogmenhistorischen Darstellungen.
26 Gesetz und Schuld II, S. 244 ff.
27 Studien I, S. 45 ff.
28 Der Ausdruck „Garantenstellung" ist hier an sich anachronistisch, da er erst seit *Naglers* Untersuchungen üblich geworden ist. Sein Gebrauch ist hier aber deswegen unschädlich, weil wir ihn überhaupt in der gesamten Arbeit als Synonym für die Gleichstellbarkeit von Tun und Unterlassen benutzen.
29 Nachw. bei *Welp*, Vorangegangenes Tun, S. 61 Fn. 266.
30 Problem der Unterlassungsdelikte, S. 28, 66 ff., 83 ff.
31 Vgl. nur RG Rspr. 1, 35 ff.; RGSt. 39, 397; 64, 273; 70, 151, alle mit zahlr. Nachw.

3. Die Herrschaft der Rechtspflichttheorie wurde in den dreißiger Jahren gebrochen. Im Zuge der im gesamten Strafrecht zu beobachtenden „Befreiung vom zivilistischen Denken" hat *Schaffstein*[32] ihr entgegengehalten, daß zwischen der (vorwiegend zivilistischen) Rechtspflicht und dem strafrechtlichen Erfolgsabwendungsgebot kein Ableitungszusammenhang bestehe, sondern beide nur in den *konkreten Lebensordnungen* einen gemeinsamen Ursprung hätten. Am Ende dieser Entwicklung stand *Nagler*, der den Terminus „Rechtspflicht" zwar noch beibehielt, ihn aber vollständig aus seinen metastrafrechtlichen Bezügen löste und damit nur noch die strafrechtliche Erfolgsabwendungspflicht meinte, die nach seiner Auffassung aus einem sozialethisch verstandenen Garantieverhältnis folgte.[33] Dogmatischer Hintergrund dieser Neuorientierung war die Lehre von der *materiellen Rechtswidrigkeit*, die erstmals von *Sauer*[34] und *Kissin*[35] auf die unechten Unterlassungsdelikte angewandt wurde und auch bald in der Rechtsprechung die formelle Rechtspflichttheorie verdrängte.[36]

4. Heute haben sich die Fronten etwas verlagert. Man streitet weniger um die alten Fragen, ob die strafrechtliche Garantiepflicht mit der metastrafrechtlichen Rechtspflicht identisch ist oder ob sie damit gar nichts zu tun hat,[37] sondern vorwiegend darum, ob die Garantenstellung überhaupt eine metastrafrechtliche Rechtspflicht voraussetzt oder ob auch dort eine Handlungsäquivalenz der Unterlassung in Frage kommt, wo als metastrafrechtliche Grundlage allein sozialethische Normen zur Hand sind. Während in den modernen Monographien die Unabhängigkeit der strafrechtlichen Garantenstellung von der übrigen Rechtsordnung betont wird,[38] findet sich in der Lehrbuch- und Kommentarliteratur heute wieder stärker die Forderung, daß nur rechtliche (das soll offenbar heißen: metastrafrechtliche), nicht aber bloße moralische Pflichten zur Begründung einer Garantenstellung ausreichen dürften.[39]

---

32 Festschr. f. Gleispach, S. 73 ff.
33 GS 111, 59 ff.; vgl. auch LK (*Nagler-Mezger*), Einl. Anh. 2, S. 36 ff.
34 GS 114, 279 ff.; Grundlagen, S. 456 ff.
35 Die Rechtspflicht zum Handeln, S. 68 ff.
36 Nachw. bei *Schaffstein*, a. a. O., S. 75, 78.
37 Insoweit wird die formelle Rechtspflichttheorie i. e. S. also nicht mehr vertreten.
38 Das ist für die ontologischen Lösungsentwürfe von vornherein klar, vgl. etwa *Welp*, Vorangegangenes Tun, S. 65; dasselbe gilt aber auch für die soziologischen Garantenlehren, vgl. *Rudolphi*, Gleichstellungsproblematik, S. 30, und *Bärwinkel*, Struktur der Garantieverhältnisse, S. 132.
39 *Schönke-Schröder*, Rdnr. 101 vor § 1; *Baumann*, Strafrecht, S. 240; *Maurach*, AT, S. 515; *Jescheck*, Lehrbuch, S. 413; *Kohlrausch-Lange*, Anm. II B, II 3e vor § 1; vgl. auch *Androulakis*, Studien, S. 225; *Geilen*, FamRZ 1961, 147; mehr im Sinne der oben, Fn. 38, nachgewiesenen Monographien dagegen *Welzel*, Strafrecht, S. 213, sowie *Welzel* und *Baldus*, Ndschr. der GrStrK 12, 92, 95.

5. Die Rechtsprechung, die sich von der formellen Rechtspflichttheorie schon in den dreißiger Jahren getrennt hat,[40] hat auch nach dem 2. Weltkriege die „Emanzipierung des Strafrechts" fortgesetzt. Kennzeichnend ist etwa die Entscheidung BGHSt. 19, 167 ff., in der vom BGH festgestellt wurde, daß Rechtspflichten auch ohne gesetzliche Grundlage aus bestimmten engen Gemeinschaftsverhältnissen entstehen könnten und daß infolgedessen der Sohn, der einen Mordanschlag auf seinen Vater nicht verhindere, wegen Beihilfe durch Unterlassen zu bestrafen sei.[41] Der völlige Verzicht auf eine metastrafrechtliche Fundierung der Garantenpflichten ist etwa auch im sog. „Hammerteichurteil" festzustellen,[42] wo der BGH ohne weitere Diskussion davon ausgeht, daß den Schwiegersohn eine Garantiepflicht zur Verhinderung des Selbstmordes seiner Schwiegermutter treffe.

III. Eigene Stellungnahme

Insgesamt gesehen dürfte die heute in der Rechtsprechung und der monographischen Literatur vorherrschende Geringschätzung der metastrafrechtlichen Rechtsordnung mit der berühmten Austreibung des Teufels durch den Beelzebub vergleichbar sein. Der Hauptfehler der formellen Rechtspflichttheorie, die Annahme nämlich, daß die Garantenstellung mit der metastrafrechtlichen Rechtspflicht identisch sei, wurde zwar beseitigt, dafür wurde aber durch die Hervorzauberung der Garantiepflichten aus „rein tatsächlichen" (d. h. im übrigen rechtlich vollständig irrelevanten) Beziehungen eine viel gefährlichere Schleuse geöffnet, wodurch das unechte Unterlassungsdelikt eine Beute der unkontrollierbaren Werterlebnisse des erkennenden Gerichts und die Strafbarkeit der Unterlassung zu einer Frage der Individualethik geworden ist. Auch die Engherzigkeit der formellen Rechtspflichttheorie, die an ihren Schwierigkeiten bei der Erfassung der Übernahmegarantenstellung offenbar wurde, vermag diese uferlose Ausdehnung der Unterlassungsdelikte nicht zu rechtfertigen.

---

40 s. etwa RGSt. 69, 321; 66, 73.

41 a. a. O., S. 168 f.; ausführlicher in NJW 1964, 732. Es wäre nicht uninteressant, das vom BGH in dieser Entscheidung zusätzlich angeführte Argument, „eine Bestrafung bloß aus § 330c würde dem *allgemeinen Gerechtigkeitsempfinden* nicht entsprechen", methodenkritisch zu überprüfen. Statt dessen kann hier aber aus Raumgründen nur der Hinweis gegeben werden, daß der BGH bei seiner Begründung im übrigen aus dem Begriff der „tatsächlichen Lebensgemeinschaft" deduziert und damit doch weitgehend in den Bahnen der oben (in § 16) ausführlich kritisierten begriffsjuristischen Methode verbleibt.

42 BGHSt. 13, 162; dazu eingehend *Baumann*, Strafrechtsfälle, S. 48 ff.

1. Die Erkenntnis, daß die metastrafrechtliche Rechtslage für die strafrechtliche Garantenstellung nicht gleichgültig sein kann, erwächst aus der Einsicht in die *sekundäre Natur des Strafrechts.* Unter diesem Ausdruck verstehen wir den berechtigten Kern dessen, was *Binding* mit seiner berühmten Formel vom Strafrecht als einem *akzessorischen Rechtsteil* gemeint hat:[43] Das Strafrecht ist grundsätzlich auf eine Pönalisierung von solchen Handlungen beschränkt, deren Rechtswidrigkeit sich aus den übrigen Rechtsgebieten ergibt; nur im Einzelfall „prescht" es vor und schafft Verbotszonen, die in den übrigen Rechtsgebieten keine Entsprechung haben.

Um über Grundlage und Bedeutung dieses Satzes Klarheit zu gewinnen, muß man zunächst einmal das Problem der Sekundarität des Strafrechts von der Frage der Akzessorietät i. e. S. unterscheiden.[44] Akzessorietät des Strafrechts bedeutet für unser Verständnis, daß keine eigene Begriffsbildung angestrebt wird, sondern die in den übrigen Rechtsgebieten vorgeprägten Begriffe ohne Modifikationen übernommen werden. Daß eine derartige allgemeine Akzessorietät des Strafrechts nicht existiert, dürfte seit den eingehenden Untersuchungen von *Bruns*[45] außer Frage stehen; andererseits läßt sich aber nicht bestreiten, daß sie im Einfall durchaus vorliegen kann. Ein Beispiel, das schon von *Bruns*[46] genannt wurde, ist der Eigentumsbegriff. Im übrigen besteht keine Einigkeit, doch kann insgesamt gesehen ein Trend zur Verselbständigung der strafrechtlichen Begriffe festgestellt werden.[47] Ohne daß die Akzessorietätsproblematik hier im einzelnen weiter verfolgt werden soll, kann doch so viel gesagt werden, daß das Strafrecht in seiner Begriffsbildung von vornherein *autonom* ist und daß es daher eine ausschließlich strafrechtliche Frage ist, ob und inwieweit die Begriffsinhalte anderer Rechtsgebiete übernommen werden; und gerade aus dieser Autonomie folgt zwingend, daß das Strafrecht durchaus auch einmal akzessorische Begriffe verwenden kann. Dementsprechend können drei verschiedene Typen unterschieden werden:

1) Das Strafrecht ist streng akzessorisch, so etwa bei den Begriffen des Eigentums (§§ 242, 246 u. a.), des Jagdrechts (§ 292)[48] und des Bundespräsidenten (§ 90).

2) Das Strafrecht bildet einen völlig eigenständigen Begriff, der auf andere Rechtsgebiete überhaupt keine Rücksicht nimmt, so etwa bei der Gewissenlosigkeit (§ 170c), der Unzucht (§§ 174 ff.) und der Ausbeutung (§ 181a).

---

43 Handbuch, S. 9 f.
44 Vgl. auch die allerdings abweichende Unterscheidung bei *Maurach*, AT, S. 22.
45 Die Befreiung des Strafrechts, S. 107 ff., 167 ff.
46 a. a. O., S. 290 f.; vgl. aber auch *Roxin*, Festschr. f. Mayer, S. 467 ff. und oben S. 75 f.
47 Vgl. *Jescheck*, Lehrbuch, S. 32, und *Dreher*, GA 1969, S. 56 ff.
48 s. o. S. 75 f.

3) Das andere Rechtsgebiet stellt die *„vorstrafrechtliche Wertordnung* dar, auf die sich das Strafrecht, wenn auch teilweise unter Modifizierung oder Substituierung der Wertakzente, mannigfach bezieht".[49] Ähnlich wie die sozial-vorwissenschaftliche Begriffsbildung das „Vorfabrikat" der kulturwissenschaftlichen Begriffsbildung darstellt und überhaupt erst die Grundlage für deren Umformungsprozeß herstellt, schafft hier das andere Rechtsgebiet – etwa das Zivilrecht – die grundlegenden Strukturen, an die das Strafrecht anknüpft – wenn auch in einer durch seine Zwecke bedingten Modifikation. Die Aufgabe der Strafrechtsfindung liegt in solchen Fällen darin, die Eigenwertungen des Strafrechts von der Übernahme der vorstrafrechtlichen Institute abzugrenzen und auf diese Weise der vorstrafrechtlichen Ordnung Rechnung zu tragen, ohne den genuin strafrechtlichen Wertungssektor zu verkümmern.[50]

2. a) Die *Akzessorietät* bedeutet somit nach allem keine vorgegebene Beschränkung des Strafrechts, sondern nur eine bei der Auslegung in unterschiedlichem Umfange festzustellende Anknüpfung des Strafrechts an die metastrafrechtliche Ordnung des Substrats. Demgegenüber beruht die *Sekundarität* des Strafrechts auf dem Gedanken, daß sich die Rechtswidrigkeit eines Verhaltens grundsätzlich nach der engeren rechtlichen Ordnung dieses Bereiches bestimmt und das Strafrecht lediglich unter den danach rechtswidrigen Handlungen diejenigen auswählt, die Strafe verdienen und Strafe bedürfen.[51] Handlungen, deren Rechtswidrigkeit auf keiner speziellen metastrafrechtlichen Regelung beruht, dürfen dementsprechend prinzipiell nur dann pönalisiert werden, wenn sie (vorstrafrechtlich gesehen) in einem rechtlichen Vakuum erfolgen; es muß dagegen zu enormen Unzuträglichkeiten führen, wenn das Strafrecht Handlungen pönalisiert, die an sich nach der engeren rechtlichen Ordnung dieses Bereiches erlaubt sind. Ein Beispiel dafür bietet § 170c. Nach der engeren rechtlichen Ordnung des BGB ist der nach § 170c unter-Strafandrohung zur Hilfe verpflichtete außereheliche Schwängerer nur zur Tragung der Entbindungskosten (§ 1615k n. F. BGB) und zur Deckung des mütterlichen Unterhalts 6 Wochen vor und 8 Wochen nach der Entbindung verpflichtet (§ 1615l n. F. BGB). Wie aber aus dem Wortlaut des § 170c und der Existenz des § 170b e contrario hervorgeht,

---

49 So *meine* Formulierung in GA 1969, 53.

50 Als Beispiel habe ich hierfür früher (GA 1969, 46 ff.) die bürgerlich-rechtliche Besitzordnung genannt, die für die strafrechtliche Unterscheidung von Wegnahme und Vermögensverfügung das Vorfabrikat liefert. Gegenüber der daran von *Dreher* (GA 1969, 56 ff.) geübten Kritik dürfte an den obigen Ausführungen deutlich geworden sein, daß die Zivilrechtsakzessorietät bei den Vermögensdelikten für mich kein Dogma, sondern nur ein im Einzelfall mögliches Interpretationsprodukt ist; vgl. auch schon GA 1969, 53 Fn. 57a, 58.

51 Vgl. dazu *Sax*, Die Grundrechte III, 2, S. 924 ff.

droht § 170c dem außerehelichen Schwängerer auch dann Strafe an, wenn er eine moralische (individualethische) Pflicht zum seelischen Beistand gewissenlos vernachlässigt.[52] Daß eine derartige Desavouierung der zivilrechtlichen Regelung durch das Strafrecht allen Maximen vernünftiger Kriminalgesetzgebung Hohn spricht, liegt auf der Hand. Da eine Pflicht zur „außerehelichen Lebensgemeinschaft" dem Schwängerer im BGB nirgends auferlegt ist, wird somit ein bürgerlichrechtlich korrektes Verhalten allein wegen der Gewissenlosigkeit, d. h. wegen der persönlichen Niedertracht des Schwängerers, mit Strafe belegt. Da die bloße menschliche Schlechtigkeit aber nicht für ein Tat-, sondern nur für ein Gesinnungsstrafrecht einen zureichenden Anknüpfungspunkt abzugeben vermag, erweckt die Strafvorschrift des § 170c schwere Bedenken.

b) Ob der darin liegende Fehlgebrauch des gesetzgeberischen Ermessens direkt zu der Ungültigkeit des § 170c führt, ob eine verfassungskonforme Auslegung geboten ist, die zu einer Synchronisierung mit dem Bürgerlichen Recht führt, oder ob sich § 170c trotz seiner offenbaren Mängel noch innerhalb der Geltungsgrenzen des positiven Rechts hält[53] – diese Fragen können im vorliegenden Zusammenhang auf sich beruhen. Entscheidend ist: wir haben hier ein Beispiel dafür gefunden, daß das Strafrecht, wenn es *richtiges Recht* sein soll, die Wertentscheidungen der vorgelagerten Rechtsgebiete zu beachten hat.[54] Mag auch der Gesetzgeber auf Grund seiner überragenden Stellung im modernen Staat und der daraus folgenden Vermutung für die Gültigkeit einer positiven Rechtsnorm[55] in der Lage sein, in gewissen Grenzen sein Ermessen an die Stelle der Maximen des richtigen Rechts zu setzen – für eine mit der Rechtsschöpfung betraute Instanz unterhalb des Gesetzgebers kommt das keinesfalls in Frage. Der an Gesetz und Recht gebundene Richter (Art. 20 III GG) hat sich bei der Rechtsfindung nicht von seinem Ermessen leiten zu lassen,[56] sondern

---

52 Vgl. *Schönke-Schröder*, § 170c, Rdnr. 4 m. Nachw. pro et contra.

53 Vgl. dazu *Engisch*, Einführung, S. 172 ff. m. Nachw. in Fn. 230 ff.; *Henkel*, Rechtsphilosophie, S. 456 ff. m. weit. Nachw.

54 Der Hinweis von *Jescheck*, daß das Strafrecht die geschichtlich älteste Form des Rechts überhaupt sei (Lehrbuch, S. 32), verschlägt – seine Richtigkeit unterstellt – hiergegen nichts, denn es kommt für das Sekundaritätsproblem nicht auf die geschichtliche Entwicklung, sondern allein auf das hic et nunc bestehende Verhältnis an.

55 *Maunz-Düring-Herzog*, Art. 20, Rdnr. 63 m. weit. Nachw.

56 Art. 1 des Schweizerischen Zivilgesetzbuches, wonach der Richter bei Gesetzeslücken nach der Regel entscheiden soll, die er „als Gesetzgeber aufstellen würde", nivelliert diesen Unterschied und verdient daher in Deutschland keine Beachtung; die verbreitete Übernahme dieses Grundsatzes beruht auf einer völligen Verkennung der Unterschiede, die zwischen der legislatorischen und der richterliche Rechtsschöpfung bestehen; vgl. schon oben S. 32 f., 159 ff., 216 ff.

das richtige Recht aufzufinden; das den Gesetzgeber nur in begrenztem Umfange verpflichtende Sekundaritätsprinzip ist für ihn daher schlechthin verbindlich!

c) Zwei einfache Beispiele sollen das verdeutlichen. Wenn ein Gläubiger einen säumigen Schuldner gerade noch zu fassen bekommt, als dieser ins Flugzeug nach Buenos Aires steigt, und ihn kurz entschlossen festnimmt, so erfüllt er den Tatbestand der Freiheitsberaubung. Die Tatbestandsmäßigkeit indiziert nach herkömmlicher Auffassung im Strafrecht die Rechtswidrigkeit, die nur noch durch besondere Rechtfertigungsgründe ausgeschlossen werden kann. Da ein Rechtfertigungsgrund für diesen Fall im StGB nicht ersichtlich ist und die Verwerflichkeitsklausel des § 240 bei der Freiheitsberaubung kein Pendant hat, stünde bei einer ausschließlich strafrechtlichen Analyse an sich nichts im Wege, den Gläubiger nach § 239 zu verurteilen. Die zivilrechtliche Zulässigkeit der Selbsthilfe (§ 229 BGB) könnte ohne weiteres dahin interpretiert werden, daß sie eben auch nur für das Zivilrecht gelte (etwa Schadensersatzansprüche des Schuldners ausschließt) – wie ja auch die zivilrechtliche Beschränkung der Hilfspflichten des außerehelichen Schwängerers den Gesetzgeber nicht an der Schaffung des § 170c gehindert hat. Daß damit im Falle der Selbsthilfe ein ganz und gar unmögliches Ergebnis erreicht würde, weil man dem Gläubiger mit der linken Hand das nähme, was man ihm mit der rechten soeben gegeben hat, ist geradezu evident; die Anerkennung des Sekundaritätsprinzips ist daher unverzichtbarer Bestandteil eines richtigen Strafrechts.[57] Anders als der Gesetzgeber ist der Strafrichter infolgedessen an die in einem anderen Rechtsgebiet getroffene Bewertung eines Verhaltens als rechtmäßig oder rechtswidrig ausnahmslos gebunden; insoweit sind seiner rechtsschöpferischen Tätigkeit unlösbare Fesseln angelegt.[58]

Als zweites Beispiel kann die schon oben[59] betrachtete Beihilfe zum Meineid dienen. Ein Verhalten, das nach den einzelnen Prozeßordnungen korrekt ist, kann nicht als aktive Beihilfe bestraft werden, wenn sich das Strafrecht nicht zu der engeren rechtlichen Ordnung seines Substrats in einen unerträglichen Widerspruch setzen will. An dieser Auswirkung des Sekundaritätsprinzips kommt die Auslegung der §§ 153, 49 nicht vorbei.

d) Die nähere Betrachtung des *Sekundaritätsgrundsatzes* hat damit erstens ergeben, daß eine originär strafrechtliche Begründung der Rechtswidrigkeit nur

---

57 Die in diesem Zusammenhang gebräuchliche Formulierung von der „Einheit der Rechtsordnung" (s. *Schmidhäuser*, AT, S. 253 f.; *Jescheck*, Lehrbuch, S. 220 m. Nachw. d. Rspr.; eingehend *Engisch*, Die Einheit der Rechtsordnung, S. 55 ff.) ist für die Rechtfertigungsgründe zwar zutreffend, dient aber sonst eher dazu, die Sekundaritätsprobleme zu verschleiern.

58 Vgl. auch *Maurach*, AT, S. 24 f.

59 S. 219 f., 229 f.

für zuvor rechtsfreie Räume am Platze ist, während das Strafrecht im übrigen die Rechtswidrigkeit von der vorgelagerten rechtlichen Ordnung des jeweiligen Lebensgebietes übernimmt und lediglich unter den danach rechtswidrigen Handlungen an Hand der Kriterien der Strafwürdigkeit und -bedürftigkeit eine Auswahl vornimmt; zweitens, daß dieser Grundsatz den Gesetzgeber nur im Rahmen der allgemeinen Geltungsgrenzen unrichtigen Rechts bindet, daß er dagegen für den allein zur Auffindung des richtigen Rechts autorisierten Richter unverbrüchliche Gültigkeit besitzt.

3. Für das *Verhältnis* von *Garantenstellung* und *formeller Rechtspflicht* lassen sich daraus wichtige Folgerungen ziehen. Die strafrechtlichen Garantieverhältnisse existieren nicht in einem im übrigen rechtsfreien Raum, sondern wurzeln zum allergrößten Teil in Lebensbeziehungen, die bereits eine dem Strafrecht vorgelagerte rechtliche Ordnung erfahren haben. Da ihre Auffindung durch richterliche Rechtsschöpfung zu erfolgen hat, gilt der Sekundaritätsgrundsatz in voller Schärfe: *Handlungen (bzw. hier: Unterlassungen), die nach der speziellen rechtlichen Ordnung erlaubt sind, dürfen nicht als unechte Unterlassungsdelikte bestraft werden.*

4. Bedeutung und Tragweite dieses Satzes bedürfen der Erläuterung, die am besten durch eine Auseinandersetzung mit den zu erwartenden Einwänden gegeben werden kann.

a) Der erste voraussehbare Einwand dürfte darauf gestützt sein, daß wir mit einer solchen Wiedererweckung der alten Rechtspflichttheorie die Strafbarkeit von keinem materialen Kriterium, sondern bloß von einer *formellen*, im Strafrecht unbeachtlichen Rechtspflicht abhängig machten.[60] Daß diese gegenüber der formellen Rechtspflichttheorie im Ergebnis berechtigte Kritik uns nicht treffen kann, wird sogleich noch zu zeigen sein. Zuvor soll aber einem darin liegenden Vorurteil entgegengetreten werden, das jeglicher Verständigung über das Verhältnis von Rechtspflicht und Garantenstellung im Wege steht: dem Vorurteil, daß die metastrafrechtlichen Rechtspflichten unter Strafrechtsaspekten nur formeller Natur und daher für die Strafrechtsfindung unergiebig seien. Wie irrig eine solche Annahme wäre, haben bereits unsere Überlegungen zum Sekundaritätsgrundsatz zur Genüge gezeigt, und es wäre ein leichtes, den oben gebrachten Beispielen ein Dutzend oder mehr hinzuzufügen. Die dem Strafrecht vorgeordnete rechtliche Regelung beruht auf materialen Wertentscheidungen, die mit ihrer Abgrenzung der Verbotszone überhaupt erst die Grundlage für die darauf aufbauenden Spezialwertungen des Strafrechts schaffen! Es erscheint geradezu widersprüchlich, wenn das „Aufruhen" des Strafrechts auf der sozialen Wert-

---

60 Vgl. die Kritik an der formellen Rechtspflichttheorie bei *Welp*, Vorangegangenes Tun, S. 65, und *Rudolphi*, Gleichstellungsproblematik, S. 30.

ordnung betont und die strafrechtliche Wertung womöglich aus diesem Substrat entwickelt wird und auf der anderen Seite die engere rechtliche Ordnung, die doch im Grunde erst die rechtliche Relevanz der Sozialstrukturen schafft, als ein im Einzelfall beliebig zu vernachlässigendes Indiz deklassiert wird. Die Lösung der Gleichstellungsproblematik kann nur dann richtiges Recht ergeben, wenn die präjudiziellen Wertungen der engeren rechtlichen Ordnung beachtet werden.

b) Allerdings schafft diese metastrafrechtliche Wertung – und das hat die formelle Rechtspflichttheorie verkannt! – noch keine strafrechtliche Garantenstellung, sondern steckt nur den Bereich ab, in dem strafrechtliche Garantiepflichten allenfalls bestehen können. Die Feststellung der metastrafrechtlichen Rechtspflicht entbindet uns daher, wie mit besonderem Nachdruck betont werden muß, nicht im mindesten von der stets erforderlichen genuin strafrechtlichen Wertung; nicht alles, was rechtswidrig ist, ist deswegen strafbar! Das Sekundaritätsprinzip hat daher für die Gleichstellungsproblematik nur eine negative Bedeutung: Wo nach der engeren Ordnung eine Rechtspflicht ausscheidet, kommt auch keine Bestrafung in Frage; die bloße Existenz einer metastrafrechtlichen Rechtspflicht besagt dagegen für die Frage der Strafbarkeit noch nichts.

c) Auch in dieser eingeschränkten Bedeutung scheint unsere Rechtspflichtkonzeption jedoch demselben Einwand ausgesetzt zu sein, der schon die alte formelle Rechtspflichttheorie ruiniert hat. Macht nicht der Paradefall des Kindermädchens, das den Säugling verhungern läßt und sich vor den Schranken der Gerechtigkeit hohnlachend auf die zivilrechtliche Nichtigkeit des Anstellungsvertrages beruft, unmißverständlich und unwiderlegbar deutlich, daß es auch Garantieverhältnisse außerhalb von metastrafrechtlichen Rechtspflichten geben muß?[61]

Es liegt uns fern, das Gewicht dieses Einwandes zu unterschätzen. In der Tat weist er nachdrücklich auf die verhältnismäßig engen Grenzen des Nutzens hin, der für die Lösung der Gleichstellungsproblematik aus dem Sekundaritätsgrundsatz gezogen werden kann. Gleichwohl vermag sich unsere Rechtspflichtkonzeption auch ihm gegenüber zu behaupten.

Die formelle Rechtspflichttheorie machte außer dem schon unter b) richtiggestellten Mißgriff den weiteren Fehler, daß sie die Rechtspflicht positivistisch verstand und darüber hinaus mit der Vertragskategorie einen strafrechtlich prinzipiell unbeachtlichen Pflichttyp zum Anknüpfungspunkt wählte. Die Erfolgsabwendungspflicht aus Vertrag mußte schon deswegen in die Irre führen,

61 S. *Schaffstein*, Festschr. f. Gleispach, S. 79; *Nagler*, GS 111, 63.

weil die Verletzung einer Vertragspflicht überhaupt nur in Ausnahmefällen für das Strafrecht von Interesse ist. Die vorstrafrechtliche Wertordnung bietet nicht das Vertrags-, sondern das bürgerlichrechtliche Deliktsrecht, denn da eine strafrechtliche Pönalisierung offenbar nicht weitergehen kann als die weitgespannte Deliktshaftung der §§ 823 ff. BGB,[62] ist für die Garantenfrage nicht der zivilistische Vertrag als solcher, sondern nur seine deliktische Relevanz von Bedeutung. Und da aus einem Vertrag infolge der kategorialen Unterschiede ebenso wenig ein Delikt werden kann wie aus dem Sein ein Sollen, kann lediglich der dem Vertrag zugrunde liegende tatsächliche Vorgang deliktische Relevanz erlangen; auf das Rechtsinstitut des Vertrages kommt es gar nicht an.

Infolgedessen kann nicht die zivilistische Rechtskategorie des Vertrages, sondern allein die *tatsächliche Übernahme* die strafrechtliche Zurechnung des Erfolges begründen. Muß daran aber nicht auch unsere Rechtspflichtkonzeption scheitern, weil wir bei der Übernahme nirgendwo eine metastrafrechtliche Rechtspflicht finden?

Die Antwort auf diese Frage bereitet uns keine besonderen Schwierigkeiten. Bei einem positivistischen Rechtspflichtverständnis käme man durch sie freilich in einige Verlegenheit, denn eine Erfolgsabwendungspflicht qua Übernahme ist aus dem Buchstaben des Gesetzes nirgends zu entnehmen. Gleichwohl existiert sie, wenn auch nur als ungeschriebene, als eine im Wege der Rechtsschöpfung begründete deliktsrechtliche Verhaltensnorm, was wir im einzelnen später beweisen werden.[63] Die Annahme einer Übernahmegarantenstellung wird daher durch unsere Rechtspflichtkonzeption nicht ausgeschlossen.

5. Mit dieser Argumentation scheinen wir uns nun allerdings endgültig in den eigenen Schlingen gefangen zu haben. Denn was bedeutet noch das Sekundaritätsprinzip, wenn wir einfach jeder strafrechtlichen Garantenpflicht im Wege der Rechtsschöpfung eine metastrafrechtliche Rechtspflicht beigesellen können?

a) Wenn dies wirklich so leicht wäre, hätten wir in der Tat die eigene Rechtspflichtkonzeption ad absurdum geführt. Aber so einfach liegen die Dinge eben nicht. Die Schöpfung der metastrafrechtlichen Rechtspflicht kann nämlich nicht aus dem Handgelenk erfolgen, sondern muß selber den Anforderungen des richtigen Rechts genügen. Das heißt: Sie muß methodisch einwandfrei und rational überzeugend begründet sein und muß namentlich den in dem jeweiligen Rechtsgebiet gültigen Wertentscheidungen gerecht werden. Hierin sehen wir den besonderen Vorteil unseres Sekundaritätsprinzips: Die Aufstellung der strafrechtlichen Garantenstellung muß, solange man die richtige Methode noch

62 D. h. natürlich nur, soweit es um dieselben Sachgebiete geht.

63 s. u. S. 377 ff.

nicht gefunden hat, im Bereich dezisionistischer Beliebigkeit verbleiben, weil es eben im StGB praktisch nichts gibt, „an das man sich halten kann". Wenn man dagegen gezwungen ist, in die „Niederungen" der metastrafrechtlichen Rechtsgebiete hinabzusteigen, muß man Farbe bekennen. Hier gibt es meist eine beträchtliche Anzahl handfest-positiver Wertentscheidungen, die man bei der Pflichtbegründung nicht einfach beiseite schieben kann und die deswegen allzu üppig wuchernden Versuchen, die Strafbarkeit aus der bloßen Moralwidrigkeit abzuleiten, ein unübersteigbares Hindernis bereiten. Übersteigerte begriffsjuristische oder hochethische Unterlassungskonstruktionen, die im Strafrecht ein aus apokryphen Quellen gespeistes Eigenleben führen und längst den Kontakt zu den engeren rechtlichen Ordnungen verloren haben, sind damit ein für allemal ausgeschlossen. Daß auf diese Weise die schlimmsten Auswüchse des unechten Unterlassungsdelikts beseitigt werden können, haben wir schon oben bei der Meineidsbeihilfe durch Unterlassen gesehen;[64] und während die metastrafrechtliche Relevanz der grundsoliden Übernahmegarantenstellung ohne größere Schwierigkeiten nachweisbar ist,[65] kann schon jetzt die Mutmaßung gewagt werden, daß einige weitere exzentrische Garantenstellungen an der Klippe der engeren Ordnung des Familienrechts Schiffbruch erleiden werden.[66]

b) Das *Sekundaritätsprinzip* führt daher durchaus nicht zu einem Zirkelschluß, sondern verbürgt eine nicht unbedeutende Kontrolle der strafrechtlichen Gleichstellungstheorie. Um möglichen Mißverständnissen rechtzeitig vorzubeugen, muß allerdings betont werden, daß wir in ihm nichts weniger als eine Methode der Gleichstellung von Tun und Unterlassen erblicken. Das Sekundaritätsprinzip bedeutet eine Beschränkung der rechtsschöpferischen Begründung von Verbotszonen (im Sinne von „Rechtswidrigkeitszonen") seitens des Strafrichters, hat aber mit der Frage nach der Begehungsgleichheit der Unterlassung nichts zu tun. Es enthält im Grunde nur das Verbot, strafrechtliche Rechtsfiguren zu schaffen, die zu der vorstrafrechtlichen Rechtslage in Widerspruch stehen, und stellt also, da die engeren rechtlichen Ordnungen zu den Vorgegebenheiten des Strafrechts zählen, eine Begrenzung der strafrechtlichen Rechtsschöpfung aus der Natur der Sache dar. Seine methodologische Bedeutung beruht in der Hauptsache darin, daß mit seiner Hilfe die allzu schlimmen Auswüchse einer verfehlten Gleichstellungsmethode zurückgeschnitten werden können. Im übrigen kann es die richtige Gleichstellungsmethode aber nicht ersetzen und hat neben dieser auch nur geringe selbständige Bedeutung, nämlich

64 s. o. S. 235 ff.
65 s. u. S. 377 ff.
66 s. u. S. 394 f.

nur in dem Fall, daß an sich eine begehungsgleiche Unterlassung vorliegt, die aber nach der engeren rechtlichen Ordnung des Lebensbereiches erlaubt ist; da dann aber auch das entsprechende aktive Tun erlaubt sein wird, mündet dieses Problem in die allgemeine Problematik der metastrafrechtlichen Rechtfertigung einer straftatbestandsmäßigen Handlung ein und verliert damit seinen spezifischen Bezug auf die Unterlassungsdelikte. Im Hinblick auf die richtige Gleichstellungsmethode bietet das Sekundaritätsprinzip also nur noch die Möglichkeit zu einer (allerdings erwünschten) Selbstkontrolle.[67]

§ 18 Der „Herrschaftsbereich" als übergeordnete materiale Richtlinie

I. Rechtfertigung der typologisch-analogistischen Denkweise im Strafrecht

1. In dem methodenkritischen Teil dieser Arbeit hat sich immer wieder gezeigt, daß alle Einzeluntersuchungen der verschiedenen Garantenstellungen und Garantentypen über die Anfangsstufe der Intuition und damit der subjektiven Beliebigkeit nie völlig hinauskommen, solange sie auf keinem systematischen Hintergrund beruhen, der „Grund und Grenzen der unechten Unterlassungsdelikte" erkennen läßt. Auf der anderen Seite hat sich bei der Analyse der Rechtsprechung gezeigt, was für große Gefahren die voreilige Aufstellung hochabstrakter Normen mit sich bringt, die an die Stelle problemorientierter Rechtsschöpfung einen leeren Begriffsautomatismus setzt. Zwischen dieser Scylla und Charybdis gibt es, wie schon mehrfach erwähnt wurde, nur eine erfolgverheißende Fahrtrinne: Man muß eine *materiale Richtlinie* aufsuchen, die einerseits Inhaltsfülle genug besitzt, um einem Konkretisierungsvorgang als Leitbild dienen zu können, andererseits aber auch für die Problemanalyse auf die Weise offen ist, daß sie die Besonderheiten der verschiedenen Falltypen nicht nivelliert, sondern bestehen läßt und ihnen im Zuge der Konkretisierung Rechnung trägt. Daß diese

67 Seine Bedeutung wäre größer, wenn man dem Strafrichter die Befugnis zur rechtsschöpferischen Anerkennung einer metastrafrechtlichen Rechtspflicht versagen wollte und dementsprechend fordern würde, daß die Rechtspflicht immer schon zuvor in der primär zuständigen Rechtsprechung (z. B. der Zivilgerichte) anerkannt wäre. Eine solche Forderung wäre aber ganz und gar ungereimt, denn einmal hängt es oft vom Zufall ab, wie weit die Rechtserkenntnis auf dem Nachbargebiet fortgeschritten ist, und zum andern kommt es ja nicht darauf an, ob die fragliche Rechtspflicht bereits von einem anderen Gericht anerkannt ist, sondern darauf, ob sie *richtiges* Recht darstellt; und darüber kann der Strafrichter ebenso gut befinden. Es verhält sich hier also anders als bei der Schöpfung „metastrafrechtlichen" Gewohnheitsrechts durch den Strafrichter (s. o. S. 74 ff.).

Konkretisierung nicht auf dem Wege logischer Deduktionen vor sich gehen kann, versteht sich bei einer solchen Methode von selbst; statt dessen wird man sich eines *analogistischen* Verfahrens zu bedienen haben. Hierin ist jedoch kein Mangel, sondern gerade ein besonderer Vorzug dieser Methode zu sehen, denn das juristische Denken ist, wie in letzter Zeit vor allem *Arthur Kaufmann* gezeigt hat,[1] bereits seinem ursprünglichen Wesen nach analog. An dieser grundlegenden methodologischen Einsicht kann entgegen der heftigen Kritik *Welps*[2] auch der strafrechtliche Bestimmtheitsgrundsatz nichts ändern, ebenso wie das im Zeitalter der Aufklärung verbreitete Kommentierungsverbot[3] die durch vorgeordnete Prinzipien der juristischen Methodik gebotene Auslegung der Gesetze nicht verhindern konnte. Den *Rechtssicherheitsbedürfnissen* kann, da auch die Garantiefunktion der Wortlautgrenze bei der allgemeinen Gleichstellungsproblematik versagt,[4] nur *innerhalb* des analogistischen Konkretisierungsprozesses Rechnung getragen werden.

2. In dieser Hinsicht müssen – und darin liegt die relative Berechtigung von *Welps* Polemik – in der Tat gegenüber der praktischen Handhabung des analogistischen Verfahrens, wie sie bei *Arthur Kaufmann* und *Hassemer* im „Spaziergängerfall"[5] anzutreffen ist, Bedenken angemeldet werden. *Kaufmann* und *Hassemer* wollen in dem bekannten Streitfall, daß ein Spaziergänger einen Angreifer in Notwehr niedersticht und ihn danach ohne Hilfe verbluten läßt, zwar die Garantenstellung bejahen, eine Bestrafung aus § 212 aber an dem Fehlen des hierfür erforderlichen Handlungsunwerts scheitern lassen. Die Verneinung dieses Handlungsunwertes erfolgt bei ihnen durch eine rein *topische* Denkweise, die zwar anfangs in ihrer Orientierung am Typus des Totschlags einen systematischen Rückhalt findet, diesen jedoch gerade im entscheidenden Moment preisgibt.

Kaufmanns und *Hassemers* Ausgangspunkt, daß die Unterlassung des Spaziergängers[6] nur dann dem § 212 unterfalle, wenn sie dem typischen Handlungsunwert des Totschlages entspreche,[7] dürfte ohne Bedenken zu akzeptieren sein, sofern unter diesem Typus keine besonders schlimme oder besonders gebräuchliche Art des Totschlages,[8] sondern vielmehr der spezifische Unwert des

1 Analogie und Natur der Sache, S. 15 ff.

2 Vorangegangenes Tun, S. 150, Fn. 49.

3 Vgl. zu einem Beispiel den Nachweis bei *Art. Kaufmann* a. a. O., S. 3.

4 s. o. S. 67.

5 JuS 1964, 151 ff.

6 Dessen Garantenstellung wollen wir in diesem Zusammenhang einmal voraussetzen; s. aber neuerdings BGHSt. 23, 327.

7 a. a. O., S. 153.

8 Das erste würde eine durch nichts gerechtfertigte Einengung des Tatbildes, das zweite eine sinnlose Ausrichtung an teleologisch unfruchtbaren bloßen *Häufigkeitstypen* bedeuten; s. i. f.

§ 212 verstanden wird. Dann zeigt sich rasch, daß der typische Handlungsunwert des aktiven Totschlags überhaupt nur in der adäquatvorsätzlichen Verursachung des Todes besteht, denn weitere Modifikationen spielen in § 212 keine Rolle und gehören daher ersichtlich nicht zu seinem Handlungstypus. Daraus geht hervor, daß die Handlungsäquivalenz der Unterlassung bei § 212 nur voraussetzt, daß der Erfolg in gleicher Weise wie bei der aktiven Verursachung zurechenbar ist, und daraus folgt wiederum, daß es bei diesem klassischen Verursachungsdelikt nur auf die Garantenstellung ankommt und daß besondere Tatmodalitäten für den Totschlagstypus (anders etwa beim Mordtypus!) keine Rolle spielen. Das wird anfangs auch von *Kaufmann-Hassemer* anerkannt, die z. B. ausführen, daß die begreiflichen Haß- und Rachegefühle des Spaziergängers sowie seine Angst vor einem Strafverfahren den Handlungsunwert zwar einschränkten, ihn aber nicht entfallen ließen.[9] Überraschenderweise kommen sie dann aber zu dem Resultat, „der Handlungsunwert des Untätigbleibens in einer solchen Situation" sei „dem typischen Handlungsunwert des § 212 nicht gleichwertig".[10] Dieses Ergebnis scheint die Folge eines zu engen, anfechtbaren Verständnisses vom Totschlagstypus zu sein; es kann daher nicht unwidersprochen bleiben.

Wenn *Kaufmann-Hassemer* den Totschlagstyp auch nirgends näher beschreiben, macht ihre Argumentation doch deutlich, daß sie darunter eine *besonders gravierende* Tötungsart verstehen. Daß dies jedoch nicht richtig sein kann, zeigt § 213: Selbst eine Provokation oder andere mildernde Umstände (welch deutliche Parallele zum Spaziergängerfall!) können nichts daran ändern, daß das Unrecht *qualitativ* ein Totschlagsunrecht ist – auch wenn es bei *quantitativer* Betrachtung zu den leichteren Fällen zählt. Haß-, Rache- und Angstgefühle können daher zwar aus einem Totschlag einen leichten Totschlag machen, aber nichts daran ändern, daß der „dem Tatbestand ontologisch vorgelagerte Totschlagstypus" eine Tötung und nichts weiter voraussetzt. Die Handlungsäquivalenz der Unterlassung kann infolgedessen nicht auf Grund von Sachverhaltsmomenten bestritten werden (Haß-, Angst- und Rachegefühle), die auch beim aktiven Tun vorkommen und hier erklärtermaßen nur für das Strafmaß von Bedeutung sind (arg. § 213), sondern allenfalls auf Grund von Besonderheiten der Unterlassung. Das bedeutet: Sitz des Problems ist im Spaziergängerfall gerade auch bei einer typologischen Betrachtungsweise die von *Kaufmann-Hassemer* ohne viel Federlesen bejahte *Garantenfrage*, und zur Beantwortung dieser Frage taugt, wie wir gesehen haben, weder ein begrifflich-deduktives noch ein topisches, sondern nur ein typologisch-analogistisches

---

9 a. a. O., S. 153 f.
10 a. a. O., S. 154.

Denken. Die berechtigte Einzelkritik am „Spaziergängerfall"[11] vermag an dieser allgemeinen Erkenntnis nichts zu ändern. Wie bereits unser kritischer Teil gezeigt hat, kann allein die darin liegende dialektische Vereinigung von systematisierender (abstrahierender) und konkretisierender (individualisierender) Betrachtungsweise den Anforderungen sowohl der Rechtssicherheit als auch der materiellen Gerechtigkeit genügen, und unsere weiteren Überlegungen werden daher im Zeichen des Versuchs stehen, dieses Grundprinzip der juristischen Methodik am konkreten Fall der Gleichstellungsproblematik zu exemplifizieren.

II. Entwicklung der sachlogischen Gleichstellungsbedingungen

1. a) Der erste Schritt unserer eigenen Lösung muß somit in der Aufsuchung einer materialen Gleichstellungsrichtlinie liegen, die, um einem analogistischen Konkretisierungsvorgang als Leitbild dienen zu können, als *Typenbegriff* formuliert werden muß. Woher sollen wir diese Richtlinie aber nehmen? Da uns das Strafgesetz im Stich läßt, kommt als Anknüpfungspunkt nur die *Natur der Sache* in Frage.

Wie aber, so müssen wir weiter fragen, vermögen wir in dem noch weitgehend ungeordneten Substrat die Natur der Sache zu erkennen? Unsere allgemeinen methodologischen Betrachtungen haben gelehrt, daß wir zu diesem Zweck einen Wertgesichtspunkt benötigen, unter dem sich bestimmte Strukturen der Materie als wesentlich herausheben.[12] Unsere allererste Aufgabe besteht also darin, diesen Wertgesichtspunkt zu ermitteln.

b) Bereits an dieser Stelle sind die Auswirkungen des nulla-poena-Satzes zu berücksichtigen. Auf einem anderen Rechtsgebiet, etwa im Zivilrecht, würde es völlig ausreichen, wenn man diesen obersten Wertgesichtspunkt aus noch allgemeineren, etwa in der Verfassung niedergelegten Wertentscheidungen entwickeln würde. Da Art. 103 II GG aber eine Tatbestandsschöpfung praeter legem verbietet, benötigen wir im Strafrecht eine *gesetzliche Wertentscheidung*, auf die wir uns stützen können. Hierin liegt ein entscheidender Unterschied zwischen unserer an der Natur der Sache orientierten schöpferischen Rechts*findung* und der freien legislatorischen Rechts*setzung:* Der Gesetzgeber kann die Wertgesichtspunkte nach seinem Ermessen wählen, jede unter ihm stehende Instanz ist dagegen durch den nulla-poena-Satz gezwungen, auf ein von ihm autoritativ gesetztes Wertprinzip zu rekurrieren![13]

---

11 Vgl. außer *Welp* auch *Rudolphi*, Gleichstellungsproblematik, S. 61.

12 s. o. S. 46 ff.

13 M. a. W.: unsere Rechtsschöpfung ist nicht frei, sondern hat in dem von der Gesetzgebung dafür verfügten Rahmen zu erfolgen – nulla poena sine *lege*.

c) Aus diesem Grunde erscheint es etwa nicht angängig, die unechten Unterlassungsdelikte an den Kriterien der materiellen Rechtswidrigkeit[14] oder der Strafwürdigkeit[15] zu entwickeln. Eine gesetzliche Entscheidung, daß alle materiell rechtswidrigen oder alle strafwürdigen Unterlassungen auch wirklich zu bestrafen seien, ist nirgends ersichtlich – schließlich werden ja, wie aus der bekannten Lückenhaftigkeit des Strafrechts hervorgeht,[16] nicht einmal alle strafwürdigen (geschweige denn alle materiell rechtswidrigen) Begehungsfälle bestraft! Alle an den Kategorien der materiellen Rechtswidrigkeit oder des materiellen Verbrechens orientierten Lösungsversuche waren daher schon a priori zum Scheitern verurteilt, weil sie den Kernbereich des Art. 103 II GG anzutasten drohten.

d) Die im Strafgesetz wirklich auffindbare Wertentscheidung ist viel enger. Wie die historische und grammatische Auslegung ergeben hat[17] und wie insbesondere aus der Benutzung eines einzigen Ausdrucks für die Begehung und die Unterlassung hervorgeht, soll nicht die überhaupt rechtswidrige oder strafwürdige, sondern nur die *begehungsgleiche Unterlassung* als „unechte" bestraft werden. Das bedeutet: allein diejenigen Merkmale der Unterlassung sind für ihre Bestrafbarkeit *wesentlich*, die sie als *begehungsgleich* kennzeichnen; hierin finden wir die grundsätzliche, eine Rechtsfindung aus der Natur der Sache überhaupt erst ermöglichende Wertentscheidung des Gesetzgebers.[18] Freilich wäre, wie soeben gezeigt wurde, mit dieser „Begehungsgleichheit" methodologisch wenig oder gar nichts anzufangen, wenn man sie als Synonym für „von gleicher Strafwürdigkeit" auffassen würde – womit zugleich unweigerlich die Verfassungswidrigkeit des unechten Unterlassungsdelikts feststünde, denn die Entwicklung der Strafbarkeit aus der Strafwürdigkeit würde in kaum zu überbietender Weise gegen den nulla-poena-Satz verstoßen. Dieses unfruchtbare Verständnis der Begehungsgleichheit, das auch der herrschenden Garantenlehre zugrunde liegt („Unterlassung + Garantenstellung entspricht sub specie Strafwürdigkeit der Begehung"), muß daher zugunsten der eine rationale Rechtsfindung überhaupt erst ermöglichenden Forderung preisgegeben werden, daß die unechte Unterlassung der Begehung infolge einer *vorstrafrechtlichen Gemeinsamkeit* vergleichbar ist.

---

14 So *Sauer*, Grundlagen, S. 456 ff., und *Kissin*, Die Rechtspflicht zum Handeln, S. 68 ff.

15 So weitgehend *Bärwinkel*, s. o. S. 137 ff.

16 Vgl. *Jeschek*, Lehrbuch, S. 31.

17 s. o. S. 62.

18 Das ist im Grunde bereits in § 1 dieser Arbeit unser Ausgangspunkt gewesen, s. o. S. 1; wie die bisherigen Betrahtungen jedoch gezeigt haben, ist diese Begehungsgleichheit bisher niemals bis zur letzten Konsequenz durchgehalten worden, vielmehr wurde fast immer im entscheidenden Moment auf die Rechtswidrigkeit oder die Strafwürdigkeit ausgewichen.

Wie kann man aber eine Unterlassung einem davon doch auf den ersten Blick völlig verschiedenen Tun überhaupt gleich stellen? Oben[19] hatten wir zwar bereits festgestellt, daß die Gemeinsamkeit von Tun und unechtem Unterlassen im normativen Bereich liegt, aber diese Gemeinsamkeit, die die Zusammenfassung in einen Gesamttatbestand ermöglichte, hilft uns hier, bei der Rechtsfindung, noch nicht weiter: Wenn wir die Bestrafbarkeit schlechthin als tertium nehmen, muß jede Beweisführung in einer petitio principii stecken bleiben.[20] Nicht die Bestrafbarkeit selbst (als Wertung), sondern allein der *Grund* der Bestrafbarkeit (d. h. die für diese Wertung relevante Struktur) kann das tertium von Begehung und unechter Unterlassung abgeben. Entscheidendes Gleichstellungskriterium muß daher die *besondere Eigenart* der Handlung sein, die den sachlogischen Grund ihrer Bestrafbarkeit abgibt.[21] Es gilt somit, die sachlogischen (d. h. vorstrafrechtlichen) Strukturen aufzuweisen, die die Bestrafbarkeit der Handlung und damit auch eine Begehungsgleichheit der Unterlassung begründen können.

2. a) Wenn man den Blick zunächst ganz allgemein auf das Verhalten selbst richtet, so findet man in der Natur der Sache keine Gleichheit, sondern nur Verschiedenheit. Zwischen einer Handlung und der Unterlassung einer anderen Handlung kann, wie auch immer man sich diese Unterlassung vorstellt, keine Gemeinsamkeit gefunden werden, die *generell* als sachlogischer Grund der Bestrafbarkeit gelten könnte.[22] Die Gründe, warum eine Handlung bestraft werden kann, sind nämlich zu vielfältig, als daß man sie auf einen allgemeinen materialen Nenner bringen könnte. So kann eine Handlung etwa deswegen bestraft werden, weil sie Grund eines unerwünschten psychophysischen, d. h. außenweltlichen, Erfolges ist (z. B. in § 212), weil ihre Vornahme als solche unerwünscht ist (z. B. § 173) oder weil sie metarechtliche, soziale Normen verletzt (z. B. § 185). Die sachlogischen Strukturen, die die Bestrafung ermöglichen, sind bereits in diesen wenigen Beispielen so vielgestaltig, daß bei ihrer Zusammenfassung durch einen abstrahierenden Begriff der jeweils maßgebliche Grund der Bestrafbarkeit verlorengehen müßte. Die Begehungsgleichheit der Unterlassung kann daher auch nicht an einem solchen hochabstrakten Gattungsbegriff entwi-

---

19 S. 69.

20 So war es etwa *Welp* ergangen, der die Strafbarkeit in seinen Abhängigkeitsbegriff bei der Begehung aufnahm, s. o. S. 123 f.

21 Vgl. zu diesem Verständnis der sachlogischen Strukturen als relevanten Voraussetzungen einer „Wertschicht" *Arm. Kaufmann*, Dogmatik, S. 17.

22 Die „Ausübung einer Wahlmöglichkeit", die allenfalls als Oberbegriff von Handlung und Unterlassung in Frage käme, kann immer nur Grenze, nicht aber Grund der Bestrafbarkeit sein!

ckelt werden, sondern nur an den verschiedenen konkreten Typen der bestrafbaren Handlung.

b) Wesentliche Voraussetzung für eine Lösung der Gleichstellungsproblematik ist daher die Herausarbeitung der im StGB mit Strafe bedrohten *Handlungstypen* und derjenigen besonderen Eigenarten, die jeweils den sachlogischen Grund ihrer Bestrafbarkeit abgeben.[23] Mit dieser Typisierung erreichen wir zugleich eine Konkretisierung der allgemeinen gesetzlichen Wertentscheidung, nur begehungsgleiche Unterlassungen als unechte Unterlassungsdelikte zu bestrafen.

Diese Aufgabe ist so vielgestaltig, daß sie im Rahmen dieser Arbeit unmöglich ganz gelöst werden kann. Wir wollen uns daher im wesentlichen auf einen Deliktstypus beschränken, der für die meisten Tatbestände des StGB gilt und auch bei der Unterlassungsproblematik seit je im Vordergrund gestanden hat: den Typus des *Erfolgsdelikts*.

Ein Erfolgsdelikt liegt nach unserem Sprachgebrauch immer dann vor, wenn im Tatbestand neben der Handlung ein von ihr abtrennbarer, besonderer Erfolg in der Außenwelt gefordert wird.[24] Je nachdem, ob eine jede (beliebige) oder nur eine bestimmt geartete Verursachung des Erfolges ausreicht, kann man von *reinen* oder *gemischten* Erfolgsdelikten sprechen. Die daraus folgenden Konsequenzen werden uns in einem zukünftigen Besonderen Teil zu beschäftigen haben.[25] An dieser Stelle interessiert uns zunächst nur überhaupt das Phänomen, daß eine Handlung zusammen mit einem Erfolg einen Deliktstatbestand erfüllen kann. Der Täter wird hier also nicht nur für seine Handlung, sondern auch für den davon zu unterscheidenden Außenwelterfolg verantwortlich gemacht, der Erfolg wird dem Täter *zugerechnet*. Der Grund dieser Zurechnung ist offensichtlich die Handlung. Um die besondere Eigenart der Handlung zu erkennen, die der sachlogische Grund der Bestrafbarkeit ist (und somit den Ausgangspunkt der Gleichstellungsproblematik darstellt), müssen wir also fragen: Wie kommt es, daß dem Täter auf Grund einer Handlung ein Erfolg zugerechnet wird?

c) Die naheliegende Antwort auf diese Frage lautet: weil die Handlung den Erfolg im naturwissenschaftlichen Sinne verursacht hat. Da bei der Unterlassung eine solche mechanische Kausalität gerade fehlt, scheinen wir damit auf keine Gleichheit, sondern auf eine Verschiedenheit gestoßen zu sein, die eine Gleichstellung von Tun und Unterlassen im Hinblick auf die „Erfolgsbeziehung"

---

23 Vgl. zu diesem Problem der Bildung von Tatbestandstypen allgemein *E. Wolf*, Typen der Tatbestandsmäßigkeit, S. 13 ff.

24 Vgl. *Baumann*, Strafrecht, S. 189; *Jescheck*, Lehrbuch, S. 177; *Maurach*, AT, S. 201.

25 Vgl. dazu die Andeutungen unten S. 411 ff.

ein für allemal verbietet. Dieser Schein trügt jedoch; er beruht nicht auf der Natur der Sache, sondern allein darauf, daß wir unseren Gedankengang zu früh abgebrochen haben und uns mit einer in Wahrheit unzureichenden Auskunft zufrieden gegeben haben, der Auskunft nämlich, daß die mechanische Kausalität Grund der Erfolgszurechnung sei. Dieser Bescheid ist deswegen immer noch unbefriedigend, weil er nur die Zurechnung des Erfolges zur *Handlung* erklärt, nicht aber auch das, worauf es letztlich ankommt: die Zurechnung zur *Person.*[26] Hierfür reicht nicht der Hinweis darauf aus, daß der Mensch in der Lage sei, den Kausalverlauf final zu lenken und zu steuern, denn zu einer solchen Steuerung ist auch derjenige in der Lage, der eine ihm mögliche Rettungshandlung unterläßt. Da der beeinflußbare Kausalverlauf aber nicht jedem Unterlasser zugerechnet wird, muß bei der Handlung noch ein besonderes Merkmal vorhanden sein, das die automatische *Verknüpfung zwischen Person und Erfolg* herstellt.

Wir müssen uns also fragen, worin denn nun eigentlich das Besondere der *Körperbewegung* liegt, das die Zurechnung des daraus folgenden Kausalverlaufes an den Täter begründet. Dieses Besondere kann nicht einfach mit der Kausalität selbst begründet werden, denn diese Außenweltkausalität führt – rückwärts betrachtet – nur vom Erfolg zur Körperbewegung, nicht aber auch von der Körperbewegung zum personalen Aktionszentrum (d. h. dem Menschen nicht als Körper, sondern als Geist und Willen; daß wir diese innermenschlichen Vorgänge im Strafrecht nicht als Kausalprozeß begreifen können, hat schon die Ablehnung der Interferenztheorie gezeigt).[27] Der entscheidende Zurechnungsgrund ist daher die *Beziehung* zwischen dem personalen Steuerungszentrum und der den Erfolg verursachenden Körperbewegung. Diese Beziehung ist der *sachlogische Grund* für die Zurechnung des durch die Handlung verursachten Erfolges an den Täter. Und daraus folgt: Die *Unterlassung* muß, um bei dem Typus „Erfolgsdelikte" begehungsgleich zu sein, ein dieser Beziehung *vergleichbares Verhältnis* aufweisen.

d) Die Auffindung dieses „vergleichbaren Verhältnisses" wird damit zum springenden Punkt der Gleichstellungslösung. Daß ein solches analogistisches

---

26 Insoweit schließen wir uns also der Kritik des Finalismus an einer rein kausalen Handlungslehre an, ohne doch – wie die im Text folgenden Überlegungen zeigen – die finale Handlungslehre selbst zu übernehmen. Wenn man unseren Gedankengang unter dem Gesichtspunkt des Handlungsbegriffs betrachtet, wird man ihn wohl einer *personalen Handlungslehre* verhaftet finden, wie sie etwa von *Art. Kaufmann* (Festschr. f. H. Mayer, S. 79 ff.) entworfen worden ist. Im übrigen können diese Querverbindungen zum Handlungsbegriff, so reizvoll sie auch sind, hier nicht näher behandelt werden.

27 s. o. S. 15.

Verfahren überhaupt möglich ist, ergibt sich daraus, daß die beiden Extreme (Identität bzw. kontradiktorische Gegensätzlichkeit von Handlung und Unterlassung) unter dem Blickwinkel der Gleichstellungsfrage ausscheiden: Eine Identität liegt auf Grund der ontologischen Unterschiede nicht vor, und eine kontradiktorische Gegensätzlichkeit besteht nur zwischen einer Handlung und der Unterlassung dieser Handlung, nicht aber zwischen einer (Verletzungs-) Handlung und der Unterlassung einer ganz anderen (Rettungs-)Handlung.[28] Eine Vergleichbarkeit muß somit möglich sein. Da für unsere Aufgabe aber nur eine Vergleichbarkeit in solchen Beziehungen interessiert, die den sachlogischen Grund der Bestrafbarkeit abgeben, müssen wir die Beziehung zwischen personalem Steuerungszentrum und Körperbewegung und die dadurch vermittelte Beziehung zwischen Täter und Erfolg als Art einer Gattung begreifen, die den *allgemeinen* Grund der Erfolgszurechnung und damit der Bestrafbarkeit beim Typus „Erfolgsdelikte" abgibt; sobald wir dieses tertium gefunden haben, brauchen wir nur noch die Unterlassungen zu suchen, bei denen sich andere Arten dieser Gattung aufweisen lassen, und haben damit das Gleichstellungsproblem gelöst.

e) Das somit auch für die Gleichstellungsfrage entscheidende Wesen des Verhältnisses zwischen Person und Körperbewegung läßt sich unverhofft einfach ergründen, weil es offen zutage liegt: Es besteht in der *absoluten Herrschaft der Person über den Körper.* Die psychophysisch intakte Person beherrscht ihre Körperbewegungen in einer jeden anderen Einfluß minimalisierenden und mediatisierenden Weise; die strafrechtlich relevanten (d. h. vermeidbaren) Körperbewegungen haben – ganz gleich, wie man das Problem der Willensfreiheit beurteilt[29] – ihren für die Zurechnung ausschlaggebenden Grund in der *Herrschaft* des *personalen Zentrums*[30] – das läßt sich auf dem Fundament unseres auf der personalen Zurechenbarkeit aufgebauten Strafrechts[31] sehr leicht nachweisen: Epileptische Zuckungen oder durch vis absoluta erzwungene Bewegungen sind zwar Körperbewegungen, die schädliche Erfolge verursachen können, sie werden aber nach einhelliger Meinung der Person nicht zugerechnet, weil sie nicht

28 s. o. S. 69.

29 Vgl. dazu die Nachw. o. S. 18 Fn. 37.

30 Die physiologischen und psychologischen Grundlagen dieser Herrschaft könnten unschwer beschrieben werden, doch wollen wir auf eine solche Wiedergabe der Ergebnisse anderer Wissenschaften hier verzichten, weil die nähere Analyse dieser Herrschaftsbeziehung bei der Körperbewegung für die Zwecke unserer Untersuchung keinen Nutzen verspricht.

31 Das ist im Ergebnis unbestritten; die Kontroversen betreffen nur die systematische Klassifizierung der einzelnen Zurechnungsmomente. Vgl. zu diesem obersten Prinzip auch *Art. Kaufmann*, Festschr. f. H. Mayer, S. 116, und *Stratenwerth*, Natur der Sache, S. 18.

Ausdruck der personalen Herrschaft über den Körper sind.[32] Da die Körperbewegung vermöge des Kausalnexus als *unmittelbarer* Grund des Erfolges erscheint, ist die unmittelbare Herrschaft über diesen unmittelbaren Grund des Erfolges somit der *mittelbare Grund des Erfolges*, der die Zurechnung zur Person rechtfertigt.

3. Wir können damit die Zurechnung eines Erfolges an eine Person qua Handlung als Verbesonderung des allgemeinen Prinzips begreifen, einen Erfolg derjenigen Person zuzurechnen, die die *Herrschaft über den Grund des Erfolges* ausübt. Daß eine solche Generalisierung des Zurechnungsprinzips jedenfalls *möglich* ist, steht wohl außer Frage. Nach den am Anfang dieses Abschnittes[33] angestellten Überlegungen liegt hierin zugleich der *erste Schritt* auf dem uns vorgezeichneten Wege, denn der für eine sachlogische Gleichstellung von Tun und unechtem Unterlassen benötigte *Oberbegriff*[34] kann nur durch eine Abstraktion aus den bei der Handlung vorgefundenen Zurechnungsgründen[35] gewonnen werden.

Es darf wohl schon jetzt erwartet werden, daß dieser unserer Ableitung in der zukünftigen Kritik vor allem zwei Fragen entgegengehalten werden: Woher wollen wir denn überhaupt wissen, daß im Strafrecht nicht nur die Zurechnung qua Körperbewegung, sondern der betreffende Zurechnungsobersatz gilt? Verstößt eine darauf gestützte Analogie nicht vielmehr eklatant gegen den nulla-poena-Satz?

a) Mit den nulla-poena-Problemen werden wir uns im folgenden Kapitel beschäftigen;[36] der Einwand, daß der von uns formulierte Zurechnungsobersatz im Strafrecht nicht überzeugend zu begründen sei und daher einen bloßen Vorschlag de lege ferenda darstelle, kann dagegen schon hier zurückgewiesen werden. Ihm muß lediglich insoweit Recht gegeben werden, als wir die Geltung des Zurechnungsobersatzes natürlich nicht mit formallogischen Schlüssen allein aus der Zurechnung qua Handlung gewinnen können. Wir benötigen für diese Induktion vielmehr zusätzliche Prämissen, so daß ihre Überzeugungskraft maßgeblich von der Richtigkeit dieser Prämissen abhängt. Daß wir uns bemüht haben, nur auf unbestreitbaren oder allgemein anerkannten Prämissen aufzubauen, war an sich bereits bei unserer Entwicklung des Zurechnungsobersatzes zu

---

32 *Jescheck*, Lehrbuch, S. 154; *Mezger-Blei*, AT, S. 70 f.; *Maurach*, AT, S. 158 f.; *Schmidhäuser*, AT, S. 174; *Schönke-Schröder*, Rdnrn. 29 f. vor § 1; *Stratenwerth*, AT, S. 57, 59.

33 s. o. S. 255 ff.

34 Wobei an dieser Stelle noch dahinstehen kann, ob es sich hierbei um einen exakt definiblen Begriff i. e. S. oder nur um einen Typus handelt.

35 Die jeweils durch eine Betrachtung der einzelnen *Deliktstypen* ermittelt werden.

36 s. u. S. 281 ff.

erkennen. Um die Erfolglosigkeit des obigen Einwandes ganz deutlich zu machen, sollen unsere Schritte noch einmal kurz zusammengefaßt werden:

1) Unechte Unterlassungsdelikte sind im StGB stillschweigend vorgesehen.
2) Dafür kommen nur begehungsgleiche Unterlassungen in Frage.[37]
3) Die Begehungsgleichheit hängt davon ab, welche besonderen Eigenarten der Handlung bei dem jeweiligen Deliktstypus die Bestrafbarkeit begründen.[38]
4) Der Grund für die Bestrafbarkeit liegt bei den Erfolgsdelikten in der Zurechnung des Erfolges an die Person.
5) Der Grund für diese Zurechnung liegt in der Beziehung zwischen der Person und der Körperbewegung als dem unmittelbaren Grund des Erfolges.[39]
6) Da eine Gleichstellbarkeit von Handlung und Unterlassung laut stillschweigender Anordnung des StGB gerade auch bei den Erfolgsdelikten möglich sein soll,[40] muß und kann diese nur durch Aufweisung eines Verhältnisses bei der Unterlassung erfolgen, das dem in Schritt 5) bezeichneten Verhältnis bei der Handlung gleicht.
7) Eine solche Gleichstellung kann nur durch Aufsuchung des tertium comparationis erfolgen, d. h. durch Ermittlung des allgemeinen Prinzips, dessen Verbesonderung in Schritt 5) bezeichnet ist.
8) Dieses allgemeine Zurechnungsprinzip ist die *Herrschaft über den Grund des Erfolges.*

b) Daß diese Schlußfolge den von uns oben[41] für eine Rechtsfindung aus der Natur der Sache entwickelten Grundsätzen folgt und keineswegs nur das Produkt unseres subjektiven Wertempfindens ist, läßt sich unschwer erkennen, und daß die Begehung eine besondere Form der Herrschaft über den Grund des Erfolges ist, kann ebenso wenig bestritten werden wie die Möglichkeit, diese Herrschaft als allgemeines Zurechnungskriterium zu verwenden. Ob von dieser Möglichkeit Gebrauch gemacht werden soll, ist freilich eine reine Wertentscheidung, die durch ein Denken aus der Natur der Sache nicht getroffen werden kann. Indem der Gesetzgeber jedoch die Strafbarkeit der begehungsgleichen Unterlassung stillschweigend statuiert hat, hat er zu erkennen gegeben, daß sein oberstes Zurechnungsmoment nicht die Körperbewegung ist, sondern ein

37 s. o. S. 256.
38 s. o. S. 257.
39 s. o. S. 260.
40 Denn diese waren schließlich von altersher die bevorzugten Objekte aller Gleichstellungsentwürfe!
41 S. 46 ff.

Allgemeines, das bei der Handlung immer und bei der Unterlassung teilweise anzutreffen ist. Da als dieses Allgemeine nur die Herrschaft über den Grund des Erfolges in Frage kommt, ergibt sich die Geltung dieses obersten Zurechnungsprinzips aus der Entsprechungsbeziehung von gesetzlicher Wertentscheidung und Natur der Sache.

4. Daß das von uns für die Erfolgsdelikte gefundene oberste Zurechnungsprinzip keine lediglich zur Bewältigung der Gleichstellungsproblematik ersonnene Caprice ist, sondern auch schon in der Dogmatik der Begehungsdelikte erhebliche Bedeutung besitzt, läßt sich an verschiedenen Beispielen zeigen, auf deren Charakter durch diese Einordnung ein erhellendes Licht geworfen wird. Die fundamentale Bedeutung des Tatherrschaftskriteriums bei den Erfolgsdelikten[42] wird überhaupt erst verständlich, wenn man die Herrschaft und nicht die bloße Kausalität als oberstes Zurechnungsprinzip der Erfolgsdelikte anerkennt. Und wenn auch Körperbewegung + Kausalität normalerweise diese Herrschaft über den Erfolg verbürgen, so wird doch durch die Fälle des *abenteuerlichen Kausalverlaufs*[43] gezeigt, daß beides für die Erfolgszurechnung nicht ausreicht, wenn die Handlung nicht als der Grund des Erfolges angesehen werden kann. Der Neffe, der den Onkel mit arger List zu einer Schiffsreise verleitet, beherrscht dadurch noch lange nicht den zufälligen Untergang des Schiffes als den eigentlichen Grund für den Tod des Onkels. Selbst bei den Begehungsdelikten gibt daher die Kausalität nur in Durchschnittsfällen das entscheidende Zurechnungsmoment ab und kann in extremen Fällen der Korrektur durch das übergeordnete Herrschaftskriterium nicht entraten.

III. Überprüfung an Hand der „Grundfälle"

Eine nähere Ausführung unseres obersten Zurechnungsmaßstabes kann hier für die Begehungsdelikte – so reizvoll dies auch wäre – nicht gegeben werden. Statt dessen wollen wir uns nunmehr seinen Konsequenzen für das unechte Unterlassungsdelikt zuwenden. Die Erfolgszurechnung hat danach in zwei Etappen vor sich zu gehen: Zunächst muß der Grund des Erfolges ermittelt werden, sodann ist zu prüfen, ob der Unterlasser darüber die Herrschaft ausübte. Bevor diesen Fragen im einzelnen nachgegangen wird, wollen wir unser Prinzip angesichts der zentralen Bedeutung, die ihm bei der Lösung der Gleichstellungsproblematik zukommt,[44] noch einmal überprüfen, und zwar an Hand der „evidenten Grund-

---

42 Vgl. dazu *Roxin*, Täterschaft, S. 108 ff., 335 ff.

43 Vgl. *Jescheck*, Lehrbuch, S. 192 ff., m. weit. Nachw.

44 Schließlich sind ja die Erfolgsdelikte seit je das Eldorado des unechten Unterlassungsdelikts!

fälle". Wenn auch, wie wir oben gesehen haben,[45] die Evidenzerlebnisse, auf denen die „Grundfallmethode" beruht, in Wahrheit mindestens im Strafrecht keine praktikable Rechtsfindungsmethode abgeben, sind sie doch als Kontrolle der eigenen Methode nicht zu unterschätzen.

1. Der fundamentalste Grundfall hat zu einem so eindeutigen Evidenzerlebnis geführt, daß man zu seinen Gunsten den Handlungsbegriff ausgedehnt hat: Wenn jemand eine Körperbewegung vornimmt, die von seinem aktuellen Willen zwar nicht getragen ist, aber davon hätte getragen sein können, so liegt nach h. M. eine Handlung vor.[46] Die Zurechnung der Körperbewegung erfolgt hier also nicht auf Grund eines aktuellen Willensaktes – wie es an sich in der Konsequenz einer rein am personalen Willen orientierten Zurechnungslehre liegen würde –, sondern auf Grund der Herrschaft über den eigenen Körper. Wenn wir uns auch bei der Entwicklung des Herrschaftskriteriums an die Klassifizierung der h. M. angeschlossen hatten und daran auch weiter festhalten wollen, weil die äußerlich sichtbare Körperbewegung nun einmal das praktikabelste Unterscheidungsmerkmal abgibt und für unser tatorientiertes Strafrecht immer im Vordergrund stehen wird, so ist doch nicht zu verkennen, daß die nicht aktuell gesteuerten Handlungen eine Affinität zu den Unterlassungen aufweisen. Wie fließend hier die Übergänge sind, zeigt der Fall, daß jemand am Steuer eines Autos einschläft und dadurch einen Unfall verursacht, obwohl er das Einschlafen durch das Abstellen der Wagenheizung hätte verhindern können. Normalerweise wird man hier die Erfolgszurechnung vermittels der Handlung „Autofahren in übermüdetem Zustand" nach den Grundsätzen der actio libera in causa zuwege bringen. Wenn die Übermüdung aber plötzlich und nicht vorhersehbar eintrat, so kann man dem Autofahrer nur das Einschlafen bzw., da hierin keine willentliche Handlung gesehen werden kann, die in der Nichthinderung des Einschlafens liegende Unterlassung zum Vorwurf machen. Daß ihm der Unfall bei beiden Sachverhalten zurechenbar ist, dürfte jedoch evident sein.[47] Entspre-

---

45 s. o. S. 92 ff., 101 ff.

46 *Jescheck*, Lehrbuch, S. 154; *H. Mayer*, AT, 1967, S. 50; *Engisch*, Festschr. f. *Kohlrausch*, S. 164; NJW 1955, 135; *Maihofer*, Handlungsbegriff, S. 35 ff., 68, 72 (noch weitergehend); Festschr. für Eb. Schmidt, S. 178; *Art. Kaufmann*, Festschr. f. H. Mayer, S. 113; *v. Weber*, Festschr. f. Engisch, S. 332; *Nowakowski*, Österr. Strafrecht, S. 44; früher etwa *v. Hippel*, Lehrbuch, S. 91. Willensbeherrschung der Körperbewegung verlangen dagegen *Schönke-Schröder*, Rdnr. 27a vor § 1; *Baumann*, Strafrecht, S. 178; *Maurach*, AT, S. 151, 158; früher *Beling*, Lehre vom Verbrechen, S. 17; *Mezger*, AT 1960, S. 49; *Binding*, Normen II, 1, S. 92; *v. Liszt*, Lehrbuch 21./22. Aufl., S. 116; *v. Liszt-Schmidt*, Lehrbuch 1932, S. 154; *M. E. Mayer*, AT, 2. Aufl., S. 102. *Welzel*, Strafrecht, S. 31 f., läßt nunmehr auch die bloße Beherrschbarkeit ausreichen, ohne daß völlig klar wird, ob sich das mit seinem finalen Handlungsbegriff wirklich verträgt.

47 Vgl. BGHSt. 23, 156, wo die Zurechenbarkeit außer Frage steht und nur über das Verschulden räsonniert wird.

chend liegt der Fall, daß jemand durch eine fahrige Bewegung oder infolge des mangelnden Widerstandes gegenüber einem an sich erträglichen Brechreiz eine Sachbeschädigung herbeiführt. Die Herrschaft über den eigenen Körper führt daher auch dann zur Zurechnung des durch eine Körperbewegung verursachten Erfolges, wenn sie nicht genutzt wird („unterlassene Willensanstrengung").

2. Der nächste Grundfall liegt ebenfalls an der Grenze von Handlung und Unterlassung. Wenn jemand am Steuer eines Autos einen Unfall verursacht, den er durch eine Vollbremsung noch hätte verhindern können, so besteht an der Zurechnung des Erfolges kein vernünftiger Zweifel. Und während bei naiver Betrachtung eine Handlung („das Autofahren") die Erfolgszurechnung begründet, zeigt eine juristische Analyse, daß sich der rechtliche Vorwurf gegen das Unterlassen des Bremsens richtet. Für die rechtliche Wertung ausschlaggebend ist allemal nur die *Herrschaft* über das in Fahrt befindliche Auto, das als Gefahrenquelle den Grund des Erfolges darstellt; die Unterschiede zwischen Handlung und Unterlassung spielen demgegenüber keine Rolle.

3. Um nicht zu viele Einzelfälle schon vorwegzunehmen, sollen hier nur noch zwei weitere Grundfälle erwähnt werden. Der Ur-Grundfall der Mutter, die ihren Säugling verhungern läßt, ist offensichtlich durch die Herrschaft der Mutter über das hilflose Baby gekennzeichnet, und der Grund des Erfolges liegt gerade in der von ihr beherrschten Hilflosigkeit. Entsprechend übt der berühmte Weichensteller, der die Weiche nicht stellt und damit die Züge zusammenstoßen läßt, die Herrschaft über die Weiche aus, die den Grund des Erfolges bildet.

4. Diese Grundfälle mögen zur Kontrolle unseres Zurechnungsprinzips genügen. Wir können ihnen mit unserem Ansatz ohne Schwierigkeiten gerecht werden und sehen daher unsere vorangegangenen Überlegungen durch die Evidenzerlebnisse des Rechtsgefühls bestätigt.

IV. Das Problem der Konkretisierung

Wenn damit auch die grundsätzliche Geltung unseres Zurechnungsprinzips außer Frage zu stehen scheint, so kann doch darin, wie der kritische Teil dieser Arbeit ergeben hat,[48] nur dann eine praktikable Methode zur Lösung der Gleichstellungsproblematik gesehen werden, wenn sich die *Konkretisierung* dieses Ansatzes als möglich erweist.

1. Um das beurteilen zu können, müssen wir uns zunächst über den methodologischen Charakter dieses Prinzips Klarheit verschaffen. Der Ausgangspunkt seiner Ableitung war die im Gesetz stillschweigend enthaltene Anordnung, daß

48 Vgl. etwa oben S. 179 ff., 196 f.

die unechten Unterlassungen *begehungsgleich* sein müssen. Hierbei handelt es sich offenbar um ein *regulatives Prinzip*, denn die Maßstäbe der Begehungsgleichheit sind nicht in der Anordnung selbst enthalten, sondern müssen erst noch gefunden werden. Da die sachlogischen Voraussetzungen für die Bestrafbarkeit einer Handlung keine materialen Gemeinsamkeiten aufweisen, ist der regulative Charakter dieses obersten Prinzips eine Konsequenz aus der Natur der Sache. Seine Materialisierung ist infolgedessen nur im Rahmen der verschiedenen Deliktstypen möglich – womit zugleich der fundamentale Mangel aller bisherigen *allgemeinen* Gleichstellungstheorien offenbar wird. Für den Typus der Erfolgsdelikte konnten wir die erforderliche Materialisierung des regulativen Prinzips mit Hilfe eines Denkens aus der Natur der Sache durchführen und gelangten zu der „Herrschaft über den Grund des Erfolges" als oberstem Ansatz. Dieser Ansatz ist nicht mehr formal, sondern inhaltlich bestimmt und kann daher als *materiale Richtlinie* bezeichnet werden. Fraglich ist nur, ob er noch eine normative (d. h. wertausfüllungsbedürftige) oder schon eine deskriptive (d. h. auf die wertfreie Faktenauswertung bezogene) Richtlinie darstellt. Das Urteil, daß jemand über etwas die Herrschaft ausübe, dürfte nur zum geringeren Teil ein Wert- und zum größeren Teil ein Existentialurteil darstellen, so daß das Herrschaftsmoment als weitgehend entnormativiert anzusehen ist. Nicht so das Kriterium des Erfolgsgrundes: Ob etwas der Grund eines Erfolges ist, ist, wie noch zu sehen sein wird, keineswegs mit der Kausalfrage identisch und kann daher nicht ohne Wertungen festgestellt werden. Da dieses Merkmal somit erst ungenügend entnormativiert ist,[49] muß die gesamte Formel als *normative Richtlinie* angesprochen werden.

2. a) Auch für die weitere Konkretisierung dieser normativen Richtlinie stellt die Natur der Sache, wie wir bei der methodologischen Grundlegung gesehen haben,[50] den entscheidenden Hebel dar. Daß eine Konkretisierung des inhaltsreichen Herrschaftskriteriums auf diese Weise möglich sein wird, kann schon jetzt prognostiziert werden. Schwieriger scheint es bei dem „Grund des Erfolges" zu liegen. Immerhin haben wir hier doch einen wichtigen Anhaltspunkt. Wie an der Verbesonderung „Körperbewegung" und an der Ablehnung einer allgemeinen Gleichstellung der gedanklichen Unterlassungskausalität mit der mechanischen Handlungskausalität zu ersehen ist, kann nur ein für den konkreten Kausalverlauf *aktuell* wesentliches Merkmal als Grund des Erfolges angesprochen werden; eine bloße gedankliche Verknüpfung reicht dazu nicht aus. Grund des Erfolges ist danach die Beschaffenheit der für den zum Erfolg führenden Kausalverlauf unentbehrlichen Gegenstände, d. h. die physische Grundla-

49 Zu der methodologischen Bedeutung dieses Vorgangs s. o. S. 37 ff., 39 ff.
50 s. o. S. 48 f.

ge, auf die der zum Erfolg führende Kausalnexus angewiesen ist. Zu diesen unentbehrlichen Voraussetzungen des Kausalverlaufs gehört nicht nur das das unheilvolle Geschehen befördernde dingliche Substrat, sondern auch die Anfälligkeit des Opfers. Der Grund des Erfolges kann daher entweder in einer *Station des Kausalverlauf es selbst* oder in der *besonderen Hilflosigkeit des Opfers* gefunden werden.

b) Damit ist uns bereits eine erste Konkretisierung des Erfolgsgrundes gelungen. Seine beiden Formen sind die *wesentliche Erfolgsursache* einerseits und die *Anfälligkeit des Opfers* andererseits. Der Erfolg kann einem Unterlasser daher zugerechnet werden, wenn er entweder seine wesentliche Ursache oder die Anfälligkeit des Opfers aktuell, d. h. gegenwärtig beherrscht. Diese Aufgliederung berührt sich mit der heute im Vordringen befindlichen Aufteilung der Garantenstellungen in solche zur Überwachung einer Gefahrenquelle und solche zum Schutz eines Rechtsguts[51] und zeigt deren sachlogische Berechtigung; sie weist aber im Vergleich dazu den Vorteil auf, daß mit dem Herrschaftsmoment bereits der in der Natur der Sache liegende Grund für die Garantenstellung herausgearbeitet ist. Die strafrechtliche Garantiepflicht ist nur eine Konsequenz aus diesem vorstrafrechtlichen Verhältnis!

c) Wenn gleichwohl noch Bedenken bestehen, ob das Leitbild der „wesentlichen Station des Kausalverlaufes" konkretisiert werden kann, so lassen sich diese leicht zerstreuen. Auch bei der Begehung kommt man nämlich um eine solche Wertung nicht herum, und da sich in dieser Hinsicht bei den Begehungsdelikten keine besonderen Unzuträglichkeiten ergeben haben, sind solche auch bei den Unterlassungsdelikten nicht zu befürchten. Zwar wird von dem der Äquivalenztheorie verhafteten, heute wohl noch herrschenden Dogma geleugnet, daß im Strafrecht auf die wesentliche Ursache abzustellen sei,[52] doch handelt es sich dabei um bloße begrifflich-systematische Scharmützel, die an der entscheidenden Sacheinsicht, daß ein Erfolg im Strafrecht nur einer wesentlichen Ursache zugerechnet wird, nichts ändern können. Die Abweichung von den früheren Relevanztheorien[53] beruht nur darauf, daß heute nicht mehr nach der einen wesentlichen Erfolgsursache gesucht wird, daß vielmehr heute anerkannt ist, daß ein Erfolg stets auf einer ganzen Anzahl von wesentlichen Ursachen beruht. Im übrigen ist man sich aber heute darin völlig einig, daß die Zurechnung von inadäquaten Erfolgen an die Handlung nicht in Frage kommt.[54] Wie bei einer sol-

51 Vgl. bereits *Arm. Kaufmann*, Dogmatik, S. 283.

52 Vgl. nur *Schönke-Schröder*, Rdnr. 73 ff. vor § 1, m. weit. Nachw.

53 Nachw. bei *Maurach*, AT, S. 170; sie wird heute noch im Sozialversicherungsrecht vertreten, vgl. *Wallerath*, NJW 1971, 228 ff. m. zahlr. Nachw.

54 Meistens wird dieses Ergebnis auf der Ebene der Rechtswidrigkeit, spätestens bei der Schuld erreicht.

chen Einigkeit im rechtlichen Ergebnis die systematisierende Begriffsbildung vor sich zu gehen hat, kann auf Grund unserer methodologischen Vorüberlegungen leicht gesagt werden:[55] Im Rahmen der Rechtswidrigkeitsbeziehung können nur die objektiv voraussehbaren und beherrschbaren Folgen der Handlung zugerechnet werden. Das danach erforderliche Werturteil wird durch die Übernahme des naturwissenschaftlichen Kausalbegriffs teilweise entnormativiert; hierin liegt die Bedeutung der *Äquivalenztheorie*. Ihre Anerkennung befreit aber nicht von der weiteren Aufgabe, im Rahmen der Erfolgszurechnung die unwesentlichen Ursachen auszuscheiden, und dieses normative Problem kann nur durch eine *Adäquanztheorie* gelöst werden. Im Strafrecht „gelten" daher beide Theorien, die Äquivalenztheorie gibt den Grad der bisher gelungenen Entnormativierung wieder und dient daher zur Abgrenzung des „Objekts der Wertung", die Adäquanztheorie baut darauf auf und stellt die erste Station der Rechtswidrigkeitsbeziehung dar.

Dementsprechend dürfte es auch bei unserem Gleichstellungsverfahren keine besonderen Schwierigkeiten bereiten, die wesentlichen Stationen des Kausalverlaufes durch eine Adäquanztheorie zu ermitteln.

d) Diese Aufgabe wird umso leichter fallen, als ja, wie bereits angedeutet,[56] nur die *aktuellen, „realen" Bedingungen* des Erfolgseintritts als dessen Grund in Frage kommen. Um dies an dem Fall des Zugzusammenstoßes zu erläutern: Die Stellung der Weiche, ihr Dasein wie ihr Sosein, ist eine aktuelle, positive Bedingung des Erfolges, die Weiche in ihrer konkreten Befindlichkeit ist daher wesentliche Ursache des Erfolges. Anders verhält es sich mit der Möglichkeit, den Zugführer einen Kilometer vor dem mutmaßlichen Ort des Zusammenstoßes zu warnen und ihn dadurch zum Anhalten zu veranlassen. Die Möglichkeit der Warnung ist keine wesentliche positive Ursache des Erfolges, sondern nur mit der allgemeinen, für eine Handlungsäquivalenz nicht ausreichenden potentiellen Kausalität identisch. Wegen unterlassener Warnung kann daher nur demjenigen der Erfolg zugerechnet werden, der über den Grund des Erfolges eine zusätzliche aktuelle Herrschaft ausübte.[57] Ein weiteres Beispiel: An der Nordsee ist es weitgehend üblich, bei lebensgefährlichen Tideverhältnissen eine rote Luftboje aufzuziehen. Wenn diese Boje der wahren Sachlage zuwider nicht gehißt ist, Badelustige sich daraufhin ins Wasser wagen und von der Ebbeströmung ins Meer gerissen werden, so ist die konkrete Befindlichkeit der

55 s. o. S. 31 ff.

56 s. o. S. 266.

57 Eine Pflicht zur Warnung kann entweder aus der Herrschaft über die Gefahrenquelle entstehen, weil die Verborgenheit der Gefahr ein Moment ihrer Gefährlichkeit ist (s. i. e. u. S. 319 f.), oder aus der Herrschaft über die Hilflosigkeit des Opfers (s. u. S. 377 ff.).

Boje eine aktuell-positive, gegenwärtige Bedingung des Erfolges. Anders verhält es sich dagegen mit der Möglichkeit, die in Seenot befindlichen Badegäste mit einem Motorboot zu retten: hier liegt nur eine potentielle, keine Handlungsäquivalenz begründende Kausalität vor, so daß nur demjenigen Motorbootbesitzer der Erfolg zugerechnet werden kann, der eine Herrschaft über die besondere Hilflosigkeit der Opfer ausübte. Wann das der Fall ist, werden wir bei der weiteren Konkretisierung im nächsten Abschnitt dieses Teils zu entwickeln haben.

3. Ein Wort erscheint noch zu dem Begriff der *Herrschaft* angebracht. Nach dem natürlichen Verständnis ist damit eine Willensmacht gemeint, die eine Person über einen Gegenstand besitzt. Hiermit wollen wir uns an dieser Stelle begnügen, denn es wäre ein schwerer Fehler, schon hier eine exakte Definition geben zu wollen. Der Herrschaftsbegriff ist ein *Typus*, der nicht von vornherein definiert, sondern nur in seinen Richtpunkten erfaßt und bei der Entwicklung am Substrat konkretisiert wird. Seine frühzeitige Definition würde den gleichen Mißgriff bedeuten, den wir der Rechtsprechung zum Vorwurf gemacht haben: Man würde auf einer zu abstrakten Ebene Begriffsjurisprudenz betreiben.

Ab ovo läßt sich daher lediglich sagen, daß es zwei verschiedene Herrschaftsformen gibt: die *existentiell vorgegebene*, wie sie uns bei der Körperbewegung begegnet (Herrschaft des Menschen über seinen Körper), und die aus einem *Willensakt erwachsene* (da die Herrschaft nach unseren Prämissen aktuell sein muß, bedarf es ihrer „Ergreifung" durch die Person; die bloße Ergreifungsmöglichkeit schafft nur potentielle Macht, die interessanterweise weder der natürlichen Wortbedeutung nach eine „Herrschaft" ist noch in einem an der *Personhaftigkeit* des Menschen und seiner freien Willensbestimmung orientierten Strafrecht einen Zurechnungsgrund abgeben kann).

4. Nachdem wir auf diese Weise auch den Herrschaftsbegriff in zwei Subtypen aufgegliedert haben, darf die Erwartung gehegt werden, daß unsere normative Richtlinie der „Herrschaft über den Grund des Erfolges" durch ein weiteres Eindringen in die vielfältigen Strukturen des strafrechtlichen Substrats an Hand der Natur der Sache konkretisiert werden kann und daß wir dergestalt aus diesem noch verhältnismäßig allgemeinen Typenbegriff die verschiedenen konkreten Garantentypen zu entwickeln vermögen. Dabei wird das am Herrschaftsbereich orientierte Leitbild Schritt für Schritt entfaltet und mit anschaulicher Inhaltlichkeit erfüllt werden und auf Grund seiner Eigenschaften als *Typus* einerseits für die Inhaltsfülle des konkreten Lebens offen sein, andererseits davor aber auch nicht resignieren und die rechtliche Wertung dem ungewissen Spiel der Einzelfalltopoi überlassen, sondern den maßgebenden Auswahlgesichtspunkt für die Klassifikation der unübersehbaren Fallindividualitäten prästieren. Der besondere Vorzug dieser Richtlinie liegt darin, daß mit ihrer Anerkennung der wildwuchernden Schöpfung von Garantiepflichten allein aus Strafwürdig-

keitserlebnissen ein Riegel vorgeschoben wird und für jede im Laufe der Zeit entwickelte Garantenstellung ein Kontrollmaßstab zur Verfügung steht. Dies gilt zwar zunächst nur für die Erfolgsdelikte, es ist aber schon jetzt abzusehen, daß unser Ansatz bei den übrigen Deliktstypen ein ähnliches Ergebnis ermöglichen wird. Denn da wir unter „Begehungsgleichheit“ nicht einfach die Strafwürdigkeit oder die materielle Rechtswidrigkeit verstehen, sondern dafür aus den sachlogischen Strukturen der verschiedenen Deliktstypen materiale Kriterien gewinnen, ist der *Katalog* der zukünftig auf dieser Grundlage zu entwickelnden *normativen Gleichstellungsrichtlinien* ebenso *beschränkt* wie die Anzahl der im StGB anzutreffenden Deliktstypen. Die absolute Offenheit des Garantenkatalogs, die wir etwa bei *Henkels* Sammelgruppenlehre kritisiert hatten,[58] ist bei unserer Gleichstellungsmethode daher von vornherein ausgeschlossen.

Eines muß allerdings vorsorglich betont werden: Unsere Methode liefert keinen Zauberhut, aus dem die fertigen Ergebnisse im Handumdrehen entnommen werden könnten. Bis ein einigermaßen geschlossenes System der Unterlassungsstrafbarkeit geschaffen ist, wird noch viel Detailarbeit zu leisten sein – aber darin kann man gewiß keinen Mangel unseres Lösungsentwurfs erblicken, denn in der Rechtswissenschaft ist weder mit den Zauberhüten der Begriffsjurisprudenz noch mit dem Methodenverzicht, der in dem bloßen Verweis auf den Einzelfall und seine Topoi liegt, irgend weiterzukommen; allein konkretisierbare normative Richtlinien können die Rechtsschöpfungsaufgabe des Richters mit den Anforderungen der Rechtssicherheit (insbesondere des nulla-poena-Satzes) versöhnen.

V. Der Herrschaftsgedanke im Spiegel der heutigen Dogmatik

1. Nach diesem Überblick über die Möglichkeiten, unsere für die Erfolgsdelikte gefundene Gleichstellungsrichtlinie zu konkretisieren, muß abschließend noch ihr Standpunkt im Kreise der zahlreichen bisher entworfenen Gleichstellungstheorien herausgearbeitet werden. Dazu kann in Zusammenfassung der bisherigen Überlegungen gesagt werden: Indem wir das Herrschaftskriterium als sachlogischen Grund einer Begehungsgleichheit der Unterlassung begriffen haben, haben wir das Äquivalenzproblem durch die Aufsuchung einer *vorstrafrechtlichen* Gleichheit von Handlung und Unterlassung in den für die Erfolgszurechnung wesentlichen Punkten zu lösen versucht. Selbstverständlich ist die Wertentscheidung, ob diese relative Gleichheit von Handlung und Unterlassung in dem tertium der „Herrschaft über den Grund des Erfolges“ auch zu der gleichen

---

58 s. o. S. 197.

Rechtsfolge führen soll, für den Bereich der Natur der Sache transzendent, und es versteht sich, daß die abweichenden Wertentscheidungen, Unterlassungen nach grundsätzlich anderen Strafrahmen zu bestrafen als Handlungen bzw. – entgegengesetzt – auch begehungsungleiche, aber nichtsdestoweniger schurkische Unterlassungen nach den Begehungsstrafrahmen zu bestrafen, ebenso gut vertretbar wären; tatsächlich beruht ja die teilweise zu beobachtende Hypertrophie der Unterlassungsbestrafung unausgesprochen auf dieser letzteren Wertentscheidung. Diese möglichen Gleichstellungsprinzipien haben jedoch für die uns leitende Wertentscheidung keine Rolle gespielt, denn wir haben diese Entscheidung nicht selbst gefällt, sondern – insoweit streng positivistisch – aus der grammatischen und historischen Auslegung des StGB entnommen, wonach nur und immer die begehungsgleiche Unterlassung dem Strafrahmen des Begehungsdelikts unterstellt werden soll. Um in keiner petitio principii stecken zu bleiben, wurden wir dazu gezwungen, diese Gleichheit vorstrafrechtlich nachzuweisen, wenn auch unter dem leitenden Wertaspekt des jeweiligen Grundes der Bestrafbarkeit. Unsere materiale Richtlinie kann daher den Anspruch erheben, für unser *geltendes Strafrecht* die *sachlogischen Bedingungen einer Handlungsäquivalenz der Unterlassung* zu umschreiben (natürlich beschränkt auf die Erfolgsdelikte), ihm kommt somit – vorbehaltlich einer Änderung des StGB – absolute und ausschließliche Gültigkeit zu.

2. Diese Einstufung des Herrschaftsmomentes unterscheidet unseren Standpunkt nachdrücklich von den bisherigen Entwürfen, die den Herrschaftsbereich, soweit sie ihn überhaupt als Grund einer Garantenstellung anerkennen, nur als einen Garantentyp unter anderen verstehen und damit nicht als Oberbegriff, sondern als Unterfall der Gleichstellung verwenden, und zwar nicht nur als Unterfall der Gleichstellung überhaupt – damit würden wir noch in etwa übereinstimmen –, sondern als Unterfall der Gleichstellung bei den Erfolgsdelikten, die bisher ja fast ausschließlich die Diskussion beherrscht haben. Solche Versuche, in dem *sozialen Herrschaftsbereich* eine *besondere* Garantenstellung aufzuweisen, sind schon recht alt. Bereits *Aldosser* stellte auf die „faktische Herrschaft" des Garanten ab,[59] und *Traeger* hat sogar eine allgemeine Garantenpflicht des Inhalts angenommen, daß man bei einem gefahrdrohenden Zustand im eigenen Herrschaftsbereich ohne Rücksicht auf dessen Ursache zur Hilfe verpflichtet sei, und den Grund für diese Pflicht in der Monopolstellung gesehen.[60]

59 Inwiefern können durch Unterlassungen strafbare Handlungen begangen werden?, S. 108 u. ö.

60 Problem der Unterlassungsdelikte, S. 108.

Heute ist neben *Henkel,*[61] *Welzel*[62] und *Rudolphi*[63] vor allem *Schröder* zu nennen, der Garantiepflichten allgemein aus der Verantwortung für bestimmte, in den eigenen Zuständigkeitsbereich fallende Gefahrenquellen begründet und daraus eine allgemeine *Zustandshaftung* des Eigentümers oder Besitzers ableitet.[64] Unser Herrschaftsgedanke unterscheidet sich von diesen in der Literatur gebräuchlichen Begriffen nicht nur durch seinen höheren Abstraktionsgrad (bei uns ist der Herrschaftsbereich eine der Konkretisierung bedürftige Richtlinie, in der Literatur ein nahezu subsumtionsfähiger Garantentyp), sondern auch durch seine Beziehung auf den *Grund des Erfolges*. Im Schrifttum wird das Herrschaftskriterium dagegen häufig auch auf das *Rettungsmittel* bezogen und damit eine Vermischung von Herrschafts- und Monopolgedanken vorgenommen.[65] Diese Einbeziehung der potentiellen Kausalität des Rettungsmittels in die Begehungsgleichheit der Unterlassung ist schon oben abgelehnt worden,[66] und bei der Behandlung der einzelnen Garantenstellungen wird darauf noch ausführlicher zurückzukommen sein. Hier soll nur noch einmal betont werden, daß die Begehungsgleichheit der Unterlassung eine Herrschaft über aktuelle, gegenwärtige Erfolgsbedingungen voraussetzt und selbst die monopolistische Herrschaft über ein bloßes Rettungsmittel immer nur die besondere Verwerflichkeit, niemals aber die Begehungsgleichheit der Unterlassung begründen kann. Darin liegt eben immer nur die *potentielle* Herrschaft über den Erfolg, die zu der bei der Handlung anzutreffenden *aktuellen* Herrschaft im Verhältnis der *Ungleichheit* steht und dazu auch niemals in ein Verhältnis der Gleichheit gebracht werden kann. Wenn trotzdem einmal beides als gleich strafwürdig erscheinen sollte, so könnte die gleiche Bestrafbarkeit doch nur durch einen Akt des Gesetzgebers festgelegt werden; auf dem Boden des geltenden StGB läßt sie sich nicht begründen.

Unsere normative Richtlinie der „Herrschaft über den Grund des Erfolges" ist infolgedessen zwar mit der sattsam bekannten Garantenstellung aus „sozialem Herrschaftsbereich" dem Namen nach verwandt, unterscheidet sich davon

---

61 MKrim 1961, 190 f.

62 Strafrecht, S. 216; Ndschr. d. GrStrK 12, 95, 100.

63 Gleichstellungsproblematik, S. 177.

64 *Schönke-Schröder*, Rdnrn. 124 ff. vor § 1; im übrigen Schrifttum überwiegt die Skepsis, vgl. nur *Stratenwerth*, AT, S. 270 f.; *Schmidhäuser*, AT, S. 541.

65 Vgl. etwa *Traegera.* a.O., der in seinem „Luftschifferfall" die Garantenpflicht ausdrücklich aus dem Hilfsmonopol ableitet, und *Schönke-Schröder*, Rdnrn. 128, 135 vor § 1, wo eine Garantenstellung auf Grund der Herrschaft über eine Räumlichkeit auch dann angenommen wird, wenn zwischen diesem Raum und der Gefahr kein innerer Zusammenhang besteht; vgl. auch *Bockelmann*, Ndschr. 12, 100, 477.

66 s. o. S. 266.

aber in mehreren grundlegenden Punkten. Es bleibt daher auch abzuwarten, ob sich bei der Konkretisierung unserer Richtlinie die heute in der Literatur so weitgehend anerkannten Garantiepflichten aus „sozialem Herrschaftsbereich" überhaupt bestätigen lassen.

3. Statt mit dem „sozialen Herrschaftsbereich" ist unsere Gleichstellungsrichtlinie mit einem ganz anderen im Schrifttum anzutreffenden Begriff vergleichbar, auch wenn das aus der unterschiedlichen Bezeichnung nicht ohne weiteres ersichtlich ist: mit der „gleichwertigen verbrecherischen Willensintensität" *Hellmuth Mayers*.[67] Nur haben wir dieses in seiner subjektiven Fassung für ein Tatstrafrecht impraktikable Kriterium gewissermaßen vom Kopf auf die Füße gestellt, indem wir mit Hilfe des Herrschaftskriteriums die objektiven Situationen erfaßt haben, in denen typischerweise eine dem Tun gleichwertige (sogar gleichartige!) Willensenergie vorliegt. Die „Willensintensität" kann ja nicht als etwas rein Innerpsychisches verstanden werden, denn dann würden wir den Verbrecher bloß im eigenen Saft schmoren lassen und zur Gesinnungsstraferei gelangen. Entscheidend ist vielmehr die Verwirklichung des Willens, die Herrschaft des Willens über das Geschehen, und diese kann nicht nur durch eine Körperbewegung, sondern auch durch eine anderweitige Herrschaft über den Grund des Erfolges verbürgt sein. Unter solchen Umständen stellt es einen ebenso überflüssigen wie gefährlichen Umweg dar, den entscheidenden objektiven Sachverhalt nur in seiner Spiegelung in der Psyche des Täters zu erfassen und damit die ratio decidendi durch eine überdies unsichere ratio cognoscendi zu mediatisieren. Wie leicht ein derartiges Vorgehen zu einer Jagd nach einem ungreifbaren Irrwisch werden kann, zeigt die animus-Formel der Teilnahmerechtsprechung, die sich auch in der modernen Lesart des „Willens zur Tatherrschaft" dem in einem Tatstrafrecht allein legitimen Grund der Täterschaft nicht nennenswert zu nähern vermag.[68] Ebenso können auch die Gleichstellungskriterien nur aus der objektiven Sachlage entwickelt werden, und das erfordert eine radikale Entsubjektivierung der Willensintensität-Formel, wie sie durch unseren Herrschaftsgedanken gelungen scheint.

4. Abschließend ist noch das Verhältnis unserer Herrschaftsrichtlinie zu dem *Rollenbegriff* zu beleuchten, der von *Bärwinkel* als Gleichstellungshebel benutzt[69] und jüngst auch von *Roxin* im Rahmen einer strafrechtsmethodologischen Grundlegung[70] als Gleichstellungskriterium genannt worden ist. Un-

67 Strafrecht, AT 1953, S. 113 f.; AT 1967, S. 81 f.; vgl. auch schon *Schaffstein*, Festschr. f. Gleispach, S. 111.

68 Vgl. dazu *Roxin*, Täterschaft, S. 314 ff.

69 s. dazu eingehend o. S. 140 ff.

70 Kriminalpolitik und Strafrechtssystem, S. 19.

seres Erachtens ist die Rolle als sozialethisches Verhaltensmuster nicht Grund, sondern lediglich *Folge* der aus der Herrschaftsbeziehung erwachsenden Garantenstellung, so daß zwar normalerweise jedem Garantentyp eine Rolle korrespondiert, keineswegs aber jede Rolle als ratio essendi oder auch nur ratio cognoscendi einer Garantenstellung genommen werden kann. Als Beispiel kann etwa der noch später zu behandelnde Bereitschaftsarzt angeführt werden, der zwar eine Rolle, aber keine Herrschaft besitzt und daher auch keine Garantenstellung innehat.[71] Im übrigen kann zur Kritik des Rollenbegriffs auf unsere Auseinandersetzung mit *Bärwinkel* verwiesen werden.[72]

VI. Auseinandersetzung mit potentiellen Einwendungen

1. Da, wie *Welp* festgestellt hat,[73] bisher „keine Untersuchung bekannt geworden ist, die diesen Aspekt (scil. des Herrschaftsgedankens) ausgewertet oder seinen Standort in der Garantenlehre nachgewiesen hätte", und unser darauf aufbauender Gleichstellungsentwurf daher ohne direkte Vorgänger ist, hat diese „Herrschaftstheorie" noch keine umfassende Kritik erfahren, mit der wir uns am Schluß dieser Grundlegung auseinandersetzen könnten. Wir sind somit darauf angewiesen, die Angriffspunkte unserer Konzeption selbst abzuschätzen und im Wege einer vorweggenommenen Antikritik zu verteidigen.

a) Der erste denkbare Einwand, unsere Richtlinie sei zu unbestimmt, kann schon durch eine kurze Besinnung auf die methodologische Struktur der Gleichstellungsproblematik widerlegt werden: Da das StGB für seine Lösung nur ein weitestgehend inhaltsentleertes Regulativ bietet, stellt jede Gewinnung einer materialen Richtlinie schon einen großen Fortschritt dar. Welche unheilvollen Folgen entstehen, wenn man bereits auf dieser zweiten Stufe ein subsumtionsfähiges Begriffsgebilde anstrebt, hat unsere Rechtsprechungsanalyse nachdrücklich gezeigt.[74]

b) Der zweite mögliche Einwand, unsere Richtlinie scheide zu viele ebenso strafwürdige Unterlassungen aus dem unechten Unterlassungsdelikt aus, ist bereits in den vorangegangenen Überlegungen entkräftet worden.[75] Da das Herrschaftskriterium bei Erfolgsdelikten die sachlogische Bedingung einer Begehungsgleichheit der Unterlassung darstellt, würde die Bestrafung der davon

---

71 s. i. e. u. S. 391.

72 s. o. S. 148 ff.

73 Vorangegangenes Tun, S. 252.

74 s. o. S. 219 ff.

75 s. o. S. 255 ff.

nicht erfaßten Unterlassungen *freie Rechtssetzung* darstellen, die sich lediglich auf den Obersatz zurückführen ließe, alle strafwürdigen Unterlassungen seien zu bestrafen. Da der Schluß von der Strafwürdigkeit auf die Strafbarkeit aber in eklatanter, kaum zu überbietender Weise gegen den nulla-poena-Satz verstößt, kommt nur unser Weg in Frage: Es müssen die sachlogischen Bedingungen der Bestrafbarkeit durch eine Induktion aus den verschiedenen Typen der Begehungsdelikte ermittelt und diese dann wieder am Material der Unterlassungstypen konkretisiert werden.[76]

c) Auch der Einwand, hiermit würde keine Begehungsgleichheit, sondern nur eine Begehungsähnlichkeit der unechten Unterlassung gefunden, greift nicht durch. Eine Gleichheit im Sinne von Identität ist natürlich schon ontologisch ausgeschlossen, so daß zwischen Handlung und unechter Unterlassung von vornherein nur eine auf der Übereinstimmung in wesentlichen Punkten beruhende Ähnlichkeit in Frage kommt.

2. Abschließend ist noch auf *Welps* knapp gefaßte Einwendungen gegen den Herrschaftsgedanken[77] einzugehen. Soweit *Welp* sich gegen eine „Verwässerung" der Ingerenzgarantenstellung durch das Herrschaftskriterium zur Wehr setzt, wird darauf noch bei der Behandlung der Ingerenzhaftung einzugehen sein.[78] Im übrigen wendet *Welp* sich zwar nicht gegen das von uns entworfene allgemeine Verständnis des Herrschaftskriteriums, sondern allein gegen die im Schrifttum heimische „Zustandshaftung" (= Garantenstellung aus sozialem Herrschaftsbereich), von der wir uns schon oben[79] abgesetzt haben; es muß aber gleichwohl geprüft werden, ob seine Argumente nicht auch gegenüber unserer Beweisführung ins Gewicht fallen.

a) *Welps* grundlegender Einwand gegen jedwede Zustandshaftung gipfelt im Anschluß an *Blei*[80] in der Feststellung, daß es ja immer die Frage bleibe, *warum* man die Pflicht habe, für gefahrlose Zustände im eigenen Herrschaftsbereich zu sorgen.[81] Die darauf naheliegende Replik lautet zunächst: weil eine an der Natur der Sache orientierte Betrachtung ergibt, daß die Nichthinderung eines Erfolges durch denjenigen, der über den Grund des Erfolges die Herrschaft ausübt, seiner Herbeiführung durch eine Körperbewegung gleichsteht. Man könnte ebenso gut fragen, warum man denn die Pflicht habe, für die Gefahrlosigkeit der eigenen Körperbewegungen zu sorgen!

---

76 Vgl. auch oben S. 138 f.
77 Vorangegangenes Tun, S. 249 ff.
78 s. u. S. 314 ff.
79 s. o. S. 270 f.
80 Festschr. f. H. Mayer, S. 142; vgl. auch *Mezger-Blei*, AT, S. 94.
81 a. a. O., S. 260.

Allerdings könnte *Welp* sich mit dieser Begründung unzufrieden erklären und darauf beharren, daß dieses Unterlassen im eigenen Herrschaftsbereich von der Körperbewegung doch immer noch *wertmäßig* verschieden sei und daher zu keiner Gleichstellung führen könne. Die Konsequenz hiervon wäre aber (da wir die übrigen Theorien und vor allem auch *Welps* eigene Gleichstellungsmethode verworfen und das Herrschaftskriterium als sachlogische Bedingung der Gleichstellung erkannt haben), daß es überhaupt keine unechten Unterlassungsdelikte geben kann. Da diese jedoch, wie wir im Ersten Teil gesehen haben,[82] im StGB stillschweigend enthalten sind, kann bereits der Ausgangspunkt der Kritik nicht richtig sein.

b) Trotz allem wollen wir uns der Aufgabe nicht entziehen, die *axiologische* Gleichstellbarkeit unserer unechten Unterlassung ganz unabhängig von den sachlogischen Gegebenheiten zu überprüfen. Wir wollen also einmal davon absehen, daß gerade das Herrschaftskriterium die von *Welp* selbst geforderte „Handlungsäquivalenz des Unterlassens“[83] begründet, und uns schlicht fragen: Erscheint es denn auch unter Wertaspekten richtig, die dem Herschaftskriterium unterfallenden Unterlassungen dem aktiven Tun gleichzustellen?[84]

Im Grunde ist diese Frage bereits durch die Betrachtung der „Grundfälle“ beantwortet worden.[85] Es stellt gerade in der heutigen Zeit, wo im sozialen Prozeß auf fast allen Gebieten (Arbeit, Haushalt, Verkehr) die *Maschine* und der *technische Prozeß* an die Stelle der Körperbewegung getreten sind, eine grundlegende Verkennung der neuralgischen Punkte des sozialen Zusammenlebens dar, wenn man weiterhin nur die Körperbewegung als Grundlage der Erfolgszurechnung ansieht und – wie *Welp* – die Zurechnung auch bei der unechten Unterlassung mit Hilfe eines dürren Kausalstranges partout auf eine Körperbewegung zurückführen will. An die Stelle der menschlichen Herrschaft über den Körper ist heute weitgehend die Herrschaft über Maschinen und technische Vorgänge getreten, und hier liegen die sachlogischen Zurechnungsgründe der Moderne![86] Die Herrschaft über das in Fahrt befindliche Auto, über die gefährliche Maschine – das stellt eine um vieles engere Beziehung zum Erfolg her als ir-

82 s. o. § 3.

83 a. a. O., S. 262.

84 Dabei ist uns natürlich klar, daß sich auch bei dieser Frage die Natur der Sache auswirken wird; wir leiten jetzt aber die Rechtsfolge nicht unmittelbar daraus ab, sondern schalten unser kritisches Wertempfinden dazwischen, indem wir die gesetzliche Wertentscheidung selbst zur Diskussion stellen.

85 s. o. III.

86 Natürlich können die Menschen diese Herrschaft wiederum nur durch Körperbewegungen ausüben – aber das begründet ja gerade die Gleichstellbarkeit der Unterlassung derartiger Körperbewegungen!

gendein disparater Kausalnexus, wie leicht an zahllosen Fällen dieser Art gezeigt werden könnte, die alle zu einem evidenten Werterlebnis führen.[87]

Natürlich ist in den meisten Fällen der Herrschaftsbeziehung auch irgendeine Vorhandlung anzutreffen, aber darin liegt nicht das entscheidende Moment, sie interessiert nur insoweit, als sie eine Herrschaftsbeziehung über den gefährlichen Gegenstand begründet; im übrigen ist sie für die Gleichstellungsfrage quantité négligeable. Das soll an einem lebensnahen Fall gezeigt werden:

Nehmen wir an, ein Arbeiter stellt morgens eine Maschine an und überwacht während des ganzen Tages ihre Funktion. Wenn er jetzt zuläßt, daß sie heißläuft, explodiert und mehrere Menschen verletzt, so besteht an der Zurechnung des Erfolges an den Arbeiter kein vernünftiger Zweifel: er hatte die Herrschaft über den Grund des Erfolges und hat einen daraus entstehenden Erfolg nicht verhindert. *Welp* könnte dieses Ergebnis zwar noch dadurch erreichen, daß er auf das morgendliche Anstellen der Maschine als der „gefährlichen Vorhandlung" abstellt, aber wie brüchig diese Krücke ist, sieht man sofort, wenn man den Fall dahin abwandelt, daß das Anstellen der Maschinen von einem anderen Arbeiter zu besorgen ist, der für den Rest des Tages mit der Verwaltung der Kantine betraut ist. *Welps* Ingerenzansatz ist hier sehr schön ad absurdum zu führen: Unser armer Kantinenverwalter müßte danach bei jeder gefährlichen Entwicklung an irgendeinem Objekt des Maschinenparks zu Hilfe eilen und würde nicht zu bestrafen, sondern zu bedauern sein – ein moderner Zauberlehrling, der zum Opfer der von ihm selbst auf den Plan gerufenen Naturgewalten würde.

c) Freilich scheint auch *Welp* vor dieser unhaltbaren Konsequenz zurückzuschrecken, und wenn er das auch nicht näher ausführt, so hat es doch den Anschein, als ob er in derartigen Fällen die Ingerenzhaftung durch den Übernahmegedanken einschränken wollte.[88] Eine solche Ausflucht ist jedoch in den Prämissen der Ingerenzhaftung nicht unterzubringen, denn übernehmen, d. h. „abnehmen", kann man nur die Herrschaft über irgendetwas, nicht aber einen Kausalverlauf, der davon unabhängig weiterläuft. Die Übernahmegarantenstellung verträgt sich daher zwar mit dem Herrschaftsprinzip, aber niemals mit dem

87 Freilich haben auch die „klassischen" Herrschaftsformen daneben ihren Platz behalten, wie der uralte und heute noch immer aktuelle Fall der entmenschen Mutter zeigt, die ihren Säugling verhungern läßt. Und da es auch schon im Jahre 1871 Eisenbahnen und Dampfmaschinen gab, kann man uns nicht einmal den Vorwurf machen, daß wir den Willen des historischen Gesetzgebers verfälschen würden (ganz abgesehen davon, daß wir zu einer derartigen Anpassung des Rechts an die Wandlung des Substrats nicht nur befugt, sondern sogar verpflichtet wären).

88 Vgl. a. a. O., S. 239 f.

Ingerenzgedanken! *Welps* eigener Vorschlag, diese Fälle durch eine „Kombination von Ingerenz- und Übernahmegesichtspunkten" zu lösen,[89] ist daher wegen der kategorialen Verschiedenheit dieser beiden Garantenkriterien von vornherein zum Scheitern verurteilt. Davon abgesehen setzt er außerdem voraus, daß die Grundsätze der Übernahmegarantenstellung überhaupt von dem Herrschaftsgedanken getrennt werden können, und genau das trifft nicht zu, wie hier unter Vorgriff auf unsere späteren Überlegungen[90] festgestellt werden kann. Grund der Übernahmegarantenstellung ist der Antritt der Herrschaft über den Grund des Erfolges – nichts anderes. Wenn statt dessen versucht wird, die Garantenstellung in diesen Fällen aus dem *Vertrauensgedanken* zu entwickeln,[91] so wird dabei übersehen, daß das Vertrauen *niemals Grund*, sondern immer nur *Folge* der Garantenstellung sein kann und daher die Verabsolutierung des Vertrauensmomentes eine ebensolche *Mediatisierung* der maßgeblichen Kriterien bedeutet wie die schon oben abgelehnte Subjektivierung der Gleichstellungskriterien.[92] Die Feststellung, daß der Unterlasser ein schutzwürdiges Vertrauen seiner Mitbürger enttäuschte, setzt schließlich immer voraus, daß die Garantenstellung zuvor insgeheim bejaht wurde (denn sonst ist das Vertrauen nicht schutzwürdig!), und der ganze auf dem Vertrauensmoment basierende Schluß stellt somit nur eine *petitio principii* dar.

Welp hat diese Schwächen des Vertrauensargumentes zwar gesehen,[93] sich aber mit der Ausflucht beruhigt, daß die Schutzwürdigkeit des Vertrauens auf einem „intentionalen, auf ‚Übernahme' der Pflicht gerichteten Akt (scil. des Garanten) mit einem bestimmten ‚objektiven Erklärungswert'" beruhe.[94] Indessen stellt ein solcher „Akt" eine reine *Fiktion* dar, seine Konstruktion ist daher nichts weiter als der von vornherein aussichtslose Versuch, den Grund der Garantenstellung, den man im objektiven Bereich nicht gefunden hat, in einer transzendenten Sphäre aufzuweisen. Entweder ist jeder Mensch als verpflichtet anzusehen, die Gefahrlosigkeit seines Herrschaftsbereiches zu prästieren, oder nicht – auf irgendwelche objektiven Erklärungswerte oder intentionalen Pflichtübernahmeakte kann es dafür nicht ankommen, denn diese sind nicht wirklich (wo wäre eine ausdrückliche oder konkludente Willenserklärung des Autofahrers oder des Fabrikbesitzers, wonach er alle anderen vor Schaden schützen

---

89 a. a. O., S. 289.

90 s. u. S. 328 ff., 377 ff.

91 Vgl. *Welp*, a. a. O., S. 239 f., und auch *Blei*, Festschr. f. H. Mayer, S. 142, sowie *Mezger-Blei*, AT, S. 91 ff.; aus zivilrechtlicher Sicht *Ulmer*, JZ 1969, 163, 170 f.

92 s. o. S. 273.

93 Vgl. a. a. O., S. 239.

94 a. a. O., S. 240.

wolle?), sondern lediglich der rechtskonstruktive Überbau der tatsächlichen Situation und damit eine rechtliche Fiktion zur Begreifung des Substrats! Eine solche Fiktion kann aber nicht den sachlogischen Grund, sondern nur die rechtliche Etikettierung der Gleichstellbarkeit abgeben und stellt daher nur eine Paraphrase der Übernahmegarantenstellung dar, kann sie aber nicht eigentlich „begründen".

d) Als *Welps* letzter Einwand bleibt damit die Sorge vor einer „unerträglichen Ausweitung".[95] Zur Begründung bezieht er sich auf den von *Schröder*[96] als Beispiel für eine Garantenstellung des Eigentümers genannten Fall, daß die Axt auf dem Hof von einem Dritten zu einem Mordversuch gebraucht werden soll, sowie auf den erheiternden Sachverhalt, daß der Halter einer heimischen Feldmaus das Tier nicht von des Nachbarn Speck verjagt.[97] Im ersten Fall werde bei Annahme einer Garantenstellung der Grundsatz umgangen, daß eine auf das Handlungsmittel bezogene Vorhandlung angesichts des freien deliktischen Willens Dritter bloße Versuchung sei, im zweiten Fall fehle es an einer durch das Halten des gefährlichen Gegenstandes eingetretenen Verschlechterung der Opferposition.

Hierzu ist zu sagen, daß *Welps* Befürchtungen einer „unerträglichen Ausweitung" der Garantenhaftung zwar gegenüber der im Schrifttum vertretenen Zustandshaftung zum Teil berechtigt sind,[98] daß im Vergleich zu unserer Herrschaftsrichtlinie aber das gerade Gegenteil zutrifft. Wie unsere intrasystematische Kritik an *Welps* Behandlung der Beihilfe durch Unterlassen qua Ingerenz gezeigt hat,[99] kann im „Axtfall" von *Welps* Ingerenzprämissen aus die Garantenstellung des die Axt an den Zimmermann ordnungsgemäß („innerhalb des erlaubten Risikos") herausgebenden Eigentümers in Wahrheit überhaupt nicht bestritten werden. Und im „Feldmausfall" würde *Welp*, wie er selbst einräumt, jedenfalls dann eine Garantenhaftung annehmen müssen, wenn der Speck gegen den Ansturm der übrigen Mäuse geschützt war und nur dem Zugriff der Maus des Halters offenstand. Der somit gerade von *Welps* Prämissen aus uferlosen Haftungsausdehnung werden allein durch unseren Herrschaftsgedanken

---

95 a. a. O., S. 260 unter Berufung auf *Stree*, Festschr. f. H. Mayer, S. 146 f.

96 *Schönke-Schröder*, Rdnr. 125 vor § 1.

97 a. a. O., S. 261.

98 Immerhin schränkt auch schon *Schröder* die Zustandshaftung dahin ein, daß sie sich nur auf die Beseitigung akuter Gefährdung, nicht dagegen auf die Verhinderung weiterer aus der unmittelbaren Verletzung resultierender Schäden erstrecke (Rdnr. 126 vor § 1). Im Vergleich zur Ingerenzgarantenstellung grenzt er die Zustandshaftung damit schon weitgehend ein, wenn auch, wie unsere folgenden Überlegungen lehren werden, noch nicht weit genug.

99 s. o. S. 231 ff.

die gebotenen Grenzen gesetzt. Wie bereits festgestellt,[100] folgt aus der Analogie zu der Herrschaft qua Körperbewegung, daß nur eine gegenwärtige, d. h. mit der Unterlassung *zeitgleiche* Herrschaftsbeziehung die Zurechnung des Erfolges begründet, d. h. nur eine solche, die in jeder Beziehung das „umgebende Wirkungsfeld" der Unterlassung darstellt (ähnlich wie die Herrschaft über den Körper während der Handlung vorliegen muß, so daß bei einem zeitlichen Auseinanderfallen die Erfolgszurechnung nur nach den Grundsätzen der actio libera in causa in Frage kommt). Die Herrschaftsbeziehung des Axtwie des Mausbesitzers besteht nun aber nur solange, wie sie die Axt bzw. die Maus in ihrer Gewalt haben, und allein in diesem Stadium kommt daher eine Handlungsäquivalenz der Unterlassung in Frage![101] Nur die sorgfaltswidrige Verwahrung der Axt oder der Maus kann daher eine Haftung wegen fahrlässiger Tötung oder fahrlässiger Sachbeschädigung[102] begründen, und nur die vorsätzliche Nichtsicherung der Axt oder der Maus eine solche nach den §§ 212, 49 oder 303. Alle späteren Unterlassungen *nach* Verlust der Sachherrschaft mögen ethisch noch so verwerflich sein, die allein entscheidende Handlungs*gleichheit* kommt bei ihnen doch nie in Frage. Der Mäusehalter ist daher vollkommen straflos, wenn er bei einem Besuch in der fremden Speckkammer seine eigene, vor einiger Zeit entwichene Maus entdeckt, und für den Axteigentümer kommt nur eine Strafbarkeit nach § 330c in Frage, wenn er seinem die Axt schwingenden Zimmermann nicht in den Arm fällt oder das Opfer verbluten läßt – Ergebnisse, die das Rechtsgefühl eindeutig auf ihrer Seite haben dürften. Wenn *Welp* die Zustandshaftung als strafrechtliche Verirrung eines allein im Polizeirecht legitimen Prinzips ansieht und mit dem Satz „Eigentum verpflichtet" ob seiner „Landläufigkeit nichts beginnen kann",[103] so richtet sich beides zwar gegen ihre in der Literatur vertretenen Ausprägungen, verschlägt aber gegenüber unserem Herrschaftsgedanken nicht. Im Unterschied zum Polizeirecht verpflichten wir ja den Unterlasser keineswegs zur *Beseitigung* der aus seinem Herrschaftsbereich in einem Kausalprozeß entstandenen Störungen, sondern nur zur Gefahrsicherung *innerhalb* seines Herrschaftsbereiches. Diese materiale Bedingung der Handlungsäquivalenz wird gerade von *Welp* völlig verwässert, wenn er den gegenständlichen Herrschaftsbereich auf einen nichtssagenden „dürren Kausalstrang" reduziert (wie *Welp* unter diesen Umständen anderen Entwürfen

---

100 s. o. S. 266.

101 Damit unterscheiden wir uns nachhaltig von *Schröder*, der eine Handlungsäquivalenz bis zum Eintritt der unmittelbaren Verletzung für möglich hält (vgl. *Schönke-Schröder*, Rdnr. 126 vor § 1).

102 Die allerdings straflos ist!

103 a. a. O., S. 262.

Uferlosigkeit vorwerfen kann, erscheint wenig verständlich). Und schließlich stützen wir uns nicht im mindesten auf den zwar in der Gleichstellungs-Literatur häufig anzutreffenden,[104] aber nichtsdestoweniger ebenso dubiosen wie nichtssagenden Satz „Eigentum verpflichtet", sondern allein auf die vom Eigentumsrecht wohlweislich zu unterscheidende *tatsächliche Herrschaft*.

3. Die Auseinandersetzung mit der potentiellen Kritik unseres Gleichstellungsansatzes bei den Erfolgsdelikten hat damit ergeben, daß die dagegen möglicherweise zu erhebenden Einwände widerlegt und die zu erwartenden Bedenken zerstreut werden können.

§ 19 Die Vereinbarkeit mit dem nulla-poena-Satz

I. Problemstellung

1. Die Bedeutung des nulla-poena-Satzes für die Gleichstellungsproblematik hat uns im Rahmen dieser Arbeit schon oft beschäftigt. Wir haben jedoch bisher niemals eine endgültige Klärung versucht, sondern uns immer mit einigen unbezweifelbaren Konsequenzen aus diesem Prinzip begnügen können. So hatten wir etwa unseren Überlegungen wiederholt[1] ohne nähere Begründung die „Minimalgarantie" des Art. 103 II GG zugrunde gelegt, wonach die Bestrafung eines Verhaltens nur dann mit dem nulla-poena-Satz vereinbar ist, wenn es gelingt, sie mit Hilfe einer rational überprüfbaren Methode auf das Strafgesetz zu gründen,[2] d. h. wenn die grundlegende Wertentscheidung aus dem Gesetz heraus bestimmbar und dadurch der autonomen, subjektiv-beliebigen Setzung entzogen ist. Als Folge davon hatten wir das Verbot, die Bestrafung auf vom Gesetz abweichende Wertungen zu stützen, ohne eingehendere Überprüfung als weiteren Grundbestandteil des Art. 103 II GG angesehen;[3] auch hiermit dürften wir

---

104 Vgl. *Rudolphi*, Gleichstellungsproblematik, S. 153 („die immanente Pflichtbindung eines jeden Freiheitsrechts"), und *Böhm*, Dissertation, S. 83 (zu dem entsprechenden Schlagwort bei Art. 2 GG).

1 Vgl. etwa oben S. 103, 146 f., 196 f.

2 In diesem Sinne aus dem Schrifttum etwa *H. Mayer*, Mat StrRef I, 272 ff., aus der Rspr. BGHSt. 11, 377, die aber vielleicht beide noch strengere Anforderungen stellen, da sie nur von der Konkretisierung durch „Auslegung" sprechen. Soweit ersichtlich, wird im Schrifttum die Forderung nach Bestimmbarkeit als Minimalbestandteil des Art. 103 II GG nirgends in Abrede gestellt, vgl. nur noch die strengeren Anforderungen bei *Maunz-Dürig-Herzog*, Art. 103 Rdnr. 107; *Jescheck*, Lehrbuch, S. 97; beide m. weit. Nachw.

3 s. o. S. 255 f.

mit der einhelligen Meinung im Schrifttum übereinstimmen.[4] Mit diesen beiden Kernprinzipien können wir uns jetzt jedoch nicht mehr begnügen, denn zur Beantwortung der über den Wert unserer Gleichstellungsmethode entscheidenden Frage, ob wir uns damit noch im Rahmen des nulla-poena-Satzes gehalten haben, reicht die bisher vorliegende Erkenntnis, daß es ein für die Strafrechtsfindung unantastbares Mark des Art. 103 II GG gibt, beileibe nicht aus. Wenn unser Entwurf auch, da er auf eine Entscheidung des Gesetzgebers zurückführbar ist und eine auf rationalem Wege konkretisierbare Richtlinie liefert, diese äußerste Grenze respektiert, so kann doch seine Verfassungsmäßigkeit erst dann bejaht werden, wenn er sich auch vor dem endgültig ermittelten Normsinn des Art. 103 II GG zu behaupten vermag; denn wenn sich etwa herausstellen sollte, daß die Rechtsfindungsmethode der „schöpferischen Richtlinienkonkretisierung" mit dem Bestimmtheitsgebot des nulla-poena-Satzes nicht zu vereinbaren ist, dann würde auch unsere Methode – und zugleich die Bestrafung der unechten Unterlassungsdelikte überhaupt – mit der Verfassung nicht in Konkordanz zu bringen sein. Es kommt daher hier entscheidend darauf an, ob Art. 103 II GG eine *größtmögliche* oder sogar absolut vorhandene *Bestimmtheit* der Strafgesetze[5] verlangt oder ob er sich mit der von unserer Methode prästierten *hinreichenden Bestimmbarkeit* begnügt.

2. Die danach erforderliche vollständige Ausdeutung des nulla-poena-Satzes nimmt ihren Ausgangspunkt in einem bemerkenswerten Paradoxon: Art. 103 II GG, die Norm, die über die im Strafrecht zulässigen Methoden der Rechtsfindung entscheidet, kann in ihrem konkreten Sinngehalt selbst nur ein Produkt von Rechtsfindungsmethoden sein, auf deren Auswahl und Artung der Buchstabe des Gesetzes (d. h. der Wortlaut dieses Grundgesetzartikels) keinen Einfluß hat. Der nulla-poena-Satz ist daher nicht davor gefeit, durch eine zunächst einmal beliebige Auslegungsmethode aus den Angeln gehoben und in seiner rechtlichen Bedeutung minimalisiert zu werden. Ein Beispiel hierfür sind etwa die scharfsinnigen Ausführungen von *Sax* zum strafrechtlichen Analogieverbot: Nachdem *Sax* nachgewiesen hat, daß unter methodentheoretischen Aspekten zwischen teleologischer Auslegung und Analogie kein Unterschied besteht,[6] schließt er daraus, daß das aus Art. 103 II GG herkömmlich herausgelesene Analogieverbot, weil es auf einer unzutreffenden methodologischen

4 Vgl. nur die Ausführungen von *Sax* (dem entschiedensten Gegner des „Analogieverbots") in Grundrechte III, 2, S. 1008 f.

5 Genau genommen gibt es natürlich keine absolute Bestimmtheit; dieser Begriff wird hier daher nicht stricto sensu, sondern nur im Sinne von „Bestimmtheit durch lauter subsumtionsfähige (d. h. weitestgehend exakt-deskriptive) Begriffe" verstanden.

6 Analogieverbot, S. 148 f.

Prämisse aufbaue, gegenstandslos sei. Die bestechende Logik dieser Schlußfolgerung beruht eben darauf, daß Art. 103 II GG, der über die Rechtsfindungsmethoden verfügen will, zunächst selbst einmal Gegenstand eines Rechtsfindungsverfahrens ist. Daraus ergibt sich, daß wir dem Inhalt des nulla-poena-Satzes nicht gerecht werden können, ohne zuvor die präjudizielle Frage der Rechtsgewinnung überhaupt zu klären.

II. Das Verhältnis von Auslegung und Rechtsschöpfung

Ein solches Unterfangen würde nun aber endgültig den lockeren Rahmen dieser Arbeit sprengen. Wir müssen uns daher darauf beschränken, einige knappe, für die Deutung des nulla-poena-Satzes unentbehrliche Hinweise und Andeutungen zu geben, auch wenn auf die nähere Ausarbeitung einer hieb- und stichfesten Begründung aus Raummangel verzichtet werden muß.

1. Wie die moderne Methodenlehre ergeben hat und wie wir schon wiederholt anerkannt haben,[7] stellt das alte Dogma von der vor jeder konkreten Fallentscheidung bestehenden („prästabilierten") Lückenlosigkeit der Rechtsordnung eine die wahre Sachlage verzeichnende und verschleiernde Mär dar. In Wahrheit wird bei den meisten Einzelfallentscheidungen nicht nur das konkrete („gelebte") Recht, sondern auch ein großer Teil der für die Fallentscheidung maßgeblichen Rechtsregeln originär geschaffen, nämlich in Form einer Konkretisierung der einschlägigen Gesetzesnormen. Hieraus folgt die zentrale, für alle künftigen juristischen Methodologien grundlegende Erkenntnis, daß der Gesetzgeber entgegen der klassischen Vorstellung kein *Normschöpfungsmonopol*, sondern nur eine *Normschöpfungsprärogative* besitzt.[8] Mit dieser Einsicht haben wir so apokryphe Rechtsparömien wie „Das Gesetz ist klüger als der Gesetzgeber" oder „Der Sinn eines Gesetzes wandelt sich in der Zeit" als Mystifikationen erkannt und zugleich den wahren Charakter ihres berechtigten Kerns entdeckt: Die Rechtsschöpfung durch den Richter führt zu Ergebnissen, die sich der Gesetzgeber meist gar nicht im Einzelfall vorgestellt haben kann und die häufig auch von seinen ursprünglichen Intentionen nicht unerheblich abweichen.

2. Damit ergibt sich ein neues, der Rechtswirklichkeit gemäßeres Verhältnis von gesetzesgläubiger, die legislatorische Entscheidung ermittelnder und durchführender *Auslegung i. e. S.* und *schöpferischer Rechtsfindung*. Diese Unterscheidung ist zwar weiterhin beizubehalten, die Grenzen sind aber zu Lasten

---

7 s. o. S. 48 f., 92.

8 Zum näheren Beweis sei hier nur auf die Ausführungen von *Kriele* verwiesen (Theorie der Rechtsgewinnung, S. 60 ff.).

der Auslegung i. e. S. zu verschieben. Danach stellt nur noch die Ermittlung von Inhalt und Umfang der vom *historischen Gesetzgeber* indentierten Entscheidung Auslegung i. e. S. dar, während alle Formen der weiteren Ausbreitung und Entwicklung dieser Entscheidung schon dem Bezirk schöpferischer Rechtsfindung zuzurechnen sind.[9] Die Maximen dieser Rechtsschöpfung sind bereits früher angedeutet worden:[10] Sie muß im Rahmen des gesetzlichen Systems erfolgen (systemimmanent sein) und die Entscheidungen des Gesetzgebers respektieren; eine wichtige Einschränkung liegt ferner noch darin, daß sie für die zukünftigen Fälle keine absolute Gültigkeit beanspruchen kann, sondern sich jederzeit einer an den Kriterien der Wahrheit und Gerechtigkeit ausgerichteten Überprüfung zu stellen hat. Sachlich kann sie nur darin bestehen, daß noch allgemeinere Wertentscheidungen an Hand der Natur der Sache konkretisiert werden.

3. Statt die damit angeschnittenen Probleme weiter zu verfolgen, wollen wir die für die Deutung des nulla-poena-Satzes wichtigere Auslegung i. e. S. näher betrachten. Nachdem wir sie von dem Ballast der verkappten Rechtsschöpfung befreit haben, ist uns ein viel ungezwungeneres Verständnis ihrer wahren Grundsätze möglich. Es geht bei ihr offenbar nur darum, die wirkliche Entscheidung des historischen Gesetzgebers zu ermitteln, während alle bei der Rechtsschöpfung so gängigen Zweck- und Wertspekulationen hier keine Rolle spielen. Daraus folgt, daß der in der heutigen offiziellen Auslegungstheorie und -praxis

9 Nur die „subjektive" Auslegung ist daher nach unserer Auffassung wirkliche Auslegung; der Bereich der strikten Gesetzesunterworfenheit des Richters verlangt und duldet allein eine „historische" Auslegung i. w. S. (d. h. unter Einschluß der grammatisch-systematischen Komponente, die ja auf den Willen des Gesetzgebers bezogen ist). Zur Vertiefung ist auf die grundlegenden theoretischen Arbeiten von *Bierling* (Juristische Prinzipienlehre, IV. S. 257 ff., 275 ff.) und von *Heck* (Gesetzesauslegung und Interessenjurisprudenz, S. 59 ff., 67 ff.) hinzuweisen. Eine Übersicht über den heutigen Meinungsstand findet sich bei *Larenz*, Methodenlehre, S. 296 ff.; *Engisch*, Einführung, S. 88 ff. Eine Auseinandersetzung mit den die objektive Auslegung tragenden idealistischen Verstehenstheorien (vgl. dazu *Gadamer*, Wahrheit und Methode, S. 307 ff.) kann hier nicht erfolgen, doch sei immerhin darauf hingewiesen, daß der allgemeine philosophische Verstehensbegriff von der Rechtswissenschaft nicht einfach rezipiert werden kann, weil er dem für das Recht eigentümlichen Gegensatz von legislatorischer Wertentscheidung und richterlicher Rechtsschöpfung nicht gerecht wird. Bei dem Recht geht es – anders als etwa bei einem Kunstwerk – nicht um das Verständnis als solches, sondern um die daraus fließenden *praktischen Folgerungen*; und dafür ergeben die Verstehenstheorien wenig, denn „Philosophie ist kein Leistungswissen" (*Art. Kaufmann*, Festschr. f. H. Mayer, S. 80); vgl. auch *Engisch*, Einführung, S. 92. Um Mißverständnissen vorzubeugen, sei schließlich noch betont, daß wir die Auslegung i. e. S. keinesfalls als für sich ausreichende Rechtsfindungsmethode ansehen; zu der unentbehrlichen Ergänzung durch die Rechtsschöpfung i. w. S. vgl. zuletzt *Stratenwerth*, Festschr. f. Germann, S. 257 ff.

10 s. o. S. 48 f., 146 f.

relativ gering geachteten historischen Auslegung[11] bei der Auslegung i. e. S. eine überragende Bedeutung zukommt. Sie allein ist in der Lage, uns über die wirklichen Intentionen des Gesetzgebers Aufschluß zu geben und damit den „historischen Sinn" des Gesetzeswortlauts zu erschließen. Und dieser historische Sinn des Gesetzes ist deswegen so wichtig, weil die strenge Bindungswirkung der legislatorischen Entscheidung nach unserer „Prärogativentheorie" darin ihren Ausdruck und ihre Grenze findet.

4. Es gilt also zunächst immer, den historischen Sinn der Gesetzesnorm zu erforschen. Dabei muß man sich, wie vorweg zu bemerken ist, allerdings davor hüten, etwa die Ausführungen eines einzelnen Abgeordneten oder Ministerialbeamten von vornherein zum Angelpunkt einer solchen Auslegung zu machen und so den historischen Sinn aus den Äußerungen einzelner Personen zu induzieren. Statt dessen muß das *kollektive Bewußtsein* der an der Gesetzgebung beteiligten Personen ermittelt werden, für das wiederum nicht nur das aktuelle, aus den Gesetzesmaterialien erschließbare *Hauptbewußtsein*, sondern auch das unausgesprochene *Mitbewußtsein*[12] maßgeblich ist, das auf den herrschenden Zeitströmungen beruht und oft gerade im Hinblick auf für selbstverständlich erachtete, allgemein anerkannte Grundlagen der bevorstehenden Entscheidung nicht besonders artikuliert worden ist.[13]

III. Der historische Sinn des nulla-poena-Satzes

1. Nach diesen Grundsätzen muß auch der historische Sinn des Art. 103 II GG ermittelt werden. Wie die eingehenden Forschungen von *Kohlmann*[14] ergeben haben, ist der nulla-poena-Satz in Deutschland praktisch niemals in dem Sinne verstanden worden, daß die weitestgehende Bestimmtheit der Strafvorschriften

---

11 Allen voran das BVerfG, vgl. E 1, 127, 312; 8, 307; 10, 244; 11, 130 f.; aus der Strafrechtsprechung etwa RG 37, 334; BGHSt. 1, 167; 10, 159; weit. Nachw. b. *Baumann*, NJW 1969, 1280; aus dem strafrechtlichen Schrifttum z. B. *Jescheck*, Lehrbuch, S. 111; *Maurach*, AT, S. 85. Daß die historische Auslegung freilich „inoffiziell" doch eine große Rolle spielt, zeigt jede wahllose Durchsicht von Zeitschriften oder Entscheidungssammlungen, vgl. nur aus neuester Zeit BVerfG NJW 1970, 2205; JZ 1969, 631, 632 f.; BGH NJW 1969, 1308 f., 1770 (1772); 1971, 192; weit. Nachw. b. *Roth-Stielow*, NJW 1970, 2057; vgl. ferner *Stree*, JuS 1969, 406.

12 Dieser Begriff ist von *Platzgummer* (Die Bewußtseinsformen des Vorsatzes, S. 81 ff.) im Strafrecht heimisch gemacht worden; gegen seine entsprechende Verwendung bei der Bewußtseinslage der Gesetzgebungsorgane bestehen keine Bedenken.

13 So der Sache nach auch *Engisch*, Einführung, S. 97; *Larenz*, Methodenlehre, S. 311. Zu der Frage, ob diesem Mitbewußtsein auch dann eine Bindungswirkung zukommen kann, wenn es sich in der Gesetzesformulierung in keiner Weise niederschlägt, s. u. S. 300 ff.

14 Begriff des Staatsgeheimnisses, S. 166 ff.

eine Voraussetzung ihrer Gültigkeit sei; *Kohlmann* stellt am Ende seiner Untersuchungen resignierend fest: „Die Frage nach der Bestimmtheit von Strafvorschriften wurde also gar nicht erst gestellt, geschweige denn beantwortet".[15] Daraus geht hervor, daß die Auffassung, der nulla-poena-Satz gebiete die größtmögliche Bestimmtheit der Strafvorschriften, vom Standpunkt der Auslegung i. e. S. eine *Überinterpretation* des Art. 103 II GG darstellt.

2. Diese Erkenntnis wird auch von der Geschichte der Unterlassungsbestrafung bestätigt. Die Idee, daß die relative Unbestimmtheit der Unterlassungsdelikte gegen den nulla-poena-Satz verstoßen könnte, ist weder im Partikularstrafrecht noch bei Schaffung des RStGB jemals aufgetaucht. Da der nulla-poena-Satz nicht in der Reichsverfassung von 1871, sondern damals nur in § 2 RStGB enthalten war und somit nach dem Grundsatz „lex specialis derogat legi generali" für die spezifischen Straftatbestände des RStGB überhaupt keine Rolle spielte, richtete er sich offensichtlich nicht gegen den Gesetzgeber, sondern allein gegen den Richter: Diesem sollte die Möglichkeit genommen werden, aus eigener Machtvollkommenheit Rechtssetzungsaufgaben zu usurpieren und seinen Willen an die Stelle eines Gesetzes zu setzen. Wenn ihn aber das Gesetz zu der schöpferischen Rechtsfindung selbst ermächtigte, so hielt er sich damit innerhalb der Anordnungen des Gesetzgebers und blieb gesetzestreu. Das Bestimmtheitsgebot kann daher in § 2 RStGB keinesfalls enthalten gewesen sein; und selbst wenn es darin enthalten gewesen wäre, hätte man doch das auf einer stillschweigenden lex specialis beruhende unechte Unterlassungsdelikt gleichwohl anerkennen müssen.

3. Diese Rechtslage hätte allerdings durch die Weimarer Reichsverfassung eine Änderung erfahren können, denn nunmehr erhielt die Vorschrift des § 2 RStGB in Art. 116 WRV *Verfassungsrang*. Die Auslegung i. e. S. ergibt hier aber zwingend, daß eine Ausdehnung des Anwendungsbereiches keinesfalls beabsichtigt war. Nach der wohl zutreffenden Meinung waren § 2 RStGB und Art. 116 WRV schlechthin identisch,[16] aber auch nach den abweichenden Ansichten[17] kam keinesfall eine Erweiterung, sondern lediglich eine Einschränkung des in § 2 RStGB enthaltenen Bedeutungsgehalts in Frage. Auch Art. 116 WRV richtete sich daher nur gegen Analogie und Gewohnheitsrecht; das Gebot größtmöglicher Bestimmtheit der Strafgesetze sollte durch ihn nicht statuiert werden.

4. Art.103 II GG hätte hier noch einmal eine Wende bringen können, aber wie die Auslegung i. e. S. wiederum zeigt, wurde auch diese Gelegenheit nicht genutzt. Angesichts der Aufhebung des nulla-poena-Grundsatzes im Dritten

15 a. a. O., S. 218.
16 Vgl. *Anschütz*, WRV, Art. 116 Anm. 1.
17 Nachw. bei *Kohlmann*, a. a. O., S. 204, Fn. 5.

Reich und der damit gemachten traurigen Erfahrungen ging es dem Parlamentarischen Rat nur darum, „alte bewährte Grundsätze wieder zu Ehren kommen zu lassen".[18] Eine Änderung des Bedeutungsgehaltes im Vergleich zu Art. 116 WRV wurde nirgends in Erwägung gezogen. Da die unechten Unterlassungsdelikte vor § 2 RStGB Bestand hatten und Art. 103 II GG nach dem Willen des Grundgesetzgebers dieselbe Bedeutung haben sollte wie § 2 RStGB, stellt Art. 103 II GG also seinem historischen Sinn nach *keine* Entscheidung gegen die unechten Unterlassungsdelikte dar; in diesem Sinne läßt sich daher auch die mißverständliche Redensart halten, daß der Schöpfer unserer Verfassung die unechten Unterlassungsdelikte „in seinen Willen aufgenommen habe".

5. Der historische Sinn des Art. 103 II GG ist daher in der Hauptsache auf das Verbot von strafbegründender Analogie und Gewohnheitsrecht beschränkt; das Gebot größtmöglicher Bestimmtheit der strafrechtlichen Tatbestände ist darin nicht enthalten. Auch die Berücksichtigung des bei der Positivierung des nulla-poena-Satzes jeweils unausgesprochen „im Raum schwebenden Mitbewußtseins" ändert daran nichts.

a) Allerdings dachte im Jahre 1871 niemand daran, den Generalklauseln im Strafrecht nunmehr Tür und Tor zu öffnen; man war vielmehr, wie das Beispiel des § 243 a. F. trefflich zeigt, immer noch an Tatbestände gewöhnt, die auf deskriptiven Enumerationen beruhten; und wenn auch die uferlose Kasuistik der Aufklärungszeit mindestens bei den Grundtatbeständen einer besonnenen Abstraktionstechnik Platz gemacht hatte, stellen doch so unbestimmte Tatbestände wie der grobe Unfug des § 360 I Nr. 11 im RStGB von 1871 eine seltene Ausnahme dar. Im Jahre 1871 und wohl auch noch 1919 erschien es daher als selbstverständlich, daß sich der Gesetzgeber nach Kräften um eine scharfe Konturierung des Tatbestandes bemühte; wo das aber nicht möglich schien – wie bei den unechten Unterlassungsdelikten –, hatte man dagegen keine Bedenken, dem Richter die entsprechende Ausfüllungsermächtigung zu erteilen. Es hat allerdings den Anschein, daß dem Gesetzgeber von 1871 der ganze Umfang der Gleichstellungsproblematik noch unbekannt war und daß er glaubte, ihre Lösung sei mit Hilfe einer formellen Rechtspflichttheorie ohne größere Schwierigkeiten möglich.[19] Er ging auch ersichtlich davon aus, daß das richtige Recht der unechten Unterlassungsdelikte im Grunde schon vorhanden sei und nur aufgefunden werden müsse – denn die heutigen methodologischen Einsichten über den schöpferischen Charakter der Rechtsfindung waren damals schließlich weitgehend unbekannt. Daraus folgt, daß der Gesetzgeber im Jahre 1871 von der objektiv-rationalen Bestimmbarkeit der Unterlassungsbestrafung ausging

---

18 So der Bericht der Unterkommission, zitiert bei *Kohlmann*, a. a. O., S. 216.
19 s. o. S. 57 ff.

(schließlich hatte er ja durch die stillschweigende Verschmelzung mit dem Begehungstatbestand dafür gesorgt, daß nur begehungsgleiche Unterlassungen bestraft weden konnten),[20] und daß daher die Minimalgarantie des Art. 103 II GG, die objektive Rückführbarkeit der Bestrafung auf das Strafgesetz, für ihn selbstverständlich war. Eines besonderen Ausspruchs hierüber bedurfte es nur deswegen nicht, weil jede auf das Gesetz nicht rückführbare Bestrafung im Grunde bereits ein Fall strafbegründender und damit verbotener Analogie war.

Man kann daher sagen: Das Gebot einer *hinreichenden Bestimmbarkeit* des Strafgesetzes ergab sich als Reflex aus dem Verbot strafbegründender Analogie durch den Richter.

b) Für 1949 darf von demselben Mitbewußtsein des Verfassunggebers ausgegangen werden. Die Gefahren einer auf Generalklauseln basierenden Gesetzestechnik, die die Entscheidung allein in das subjektive Belieben des erkennenden Gerichts stellt und damit von seinem individuellen Wertempfinden abhängig macht, waren in den Zwanziger Jahren und noch mehr im Dritten Reich nachdrücklich hervorgetreten, und angesichts dessen kann in der Rückkehr zu dem „alten bewährten Grundsatz" keinesfall eine Aufweichung seiner früheren Garantien erblickt werden. Andererseits reichten diese neuen Erfahrungen aber *nicht* aus, um das Postulat der *„größtmöglichen Bestimmtheit"* im Mitbewußtsein des Gesetzgebers zu verankern. Denn solange die Strafvorschriften hinreichend bestimmbar sind, ist der Bürger vor der Staatsgewalt *theoretisch* hinreichend geschützt; gegen die *praktische* Gefahr eines vorsätzlichen Machtmißbrauchs seitens einer diktatorischen Staatsführung ist er aber mit den Mitteln des Rechts überhaupt nicht zu schützen.

c) Auch das aus den *Quellen* des nulla-poena-Satzes gespeiste Mitbewußtsein des Gesetzgebers rechtfertigt keine strengere Auslegung. Die beiden uralten Säulen des nulla-poena-Satzes, das staatsrechtliche Prinzip der Gewaltenteilung[21] und das strafrechtliche Prinzip der Generalprävention, waren schon 1919 und noch mehr 1949 so schwach geworden, daß sie eine derartige Last nicht zu tragen vermocht hätten. Das Postulat absoluter oder wenigstens größtmöglicher Bestimmtheit des Gesetzes war ja nur von dem Gedankengang eines *Montesquieu*[22] und eines *Beccaria*[23] her verständlich, wonach die Rechtsprechung als bloßer Subsumtionsautomat nur der Mund des Gesetzes und in gewisser Weise überhaupt keine Staatsgewalt ist, aber von einem solchen Irrtum war man schon 1919 weit entfernt; der von *Kohlmann* wiederentdeckte *Tittmann*

20 s. o. S. 92, 404.
21 Vgl. dazu *Binding*, Handbuch, S. 21 f.
22 Vom Geist der Gesetze, 11. Buch, 6. Kapitel, S. 217, 220.
23 Von Verbrechen und Strafen, S. 54 ff.

hat bereits 1822 erkannt, daß es unmöglich sei, „nur nach ausdrücklichen Bestimmungen" Strafrechtspflege zu treiben.[24] Und auch die Erfordernisse der Generalprävention könnten ein absolut bestimmtes Strafgesetz allenfalls dann verlangen, wenn man die Strafe von dem Strafbarkeitsbewußtsein des Täters abhängig machen würde; wenn man jedoch (wie die alte Rechtsirrtumsrechtsprechung des RG) Kenntnis der Tatsachen und der außerstrafrechtlichen Rechtslage oder (wie die heutige Verbotsirrtumsrechtsprechung des BGH) bloße Erkennbarkeit des materiellen Unrechts ausreichen läßt, besteht für eine Forderung nach absoluter oder wenigstens größtmöglicher Bestimmtheit aus Gründen der Generalprävention kein zwingender Anlaß.[25]

IV. Teleologische Auslegung des nulla-poena-Satzes

Nach allem hat sich also der Verfassungsgeber im Jahre 1949 mit der *hinreichenden Bestimmbarkeit* der Strafrechtsnormen begnügt. Damit besteht nach unseren rechtstheoretischen Vorüberlegungen nur noch die Möglichkeit, die Bedeutung des nulla-poena-Satzes hic et nunc im Wege der *Rechtsschöpfung* zu erweitern. Auch dazu besteht aber kein begründeter Anlaß.

1. Zunächst ist hierfür auf die soeben bei der Analyse des legislatorischen Mitbewußtseins angestellten Überlegungen zu verweisen. Wenn es uns auch dabei – dem subjektiven Rahmen entsprechend – weniger um objektive Erkenntnisse als um die Erfassung des jeweiligen Zeitgeistes ging, sind darin doch schon einige überzeitliche Einsichten gestreift worden. Das heutige Verständnis vom Wesen der Rechtsprechung läßt alle Versuche, das richterliche Urteil durch eine abstrakte Rechtsnorm vollständig festzulegen, schon im Ansatzpunkt zweifelhaft erscheinen. Auch der Strafzweck der Generalprävention kann zur Begründung der Auffassung, daß die größtmögliche Bestimmtheit Wirksamkeitsvoraussetzung des Strafgesetzes sei, nicht herangezogen werden. Unzuträglichkeiten, die durch eine für den Laien nicht ohne weiteres verständliche Vorschrift hervorgerufen werden, können nämlich zunächst einmal dadurch einfacher behoben

24 Handbuch § 14, S. 18; zitiert bei *Kohlmann*, a. a. O., S. 190.

25 Auch wenn man, wie neuerdings wieder *Haffke* (Diss. S. 81 ff.) mit sehr beachtlichen Gründen, aus dem Strafzweck der Generalprävention die Relevanz des aktuellen oder potentiellen Strafbarkeitsbewußtseins für die Bestrafung ableitet, ergibt sich nichts anderes: unbestimmte Strafgesetze dürften in diesem Fall nicht zu Lasten des Bürgers, sondern zu Lasten des Staates gehen, der dem Einzelnen dann nicht mehr so häufig die Kenntnis oder Erkennbarkeit der Strafbarkeit nachweisen kann. Freilich ist daran zu sehen, daß die größtmögliche Bestimmtheit, wenn sie schon nicht Gültigkeitsvoraussetzung der Norm ist, doch immerhin zu den Maximen vernünftiger Gesetzgebung gehört; vgl. schon oben S. 61 f.

werden, daß man dem Einzelnen das durch die Unbestimmtheit hervorgerufene Risiko abnimmt, indem man z. B. seinen Verbotsirrtum bei zu großer Unbestimmtheit eines die Rechtswidrigkeit originär begründenden Strafgesetzes als entschuldbar ansieht. Die Verfassungswidrigkeit dieses Gesetzes könnte demnach nur dann angenommen werden, wenn man den Gesetzgeber für direkt verpflichtet hielte, die Generalprävention mit dem höchstmöglichen Wirkungsgrad auszustatten, aber davon kann wohl keine Rede sein.[26]

2. Gegen die Annahme, das Postulat größtmöglicher Bestimmtheit der Strafgesetze sei durch die Androhung der Verfassungswidrigkeit sanktioniert, ist ferner die Gefahr einer Entwertung der juristischen Methodenlehre ins Feld zu führen. Eine auf objektiv-rationalem Wege begründbare Bestimmung des Gesetzesinhalts unterscheidet sich von einer durch freie Wertdezision gefällten Entscheidung, mit der sie dann gleichgestellt würde, wohl stärker als von der scheinbar stringentesten Subsumtion, die ja selbst auch keinen logischen, sondern nur analogischen Charakter hat.

3. Der gewichtigste *Einwand* gegen eine Verschärfung des nulla-poena-Satzes ergibt sich aus dem Prinzip der *materialen Gerechtigkeit*. Wenn die Verwirklichung der Gerechtigkeit auch nicht der eigentliche Sinn der Strafe ist,[27] so steht doch außer Frage, daß sie, wenn man sich einmal zum Strafen entschließt, bei der Verwirklichung des Strafanspruches im einzelnen eine unumgängliche Richtschnur darstellt.[28] Es dürfte aber heute nicht mehr bezweifelt werden, daß die eine absolute Bestimmtheit allein gewährleistende *kasuistische* Rechtsschutzmethode die gerechte Beurteilung des Einzelfalles aufs äußerste gefährdet.[29] Das Prinzip der Rechtssicherheit hat schon dadurch im Strafrecht den Vorrang eingeräumt erhalten, daß wir – durch die Forderung nach hinreichender Bestimmbarkeit – die auf anderen Rechtsgebieten zulässige dezisionistische Rechtsfindung ausgeschlossen haben. Wenn der rechtsschöpferischen Tätigkeit des Richters ein noch engerer Rahmen gesetzt würde, dürfte die materiale Gerechtigkeit nicht mehr garantiert sein.

---

26 Um Mißverständnissen vorzubeugen, sei noch einmal betont, daß die verfassungsrechtliche Zulässigkeit von nur hinreichend bestimmbaren Gesetzen natürlich noch nicht besagt, daß diese nun auch legislatorisch erstrebenswert seien!

27 Vgl. nur *Schmidhäuser*, Vom Sinn der Strafe, S. 40 ff.

28 Wenn auch das *Schuldprinzip* nach neuerer Auffassung nur noch die Höchstgrenze der Strafe bestimmt (vgl. *Schultz*, JZ 1966, 113 ff.; *Roxin*, Jus 1966, 385), so gebietet doch der *Gleichheitsgrundsatz* (Art. 3 GG), daß die Grenzen der Strafbarkeit nicht willkürlich bestimmt werden – woran auch das Schlagwort, daß es keine Gleichheit im Unrecht gebe (vgl. nur *Bachof*, VerfR I, S. 132) nichts ändert, denn es geht ja gerade um die Abgrenzung des Unrechtsbereiches.

29 S. etwa *Engisch*, Idee der Konkretisierung, S. 79.

V. Auseinandersetzung mit *Kohlmann*

1. Der historische Sinn des Art. 103 II GG, wonach die größtmögliche Bestimmtheit der Strafrechtsnormen zwar Ziel jeder Rechtssetzung sein sollte, von Verfassungs wegen aber nur eine *hinreichende Bestimmbarkeit* verlangt wird, erscheint daher auch der Sachlage durchaus angemessen. *Kohlmann* hat allerdings jüngst unter Berufung auf das Rechtsstaatsprinzip eine strengere Auffassung vertreten und gefordert, daß die Strafrechtssätze eine *höchstmögliche Berechenbarkeit* gewährleisten müßten.[30]

Zu diesem Zwecke unterscheidet er drei Stufen der legislatorischen Technik, nämlich die Verwendung von deskriptiven, von normativ-rechtsbezogenen und von normativ-sozialbezogenen Tatbestandsmerkmalen; im einzelnen nimmt er auf jeder Stufe noch weitere Untergliederungen vor.[31] Kernpunkt von *Kohlmanns* „Dreistufentheorie" ist die Forderung, daß jede Rechtssetzung auf der niedrigstmöglichen Stufe zu erfolgen habe; die Verwendung von Merkmalen einer höheren Stufe sei nur zulässig, wenn eine Regelung auf der niedrigeren Stufe auf Grund der Beschaffenheit des zu regelnden Lebenssachverhaltes nicht zur Realisierung des gesetzgeberischen Zieles führen könne.

2. Es muß *Kohlmann* zugegeben werden, daß die Rechtssicherheit bei Anerkennung dieser Postulate in manchen Fällen gesteigert würde. Dennoch bestehen Bedenken, ob man den nulla-poena-Satz wirklich in dieser Weise verschärfen sollte.

Allem voran scheinen die Folgen dieser Interpretation nicht einmal für die Rechtssicherheit ausschließlich positiv und für die Generalprävention sogar eher negativ zu sein.

a) Erstens hat *Kohlmann* selbst eingeräumt, daß „die Unbestimmtheit dem normativen Tatbestandselement als solchem nicht wesentlich sei", sie „könne umgekehrt auch dem rein deskriptiven Tatbestandselement eigen sein".[32] Dies wird ganz deutlich, wenn man das von *Kohlmann* selbst genannte normative Tatbestandsmerkmal des „Bundespräsidenten"[33] mit dem deskriptiven Merkmal der „Waffe" vergleicht. Schon der Versuch, den „Bundespräsidenten" durch deskriptive Begriffe zu beschreiben, wäre offensichtlich fehlerhaft und müßte zu völliger Rechtsunsicherheit führen.

b) Die Untergliederung auf den einzelnen Stufen scheint daher vielfach wichtiger zu sein als die für die Bestimmtheitsfrage nicht notwendig präjudiziel-

---

30 a. a. O., S. 252 ff.

31 Vgl. das Schema, a. a. O., S. 267 f.

32 a. a. O., S. 236.

33 a. a. O., S. 267.

le Unterscheidung zwischen den Stufen überhaupt. *Kohlmann* meint hierzu, wenn die deskriptiven oder normativen Merkmale die „Toleranzgrenze" der Unbestimmtheit überschritten, müßten sie bei geringerer Unbestimmtheit durch Exemplifikation, bei größerer durch eine Legaldefinition fixiert werden.[34]

Der hiermit zu erzielende Gewinn an Rechtssicherheit dürfte nicht so groß sein, wie man auf den ersten Blick annehmen möchte. Eine Definiton wird zwar meistens zu einer Einengung der denkbaren Begriffsinhalte führen, bringt aber durch die Einführung zahlreicher neuer Ausdrücke auch neue Abgrenzungsschwierigkeiten mit sich; wie oft hat nicht schon eine Definition zwei Fragen beantwortet und drei neue aufgeworfen.[35] Die Exemplifikation vermag zwar u. U. Einzelprobleme zu lösen, kann aber in vielen Fällen über eine nichtssagende Paraphrase nicht hinauskommen. Ein Beispiel dafür bietet die von *Kohlmann* selbst[36] gerühmte Exemplifizierung des Sittenverstoßes (§ 226a) in § 152 E 162.[37] Bei Lichte besehen liegt hier der einzige Unterschied darin, daß der „Verstoß gegen die guten Sitten" durch die ebenso apokryphe „Verwerflichkeit" ersetzt ist, denn da als „Umstände" die Beweggründe und Ziele von Täter und Verletztem, die Tatmittel und die Tatfolgen in Frage kommen, mithin alle überhaupt denkbaren Momente des konkreten Falles, sagt diese Formel lediglich aus, daß alle Einzelfallsbesonderheiten zu berücksichtigen seien, und ist daher völlig inhaltslos.

c) Für die Auffindung der gerichtlichen Entscheidung (d. h. die „objektive Rechtssicherheit") bietet *Kohlmanns* „größtmögliche Bestimmtheit" somit keine wesentlich größere Rechtssicherheit als unsere „hinreichende Bestimmbarkeit". Im Hinblick auf die Generalprävention und damit auch auf die von *Kohlmann* ebenfalls in den Vordergrund gestellte subjektive Rechtssicherheit[38] scheint seine Forderung sogar nachteilig zu wirken: was Gift, was Gewalt, was eine Waffe ist – darüber hat der Laie einigermaßen präzise Vorstellungen. Wenn man ihn dagegen mit einer juristisch zugespitzten Definition belastet, dürfte er zu einer sicheren Abschätzung im konkreten Fall kaum noch in der Lage sein.

3. *Kohlmanns* Forderung dürfte daher die Rechtssicherheit in der Praxis weniger befördern als er annimmt. Ihre nachteiligen Auswirkungen für die *ma-*

---

34 a. a. O., S. 258, 262.

35 Vgl. z. B. die zutreffende Kritik von *Stratenwerth* an der Gewaltdefinition im E 1962 (ZStW 76, 691 ff.).

36 a. a. O., S. 266.

37 § 152 E 1962: Willigt der Verletzte in die Körperverletzung ein, so ist die Tat nur dann rechtswidrig, wenn sie nach den Umständen, namentlich im Hinblick auf die Beweggründe und die Ziele des Täters und des Verletzten sowie die angewandten Mittel und den voraussehbaren Umfang der Verletzung, trotz der Einwilligung verwerflich ist.

38 a. a. O., S. 252; vgl. auch BVerfGE 13, 271.

teriale Gerechtigkeit wiegen deshalb doppelt schwer. Daß der Gesetzgeber bei Schaffung des Gesetzes nicht alle problematischen Fälle überschauen kann, ist eine Binsenweisheit. Je akribischer seine Definitionen sind, desto geringer werden die Möglichkeiten der Rechtsprechung, die unvermeidbaren Mängel des abstrakten Gesetzes durch eine elastische Auslegung zu korrigieren. Es hat den Anschein, daß *Kohlmann* diese Anforderungen der Gerechtigkeit zu gering veranschlagt. Seine Behauptung, auf das Gerechtigkeitsprinzip gestützte Argumente seien zur Auslegung des Art. 103 II GG ungeeignet, weil diese Vorschrift eine Entscheidung gegen das Gerechtigkeitsprinzip darstelle,[39] stellt ersichtlich eine bloße petitio principii dar, denn es ist ja gerade thema probandum, inwieweit dem Bestimmtheitsgrundsatz durch eine schöpferische Ausdeutung des nulla-poena-Satzes der Vorrang vor der materialen Gerechtigkeit verliehen werden soll. Auch das *Rechtsstaatsprinzip*, auf das *Kohlmann* sich vornehmlich stützt,[40] ergibt für die Lösung dieses Konfliktes nicht viel, denn es ist in der Rechtsprechung des BVerfG anerkannt, daß nicht nur die Voraussehbarkeit und Rechtssicherheit, sondern auch die materiale Gerechtigkeit zu den Bestandteilen der Rechtsstaatlichkeit zählt[41] und daß es in erster Linie Aufgabe des Gesetzgebers ist, den Widerstreit zwischen diesen Prinzipien bald nach der einen, bald nach der anderen Seite zu entscheiden.[42] Dementsprechend hat das BVerfG auch für die Strafgesetze niemals größtmögliche Bestimmtheit verlangt, sondern sich stets mit hinreichender Bestimmbarkeit begnügt.[43]

4. Da auch der von *Kohlmann* höchst beifallswürdig herausgearbeitete Wandel in den Auffassungen vom Prinzip der Gewaltenteilung[44] und dem Wesen des richterlichen Amtes[45] *gegen* eine rigorosere Auslegung des Art. 103 II GG spricht, bleibt zur Begründung seines Standpunktes eigentlich nur noch sein Hinweis übrig, daß das Gerechtigkeitsprinzip im Strafrecht in Anbetracht von dessen „fragmentarischem Charakter" ohnehin keine allzu große Bedeutung besitze.[46]

---

39 a. a. O., S. 296.

40 a. a. O., S. 248 ff.

41 Nachw. bei *Leibholz-Rinck*, Art. 20, Anm. 23.

42 Vgl. etwa BVerfGE 3, 237 f.

43 BVerfGE 4, 257; 11, 237; vgl. auch BVerfGE 1, 45; 17, 82 und neuerdings BVerfGE 26, 41. In diesem Sinne ist wohl auch die von *Kohlmann* (a. a. O., S. 252) angeführte Stelle bei *Maunz-Dürig-Herzog* (Art. 20 Rdnr. 86) zu verstehen, denn dort wird nur ein *unabdingbares* Maß an Meßbarkeit und Voraussehbarkeit gefordert.

44 a. a. O., S. 238 f.

45 a. a. O., S. 239 ff.

46 In diesem Sinne z. B. a. a. O., S. 296 f.

Daß das Gerechtigkeitsprinzip die Strafe nicht für sich zu begründen vermag, haben wir bereits selbst wiederholt festgestellt.[47] Gleichwohl wäre es verfehlt, ihm im Strafrecht überhaupt jede Bedeutung abzusprechen. Daß allein die materielle Gerechtigkeit keine Bestrafung erzwingen kann, besagt nämlich noch nichts für die hier relevante Frage, ob die auf eine gesetzliche Entscheidung rückführbare Strafbarkeit im Einzelfall an dem Gerechtigkeitsgedanken ausgerichtet sein muß! Wenn der Gesetzgeber nicht bestrebt ist, bei seiner Regelung die gleich strafwürdigen Fälle in gleicher Weise zu erfassen, „muß die soziale Friedensordnung schlimmen Schaden nehmen".[48] Der *Nötigungstatbestand* bietet dafür ein schönes Beispiel. In § 240 StGB wurde sogar auf eine hinreichende Bestimmbarkeit verzichtet, um unter allen Umständen die gerechte Entscheidung des Einzelfalles zu ermöglichen. In § 170 E 1962 wurde demgegenüber der Versuch gemacht, durch eine kasuistische Fassung, nämlich durch eine Enumeration der tauglichen Drohungsmittel, eine größtmögliche Bestimmtheit zu gewährleisten. Beide Fassungen sind abzulehnen. § 240 StGB überläßt die Entscheidung durch das nirgends objektivierte Verwerflichkeitskriterium der individuellen Wertdezision des Richters und verstößt daher gegen das in Art. 103 II GG mit Sicherheit enthaltene Postulat der hinreichenden Bestimmbarkeit. § 170 E 1962 zerstückelt demgegenüber den Lebenstypus der Nötigung und macht es zu einer bloßen Frage des Zufalls und des verbrecherischen Raffinements, ob eine schurkische und sozialschädliche Pression mit Strafe belegt werden kann oder nicht. Eine solche Vorschrift kann zu keiner gerechten Ordnung führen, weil letztlich nicht der gefährliche, sondern nur der dumme Täter bestraft wird.

5. Statt dessen ist ein anderes Vorgehen geboten. Der Gesetzgeber muß danach trachten, im Tatbestand den *Unrechtstypus*[49] zu erfassen und auf diese Weise die Brücke von der Gerechtigkeit zur Rechtssicherheit zu schlagen. Allein eine Typisierung kann den Richter vor einem autonomen Dezisionismus bewahren und auf der anderen Seite verhüten, daß die Gerechtigkeit zu einem Spielball begrifflicher Rabulistik wird. Für die danach angezeigte Formulierung des Nötigungstatbestandes kann auf § 116 AE[50] verwiesen werden, wo – im Anschluß an die Untersuchungen von *Roxin*[51] – eine elastische Fixierung des Unrechtstypus der Nötigung versucht wird.[52]

47 Vgl. etwa oben S. 46 f.

48 *AE Besonderer Teil*, Straftaten gegen die Person I, S. 63.

49 Vgl. dazu jetzt eingehend *Hassemer*, Tatbestand und Typus, S. 109 ff., der den Tatbestand zutreffend von vornherein als Typus begreift.

50 Besonderer Teil, Straftaten gegen die Person I, S. 62 ff.

51 JuS 1964, 373 ff.

52 Dazu eingehend *meine* eigenen Reformüberlegungen in MKrim 1970, 250 ff.

Weitere Beispiele für die Schwächen einer deskriptiv-kasuistischen Methode sind nicht schwer zu finden. Neben § 243 a. F. ist vor allem auch § 211 zu nennen, bei dem bis heute nach einem Ventil für die Fälle gesucht wird, daß die einzelnen Tatbestandsmerkmale zwar gegeben sind, trotzdem aber der Mordtypus nicht vorzuliegen scheint.[53] Ein vielleicht noch instruktiveres Beispiel bietet § 3 I Nr. 6 des preußischen Gesetzes betreffend den Forstdiebstahl. Das hier als Qualifikationsgrund genannte „bespannte Fuhrwerk" ist ein deskriptives Tatbestandsmerkmal, das die Bestimmtheitsanforderungen in größtmöglicher Weise erfüllt. Der maßgebliche Unrechtstypus wird dadurch aber schwerwiegend verkürzt (Qualifikationsgrund ist offensichtlich nicht der Mißbrauch von edlen Rössern zu frevelhaftem Tun, sondern die besondere Gefährlichkeit des „Grossisten"). Die jeder Gerechtigkeit Hohn sprechende Folge wäre heute, daß der mit einem schweren Lastzug das Holz abfahrende Unternehmer dem einige dürre Äste mitnehmenden Kräuterweiblein gleichzustellen wäre, während die schwerere Strafe nur die Pferdebesitzer träfe, die noch nicht die zur Anschaffung eines Kraftfahrzeuges erforderlichen Mittel aufbringen konnten. Angesichts der Absurdität derartiger Ergebnisse hat der BGH selbst Gesetzgeber gespielt und aus dem „bespannten Fuhrwerk" ein „Fahrzeug" gemacht;[54] eine solche zweifelhafte Entscheidung wäre nicht nötig gewesen, wenn der Gesetzgeber von Anfang an auf den maßgeblichen Unrechtstypus abgestellt hätte, anstatt auf der Jagd nach deskriptiven Tatbestandsmerkmalen „um jeden Preis" an unwesentlichen Äußerlichkeiten zu haften.

§ 3 I Nr. 6 prForstdiebstahlsG zeigt sehr schön, daß eine an dem Postulat der größtmöglichen Bestimmtheit ausgerichtete Gesetzgebung eine bloße Augenblicksregelung treffen kann, die jeder Änderung der technischen, sozialen und kulturellen Verhältnisse hilflos gegenübersteht. Seine grundlegende Aufgabe, eine in die *Zukunft* gerichtete Ordnung zu schaffen (denn, wie *Roxin*[55] es ausgedrückt hat: ein gutes Gesetz dauert in der Zeit), könnte der Gesetzgeber auf diese Weise nur schlecht erfüllen, und mit einer nicht abreißenden Flut von Änderungs- und Ergänzungsgesetzen würde die Rechtssicherheit gewiß nicht befördert, ganz abgesehen davon, daß die Gerichte ein ungerecht gewordenes Gesetz entweder offen oder heimlich durchbrechen und damit die Rechtssicherheit vollständig vernichten werden.

Dies kann abschließend noch an dem *Urkundenbegriff* deutlich gemacht werden, der von *Kohlmann* als Musterbeispiel für einen auf Legaldefinition an-

53 Vgl. dazu *Maurach*, BT, S. 28 f., m. zahlr. Nachw.

54 BGHSt. 10, 375; zur Problematik dieser Entscheidung s. u. S. 406.

55 Täterschaft, S. 596.

gewiesenen Gesetzesausdruck angeführt worden ist.[56] Wenn der Gesetzgeber 1871 anstelle der „Urkunde" den deskriptiven Begriff des „Schriftstücks" gewählt hätte, wäre es der Rechtsprechung unmöglich gewesen, den § 267 an Hand des Typus „beweisbestimmte verkörperte Gedankenerklärung" an die Wandlungen des Substrats anzupassen. Eine Legaldefinition hätte hier immer nur den gerade erreichten Stand der sozialen Verhältnisse und Beweistechnik widerspiegeln können und wäre daher zur Bewältigung künftiger Veränderungen außerstande gewesen.

6. Gegenüber diesen zahlreichen kritischen Einwänden könnte *Kohlmann* seinen Standpunkt allerdings noch dadurch zu behaupten suchen, daß er in allen von uns genannten Fällen annähme, daß „auf Grund der Beschaffenheit des zu regelnden Sachverhalts die Verwendung deskriptiver Merkmale nicht zur Realisierung des gesetzgeberischen Ziels führe".[57] Abgesehen davon, daß die Gründe für unsere Kritik nicht aus dem jeweiligen Lebenssachverhalt, sondern aus allgemeinen rechtstheoretischen Einsichten flossen, könnte diese Replik aber schon deshalb nicht überzeugen, weil das damit geforderte Urteil im Einzelfall entweder selbst nicht hinreichend bestimmbar oder ohne praktische Konsequenzen ist.

a) Ob eine gesetzliche Regelung auf einer „niederen Stufe" möglich war, kann man offenbar erst erkennen, wenn man zuvor die Entscheidung des Gesetzgebers im einzelnen aufgeklärt hat, denn sonst fehlen überhaupt der zu regelnde Lebenssachverhalt und vor allem das gesetzgeberische *Ziel* als maßgebliche Grundlagen für das Objekt der Prüfung. Wenn sich die legislatorische Entscheidung aber ohne Schwierigkeiten konkretisieren läßt (etwa: es ist an Hand der Auslegung i. e. S., der hohen Strafe etc. eindeutig festzustellen, daß mit „Gift" nur gesundheits*zerstörende* Stoffe gemeint waren), so ist nicht recht ersichtlich, warum das Gesetz dann gegen den Bestimmtheitsgrundsatz verstoßen soll. Umgekehrt: Wenn die legislatorische Entscheidung durchaus im Trüben bleibt (etwa: nur auf die Verwerflichkeit abstellt), so läßt sich immer sagen, daß die mit dieser globalen Verweisung in Bezug genommenen Lebensverhältnisse so vielfältig seien, daß ihre deskriptive Erfassung keinen Erfolg verspreche.

Ausschlaggebend scheint uns daher nicht die Frage zu sein, ob der Gesetzgeber den in Bezug genommenen Sachverhalt noch starrer hätte einfangen können, sondern die ganz andere Frage, ob er überhaupt Lebensverhältnisse aufgreifen kann, die sich einer begrifflichen Erfassung entziehen. Dies darf er nach unserer Überzeugung im Strafrecht nur im Fall ihrer *hinreichenden Bestimmbar-*

---

56 a. a. O., S. 262.

57 Vgl. a. a. O., S. 267.

keit, und damit dürfte auch der vertretbare Gehalt des Art. 103 II GG ausgeschöpft sein. Größtmögliche Bestimmtheit sollte man nicht verlangen, weil im Rahmen der Bestimmbarkeit die Auswahl zwischen den Höchstwerten der Gerechtigkeit und der Rechtssicherheit allein durch das Ermessen des Gesetzgebers getroffen werden kann.[58]

b) *Kohlmanns* Aushilfe, normative Begriffe (nur) dann zuzulassen, wenn deskriptive Begriffe zur Realisierung des gesetzgeberischen Ziels nicht ausreichen, überzeugt auch deswegen nicht, weil danach anscheinend sogar auf hinreichende Bestimmbarkeit verzichtet wird, sofern diese nach Maßgabe des „gesetzgeberischen Ziels" nicht zu erlangen ist. Während wir etwa die Verweisung auf die „Verwerflichkeit" eines Verhaltens nicht mehr für hinreichend bestimmbar erachten, hegt *Kohlmann* insoweit bei § 152 E 1962 keine Bedenken.[59] Die darin liegende *Relativierung* der Bestimmtheitsanforderungen durch das „gesetzgeberische Ziel" verspricht schließlich auch deshalb keine grundlegende Änderung der gegenwärtigen laxen Handhabung des Art. 103 II GG, weil die h. M. mit dem Urteil, das gesetzgeberische Ziel und der zu regelnde Lebenssachverhalt erlaubten keine kasuistische Umschreibung, nach den bisherigen Erfahrungen schnell bei der Hand sein dürfte. So steht ja etwa schon heute überall zu lesen, daß eine gesetzliche Regelung der unechten Unterlassungsdelikte wegen der unüberschaubaren Vielfalt des Substrats unmöglich sei.[60] Daß wir uns diese bequemste Apologie der unechten Unterlassungsdelikte nicht zu eigen gemacht haben, beruhte auf zwei Gründen: Erstens ist für unsere „absolute" Auslegung des Art. 103 II GG die Vielfalt der Lebensverhältnisse kein zureichender Grund für eine Verletzung des Bestimmbarkeitsprinzips: Wenn der Strafbarkeitsumfang nicht fixiert werden kann, dann muß man eben von einer Pönalisierung überhaupt Abstand nehmen![61] Und zweitens sind theoretisch *alle* gesetzgeberischen Ziele in deskriptive Tatbestandsmerkmale einzufangen; z. B. könnte man sogar die unbeherrschbaren Kausalverläufe aus dem Tatbestand des § 212 ausscheiden, wenn man anstelle des „Tötens" die konkreteren Begriffe des „Erschießens", „Erschlagens", „Vergiftens" usw. setzen würde. Eine solche konkret-kasuistische Regelung kann aber vernünftigerweise nicht das Ziel des Gesetzgebers sein. Zum einen würde das, wie bereits dargelegt, die Zementierung eines rasch vergänglichen Standards bedeuten (die neu aufkommende Tö-

---

58 So auch BVerfGE 3, 237 f.; 4, 357; 11, 237; *Schönke-Schröder*, § 2, Rdnr. 64a m. weit. Nachw.; vgl. auch *Lenckner*, JuS 1968, 304 ff.

59 Vgl. a. a. O., S. 266.

60 *Meyer-Bahlburg*, MKrim 1965, 252; *Henkel* MKrim 1961, 182; *Jescheck*, Lehrbuch, S. 406 u. a. m.

61 So auch *Schroeder*, JZ 1969, 777.

tung durch radioaktive Strahlung würde z. B. eine Gesetzesänderung erfordern), und zum anderen würde der Rechtssetzung damit eine Arbeit zugemutet, zu deren Bewältigung allein Rechtsprechung und Wissenschaft berufen sind, weil deren Irrtümer nicht so schwer wiegen wie ein Fehlgriff des Gesetzgebers und weil ein Gesetz nun einmal nicht in Kommentarform ergehen kann.

VI. Die Konsequenzen des Bestimmbarkeitspostulats

1. Der nulla-poena-Satz gebietet daher keine größtmögliche Bestimmtheit, sondern nur eine *hinreichende Bestimmbarkeit* der Strafrechtsnormen. Die Maxime der größtmöglichen Bestimmtheit stellt für den Gesetzgeber lediglich einen Programmsatz dar, dessen Nichtbeachtung die Gültigkeit der Norm unberührt läßt.[62] Daß wir hiermit keinem Dezisionismus das Wort reden, ist selbstverständlich, denn unter „hinreichender Bestimmbarkeit" haben wir ja von Anfang an eine objektiv-rationale, von autonomen Wertentscheidungen unabhängige Konkretisierbarkeit verstanden.[63] Wenn die gesetzliche Regelung statt dessen auf eine reine Wertentscheidung verweist, ohne daß die Maßstäbe dafür im Gesetz erkennbar oder sonst einhellig anerkannt sind, würden wir nicht zögern, dies als einen Verstoß gegen Art. 103 II GG zu qualifizieren. Ein Beispiel bietet etwa der Tatbestand des *groben Unfugs* (§ 360 I Nr. 11). Da die Ansichten über die Frage, wann eine Handlung „Unfug" sei, in der heutigen pluralistischen Gesellschaft auf keinen gemeinsamen Nenner zu bringen sein dürften und auch keine engere rechtliche Ordnung ersichtlich ist, die dieses Urteil vorzeichnen könnte, und da das Attribut „grob" keine Qualifizierung, sondern eine bloße Quantifizierung fordert und daher für den Inhalt des Unfugbegriffs ebenfalls nichts ergibt, kann die Bestrafung nach § 360 I Nr. 11 immer nur auf einem individuellen, autonomen Wertungsakt des erkennenden Gerichts beruhen. Im Gegensatz zu der sonderbar oberflächlich begründeten Entscheidung des BVerfG[64] und in Übereinstimmung mit der im Schrifttum herrschenden Meinung[65] ist da-

---

62 Allerdings kann auch ein Programmsatz im Fall der hartnäckigen Nichtbefolgung self-executing werden, vgl. BVerfGE 25, 167 zu Art. 6 V GG; ein solcher Tag könnte auch einmal für die unechten Unterlassungsdelikte kommen.

63 Auch bei einer Konkretisierung an Hand der Natur der Sache bleibt natürlich wie in der gesamten Jurisprudenz ein gewisser Rest, der nur durch das Einzelfallermessen des Richters aufgelöst werden kann; aber das ist auch bei einem noch so exakt fixierten deskriptiven Begriff nicht anders, von Zahlbegriffen u. ä. abgesehen.

64 BVerfGE 26, 41.

65 *Schröder* JR 1964, 392; JZ 1966, 649; *Lenckner* JuS 1968, 305; *Welzel*, Strafrecht, S. 477; *Mezger-Blei*, BT, S. 308; *Schönke-Schröder*, § 360 Rdnr. 47; vgl. auch *Schroeder*, JZ 1969, 775 ff.; anders *Heinitz*, Festschr. f. E. Hirsch, S. 47 ff.

her die Verfassungswidrigkeit des § 360 I Nr. 11 anzunehmen, soweit hierin der grobe Unfug unter Strafe gestellt ist. Dies würde – insoweit gehen wir über *Schröder*[66] noch hinaus – sogar dann gelten, wenn die Behauptung des BVerfG, daß die durch RGSt. 31, 192 begründete Einschränkung des Tatbestandes auf Störungen der öffentlichen Ordnung heute allgemein anerkannt sei,[67] zutreffend wäre. Denn erstens beruht diese Einschränkung nicht auf der hinreichenden Bestimmbarkeit des Tatbestandes, sondern auf einer bloßen Dezision, und zweitens stellt sie selbst eine nackte Generalklausel dar, deren Konkretisierung nur durch autonome Wertentscheidungen möglich ist. Das Regulativ der sozialen Adäquanz mag zur Einschränkung der Tatbestände in Ausnahmefällen tauglich sein – sein Pendant, die soziale Inadäquanz, ist dagegen zur Begründung eines Tatbestandes nie und nimmer in der Lage!

2. Da Art. 103 II GG nur objektive Bestimmbarkeit der Strafrechtsnormen fordert und unsere an der Natur der Sache orientierte Gleichstellungstheorie diesen Anforderungen zu entsprechen vermag, ist die *heutige Rechtslage des unechten Unterlassungsdelikts* also zwar unbefriedigend,[68] aber doch *noch mit dem Grundgesetz vereinbar*. Das Regulativ der Begehungsgleichheit ist auf Grund der Natur der Sache viel leichter zu konkretisieren als etwa der Fahrlässigkeitsbegriff, an dessen Verfassungsmäßigkeit bisher noch niemand gezweifelt hat. Art. 103 I GG steht daher der Bestrafung des unechten Unterlassungsdelikts zwar nicht im Wege, duldet aber nur eine dem Postulat der objektiven Bestimmbarkeit genügende Methode seiner Auffindung,[69] denn darin liegt gerade, wie wir gesehen haben, seine ursprüngliche und eigentliche Stoßrichtung: Der Richter soll die Strafe nur aus dem Gesetz schöpfen. Darauf werden wir auch bei der weiteren Konkretisierung unseres Ansatzes achten müssen.

3. Daß in unserem analogistischen Gleichstellungsverfahren auch kein Verstoß gegen das in Art. 103 II GG enthaltene *Analogieverbot* gesehen werden kann, haben bereits unsere Ausführungen zur grammatisch-historischen Auslegung gezeigt;[70] denn der nulla-poena-Satz verbietet keineswegs die durch ein analogistisches Denken erfolgende Konkretisierung *innerhalb* des Gesetzes, sondern nur die Erstreckung der Rechtsfolge auf vom Gesetzeswortlaut nicht mehr gedeckte Fälle.[71]

---

66 *Schönke-Schröder*, § 360 Rdnr. 47.

67 Dagegen *Schröder*, a. a. O., m. Nachw.

68 Vgl. zu einem besseren Weg unten S. 423.

69 Nachdem wir dies schon immer ohne nähere Untersuchung angenommen hatten, haben wir in diesem Kapitel nunmehr die Begründung dafür nachgeliefert.

70 s. o. S. 46 ff.

71 Zu den damit zusammenhängenden Auslegungsproblemen s. u. S. 404 ff.

VII. Die historisierende Auffassung von *Naucke*

1. a) Abschließend müssen wir uns noch mit der Auffassung *Nauckes*[72] auseinandersetzen, wonach die Auslegung im Strafrecht niemals weitergehen dürfe als die Vorstellungen des historischen Gesetzgebers. Unsere eigene Ansicht stimmt im Ausgangspunkt mit *Naucke* überein, denn auch wir haben die Ermittlung des „historischen Gesetzessinns" als Auslegung i. e. S. verstanden[73] und alle übrigen Auslegungsrichtungen als Rechtsschöpfung decouvriert. Wir sind aber insoweit von *Naucke* abgewichen, als wir die Rechtsschöpfung in gewissen Grenzen als legitime und unverzichtbare Aufgabe des Strafrichters angesehen haben. Dies haben wir allerdings bisher nur für den Fall bejaht, daß eine unklare Entscheidung des Gesetzgebers in der Rechtsanwendung zu konkretisieren ist. Nunmehr stellt sich die Frage, ob bei dieser schöpferischen Konkretisierung die Vorstellungen des historischen Gesetzgebers ausnahmslos zu beachten sind oder ob sie im Falle der Unvernünftigkeit beiseite geschoben werden können.

b) Für die unechten Unterlassungsdelikte ist dieses Problem deswegen bedeutsam, weil der Gesetzgeber von 1871, wie wir gesehen haben,[74] das Gleichstellungsproblem mit der Frage nach einer formellen Rechtspflicht zum Handeln identifizierte. Daß dies unvernünftig ist, ist bereits gezeigt worden.[75] Gleichwohl würde es von *Nauckes* Standpunkt aus auf Grund des nulla-poena-Grundsatzes verboten sein, davon zu Lasten des Unterlassers abzuweichen.[76] Da die Auffassung des Gesetzgebers, die Gleichstellbarkeit setze eine formelle Rechtspflicht voraus, mit keiner Silbe im Gesetz „angedeutet" worden ist, brauchen wir hier nur darüber zu entscheiden, ob die Vorstellungen des Gesetzgebers auch dann maßgeblich sind, wenn sie im Gesetz selbst keinerlei Ausdruck gefunden haben.

2. Um das Ergebnis vorwegzunehmen: eine solche Bindungswirkung der unausgesprochenen Ansichten und Mutmaßungen des Gesetzgebers existiert nicht. Sie stünde zum Wesen des Rechtssetzungsvorganges in Widerspruch und kann insbesondere auch nicht aus der geschichtlichen Entwicklung des nulla-poena-Satzes abgeleitet werden.[77]

---

72 Zur Lehre vom strafbaren Betrug, S. 183 ff.; vorsichtiger in Festschr. f. Engisch, S. 274 ff.

73 s. o. S. 284.

74 s. o. S. 57 ff.

75 s. o. S. 57 f. u. S. 240 ff.

76 Wir haben zwar ebenfalls festgestellt, daß die metastrafrechtliche Rechtslage für das Gleichstellungsproblem nicht gleichgültig sein kann (s. o. S. 221 ff.); über unser Ergebnis hinaus würde aber die formelle Rechtspflichttheorie verlangen, daß die metastrafrechtliche Rechtspflicht nicht vom Strafrichter inzidenter geschaffen wird, sondern bereits vorher irgendwie und irgendwo positiviert ist.

77 Ebenfalls ablehnend *Cramer*, Vermögensbegriff, S. 28 ff.; *Schönke-Schröder*, § 2 Rdnr. 34.

Durch die Rechtssetzung nimmt der Gesetzgeber nach unserer realistischen Auffassung seine *Prärogative* zur Rechtsschöpfung wahr.[78] Wenn man damit den Akt der Rechtssetzung von allen Idealisierungen und Hypostasierungen befreit, dem Gesetzgeber nur den historischen Sinn des Gesetzes als sein unmittelbares Produkt zurechnet und alle darüber hinausgehende Auslegung als richterliche Rechtsschöpfung qualifiziert, tritt der wahre Charakter des legislatorischen Setzungsaktes hervor: Es handelt sich um eine besondere, streng formgebundene *Willenserklärung.*[79] Für die Auslegung formgebundener Willenserklärungen gilt im Bürgerlichen Recht der Grundsatz, daß der innere Wille des Erklärenden nur dann beachtlich ist, wenn er in dem Erklärungssubstrat irgendwelchen Ausdruck gefunden hat;[80] es muß in der Erklärung selbst ein *Anhaltspunkt* vorhanden sein, der als mögliches Indiz auf diesen Willen schließen läßt. Dieser Grundsatz dürfte keine Besonderheit des Bürgerlichen Rechts, sondern eine Konsequenz aus der Sachlogik der förmlichen Willenserklärung überhaupt sein. Durch die Formalisierung des Setzungsaktes soll der unstete, einer zuverlässigen Fixierung unzugängliche Wille in eine feste Gestalt geprägt werden, die allein die gebotene Rechtssicherheit zu verbürgen vermag. Für die Gesetzgebung gilt dies im besonderen Maße, wenn man bedenkt, wie schwankend und unsicher der Austrag der widerstreitenden Interessen im Laufe des Gesetzgebungsverfahrens ist. Wenn das am Ende Gestalt gewordene Gesetz als ausgleichender „Machtspruch" in diesem Meinungs- und Interessenkampf die Rechtssicherheit auch nur einigermaßen gewährleisten soll, kehrt sich die *Möglichkeit* zur gesetzlichen Statuierung in einen *Zwang* zur gesetzlichen Statuierung: nur die im Gesetzeswortlaut irgendwie angedeutete Entscheidung ist eine Entscheidung des Gesetzgebers und nicht bloß eine Meinungsäußerung von am Gesetzgebungsverfahren beteiligten Personen; und dies gilt nicht nur für umstrittene Fragen, sondern auch für solche Punkte, über die sich alle an der Gesetzgebung beteiligten Personen einig waren. Der „Gesetzgeber" als personale Umschreibung des Integrationsvorganges der Rechtssetzung kann seinen Willen überhaupt nur durch die Sprache des Gesetzes äußern; was er hiermit nicht sagt, muß er offen gelassen haben, weil ihm eine andere Möglichkeit zur Willensartikulierung schlechterdings nicht zur Verfügung steht. Zwar ist dieses Artikulierungsmittel nicht so eindeutig, daß man nicht zu seinem Verständnis auf

---

78 s. o. S. 284.

79 So im Grunde schon *Bierling*, Prinzipienlehre IV, S. 256 ff. Seinen positivistischen Konsequenzen kann man durch die Anerkennung der richterlichen Rechtsschöpfung leicht entgehen.

80 Vgl. *Esser*, Schuldrecht I, S. 89; *Kipp-Coing*, Erbrecht, S. 98; RGZ 160, 11; *Enneccerus-Nipperdey*, AT II, S. 1264 m. zahlr. Nachw.

das allgemeine Bewußtsein der am Gesetzgebungsverfahren Beteiligten zurückgreifen müßte (deswegen reicht es ja auch aus, daß der Wille im Gesetz nur *angedeutet* wurde); aber ein solcher Rückgriff scheidet von vornherein dort aus, wo der Wille gar nicht artikuliert sein kann, weil er im Gesetz keinen möglichen Ausdruck gefunden hat. Wenn wir uns den Gesetzgeber einmal (etwa in einer absoluten Monarchie) personifiziert vorstellen und ihn fragen würden, ob diese oder jene seiner „heimlichen Vorstellungen" denn nun Gesetz geworden sei, so könnte er dementsprechend antworten: „Ich habe sie nicht ins Gesetz aufgenommen, weil ich sie von vornherein für richtig und ihre Befolgung daher für selbstverständlich hielt". Da dieses Für-richtig-halten aber nicht in die Willenserklärung aufgenommen wurde, stellt es allenfalls eine Wissenserklärung dar, keinen Befehl, sondern eine Aussage, die richtig oder falsch sein kann und für den Richter nur im Falle ihrer Richtigkeit beachtlich ist; sie muß sich daher wie jede andere unterhalb des legislatorischen Aktes stehende Rechtsmeinung der Prüfung an Hand der Kriterien von Wahrheit und Gerechtigkeit stellen.

3. Dieses sachlogisch gegründete Ergebnis gilt für die Rechtssetzung allgemein und daher auch für die strafrechtliche Gesetzgebung; da es aus der Natur der Rechtssetzung folgt, kann es nicht einmal durch eine positive Rechtsnorm verändert werden. Selbst wenn es aber zur Disposition des Gesetzgebers stünde, hätte der nulla-poena-Satz darauf keinen Einfluß gehabt. Da eine im Sinne von *Naucke* erfolgende *rechtsschöpferische* Auslegung des nulla-poena-Satzes auf Grund der soeben dargestellten Natur der Sache nicht in Frage kommt, könnte Nauckes Auffassung allenfalls aus einer Auslegung *i. e. S.* folgen.[81] Dafür ist Voraussetzung, daß entweder die strafrechtliche (Generalprävention!) oder die staatsrechtliche Wurzel des nulla-poena-Satzes (Gewaltenteilung!)[82] eine solche Konsequenz nahelegen würde. Beides ist nicht der Fall.

a) Wenn auch die *generalpräventive* Zweckbestimmung des Strafrechts in der heutigen Dogmatik fast ohne Auswirkungen bleibt,[83] erscheint es doch

---

81 Darauf stützt sich denn auch *Naucke* in der Hauptsache (a. a. O., S. 183 f.); nebenbei bemerkt, läßt er sich eine petitio principii zuschulden kommen, denn daß gerade die historische Auslegung des Art. 103 II GG ausschlaggebend ist, ist unbewiesenes Axiom seiner Argumentationskette; und da man die Suprematie der historischen Auslegung im Strafrecht schon a fortiori aus der angeblichen Suprematie der historischen Auslegung im Verfassungsrecht folgern könnte, stimmen bei *Naucke* Voraussetzung und Beweisergebnis überein.

82 Diese Unterscheidung findet sich schon bei *Binding*, Handbuch, S. 18.

83 Das ist vor allem daran zu erkennen, daß von der fast einhelligen Meinung nur Erkennbarkeit der Rechtswidrigkeit, nicht aber auch Erkennbarkeit der Strafbarkeit als Voraussetzung strafrechtlicher Schuld angesehen wird; dagegen neuerdings mit beachtlichen Gründen *Haffke*, Diss. S. 81 ff., 155 f., der sogar – in konsequenter Fortführung der Vorsatztheorie – für die Vorsatzschuld aktuelles Strafbarkeitsbewußtsein fordert (a. a. O., S. 201) und damit die Vorsatzdelikte außerordentlich stark einschränkt.

nicht richtig, sie aus dem Sinngehalt des nulla-poena-Grundsatzes völlig zu eliminieren.[84] Die hierfür verantwortliche notorische Kritik an der psychologischen Zwangstheorie *Feuerbachs*[85] gipfelt auch heute noch zumeist in der Feststellung, daß es ja beim Täter in den meisten Fällen an der von dieser Theorie vorausgesetzten rationalen Abwägung zwischen Tatvorteilen und Bestrafbarkeitsrisiko fehle; diese Kritik ist jedoch angesichts der modernen Erkenntnisse der Sozialpsychologie nicht haltbar, denn an die Stelle der aktuellen Kenntnis der Strafnormen und des bewußten Konfliktes tritt eben in diesen Fällen die *Internalisierung* von Kenntnis und Konflikt, ohne daß der sachliche Gehalt der Zwangstheorie dadurch beeinträchtigt würde.[86] Die generalpräventive Wurzel des nulla-poena-Satzes verdient daher auch heute noch Beachtung, und wenn auch angesichts der h. M. zum Strafbarkeitsirrtum nicht in dem Sinne, daß die generalpräventive Wirkung *im Einzelfall* möglich gewesen sein muß, so doch dergestalt, daß das Strafgesetz und seine Auslegung *überhaupt* zur Generalprävention in der Lage sind.

Das Prinzip der Generalprävention, auf das sich *Naucke* zum Beweis seiner Auffassung ausdrücklich beruft,[87] kann daher nicht a limine beiseite geschoben werden. Es steht auch nicht beziehungslos neben der hier interessierenden Problematik, sondern liefert dafür eine Aussage, die aber – und das ist der springende Punkt – *Nauckes* Theorie nicht unterstützt, sondern widerlegt: Generalpräventive Wirkungen gehen nun einmal in erster Linie vom *Gesetzestext* aus, schon die Auslegung durch die Rechtsprechung erreicht den Laien nur selten, und die in den verborgenen Gesetzesmaterialien schlummernde Ansicht des historischen Gesetzgebers ist dem Bürger erst recht unbekannt. Da sie infolgedessen zu seiner Bestimmung auch niemals in der Lage sein wird, ist ihre Beachtung aus generalpräventiven Gründen weder wünschenswert noch geboten.

b) Auch die *staatsrechtliche* Wurzel des nulla-poena-Satzes ergibt nichts anderes, denn die Utopien der Aufklärung gipfelten immer in dem Gedanken, daß der Gesetzgeber ein aus sich selbst heraus vollkommen verständliches Gesetz schaffen könne,[88] wohingegen die Vorstellung, daß man den Sinn erst aus den Motiven des Gesetzgebers erschließen könne, soweit ersichtlich nirgends gehegt wurde.

4. Wir stimmen damit im Ergebnis weitgehend der herrschenden *Andeutungstheorie*[89] bei, wonach der Wille des historischen Gesetzgebers nur dann

---

84 In diese Richtung tendieren etwa die Ausführungen *Grünwalds* in ZStW 76, 1 ff.

85 Lehrbuch, 3. Aufl., S. 14 f.

86 Vgl. nur die knappe Charakteristik bei *Rüegg*, Soziologie, S. 67.

87 a. a. O., S. 186.

88 Vgl. die Nachw. in Fn. 22 und 23.

89 Dazu *Jescheck*, Lehrbuch, S. 111 m. Nachw. aus der Rspr. des BGH; *Engisch*, Einführung, S. 82 f., 104, 214 Fn. 115 m. weit. Nachw.; BVerfGE 11, 130; 13, 268. Es wird hier allerdings nicht verbindlich ist, wenn er im Gesetzeswortlaut irgendeinen – wenngleich unvollkommenen – Ausdruck gefunden hat.[90] Bezüglich der Entscheidung, daß nur begehungsgleiche Unterlassungen bestraft werden können, liegt ein solcher unvollkommener Anhaltspunkt vor, nämlich in Gestalt der Zusammenfassung von Handlung und Unterlassung in einem einzigen Verbum („töten“, „beschädigten“ etc.). Die *Rechtspflichttheorie* ist im Gesetz dagegen nirgends angedeutet;[91] als Theorie zur *Begründung* der Garantenstellungen ist sie daher nicht nur sachlich verfehlt,[92] sondern auch bei der Rechtsfindung *nicht verbindlich*. Daß sie als Theorie zur *Begrenzung* der Garantenstellungen eine relative Berechtigung besitzt, beruht ebenfalls nicht auf der historischen Auslegung, sondern allein auf ihrer partiellen sachlogischen Richtigkeit.[93]

---

immer klar, ob die Andeutung im Wortlaut Voraussetzung für die absolute Verbindlichkeit oder nur für die – einer Modifikation durch andere Auslegungsmethoden offenstehende – Zulässigkeit der historischen Auslegung sein soll.

90 Ein Beispiel dafür ist § 246, wo die sog. „berichtigende Auslegung“ gegen den nulla-poena-Satz verstößt, vgl. *Bockelmann*, MDR 1951, 3 ff.; *Schünemann*, JuS 1968, 115 f.

91 Sie läßt sich auch nicht aus den Einzelfällen erschließen, s. o. S. 190 ff.

92 s. o. S. 63 f. und S. 243 ff.

93 s. o. S. 243 ff.

B. Allgemeiner Teil

§ 20 Der systematische Standort der Gleichstellungsfrage

1. Wir haben bereits gesehen, daß die Gleichstellungsproblematik, nachdem sie 150 Jahre lang als ein Problem des Allgemeinen Teils des Strafrechts angesehen wurde, in den Forschungen von *Grünwald*[1] und *Armin Kaufmann*[2] in den Besonderen Teil versetzt wurde, und haben auch kurz die neueren Entwürfe gestreift, wonach sie sowohl im Allgemeinen als auch im Besonderen Teil angesiedelt sein soll.[3] Wir haben auch bereits unseren eigenen Standpunkt angedeutet, den es jetzt etwas näher auszuführen gilt.

Die Handlungsäquivalenz der Unterlassung ist nach unseren Überlegungen allein auf der Grundlage des jeweiligen *Deliktstypus* zu entscheiden. Da es keinen inhaltserfüllten allgemeinen Verbrechenstyp gibt, können die Gleichstellungskriterien niemals allgemeiner sein als der Deliktstyp, auf den sie bezogen sind. Sie sind daher insoweit relativ allgemein, als sie nicht nur für den einzelnen Tatbestand, sondern für den entsprechenden Tatbestandstyp gelten; und sie sind insoweit speziell, als sie nicht für alle Fälle unechten Unterlassens Gültigkeit beanspruchen können.

a) Dieser Standpunkt muß zunächst gegen das Argument *Grünwalds* und *Kaufmanns* verteidigt werden, daß nicht alle Garantenstellungen bei allen Tatbeständen in gleicher Weise in Frage kämen;[4] daß dies nicht nur gegen die alte Ansiedlung der Garantenstellungen im Allgemeinen Teil, sondern auch gegen die von uns beabsichtigte Typisierung gerichtet ist, zeigt sich daran, daß *Kaufmann* etwa auch bei Tötungs- und Körperverletzungsdelikten, die wir unter dem gemeinsamen Typus der „reinen Erfolgsdelikte" zusammenfassen würden, verschiedenartige Garantenprinzipien annimmt.[5]

Kaufmann ist zunächst insoweit Recht zu geben, als natürlich nicht jede Garantenstellung bezüglich des Lebens notwendig eine Garantiepflicht bezüglich der körperlichen Unversehrtheit nach sich zieht. Damit ist aber noch nicht gesagt, daß auch die hinter diesen Einzelfällen stehenden Garanten*typen* verschieden seien. Gerade ein von *Grünwald* gebildetes Beispiel zeigt vielmehr, daß es für die Zurechnung eines Erfolges an einen Unterlasser allgemeine Kategorien gibt, die nicht von der Art des Erfolges abhängen: Ob der Neffe nun die

---

1 Vor allem in ZStW 70, 412 ff.

2 Dogmatik, S. 287 ff.; JuS 1961, 176 f.

3 s. o. S. 81 f.

4 ZStW 70, 424; Dogmatik, S. 287 ff.

5 Dogmatik, S. 287.

kranke Tante, mit der er zusammenwohnt, sterben oder gesundheitlich verfallen läßt, stets kommt, wie in den folgenden Kapiteln auszuführen ist,[6] nur eine Garantiepflicht aus *Übernahme* in Frage. Irgendwelche über den Einzelfall hinausreichenden Unterschiede zwischen der Übernahme des Lebens- und der Übernahme des Gesundheitsschutzes sind nicht ersichtlich. Es verhält sich insoweit ähnlich wie z. B. bei der Frage der Voraussehbarkeit von verschiedenen Erfolgen: Bei einer Verletzungshandlung mag etwa nur die Körperverletzung, nicht aber auch der später eingetretene Tod voraussehbar gewesen sein. Gleichwohl würde niemand deswegen auf den Gedanken kommen, für die Voraussehbarkeitsfrage seien bei Tötung und Körperverletzung jeweils verschiedene Kriterien maßgeblich. Die rechtlichen Maßstäbe sind allemal die gleichen, der Grund für die im Ergebnis Platz greifende Differenzierung liegt allein im faktischen Bereich. Die von *Grünwald*[7] als crux der Lösung im Allgemeinen Teil angeführten Fälle (enge Lebensgemeinschaft komme zwar bei § 212, nicht aber bei § 303 als Garantenstellung in Frage, entsprechend enges Vertrauensverhältnis zwar bei § 263, nicht aber bei § 212 und Gefahrengemeinschaft zwar bei § 212, nicht aber bei § 182) verschlagen zwar gegenüber der h. M., nicht aber gegenüber unserer Theorie, denn im ersten Fall kommt anstelle der dubiosen „engen Lebensgemeinschaft" die sowohl in § 212 als auch in § 303 relevante Übernahmegarantenstellung in Frage,[8] und in den beiden weiteren Fällen liegen überhaupt unterschiedliche Deliktstypen vor, die auch nach unserer Konstruktion verschiedene Garantentypen erfordern.

Wenn auch die weitere Konkretisierung dieser Garantentypen infolge der Eigenarten des Substrats dazu führen wird, daß bei den einzelnen Tatbeständen jeweils mehr oder weniger verschiedene Erscheinungsformen hervortreten, so ändert das doch nichts daran, daß es sich immer nur um unterschiedliche (faktische) Manifestationen desselben normativen Typus handelt. Die tatbestandliche Differenzierung tritt daher erst auf der Ebene der (entnormativierten) faktischen Geschehenstypen[9] ein; die Möglichkeit, einheitliche normative Typen zu bilden, wird dadurch nicht ausgeschlossen.

Entgegen *Kaufmann* und *Grünwald* wird es daher doch möglich sein, über der Vielfalt der einzelnen Rechtsgüter allgemeine Prinzipien für die Zurechnung eines Erfolges an einen Unterlasser aufzufinden.

6 s. u. S. 381 ff.

7 a. a. O., S. 424 f.

8 s. u. S. 377 ff.

9 Vgl. zu den Typenbegriffen *Larenz*, Methodenlehre, S. 427 ff., 436 f.; *E. Hirsch*, Recht im sozialen Ordnungsgefüge, S. 161 ff.

b) Auf der anderen Seite müssen wir uns mit der vor allem von *Rudolphi* vertretenen Auffassung auseinandersetzen, daß die Gleichstellungsproblematik „in ihrem Grundanliegen ... allein eine Frage der allgemeinen Unrechtslehre" enthalte.[10] Den Grund hierfür findet *Rudolphi* in der formalen Logik: Ebenso wie *allen* Begehungsdelikten (ungeachtet ihrer im einzelnen bestehenden tatbestandlichen Verschiedenheit) das Element der *Handlung* eigen sei, sei auch das unechte Unterlassen Bestandteil eines jeden unechten Unterlassungsdelikts. Daraus folge, daß die entscheidende erste Gleichstellungsfrage dahin ziele, ob und unter welchen Voraussetzungen das unechte Unterlassen als Grundelement aller unechten Unterlassungsdelikte dem Grundelement aller Begehungsdelikte (nämlich der Handlung) gleichwertig sei.[11]

Diese Schlußfolge wirkt zwar zunächst bestechend, hält einer genaueren Nachprüfung aber nicht stand. Der Fehler liegt in der stillschweigenden Annahme, daß Handlung und unechte Unterlassung „gleichstufige" Begriffe seien und daher für sie ein tertium gefunden werden könne. In Wahrheit gehören beide Begriffe jedoch völlig verschiedenen Schichten an. Der Handlungsbegriff ist vollständig entnormativiert und kennzeichnet das vorstrafrechtliche Substrat der Begehungsdelikte. Im Gegensatz dazu ist der Begriff des unechten Unterlassens hochnormativ: er bezeichnet nicht etwa die handlungsgleiche, sondern vielmehr die *begehungsgleiche* Unterlassung und ist daher nicht auf die wertfreie Handlung, sondern auf die wertbestimmte Begehung bezogen. Der gleichen Begriffsbildung wie die Handlung gehört daher nicht die unechte Unterlassung, sondern lediglich die ebenfalls vollständig entnormativierte („schlichte") Unterlassung an; ob zwischen ihr und der Handlung ein tertium comparationis gefunden werden kann, ist bekanntlich heute noch umstritten,[12] aber jedenfalls eine rein theoretische Frage, die die Lösung der Gleichstellungsproblematik um keinen Deut weiterbringt.

Eine allgemeine Gemeinsamkeit kann daher nicht zwischen unechter Unterlassung und Handlung, sondern allenfalls zwischen unechter Unterlassung und Begehung gefunden werden. Eine solche Gemeinsamkeit besteht zwar, aber sie verbleibt, wie leicht zu erkennen ist, vollständig im formalen Bereich. Begehung

---

10 Gleichstellungsproblematik, S. 58 ff.; ein ähnlicher Standpunkt findet sich bei *Welp*, der zwischen der (allgemeinen) Bewirkens- und der (besonderen) Modalitätsäquivalenz der Unterlassung unterscheidet (Vorangegangenes Tun, S. 18 ff.).

11 a. a. O., S. 58.

12 Zu den Versuchen, den Oberbegriff in dem „Verhalten", der „Handlungsfähigkeit", der „Möglichkeit zur Stellungnahme" und der „disjunktiven Möglichkeit" zu finden, vgl. *Hardwig*, Zurechnung, S. 105; *Arm. Kaufmann*, Dogmatik, S. 83 ff.; *Androulakis*, Studien, S. 52 ff., 57 ff.; *Bärwinkel*, Struktur der Garantieverhältnisse, S. 31 ff., 35 ff.; *Rödig*, Denkform der Alternative, S. 89, 98.

wie auch unechte Unterlassung lassen sich oberhalb der einzelnen Deliktstypen nur durch die Beziehung auf das Delikt als Allgemeines kennzeichnen; ihr tertium kann daher nur im allgemeinen Verbrechensbegriff gefunden werden. Ob man nun den formellen (Verbrechen als mit Strafe bedrohtes Verhalten) oder den sog. materiellen Deliktsbegriff (Verbrechen als Rechtsgüterverletzung, als Pflichtverletzung oder wie auch immer)[13] zu Rate zieht – stets bleiben die Kriterien so inhaltslos, daß sie im Hinblick auf die Gleichstellungsproblematik nur wieder in die altbekannte Sackgasse der obersten Gleichstellungskriterien „Strafwürdigkeit“ und „materielle Rechtswidrigkeit“ führen.

Inhaltserfüllte Gemeinsamkeiten kann man, wie wir bereits dargelegt haben,[14] erst auf einer weniger abstrakten Ebene finden, nämlich bei der Betrachtung der verschiedenen Deliktstypen. Interessanterweise setzt sich die sachlogische Richtigkeit dieses Vorgehens bei *Rudolphi* sogar gegen seinen entgegengesetzten Ansatz durch. *Rudolphi* stellt sich nämlich plötzlich die Frage, wann einer Person ein eingetretener Unrechtserfolg „auf Grund einer Unterlassung in gleicher Weise zugerechnet werden“ könne „wie auf Grund einer diesen Erfolg verursachenden Handlung“,[15] und schwenkt damit unversehens von dem allgemeinen Deliktsbegriff auf den Typus der Erfolgsdelikte über. Damit entgeht er der Gefahr, die Gemeinsamkeit von unechter Unterlassung und Begehung in einer inhaltslosen Chiffrensphäre aufzusuchen, kann aber andererseits infolge seines unzutreffenden Ausgangspunktes zu dem Inhaltsreichtum des Typusdenkens keinen Zugang mehr finden: Bei allen Delikten, die keine Erfolgsdelikte sind, wie z. B. dem Meineid und den eigenhändigen Delikten,[16] muß er eine Gleichstellbarkeit von vornherein ablehnen,[17] und bei den Erfolgsdelikten sucht er konsequenterweise keine für diesen Typus besondere, sondern eine allgemeine Äquivalenzstruktur und gelangt auf diese Weise nur zu dem formalen Begriff der „Zentralgestalt“.[18]

2. a) Nach allem haben wir nur noch mehr Grund, an unserem *Typusdenken* festzuhalten. Wenn wir unsere Konkretisierungsversuche gleichwohl in einen allgemeinen und einen besonderen Teil untergliedern, so beruht das allein auf der praktischen Erwägung, daß die meisten Delikte des StGB dem Typus der

13 Vgl. dazu *Jescheck*, Lehrbuch, S. 30 f., 138; *Schönke-Schröder*, Rdnr. 2 ff., 21 ff. vor § 1; *Zipf*, MDR 1969, 889 ff.

14 s. o. S. 257 ff.

15 a. a. O., S. 58.

16 Diese werden herkömmlich als „reine“ oder „schlichte Tätigkeitsdelikte“ bezeichnet; ob die damit intendierte Ablehnung einer Unterlassungsbestrafung berechtigt ist, werden wir noch zu prüfen haben, s. u. S. 409 ff.

17 a. a. O., S. 63.

18 s. dazu oben S. 179 ff.

Erfolgsdelikte i. w. S. angehören, so daß die Klärung der „Bewirkensäquivalenz der Unterlassung" (*Welp*) die weitaus wichtigste Teillösung der Gleichstellungsproblematik darstellt. Ebenso wie man die Kausalitätsfrage als Problem des Allgemeinen Teils ansieht, obwohl sie nicht bei allen Delikten relevant ist, können wir daher auch die Frage, unter welchen Voraussetzungen ein Außenwelterfolg einem Unterlasser zugerechnet werden kann, cum grano salis als den Allgemeinen Teil der Gleichstellungsproblematik bezeichnen.[19]

b) Auch nach dieser Vorabentscheidung bleibt für den Besonderen Teil noch genug Stoff übrig. Zunächst ist zu berücksichtigen, daß die Feststellung der „Bewirkensäquivalenz" ja nur bei den *reinen Erfolgsdelikten* zur Beantwortung der Gleichstellungsfrage ausreicht, während bei den *gemischten Erfolgsdelikten*, bei denen kein beliebiger, sondern nur ein in bestimmter Weise herbeigeführter Erfolg tatbestandsmäßig ist, offenbar noch weitere Gleichstellungskriterien erforderlich sind.[20] Völlig andere Kriterien müssen schließlich bei allen übrigen Deliktstypen gefunden werden; für diese besitzen wir bisher nur das Regulativ der Begehungsgleichheit, so daß für sie in einem künftigen Besonderen Teil der Unterlassungsdelikte auch noch die maßgeblichen normativen Richtlinien durch eine Analyse der jeweiligen Typenstrukturen ermittelt werden müssen.

c) Als Demonstrationsobjekt stehen uns im Allgemeinen Teil somit nur die reinen Erfolgsdelikte zur Verfügung, d. h. diejenigen Delikte, bei denen die schlichte Erfolgsherbeiführung zur Erfüllung des Tatbestandes ausreicht. Praktisch bleiben also nur die Tötungs-, Körperverletzungs- und Sachbeschädigungsdelikte übrig,[21] alle anderen Delikte werden in einem zukünftigen Besonderen Teil zu behandeln sein.

3. a) Da wir die materiale Gleichstellungsrichtlinie für die Erfolgsdelikte in Gestalt der „Herrschaft über den Grund des Erfolges" bereits besitzen,[22] brauchen wir im folgenden nur noch an ihrer Konkretisierung zu arbeiten. Auch hierfür ist schon ein erster Ansatz vorhanden, nämlich in Gestalt der Gliederung des Erfolgsgrundes in die *wesentliche Erfolgsursache* einerseits und die *Anfälligkeit des Opfers* andererseits.[23] Bei der weiteren Konkretisierung werden wir uns zweckmäßigerweise an den herkömmlichen Garantenstellungen orientieren,

19 s. schon oben S. 83.

20 Darauf hat bereits *Gallas* hingewiesen (Ndschr. der GrStrK, Band 12, S. 80 ff.); vgl. ferner *Rudolphi*, a. a. O., S. 63 f., und *Welp*, a. a. O., S. 20 f.

21 Selbstverständlich auch von ihnen nur die reinen Erfolgstatbestände, also z. B. weder Mord noch Raufhandel.

22 s. o. S. 258 ff.

23 s. o. S. 266 f.; zur Aufgliederung des Herrschaftsbegriffs s. o. S. 269.

und zwar aus drei Gründen: erstens, weil angesichts der Gleichstellungshypertrophie in Rechtsprechung und Schrifttum hiermit zugleich der äußerste Rahmen für eine denkbare Gleichstellbarkeit gegeben sein dürfte; zweitens, weil es unsere Aufgabe ist, die bisher anerkannten Garantenstellungen an unserer Leitlinie zu messen und ggf. zu beschneiden; und drittens, weil auf diese Weise eine Aufgliederung des kaum noch übersehbaren Fallmaterials am ehesten möglich ist.

b) Die formale Einteilung der Garantenstellungen, wie sie früher in der Trias von Gesetz, Vertrag und vorangegangenem Tun anerkannt war und wie sie – wenn auch wesentlich differenziert – noch heute vertreten wird,[24] ist für unseren auf materiale Kriterien angewiesenen Konkretisierungsvorgang von vornherein untauglich. In Frage kommt allein eine materiale Aufgliederung, wie sie sich etwa bei *Schönke-Schröder*[25] findet. So gehören *Schröders* Garantentypen aus natürlicher Verbundenheit, aus Gemeinschaftsbeziehungen und aus Übernahme offensichtlich in unsere zweite Gruppe (Herrschaft über die Anfälligkeit des Opfers), während seine Garantentypen aus Ingerenz, aus der Verantwortung für Gefahrenquellen und aus der Verantwortung für fremdes Handeln unserer ersten Gruppe zuzurechnen wären (Herrschaft über eine wesentliche Erfolgsursache).

c) Wir werden daher im folgenden diese Garantentypen und ihre einzelnen Untertypen an unserer materialen Gleichstellungsrichtlinie prüfen und vor allem auch die Rechtsprechung in das sich daraus ergebende System einzuordnen suchen. Da die Ähnlichkeit mit den Begehungsfällen bei der unechten Unterlassung qua Herrschaft über die wesentliche Erfolgsursache am größten ist, wollen wir mit dieser Gruppe beginnen.

§ 21 Verkehrspflichten und Ingerenz

I. Die Grundlage der Verkehrspflichten

1. Wir haben bereits bei der Auseinandersetzung mit *Pfleiderer*[1] gesehen, daß die *Verkehrspflichten* für die Begehungsäquivalenz der Unterlassung eine erhebliche Rolle spielen. Nunmehr können wir auch verstehen, worauf dies beruht: Die Verkehrspflichten beziehen sich entweder auf gefährliche Sachen oder auf

---

24 Vgl. etwa *Baumann*, Strafrecht, S. 234 ff., und *Welzel*, Strafrecht, S. 213 ff., sowie *Mezger-Blei*, AT, S. 87 ff.

25 Rdnrn. 108 ff. vor § 1.

1 s. o. S. 93 ff.

gefährliche Vorgänge (etwa technische Prozesse), d. h. also auf Gegenstände, die schon auf den ersten Blick als wesentliche Ursachen eines unerwünschten Erfolges in Frage kommen. Es drängt sich daher die Frage auf, ob die Verkehrspflichten vielleicht nur eine Konsequenz aus dem Herrschaftsgedanken darstellen; wenn das der Fall sein sollte, hätten wir in ihnen eine erste Konkretisierung der „Herrschaft über eine wesentliche Erfolgsursache“ gefunden.

Es kann nicht unsere Aufgabe sein, Entwicklung und heutigen Stand der zivilrechtlichen Lehre von den Verkehrspflichten im einzelnen zu schildern. Die aus den Anforderungen eines gedeihlichen menschlichen Zusammenlebens erwachsenden Verkehrspflichten waren bereits in der Aufklärungszeit in weitem Umfange anerkannt.[2] Im spätliberalistischen Bürgerlichen Gesetzbuch wurden sie zwar nur im Hinblick auf Bauwerke ausdrücklich erwähnt (§§ 836 ff.), doch hat die Rechtsprechung, von diesen gesetzlich geregelten Einzelfällen ausgehend, diese Rechtsfigur sehr früh auf sämtliche sozialen Bereiche ausgedehnt.[3] Trotz aller Versuche einer systematischen Durcharbeitung[4] ist die Kasuistik der Rechtsprechung auf diesem Gebiet auch heute noch schier unübersehbar;[5] die daraus folgenden Schwierigkeiten für eine dogmatische Erfassung werden noch durch eine uneinheitliche Terminologie vergrößert.[6] Wir wollen unter dem Begriff der *Verkehrspflichten* den Gesamtbereich der *Handlungspflichten* verstehen, die die Rechtsprechung in Bezug auf alle *Sachen und Verrichtungen* anerkannt hat, die eine *Gefahr für die Allgemeinheit* bergen. Gemeinsame Grundlage von allen diesen Pflichten ist die *Innehabung* oder das *Umgehen* mit Sachen, die vermöge ihrer Beschaffenheit zu einer Gefahr für andere werden können. Schon ein erster Überblick über die Zivilrechtsprechung läßt das deutlich erkennen; da wir auf eine Darstellung der zivilistischen Judikatur[7] hier jedoch aus Raumgründen verzichten müssen, sei es an der von *Esser*[8] vorgenommenen Untergliederung gezeigt:

Esser nennt *zuerst* die Verkehrssicherungspflichten im engeren Sinne, die durch die tatsächliche Eröffnung eines Verkehrs entstünden. Grundlage des Ver-

---

2 Vgl. etwa §§ 722 (schädliche Nahrungsmittel), 765 (Gebäude), 771 (öffentliche Wege und Brücken), 773 (Bau- und Reparaturvorhaben), 774 (Bauplätze), alle im II. Teil, 20. Titel des ALR.

3 Vgl. dazu *Hofacker*, Die Verkehrssicherungspflichten, S. 7 ff.

4 Hinzuweisen ist vor allem auf *v. Caemmerer*, Festschr. zum Deutschen Juristentag 1960, II, S. 71 ff.

5 Vgl. nur die zahllosen Nachw. bei *Soergel-Siebert* (*Zeuner*), § 823, Rdnrn. 185 ff.; *Palandt-Thomas*, § 823, Anm. 8, 14.

6 Das wird von *Welp* (Vorangegangenes Tun, S. 242) mit Recht gerügt.

7 Vgl. die Nachw. in Fn. 5.

8 Schuldrecht, II, S. 414; vgl. auch die verwandte Gliederung bei *Medicus*, Bürgerl. Recht, S. 266 ff.

kehrs ist hier immer eine Sache, vor allem eine Straße oder ein Gebäude, und die *Gefahrlosigkeit* dieser Sache ist der Inhalt der Verkehrssicherungspflicht.[9] Entsprechend steht auch bei *Essers zweiter* Gruppe, der Teilnahme am Verkehr, die gefährliche Sache im Vordergrund, vor allem das Kraftfahrzeug.[10] Bei *Essers dritter* Gruppe, der Herrschaft über eine gefahrdrohende Sache, kommt das entscheidende Moment schon in der Gruppenbezeichnung zum Ausdruck, und auch bei der *vierten* Gruppe, der gefährlichen Tätigkeit in der Öffentlichkeit, spielen die Sachen, die zu dieser Tätigkeit benutzt werden, eine wichtige Rolle. An diesen beiden Gruppen ist besonders gut zu erkennen, daß die Herrschaftsbeziehung nicht notwendig etwas rein Statisches, sondern unter Umständen außerordentlich dynamisch ist: Der Hausbesitzer ist z. B. verpflichtet, das Dach so abzusichern, daß Schneemassen nicht auf Passanten oder parkende Autos herabstürzen können;[11] hier liegt eine *statische* Beziehung vor, deren maßgebliche Gefahrenmomente keinen Änderungen unterworfen sind. Ganz anders verhält es sich im Fall des Bauunternehmers, der das Haus abreißt: Durch seine *dynamische* Tätigkeit verändert er laufend das von der Sache ausgehende Gefahrenbündel und hat daher einen *Herrschaftsbereich mit ständig wechselnden Gefahrenmomenten* inne, die durch seine Einwirkungen auf den ursprünglichen Zustand der Sache entstehen. Dieses Zusammenspiel von Sachgefahr und Gefahrbeeinflussung durch den Herrschaftsinhaber zeigt sich auch bei dem heute wichtigsten Unterfall dieser letzten Gruppe, der Produzentenhaftung:[12] Der Produzent stellt aus harmlosen Einzelteilen eine neue Sache her, die im Fall von Produktionsfehlern neuartige, spezifische Gefahren birgt.

2. Damit können sämtliche Arten der Verkehrspflichten auf die *Herrschaft über eine potentielle Gefahrenquelle* zurückgeführt werden. Ist diese Herrschaft nun aber auch, wie bei unserem Garantenprinzip, Grund der Abwendungspflichten, oder liegt darin vielleicht nur die Umschreibung des *rechtlichen Könnens* der Verkehrssicherung, wie *Welp* behauptet hat?[13]

---

9 Vgl. dazu *Esser*, a. a. O., S. 416 f.

10 Zwar hat auch der Fußgänger Verkehrspflichten, z. B. ist er, wenn er durch eine Windbö auf die Fahrbahn getrieben wurde, zu ihrer unverzüglichen Räumung verpflichtet. Aber das erzwingt keine Modifikation der obigen Aussage, denn der Grund für seine Rechtspflicht ist ebenfalls eine Herrschaftsbeziehung über eine „Sache", nämlich über seinen Körper, den in dessen Eigenschaft als Verkehrshindernis nichts von den Sachen i. e. S. unterscheidet. Zu der „Herrschaft über den eigenen Körper" als Gleichstellungsgrund vgl. auch unten S. 342.

11 OLG München (ZS Augsburg) NJW 1965, 1085.

12 Die Literatur dazu ist heute gewaltig angeschwollen; zahlreiche Nachw. finden sich in der grundlegenden Entscheidung BGHZ 51, 91 ff.; vgl. auch schon RGSt. 15, 151.

13 a. a. O., S. 248 f.

Zu diesem Problem haben wir bereits bei der Grundlegung unserer Methode kurz Stellung genommen;[14] die dabei angestellten Überlegungen sollen jetzt noch etwas vertieft werden.

a) An der Berechtigung, ja sogar an der Notwendigkeit einer Anerkennung von Verkehrspflichten kann heute nicht mehr gezweifelt werden. Es ist bereits dargelegt worden, daß das soziale Grundprinzip des „neminem laede" in der modernen Zeit mehr denn je verlangt, daß der Einzelne seinen Herrschaftsbereich in Ordnung hält und ihn nicht zum Gefahrenherd für die Allgemeinheit werden läßt.[15] Der Versuch, im Zeitalter der Technik und Automation jede soziale Verantwortlichkeit auf irgendeine konkrete Körperbewegung zurückzuführen, zeitigt groteske Konsequenzen, wie oben[16] am Fall des „Maschinenanstellers" dargelegt wurde. Für die modernen technischen Abläufe sind die Kategorien der Handlung und der Unterlassung zu zufälligen Spielarten der Herrschaft über die Maschine geworden, die keinerlei Bewertungsunterschiede mehr zu tragen vermögen. Das ist bereits an dem in Fahrt befindlichen Auto deutlich geworden: ob beim Weiterfahren ein gewisser Druck auf dem Gaspedal ruht oder ob es sich um einen Wagen mit feststellbarem Gaspedal handelt, kann für die rechtliche Wertung schlechterdings keine Rolle spielen.[17] Auch der berühmte „Ziegenhaarfall"[18] läßt sich leicht in dieser Hinsicht abwandeln. Wenn die Desinfektion der Ziegenhaare nicht vor, sondern nach ihrer Aushändigung an die Arbeiterinnen (etwa während des Verarbeitungsvorganges) hätte erfolgen müssen, so wäre aus der Handlung (Aushändigen nicht desinfizierter Ziegenhaare) eine Unterlassung (Nichtdesinfizierung der ausgehändigten Ziegenhaare) geworden, ohne daß darin ein wertmäßig irgendwie relevanter Unterschied gesehen werden könnte.[19] Und ein dritter Fall, bei dem einmal nicht auf die Schädigungs-, sondern umgekehrt auf die Rettungs-„Kausalität" abgestellt wird:[20] Ob der Arzt die Reanimationsversuche dadurch aufgibt, daß er die Herz-Lungen-Maschine durch einen Knopfdruck abstellt (Handlung), oder dadurch, daß er die Herzmassage aufgibt, dürfte für die rechtliche Wertung ebenfalls vollkommen gleichgültig sein.[21]

---

14 s. o. S. 275 ff.

15 s. o. S. 276 f.

16 S. 277.

17 s. o. S. 265 und bereits *Welp*, a. a. O., S. 114 f.

18 RGSt. 63, 211.

19 Das legt die Vermutung nahe, daß die berühmte Streitfrage, ob und inwieweit der Erfolg gerade auf der Pflichtverletzung beruhen muß, für Begehung und unechte Unterlassung gleich entschieden werden muß; leider kann dieses interessante Problem hier nicht näher behandelt werden, vgl. aus der umfangreichen Literatur zuletzt *Roxin*, Festschr. f. Honig, S. 133 ff.

20 Im Anschluß an *Geilen*, FamRZ 1968, 126, und *Roxin*, Festschrift f. *Engisch*, S. 396 f.

21 Im Ergebnis ist also *Geilen* und *Roxin* (a. a. O., S. 399) zuzustimmen, die die Strafbarkeit in diesen Fällen allgemein von einer Pflicht zur Fortsetzung der Reanimationsbemühungen

b) Angesichts dieser Beispiele kann es wohl keinem vernünftigen Zweifel unterliegen, daß die mit Hilfe der Verkehrspflichten vorgenommene Gleichstellung von Tun und Unterlassen durch die Natur der Sache geboten wird. Da *Welp* das Herrschaftsprinzip als sachlogischen Grund der Gleichstellung kategorisch ablehnt, bereitet ihm die Erklärung des in den Verkehrspflichten eingefangenen Phänomens unüberwindliche Schwierigkeiten.

Allerdings kann er einen großen Teil dieser Fälle noch mit seinem Ingerenzansatz erfassen, aber bei näherer Prüfung zeigt sich doch rasch, daß dies nur eine morsche Krücke ist. So meint *Welp* etwa, für die Pflicht des Straßenbahnführers zum Anhalten im Gefahrenfall gebe es „nur die Erklärung des vorangegangenen Tuns".[22] Da *Welp* inadäquate Vorhandlungen zur Begründung einer Garantenpflicht nicht ausreichen läßt,[23] müßte er – und das scheint er vollkommen übersehen zu haben – eine Pflicht zum Anhalten in allen Fällen verneinen, wo die spätere Gefahr beim Antritt der Fahrt nicht voraussehbar war! Zwar ist bei einem normalen Verkehr mit einem solchen Vorkommnis im allgemeinen zu rechnen, aber es sind doch durchaus Fallgestaltungen denkbar, wo der spätere Unfall bei Antritt der Fahrt schlechterdings nicht vorauszusehen war; z. B. wenn eine neue Straßenbahn auf einem hermetisch abgeriegelten Übungsgelände ausprobiert wird und während der Fahrt ein Starfighter-Pilot an einem Fallschirm herunterschwebt und einige Meter vor der Straßenbahn auf den Schienen zur Erde kommt. Daß der Straßenbahnfahrer jetzt nicht zu bremsen brauche, weil ja diese Entwicklung beim Anfahren nicht vorhersehbar gewesen sei, wird *Welp* weder dem betroffenen Piloten noch irgendjemand anderem plausibel machen können.

Schon dieses eine Beispiel zeigt, wie sehr die Ingerenztheorie das Wesen der Verkehrspflichten verfehlt. Wenn wir einmal vom Auto- auf den Hausbereich überschwenken, zeigt sich dies noch krasser. Die Gefahren, die den Fußgängern von lockeren Dachziegeln drohen, können wir ohne die geringsten Schwierigkeiten dem Herrschaftsbereich des Hausbesitzers zurechnen. Auf der Suche nach einer Vorhandlung müßte *Welp* schon bis auf die Erbauung des Hauses zurückgreifen. Daß diese Ausflucht versagt, wenn die Gefahrentwicklung dabei nicht vorhersehbar war (etwa das Haus ganz einsam im Wald erbaut wurde), wissen wir bereits. Aber auch sonst bringt schon jeder Besitzwechsel

---

abhängig machen. Die von *Roxin* zur Begründung verwandte, auf *v. Overbeck* (GS 88, 319 ff.) zurückgehende Rechtsfigur der „Unterlassung durch Tun" zeigt recht plastisch, daß die „Herrschaft über den Grund des Erfolges" auch bei der kausalen Handlung nicht eo ipso gegeben ist, sondern weitere Wertungen voraussetzt.

22 a. a. O., S. 255.

23 a. a. O., S. 188.

Welps Ingerenztheorie in arge Schwierigkeiten. Da der neue Besitzer die Gefahr nicht begründet, sondern bereits vorgefunden hat, kann seine Garantenstellung offensichtlich nicht mit der Ingerenzhaftung begründet werden. *Welp* würde sich wohl durch die Annahme eines „intentionalen, auf Übernahme der Pflicht gerichteten Aktes mit einem bestimmten objektiven Erklärungswert“ zu helfen suchen,[24] aber gerade dadurch, wie bereits kurz angedeutet,[25] sein eigenes System verlassen. Da man die fortwirkende Kausalität nicht einfach übernehmen kann, stellt dieser „intentionale Akt“ offenbar nicht die Ab- bzw. Übernahme der sachlogischen Garantengrundlage dar (wie es nach unserer Herrschaftstheorie zwanglos zu verstehen ist), sondern die Übernahme einer vom Substrat gelösten Rechtspflicht. Da die Übernahme einer Pflicht aber nach dem als Ausdruck eines allgemeinen Rechtsgedankens anzusehenden § 415 BGB nur mit der Zustimmung des Berechtigten wirksam ist, ist *Welps* „intentionaler Übernahmeakt“ rechtlich bedeutungslos, solange nicht, da es sich bei den Garantiepflichten um öffentlich-rechtliche Pflichten handelt, die Zustimmung des Staates analog § 6 des preußischen Wegereinigungsgesetzes vorliegt[26] – eine offensichtlich absurde Voraussetzung. Im übrigen fehlt es auch an einem auf Übernahme der Pflicht gerichteten objektiven Erklärungswert, denn die Inbesitznahme eines Hauses spielt sich nur zwischen Vor- und Nachbesitzer ab, und wenn man darin eine Vertrauen erweckende Erklärung an die Öffentlichkeit sehen will, so stellt man eine nackte Fiktion auf, die überdies das Bestehen einer Garantenstellung schon voraussetzt (denn ohne das wäre wohl jeder Hauserwerber klug genug, sich die lästigen Verkehrspflichten durch ein schleuniges Dementi vom Leibe zu halten).

Daß diese derivative Übernahme schließlich völlig versagt, wenn jemand ein bis dato herrenloses und vollkommen verlassenes Haus in Besitz nimmt, soll nach allem nur noch am Rande erwähnt werden.

c) Damit dürfte sich wohl eindeutig gezeigt haben, daß der Ingerenzansatz jedenfalls für die große Masse der Verkehrspflichten ganz und gar untauglich ist. Der Kausalansatz ist zu simpel, als daß er die rechtliche Behandlung der aus einer Primärursache entstandenen eigenwertigen und eigenbedeutsamen Zustände mitbestimmen könnte. Das Setzen einer Ursache mag erlaubt oder verboten sein – wenn der dadurch herbeigeführte Zustand einmal da ist, kann jede von hier aus in die Zukunft gerichtete (d. h. präventive und nicht bloß repressive) rechtliche Regelung nur an diese Situation anknüpfen, durch die die ehemalige Ursache mediatisiert und in ihrer rechtlichen Bedeutung minimalisiert

24 Vgl. a. a. O., S. 240.
25 s. o. S. 278.
26 vom 1. Juli 1912 (GS S. 187).

wurde. Wenn man dies verkennt und auf die alte Ursache als alleinigen Zurechnungsgrund zurückgreift, wird der soziale Bedeutungsgehalt der Situation zu einem nichtssagenden Kausalstrang verschnitten, und die Palette der Rechtskriterien muß verarmen.

Grundlage der Verkehrspflichten ist daher *nicht* die *Ingerenz*, sondern der *Herrschaftsgedanke* als allgemeines Rechtsprinzip für die Zurechnung von Erfolgen. Die Verkehrspflichten sind das vielleicht deutlichste und überzeugendste Beispiel dafür, daß das soziale Grundprinzip des „neminem laede" möglicherweise noch in der Steinzeit auf Körperbewegungen beschränkt war, daß aber in jeder auch nur gering entwickelten Kultur der eigene Körper nur noch ein (allerdings besonders signifikanter) Teil des eigenen Herrschaftsbereichs ist, aus dem die maßgeblichen Kriterien für Grund und Grenzen der Erfolgszurechnung zu gewinnen sind.

d) Bevor wir den Herrschaftsgedanken endgültig als alleinige Grundlage der Verkehrspflichten ansehen dürfen, müssen wir uns allerdings noch mit der *Verkehrssicherungspflicht* i. e. S. auseinandersetzen, denn hier wird überwiegend die Ansicht vertreten, daß der Grund für die Garantenpflichten in der gefährlichen Vorhandlung der *Verkehrseröffnung* liege.[27] *Welp* zieht denn daraus auch den Schluß, daß die Verkehrssicherungspflicht allein durch diesen „intentionalen, auf die Übernahme der Pflicht gerichteten und als solchen objektiv verständlichen Akt" begründet werde.[28]

Eine dermaßen extreme Sonderbehandlung der Verkehrssicherungspflicht i. e. S. erscheint jedoch nicht gerechtfertigt; in Wahrheit ist auch sie nur eine spezielle Form der allgemeinen, auf dem Herrschaftsgedanken beruhenden Verkehrspflichten.

Dieses Verhältnis ist schon an den in der Zivilrechtsprechung üblichen Formulierungen zu erkennen. Für die allgemeinen Verkehrspflichten (*„Verkehrssicherungspflichten i. w. S."*) sind etwa folgende Sätze bezeichnend: „Nach anerkannter Rechtsprechung ist jeder dafür verantwortlich, daß die ihm gehörenden oder von ihm benutzten beweglichen und unbeweglichen Sachen den ordnungsgemäßen Verkehr[29] nicht gefährden. Wer daher über ein Grundstück verfügt, hat im Rahmen des Möglichen dafür zu sorgen, daß von dem Grundstück keine Gefahren für andere ausgehen. Der Eigentümer oder Besitzer eines an einer öffentlichen Straße liegenden Grundstücks muß Sorge dafür tragen, daß

---

27 So vor allem die Zivilrechtsprechung, vgl. BGHZ 5, 378; 14, 83; 21, 48; 24, 124; weit. Nachw. bei *Palandt-Thomas*, § 823 Anm. 8.

28 a. a. O., S. 248.

29 Das ist in diesem Zusammenhang immer nur ein anderer Ausdruck für „die Allgemeinheit".

sich das Grundstück in einem die Straßenbenutzer nicht gefährdenden Zustand befindet. Seine Pflicht ... erstreckt sich vor allem darauf, schädliche Einwirkungen, die von seinem Grundstück ausgehen und den öffentlichen Straßenverkehr gefährden, zu vermeiden".[30] Für die *Verkehrssicherungspflicht i. e. S.* heißt es demgegenüber: Sie „obliegt demjenigen Verband, der die Gefahrenlage geschaffen hat oder andauern läßt und imstande ist, den Gefahren zu begegnen, also bei Verschiedenheit des Trägers der Straßenbaulast und -unterhaltungspflicht auf der einen Seite und dem Verband auf der anderen Seite, dem die Verwaltung der Straßen obliegt, *letzterem*".[31] Die hierin liegende Betonung der tatsächlichen Herrschaft kommt auch in der Formulierung *Essers* zum Ausdruck, wonach die Verantwortlichkeit denjenigen treffe, der die Gefahrenlage durch Eröffnung oder auch nur Fortdauernlassen eines bereits eröffneten Verkehrs geschaffen oder unterhalten habe und über die diesem Verkehr dienenden Grundstücke die tatsächliche Herrschaft ausüben könne.[32]

Der Sache nach ist man sich also darin einig, daß die Verkehrssicherungspflicht demjenigen obliegt, der die tatsächliche Herrschaft über die Straße ausübt. Unklar bleibt nur, welche Rolle hierfür die *Widmung* spielt. *Welps* Auffassung, daß sie den intentionalen Pflichtübernahmeakt darstelle[33] und daß der Träger der tatsächlichen Sachherrschaft in die dadurch begründete Pflichtenstellung kraft Sukzession einrücke,[34] vermag nicht zu überzeugen. Die Widmung bestimmt den Zweck der öffentlichen Sache und begründet und begrenzt dadurch das Recht auf Gemeingebrauch;[35] ihr objektiver Erklärungswert besteht daher nur in einer Nutzungs*erlaubnis*, über die Verkehrssicherungspflichten kann daraus aber beim besten Willen nichts entnommen werden. Es kann nur noch einmal betont werden, daß diese Pflichten die objektive, von Rechts wegen eintretende Folge des tatsächlichen Vorgangs der Zur-Verfügung-Stellung sind[36] und daher unabhängig davon eintreten, ob der Sachherr dabei eine

---

30 BGH (ZS) NJW 1966, 40; vorher schon z. B. RGZ 89, 385; 90, 68; 138, 21; ferner BGHZ 24, 124 und BGH VersR 1955, 11; 1960, 32.

31 BGH NJW 1967, 247; schon vorher BGHZ 16, 96; 24, 124; 27, 278; 37, 165; 40, 379.

32 Schuldrecht II, S. 414; auf die tatsächliche Verfügungsgewalt stellt nunmehr auch BGH (StS) NJW 1971, 1093, 1095, ab.

33 a. a. O., S. 248; übrigens bleibt unklar, was für eine Pflicht das sein soll, denn da die Garantenpflicht nach Welps Konstruktion erst durch das Vertrauen erzeugt wird, ist eine Pflichtübernahme vorher schwerlich denkbar (dieser Widerspruch könnte nur dadurch beseitigt werden, daß Übernahmeerklärung und Vertrauen als eine Art Vertragsangebot und -annahme aufgefaßt werden).

34 Vgl. a. a. O., S. 246.

35 S. *Wolff*, Verwaltungsrecht I, S. 335.

36 Vgl. zu dieser „Indienststellung" *Wolff*, a. a. O., S. 337.

entsprechende Bereitschaft erklärt oder dementiert hat. *Welps* Übernahmefiktion wird diesem objektiven Zwang zur Verkehrssicherung nicht gerecht und deklassiert außerdem den materialen Gesichtspunkt der Übernahme zu einem bloßen Lückenbüßer für alle Fälle, die *Welp* mit seinem Ingerenzansatz nicht befriedigend zu erfassen vermag. Diese Auflösung des aussagekräftigen Übernahmegesichtspunktes[37] zu einer auf Fiktionen angewiesenen Leerformel kann die wirklichen Sachstrukturen daher nur verunklaren.

Die wahre Bedeutung der Widmung und Indienststellung erschließt sich vielmehr aus unserem Herrschaftsgedanken. Wir haben bereits oben[38] gesehen, daß die Herrschaftsbeziehung nicht notwendig statisch ist, sondern im einzelnen von der dynamischen Tätigkeit des Sachherrn abhängt. Hierin liegt der *berechtigte Kern* sämtlicher *Ingerenztheorien:* Durch das *eigene Verhalten des Sachherrn* wird der Gefahrpegel in seinem Herrschaftsbereich ständig verändert, und er hat stets die Gefahren zu bannen, die aus dem jeweiligen Zustand seines Herrschaftsbereichs erwachsen. Wenn der Staat im Besitz eines neben einer Wohnsiedlung befindlichen minenverseuchten Geländes ist, so hat er dafür zu sorgen, daß hieraus keine Gefahr für spielende Kinder entsteht. Wenn er das Gelände von Minen säubert und darauf eine Straße baut, hat er dafür zu sorgen, daß der Verkehr auf dieser Straße keine ungewöhnlichen Gefahren bietet. Durch die Verkehrseröffnung sind daher keine Verkehrspflichten originär geschaffen, sondern nur die schon vorher bestehenden Pflichten in ihrem *Inhalt verändert* worden. Der die Widmung und Indienststellung vornehmende Sachherr[39] hat damit den Gefahrpegel seiner Sache verändert und muß daher von Rechts wegen mit seiner Verkehrssicherungstätigkeit diesen gewandelten Verhältnissen Rechnung tragen.

e) Damit haben wir den Grund der Verkehrspflichten abschließend geklärt: Er liegt in der *Herrschaft über einen Gefahrenbereich*, der aber nicht statisch, sondern dynamisch aufzufassen ist; in diesem Rahmen des in seinem Gefahrenpegel stets veränderlichen Herrschaftsbereichs wird auch die *Vorhandlung* des Sachherrn bedeutsam, weil die Gefahrenbreite immer davon abhängt, was dieser mit seinem Herrschaftsbereich macht und in welche Zusammenhänge er ihn einbettet.

II. Der Inhalt der Verkehrspflichten

1. Nachdem wir über den Grund der Verkehrspflichten im klaren sind, müssen wir nunmehr die Frage nach ihrem *Inhalt* beantworten. Das darin steckende

37 Dessen Konsequenzen wir noch näher ergründen werden, s. u. S. 328 ff.
38 S. 282.
39 Zur Zuständigkeit vgl. *Wolff*, a. a. O., S. 312.

Problem läßt sich von seinen extremen Lösungen her am besten veranschaulichen. Die *extensivste* Lösung geht dahin, den Verkehrspflichten denselben Umfang zuzuerkennen wie der Ingerenzhaftung, so daß z. B. der Hausbesitzer verpflichtet wäre, den von einem Dachziegel seines Hauses Getroffenen schleunigst in das nächste Krankenhaus zu schaffen. Soweit ersichtlich, wird diese Position in der Literatur nicht vertreten (man behilft sich statt dessen mit der Ingerenzhaftung, die nach h. M. auch durch eine pflichtwidrige Unterlassung begründet werden kann).[40] Nach der *restriktivsten* Lösung fordert die Verkehrspflicht nur eine Einwirkung auf die Sache selbst; sogar wenn eine solche Einwirkung die Gefahr nicht bannen kann (etwa weil das einsturzgefährdete Haus nicht mehr abgestützt werden kann oder das mit Motorschaden liegen gebliebene Fahrzeug sich nicht von der Fahrbahn bewegen läßt), sind danach keine weiteren Maßnahmen geboten. Auch diese Auffassung wird in der Literatur nicht vertreten.[41]

Soll der Sachherr also zu jeder denkbaren Hilfe oder nur zu einer Einwirkung auf seinen Herrschaftsbereich verpflichtet sein? Eine vermittelnde Antwort finden wir bei *Schönke-Schröder*:[42] Die Verkehrspflichten erstreckten sich nur auf die Beseitigung akuter Gefährdung, nicht dagegen auf die Verhinderung weiterer aus der unmittelbaren Verletzung resultierender Schäden.

2. Die richtige Lösung dieses Problems ergibt sich aus unserer übergeordneten Richtlinie, deren Fruchtbarkeit sich bei dieser doch schon relativ speziellen Frage eindrucksvoll beweist. Wir haben bereits gesehen, daß nur eine gegenwärtige, in die Zukunft gerichtete Herrschaft über den Grund des Erfolges dessen Zurechnung rechtfertigen kann.[43] Für die Verkehrspflichten bedeutet das, daß die Herrschaft über den Gefahrenbereich noch im Zeitpunkt der Unterlassung vorhanden und dieser Herrschaftsbereich noch eine gegenwärtige Gefahrenquelle sein muß. Die Formel *Armin Kaufmanns*, daß die Schutzaufgabe in der *„Eindämmung der Gefahrenquelle"* bestehe,[44] trifft also völlig den Kern der Sache. Nur darf man sie nicht dahin mißverstehen, daß diese Eindämmung lediglich in einer körperlichen Einwirkung auf die Substanz der Gefahrenquelle

---

40 Vgl. nur *Schönke-Schröder*, Rdnr. 127 vor § 1.

41 *Welp* (a. a. O., S. 252) meint zwar, daß sich die Ausführungen von *Armin Kaufmann* (Dogmatik, S. 283) und *Henkel* (MKrim 1961, 190 f.) so verstehen ließen, doch das erscheint zweifelhaft; wenn *Kaufmann* auch davon spricht, daß die Schutzaufgabe in dem „Eindämmen einer konkreten Gefahrenquelle" bestehe, so hat er doch nirgends angedeutet, daß dieses Eindämmen nur durch die Einwirkung auf die Gefahrenquelle selbst erfolgen könne.

42 Rdnr. 126 vor § 1.

43 s. o. S. 268 f.

44 Dogmatik, S. 283.

bestehen könne;[45] die Verkehrspflichten fordern ja keine mechanische Veränderung der gefährlichen Sachen, sondern ihre Entschärfung, d. h. die Beseitigung ihrer Gefährlichkeit! Auf welche Weise dies zu geschehen hat, bleibt dagegen völlig dem Sachherren überlassen; die dazu erforderlichen Maßnahmen müssen zwar auf den Herrschaftsbereich bezogen sein (sonst sind sie zu einer Gefahrbeseitigung verständlicherweise nicht in der Lage), aber sie brauchen nicht innerhalb dieses Bereiches vorgenommen zu werden, sondern können auch durch eine „Abschirmung" seiner Grenzen erfolgen. Dem von *Welp*[46] als crux denkbarer Herrschaftstheorien präsentierten Fall des „störrischen Pferdes"[47] können wir auf diese Weise ohne die geringsten Schwierigkeiten gerecht werden, denn die gegebene Maßnahme zur Beseitigung der von dem Wagen ausgehenden Gefahr lag hier eben in der Warnung der Gefährdeten. Daß eine derartige Erfüllung der Verkehrspflichten nichts Ungewöhnliches, sondern geradezu etwas Alltägliches darstellt, ist an den im Straßenverkehr und auch sonst üblichen Warnungsschildern („Vorsicht, Querrinne; Schlechte Wegstrecke; Treppe frisch gebohnert; Dacharbeiten!") vortrefflich zu erkennen. Das spezifische Moment der von einer Sachlage ausgehenden Gefahr kann eben gerade auch darin liegen, daß ihre Gefährlichkeit für die Gefährdeten nicht rechtzeitig erkennbar ist, und in diesem Fall fordert die Verkehrspflicht daher die *Warnung* der Allgemeinheit.[48]

Der denkbare Vorwurf, diese „Warnungspflicht" stelle eine ad-hoc-Konstruktion dar zur Vermeidung der andernfalls von unserer Herrschaftstheorie gelieferten untragbaren Ergebnisse, kann leicht widerlegt werden. Bei der Entwicklung unseres Zurechnungsprinzips haben wir noch nicht die möglichen Arten der Erfolgsabwendung diskutiert, sondern nur allgemein auf die Herrschaft über den Grund des Erfolges abgestellt. Wenn der Sachherr verhindern will, daß sein Herrschaftsbereich verbotenerweise Grund eines Erfolges wird, so hat er dazu alle Maßnahmen zu ergreifen, die seinen Herrschaftsbereich aus dem schädlichen Kausalprozeß heraushalten. Ob zu diesem Zweck eine substantielle Umgestaltung der Sache selbst oder eine Veränderung ihres Verhältnisses, ihrer Lage zur Umwelt stattfinden muß, ist keine Frage des Zurechnungsprinzips,

---

45 In diese Richtung *Welp*, a. a. O., S. 252.

46 a. a. O., S. 255 f.

47 RG JW 1932, 801 f.: Der Angeklagte fuhr mit einem Pferd aus, das plötzlich störrisch wurde, den Wagen querstellte und nicht von der Stelle zu bringen war; ein entgegenkommender Kraftfahrer fuhr auf den Wagen auf und verunglückte tödlich. Das RG machte dem Angeklagten zum Vorwurf, daß er keinen seiner Begleiter zur Warnung der Verkehrsteilnehmer vorausgeschickt hatte. Zu einem ähnlichen Fall vgl. OLG Celle NJW 1970, 1091.

48 Vgl. z. B. BGH (ZS) NJW 1966, 1456; 1967, 154.

sondern allein eine solche des Einzelfalls und der im Einzelfall objektiv gebotenen Sorgfalt. Da eine Beschränkung der Verkehrspflichten auf die substantielle Bearbeitung der beherrschten Sache unserem Ansatz von vornherein fern gelegen hat, steht die Ablehnung einer derartigen Fehlkonstruktion mit unseren allgemeinen theoretischen Grundlagen durchaus in Einklang.

3. Wenn man den Inhalt der Verkehrspflichten hiernach mit einem Schlagwort kennzeichnen will, so bietet sich der Terminus *„Unfallverhütungsvorschriften“*[49] oder auch *„Sicherungspflichten“* an (weswegen der Ausdruck „Verkehrssicherungspflichten“ ja auch oft in diesem weiteren Sinne gebraucht wird). Der eigene Herrschaftsbereich muß so abgesichert werden, daß er für andere keine Gefahren mehr birgt. Wenn dies unterlassen wurde oder nicht möglich war und es deswegen zu dem unerwünschten Unfall gekommen ist, wird der *neue* Sachverhalt von dem Schutzzweck der Verkehrspflichten *nicht mehr* erfaßt. Für den weiteren Kausalverlauf (die Verletzung frißt sich im Körper des Verwundeten weiter und bedroht dessen Leben oder Gesundheit) spielt der für den Eintritt der Verletzung wesentliche Herrschaftsbereich (etwa des Hauses, dessen Dachziegel einen Passanten traf) keine Rolle mehr. Nunmehr erfolgende Unterlassungen des Hausbesitzers (er versäumt es etwa, ärztliche Hilfe zu rufen) werden von keiner begleitenden Herrschaftsbeziehung ergänzt und sind daher schlichte Unterlassungen, die die Erfolgszurechnung nicht begründen können.[50] Grund des nunmehr drohenden Erfolges ist nur noch die Anfälligkeit des Opfers, so daß allein demjenigen eine begehungsgleiche Unterlassung möglich ist, der diese Anfälligkeit beherrscht. Dem Hausbesitzer kann der schließlich eingetretene Tod hingegen nur vermittels der Unterlassung der Verkehrssicherung zugerechnet werden, so daß sein Verschulden (Vorsatz oder Fahrlässigkeit) auch allein nach diesem Zeitpunkt zu bestimmen ist.

4. Die Herrschaft über einen Gefahrenbereich erzeugt also *nur Sicherungs-* und *keine Rettungspflichten.* Der sachlogische Grund für diese Differenzierung liegt in dem Erfordernis der Begehungsgleichheit: Die Nichterfüllung einer Rettungspflicht mag moralisch noch so verwerflich und auch noch so strafwürdig sein – begehungsgleich ist sie nicht, weil sie nur eine potentielle Beziehung des Unterlassers zum Erfolg herstellen kann.

Die Berechtigung dieser Unterscheidung wird allerdings von *Welp,* der sich in der letzten Zeit mit diesem Problem am gründlichsten auseinandergesetzt hat, in Abrede gestellt. *Welp* argumentiert, daß die von der Gefahrenquelle ausgehende Gefahr immer zugleich eine dem konkreten Rechtsgut drohende Gefahr

---

49 S. bereits oben S. 96.

50 So auch *Schönke-Schröder,* Rdnr. 126 vor § 1; zu den Ingerenzproblemen bei pflichtwidriger Verletzung der Verkehrssicherungspflicht s. u. S. 347 ff.

sei, denn sie bestehe ja nur im Hinblick auf solche Güter, die in den Wirkungsbereich der Quelle gerieten. Folglich sei auch nur der Schutz des betreffenden Gutes Gegenstand der Abwendungsverpflichtung, und aus der Perspektive dieses bedrohten Rechtsgutes sei es allein eine Funktion der tatsächlichen Veränderung seiner Lage, ob ihm die notwendige Hilfe durch Einwirkung auf die Quelle selbst oder in beliebiger anderer Weise gewährt werden könne.[51]

Es ist unschwer zu erkennen, daß diese Ausführungen das Bestehen einer Rettungspflicht nicht begründen, sondern voraussetzen. Die Verkehrspflichten bestehen zunächst gegenüber der Allgemeinheit und damit – wenn man so will – auch gegenüber jedem in die faktische Reichweite des Gefahrenbereichs gelangenden Rechtsgut. Daraus kann aber selbstverständlich nicht geschlossen werden, daß die Verkehrspflichten den Schutz des Rechtsguts in jeder Beziehung zum Inhalt hätten, vielmehr bedarf das einer besonderen Begründung. *Welps* Hinweis, „aus der Perspektive des bedrohten Rechtsguts" bestehe zwischen Sicherung und Rettung kein Unterschied, ist dazu nicht in der Lage, denn er paraphrasiert im Grund nur die *Schutzbedürftigkeit* des Rechtsguts, die zum Beweis der *Schutzpflichtigkeit* eines Schutzmächtigen *keinesfalls* ausreicht. Da *Welp* die Unterscheidung zwischen Sicherungs- und Rettungspflichten an anderer Stelle[52] im Anschluß an *Gallas*[53] selbst höchst scharfsinnig herausgearbeitet[54] und dazu bemerkt hat, daß die „fraglose Gleichwertigkeit" von Tun und Unterlassen nur bei der Nichterfüllung von Sicherungspflichten gegeben sei, wird offenbar, daß die von ihm vorgenommene Nivellierung dieses Unterschiedes allein auf seiner Ingerenztheorie beruht, die letztlich den bloßen Kausalstrang zur Grundlage der Unterlassungshaftung macht. Daß die von *Welp* dafür angeführten Gründe nicht überzeugen, ist bereits im einzelnen dargelegt worden.[55] Es bleibt somit nur noch die Möglichkeit, daß der „reine Kausalansatz",

---

51 a. a. O., S. 253.

52 a. a. O., S. 230 f.

53 Strafrechtl. Verantwortlichkeit der am Bau Beteiligten, S. 32.

54 Es muß allerdings angemerkt werden, daß unser Begriff der „Sicherungs-" bzw. „Unfallverhütungspflichten" mit demjenigen von *Welp* nicht völlig übereinstimmt. Während wir hierfür auf die Herrschaftsbeziehung abstellen, trifft *Welp* (a. a. O., S. 232 f.) die Unterscheidung zwischen Sicherungs- und Rettungspflicht danach, ob eine abstrakte oder eine konkrete Gefahr zu bannen ist. Daß das nicht überzeugt, zeigt der von *Welp* selbst erwähnte Fall des Zugführers, der den Zug unmittelbar vor einem auf den Gleisen liegenden Menschen zum Stehen bringt. Hier liegt eine „fraglose" Sicherungspflicht vor, während sich *Welp* durch den an der Gefahrennähe orientierten Lebenssprachgebrauch (s. o. S. 109 f.) düpieren läßt und die entscheidenden Bewertungsmomente dieses Falles durch seine Einstufung als „Erfüllung einer Rettungspflicht" verzeichnet.

55 s. o. S. 120 ff.

der die von uns bisher erarbeitete Differenzierung aus den Angeln heben würde, auf andere Weise gerechtfertigt werden kann; darüber werden wir uns noch in diesem Kapitel endgültige Klarheit verschaffen.[56]

5. Der *konkrete Umfang der Verkehrspflichten* bestimmt sich nach der *im Verkehr erforderlichen Sorgfalt.* Eine einigermaßen zufriedenstellende Konkretisierung dieses Prinzips ist nur an Hand der faktischen Geschehenstypen möglich. Maßgebliche Abwägungsgesichtspunkte sind hier auf der einen Seite die *Nützlichkeit* der betreffenden Veranstaltung für die Allgemeinheit, auf der anderen Seite der *Grad der* davon ausgehenden *Gefahr.* Z. B. ist das gefährliche Autofahren mit weniger Kautelen ausgestattet als der noch gefährlichere Betrieb einer Kernspaltungsanlage, umgekehrt darf das im Vergleich dazu harmlose, aber eben auch völlig nutzlose Schießen nur an unbewohnten Orten erfolgen (§ 367 I Nr. 8). Ein weiterer Gesichtspunkt ist die *Üblichkeit* der Veranstaltung, von deren Grad nämlich die internalisierte Wachsamkeit der Allgemeinheit abhängt. Hieraus folgt auch die *Relativität* der Sorgfaltspflicht, die je nach dem gefährdeten Personenkreis verschieden bestimmt werden muß: Wer in den Gefahrenbereich rechtswidrig eindringt, verdient weniger Sicherheit als derjenige, der den Gefahrenbereich mit Zustimmung des Sachherrn betritt oder der sogar ohne seinen Willen in die Gefahr hineingezogen wird;[57] auf Kinder ist stets besondere Rücksicht zu nehmen.

Das muß für die Skizze einer materialen Gliederung der Verkehrspflichten im vorliegenden Rahmen genug sein. Es dürfte sich jedenfalls gezeigt haben, daß die Auffindung weiterer Konkretisierungsrichtlinien ohne Schwierigkeiten möglich ist, und wenn auch das konkrete Fahrlässigkeitsurteil im letzten Stadium häufig einen individuellen Wertungsakt erfordern wird, so kann darin doch kein Mangel unserer Methode erblickt werden: Einmal ist das bei den fahrlässigen Begehungsdelikten nicht anders, und außerdem ist die Fahrlässigkeitswertung angesichts der zahllosen Spezialgesetze und positivierten technischen Normenwerke heute weitestgehend objektivierbar geworden.

III. Herrschaft, Herrschaftserwerb und Herrschaftsverlust

Grund und Grenzen der Verkehrspflichten sind damit in groben Zügen gekennzeichnet. Um ihre Reichweite vollkommen übersehbar zu machen, sind wir je-

56 s. u. S. 347 ff.

57 Beachtung verdient die im anglo-amerikanischen Recht eingebürgerte Unterscheidung zwischen invitees, licencees und trespassers (dazu *v. Caemmerer*, Festschrift zum Deutschen Juristentag 1960, S. 58).

doch noch eine nähere Erklärung des *Herrschaftsbegriffs* schuldig, dessen bisher zugrunde gelegtes Vorverständnis[58] wir nunmehr präzisieren müssen, indem wir ihn am faktischen Material und seinen sachlogischen Strukturen konkretisieren. Allerdings steht von vornherein fest, daß wir zu einer vollständigen Beschreibung der verschiedenen Erscheinungsformen einer „Herrschaft über eine Gefahrenquelle" hier nicht in der Lage sind, denn das würde eine umfangreiche Spezialuntersuchung erfordern. Wir können daher nur einige Richtpunkte setzen und in der anschließenden Rechtsprechungsübersicht die wichtigsten Geschehenstypen beschreiben, ohne ein irgend vollständiges Bild auch nur anzustreben. In lockerer Gliederung werden wir zunächst die Merkmale und die Sonderformen und sodann den Erwerb und den Verlust der Herrschaft näher betrachten.

1. *Subjekt* der Herrschaftsbeziehung ist der *Inhaber des Gefahrenbereichs*. Bei einer gefährlichen Sache ist dies im allgemeinen derjenige, der die Sache in seinem *Besitz* bzw. *Gewahrsam* hat. Hierfür kann im wesentlichen der im Rahmen des § 242 anerkannte Gewahrsamsbegriff übernommen werden, denn darunter wird allgemein ein tatsächliches Gewaltverhältnis verstanden, und der von uns[59] geforderte *Herrschaftswille* ist auch in der überwiegenden Gewahrsamsdoktrin anerkant.[60] Es muß allerdings betont werden, daß die teleologische Struktur unseres Herrschaftsbegriffs von der des Gewahrsamsbegriffs an sich verschieden ist, denn während bei uns die Sachherrschaft *Pflichten* erzeugt, ist der Gewahrsamsbegriff des § 242 den *Schutzinteressen* des Sachinhabers verhaftet. Daß gleichwohl in beiden Fällen ein Herrschaftswille erforderlich ist, folgt aus dem Prinzip der *Personautonomie*, das nicht nur (von den Fällen der existentiell vorgegebenen Herrschaftsbeziehung abgesehen) die Aufnötigung von Garantenpositionen untersagt, sondern auch die Aufdrängung einer unerwünschten Rechtsmacht (des Gewahrsamsschutzes) ausschließt. Dieses normative Prinzip der Personautonomie findet seine Entsprechung in den sachlogischen Strukturen *jeder* dingbezogenen Herrschaft: Anders als die Herrschaft über den eigenen Körper ist die Herrschaft über Sachen dem Menschen nicht existentiell angeboren, sondern nur *angeboten*, sie ist eine aus seiner Weltoffenheit fließende *Möglichkeit*, die nur durch das willentliche Ergreifen zur Wirklichkeit wird; ohne den Willensakt des *Herrschafts-*

---

58 s. o. S. 269.

59 s. o. S. 269.

60 Vgl. nur *Schönke-Schröder*, § 242, Rdnrn. 20 f. m. zahlr. Nachw. pro et contra; *Welzel*, Strafrecht, S. 348; *Maurach*, BT, S. 202; *Dreher*, § 242, Anm. 1 D b; *Lackner-Maassen*, § 242, Anm. 3a aa; LK (*Heimann-Trosien*), § 242, Rdnrn. 6 ff.; für den funktional gleichen Besitzbegriff (dazu *Schünemann*, GA 1969, 50 f., 53 f.) vgl. nur *Palandt-Degenhart*, § 854, Anm. 2 m. w. N.

antritts kann hier keine Herrschaftsgewalt zur Entstehung gelangen. Dieser willentliche Akt der Herrschaftserlangung braucht allerdings nicht ausdrücklich-individuell, sondern nur konkludent-generell zu sein (wer ein Haus in Besitz nimmt, tritt damit auch die Herrschaft bezüglich der darin befindlichen Fahrnis an).[61] Für die *Fortdauer* der Herrschaft reicht sogar eine weit geringere Willensintensität aus, nämlich das *latente Besitzbewußtsein*, das praktisch erst mit der Herrschaftsaufgabe fortfällt.

Hinsichtlich der *konkreten Geschehenstypen* der „Herrschaft über eine gefährliche Sache" kann auf den strafrechtlichen Gewahrsamsbegriff verwiesen werden, der nach allem zwar nicht unkontrolliert rezipiert werden darf, aber doch eine vorsichtige Anlehnung gestattet. Wir wollen hier nur noch die wichtigsten Sonderformen der Sachherrschaft näher betrachten.

2. a) Als praktisch bedeutsamste *Sonderform* ist wohl die *geteilte Sachherrschaft* anzusehen, bei der zwei oder mehr Personen gemeinsam die Gewalt an der Sache ausüben. Unproblematisch ist hierbei der *gleichstufige Mitgewahrsam*, bei dem jeden Mitgewahrsamsinhaber auch die gleiche Verantwortlichkeit trifft. Fraglich ist, wer in einem Verhältnis der *Über- und Unterordnung* die Garantiepflichten trägt. Daß jedenfalls der *Sachnächste* die Gefahrenquelle einzudämmen hat, sollte eigentlich nicht zweifelhaft sein. Wie steht es aber mit dem ihm rechtlich überlegenen *Hintermann?* Der entscheidende Gesichtspunkt für diesen Fall einer *gestuften Sachherrschaft* dürfte in § 855 BGB erfaßt worden sein: eine aktuelle, faktische Sachherrschaft des „Oberbesitzers" (im untechnischen Sinne) kann im allgemeinen so lange angenommen werden, wie der „Unterbesitzer" seinen auf die Sache bezogenen Weisungen Folge zu leisten hat und, wie in Betonung der Faktizität hinzuzufügen ist, auch tatsächlich Folge leistet. Zu der Konkretisierung dieser Richtlinie kann im einzelnen auf die Darstellungen im Bürgerlichen Recht verwiesen werden;[62] wenn hier auch keine Akzessorietät des Strafrechts vorliegt, so haben doch Bürgerliches Recht und Strafrecht in diesem Fall die gleichen tatsächlichen Strukturen aufgegriffen, nämlich die sachlogischen Bedingungen der tatsächlichen Herrschaft.[63] Die Anerkennung gestufter Herrschaftsbeziehungen trägt dem Phänomen Rechnung, daß eine faktische Gewalt über eine Sache nicht nur durch deren körperliche Innehabung, sondern auch durch eine *Organisation* hergestellt werden kann, deren Leiter die zentrale Macht über alle in die Organisation eingegliederten

---

61 Vgl. für den Gewahrsamsbegriff des § 242 *Schönke-Schröder*, a. a. O., Rdnr. 21.

62 Außer den Erläuterungen in den Standardkommentaren z. B. *Westermann*, Sachenrecht, S. 60 ff.; *Baur*, Sachenrecht, S. 55 ff.

63 Freilich ist die Übereinstimmung insoweit nur „einseitig", als auch Besitzmittlungsverhältnisse dem mittelbaren Besitzer einen Herrschaftsrest lassen können, s. u. Fn. 87.

Sachen besitzt. Darin finden wir die für die heutige Zeit wichtigste und kennzeichnendste Herrschaftsform überhaupt. Die klassische „Ein-Mann-Herrschaft" gilt vielleicht (wenn auch nicht mehr uneingeschränkt) noch für den Privatwagen und das Eigenheim, in der modernen Industrie und auf allen irgendwie am Prinzip der Arbeitsteilung orientierten Bereichen sind dagegen nur noch *gegliederte Herrschaftsverhältnisse* festzustellen. Die daraus folgende *Stufung der Verkehrspflichten* kann man allein mit unserer Herrschaftstheorie befriedigend erklären, und darin erblicken wir auch einen ihrer bedeutendsten Vorzüge. Auf den ersten Blick mag es zwar naheliegen, den Grund für diese Pflichtenverteilung in einer quasirechtsgeschäftlichen Übertragung bzw. Übernahme der Rechtspflicht zu sehen und die Herrschaftsbeziehung nur als die „Umschreibung des rechtlichen Könnens" zu verstehen,[64] aber mit dieser quasivertraglichen Konstruktion kann man nur die Wirkungen im „Innenverhältnis" zwischen oberstem Sachherr und Substituten erklären. Die „Außenwirkung" gegenüber der Allgemeinheit kann dagegen nur durch einen *„dinglichen"* Akt hergestellt werden, nämlich durch die Übertragung und Übernahme von Herrschaftsgewalt, die daher auch nicht Folge, sondern *Grund* der Verkehrspflichten ist.

b) Alle diese Überlegungen gelten entsprechend für die Untergruppe der *sachgebundenen Verrichtungen*. An die Stelle der unmittelbaren Sachherrschaft tritt hier die unmittelbare *Durchführung*, an die Stelle des „Oberbesitzes" tritt die *Leitung* der Verrichtung. Der *Herrschaftswille* kommt bei dieser Gruppe bereits in der Tätigkeit als solcher oder aber in ihrer Leitung durch Befehle und Anweisungen sinnfällig zum Ausdruck. Der Unterschied zur Ingerenzhaftung liegt hier darin, daß die Herrschaft und damit auch die Verkehrspflicht nicht von dem nur gedanklich faßbaren Kausalstrang bestimmt wird, sondern von dem durch die zur Verrichtung benutzten Sachen gegenständlich fixierten Bereich. Der Bauarbeiter hat den Zementmischer abzusichern und auch abzustellen, wenn ein Kind hineingeraten ist, und er muß es auch daraus befreien; zu einem Transport ins Krankenhaus ist er aber auf Grund der Verkehrspflichten nicht gezwungen.

Im übrigen dürfte diese Gruppe unproblematisch sein, weil sich in ihr Handlungs- und Unterlassungshaftung ständig überschneiden, so daß unsere Gleichstellungsmethode hier von *Evidenzerlebnissen* bestätigt wird: Ob eine Grube schon während des Ausschachtungsvorganges mit einem Zaun umgeben werden muß (so daß das Ausschachten ohne Zaun eine fahrlässige Handlung ist) oder erst danach (so daß in dem Nichtaufstellen des Zaunes eine fahrlässige

---

64 Vgl. *Welp*, a. a. O., S. 248 f.

Unterlassung liegt), kann für die strafrechtliche Wertung ersichtlich keinen Unterschied machen.[65] Daß auch der Gesetzgeber hiervon ausgegangen ist, zeigen die früheren, durch VO v. 2. 4. 1940[66] aufgehobenen Qualifikationen der fahrlässigen Tötung und Körperverletzung, die eine erhöhte Strafbarkeit für den Fall vorsahen, daß „der Täter zu der Aufmerksamkeit, welche er aus den Augen setzte, vermöge seines Amtes, Berufes oder Gewerbes besonders verpflichtet" war. Die Gleichstellung von Tun und Unterlassen war hier durch die Rezeption der Verkehrspflichten schon im Gesetzeswortlaut angedeutet.

c) Die *rechtswidrige Herrschaft* stellt *keine* Sonderform im eigentlichen Sinne dar, da für sie keinerlei Besonderheiten gelten. Als sozialfaktische Beziehung setzt die Herrschaft keineswegs rechtmäßigen Besitz voraus, sondern kann auch durch eine *rechtswidrige Okkupation* begründet werden. Wer etwa auf einem fremden Acker unerlaubt nach einem Schatz gräbt und zu diesem Zweck eine Grube aushebt, ist zu ihrer Absicherung verpflichtet, denn er übt darüber eine (wenngleich illegitime) Herrschaft aus. Erst wenn ihn der Bauer vom Felde vertreibt, verliert er diese Herrschaft und wird damit, wie noch zu zeigen ist,[67] auch von seinen Verkehrspflichten befreit. Nach „Rückeroberung" der Grube hat der Bauer wieder allein für ihre Sicherheit zu sorgen; gänzlich befreit war er davon nie, denn schon vorher übte er als Ackerbesitzer über die Grube eine Art „Nebenherrschaft" aus und hatte daher gewisse (beschränkte) Verkehrspflichten, deren Umfang von der erforderlichen Sorgfalt bestimmt wurde.

d) Die Herrschaftssonderformen spielen auch für den *Umfang der Verkehrspflichten* eine Rolle. Die größte Bedeutung hat hier die *Aufteilung* der Herrschaftsgewalt, die auch zu einer *Aufteilung der Verkehrspflichten* führt: Während den Sachnächsten die unmittelbaren Verrichtungspflichten treffen, hat der *Oberbesitzer* die Pflicht, die Tätigkeit der Unterbesitzer zu *beaufsichtigen*[68] – seiner „vergeistigten" Herrschaft entspricht also eine „vergeistigte" Garantiefunktion.

Die Garantiepflichten des Unterbesitzers bestimmen sich im einzelnen nach dem Ausmaß der erhaltenen Gewalt.[69] Das gilt auch im Verhältnis von Bauherrn, Bauunternehmer und Bauleiter: Der Unternehmer ist der Leiter der Bautätigkeit, ihn treffen daher in erster Linie die Verkehrspflichten. Der Bauherr

65 Vgl. *Welp*, Vorangegangenes Tun, S. 116 f.

66 RGBl. I S. 606; die Qualifikation wurde vom Grundtatbestand „aufgesogen".

67 s. u. 4., vgl. auch schon o. II. 3.

68 Vgl. Esser, Schuldrecht II, S. 421.

69 Vgl. RGSt. 10, 6 ff.; 16, 290 ff.; JW 1932, 431 ff. m. Anm. *v. Alsberg*; BGH VRS 6, 33 ff. (wo allerdings irrig die Kategorie des Vertrages zur Begründung herangezogen wurde); 17, 424 ff.; OLG Celle VRS 29, 23 ff.; OLG Bremen DAR 1964, 273; OLG Stuttgart (ZS) VersR 1966, 1086 f.

und der von diesem eingesetzte Bauleiter haben hier im allgemeinen nur zivilistische Ansprüche, aber keine unmittelbare Befehlsgewalt im Einzelfall und dementsprechend nur eine auf das Grundsätzliche beschränkte Überwachungspflicht[70] als Konsequenz des auch nach der Bauvergabe beim Grundstücksinhaber und Bauherrn verbleibenden Herrschaftsrestes. Dies gilt in Übereinstimmung mit der Auffassung des BGH[71] auch dann, wenn der Bauleiter (nur) nach seinem Vertrag mit dem Bauherrn zu einer umfassenden Aufsicht verpflichtet ist: Die Garantiepflicht hängt nicht von dieser zivilistischen Abmachung, sondern davon ab, ob der Architekt auch tatsächlich die Herrschaft über die Bauausführung besitzt, was wiederum voraussetzt, daß sich der Bauherr gegenüber dem Unternehmer die faktische Bauleitung vorbehalten hat; Herrschaft, die er selbst nicht hat, kann auch der Bauherr nicht übertragen. Daß auch der Gesetzgeber diese sachlogische Wahrheit inzwischen eingesehen hat, geht aus den §§ 50a III StGB, 10 III OWiG hervor, wo die Sonderpflichten des Substituten ausdrücklich von der Wirksamkeit des zivilistischen Anstellungsgeschäfts gelöst werden.[72]

3. a) Abschließend sind noch Anfang und Ende der Herrschaft näher zu betrachten. Der *Herrschaftsgewinn* kann, wie bereits bei der Behandlung des Herrschaftsbegriffs angedeutet wurde, grundsätzlich auf zwei Arten erfolgen: durch *originären Erwerb* und durch *Übernahme*. Diese Unterscheidung bedarf der Erklärung, denn man könnte auch daran denken, den Geltungsgrund der Verkehrspflichten überhaupt mit der Formel „Übernahme der Herrschaft über einen Gefahrenbereich" zu umschreiben.

Obgleich dagegen sachlich nichts einzuwenden wäre, wollen wir eine solche Terminologie doch lieber nicht benutzen, weil darin die weitere Garantenvoraussetzung, daß die Herrschaftsbeziehung noch zur Zeit der Unterlassung besteht, nicht genügend zum Ausdruck kommt. Bei den Verkehrspflichten soll die *Übernahmegarantenstellung* daher terminologisch auf die Fälle beschränkt werden, daß die Herrschaft *derivativ* erworben (d. h. jemand anderem einverständlich *abgenommen*) wird, während die Gruppe des *originären* Herrschaftserwerbs (jemand baut ein neues Haus oder nimmt ein verlassenes in Besitz) davon ausgenommen bleiben soll.

---

70 So schon RSGt. 43, 326 ff.; DJ 1940, 707 f.; BGHSt. 19, 286 ff.; vgl. auch Gallas, a. a. O., S. 34 ff. m. zahlr. Nachw. u. neuerdings BGH (ZS) NJW 1970, 2290.

71 BGHSt. 19, 286 ff.; vgl. auch OLG Hamm NJW 1971, 442. Eine uneingeschränkte Garantenstellung des Architekten besteht allerdings dann, wenn er nicht bloß „Spitzel" des Bauherrn ist, sondern tatsächlich die volle Bauleitung innehat (vgl. BGH – ZS – NJW 1970, 2290).

72 Auch diese Regelung wäre ohne unsere Herrschaftstheorie kaum verständlich, denn warum sollte ein zivilistisches nullum sonst Strafrechtspflichten erzeugen?

Von der Übernahme-Garantenstellung der h. M.[73] unterscheidet sich diese „Übernahme der Herrschaft über einen Gefahrenbereich" als Unterfall der Begründung von Verkehrspflichten dadurch, daß sie einen *Modus des* Herrschafts*erwerbs* darstellt, der durch die Ableitung der Herrschaft von einem vorherigen Gewalthaber gekennzeichnet ist (derivativer Erwerb), während die Übernahme-Garantenstellung im herkömmlichen Sinn, wie wir im nächsten Kapitel sehen werden,[74] durch das Herrschafts*substrat* (die Hilflosigkeit des Rechtsguts) bestimmt wird. Wenn diese Äquivokation des Übernahmebegriffs auch die Gefahr von Mißverständnissen birgt, so ist doch diese Gefahr, da sie einmal erkannt ist, nicht so groß, daß sie uns zu der (an sich ohne weiteres möglichen) Einführung eines neuen Terminus zwänge. Wir wollen daher für beide Gruppen den eingebürgerten Übernahmebegriff verwenden.

b) Die terminologische Unterscheidung von originärem und derivativem Herrschaftserwerb rechtfertigt sich durch die besonderen Probleme, die die derivative Herrschaftserlangung bietet. Der Akt der *Herrschaftsabnahme* entscheidet ja nicht nur über die Garantenstellung des neuen, sondern auch über die des alten Gewalthabers. Wenn dieser seine Herrschaft nur teilweise aufgibt, besteht für ihn, wie bereits bemerkt, eine *Überwachungspflicht* fort:[75] Die unmittelbaren Verrichtungspflichten gehen auf den Übernehmenden über, während die Verkehrspflichten des Übertragenden sich in Beaufsichtigungspflichten umwandeln. Wenn der Übertragende die Gewalt dagegen vollständig aufgibt, kann hierin unter Umständen eine die Erfolgszurechnung begründende Verletzung der *Herrschaftsbehauptungspflicht* liegen.[76]

c) Ebenso wie die Herrschaft durch eine Organisation verbürgt sein kann,[77] kann auch die Übernahme in Form eines *organisatorischen Aktes* erfolgen. Wer als Beamter oder Angestellter einen Posten übernimmt, in dem Herrschaftsbeziehungen institutionalisiert sind, übernimmt damit auch die zugeordnete Herrschaftsgewalt.[78]

Auf Grund der bisherigen Überlegungen dürfte wohl klar sein, daß es bei einem derartigen Organisationsakt ebenso wie bei den sonstigen Übernahmeformen nicht auf die rechtsgeschäftliche Qualität, sondern allein auf den *fakti-*

---

73 Vgl. dazu vorerst nur *Schönke-Schröder*, Rdnrn. 117 ff. vor § 1; *Jescheck*, Lehrbuch, S. 415; *Schmidhäuser*, AT, S. 535 ff.

74 s. u. S. 369 ff.

75 Vgl. aus der Rspr. BGH (ZS) NJW 1966, 2311; 1971, 44; OLG Düsseldorf NJW 1971, 65; BGH VRS 13, 15 ff., 36 ff.; 20, 284 ff.; KG (ZS) VerkMitt 1966, 67.

76 s. u. 4.

77 s. o. S. 325 f.

78 Z. B. wenn jemand in der Straßenbaubehörde das für die Verkehrssicherheit zuständige Dezernat übernimmt.

schen Vorgang und den *Effekt* der Herrschaftsübertragung ankommt. Um die garantieerzeugende Wirkung eines solchen Geschehens verstehen zu können, brauchen wir weder *Welps* rein fiktiven „intentionalen Erklärungsakt“[79] noch *Bleis* „Vertrauensbefund“,[80] die beide das wahre Verhältnis von Grund und Folge auf den Kopf stellen, und auch nicht den dubios-archaischen Kausalansatz der Ingerenztheorie,[81] der zumindest in den Fällen der Herrschaftsübertragung ohne sofortige Veränderung des Kausalgeflechts nicht weiterhilft; Grund und Grenzen der Garantiepflichten ergeben sich vielmehr allein aus unserem Herrschaftsprinzip, wie zuletzt noch an einem Fall gezeigt werden soll, dem keiner der anderen Begründungsversuche gerecht werden kann:

Wenn jemand in menschenleerer Gegend von einem sterbenden Gambusino ein tief ausgeschürftes Goldlager erwirbt und es ausbeutet, dann aber wissentlich geschehen läßt, daß ein plötzlich auftauchender Reiter in die überhaupt nicht abgesicherte Gesteinsspalte stürzt, so würden wir unserem Rechtsgefühl ohne Zögern folgen können und den Goldgräber für den Erfolg haftbar machen, denn er hatte die Herrschaft über die potentielle Gefahrenquelle übernommen. Die drei anderen Konstruktionsversuche könnten dagegen zu keiner Erfolgszurechnung kommen, denn von „intentionalen“ Übernahmeakten oder Vertrauensbefunden kann in einer ursprünglich menschenleeren Gegend keine Rede sein, und für die Ingerenztheorie würde es an der Kausalität fehlen, da der Reiter erst recht gestürzt wäre, wenn der Gambusino ohne Übertragung der Bonanza gestorben wäre.

4. Wenn man den soeben geschilderten Fall dahin abwandelt, daß der Gambusino aus der von ihm ausgehobenen Goldgrube von einem Konkurrenten gewaltsam vertrieben wird, so stößt man damit auf das interessante Problem des *Herrschaftsverlustes*, auf das vor allem *Schröder*[82] hingewiesen hat. Welchen Einfluß hat der Verlust der Gefahrenquelle auf die Verkehrspflichten des ehemaligen Inhabers?

Aus unserer obersten Richtlinie folgt zunächst, daß irgendwelche Unterlassungen nach dem Verlust der Herrschaft die Zurechnung des Erfolges an den ehemaligen Inhaber nicht mehr begründen können. Ihm fehlt dann jegliche Herrschaft über den Grund des Erfolges, und selbst wenn man ihn zur Wiedererlangung des Besitzes für verpflichtet halten wollte, wäre dies allenfalls eine Art Rettungspflicht, die keine Handlungsäquivalenz begründen könnte. In dem von

---

79 s. schon o. S. 327.
80 s. schon o. S. 277 f.
81 s. i. e. u. S. 347 ff.
82 *Schönke-Schröder*, Rdnrn. 129 ff. vor § 1.

Schröder genannten Fall,[83] daß ein Kraftfahrzeug seinem Eigentümer (und Halter) gestohlen und von dem Dieb gegen eine Mauer gefahren wird, wo es die öffentliche Sicherheit gefährdet, treffen den Eigentümer also zu diesem letzteren Zeitpunkt keinerlei strafrechtliche Garantiepflichten mehr. Das subjektive Eigentumsrecht ist ebenso wie der Programmsatz des Art. 14 II, 1 GG („Eigentum verpflichtet") vielleicht für das Enteignungs- und das Polizeirecht (§ 20 SOG) bedeutsam, für die Frage nach der Handlungsäquivalenz der Unterlassung aber völlig irrelevant.[84]

Grund der Erfolgszurechnung kann daher immer nur das *Unterlassen der Herrschaftsbehauptung* sein, das in den beiden Formen der *willentlichen Herrschaftsaufgabe* und des *unwillentlichen Herrschaftsverlustes* vorkommt. Ob außer der faktischen Herrschaft auch das Eigentum aufgegeben wird, spielt entgegen *Schröder*[85] für die Garantenhaftung keine Rolle, da das Eigentumsrecht, wie bereits dargelegt, dafür unerheblich ist. Eigentumsübertragung und vollständige Herrschaftsübertragung (also z. B. Verkauf und Vermietung eines Autos) sind daher gleich zu behandeln. Der Vermieter hat infolgedessen grundsätzlich keine Garantiepflicht, wenn der Mieter durch unsachgemäßen Gebrauch der Mietsache Gefahren hervorruft,[86] denn seine bürgerlich-rechtliche Rechtsmacht (s. § 550 BGB) begründet keine strafrechtliche Garantiepflicht. Eine derartige Haftung des Vermieters kann vielmehr nur dann angenommen werden, wenn er, wie es vor allem bei Grundstücken der Fall sein wird, nur die „Unterherrschaft" übertragen und sich die „Oberherrschaft" ausdrücklich oder stillschweigend vorbehalten hat;[87] die Pflichtenverteilung richtet sich dann nach den allgemeinen Prinzipien der gestuften Herrschaft. Auch bei der Überlassung von Kraftfahrzeugen mag im Einzelfall der Herrschaftsverlust nicht vollständig, sondern nur teilweise eintreten.[88]

Die Sorgen, daß sich bei einer solchen Auffassung jedermann seinen Verkehrspflichten durch Aufgabe der Sachherrschaft (sei es durch positives Tun,

---

83 a. a. O., Rdnr. 131 vor § 1.

84 Insoweit zutreffend auch *Welp*, a. a. O., S. 262.

85 a. a. O., Rdnrn. 129 f. vor § 1.

86 a. M. *Schönke-Schröder*, Rdnr. 130 vor § 1.

87 Vgl. § 836 BGB; die Rechtsprechung, wonach hier der mittelbare Eigenbesitz schlechthin ausreicht (KG JW 1924, 1380), könnte für das Strafrecht jedoch aus den dargelegten Gründen nicht akzeptiert werden – ein interessantes Beispiel dafür, daß die strafrechtliche Abgrenzung zwischen Herrschaft und Nichtherrschaft mit der bürgerlichrechtlichen Abgrenzung zwischen Besitzdiener- und Besitzmittlerschaft nicht völlig identisch ist!

88 Vgl. *Schönke-Schröder* a. a. O., wo jedoch die Fälle des vollständigen Herrschaftsverlustes zu sehr eingeschränkt werden (es kommt primär auf die tatsächliche Herrschaft und nicht auf die wirtschaftliche Nutzung an, die dafür nur ein – allerdings überaus wichtiges – Indiz abgibt); vgl. auch (mit allerdings unzutreffender Begründung) RGSt. 74, 185 ff.

sei es durch Unterlassen) entziehen könnte, sind unbegründet, da ja, wie bereits erwähnt, diese Aufgabe selbst als Grund für die Erfolgszurechnung in Frage kommt. Wann dies der Fall ist, hängt im Einzelfall von dem Maß der im Verkehr erforderlichen Sorgfalt ab. So gefährliche Gegenstände wie Gift und Faustfeuerwaffen sind vom Inhaber vor jedem fremden Zugriff zu bewahren und dürfen nur an Personen herausgegeben werden, deren Zuverlässigkeit vorher geprüft wurde.[89] Sachen, die bei normalem Gebrauch an sich gefahrlos sind, bei unüblicher Verwendung aber außerordentliche Risiken bergen, müssen vor Kindern immer, vor mündigen Personen jedenfalls dann verwahrt werden, wenn die Gefahr eines Mißbrauchs offen zu Tage liegt. In dem so umstrittenen „Messerfall"[90] könnten diese Voraussetzungen vorgelegen haben, denn der Angeklagte hatte sein Taschenmesser dem Haupttäter überlassen, kurz bevor dieser damit einen Menschen niederstach, und es lag wohl schon zu diesem Zeitpunkt auf der Hand, daß der Haupttäter das Messer nicht nur zum Fingernägelschneiden haben wollte. Da in diesem Fall auch kein Regreßverbot eingreift,[91] wäre nach unserer Konstruktion eine Bestrafung wegen fahrlässiger Tötung, die der BGH mit allen seinen Ingerenzreflexionen vergeblich zu begründen versucht hat, ohne weiteres in Frage gekommen; daß das Opfer nach dem Messerstich möglicherweise nicht mehr zu retten war, irritierte zwar den BGH, wäre aber für unsere auf den Zeitpunkt der Herausgabe des Messers abgestellte Wertung ganz und gar unerheblich.[92]

Der Inhaber des Gefahrenbereichs kann also nur dann wegen des *Herrschaftsverlusts* nicht bestraft werden, wenn hierbei die im *Verkehr erforderliche Sorgfalt* eingehalten wurde.[93] In diesem Fall sind die Verkehrspflichten vollständig erloschen, und zukünftige Unterlassungen könnten allenfalls nach den Grundsätzen der Ingerenzhaftung die Zurechnung des Erfolges begründen.

IV. An den Grenzen der Herrschaft

1. Die Konkretisierung unserer Richtlinie „Herrschaft über eine wesentliche Erfolgsursache" wäre unvollständig, wenn wir nicht auch den *Grat* deutlich ma-

---

89 Vgl. o. S. 232, Fn. 79.

90 BGHSt. 11, 353 ff., s. dazu *Rudolphi*, Gleichstellungsproblematik, S. 81, 171 f.

91 s. o. S. 231 ff.

92 Im konkreten Fall lag zwar ein positives Tun vor (Übergabe des Taschenmessers), doch würde dasselbe auch dann gelten, wenn der Angeklagte die Wegnahme des Messers durch den Haupttäter bloß passiv geduldet hätte.

93 Im Gambusinofall muß also gefragt werden, ob dem Gambusino zugemutet werden könnte, seine Bonanza schon deswegen zu verteidigen, weil sein Konkurrent etwa wegen mangelhafter Grubenabsicherung bekannt war. Das muß normalerweise verneint werden, so daß seine Gachen würden, der zwischen einer soeben noch bestehenden und einer gerade noch nicht vorhandenen Herrschaft verläuft; zugleich wird diese Gegenüberstellung von dem Sachverhalt nach ähnlichen, in der rechtlichen Beurteilung aber verschiedenen Sachverhalten eine strenge Kontrolle unserer Gleichstellungsmethode verbürgen.

a) Zwei Fälle sollen verdeutlichen, wo hier die Grenze liegt. Wenn jemand mit einem Lastwagen aus einer Tongrube Ton abfährt und einen Teil davon auf der Straße verliert und liegen läßt, so liegt darin eine sorgfaltswidrige Herrschaftsaufgabe, die die Zurechnung eines etwa durch die verschmutzte Straße verursachten Unfalls begründet.[94] Wenn jemand dagegen einen Baum anfährt, der infolgedessen über die Straße fällt,[95] so besteht zwischen dem Fahrer und dem Baum keine Herrschaftsbeziehung, so daß die Zurechnung eines späteren Unfalls sub specie Verkehrspflichten nicht an das Unterlassen der Beseitigung, sondern nur an die in der Kollision mit dem Baum liegende Handlung geknüpft werden kann.

b) Es ist nicht zu verkennen, daß diese Differenzierung bereits sehr subtil anmutet. Gleichwohl ist nicht zu bezweifeln, daß sie aus dem Herrschaftsprinzip mit Notwendigkeit folgt. Wir sind hier auf den *„Schmerz der Grenze“* (*Hellmuth Mayer*) gestoßen, der auch dem typologischen Denken nicht erspart bleibt. Immerhin ist diese Grenze auf der Grundlage der vorangegangenen Überlegungen deutlich zu erkennen: Während der abgefahrene Ton *mit Willen* des Fahrers auf den Wagen geladen wurde und damit eindeutig in dessen Herrschaftsbereich gelangte, wurde der Baum *ohne Willen* des Fahrers in Mitleidenschaft gezogen und stand daher in keinem Augenblick unter dessen Herrschaft. Die Differenzierung ist somit nicht nur vor unserem Ansatz gerechtfertigt, sondern auch von ihm direkt erzwungen.

c) Dadurch werden wir aber nicht der Prüfung enthoben, ob diese Unterscheidung denn materiell gerecht erscheint oder nicht vielmehr von dem Rechtsgefühl als willkürlich zurückgewiesen wird; die obigen Fälle werden daher geradezu zum *Prüfstein* unserer Gleichstellungstheorie. Wenn unser Ansatz auch dem ersten Anschein nach dadurch in die Defensive gerät, zeigt doch eine nähere Untersuchung, daß er sich gerade an diesen Konstellationen auf das trefflichste bewährt.

---

rantenstellung mit dem Verlust der Grube erlosch (anders die Ingerenztheorie, die zu dem unmöglichen Ergebnis kommen müßte, daß der Gambusino noch im hohen Greisenalter für alle Gruben verantwortlich ist, die er jedmals in seinem Leben ausgehoben hat).

94 Vgl. OLG Düsseldorf (ZS) DR 1939, 1892 f., und auch OLG Braunschweig DR 1944, 627 f.

95 Vgl. OLG Celle NJW 1969, 1184 f.

Bei der prima-facie-Betrachtung wird nämlich übersehen, daß der Erfolg ja in beiden Fällen zugerechnet wird, im Baumfall auf Grund der Herrschaft über den Wagen, im Tonkuhlenfall auf Grund der Herrschaft über den Ton. Der Unterschied liegt lediglich darin, daß im Baumfall bereits das Anfahren des Baumes, im Tonkuhlenfall dagegen erst das Nichtaufsammeln der Tonbrocken einen Herrschaftsexzeß darstellte (denn das Mitnehmen des Tons war noch verkehrsgemäß und das unvermeidbare Herunterfallen einzelner Brocken dementsprechend auch). Im ersten Fall war daher die Gefahrenquelle „Auto", im zweiten Fall dagegen die Gefahrenquelle „Ton" Bestandteil des jeweiligen Herrschaftsbereichs. Der die Straße versperrende Baum gehörte dagegen nicht zum Gefahrenbereich des Autofahrers, sondern stellte eine lediglich durch den Kausalnexus verknüpfte Folge dar! Aus diesem Grunde kann der Baumfall mit dem Tonkuhlenfall gar nicht direkt verglichen werden; um analog zu sein, müßte der Tonkuhlenfall dahin abgeändert werden, daß auf den Tonbrocken bereits jemand verunglückt ist und nunmehr dessen Transport ins Krankenhaus unterlassen wird. Dann zeigt sich auf der Stelle, daß das Rechtsgefühl bisher durch vordergründige Zufälligkeiten des Sachverhalts verblüfft wurde und erst nach dieser Aufhellung der in beiden Fällen anzutreffenden kategorialen Strukturen zu einem beachtlichen Votum in der Lage ist, zu dem Votum nämlich, daß die Differenzierung zwischen der ersten und zweiten Fassung des Tonkuhlenfalls und damit auch die unterschiedliche Behandlung von Tonkuhlenfall (1. Fassung) und Baumfall auf der Grundlage der Verkehrspflichten nicht nur formal gerechtfertigt ist, sondern auch sachlich einleuchtet. Obgleich sowohl die Nichtbeseitigung des Baumes als auch die Nichtbeseitigung der Tonbrocken eine Ordnungswidrigkeit nach § 32 StVO in Verbindung mit § 24 StVG darstellen, kann diese in Form eines *echten* Unterlassungsdelikts durchgeführte positivrechtliche Verschleifung nichts daran ändern, daß beide Fälle unter dem Blickwinkel des auf dem Herrschaftsprinzip basierenden *unechten* Unterlassungsdelikts nicht unter einen Hut zu bringen sind.

2. Nach allem ist man dort an den Grenzen der Herrschaft angelangt, wo *tatsächliche Einflußmöglichkeit* und *Herrschaftswille* nicht mehr zur *Deckung* gelangen; die Inpflichtnahme durch eine spezielle Rechtsnorm kann daran nichts ändern. Ein weiteres instruktives Beispiel bildet hierfür die Pflicht des Grundbesitzers, den Fußweg vor seinem Grundstück (vor allem von Schnee) zu reinigen („*Streupflicht*"). Wenn diese Pflicht auch nach § 5 des preußischen Wegereinigungsgesetzes in Verbindung mit den jeweiligen Ortssatzungen zumeist den Anliegern übertragen ist, so kann doch die Handlungsäquivalenz des Nichtstreuens nicht durch diese öffentlich-rechtliche Pflicht, sondern erst durch die tatsächliche willentliche Übernahme der Unterherrschaft über die in der Oberherrschaft der Gemeinde stehenden Fußwege begründet werden. Das bedeutet:

Die Gemeinde, die *nach* Abnahme der Streuherrschaft als Oberherrin eine Aufsichtspflicht behält,[96] ist *vor* der Übernahme (etwa wenn sich jemand unter Berufung auf die angebliche Ungültigkeit der einschlägigen Ortssatzung hartnäckig weigert) strafrechtlich allein haftbar. Ebenso wie bei zivilrechtlichen Verträgen erst die tatsächliche Übernahme die Garantenstellung zum Entstehen bringt,[97] kann auch eine öffentlich-rechtliche Pflicht ohne die erforderliche Herrschaftsübernahme keine Handlungsäquivalenz begründen; auch bei der Streupflicht hängt die strafrechtliche Bewertung daher von dem tatsächlichem Antritt ab.[98]

3. Schon bei der Konfrontation von Tonkuhlen- und Baumfall konnte die Frage kaum unterdrückt werden, ob diese subtilen Differenzierungen nicht alle wieder in dem Eintopf der Ingerenz-Garantenstellung zusammengekocht würden und nicht infolgedessen von vornherein müßig seien. Bevor wir uns dementsprechend ein abschließendes Urteil über die Ingerenz-Garantenstellung erarbeiten, wollen wir jedoch das Spektrum der Verkehrspflichten im Lichte der Rechtsprechung und ihrer faktischen Geschehenstypen farbig und inhaltserfüllt hervortreten lassen, einerseits, um auch bis zur letzten Stufe der Konkretisierung vorzudringen, andererseits, um aus der Ingerenz-Garantenstellung von vornherein die Fälle auszugrenzen, deren Strafbarkeit schon aus einer Verletzung von Verkehrspflichten folgt.

V. Die Verkehrspflichten im Spiegel der Rechtsprechung

1. a) Während die Verkehrspflichten im bürgerlichen Deliktsrecht eine schlechthin überragende Bedeutung besitzen, ist ihre Resonanz im Strafrecht vergleichsweise gering geblieben. Im Schrifttum ist die garantenbegründende Wirkung der Verkehrssicherungspflicht zwar seit längerem anerkannt,[99] die Allgemeinheit des dahinter stehenden Prinzips aber nur selten herausgearbeitet. In der Rechtsprechung sind die Verkehrspflichten noch seltener erwähnt worden.[100] Der

---

96 Vgl. BGHZ 27, 278.

97 So die h. M., s. eingehend unten S. 339 f.

98 Vgl. OLG Celle NJW 1961, 1939 ff.; OLG Hamm (ZS) VersR 1964, 125 f. m. Anm. *v. Maase*; BGH (ZS) NJW 1970, 95 f., die alle zu dem richtigen Ergebnis kommen; im Fall der Übernahme durch einen Dritten nach § 6 II prWegereinigungsG scheidet der Anlieger aus jeder Herrschaftsbeziehung aus, so zutreffend *Esser*, Schuldrecht II, S. 422, gegen *Otto* NJW 1968, 1236.

99 Nachw. bei *Welp*, a. a. O., S. 245 f., Fn. 314–319; ob *Stratenwerth*, wie *Welp* meint, ein Gegner dieser Auffassung ist, kann aus seinen Ausführungen in ZStW 68, 61 f., nicht mit Sicherheit entnommen werden, da sie sich nur auf die Frage beziehen, wann in einem Unterlassen ein Angriff im Sinne des § 53 gesehen werden kann.

100 Vgl aber neuestens BGH NJW 1971, 1093, 1094.

Grund dafür liegt auf der Hand: Da sich die Ingerenztheorie schon sehr früh durchgesetzt hatte, konnten fast alle Fälle über diesen Leisten geschlagen werden, und eine besondere Dogmatik der Verkehrspflichten brauchte (anders als im Zivilrecht) nicht entwickelt zu werden. Da die Ingerenz jedoch, wie wir gesehen haben, die Existenz der Verkehrspflichten nicht befriedigend zu erklären vermag, kann man von dem sachlichen Gehalt der Rechtsprechung erst dann ein zutreffendes Bild gewinnen, wenn man alle Entscheidungen nach ihrer *materiellen Aussage* klassifiziert und in die beiden Gruppen der *Verkehrspflichten* und der *Ingerenzhaftung* einteilt. Bei einem solchen Vorgehen wird sich zeigen, wie gering die Anzahl der echten Ingrenzentscheidungen in Wirklichkeit ist und daß die Verkehrspflichten der Sache nach auch im Strafrecht die Ingerenzfälle an praktischer Bedeutung eindeutig überragen. Ferner wird dabei sichtbar werden, daß die Rechtsprechung auf dem Gebiet der Verkehrspflichten durchweg zu befriedigenden Ergebnissen gelangt, obwohl sie nur selten von dem richtigen Lösungsprinzip ausgegangen ist. Daran ist erstens zu erkennen, was für ein hoher Evidenzgrad die Verkehrspflichten auszeichnet, und zweitens, daß hier der berechtigte Kern sämtlicher Ingerenztheorien zu finden ist.

b) Die folgende Darstellung der auf den Verkehrspflichten beruhenden Strafrechtsprechung ist an den faktischen Geschehenstypen orientiert, um auf diese Weise ein Beispiel für die letzte Stufe der auf diesem Gebiet noch zu leistenden Entnormativierungsarbeit zu bieten. Verschiedentlich wurden zur Abrundung des Bildes auch Erkenntnisse von Zivilgerichten berücksichtigt.

2. Als klassisches Beispiel sei am Anfang die Rechtsprechung zu den Verkehrspflichten des *Hundehalters* erwähnt. Die Sicherungspflichten des „Hundeherrchens“ sind dem Grunde nach so unbezweifelbar, daß die Diskussion eigentlich immer nur um die im einzelnen bestehenden Sorgfaltsanforderungen geführt werden kann. Unter diesen Umständen mutet es einigermaßen sonderbar an, mit welchen Konstruktionen das OLG Bremen die Garantenstellung eines Ehemannes bezüglich eines zwar der Ehefrau gehörenden, aber im gemeinsamen Herrschaftsbereich stehenden Hundes begründete;[101] Ingerenz und eheliche Lebensgemeinschaft brauchten in einem derartig eindeutigen Herrschaftsfall wirklich nicht geprüft zu werden, wie die vergleichbare Entscheidung eines Zivilsenats des OLG Celle deutlich macht.[102] Dieses Urteil stellt zugleich ein interessantes Beispiel dar für einen sorgfaltswidrigen Teilverlust der Herrschaft: Die Mutter durfte nicht dulden, daß ihre kleinen Kinder mit dem kaum erzogenen Hund auf die Straße gingen. Diese Verkehrspflicht zur Beaufsichtigung des Hundes in der Öffentlichkeit ist in § 28 StVO positiviert worden,

101 NJW 1957, 72 f.
102 NJW 1970, 202 f.

allerdings infolge der Sozialüblichkeit der Tierhaltung in ziemlich bescheidenem Umfange: Der Führer braucht nur zu einer „ausreichenden Einwirkung" in der Lage zu sein, und die Rechtsprechung hat es daher zugelassen, daß ein straßensicherer Hund auch einmal von der Leine befreit wird.[103] Daß eine solche Großzügigkeit bei ersichtlich bösartigen Hunden aber nicht in Frage kommt, zeigt ein Urteil des österreichischen Obersten Gerichtshofs.[104]

3. Als nächste Gruppe wollen wir die ebenfalls alteingesessenen Verkehrspflichten im Hinblick auf ein *gefährliches Gelände* an Hand einiger exemplarischer Entscheidungen betrachten. In früherer Zeit ging die Hauptgefahr offenbar von Gruben aus, wie ja auch die Existenz des § 367 I Nr. 12 zeigt. Daß die Absicherungspflicht hier nicht an das Eigentum oder sonst eine Berechtigung anknüpft, sondern den tatsächlichen Inhaber oder Verwalter (z. B. einer Jauchegrube) trifft, hat das RG schon sehr früh erkannt.[105]

Die Vertauschbarkeit von Absicherungs- und Warnungspflicht ist an einer Reihe von Entscheidungen zu erkennen, die teilweise auf der Verkehrssicherungspflicht i. e. S. beruhen. Eine jedwedem Besucher geöffnete Treppe darf keine unüblichen Gefahren bergen[106] und muß auf jeden Fall beleuchtet sein.[107] Verkehrshindernisse müssen ausreichend sichtbar sein,[108] ggf. muß durch ein Warnschild auf sie hingewiesen werden.[109] Ein bloßes Schild mit der Aufschrift „Auf eigene Gefahr" reicht dann nicht aus, wenn die drohenden Gefahren objektiv nicht erkennbar sind.[110]

Daß die Verkehrspflichten auch eine regelmäßige Überprüfung des eigenen Herrschaftsbereichs gebieten, hat der BGH im Hinblick auf die von umsturzgefährdeten Grabsteinen ausgehenden Gefahren ausgesprochen.[111]

Besondere Probleme bieten die Verkehrspflichten gegenüber „trespassers", d. h. rechtswidrig in den Gefahrenbereich eindringenden Personen. Gegenüber derartigen Eindringlingen wird im allgemeinen keine Sicherungspflicht bestehen, jedoch mit einer wichtigen Ausnahme: Kinder müssen vor ihrem eigenen Mutwillen geschützt werden.[112] Dies wird vom BGH in der zu Unrecht gelob-

---

103 OLG Hamm VRS 14, 472; KG VRS 21, 143; OLG Bremen VRS 23, 41.

104 ÖJZ 1963, 21.

105 RGSt. 6, 64 f.; 15, 58 f.

106 BGH (ZS) VersR 1964, 1245 f.

107 RGSt. 14, 362 ff.

108 KG VRS 13, 472 f.

109 BGH (ZS) NJW 1962, 791 ff.

110 OLG Stuttgart (ZS) VersR 1961, 1026 ff.

111 BGH (ZS) NJW 1961, 868 ff.

112 So zutreffend der BGH im „Steinbruchfall", MDR 1953, 20 (*Dallinger*); eingehend OLG Stuttgart (ZS) VersR 1966, 1086 f. m. weit. Nachw.; vgl. auch den „Sportplatzfall", BGH VRS 18, 48 ff. und DAR 1962, 68. Die Entscheidung des RG in DR 1944, 442 f. weicht nicht ab, denn hier ten[113] „Bahndammentscheidung“[114] völlig verkannt. Der angeklagte Behördenleiter hatte einen über bahneigenes Trümmergelände führenden Pfad zuschütten lassen; als die Bevölkerung einen neuen Trampelpfad wählte, unternahm er dagegen nichts. Auf diesem neuen Pfad verunglückte ein Kind tödlich. Wenn der BGH dazu ausführt, daß das in dem Zuschütten des alten Pfades liegende rechtmäßige Vorverhalten keine Garantenstellung begründen könne,[115] so liegt das neben der Sache und ist lediglich ein schönes Beispiel für die Untauglichkeit des Ingerenz-Ansatzes zur Erfassung der Verkehrspflichten. Entscheidend war allein die Herrschaft über das gefährliche Gelände, das gegenüber Kindern nicht hinreichend abgesichert war; an der Vorhersehbarkeit des Unfalls wird man in einem derartigen Fall entgegen der Ansicht des BGH kaum zweifeln können.

4. Von den zahlreichen Entscheidungen, die zu den Verkehrspflichten bei *Bauarbeiten* und anderen *gewerblichen Tätigkeiten* ergangen sind, kann ebenfalls nur eine beschränkte Auswahl berücksichtigt werden.[116] Der Zusammenhang von Sicherungs- und Warnungspflichten zeigt sich hier wieder einmal darin, daß gefährliche Baustellen nicht nur abzusperren, sondern auch mit Warnlampen zu sichern sind.[117] Über das Verhältnis von umittelbarer Handlungspflicht und Aufsichtspflicht bei gestuften Herrschaftsverhältnissen sprechen sich zahlreiche Entscheidungen aus,[118] wobei man sich darüber einig ist, daß die Aufsichtspflichten durch keine rechtliche Direktionsbefugnis, sondern durch die *tatsächliche Leiterstellung* begründet werden.[119] Merkenswert ist noch, daß die Verkehrspflichten bei gewerblicher und baulicher Tätigkeit nicht nur gegenüber der Allgemeinheit („nach außen“), sondern auch gegenüber den Arbeitern selber („nach innen“) bestehen (s. § 120a GewO).[120]

5. Die Zahl der Entscheidungen, die die Verkehrspflichten in Bezug auf *Kraftfahrzeuge* betreffen, ist Legion. Hier kann nur ein kleiner, auf das Grundsätzliche beschränkter Ausschnitt gegeben werden, während für alle Einzelfra-

---

entsprach die Einzäunung des gefährlichen Geländes in Anbetracht der Kriegsverhältnisse dem objektiven Sorgfaltsmaßstab.

113 Vgl. etwa *Rudolphi*, Gleichstellungsproblematik, S. 80, 167 f.

114 BGHSt. 3, 203 ff.

115 a. a. O., S. 205.

116 Vgl. zu den dabei auftauchenden Fragen im einzelnen *Gallas*, Die strafrechtliche Verantwortlichkeit der am Bau Beteiligten, S. 32 ff.

117 BGH VRS 16, 28 ff.; OLG Hamm NJW 1959, 1551.

118 Vgl. nur RGSt. 19, 204 ff.; 57, 148 ff.; 75, 296 ff.; RG GA 44, 398 ff.; bay ObLGSt. 1953, 233 f.

119 RG DJ 1940, 707 f. m. w. Nachw.

120 RGSt. 63, 211 ff.; BGH MDR 1951, 274 (*Dallinger*).

gen auf die Spezialregelungen dieses Gebietes, die StVO und StVZO, und ihre Kommentierungen verwiesen werden muß.

a) Erste Voraussetzung für die Gestattung des riskanten Autofahrens ist die *Betriebssicherheit* des Kraftwagens, denn sonst sind die Grenzen des erlaubten Risikos von vornherein überschritten. Wenn man die Fälle, in denen die Benutzung eines defekten Fahrzeugs zu einem Unfall geführt hat, normalerweise auch als Begehungstaten bestrafen wird, so kommen hier doch durchaus Gestaltungen in Frage, bei denen eine reine Unterlassung vorliegt, und zwar vor allem bei gestuften Herrschaftsbeziehungen: Was für den „Unterherrn", den Fahrzeugführer, fahrlässige Begehung ist, bedeutet für den „Oberherrn", z. B. den Betriebsinhaber oder, allgemeiner gesprochen, den *Halter*, eine fahrlässige Unterlassung. Die Verkehrspflicht des Halters besteht im allgemeinen in der regelmäßigen Inspektion des Wagens,[121] während der Führer sich vor Antritt der Fahrt vergewissern muß, daß Bremsanlage, Bereifung und Beleuchtung intakt sind.[122] Diese Fälle bieten überhaupt ein schönes Beispiel dafür, daß der Fahrlässigkeitsvorwurf in den meisten Fällen nicht gegen die Handlung als solche, sondern gegen eine darin steckende (begleitende oder vorangehende) Unterlassung gerichtet ist (*„gemischte Fahrlässigkeit"*); die Verkehrspflicht besteht hier immer nur im Hinblick auf eine beabsichtigte Veränderung des von der Gefahrenquelle ausgehenden Gefahrenbündels. *Reine Begehungs*fahrlässigkeit gibt es, wie schon *Arm. Kaufmann* bemerkt hat,[123] nur dann, wenn eine sorgfaltsgemäße Steuerung der Handlung von vornherein ausgeschlossen war.[124] *Reine Unterlassungs*fahrlässigkeit kommt schließlich dann vor, wenn eine komplementäre Handlung entweder ganz fehlt oder vorangeht. Die evidente Wertäquivalenz dieser drei Fahrlässigkeitsformen beweist wieder einmal die sachlogische Richtigkeit unseres Herrschaftsprinzips. Zur weiteren Illustration sei noch je eine Gruppe der gemischten und der reinen Unterlassungsfahrlässigkeit gestreift.

b) Vor dem Anfahren muß sich der Fahrzeugführer vor allem bei Lastwagen überzeugen, daß sich niemand – sei es auch verbotenerweise – im toten Winkel aufhält.[125] Ein weiteres interessantes Beispiel für eine derartige Verkehrspflicht gegenüber „trespassers" bietet eine Entscheidung des Reichsgerichts, in der ein

121 S. z. B. BGH (ZS) VersR 1965, 473 f.; ferner BGH VRS 17, 388 ff.; 22, 211 ff., 281 ff.; instruktiv zu den Halterpflichten auch OLG Düsseldorf NJW 1971, 65.

122 BGH VRS 15, 431 f.; DAR 1961, 341; BGHSt. 17, 277 ff.; NJW 1964, 1631 f.

123 Normentheorie, S. 284 f.

124 Man hat hierfür den Terminus „Übernahmefahrlässigkeit" geprägt, s. *Jescheck*, Lehrbuch, S. 384.

125 BGH VRS 20, 126 ff.; 23, 37 ff.

Straßenbahnschaffner für verpflichtet erklärt wurde, einem rechtswidrig auf die fahrende Bahn springenden Passanten die Türe zu öffnen, um die für diesen auf dem Trittbrett drohenden Gefahren zu beseitigen.[126] Wenn man liest, wie schwer sich das RG getan hat, diese Rechtspflicht auf die Amtsstellung des Schaffners zu stützen, so wirkt die Ableitung aus dem Herrschaftsprinzip wohltuend gradlinig. Während der Straßenbahnführer die von der Geschwindigkeit der Straßenbahn ausgehenden Gefahren beherrscht, hat der Schaffner die Türen in seiner Gewalt und hat daher die davon ausgehenden Risiken zu entschärfen.

Grundsätzliche Beachtung verdienen zwei Entscheidungen, in denen der Angeklagte für verpflichtet erklärt wurde, zu seiner Unterstützung eine Hilfsperson hinzuzuziehen;[127] wenn der Herrschaftsbereich von einer Person nicht mehr übersehen werden kann, ist man also zu einer Delegation von Herrschaftsteilen verpflichtet!

c) Der Grundfall des Nichtabbremsens in einer gefährlichen Situation[128] hat die Rechtsprechung schon häufig beschäftigt.[129] Während es sich hierbei je nach der konkreten Sachlage um gemischte oder um reine Unterlassungsfahrlässigkeit handeln kann, stellt die ebenfalls häufig abgeurteilte Nichtabsicherung eines liegengebliebenen Fahrzeugs immer eine reine Unterlassung dar.[130]

d) Eine Pflicht zur *Herrschaftsbehauptung* ist bei Kraftfahrzeugen in der Form anerkannt, daß der Halter und der Führer eines Wagens verpflichtet sind, dessen Benutzung durch Unkundige oder Unbefugte (und damit präsumtiv Ungeeignete) zu verhindern. Die in der StVO darüber getroffene Bestimmung (§ 14 II, 2) stellt nur die Positivierung eines Rechtsgebots dar, das sich bereits zwanglos aus unserem Herrschaftsprinzip ergibt,[131] weswegen die im StVG nur für den Halter normierten Verkehrspflichten (s. § 21 I Nr. 2) auch den Fahrzeugführer treffen.[132] Auch hier kann wieder die reine Unterlassungsfahrlässigkeit (Pflicht zum Absichern des geparkten Fahrzeugs)[133] von der gemischten unterschieden

126 RG JW 1932, 2087.

127 RGSt. 77, 64 ff. (hier ist allerdings der Rechtswidrigkeitszusammenhang zweifelhaft, so daß der Fall eher mit BGH VRS 20, 126 ff. (o. Fn. 124) zu vergleichen ist); BGHSt. 2, 226 ff.

128 s. o. S. 240.

129 Vgl. nur RG JW 1937, 2645 f.; bayObLG VRS 19, 128 ff.; BGHSt. 17, 223 ff.

130 Vgl. RG DJZ 1930, 1592 f.; JW 1932, 801 f.; RGSt. 74, 195 ff.; BGHSt. 4, 360 ff.; vgl. auch BGH (ZS) NJW 1969, 1206, und die „gemischten Fälle“ RGSt. 63, 392 ff. (wo eine Garantiepflicht des ebenfalls unbeleuchtet Vorausfahrenden zutreffend mangels Herrschaftsdelegation verneint wurde) und BGH VRS 10, 359 ff.; s. ferner OLG Celle NJW 1970, 1091.

131 Vgl. auch die ganz in diesem Sinn begründete Entscheidung des OLG Oldenburg in VRS 26, 354 ff. und zuletzt BGH (ZS) NJW 1971, 459 f. m. zahlr. Nachw.

132 OLG Karlsruhe NJW 1965, 1773 ff.

133 BGH VRS 14, 197 ff.; 20, 282 ff.

werden (bevor man einem anderen das Fahrzeug überläßt, muß man sich von dessen Fahrtüchtigkeit überzeugen).[134] Der BGH hat in seinen beiden Urteilen zum „Rollerfall“[135] sogar ausgesprochen, daß solche Pflichten auch den Beifahrer träfen, was prima facie zwar absonderlich erscheint, für den konkreten Fall (ein Motorroller war mit vier Personen besetzt, und durch diese Überbesetzung wurde ein tödlicher Unfall verursacht) aber zutreffen dürfte. Grund des Erfolges war hier die Überlassung des Rollers, und der Soziusfahrer übte darüber kraft der Herrschaft über seinen Körper eine Teilherrschaft aus. Die daraus erwachsende Pflicht, im Fall der vom Fahrer geduldeten Überbesetzung eines Fahrzeugs auszusteigen, erscheint auch rechtspolitisch durchaus vernünftig; die Strafbarkeit kann schließlich nicht von der Reihenfolge des Einsteigens abhängen.[136]

6. Dieser geraffte Rechtsprechungsüberblick dürfte unsere These, daß die Verkehrspflichten der Sache nach auch von den Strafgerichten anerkannt sind und den größten Teil der sog. Ingerenz-Garantenstellung ausmachen, hinreichend bewiesen haben. Zugleich dürfte namentlich die Rechtsprechung zu den Verkehrspflichten in Bezug auf Kraftfahrzeuge gezeigt haben, wie leicht sich unser Ansatz im Einzelfall konkretisieren läßt, zumal wenn (wie hier in Gestalt der StVO und StVZO) bereits eine befriedigende „engere rechtliche Ordnung“ existiert. Nachdem wir auf diese Weise die nach unserer eigenen Methode uns obliegende Aufgabe gelöst haben, soll auch unsere endgültige Stellungnahme zur „Garantenstellung aus vorangegangenem gefährlichen Tun“ nunmehr nicht länger auf sich warten lassen. Zu ihrer Vorbereitung wollen wir zuvor diejenigen Entscheidungen zusammenstellen, die nicht nur der Formulierung, sondern auch der Sache nach auf der Annahme einer Ingerenz-Garantenstellung beruhen; auf diese Weise werden wir die Konstellationen kennenlernen, bei denen die Ingerenzhaftung nach Anerkennung der Verkehrspflichten überhaupt noch relevant werden kann. Anschließend werden wir dann an Hand unserer übergeordneten Richtlinie die endgültige Prüfung vornehmen.

VI. Der wahre Bereich der Ingerenzrechtsprechung

Wie bereits erwähnt, ist die Anzahl der Entscheidungen, die allein durch die Annahme einer Ingerenz-Garantenstellung begründet werden können, verhält-

---

134 bayObLG VRS 9, 208 ff.; BGH VRS 12, 51 ff.; 13, 470 f.; OLG Hamburg VRS 25, 433 ff.; OLG Oldenburg VRS 26, 354 ff.; BGH VRS 27, 184 ff.; OLG Karlsruhe NJW 1965, 1773 ff.

135 VRS 17, 277 ff.; 18, 415 ff.

136 Der BGH begründet dies mit § 1 StVO, doch kann ein Verstoß gegen diese Generalklausel die Handlungsäquivalenz natürlich nur insoweit rechtfertigen, als ihm eine Herrschaftsbeziehung zugrunde liegt.

nismäßig gering.[137] Um einen klaren Überblick zu ermöglichen, werden diese Urteile hier in vier Gruppen eingeteilt: *eigene Straftat* als Vorhandlung (1.), Ausschenken von *Alkohol* oder Mitzechen als Vorhandlung (2.), *Nichthinderung* eines *Selbstmordes* (3.) und schließlich Nichthinderung einer *fremden Straftat* (4.).

1. Die die Gemüter heute am meisten erhitzende und im allgemeinen Bewußtsein geradezu archetypische Konstellation findet sich im Fall des Autofahrers, der einen Passanten anfährt und dann im Blute liegen läßt, um unerkannt zu entschwinden und so einem drohenden Strafverfahren aus dem Wege zu gehen. Daß der Autofahrer hier eine Garantenstellung auf Grund vorangegangenen gefährlichen Tuns besitzen und deswegen wegen Totschlags zu verurteilen sein soll, wenn er eine mögliche Rettung unterläßt, hat der BGH zweimal dezidiert ausgesprochen.[138] Daß der BGH diese Linie seitdem nicht im mindesten aufgegeben hat, zeigt ein im Jahre 1966 veröffentlichtes Urteil,[139] in dem er einen Notzuchtstäter für verpflichtet erklärt hat, das Opfer, das infolge der Notzucht einen Kollaps erlitt, durch Herbeiholen eines Arztes zu retten; da der Kollaps möglicherweise auf jeden Fall tödlich war, kam nach Ansicht des BGH allerdings nur ein Tötungsversuch in Frage. Denselben Standpunkt hat unser höchstes Kriminalgericht bereits früher im Hinblick auf eine lebensgefährliche Körperverletzung als Vortat vertreten.[140] Wenn man noch ein Erkenntnis aus dem Jahre 1954 hinzunimmt, in dem der BGH einen voll schuldhaft handelnden Deliktsgehilfen aus Ingerenz für verpflichtet hielt, die Tat zu verhindern,[141] so hat man die zahlenmäßig kleine „Kerntruppe" der Ingerenzrechtsprechung des BGH beisammen. Wenn der BGH, wie *Pfleiderer*[142] herausgestellt hat, auch nicht immer nach den Grundsätzen dieser Entscheidungen judiziert hat, so findet sich doch – und das ist das wichtigste! – kein einziges Urteil, in dem der BGH an den Grundfesten dieser Rechtsprechung gerüttelt hätte. Es läßt sich sogar ein Urteil finden, in dem der BGH eine anscheinend auf der Ingerenzhaftung beruhende Verurteilung wegen versuchten Totschlags bestätigte, ohne über das Garantenproblem überhaupt nur ein einziges Wort zu verlieren.[143] Die

---

137 In diesem Zusammenhang sind natürlich nur die Urteile im Rahmen von Tötung und Körperverletzung erfaßt. Die Ingerenzurteile beim Meineid sind schon oben behandelt worden (S. 200 ff.), die restlichen Entscheidungen gehören in den Besonderen Teil.

138 BGHSt. 7, 287 ff.; VRS 13, 120 ff.

139 MDR 1966, 24 (*Dallinger*); vgl. auch bayObLG NJW 1957, 1485.

140 BGHSt. 14, 282 ff.; eine Bestrafung wegen Totschlags scheiterte in diesem Fall an dem mangelnden Vorsatz des Täters.

141 BGH JR 1954, 271; die Frage war deswegen wichtig, weil der Gehilfe zwischen Beihilfe und Haupttat 18 Jahre alt wurde, so daß der BGH ihn als Heranwachsenden behandeln konnte.

142 Garantenstellung, S. 14 ff.

143 BGHSt. 15, 345 ff.

Heranziehung der Ingerenz-Garantenstellung bei vorsätzlichen Tötungsdelikten, die zum ersten Mal in den Dreißiger Jahren zu beobachten ist[144] und eigentlich erst vom OGH ohne weitere Umschweife anerkannt wurde,[145] ist also in der Rechtsprechung des BGH zum niemals offen angezweifelten Dogma erstarrt.

2. Ob allerdings jede Vorhandlung zur Begründung einer Garantenstellung ausreicht bzw., wenn nicht, welche Anforderungen daran im Einzelfall zu stellen sind, ist heute in der Rechtsprechung immer noch völlig ungeklärt. Das deutlichste Beispiel wird hierfür von den *„Alkohol-Urteilen"* abgegeben, die in erklecklicher Anzahl zu der Frage ergangen sind, ob das Mitzechen oder das Verabreichen von Alkohol als garantenpflichtbegründende Vorhandlung in Frage kommt. Klarheit herrscht nur insoweit, als das bloße *Mitzechen* keine Garantenstellung begründen soll, weder gegenüber dem Zechkumpan[146] noch gegenüber der Allgemeinheit.[147] Aber schon die Einschränkung, daß etwas anderes dannn gelten könne, wenn der andere zum Trinken beeinflußt werde,[148] läßt den Pferdefuß hervorblicken, denn die gegenseitige Anfeuerung zum Trinken stellt ja schließlich das einende Band und belebende Element einer jeden Zechrunde dar. Daß von einer so rigorosen Ingerenztheorie erhebliche Gefahren für die private Gastfreundschaft drohen, hat das RG schon im Jahre 1932 bemerkt[149] und die Garantiepflichten des Alkoholspenders vorsorglich auf den Fall begrenzt, daß der Gast die eigene Beherrschung und das erforderliche Augenmaß verliere oder von vornherein nicht besessen habe.[150] Schon bald zeigte sich aber die Dehnbarkeit dieser Formel. In der ersten Entscheidung, die den *Alkoholausschank* an Kraftfahrer betrifft,[151] bestrafte das RG unter Berufung auf § 16 GaststättenG a. F. einen Gastwirt, der einem Kraftfahrer vor dessen tödlicher Trunkenheitsfahrt Alkohol ausgeschenkt hatte, wegen fahrlässiger Tötung durch Begehung (nämlich durch den Ausschank von Alkohol). Der BGH blieb anfangs in diesen Gleisen und wechselte lediglich auf die Unterlassung über, indem er

---

144 RGSt. 66, 71 ff. (Vortat: § 221; daneben stützte sich das RG aber noch auf die zwischen dem Unterlasser und dem Opfer, seinem neugeborenen unehelichen Kinde, bestehende persönliche Beziehung); in RG JW 1930, 1595 m. zust. Anm. v. *Ebermayer* (Vortat: versuchte Abtreibung) hatte das RG noch auf die Übernahmegarantenstellung zurückgegriffen.

145 OGHSt. 1, 357 ff.; 2, 63 ff.

146 bayObLG NJW 1953, 556 f.; BGH NJW 1954, 1047 f. m. Anm. v. *Heinitz* JR 1954, 270; KG VRS 10, 138 ff.; SchlHOLG SchlHA 1958, 341 f.; OLG Düsseldorf NJW 1966, 1175 f.

147 OLG Oldenburg NJW 1961, 1938 f.

148 bayObLG NJW 1953, 556; BGH NJW 1954, 1048.

149 JW 1932, 3270 f.

150 Ebenso OLG Karlsruhe JZ 1960, 178 f. m. Anm. v. *Welzel*: Garantiepflicht des Gastgebers setze Zurechnungsunfähigkeit, mindestens aber absolute Fahrunfähigkeit des Gastes voraus.

151 RG JW 1938, 1241.

den Gastwirt auf Grund des vorangegangenen gefährlichen Alkoholausschanks für verpflichtet erklärte, die Trunkenheitsfahrt des Gastes zu verhindern.[152] Diese Inpflichtnahme der Gastwirte hat der BGH zwar im Jahre 1963 eingeschränkt und damit den in der Literatur dagegen vorgebrachten Einwänden[153] Rechnung getragen, ohne doch dabei das Problem der an die Vorhandlung zu stellenden Anforderungen wesentlich zu klären.

In dieser Entscheidung[154] formuliert der BGH vorsichtig, nicht jedes sozial übliche Verhalten (wie es das Ausschenken alkoholischer Getränke darstelle) könne auch zur Ingerenzhaftung führen; das Ausschenken von Alkohol komme hierfür nur unter den Voraussetzungen des § 16 I Nr. 3 GaststättenG (a. F.) in Frage, d. h. wenn der Gast bedeutende körperlich-geistige Ausfallerscheinungen zeige; eine Rechtspflicht zur Verhinderung der Trunkenheitsfahrt bestehe daher nur bei alkoholbedingter Unzurechnungsfähigkeit des Gastes. Daß diese Entscheidung so überwiegend Zustimmung gefunden hat,[155] muß trotz ihrer scheinbaren Lebensnähe überraschen, krankt sie doch an einem unauflösbaren inneren Widerspruch: Gefährlich sind ja nicht die Schnäpse, die der Betrunkene und daher bereits Zurechnungsunfähige trinkt, sondern allein die, die ihm seine Fahrtüchtigkeit geraubt haben! Und selbst wenn man die Gefahrbegründung nicht in dem Ausschluß der Fahrtüchtigkeit, sondern erst in dem Ausschluß der Verantwortlichkeit sehen will, bleibt es dabei, daß der entscheidende Schnaps an einen noch Verantwortlichen ausgeschenkt wird! Die beabsichtigte Harmonisierung mit § 16 I Nr. 3 GaststättenG (a. F.) ist dem BGH daher nicht gelungen.[156]

3. Die Erwartung, daß BGHSt. 19, 152 ff. eine Wende in der Ingerenzrechtsprechung des BGH bedeuten könnte, wäre auch deswegen reichlich gewagt, weil der BGH in allen anderen einschlägigen Entscheidungen[157] niemals bezweifelt hat, daß jede beliebige Vorhandlung zur Begründung einer Garantenstellung ausreicht. Die hervorstechendsten Beispiele sind hierfür zwei Entschei-

---

152 BGHSt. 4, 20 ff.; VRS 6, 447 ff. (mit Erwägungen zur Zumutbarkeit, die den forschen Ingerenz-Leitsatz freilich weitgehend entwerteten und im Ergebnis einen Freispruch zeitigten); vgl. auch OLG Düsseldorf VerkMitt 1960, 17, wo der betrunkene Autofahrer selbst zu Tode kam und der Gastwirt wirklich nach § 222 verurteilt wurde.

153 Vgl. *Welzel*, Strafrecht, 7. Aufl., S. 190; *Schönke-Schröder*, 11. Aufl., Rdnr. 80 vor § 1.

154 BGHSt. 19, 152 ff.

155 Ablehnend eigentlich nur *Geilen* JZ 1965, 469 ff.

156 Seine Schlußbemerkung, daß bei Alkoholüberempfindlichkeit des Gastes ein Eingreifen des Wirtes auch vor Verlust der Zurechnungsfähigkeit rechtlich geboten sein könne, ist gänzlich ungereimt und läßt den Leser an dem Gedankengang des BGH endgültig irre werden; denn daß eine „strafrechtliche Verfehlung des Gastes“ droht, die „mit auf die Alkoholbeeinflussung zurückzuführen wäre“, gilt schließlich bei jeder Trunkenheitsfahrt!

157 D. h. bei den Tötungsdelikten, anders beim Meineid, s. o. S. 229; s. aber auch u. S. 346.

dungen, in denen der BGH die fahrlässige Ermöglichung eines *Selbstmordes* als garantenpflichtbegründend angesehen hat,[158] obwohl doch sogar die vorsätzliche Beihilfe zum Selbstmord straflos ist (weswegen denn auch das RG in einem vergleichbaren Fall[159] eine Garantenstellung nicht einmal erwogen hatte).

4. Eine ähnliche Entwicklung findet sich bei der *fahrlässigen Beihilfe* als Vortat. Die erste Entscheidung dieser Art stammt aus den Dreißiger Jahren[160] und stellt noch ein etwas wirres Konglomerat dar von aktiver Beihilfe, Garantenpflicht aus Ehe sowie aus § 330c (!) und Ingerenz. Doch schon bald darauf sah das RG eine ehebrecherische Liebesbeziehung als garantenpflichtbegründende Vorhandlung zu der Nichthinderung eines Gattenmordes an,[161] und der OGH erblickte in dem Transport von Gefangenen außerhalb ihrer sicheren Gefängnisse ein gefährliches Tun, das eine Garantenstellung zur Abwehr von Angriffen begründe, die von dritter Seite gegen den Gefangenen erfolgten.[162] Auf dieser Bahn ist der BGH fortgeschritten und hat sowohl eine Abtreibung, die zur Geburt eines lebenden Kindes führte und dieses dadurch dem tödlichen Zugriff der Großmutter aussetzte, als auch die unvorsätzliche Herausgabe des Tatmittels (eines später zur Tötung benutzten Taschenmessers) als vorangegangenes gefährliches Tun im Sinne der Ingerenzformel angesehen.[163]

5. Die in der Literatur so beliebte *Notwehr-Vorhandlung*[164] hat die Rechtsprechung in früheren Jahren, soweit ersichtlich, niemals beschäftigt. In einer neuen, apodiktisch kurzen Entscheidung[165] hat der BGH für diese Fälle die Anwendung des Ingerenzprinzips *abgelehnt* und damit die in BGHSt. 19, 152 ff. begonnene Restriktion fortgesetzt. Die vom BGH dafür gegebene (knappe) Begründung ist jedoch ausschließlich auf den „Sinn des Notwehrrechts" zugeschnitten und kann daher keinesfalls als Anzeichen für ein allgemeines Abrücken des BGH vom Ingerenzdogma gedeutet werden.

6. *Zusammenfassend* ergibt sich damit folgendes Bild: Eine Garantenstellung aus Ingerenz ist bei den Tötungs- und Körperverletzungsdelikten vom Reichsgericht der Sache nach erstmals in den Dreißiger Jahren verschiedentlich anerkannt worden, ohne daß man doch in diesen häufig noch auf andere Gründe gestützten Entscheidungen bereits den Beginn einer gefestigten Ingerenz-

---

158 BGH JR 1956, 347 f. m. Anm. v. *Maurach*; FamRZ 1960, 402 f.
159 RGSt. 70, 313 ff.
160 RGSt. 71, 187 ff.
161 RGSt. 73, 52 ff.
162 OGHSt. 2, 11 ff., 63 ff.; zu dem wahren Grund der Garantenstellung in diesen beiden Fällen s. u. S. 387.
163 BGH LM Nr. 10 vor § 47; BGHSt. 11, 353 ff.
164 S. z. B. oben S. 252 ff.; *Welp*, Vorangegangenes Tun, S. 265 ff. m. zahlr. Nachw.
165 BGHSt. 23, 327 m. abl. Anm. v. *Welp*, JZ 1971, 433.

rechtsprechung sehen könnte. Erst in der Nachkriegszeit läßt sich ein – zahlenmäßig allerdings immer noch geringer – Bestand an Urteilen finden, in denen die Garantenstellung mit begriffsjuristischer Unbekümmertheit (man möchte fast sagen: im Brustton der begriffsjuristischen Überzeugung) aus dem Ingerenz-Obersatz abgeleitet wird. Wenn der BGH auch die in diesen Entscheidungen ausgesprochenen Grundsätze manchmal selbst stillschweigend mißachtet haben mag,[166] so fällt doch weitaus stärker ins Gewicht, daß er sie nirgends offen angezweifelt hat; es darf daher die Vermutung gewagt werden, daß die Masse der Instanzgerichte ebenfalls nach diesen Leitsätzen judiziert und deren Wirksamkeit im „gelebten Recht" daher größer ist, als die wenigen BGH-Entscheidungen erkennen lassen. Dies gilt um so mehr, als die Ingerenz-Garantenstellung als solche im Schrifttum nahezu einhellig anerkannt ist,[167] so daß eine Revision gegen ein Ingerenzurteil von vornherein aussichtslos erscheinen mußte. Ob die einschränkenden Ausführungen des BGH im 19. Bande der amtlichen Sammlung[168] hier eine allzu große Änderung bewirkt haben, erscheint mindestens zweifelhaft, denn erstens sind sie, wie dargelegt, in sich widersprüchlich, zweitens sind sie infolge ihrer vorsichtig-tastenden Diktion nur für den Spezialfall der Gastwirtshaftung ergiebig, und drittens stellen sie – ebenso wie die neue Entscheidung zur Notwehr-Vorhandlung[169] – die Ingerenz-Garantenstellung nicht grundsätzlich in Frage, sondern setzen ihre Existenz in der Hauptsache voraus. Das Problem der Ingerenzhaftung zählt daher heute noch genau so wie vor 100 Jahren zu den *Kernfragen* einer jeden Gleichstellungstheorie, mag sie nun naturalistisch, soziologistisch, normativistisch oder „sachlogistisch" orientiert sein.

---

166 Dahingehend *Pfleiderer*, Garantenstellung, S. 14 ff.

167 Grundsätzliche Bedenken haben in letzter Zeit nur *Welzel* (JZ 1958, 494 und Strafrecht, S. 216), *Henkel* (MKrim 1961, 185, 190) und *Pfleiderer* (Garantenstellung, S. 81 ff. und passim) angemeldet; im übrigen halten außer der gesamten Lehrbuch- und Kommentarliteratur auch die neueren Monographien an der Ingerenz-Garantstellung fest (*Schönke-Schröder*, Rdnr. 119 vor § 1; *Dreher*, Vorbem. D I 4 vor § 1; *Kohlrausch-Lange*, Vorbem. II 3d vor § 1; *Lackner-Maassen* II 1b dd vor § 1; *LK* I S. 37 (*Nagler-Mezger*); *Jescheck*, Lehrbuch, S. 415 f.; *Maurach*, AT, S. 516 ff.; *Baumann*, Strafrecht, S. 237 f.; *Mezger-Blei*, AT, S. 89 f.; *Mezger*, Lehrbuch, S. 147; früher *v. Hippel*, Strafrecht II, S. 163 ff.; Lehrbuch, S. 101 f.; *v. Liszt-Schmidt*, S. 191; *Olshausen*, Vorbem. 7c vor § 47; von den Monographen außer den im 2. Teil behandelten auch *Granderath*, Vorangegangenes gefährdendes Verhalten, S. 156 ff. u. passim). Auch *Schmidhäuser* (AT, S. 538 ff.) erkennt das Ingerenzdogma im Prinzip an; kritisch jedoch neuestens auch *Roxin*, Kriminalpolitik und Strafrechtssystem, S. 19; vgl. auch neuestens *Stratenwerth*, AT, S. 265 ff., der trotz prinzipieller Skepsis im Ergebnis doch eine maßvolle Ingerenzhaftung befürwortet.

168 S. 152 ff.

169 BGHSt. 23, 327.

VII. Eigene Stellungnahme

1. Bevor wir die Ingerenz-Garantenstellung an unserer obersten Gleichstellungsrichtlinie messen, wollen wir uns die Frage vorlegen, ob denn nach Anerkennung der Verkehrspflichten für die Ingerenzhaftung überhaupt noch ein *kriminalpolitisches Bedürfnis* besteht und woraus sich dieses gegebenenfalls herleitet.

a) Zur *Begründung der Erfolgshaftung* ist die Ingerenz-Garantenstellung sicherlich *nicht* mehr vonnöten, denn sämtliche ernsthaft strafwürdigen Fälle werden entweder qua Handlung oder qua Verkehrspflicht erfaßt. Wie leicht das ausgewogene System von sozialen Sorgfaltspflichten durch den plumpen Ingerenzansatz durcheinander geraten kann, ist etwa an der Gastwirtshaftung vortrefflich zu erkennen. Hier kann es doch nur darum gehen, ob das Ausschenken von Alkohol an Kraftfahrer sorgfaltswidrig ist (und daher eine Erfolgszurechnung qua Handlung begründet[170] oder ob es sich innerhalb des erlaubten Risikos hält und daher keine Verantwortlichkeit begründet. Die Konstruktion, der Gastwirt dürfe dem Kraftfahrer erst bis zum Eintritt der Zurechnungsunfähigkeit Schnaps servieren, müsse aber anschließend alle von diesem ausgehenden Gefahren bannen, ist dogmatisch unhaltbar[171] und darüber hinaus seltsam lebensfremd, denn ein noch so staatsbewußt gesinnter Gastwirt wird zwar einem betrunkenen Gast den Bierhahn zudrehen, ihm aber nicht gleich den Autoschlüssel entreißen; wenn die Rechtsprechung ihn in solchen Fällen zum Polizeibüttel macht, so stellt das einen eindeutigen Übergriff des Strafrechts in das Gewerberecht dar, dem derartige Pflichten unbekannt sind.[172]

Daß in den Selbstmordfällen mit Ingerenztheorien keine Lorbeeren zu ernten sind, lehrt schon die einfachste Überlegung, denn an der gesetzlichen Wertentscheidung, sogar die vorsätzliche Beihilfe zum Selbstmord straflos zu lassen, kann man auch mit der ausgeklügeltsten dogmatischen Konstruktion nicht vorbeikommen.

In der oben unter VI,1 betrachteten Gruppe war der Erfolg immer schon über die Vorhandlung zurechenbar, und in den Beihilfefällen gilt nichts anderes: Da der quasi-negatorische Abwendungsanspruch den äußersten Rahmen der Ingerenzhaftung abgibt,[173] kann eine „objektive Beihilfe" nur dann eine taugliche Vorhandlung sein, wenn sie entweder vorsätzlich erfolgt[174] oder wenigstens dem objektiven Verletzungstatbestand unterfällt, und das heißt: wenn sie im Fall der Fahrlässigkeit die Erfolgszurechnung begründet.

---

170 Vgl. auch *Cramer* GA 1961, 100 f.

171 s. o. S. 344.

172 Ein Beispiel für die Fruchtbarkeit des Sekundaritätsprinzips!

173 s. o. S. 205 f., 235 ff., 250 ff.

174 s. o. S. 235 f.

b) Die *Notwehrkonstellation* ist somit der einzige Fall, bei dem eine Erfolgszurechnung weder über die Vorhandlung noch über die Verkehrspflichten stattfinden kann. Gerade hier ist aber die kriminalpolitische Wertung, daß der Verteidiger nicht wegen Totschlags bestraft werden soll, so evident,[175] daß die Forderung nach einer Ingerenzhaftung in diesem Fall nur Produkt einer begriffsjuristischen Autosuggestion des Rechtsgefühls sein kann; der Hinweis, man dürfe den Angreifer nicht fried- bzw. rechtlos stellen,[176] verschlägt demgegenüber nicht, denn es geht gar nicht um irgendeine Fried- oder Rechtlosigkeit (die nämlich schon infolge der Existenz des § 330c nicht im mindesten zu befürchten ist),[177] sondern allein um die Frage, ob der Verbrecher einen mit der *Totschlagsstrafdrohung* sanktionierten Anspruch auf Rettung aus den Konsequenzen seines schurkischen Tuns haben soll. Daß dies bei einer durch keine begriffsjuristischen Spitzfindigkeiten getrübten axiologischen Betrachtungsweise ganz und gar ausscheidet, scheint uns völlig sicher; nicht ohne Zufall hat sich schließlich auch in der Rechtsprechung keine einzige die Strafbarkeit bejahende Entscheidung zur Notwehr-Vorhandlung finden lassen.

c) Ein kriminalpolitisches Bedürfnis nach der Ingerenzhaftung kann damit nicht aus einem Wunsche nach der Erfolgszurechnung schlechthin gespeist werden, sondern nur durch die Empfindung, daß für diese Fälle der Fahrlässigkeitsstrafrahmen nicht ausreichen könne. Auf der anderen Seite ist die überwiegende Meinung aber zu der zutreffenden Erkenntnis gelangt, daß der Totschlagsstrafrahmen entschieden zu hoch ist, weswegen mit unterschiedlicher Begründung eine Milderung nach Beihilfegrundsätzen gefordert wird.[178] Wenn das dogmatisch zum Allgemeinen Teil gehörende Problem, ob der Unterlasser aus dem Täter- oder aus dem Gehilfenstrafrahmen zu bestrafen ist, hier auch

---

175 Das zeigt sich deutlich an der Argumentation von *Kaufmann-Hassemer* im Spaziergängerfall (s. o. S. 252 ff.); im übrigen ist nur darauf hinzuweisen, daß die so wünschenswerte „Verteidigung der Rechtsordnung“ den Verteidiger doch wohl vernünftigerweise nicht mehr belasten darf als den gleichgültigen Zuschauer. So neuerdings zutreffend auch BGHSt. 23, 328; *Stratenwerth*, AT, S. 267; die dagegen von *Herzberg* in JuS 1971, 76 vorgebrachte Kritik fußt letztlich nur auf der auch von ihm (a. a. O., S. 75) unternommenen *normentheoretischen* Begründung des Ingerenzprinzips, mit der wir uns bereits eingehend auseinandergesetzt haben (s. o. S. 116 ff.).

176 Vgl. *Baumann*, Strafrecht, S. 237; *Nagler*, LK, Anh. 2 B I 3a (S. 38); *Heinitz* JR 1954, 270; *Maurach*, AT, S. 517; *Welp*, Vorangegangenes Tun, S. 273.

177 Wenn man dagegen vorbringen wollte, die Verletzung in Notwehr sei kein „Unglücksfall“, so spräche das erst recht *gegen* eine Garantenstellung, denn es wäre paradox, wenn ein unter dem Blickwinkel des § 330c Unwürdiger einen mit der Strafdrohung des § 212 verbundenen Anspruch auf Rettung haben sollte. Vgl. neuestens auch BGHSt. 23, 327.

178 Vgl. *Armin Kaufmann*, Dogmatik, S. 303; *Welzel*, Strafrecht, S. 222; *Grünwald* ZStW 70, 423; GA 1959, 115; *Roxin*, Täterschaft, S. 501; *Gallas* ZStW 80, 20; *Jescheck*, Lehrbuch, S. 407.

nicht näher behandelt werden kann, so sind doch die axiologischen Einsichten, die aus der darüber geführten Diskussion erwachsen sind, für unsere Zwecke ungemein wertvoll, wie vor allem an der die Auseinandersetzungen zu einem gewissen Abschluß führenden Stellungnahme von *Roxin* gesehen werden kann. *Roxin* plädiert ausdrücklich für eine nur *fakultative* Strafmilderung bei den Unterlassungsdelikten, weil in allen Fällen der „*sozialen Tatherrschaft*“ die Strafwürdigkeit des Unterlassens nicht geringer sei als die eines aktiven Tuns.[179] Wenn man untersucht, welchen Sinngehalt dieser Begriff der „sozialen Tatherrschaft“ bei Roxin besitzt, so stellt man fest, daß er zwar etwas enger ist als die von uns mit der „Herrschaftsrichtlinie“ intendierte Bedeutung,[180] im Prinzip aber schon genau in die Richtung weist, die wir im ersten Abschnitt dieses Teils eingeschlagen haben.[181] Wenn *Roxin* im Ergebnis zu einer Zweiteilung der Unterlassungsdelikte in solche mit und solche ohne (insgesamt also: fakultative) Strafmilderung gelangt ist, so beruht das allein darauf, daß er bei seiner Systembildung von dem bis heute fast unangefochtenen Bestand der herrschenden Gleichstellungsdoktrin ausging und diese nicht grundsätzlich in Frage stellte; da die h. M., wie *Roxin* klar herausgearbeitet hat, unter dem Formalbegriff der „Garantenstellung“ zwei axiologisch ganz verschiedene Unterlassungstypen zusammengefaßt hat, konnte sein System infolge des Grundsatzes der *Substratadäquanz* gar keine andere Gestalt annehmen. Nachdem wir jedoch die bereits von *Roxin*[182] angedeutete „radikale Umgestaltung der Unterlassungslehre“ als notwendig erkannt haben, ist der Weg frei geworden für eine von den herrschenden Dogmen ungetrübte axiologische Bestandsaufnahme: Es gibt einen Bereich begehungsgleicher Unterlassungen, die den Handlungen an Unrecht und Strafwürdigkeit vollkommen gleichstehen („unechte Unterlassungen“), und daneben einen Bezirk „qualifizierter echter Unterlassungen“, die dem positiven Tun keinesfalls gleichkommen, aber eben doch strafwürdiger sind als die „schlichten echten Unterlassungen“ des quivis ex populo. Zu diesem Zwischenreich gehört auch die Ingerenz, deren geringerer Unrechtsgrad schon von *Traeger* betont wurde.[183]

d) Unrecht und Strafwürdigkeit der Ingerenzfälle liegen daher unter § 212 (bzw. §§ 223 ff.) und über § 330c. Die Heranziehung der für das vorsätzliche Be-

179 Täterschaft, S. 502.

180 *Roxin* betont noch stark den Unterschied von Sicherung und Rettung, der nach unseren Ergebnissen wesentlich für die Herrschaft über den Kausalverlauf ist (s. o. S. 318 ff.), nicht aber, wie noch zu zeigen sein wird, für die Herrschaft über die Anfälligkeit des Opfers (s. u. S. 341 ff.); vgl. dazu auch schon oben S. 95 ff.

181 Vgl. *Roxin*, Täterschaft, S. 465 ff.

182 a. a. O., S. 467; vgl. nunmehr auch *Roxin*, Kriminalpolitik und Strafrechtssystem, S. 18 ff.

183 Problem der Unterlassungsdelikte, S. 107, 113.

gehungsdelikt konzipierten Strafrahmen erscheint daher axiologisch ganz und gar unangebracht, und die Versuche, die daraus erwachsenden unliebsamen Konsequenzen durch eine aus dem Gesetzestext nicht ableitbare obligatorische Strafmilderung zu vermeiden, legen erst recht die Vermutung nahe, daß es sich bei der Heranziehung der §§ 212, 223 um einen typischen Fall der *Normenerschleichung* handelt.

2. Diese Vermutung wird denn auch durch eine kritische Prüfung an Hand unserer Gleichstellungsrichtlinie bestätigt; zugleich können wir damit den sachlogischen Grund für die *wertmäßige Ungleichheit* der *Ingerenzhaftung* mit der *Begehung* erkennen.

a) Die Herrschaft des Unterlassers liegt bei den Ingerenzfällen vollständig in der Vergangenheit und weist daher nicht die nach unseren Überlegungen erforderliche, in die Zukunft gerichtete *Aktualität* auf. Zum Zeitpunkt der Unterlassung unterscheidet sich der Ingerent in keiner Weise von dem quivis ex populo, beide besitzen lediglich eine durch die Abwendungsmöglichkeit gekennzeichnete *potentielle Herrschaft* über das Geschehen. Durch die Vorhandlung hat der Ingerent den Kausalverlauf aus seinem Herrschaftsbereich (dem eigenen Körper, dem Auto, dem Haus) „entlassen" und sich damit seiner Herrschaft unter Verletzung der daraus erwachsenen Sorgfaltspflichten entäußert – was, wie wir bereits gesehen haben, die Zurechnung des Erfolges begründet. Gerade deswegen steht er aber dem weiteren Geschehen ontologisch wie jeder andere auch gegenüber, die nunmehr folgenden Stationen des Kausalverlaufes können seiner Herrschaftssphäre nur über den auslösenden Akt zugerechnet werden. Wenn der Ingerent plötzlich dolos wird, so ist das ein Vorsatz ohne Herrschaft und daher bloßer böser Wille ohne Tat. Eine Herrschaft bedarf eines gegenständlichen Substrats, in dem sie wirkt; der bloße Kausalverlauf kommt dafür nicht in Frage, wenn man nicht in den Fehler verfallen will, die (aktuelle) Herrschaft mit der (potentiellen) Abwendungsmöglichkeit gleichzusetzen.

Auch eine Herrschaft über die Anfälligkeit des Opfers läßt sich nicht begründen. Zwischen Ingerent und Opfer besteht keine von dem Kausalverlauf unterscheidbare Beziehung, die hierfür das Fundament abgeben könnte. Es fehlt an dem erforderlichen *Herrschaftswillen*, der, wie im nächsten Kapitel zu zeigen ist, bei dieser zweiten Form eine noch größere Rolle spielt als bei der Herrschaft über die Gefahrenquelle,[184] und außerdem an der *Unterwerfung* des Opfers, die bei eigenverantwortlich handelnden Person die Voraussetzung jeder fremden Herrschaft ist.[185]

---

184 S. schon oben S. 268, 324.

185 s. u. S. 380 ff.

b) Unter dem leitenden Gesichtspunkt der „Herrschaft über den Grund des Erfolges“ ist zwischen der Begehung und der Ingerenzhaftung daher keinerlei Gleichheit, sondern nur Verschiedenheit aufzuweisen. Da der kritische Teil dieser Arbeit ergeben hat, daß auch die Bezugspunkte der „Abhängigkeit“ oder der „sozialen Schutzfunktion“ keine Einheit zu stiften vermögen,[186] und da auch keine sonstigen vorrechtlichen Gemeinsamkeiten ersichtlich sind, die als Voraussetzungen der Bestrafbarkeit in Frage kämen, kann die Übereinstimmung allein in dem Rechtsprädikat der *Normwidrigkeit* liegen. Da die Normwidrigkeit eines Verhaltens zwar Voraussetzung, aber nicht Grund seiner Strafbarkeit ist, ist diese Übereinstimmung zur Begründung einer Ingerenz-Garantenstellung von vornherein untauglich; gleichwohl soll sie hier noch etwas näher betrachtet werden, weil sich daraus ein weiteres Argument gegen die Ingerenztheorie gewinnen läßt.

Wie wir im zweiten Teil unserer Untersuchung gesehen haben,[187] läßt sich die Pflicht zur Abwendung eines aus einer vorangegangenen gefährlichen Handlung drohenden Erfolges zwar rechtsdogmatisch begründen, aber nicht aus einem personalen Zurechnungsprinzip, sondern nur aus einer am bloßen Kausalnexus orientierten *Veranlassungshaftung*. Diese Veranlassungshaftung mag in der zivilistischen „Zustands- und Risikoordnung“ ihre Berechtigung haben, in dem an der *Personhaftigkeit* des Menschen orientierten Strafrecht[188] ist sie dagegen fehl am Platze. In diesem Prinzip der personalen Verantwortlichkeit liegt denn auch der tiefere Grund für unsere Forderung nach einem durch einen Herrschaftswillen konstituierten Herrschaftsbereich. Die willentlich ergriffene Herrschaft ist ein Stück der personalen Sphäre des Menschen, sie beruht auf seinem wirklichen Wollen und ist daher unmittelbares Objekt der Anforderungen des Rechts. Die Ingerenzsituation ist dagegen nur die kausale Folge eines Herrschaftsaktes und kann daher niemals unmittelbar zur Person zugerechnet werden, sondern nur mittelbar über die auslösende Handlung. Durch die Annahme einer Ingerenz-Garantenstellung würde dieser Kreis „kurzgeschlossen“, und indem man die Ingerenzsituation zum unmittelbaren Objekt der rechtlichen Anforderungen nehmen würde, gäbe man die personale Sphäre als Grund der Erfolgszurechnung zugunsten einer bloßen Kausalhaftung auf. Der entscheidende *Bewertungsunterschied*, der zwischen der aktuellen Erfolgsbeherrschung und der Erfolgsverursachung besteht, würde damit verschüttet, und die

---

186 s. o. § 8 und § 12.

187 s. o. S. 200 ff.

188 Vgl. nur *Arthur Kaufmann*, Festschr. f. H. Mayer, S. 116 f.; darin bestand ja auch schon immer das berechtigte Grundanliegen des Finalismus.

strafrechtliche Zurechnung wäre auf eine archaisch-primitive und sonderbar mechanistische Grundlage gestellt.

3. a) Eine Begehungsgleichheit der Ingerenzhaftung ist daher auf Grund der *Natur der Sache* ausgeschlossen. Wenn auch der Gesetzgeber vielleicht in Ausübung seines legislatorischen Ermessens für beide Fälle die gleiche Strafe vorsehen könnte, so hat er dies doch durch die stillschweigende Zusammenfassung von Begehung und begehungsgleicher Unterlassung jedenfalls nicht getan, und die Handlungsäquivalenz der Ingerenzfälle läßt sich daher auf dem Boden des geltenden StGB nicht begründen. Der Versuch, die materiell gerechte Strafe durch eine Heranziehung des Totschlagsstrafrahmens[189] mit fakultativer oder obligatorischer Strafmilderung nach Beihilfegrundsätzen zu erreichen, läßt sich auf das Strafgesetz nicht zurückführen und stellt daher *freie Rechtssetzung zu Lasten des Unterlassers* dar, die in klarer und eindeutiger Weise gegen den *nulla-poena-Satz* verstößt.[190] Da die Ingerenzhaftung mangels Begehungsgleichheit nicht dem Totschlagstatbestand zugeordnet werden kann und eine vollständig darauf zugeschnittene Strafvorschrift im StGB nicht existiert, kann die Bestrafung ohne Verstoß gegen Art. 103 II GG nur aus den §§ 222,[191] 330c erfolgen. Alles andere würde eine Ableitung der Strafbarkeit allein aus der Strafwürdigkeit bedeuten, die von Verfassungs wegen ausgeschlossen ist.

b) Wenn somit auch nach unserer Auffassung de lege lata keine spezifische Strafvorschrift für die Ingerenzfälle zur Verfügung steht, so kann doch darin *keine* unerträgliche *Strafbarkeitslücke* gesehen werden. Wie bereits dargelegt,[192] kommt ja eine Bestrafung erstens aus dem Fahrlässigkeitstatbestand und zweitens aus § 330c in Frage, wobei im Falle einer volldeliktischen Vortat (etwa Notzucht oder Körperverletzung) sogar die Erfolgsqualifizierungen der §§ 178, 226 u. ä. einschlägig sind, die schon von sich aus exorbitant hohe Strafrahmen besitzen. Man geht wohl nicht fehl in der Annahme, daß diese enorme Strafschärfung gerade auch zur Abgeltung der für solche Fälle typischen Unterlassungen dient, denn andernfalls würde sie geradezu als Rückfall in die Lehren des versari in re illicita erscheinen. Da die Tatbestandshandlungen des § 330c und der fahrlässigen Erfolgsdelikte verschieden sind und infolgedessen keine besonderen Bedenken gegen die aus kriminalpolitischen Gründen gebotene Annahme von *Realkonkurrenz* bestehen,[193] ist gemäß §§ 75, 19 bei Nichtabwendung des

---

189 Der Totschlagstatbestand wird hier und im folgenden als pars pro toto für die vorsätzlichen Erfolgstatbestände verwendet.

190 Vgl. dazu oben S. 286 ff.

191 Wenn die Vorhandlung objektiv und subjektiv fahrlässig war.

192 s. o. S. 347 f.

193 Vgl. auch *Schönke-Schröder*, § 73 Rdnr. 19; *Jescheck*, Lehrbuch, S. 481.

Todes immerhin Freiheitsstrafe bis zu 5 Jahren und 11 Monaten möglich, und bei Nichtabwendung einer Körperverletzung kann die aus den §§ 230, 330c, 75 entnommene Strafe sogar höher ausfallen als bei einer vorsätzlichen einfachen Körperverletzung nach § 223. Damit dürften auch schwerwiegende Ingerenzfälle hinreichend abzugelten sein. Daß der besondere Zusammenhang, der zwischen der fahrlässigen Tötung und der unterlassenen Hilfeleistung besteht, im Urteilstenor nicht zum Ausdruck kommt, wiegt angesichts dieses beträchtlichen Strafrahmens nicht so schwer, als daß eine Mißachtung der Verfassung dadurch gerechtfertigt werden könnte.

c) *De lege ferenda* ist allerdings zu fordern, daß für die spezifische Ingerenzkonstellation eine spezifische Strafvorschrift bereitgestellt wird. Die Ingerenzfälle sind gewissermaßen ein Gegenstück zu den erfolgsqualifizierten Delikten: Diese sind eine Kombination aus vorsätzlicher Handlung und fahrlässiger Erfolgsherbeiführung, die Ingerenzhaftung wird durch fahrlässige Erfolgsherbeiführung und vorsätzliche Nichtabwendung gekennzeichnet. Aus den im einzelnen dargelegten Gründen kommt für sie keine Aufwertung zu einem unechten Unterlassungsdelikt in Frage,[194] sondern nur eine *Qualifizierung des § 330c.* Eine taugliche Vorlage bietet § 232 II E 1962,[195] der jedoch in mindestens einem Punkte der Korrektur bedarf: Die u. a. auf die Ingerenzhaftung gemünzte Subsidiaritätsklausel muß wegfallen oder mindestens so entschärft werden, daß sie lediglich auf die echten Herrschaftsfälle bezogen werden kann. Außerdem ist daran zu denken, für die Nichtabwendung einer Körperverletzung eine mildere und für die Nichthinderung eines Todesfalles eine schärfere Strafdrohung vorzusehen. Ob das ganze wie bisher als Gefährdungsdelikt oder aber in Zukunft als Unternehmens- oder Erfolgsdelikt auszugestalten ist, müßte noch geprüft werden; wegen der notorischen Schwierigkeiten bei der Feststellung der Unterlassungskausalität verdient wohl die bisherige Fassung den Vorzug.

4. Mit dieser totalen *Verwerfung* einer reinen Ingerenz-Garantenstellung sind auch die vor allem von *Welp*[196] betonten *„Unterlassungsmomente der Begehung“* hinfällig geworden – eine begrüßenswerte Konsequenz, denn die Konstruktion dieser „Unterlassungsmomente“ mutet von vornherein überspitzt an und ist auch zur Erzielung billigenswerter Ergebnisse nicht geboten. Zur näheren Begründung können hier nur noch einige Andeutungen gegeben werden.

---

194 § 12 AE, der dies vorsieht (s. u. S. 379), ist daher insoweit strikt abzulehnen; daß inzwischen auch im Kreise der Verfasser des Alternativentwurfs dagegen Bedenken bestehen, zeigt die Bemerkung in AE Besonderer Teil, Delikte gegen die Person I, S. 61.

195 § 232 II E 1962 lautet: „Hat der Täter den Unglücksfall, die Gefahr oder die Not verursacht, so ist die Strafe ... (schwerer) ..., wenn die Tat nicht in anderen Vorschriften mit schwererer Strafe bedroht ist.“

196 Vorangegangenes Tun, S. 321 ff.

a) Den Grund für die „Unterlassungsmomente der Begehung" erblickt *Welp* darin, daß auch die volldeliktische Vorhandlung eine Garantenstellung begründe und der Täter daher aus Ingerenz zum Rücktritt vom Versuch verpflichtet sei. Daß eine solche Pflicht auf Grund des Veranlassungsprinzips existiert, haben wir schon gesehen; wir haben aber ebenfalls bereits festgestellt, daß diese Pflicht gewissermaßen minderer Qualität ist und kein Verbotsäquivalent darstellt. Das wird von der gesetzlichen Rücktrittsregelung in § 46 Nr. 2 bestätigt. Die Erfüllung einer sogar strafrechtlich sanktionierten Pflicht wäre wohl kein Anlaß, um auf eine bereits entstandene Versuchsstrafbarkeit zu verzichten.[197] Und da der mißlungene Rücktrittsversuch vor der Strafe wegen vollendeter Erfolgsherbeiführung nicht bewahrt, erweist sich die angebliche unechte Unterlassung zwischen Versuch und Vollendung als völlig irrelevant, denn ihr Fehlen hat auf die Strafbarkeit keinen Einfluß. Zu welch ungereimten Ergebnissen *Welp* gedrängt wird, zeigt der von ihm selbst[198] gebildete Fall, daß jemand von dem beendeten Versuch der Vergiftung eines fremden Hundes zurücktreten will, dazu aber nicht mehr kommt, weil er statt dessen in Erfüllung einer aus § 330c erwachsenden Pflicht ein fremdes Kind rettet. *Welp* will hier eine Pflichtenkollision (!) annehmen und damit die vollendete Sachbeschädigung rechtfertigen, obwohl doch der Täter hier nicht mehr Nachsicht verdient als im Fall des erfolglosen Rücktrittsversuches, bei dem ihm das Gesetz das Risiko des Erfolgseintritts auferlegt.

b) Zu den übrigen Anwendungsfällen *Welps* (die Unterlassung nach beendetem Versuch sei ein Angriff im Sinn des § 53, sie ermögliche den nachträglichen Eintritt von Qualifizierungsgründen und bestimme den Beginn der Verjährung)[199] ist folgendes zu sagen: 1) Wie heute weitgehend anerkannt wird,[200] ist die Notwehr und damit auch der Begriff des „Angriffs" nicht auf die Verhaltens-, sondern auf die Zustandsordnung bezogen und daher keinesfalls mit der Tathandlung gleichzusetzen.[201] 2) Die Berücksichtigung von nachträglich eingetretenen Qualifikationsgründen stellt bloße Gesinnungsstraferei dar und verfälscht den Sinn der gesetzlichen Qualifizierungen.[202] 3) Bei der Verjährung hängt die

---

197 Zumindest die herrschende „Prämientheorie" (vgl. dazu *Schröder*, Festschr. f. H. Mayer, S. 381 m. weit. Nachw.) könnte dann wohl nicht aufrechterhalten werden.

198 a. a. O., S. 330.

199 a. a. O., S. 336 ff.

200 Vgl. *Jescheck*, Lehrbuch, S. 229; *Baumann*, Strafrecht, S. 287, 289; *Welzel*, Strafrecht, S. 84 f.; vgl. auch *Enneccerus-Nipperdey*, AT, § 209 IV B 2b (S. 1296), aber auch *Schaffstein* MDR 1952, 136.

201 Die h. M., daß es bei Unterlassungen im Rahmen des § 53 auf die Garantenstellung ankomme (vgl. *Stratenwerth* ZStW 68, 61), bedarf also mindestens der Modifizierung.

202 Das läßt sich unschwer an einem dieselbe Problematik aufweisenden Privilegierungsfall zeigen: Wer seinem Onkel Gift in den Kaffee schüttet und kurz darauf von diesem schwer

Entscheidung zwischen der Tätigkeits- und der (herrschenden) Erfolgstheorie[203] vom Zweck dieses Instituts ab,[204] der – wie immer man ihn versteht – die materiellrechtliche Entscheidung jedenfalls nicht präjudiziert, sondern als vorgegeben hinnehmen muß.

c) Auch die volldeliktische Vorhandlung begründet daher keine Garantenstellung; die entgegengesetzte und zuletzt wieder von *Welp* vertretene h. M. sprengt ohne ersichtliches kriminalpolitisches Bedürfnis die rechtsstaatliche Fixierung der tatbestandlichen Handlungstypen, mißachtet den gesetzlichen Sprachgebrauch (mit „Handlung" ist, wie § 46 zeigt, die Tatbestandshandlung ohne anschließende Unterlassung gemeint) und kommt schließlich trotz aller Harmonisierungsversuche[205] bei einer Teilnahme als Vorhandlung in Schwierigkeiten, denn die Existenz besonderer Teilnahmevorschriften zeigt, wie bedeutungslos die einer Handlung folgende Unterlassung für die strafrechtliche Bewertung ist.[206]

5. Abschließend erscheint noch die Frage klärungsbedürftig, warum es der nach den bisherigen Überlegungen so anfechtbaren Ingerenz-Garantenstellung gelungen sein mag, sich seit mehr als 100 Jahren in der höchstrichterlichen Rechtsprechung wie auch in der herrschenden Lehre nahezu unerschütterlich zu behaupten.

a) Dieses Beharrungsvermögen ist um so erstaunlicher, als schon ihre Herkunft Bedenken erweckt. Ihre Schöpfung durch *Luden, Krug* und *Glaser* wie auch ihr Ausbau durch *v. Buri* und *Binding* stand ganz im Zeichen des das 19. Jahrhundert beherrschenden unfruchtbaren Kausalmonismus, für den freilich allein die kausale Vorhandlung als ratio essendi der Zurechnung in Frage kam. Nachdem *Binding* einerseits die Unvereinbarkeit dieser „frühen Kausalitätstheorie" mit dem Schuldgrundsatz bewiesen und andererseits durch seine eigene Interferenztheorie den Kausalansatz endgültig ad absurdum geführt hatte,[207] wäre eigentlich der Weg für eine radikale Neubesinnung der Unterlas-

---

beleidigt wird, kann sich deswegen später selbst dann nicht auf mildernde Umstände berufen, wenn er nur dadurch von einem Rücktritt abgehalten wurde (arg. § 46 Nr. 2).

203 Vgl. *Schönke-Schröder*, § 67, Rdnrn. 4 ff. m. weit. Nachw.

204 S. dazu nur *Jescheck*, Lehrbuch, S. 579, m. Nachw.; zahlr. weit. Nachw. bei RGSt. 75, 298; LG Stade NJW 1958, 1311 f.

205 Dazu *Welp*, Vorangegangenes Tun, S. 331 ff., m. zahlr. Nachw.

206 Selbst wenn man – wie *Welp* – die vorangehende Handlung mit der nachfolgenden Unterlassung zu einer Einheit verschmelzen wollte, läge doch der Akzent der rechtlichen Bewertung allein auf der Handlung; für die Behandlung einer aus diesem Verbund isolierten Unterlassung in den reinen Ingerenzfällen kann daher aus dieser Sicht auch dann nichts entnommen werden, wenn man ihre Richtigkeit unterstellt.

207 in Normen, II, 1, S. 516 ff., 555 ff.; daß ein Denker vom Range *Bindings* die Unhaltbarkeit dieser Theorie nicht erkannt hat, kann heute – nach Überwindung des juristischen Naturalismus – nur Verwunderung erregen.

sungsdogmatik frei gewesen. Indem die *Rechtspflichttheorien* jedoch die alte Ingerenz-Garantenstellung nahezu kritiklos übernahmen, brüteten sie das Kuckucksei im eigenen Neste aus und sahen sich plötzlich im Besitze eines Ziehkindes, das sich mit der Rechtspflichtgrundlage überhaupt nicht vertrug und nur mühsam mit allerlei Gewohnheitsrechtsausflüchten legitimiert werden konnte. Eine aus einem Stück gearbeitete Gleichstellungstheorie war hinfort ausgeschlossen, denn die Ingerenzhaftung ließ sich mit sachlogisch gegründeten Ansätzen nicht erfassen und verhinderte daher jede nulla-poena-konforme Lösung der Gleichstellungsproblematik

b) Unter derartigen Umständen hätten sich die Ingerenztheorien natürlich nicht so lange behaupten können, wenn nicht ein Quentchen Wahrheit auch in ihnen gesteckt hätte. Genau genommen sind es sogar zwei Quentchen: Erstens wird, wie wir bereits gesehen haben,[208] durch die Veränderung des eigenen Herrschaftsbereichs auch dessen unter Kontrolle zu haltender Gefahrenpegel verändert, so daß hier in der Tat die Vorhandlung garantenpflicht*bestimmende* Kraft hat. Und zweitens spielt, wie schon *Binding*[209] bemerkt hat und wie neuerdings wieder *Blei*[210] und *Stree*[211] betont haben, die Gefahrenerhöhung durch eigenes Handeln auch bei der sog. Übernahmegarantenstellung eine gewichtige Rolle.[212] Wenn man also bedenkt, daß zwei Verbesonderungen des Ingerenzprinzips vollkommene Begehungsgleichheit aufzuweisen scheinen[213] und daß auch die übrigen Ingerenzfälle eine im Vergleich zu den echten Unterlassungen bedeutend erhöhte Strafwürdigkeit aufweisen, und wenn man sich ferner vor Augen hält, daß eine als Kontrollmaßstab verwendbare allgemeine Gleichstellungsrichtlinie nicht existierte, kann es nicht mehr verwundern, daß die Ingerenztheorien alle strafrechtlichen Methodenkämpfe überstanden und als verjüngter und gestärkter Phönix auch aus der Asche des Dritten Reiches auferstanden. Der jeder Wissenschaft eigene Drang zur Systembildung ließ fast keine andere Wahl als diese umfassende Induktion, die allen Einzelerscheinungen eine höhere Rechtfertigung zu bieten schien. Daß die Ingerenz-Garantenstellung in der Folge auch dann herangezogen wurde, wenn sie axiologisch nicht recht paßte, war eine praktisch unvermeidbare Konsequenz aus der Eigendynamik des wissenschaftlichen Begriffssystems.

---

208 s. o. S. 311, 317.

209 Normen II, 1, S. 559 ff.

210 Festschr. f. H. Mayer, S. 124, s. aber auch S. 138.

211 Festschr. f. H. Mayer, S. 154 ff.

212 S. i. e. u. S. 380 ff.

213 Daß sie nur „scheinen“, soll heißen, daß auch in diesen Fällen nicht die Ingerenz, sondern die dadurch vermittelte Herrschaft das entscheidende Kriterium darstellt.

c) Unter diesen Umständen verdient die Leistung derer, die sich gegen diese Entwicklung gesträubt und die Ingerenzhaftung stets von neuem angezweifelt haben, besondere Anerkennung. Von früher sind vor allem *Landsberg*[214] und *Frank*[215] zu nennen; nach dem Kriege hat namentlich *Welzel* die drohende Internalisierung der Ingerenzhaftung im Bewußtsein der deutschen Strafrechtswissenschaft verhindert und auch bereits durch den Hinweis auf den sozialen Herrschaftsbereich die Marschrichtung zur Überwindung dieses Dogmas angedeutet.[216] In einer solchen Infragestellung überkommener Dogmen liegt auch der trotz aller kritischen Einwände bleibende Wert von *Pfleiderers* Arbeit.[217] Die in den letzten Jahren vorgelegten Entwürfe einer rational und methodisch begründeten Ingerenzhaftung[218] haben den Blick für ihre eigenartige Problematik weiter geschärft und uns die kritische Auseinandersetzung ermöglicht, die uns nunmehr zu einem zusammenfassenden Urteil in den Stand setzt:

Da die von der h. M. angenommene Rechtspflicht bei der Ingerenz mit der Strafrechtsnorm identisch ist, muß es möglich sein, den vorrechtlichen Gehalt dieses Phänomens in einem der Norm als Basis dienenden Zurechnungsgrundprinzip einzufangen, ähnlich wie wir es mit der „Herrschaft über den Grund des Erfolges" gefunden haben. Das zumeist unausgesprochene Grundprinzip der h. M. ist von *Lampe* formuliert worden:[219] Der Täter handelt so lange, wie er die Wirkungen seiner körperlichen Aktivität noch abwenden kann.[220] In diesem Satz drückt sich das Wesen der Ingerenztheorie völlig rein aus, befreit von der Verbrämung mit einer „Rechtspflicht", die nach Aufgabe der formellen Rechtspflichttheorien ohnehin ihren eigenen Stellenwert verloren hat. Jetzt läßt sich erkennen, was die Ingerenzhaftung der Sache nach ist: Ein mit dem Schuldprinzip ausbalancierter *Abkömmling des gemeinrechtlichen dolus indirectus*, ein auf den dolus subsequens reduziertes Prinzip des versari in re illicita.[221] Wenn man

---

214 Die sog. Commissivdelikte, S. 266.

215 Kommentar, § 1 Anm. IV, 2.

216 Strafrecht, S. 216 f.; vgl. auch *Welzel* JZ 1958, 494; 1960, 179 f. und *Henkel* MKrim 1961, 185, 190.

217 s. o. § 6.

218 Außer den näher behandelten Monographien von *Rudolphi, van Gelder* und *Welp* ist vor allem auch die Dissertation von *Granderath* (Die Rechtspflicht zur Erfolgsabwendung) zu nennen.

219 ZStW 72, 104.

220 *Lampe* spricht von „beherrschen", doch wollen wir diesen Terminus für die (bloß potentielle) Abwendungsmöglichkeit vermeiden und ihn der aktuellen Herrschaftsbeziehung vorbehalten.

221 Vgl. dazu rechtshistorisch *v. Hippel*, Strafrecht II, S. 300 ff.; *Mezger*, Lehrbuch, S. 262 f.; und vor allem die eingehende Darstellung bei *Schaffstein*, Allgemeine Lehren, S. 109 ff.

auch durch die Forderung nach einer Abwendungsmöglichkeit den Kardinalfehler dieser alten Theorien beseitigt hat, so bleibt es doch dabei, daß man die Folgen der Handlung nicht über die Tatschuld, sondern über eine zu einem späteren Zeitpunkt vorhandene subjektive Befindlichkeit des Täters zurechnet. Und wenn dieser dolus subsequens auch durch eine Aufwertung der Nichtabwendung zur Tat dogmatisch vertretbar ist, so wird doch damit der wertmäßig entscheidende Unterschied, der zwischen dem dolus agens im Moment der Herrschaftsausübung und dem dolus subsequens (d. h. dem späteren Entschluß, den Dingen ihren Lauf zu lassen) besteht und nun einmal in der Natur der Sache angelegt ist, vollkommen nivelliert; *der passive böse Wille wird der aktiven Unrechtshandlung gleichgestellt.* Diese Gleichstellung ist aber ohne schwerwiegende Verfehlung der Sachstruktur nur möglich, wenn der böse Wille auf einen vom Täter willentlich beherrschten Bereich bezogen ist, in dem Handlung und Unterlassung nur zufällige Modi der jeweiligen Herrschaftsausübung sind. Wenn man dagegen diese Gleichstellung auf in der Außenwelt ablaufende Kausalprozesse erstreckt, so löst man das sinnfällige System der gegliederten sozialen Herrschafts- und Verantwortungsbereiche zugunsten einer sinnentleerten Kausalhaftung auf. Mag auch ein Machtspruch des Gesetzgebers hierzu in der Lage sein – den für die richterliche Rechtsschöpfung verbindlichen Prinzipien richtigen Rechts kann eine derartige Gleichstellung des Ingerenten mit dem Inhaber der Herrschaft über den Grund des Erfolges nimmermehr entsprechen.

VIII. Anhang: Die Aufsicht über unmündige Personen

Unsere Übersicht über die Garantenstellung auf Grund der Herrschaft über eine wesentliche Erfolgsursache wäre unvollständig, wenn wir neben der Gewalt über gefährliche Sachen und Verrichtungen nicht auch die Herrschaft über *gefährliche Personen* behandeln würden. Wenn auch aus Raumgründen nur eine summarische Beschreibung dieses Typus möglich ist, so wird diese doch ausreichen, um die neuerliche Fruchtbarkeit unserer Gleichstellungsrichtlinie zu erweisen.

1. a) Eine *Verantwortlichkeit* für die *Straftaten dritter Personen* setzt danach voraus, daß der unmittelbar handelnde Täter in der *Aufsichts- und Befehlsgewalt* des Hintermannes steht; nur dann kann man davon sprechen, daß der Hintermann die Herrschaft über den Grund des Erfolges besessen habe. Diese Konsequenz aus unserem Ansatz erscheint auch bei einer undogmatisch axiologischen Betrachtungsweise als allein vernünftig und sachangemessen. Da das Strafrecht auf dem Prinzip der *personalen Verantwortlichkeit* des Individuums aufbaut, ist es grundsätzlich ausgeschlossen, für die Fehlentscheidungen des einen Menschen einen anderen verantwortlich zu machen; hierin liegt der be-

rechtigte Kern aller Regreßverbotstheorien. Eine Haftung des Hintermannes setzt daher voraus, daß er entweder den *Kausalverlauf* in seinem *gegenständlichen* Substrat beherrscht[222] oder aber die *handelnde Person* derart in seiner Gewalt hat, daß ihre Handlungen als Emanationen seines Herrschaftsbereichs erscheinen.

b) Wenn man nun nach der *näheren Beschaffenheit* dieser Herrschaftsgewalt über Personen fragt, so ergeben sich im Vergleich zu der Herrschaft über Gegenstände einige in den Sachstrukturen angelegten Unterschiede. Während die Herrschaft über Sachen notwendig auch die davon ausgehenden Risiken erfaßt, erstreckt sich eine Herrschaft über Personen grundsätzlich nicht auf die von diesen drohenden Gefahren, die eben infolge des bereits erwähnten Prinzips der personalen Verantwortlichkeit prinzipiell nur diesen selbst zugerechnet werden. Wer etwa einen Menschen entführt hat und gefangen hält, hat sich damit zwar des fremden Körpers, nicht aber auch des fremden Willens versichert; er kann daher für die Taten des Entführten (etwa sadistische Handlungen an der mitentführten Sekretärin) nicht verantwortlich gemacht werden.[223] Die Herrschaftsbeziehung muß vielmehr auch den fremden *Willen* erfassen, und das setzt wiederum, wie im folgenden darzulegen ist, eine *konstitutionelle* (natürliche) oder *partielle* (rechtliche) *Unmündigkeit* des unmittelbar Handelnden voraus.

c) Eine *konstitutionelle Unmündigkeit* findet sich bei allen Personen, deren geistige Fähigkeiten infolge Veranlagung, Jugend oder Krankheit hinter dem Minimum der Sozialtauglichkeit zurückbleiben, d. h. also bei Kindern, Jugendlichen, Geistesschwachen und Geisteskranken. Für ihre Taten sind daher die *Inhaber der Herrschaftsgewalt* verantwortlich, d. h. Eltern, Vormünder und sonstige Erziehungsberechtigte, bei Internierten die Anstaltsleitung und das Pflegepersonal; Art und Umfang der Sicherungspflichten ergeben sich aus Art und Umfang der Herrschaftsbeziehung. Wenngleich es hierbei in erster Linie auch auf die tatsächliche Herrschaftsgewalt ankommt, so hat doch die *„engere rechtliche Ordnung“* für diese Fälle eine viel größere Bedeutung als bei der Herrschaft über Sachen. Die Herrschaftsbeziehung über Sachen ist als Besitz oder Gewahrsam immer schon vermöge ihrer Faktizität rechtlich anerkannt, weil die menschliche Herrschaft über Sachen etwas Selbstverständliches ist und praktisch kaum Probleme birgt, die eine rechtliche Normierung erforderlich machten. Anders ist es mit der Herrschaft über Menschen, die in einem freiheitlich verfaßten Gemeinwesen von vornherein heikel erscheint und daher eine nähere

222 s. o. I.–V.

223 Zu der Frage, inwieweit hier eine Garantenstellung aus der Herrschaft über Räumlichkeiten in Frage kommt, s. u. S. 401 ff.

rechtliche Ausgestaltung erfordert. Vergleichsweise unproblematisch ist das noch bei dem „natürlichen Elternrecht" (Art. 6 II GG), während etwa bei den sonstigen Erziehungsberechtigten das Ausmaß ihrer Herrschaft sowohl im Verhältnis zum Kind als auch im Verhältnis zu den Eltern auf jeden Fall rechtlich durchnormiert werden muß. Herrschaft und Aufsichtspflicht des *Lehrers* bestimmen sich daher nach den Rechten, die ihm durch das staatliche Schulgesetz gegenüber Kind und Eltern verliehen sind, und sind daher auf den *schulischen* Bereich beschränkt. Diese strafrechtliche Relevanz der engeren rechtlichen Ordnung ist aber wohlgemerkt keine eo ipso eintretende Folge ihrer rechtlichen Geltung, sondern besteht nur in dem Umfange, wie sie in den tatsächlichen Verhältnissen auch wirklich wiederzufinden ist. Bei einer normalen Situation kann man unbedenklich davon ausgehen, daß die rechtliche Herrschaftsverteilung auch das konkrete Leben bestimmt, so daß die gelebte rechtliche Ordnung das Substrat der Garantiepflicht darstellt. Bei irregulären Verhältnissen kommt es dagegen auf die zivilrechtliche Rechtslage nicht an. Wenn etwa die Mutter nach Scheidung der Ehe gemäß § 1671 BGB die elterliche Gewalt zugesprochen bekommt und der Vater ihr das Kind rechtswidrig entzieht (§ 235 StGB), so treffen den Vater als tatsächlichen Gewalthaber auch die strafrechtlichen Garantiepflichten, ohne daß er sich damit herausreden kann, daß er zur Erziehung des Kindes gar nicht berechtigt sei. Die Sorgerechtsregelung betrifft ja nur das „Innenverhältnis" von Vater, Mutter und Kind, während für das „Außenverhältnis" zu den Mitbürgern nur die Frage interessant ist, wer die tatsächliche Gewalt über das Kind ausübt.[224][225]

d) Der *Wegfall* der *Herrschaftsgewalt* führt auch zum *Wegfall* der *Garantiepflicht*; haftungsbegründend kann dann nur das Unterlassen der Herrschaftsbehauptung selbst sein, spätere Unterlassungen kommen als Handlungsäquivalent nicht in Frage. Wenn etwa ein gefährlicher Geisteskranker aus der Sicherungsanstalt entflieht, so hängt die Haftung des Aufsichtsbeamten für die von dem Kranken begangenen Straftaten davon ab, ob ihm die Nichthinderung des Ausbruchs zum Vorwurf gemacht werden kann.[226] Bei der Eltern-Kind-Beziehung ist die Herrschaft allerdings so tief gegründet, daß nicht jedes kleine

---

224 Jedenfalls soweit es Realakte betrifft; für die rechtsgeschäftliche Vertretung des Kindes gilt natürlich etwas anderes.

225 Eine solche rein faktische Herrschaft kommt aber nur bei konstitutionell (d. h. von Natur aus) Unmündigen in Frage, während bei bloß partiell (d. h. rechtlich) Unmündigen (d. h. ab Strafmündigkeit des Kindes) nur der Träger der rechtlichen Herrschaftsgewalt Garantiepflichten hat, s. u. e) und h).

226 Selbstverständlich muß zwischen der Nichthinderung des Ausbruchs und den späteren Straftaten auch ein Schuldzusammenhang bestehen.

Aufmucken als Verlust der elterlichen Befehlsgewalt angesehen werden kann; die elterliche Herrschaft ist vielmehr erst dann erloschen, wenn sämtliche Arten der erzieherischen Einflußnahme (u. U. also auch Züchtigungsmaßnahmen) aussichtslos sind. Wenn es soweit gekommen ist, fallen auch sämtliche Garantiepflichten der Eltern fort. Aus dem Wesen ihrer auf Autorität und Vertrauen gegründeten Herrschaft ergibt sich, daß ohnmächtige Eltern nicht zur Herbeirufung der Polizei verpflichtet sind: In dem Herbeirufen staatlicher Zwangsgewalt würde keine Delegation, sondern die Begründung neuartiger, aus der Machtvollkommenheit des Staates fließender Herrschaftsgewalt liegen.[227] Ein solches Handeln würde daher keine Herrschaftsbehauptung sein, sein Unterlassen infolgedessen auch kein Handlungsäquivalent. Da die Herrschaft bereits erloschen ist, bestehen auch keine Absicherungs- und Warnungspflichten, wie sie etwa im Fall des störrischen Pferdes[228] aus der forbestehenden Sachherrschaft folgten. Während die Herrschaft über Sachen durch irgendeine Panne nicht beseitigt wird, ist die Herrschaft über Personen von vornherein labiler und, sofern nicht (wie etwa bei Geisteskranken) eine Internierung vorliegt, von der Beeinflußbarkeit der Unterworfenen abhängig.[229]

Das Nichtrufen der Polizei ist also unter dem Blickwinkel unserer Herrschaftsrichtlinie immer nur eine echte Unterlassung und ist *nicht* erst wegen *Unzumutbarkeit* straflos,[230] sondern unterfällt nicht einmal dem Tatbestand des unechten Unterlassungsdelikts. Die Richtigkeit dieser Sicht wird durch die positive Regelung des § 143, der gewissermaßen ein als Gefährdungstatbestand formuliertes fahrlässiges unechtes Unterlassungsdelikt darstellt,[231] bestätigt: Als Tathandlung wird auch hier nur die Unterlassung der gehörigen Aufsicht er-

---

227 Darin liegt der Unterschied zu den oben (S. 307) erwähnten Fällen der Herrschaft über Sachen, deren Ausübung nur in arbeitsteiligem Zusammenwirken ohne Sorgfaltsverstoß möglich ist; außerdem liegt in jenen Fällen gemischte Fahrlässigkeit vor, d. h. die (relativ strenge) Sorgfaltspflicht folgt aus der eigenen Veränderung des Gefahrenpegels, während bei der elterlichen Haftung stets nur reine Unterlassungsfahrlässigkeit in Frage kommt.

228 s. o. S. 320 Fn. 47.

229 Zu dem tieferen Grund dafür s. u. 365 ff.

230 So gewöhnlich die Rechtsprechung zum Kuppeleitatbestand, vgl. z. B. RGSt. 58, 98; JW 1939, 401; RGSt. 77, 128; KG JR 1950, 408; BGH MDR 1951, 537 (*Dallinger*); OLG Celle NdsRpfl 1952, 92; BGH LM Nr. 3 zu § 180; BGHSt. 6, 57 (GrS). Diese Ausflucht wäre aber bei den Tötungsdelikten sowieso bedenklich, weil hier ein Anrufen der Polizei wohl meistens zumutbar wäre; vgl. BGH NJW 1964, 732.

231 Eine nähere Analyse dieses interessanten Tatbestandes kann hier nicht gegeben werden, vgl. zu den strittigen Auslegungspunkten *Maurach*, BT, S. 422 ff., und *Stree*, JuS 1963, 432 f.; wenn § 143 bei *Schönke-Schröder* (Rdnr. 1) als echtes Unterlassungsdelikt eingestuft wird, so beruht das auf der schon oben (S. 53 ff.) abgelehnten rein formalen Abgrenzung; zur Einstufung des § 143 als unechtes Unterlassungsdelikt s. auch *Meyer-Bahlburg*, GA 1966, 205.

faßt, von einer Benachrichtigung der Behörden wie in § 138 ist keine Rede.[232] Der ohnmächtige Vater, der seinen brutalen Sohn an einer Straftat nicht zu hindern vermag und auch nicht die Polizei ruft, kann daher nur wegen unterlassener Verbrechensanzeige bestraft werden, und auch das nur im Falle eines drohenden Tötungsdelikts (§ 139 III).[233]

Da die Eltern, wenn sie auch zur Kindererziehung verpflichtet sind, dadurch noch lange nicht zu Polizeibütteln geworden sind, dürfte allein dieses Ergebnis mit dem Rechtsgefühl vereinbar sein; jeder andere Standpunkt würde praktisch eine reine „Sippenhaftung"[234] statuieren. Wenn unsere oberste Richtlinie von Anfang an als klassifikatorischer Begriff definiert worden wäre, würde uns die Berücksichtigung dieser konkreten Einsicht freilich schwerfallen; für unser typologisches Denken sind solche aus dem Rechtsstoff hervorwachsenden Differenzierungen jedoch geradezu ein Lebenselement. Die herrschenden abstrakt-begrifflichen Garantentheorien kämen dagen an einer Bestrafung aus dem unechten Unterlassungsdelikt höchstens durch die *Zumutbarkeitsklausel* vorbei, die der Richterwillkür freien Spielraum läßt und praktisch das Eingeständnis darstellt, daß die dogmatische Bewältigung der Sachprobleme noch nicht gelungen ist.

e) Der Herrschaftsverlust kann auch dadurch eintreten, daß der Unterworfene *mündig* wird. Die Erlangung der Strafmündigkeit, die gemäß § 3 JGG spätestens mit 18 Jahren eintritt, bedeutet aber noch nicht, daß nunmehr auch volle Mündigkeit im Sinne von vollständiger (d. h. auch rechtlicher) Herrschaftsfreiheit eingetreten ist; dafür ist vielmehr die zivilistische *Volljährigkeit* erforderlich, denn erst sie bringt die *elterliche Gewalt* zum Erlöschen.[235] Wenn ein Heranwachsender vom Strafrecht auch in demselben Maße wie ein Erwachsener zur Verantwortung gezogen wird, so ist doch (wie bereits die Ablehnung der Regreßverbotstheorien gezeigt hat) dadurch nicht ausgeschlossen, daß auch ein Hintermann für den Erfolg haftbar gemacht wird. Die Strafmündigkeit des unmittelbar Handelnden besagt demnach noch nicht, daß er auch innerhalb der Beziehung zu dem Hintermann als vollmündig anzusehen ist. Hier gibt vielmehr die vorstrafrechtliche Unterworfenheit des Heranwachsenden unter die

232 Freilich ist das nur eine zusätzliche Bestätigung und keine Hauptbegründung unserer These, denn dazu ist § 143 wegen seiner exzeptionellen Konzeption nicht in der Lage (s. u. e).

233 § 139 III ist außerdem eine zusätzliche Stütze für unsere Auffassung, denn da eine Pflicht zum Rufen der Polizei schon bei dem echten Unterlassungsdelikt des § 138 nur in Ausnahmefällen auch die Angehörigen des Täters erfaßt, kann man bei den unechten Unterlassungsdelikten von einer derartigen Pflicht erst recht nicht ausgehen.

234 *H. Mayer*, MatStrRef I, S. 275.

235 Ebenso *Schönke-Schröder*, Rdnr. 133 vor § 1, unter Berufung auf eine Entscheidung des BGH (ZS) in FamRZ 1958, 211, die zu den §§ 823, 832 BGB erging.

elterliche Gewalt den sachlogischen Grund für den Fortbestand der Herrschaftsbeziehung ab; diese *„partielle Unmündigkeit"* ist daher nach der engeren Ordnung, d. h. sozial-vorstrafrechtlich, zu bestimmen und ist mit der strafrechtlichen Schuldfähigkeit nicht identisch. Allerdings werden die Garantiepflichten gegenüber dem Heranwachsenden infolge seiner weitgehenden faktischen Emanzipation vom Elternhaus außerordentlich schrumpfen. Von einer ständigen Beaufsichtigung kann hier keine Rede mehr sein, ein erzieherisches Eingreifen erscheint daher nur dann geboten, wenn im Einzelfall ein deliktischer Vorsatz des Heranwachsenden erkennbar ist. Unter diesen Umständen ist es durchaus sachgerecht, daß § 143, der die in der mangelnden Beaufsichtigung liegende *Gefährdung* pönalisiert (und die begangene Straftat aus dem Schuldbezug löst), auf die 18-Jahres-Grenze abstellt. Da eine „gehörige Aufsicht" nur bei unter Achtzehnjährigen geboten ist, deren mangelnde Reife sie als besonders anfällig erscheinen läßt, kommt die in § 143 vorgenommene *Vorverlegung* der Strafbarkeitsgrenze auch nur bei ihnen in Betracht. Bei den voll strafmündigen Heranwachsenden würde es dagegen eine unerträgliche Ausweitung der Strafbarkeit der Eltern bedeuten, wenn sie ohne subjektive Voraussehbarkeit der Straftat ihres Kindes allein wegen unzureichender Beaufsichtigung bestraft würden, obwohl doch gegenüber einem Heranwachsenden gar keine generelle Aufsichtspflicht mehr besteht. Die Beschränkung der Elternhaftung in § 143 spiegelt daher kein allgemeines Garantenprinzip wieder, sondern stellt nur einen Ausgleich für die in dieser Vorschrift anzutreffende Vorverlegung der Strafbarkeitsgrenze dar; eine analoge Anwendung auf die Fälle, daß sich der Verschuldensbezug auf die Straftat des Kindes erstreckt, kommt infolgedessen nicht in Frage. Daß die Eltern von Heranwachsenden gleichwohl mit keiner unerträglichen Garantiehaftung belastet werden, folgt schon aus der weitgehenden Emanzipation der Kinder in diesem Alter; wo der elterliche Einfluß bereits endgültig erloschen ist, sind auch keine handlungsäquivalenten Unterlassungen mehr möglich.

f) Während die konstitutionelle Unmündigkeit eine persönlich unumschränkte Herrschaft begründet, führt die *„partielle Unmündigkeit"* demnach nur zu einer *gegenständlich begrenzten* Herrschaftsbeziehung. Paradefall ist die Beziehung zwischen Vorgesetztem und Untergebenem, deren Konsequenzen für die unechten Unterlassungsdelikte in § 357 positiv geregelt sind. Dieser Herrschaftstyp berührt sich stark mit der schon oben[236] behandelten Oberherrschaft über gefährliche Sachen und Verrichtungen, wie sich etwa an der Garantiepflicht des Fahrlehrers[237] zeigt, die *Schröder* als Erfolgsabwendungspflicht aus

236 S. 324 f.

237 Dazu KG VerkMitt 1966 Nr. 122.

Autoritätsstellung einordnet,[238] während wir eher zu einer Qualifikation als „Oberherrschaft über das gefährliche Fahrzeug" neigen. Denn wenn der Herrschaftsbegriff nicht zu einem bloßen Synonym für „Forderungsrecht" und damit zur Beute einer formellen Rechtspflichttheorie werden soll, kann auch eine begrenzte personale Herrschaft nur dann angenommen werden, wenn der Unterworfene in diesem beschränkten Bereich der *Befehlsgewalt* des Gewalthabers untersteht, d. h. in persönlicher Abhängigkeit steht. Das ist außer bei den strafmündigen Minderjährigen auch beim Soldaten,[239] beim Beamten[240] und beim Arbeiter der Fall, der dem Direktionsrecht des Arbeitgebers[241] untersteht (häufig wird sich hier die personale Teilherrschaft mit der sachlichen Oberherrschaft überschneiden).

Der *Umfang* der Garantiepflichten ergibt sich wiederum aus dem Umfang der Herrschaftsgewalt. Beispielsweise beschränkt sich die Unterlassungshaftung des Vorgesetzten auf den dienstlichen Bereich,[242] ferner auch auf seine dienstlichen (notfalls auch disziplinarischen) Mittel; wenn diese nichts fruchten, ist die Herrschaft selbst zusammengebrochen, und eine Handlungsäquivalenz des Unterlassens kommt fürderhin nicht in Frage.

g) Da die Handlungsäquivalenz des hier behandelten Typus immer eine totale oder partielle *personale* Herrschaft voraussetzt, kann unter diesem Blickwinkel die Garantiepflicht eines gegen eine Straftat nicht einschreitenden *Polizisten* entgegen *Schröder*[243] *nicht* angenommen werden; ob statt dessen andere Gleichstellungsgründe eingreifen, wird noch zu prüfen sein.[244]

h) Abschließend muß noch die Frage geklärt werden, ob die Aufsichtsgarantenstellung auch bereits dann besteht, wenn eine Person auf eine andere einen *starken Einfluß* ausübt und diese, wie man sagen könnte, „unter der psychologischen Fuchtel" hat. Die bisher betrachteten Gruppen der personalen Herrschaft setzten zwar eine solche Einflußmöglichkeit voraus, ließen sie aber nicht ausreichen, sondern erforderten zusätzlich entweder eine konstitutionelle oder eine partielle, aus der *rechtlichen Unterworfenheit* resultierende Unmündigkeit des unmittelbar Handelnden. Daß auf diese Voraussetzungen nicht ver-

---

238 *Schönke-Schröder*, Rdnr. 133 vor § 1.

239 S. dazu *Rauschning*, Wehrrecht und Wehrverwaltung, in: Besonderes Verwaltungsrecht, S. 214.

240 S. dazu *v. Münch*, Öffentlicher Dienst, in: Besonderes Verwaltungsrecht, S. 53.

241 Vgl. *Hueck-Nipperdey*, Grundriß, S. 50 f., 62 f.

242 So auch die h. M. zu § 357, die seine Bedeutung nicht auf die Amtsdelikte i. e. S. beschränkt, sondern auf alle Delikte in Ausübung des Amtes erstreckt, vgl. *Kohlrausch-Lange*, § 357 Anm. II; *Maurach*, BT, S. 747; LK (*Werner*), § 357 Anm. V; BGHSt. 3, 351.

243 *Schönke-Schröder*, Rdnr. 133 vor § 1

244 s. u. S. 403 f.

zichtet werden kann, folgt schon aus dem *Sekundaritätsprinzip*,[245] denn das Strafrecht würde sonst bei Freund- und Liebschaften Aufsichtspflichten und damit Verbotszonen schaffen, die der engeren rechtlichen Ordnung völlig fremd sind. Daß bloße persönliche Beziehungen eine Aufsichtsgarantenstellung nicht begründen können, läßt sich aber auch aus dem Herrschaftsgedanken („intrasystematisch") begreifen. Der Wille des unmittelbar Handelnden wird durch solche Bindungen nicht beherrscht, sondern nur motiviert. Während eine konstitutionell unmündige Person der fremden Willensherrschaft vollständig ausgeliefert ist, kommt eine derartige Unterworfenheit bei einer strafmündigen Person nur dann in Frage, wenn sie sich durch einen rechtserheblichen Willensakt (z. B. den Antritt des Beamten- oder Arbeitsverhältnisses) der fremden Befehlsgewalt unterworfen hat oder sonst von Rechts wegen die fremden Befehle zu erfüllen hat (wie der Heranwachsende und der Soldat). Da den übrigen zwischenmenschlichen Beziehungen eine solche *rechtliche Befehlsgewalt* abgeht, bieten sie nur eine Beeinflussungsmöglichkeit, weisen aber *keine gefestigte Herrschaftsstruktur* auf und können daher auch keine Garantiepflichten erzeugen.

2. a) Die Herrschaft über Personen konkretisiert sich damit in die *faktische Herrschaft über Strafunmündige* und die *rechtliche Befehlsgewalt über Strafmündige*. Die von uns hierfür zunächst unreflektiert verwendete Methodik ist für die gesamte Konkretisierung unserer Richtlinie exemplarisch und verdient daher eine nähere Betrachtung. Die „faktische Herrschaft über Strafunmündige" konnte durch ein phänomenologisch-beschreibendes Verfahren ermittelt werden, denn sie liegt offenbar im Zentrum unseres Herrschaftstypus. Bedeutend größere Schwierigkeiten verursacht die „Herrschaft über Strafmündige", die bei einer Verabsolutierung des *Verantwortungsprinzips*[246] überhaupt nicht, bei einer an den bloßen Fakten orientierten Betrachtung dagegen sogar bei Lieb- und Freundschaften zu bestehen scheint. Der *Kompromiß*, auf die rechtlich begründete Befehlsgewalt abzustellen, zwingt die gegenläufigen Herrschafts- und Verantwortlichkeitsprinzipien miteinander in „praktische Konkordanz" (*Hesse*) und bringt jeden Grundsatz gerade so weit zur Geltung, wie es der andere gestattet. Daß wir dieses Ergebnis nicht einfach aus unserer Herrschaftsrichtlinie deduzieren konnten, bedarf keiner Erwähnung; schon der Versuch einer solchen Deduktion wäre verfehlt gewesen und hätte einen Rückfall ins begriffsjuristische Denken bedeutet. Es liegt gerade im Wesen unseres Typus, daß er beim Eintauchen in die konkrete Materie verschiedenartige Gestalten annimmt und

245 s. o. S. 247 ff.

246 Womit hier das schon wiederholt angesprochene *Prinzip der Personautonomie* gemeint ist.

mit verschiedenen anderslautenden Prinzipien abgestimmt werden muß. Da dies nur durch Wertungen erfolgen kann, finden wir hier den *normativen Restbestand* unserer Herrschaftsrichtlinie. Wenn er auch keine logisch exakt bewiesenen Lösungen zuläßt, so führt doch die Maxime der größtmöglichen Verwirklichung unserer Richtlinie dazu, daß die erforderlichen Wertungen nicht unbestimmter sind als die bei der Konkretisierung vom Vorsatz- oder Täterbegriff erforderlichen Operationen. Der entscheidende Hebel wird wiederum von der *Natur der Sache* geliefert: Die dem Verantwortungsprinzip zugrunde liegende sachlogische Struktur der menschlichen Freiheit ist bei der Eingliederung des Menschen in einen fremden Befehlsapparat nur noch theoretisch vorhanden, hat aber keine praktische Bedeutung; die Herrschaft überwiegt hier also *typischerweise* die Freiheit, während es bei schlichten zwischenmenschlichen Beziehungen genau umgekehrt ist.

b) Die sachlogisch gegründeten Besonderheiten der Herrschaft über Personen zeigen sich ferner darin, daß die Herrschaft *außer* der *rechtlichen* Befehlsgewalt immer noch eine *tatsächliche* Beeinflussungsmöglichkeit voraussetzt.[247] Bei Sachen erscheint auch noch die Absicherung durch Warnungsschilder u. ä. als Verminderung des davon ausgehenden Gefahrenbündels, weil die Unbekanntheit der Sache der eigentliche Grund des Erfolges ist und die sozial anerkannte Sachherrschaft (Besitz oder Gewahrsam) noch nicht dadurch verloren geht, daß der Einwirkung auf die Sachsubstanz zeitweilige Hindernisse entgegenstehen.[248] Bei den Straftaten von verantwortlich handelnden Personen liegt der Grund des Erfolges dagegen in ihrem deliktischen Willen, und sobald hier jede Beeinflussungsmöglichkeit fortgefallen ist, hat auch die Herrschaft über die Person ein Ende; das fortbestehende nudum ius kann eine Handlungsäquivalenz nicht begründen. Infolge des *Verantwortlichkeitsprinzips* ist die Herrschaft über Personen (und infolgedessen auch die diesbezügliche Garantiepflicht) daher bedeutend enger als die Herrschaft über Sachen!

c) Bei *methodologischer Betrachtung* stellt sich die von uns dergestalt vorgenommene *Ausbalancierung* von Herrschaftsprinzip und Personautonomie geradezu als Musterbeispiel einer Rechtsfindung dar, die in „denkendem Gehorsam" (*Heck*) das dem Gesetz erkennbar zugrunde liegende *Prinzipiengeflecht* aufknüpft, die sachlogische Reichweite der verschiedenen Prinzipien ermittelt und je nach ihrem Mischungsverhältnis verschiedene Fallgruppen mit verschiedenen Rechtsfolgen bildet. Gegenüber der *Topik* hat dieses Verfahren erstens den Vorzug, daß es letztlich auf das Gesetz zurückgeführt werden kann und daher dem nulla-poena-Satz genügt, und zweitens, daß es trotz seiner relativen

247 s. o. S. 360 f., 363.
248 s. o. S. 319 f.

Offenheit systematisch verankert ist, so daß die Rechtsfindung dem ungewissen Spiel der Einzelfallstopoi und der daraus folgenden subjektiven Beliebigkeit entrückt ist. Freilich muß zugegeben werden, daß man auch hiermit keine dem Subsumtionssyllogismus gleichkommende Exaktheit erreichen kann, aber das ist angesichts der *Allgemeinheit* der oberhalb der Ebene des Einzeltatbestandes angesiedelten Gleichstellungsproblematik auch gar nicht möglich, und jeder dahinzielende Versuch müßte von vornherein in unfruchtbarer Begriffsjurisprudenz steckenbleiben (wofür das Ingerenzdogma ein abschreckendes Beispiel bietet).

Den Anforderungen der *Rechtsidee* als Integrat von Rechtssicherheit *und* materialer Gerechtigkeit vermag daher nur unsere Methode der Herausarbeitung, Konkretisierung und Ausbalancierung der gesetzlichen Leitprinzipien zu entsprechen, und nur sie kann Ergebnisse liefern, über die vermöge der Rationalität ihrer an der Natur der Sache orientierten Ableitung allgemeine Einigkeit zu erzielen sein müßte – auch wenn dazu ein längerer Prozeß der wissenschaftlichen Klärung und Diskussion erforderlich sein wird.[249]

3. a) Die zu der Garantengruppe „Herrschaft über Personen" ergangene *Judikatur*, die wir abschließend betrachten wollen, ist ausnehmend spärlich. Die meisten Entscheidungen dieses Genres betreffen die Kuppelei durch Unterlassen (§§ 180 f.) und gehören daher in den Besonderen Teil. Hier im Allgemeinen Teil sind eigentlich nur zwei Entscheidungen fruchtbar, die die Garantenpflicht der Mutter bejahen, eine Kindstötung ihrer minderjährigen Tochter zu verhindern.[250] Für eine zukünftige nähere Ausarbeitung der Garantenpflichten qua *Herrschaft über konstitutionell Unmündige* wird man daher verstärkt (wenn auch mit der gebotenen Vorsicht!) auf die ergiebigere Rechtsprechung der Zivilgerichte zurückgreifen müssen, von der hier nur zwei Entscheidungen erwähnt werden sollen: Die Mutter hat darauf aufzupassen, daß ihre Kinder nicht im Zusammenwirken mit dem Familienhund die Allgemeinheit gefährden,[251] und nach Auffassung des RG[252] hat der Ehemann sogar für die Unschädlichmachung seiner geisteskranken Frau zu sorgen; da der Ehemann im Falle der Geisteskrankheit seiner Frau aber keinesfalls ipso iure zum Interimsvormund wird, kann dem nur für den Fall zugestimmt werden, daß er die Herrschaft über sie zuvor willentlich übernommen hat.

---

249 Auf diese Weise dürfte der gesamte Allgemeine Teil des Strafrechts aufzubereiten sein, vgl. zu dem Prinzipiengeflecht bei den Rechtfertigungsgründen *Roxin*, Kriminalpolitik und Strafrechtssystem, S. 26 ff., bei den Täterproblemen *ders.*, Täterschaft und Tatherrschaft, S. 587 ff. u. passim.

250 RGSt. 72, 375 ff. und OGHSt. 1, 87 ff.

251 OLG Celle NJW 1970, 202 f.

252 RGZ 70, 48 ff.

b) Urteile zu der Garantenstellung des Vorgesetzten als Beispiel für die *Herrschaft über partiell Unmündige* sind in der Hauptsache zu § 357 ergangen, der uns hier nicht weiter interessiert. Zu den Tötungsdelikten lassen sich nur zwei Entscheidungen finden, die beide den Fall betreffen, daß der Vorgesetzte eine Dienstfahrt des Untergebenen im Zustand der Fahruntüchtigkeit duldet;[253] da der Vorgesetzte auch die Oberherrschaft über den Dienstwagen ausübt, ist dies zugleich ein Beispiel für die Überschneidung der sachbezogenen und der personenbezogenen Garantiepflichten.

c) Die von uns abgelehnten Aufsichtspflichten aus *Freundschaftsbeziehung* sind in der Rechtsprechung nur einmal, und zwar vom Kammergericht,[254] zur Grundlage einer Garantenstellung genommen worden. Daß diese Entscheidung ganz und gar abzulehnen ist, folgt schon aus unseren bisherigen Überlegungen. Zum Glück ist sie in der Judikatur ein Einzelfall geblieben, und wir brauchen als Beleg für den richtigen Standpunkt nur auf eine Entscheidung des Reichsgerichts hinzuweisen, in der eine garantenbegründende Aufsichtspflicht des Verlobten zutreffend abgelehnt wurde.[255]

d) Daß unter *Ehegatten* keine garantenbegründende Aufsichtspflicht besteht, ergibt sich ebenfalls zwingend aus unseren vorangegangenen Erörterungen. Eine rechtlich fundierte Befehlsgewalt des einen Ehegatten über den anderen existiert nach geltendem Eherecht nicht, und eine konstitutionelle Unmündigkeit eines Ehegatten liegt normalerweise auch nicht vor. Da über dieses Ergebnis heute auch in der Literatur Einigkeit besteht,[256] ist eine nähere Begründung wohl überflüssig. Die Rechtsprechung hat zwar eine Garantenstellung des Ehegatten zur Verhütung von Straftaten des anderen Ehegatten oftmals angenommen,[257] aber diese Entscheidungen zur uneingeschränkten Auf-

253 RG JW 1932, 3720 f.; OLG Hamburg VRS 25, 433 ff.; in beiden Fällen scheint es sich um gemischte Fahrlässigkeit gehandelt zu haben.

254 VRS 11, 357 ff., (359).

255 RGSt. 56, 168 ff., (169).

256 Vgl. eingehend *Geilen*, FamRZ 1961, 157 ff. (seine Differenzierung zwischen Straftaten, „die die Ehe möglicherweise überhaupt nicht berühren", und solchen, „die ausreichende sachliche Berührungspunkte mit dem Wesen der ehelichen Gemeinschaft haben", ist unter Herrschaftsgesichtspunkten irrelevant und kann daher allenfalls im Besonderen Teil eine Rolle spielen); *Bärwinkel*, Struktur der Garantieverhältnisse, S. 154 ff. m. zahlr. Nachw.; *Maurach*, AT, S. 513 f.; *H. Mayer*, MatStrRef I, S. 275; *Schönke-Schröder*, Rdnr. 134 vor § 1; Bedenken auch bei *Welzel*, Strafrecht, S. 214. Ablehnend neuerdings auch OLG Hamm MDR 1970, 162.

257 Immerhin findet sich nach dem 2. Weltkrieg immer häufiger die einschränkende Formulierung, daß die Garantenpflicht „jedenfalls dann" bestehe, wenn die Tat in der Ehewohnung stattfinde, vgl. z. B. BGH NJW 1953, 591.

sichtspflicht des Ehegatten gehören entweder in den Besonderen Teil[258] oder lassen sich zwanglos von den Verkehrspflichten her erklären.[259] Die danach übrig bleibenden Urteile beziehen sich ausschließlich auf Abtreibungen,[260] die innerhalb der *Ehewohnung* durchgeführt werden.[261] Wenn auch die Ehe als Anknüpfungspunkt der Garantenpflicht ausscheidet, könnte somit doch das *Hausrecht* den entscheidenden Leitgesichtspunkt abgeben. Da die Garantiepflichten des Wohnungsinhabers jedoch theoretisch aus den verschiedensten Quellen gespeist werden können (Verkehrspflichten, Aufsichtspflichten, Schutzpflichten), wollen wir die Frage, inwieweit seine Unterlassungen Handlungsäquivalenz besitzen, erst zu einem späteren Zeitpunkt beantworten.[262]

e) Daß die *Eltern* in Bezug auf ihre *volljährigen* Kinder *keine* Aufsichtsgarantenstellung haben, versteht sich nach unseren Erörterungen von selbst. Es stellt daher einen schlimmen Mißgriff und einen Rückfall in die überwunden geglaubten Anfangsjahre der Unterlassungsrechtsprechung des BGH dar, wenn das KG in einer neueren Entscheidung[263] einen Vater für garantieverpflichtet erklärt, die Falschaussage seines Sohnes in einem gegen ihn gerichteten Strafverfahren zu verhindern. Eine ausführliche Kritik erübrigt sich, weil sich das KG all die stereotypen Denkfehler zuschulden kommen läßt, die wir schon oben in § 16 gerügt haben (insbesondere schließt es immer noch von einer angeblich bestehenden *Schutz*pflicht auf eine im Rahmen der §§ 153, 49 allein relevante *Aufsichts*pflicht – ein Verfahren, dessen Fehlschlüssigkeit uns bereits bekannt ist).[264] Solange derartige Urteile noch möglich sind, kann von einer Konsolidierung der Rechtsprechung auf einer halbwegs vernünftig-restriktiven Basis noch keine Rede sein!

§ 22 Verwandtschaft, Gemeinschaft und Übernahme

Nachdem wir die Erscheinungsformen der Herrschaft über eine wesentliche Erfolgsursache in groben Umrissen beschrieben haben, müssen wir uns nunmehr

---

258 Vgl. RGSt. 74, 283 ff. m. Anm. v. *Schickert*, DR 1940, 2057, und auch BGHSt. 6, 322 ff. m. Anm. von *Werner* in LM Nr. 9 vor § 47, die sich auf den Meineidstatbestand beziehen. Die Kuppeleientscheidungen sind Legion, vgl. nur RG GA 39, 435; 41, 274; 50, 394; JW 1905, 242; 1906, 243; 1909, 293; RGSt. 22, 332; 72, 19m. Anm. v. *Schaffstein* JW 1938, 578; BGH MDR 1951, 537 (*Dallinger*).

259 So die bereits oben (S. 335) erwähnte Entscheidung des OLG Bremen in NJW 1957, 73.

260 Womit sie schon auf der Grenze zum Besonderen Teil liegen.

261 BGH NJW 1953, 591 =MDR 1953, 271 (*Dallinger*) = LM Nr. 5 zu § 47; OLG Schleswig NJW 1954, 285; BGH GA 1967, 115.

262 s. u. S. 401 ff.

263 JR 1969, 27 ff. m. abl. Anm. v. *Lackner*.

264 s. o. S. 153, 237 f.

der anderen großen Garantengruppe zuwenden, der *Herrschaft über die Anfälligkeit des Opfers*. In Anbetracht des fortgeschrittenen Umfangs der bisherigen Darstellung werden wir uns dabei mehr noch als bisher auf die für eine Systematik wichtigsten Punkte beschränken und auf in vielerlei Hinsicht reizvolle Detailbetrachtungen verzichten müssen.

I. Überblick über die herrschende Lehre und Rechtsprechung

1. Der Garantyp der „Rundumverteidigung eines bestimmten Rechtsguts“[1] zerfällt in der herrschenden Lehre gewöhnlich in 4 Untergruppen: Verwandtschaft, konkrete Lebensbeziehung, Gefahrengemeinschaft und Übernahme.

a) Daß zwischen *Verwandten* (im untechnischen Sinne), namentlich zwischen Eltern und Kindern und zwischen Eheleuten, allgemeine Garantiepflichten bestehen, zählt zu den unangefochtensten Dogmen der gesamten Unterlassungslehre. Schon zu Zeiten der alten Rechtspflichttrias machte diese Gruppe die große Masse der „Garantenstellungen aus Gesetz“ aus, und daran hat sich der Sache nach bis heute nichts geändert. Als Beispiel für solche „gesetzlichen Garantiepflichten“ werden etwa von *Baumann*[2] die Pflichten der Eltern zur Personensorge (§ 1626 BGB) und die der Eheleute zur ehelichen Lebensgemeinschaft (§ 1353 BGB) genannt. Während dieser Kern, soweit ersichtlich, heute einhellig anerkannt ist, sind die Garantenpflichten der sonstigen geradlinig Verwandten, der Geschwister und der Verlobten umstritten. Von *Schröder*,[3] *Maurach*,[4] *Jescheck*[5] und *Welzel*[6] werden sie vorbehaltlos, von *Bärwinkel*[7] und *Schmidhäuser*[8] unter der Voraussetzung des Miteinanderlebens anerkannt. Als besonders entschiedener Verfechter der „Garantenstellung aus Verwandtschaft“ darf schließlich *Geilen* nicht unerwähnt bleiben, der die Garantiepflichten in erster Linie aus der familienrechtlichen Pflichtenstellung ableitet und das tatsächliche Zusammenleben nur bei entfernteren Verwandtschaftsbeziehungen für notwendig hält. Bei enger Verwandtschaft lehnt er dagegen jede durch eine Forderung nach „tatsächlicher Lebensgemeinschaft“ drohende Relativierung strikt ab und prangert

1 Dazu grundlegend *Armin Kaufmann*, Dogmatik, S. 283; *Henkel*, MKrim 1961, 190 f.
2 Strafrecht, S. 235.
3 *Schönke-Schröder*, Rdnr. 109 vor § 1; s. auch *Dreher*, D I 1 vor § 1.
4 AT, S. 514.
5 Lehrbuch, S. 414.
6 Strafrecht, S. 214; vgl. auch *Mezger-Blei*, AT, S. 87 f.
7 Struktur der Garantieverhältnisse, S. 170 ff., 176 ff.; noch enger neuestens *Stratenwerth*, AT, S. 269 f.
8 AT, S. 534 f.

sie an als eine Aufweichung rechtlich-sozialethischer Pflichten durch die bloße Faktizität;[9] die h. M. hat sich ihm darin angeschlossen.[10]

b) Die Garantenstellung aus *konkreter Lebensbeziehung* steht immer noch im Zwielicht; wenn sie auch heute überwiegend anerkannt ist, so ist doch die dagegen seit je geäußerte Kritik keineswegs verstummt. Gegen die darin liegende Ableitung von Rechtspflichten aus faktischen Gegebenheiten hat sich vor allem *Geilen*[11] gewendet, und auch *Baumann*,[12] *Maurach*[13] und *Welzel*[14] sowie *Stratenwerth*[15] haben einige Skepsis bewahrt. Die herrschende Meinung hat sich davon jedoch nicht beirren lassen und sieht vor allem das tatsächliche Zusammenleben als Grund einer Garantenstellung an.[16]

c) Die Garantenstellung aus *Gefahrengemeinschaft* stellt einen Unterfall der soeben behandelten Gruppe dar und ist durch einen Zusammenschluß mindestens zweier Menschen zu einem gefährlichen Unternehmen gekennzeichnet; sie ist in der Literatur ziemlich einhellig anerkannt.[17]

d) Die Garantenstellung aus *Übernahme* ist die moderne Fassung der „Erfolgsabwendungspflicht aus Vertrag" in der klassischen Rechtspflichttrias; ihre Wurzeln reichen aber noch weiter zurück, denn die Übernahmefälle waren schon unter der Herrschaft des Kausalmonismus die beliebtesten Demonstrationsobjekte.[18] Ob man die Übernahmegarantenstellung aus dem Vertrauensprinzip[19] oder aus der Ingerenz[20] oder auch als Handlungsäquivalent sui generis begreift – in der Sache ist man sich darüber weitgehend einig, daß die Garantiepflichten durch eine mit einer Gefahrerhöhung verbundene *tatsächliche Übernahme einer Schutzfunktion* entstehen.[21]

---

9 FamRZ 1961, 147 ff.; 1964, 385 ff.
10 *Schönke-Schröder*, Rdnr. 110 vor § 1; *Welzel*, Strafrecht, S. 217.
11 s. Fn. 8.
12 Strafrecht, S. 240 f.
13 AT, S. 515.
14 Strafrecht, S. 217.
15 AT, S. 269 f.
16 *Schönke-Schröder*, Rdnr. 116 vor § 1; *Jescheck*, Lehrbuch, S. 414 f.; LK (*Nagler-Mezger*) I, S. 38 f.; *Mezger-Blei*, AT, S. 93; *Bärwinkel*, a. a. O., S. 179 ff.; vgl. auch *Blei*, Festschr. f. H. Mayer, S. 127, 134, 140, der die Garantiepflichten in diesen Fällen aus einer am Vertrauensprinzip galvanisierten Ingerenzhaftung ableitet.
17 Vgl. nur *Schönke-Schröder*, Rdnr. 115 vor § 1; *Welzel*, Strafrecht, S. 218; *Jescheck*, Lehrbuch, S. 414 f.; *Maurach*, AT, S. 515 f.
18 Etwa bei *Binding*, Normen II, 1, S. 525 ff., 550 ff., 559 ff., mit erschöpfenden Nachweisen.
19 *Blei*, Festschr. f. H. Mayer, S. 140 f.
20 *Stree*, Festschr. f. H. Mayer, S. 158 f.
21 Vgl. außer *Blei* und *Stree Schönke-Schröder*, Rdnrn. 117a, 118 vor § 1; *Welzel*, Strafrecht, S. 214 f.; *Jescheck*, Lehrbuch, S. 415; *Maurach*, AT, S. 514 f.; nur in der Systematik abweichend

2. Die *Rechtsprechung* liegt im großen und ganzen auf derselben Linie, stellt aber insgesamt die Gruppe der „konkreten Lebensbeziehungen" mehr in den Vordergrund, was deswegen nicht weiter verwunderlich ist, weil dieser aus den Dreißiger Jahren stammende und damit modernste Garantentyp ihrem Ermessen die meisten Freiheiten läßt. Eine auf die Tötungs- und Körperverletzungsdelikte beschränkte Übersicht ergibt folgendes Bild:

a) Die Garantenstellung aus *Verwandtschaft* ist in der Rechtsprechung ständig anerkannt worden. Als garantenbegründendes Verhältnis wurde am häufigsten die Elternschaft genannt, schon seltener die Ehe und nur noch vereinzelt die Stellung als Großmutter, Sohn und Schwiegersohn.

Am Anfang der Rechtsprechung zu den ehelichen Garantiepflichten stehen zwei Urteile des Reichsgerichts, das einen Ehemann, der seine schwerkranke Frau völlig verwahrlosen ließ, nach § 223b[22] und eine Frau, die eine ihrem Mann drohende Körperverletzung nicht verhinderte, nach § 223 bestrafte.[23] Nach dem Kriege sind die Grundsätze dieser Entscheidungen auch auf *Selbst-Schädigungen* des Ehepartners angewendet worden. Das OLG Oldenburg erklärte den Ehemann für verpflichtet, Selbstgefährdungen seiner Frau, die durch eine tödlich wirkende Abtreibung[24] und durch die Teilnahme an einer Trunkenheitsfahrt[25] entstanden, nach Kräften zu verhindern. Der BGH hatte sich zweimal mit dem Selbstmord des Ehegatten auseinanderzusetzen. Im ersten Fall, wo die Frau ihren Mann bereits bewußtlos angetroffen hatte, trug er keine Bedenken, ihr eine aus der ehelichen Lebensgemeinschaft resultierende Rettungspflicht aufzuerlegen.[26] Der zweite Fall war noch heikler, denn hier hatte der Ehemann seine Frau verlassen und dadurch deren Selbstmord verursacht; in dem Dilemma, entweder eine das gesamte Familienrecht revolutionierende strafrechtliche Sanktion für ehewidriges Verhalten aufstellen oder aber die vorangegangenen Entscheidungen zu den ehelichen Garantiepflichten desavouieren zu müssen, fand der BGH den Ausweg, das Verlassen der Familie für „nicht rechtswidrig" zu erklären, ohne auf die zugrundeliegende Problematik näher einzugehen.[27]

Bei der Unterlassungshaftung der Eltern stehen begreiflicherweise die Garantiepflichten der *Mutter* im Vordergrund, denn die Kinder sind nun einmal

---

auch *Baumann*, Strafrecht, S. 236 f.; vgl. ferner *Mezger*, Lehrbuch, S. 144, und LK (*Nagler-Mezger*) I, S. 39 sowie *Schmidhäuser*, AT, S. 535 ff.

22 RGSt. 72, 118 f.

23 RG HRR 1933, Nr. 1624.

24 NdsRpfl. 1951, 74 ff.

25 DAR 1957, 300 f.

26 BGHSt. 2, 150 ff.

27 BGHSt. 7, 271.

vor allem auf die Sorge der Mutter existentiell angewiesen. Das zeigt sich schon bei der Geburt, wo bloßes Nichtstun immer noch die einfachste Tötungsart ist; das Reichsgericht hat denn auch zweimal ausgesprochen, daß die Kindstötung auch durch Unterlassen erfolgen kann.[28] Die Garantenstellung der Mutter gegenüber kleinen Kindern illustrieren drei weitere Entscheidungen, in denen die Mutter zur sachgemäßen Ernährung des Säuglings,[29] zur Säuberung der Kleinkinder von Schmutz und Kot[30] und zur Rettung aus einem brennenden Hause für verpflichtet erklärt wurde.[31]

Die Garantenstellung des *Vaters* wird demgegenüber meist in anderen Situationen praktisch. In den Zeiten des patriarchalischen Familienrechts war er normalerweise alleiniger Träger der elterlichen Gewalt (vgl. § 1627a. F. BGB), und das RG machte dementsprechend allein ihn dafür verantwortlich, wenn das Kind im Krankheitsfalle nicht die erforderliche ärztliche Behandlung erhielt.[32] Hiervon abgesehen ist die Garantenstellung des Vaters bisher nur dann in der Rechtsprechung relevant geworden, wenn die Mutter einen tödlichen Angriff auf das Kind unternahm. Daß der eheliche Erzeuger als Garant sowohl eine Abtreibung als auch eine Tötung des Kindes durch seine Ehefrau verhindern muß, ist in der Rechtsprechung nie bezweifelt worden.[33] Ob auch den außerehelichen Erzeuger eine Garantenpflicht zur Verhinderung einer Abtreibung oder Kindstötung durch die Kindesmutter trifft, ist dagegen bis heute in der Judikatur nicht eindeutig entschieden worden. Wenn der Erzeuger auch in allen einschlägigen Entscheidungen verurteilt wurde, so war doch seine bloße Vaterstellung niemals alleinige Entscheidungsgrundlage.[34] Die unterschiedliche Rechtsstellung von ehelichem und unehelichem Vater, die wohl der Hauptgrund für das vorsichtige Taktieren des Reichsgerichts gewesen sein mag, ist auch durch die Reform des Unehelichenrechts nicht völlig beseitigt worden (vgl. § 1626 einer- und § 1705n. F. BGB andererseits).

Die Garantenstellung der *Großmutter* ist von der Rechtsprechung vor allem aus ihrer *Unterhaltspflicht* abgeleitet worden (§§ 1705a. F., 1606 II BGB): Wenn die zur Versorgung des neugeborenen Enkels unfähige oder unwillige Mutter

---

28 RGSt. 62, 199 ff.; JW 1927, 2696 f. m. Anm. v. *Bohne*; ebenso OLG Celle HanRpfl. 1947, 33.
29 RG LZ 1925, 485; hier lag allerdings gemischte Fahrlässigkeit vor.
30 RGSt. 76, 371 ff.
31 RG JW 1926, 1189 f. m. Anm. v. *Beling*.
32 RGSt. 36, 78 ff.; 51, 127; 74, 350 ff.; eine Pflicht zu eigenem Rettungshandeln bei Lebensgefahr eines Kleinkindes behandelt jedoch neuestens BGH MDR 1971, 361 (*Dallinger*).
33 Vgl. OLG Oldenburg NdsRpfl. 1951, 75; BGHSt. 7, 269 f.
34 In RGSt 56, 168 ff. lag positives Tun vor, in RGSt. 66, 71 ff. eine Aussetzung als Vorhandlung, in LG Weimar JW 1938, 3031 kam die „Pflicht zur Erhaltung der Volkskraft“ hinzu.

ausfalle, müsse die Großmutter in die Bresche springen.[35] Merkwürdigerweise ist diese Rechtsprechung in zwei späteren Entscheidungen, die die Garantenstellung aus der Erziehungsgewalt und dem Hausrecht ableiteten,[36] völlig unerwähnt geblieben.

Der BGH hat schließlich in einem Fall, wo ein Familienvater von Familienangehörigen umgebracht wurde, auch die Garantenstellung des *Sohnes*[37] und im Falle des Selbstmordes der Schwiegermutter sogar die Garantenstellung des *Schwiegersohnes* bejaht.[38]

Wenn auch bei dieser Gruppe der Garantiepflichten aus Verwandtschaft zumeist eine *faktische Lebensgemeinschaft* nebenher ging, ist sie doch von der Rechtsprechung niemals ausdrücklich zur Garantenvoraussetzung gemacht worden. In der jüngsten Entscheidung[39] unterscheidet der BGH ausdrücklich zwischen der durch Blutsbande verbundenen *Familie* und der *häuslichen Gemeinschaft*, die beide Grund von Garantiepflichten sein könnten. Da jedoch auch in dem vom BGH entschiedenen Fall beides zusammen vorlag, stellt sein Gliederungsversuch ein bloßes obiter dictum dar und ändert nichts daran, daß das Verhältnis von Verwandtschaft und Lebensgemeinschaft in der Rechtsprechung immer noch nicht völlig geklärt ist.

b) Außer Frage steht lediglich, daß die Rechtsprechung auch die *bloße faktische Lebensgemeinschaft* zur Garantenbegründung ausreichen läßt. Paradefall ist das *Zusammenleben mit einer pflegebedürftigen Person.* Das RG leitete die Garantenpflichten hierbei anfangs aus dem Pflegevertrag ab,[40] nahm aber schon bald darauf ein Fortbestehen der Rechtspflicht auch nach dessen Ablauf an.[41] Später ließ es den Pflegevertrag immer mehr in den Hintergrund treten und stellte nur noch auf die aus der *Hausgemeinschaft* folgende persönliche Beziehung ab.[42] Diese Rechtsprechung ist auch nach dem Kriege fortgesetzt worden.[43]

Die Garantenstellung aus konkreter Lebensbeziehung ist auf diese Gruppe aber nicht beschränkt geblieben. Das Reichsgericht hat es für möglich erklärt,

---

35 RG LZ 1916, 404; RGSt. 39, 397 ff.; 64, 316 ff.

36 RGSt. 72, 373 ff.; OGHSt. 1, 87 ff.

37 BGHSt. 19, 167 ff. m. Anm. *v. Schröder*, JR 1964, 225.

38 BGHSt. 13, 162 ff. (allerdings nur in Form eines obiter dictums, s. a. a. O., S. 166; s. auch unten b).

39 BGHSt. 19, 167.

40 RGSt. 10, 100 ff.

41 RGSt. 17, 260 ff.

42 RGSt. 69, 321 ff.; 73, 389 ff.; 74, 309 ff.

43 Vgl. OLG Celle HanRpfl 1947, 33 (wo allerdings nicht ganz klar wird, ob aus der Hausgemeinschaft eine Aufsichtspflicht bezüglich der Schwangeren oder eine Schutzpflicht zugunsten des nasciturus abgeleitet werden soll) und BGHSt. 3, 20 ff. (zu § 223b).

daß die Schwiegermutter auf Grund der Hausgemeinschaft dazu verpflichtet sei, ihren Schwiegersohn vor dem Mordanschlag ihrer Tochter zu schützen,[44] und das Erkenntnis des BGH zur Garantenstellung des Schwiegersohnes[45] könnte auf ähnlichen Überlegungen beruhen. Zwar wurde die Gefahr in diesem letzten Fall durch einen Selbstmord herbeigeführt, aber daran hat der BGH auch sonst keinen Anstoß genommen, vielmehr hat er aus dem zu einer engen Lebensgemeinschaft führenden *Verlöbnis* wiederholt eine Pflicht zur Selbstmordhinderung hergeleitet.[46]

Über die Grenzen dieser Garantenstellung bestehen in der Rechtsprechung nur verschwommene Vorstellungen, die sich alle irgendwie an der *sozialethischen Werthaftigkeit* der konkreten Gemeinschaft orientieren. So hat schon das Reichsgericht der mit der Ehefrau im selben Haushalt zusammenlebenden Ehebrecherin keine Rechtspflicht aus Gemeinschaftsbeziehung auferlegt, weil sie in dem Haushalt ein Fremdkörper gewesen sei.[47] Daß die Zechgemeinschaft keine Garantiepflichten erzeuge, wird ebenfalls mit ihrer sozialethischen Indifferenz begründet.[48] Wie schwankend die sozialethische Qualifikation jedoch sein kann, zeigen zwei Urteile des Kammergerichts, in der die langjährige Freundschaft[49] und das Mitfahren in einem Kraftfahrzeug[50] als sozialethisch wertvolle garantenbegründende Gemeinschaften eingestuft wurden.

c) Als Beispiel für die *Gefahrengemeinschaft i. e. S.* hat sich nur ein Urteil des Obergerichts Bern auffinden lassen, in dem Führer und Teilnehmer einer Bergsteigerpartie für verpflichtet erklärt wurden, die für die Sicherheit der Gemeinschaft notwendigen Maßregeln zu treffen.[51]

d) Neben der Verwandtschaft und der Lebensgemeinschaft stellt die *Übernahme* die dritte große Untergruppe der Garantenstellung zum Schutze eines bestimmten Rechtsguts dar. In der Rechtsprechung sind vor allem die Garantiepflichten des *Arztes* immer wieder behandelt worden. Daß hier eine Garantenstellung besteht, ist noch nie bezweifelt worden; in den meisten Entscheidungen machte deshalb nur die Feststellung des Ursachenzusammenhanges

44 DStR 1936, 178 ff.
45 BGHSt. 13, 162 ff.
46 LM Nr. 25 zu § 222 = JR 1955, 104 m. abl. Anm. v. *Heinitz*; FamRZ 1960, 402 f.
47 RGSt. 73, 52 ff. (56).
48 bayobLG NJW 1953, 556 f.; BGH NJW 1954, 1047 f. m. Anm. v. *Heinitz* JR 1954, 270; SchlHOLG SchlHA 1958, 341 f.; OLG Düsseldorf NJW 1966, 1175 f.; KG VRS 10, 139; 11, 359.
49 VRS 11, 360; der Freund war hier sogar nicht einmal der Verletzte, sondern der Verletzer, s. schon oben S. 367.
50 VRS 10, 138; dagegen *Heinitz*, JR 1954, 270 m. Nachw.
51 SchwJZ 1945, 42 ff. (44 f.).

zwischen Behandlungsfehler und Tod des Patienten einige Schwierigkeiten.[52] Immerhin bleiben noch genug Erkenntnisse übrig, die interessante Gesichtspunkte für den Umfang der Garantiepflichten enthalten.[53] Ausgangspunkt der in der Rechtsprechung vorgenommenen Pflichtenkonkretisierung ist der Satz, daß man mit der Übernahme einer Heilbehandlung die Pflicht auf sich nehme, zur Heilung alles in den eigenen Kräften Stehende zu tun und bei Versagen der eigenen Methode auch zurückzutreten, um die Behandlung einem qualifizierteren Heilkundigen zu übertragen.[54] Diese zur Bekämpfung des Heilpraktiker- und Gesundbeterunwesens entwickelte Maxime läßt sich auch dahin formulieren, daß der Behandelnde stets zur Anwendung der wirksamsten Therapie verpflichtet sei.[55] Nach Auffassung des Reichsgerichts ergibt sich daraus die Pflicht, im Notfalle sogar gegen den Willen des Erziehungsberechtigten die gebotene Behandlung (ggf. mit behördlicher Hilfe) durchzusetzen.[56]

Einiges Kopfzerbrechen wurde der Rechtsprechung auch durch die Frage nach dem *Zeitpunkt* der Übernahme bereitet. Während das RG einen tatsächlichen Antritt noch für unnötig hielt und die Erfolgsabwendungspflicht aus § 330c destillierte,[57] fordert der BGH grundsätzlich den *tatsächlichen Beginn* der Behandlung und will davon nur beim *Bereitschaftsarzt* eine Ausnahme machen.[58] Eine interessante Parallele zu dieser Entscheidung bietet ein Urteil des preußischen Obertribunals, das einen Gastwirt, der entgegen seiner aus § 437 II 8 ALR folgenden Rechtspflicht die Aufnahme eines nahezu erfrorenen Reisenden verweigerte, wegen Körperverletzung verurteilte.[59]

Während in den Arztfällen die Übernahme im allgemeinen von einem zivilrechtlichen *Vertragsverhältnis* ergänzt wird, besteht die zivilistische Grundie-

---

52 Vgl. RG GA 45, 428 f.; JW 1931, 2576; HRR 1936 Nr. 772; 1938 Nr. 1660; RGSt. 2, 404 f.; 75, 68 ff.; 75, 324 ff. m. Anm. v. *Mezger* ZAkDR 1942, 29; 75, 372 ff. m. Anm. v. *Würtenberger* ZAkDR 1942, 167; BGH MDR 1956, 144 f. (*Dallinger*); BGHSt. 21, 59 ff.; das interessante Kausalitätsproblem kann hier leider nicht vertieft werden, vgl. zuletzt *Kahrs*, Vermeidbarkeitsprinzip und conditio-sine-qua-non-Formel im Strafrecht, S. 46 ff.; *Rudolphi*, JuS 1969, 549 ff., 553 ff.; *Roxin*, Festschr. f. Honig, S. 133 ff.; *Schaffstein*, Festschr. f. Honig, S. 171 ff.; de lege ferenda dürfte jedenfalls das „Risikoerhöhungsprinzip" die einzig sachgerechte Lösung darstellen.

53 Zu den Kontrollpflichten bei einer Operation z. B. instruktiv BGH NJW 1955, 1487 f.

54 RGSt. 50, 37 ff. (41).

55 RGSt. 64, 60 ff.; 64, 263 ff.; 67, 12 ff.; JW 1937, 3087 ff. m. Anm. v. *Kallfelz* ebenda S. 3090 ff. (mit interessanten Gedanken zur ärztlichen Aufklärungspflicht); BGH LM Nr. 6 zu § 230.

56 RGSt. 74, 350 ff.; DR 1943, 897.

57 RGSt. 75, 160 ff.; diese Auffassung wurde schon bald nach dem Kriege aufgegeben.

58 BGHSt. 7, 211 ff.; die Entscheidung ist aber insoweit nicht ganz eindeutig, als der BGH sich zur Stützung seines Ergebnisses außerdem noch auf eine tatsächliche Übernahme beruft. Ob der BGH in NJW 1961, 2068 f. die bloße Stellung als Hausarzt ausreichen lassen wollte oder ob auch dort eine Übernahme vorlag, ist ebenfalls nicht ganz klar.

59 GA 7, 551.

rung häufig auch in einem bloßen *Gefälligkeitsverhältnis*. Wer eine gebrechliche Person aus Gefälligkeit über die Straße führt oder wer aus Gefälligkeit einen Fahrschüler beaufsichtigt, hat dieselben Garantiepflichten wie in den zuvor betrachteten Vertragsfällen.[60] Drei Entscheidungen des Reichsgerichts zu § 221 bieten hierfür weiteres Studienmaterial:[61] In allen drei Fällen hatten die Angeklagten gebrechliche Personen, die sie ohne jede vertragliche Verpflichtung in ihrer tatsächlichen Obhut hatten, aus dieser Obhut entlassen (oder, weniger euphemistisch: herausbefördert) und wurden darob vom RG wegen Aussetzung bestraft.

Ein solches rein faktisches Obhutsverhältnis findet sich auch in den zwei bereits bei der Ingerenz erwähnten OGH-Entscheidungen, in denen zwei SS-Leute für verpflichtet erklärt wurden, die möglicherweise rechtswidrig in ihrem Gewahrsam gehaltenen Gefangenen gegen Angriffe von dritter Seite zu schützen.[62] Daß auch die Sittenwidrigkeit des Übernahmeaktes (konkret: eine Abtreibung durch einen Arzt, die zu Komplikationen führte[63] keine Rolle spielen soll, kann infolgedessen nicht weiter verwundern. Das Reichsgericht hat in einem ähnlichen Fall, wo die Abtreibung zur Geburt eines wider Erwarten lebenden Kindes führte, die während der Wehen Hilfe leistende Abtreiberin infolge „Übernahme der Hebammentätigkeit“ sogar für verpflichtet gehalten, das Neugeborene zu versorgen[64] – womit freilich die Grenze zur reinen Ingerenz fast überschritten scheint.

Zum Schluß unserer Übersicht sollen nur noch zwei Entscheidungen genannt werden, die die Übernahme des Schutzes vor *Selbstgefährdung* betreffen. Das RG hat zwei Wärterinnen einer Irrenanstalt wegen fahrlässiger Tötung bestraft, weil sie den Selbstmord eines suizidsüchtigen Geisteskranken nicht verhinderten,[65] und das OLG Oldenburg hat einen Arbeitgeber ebenfalls nach § 222 verurteilt, weil er nicht verhindert hatte, daß seine Angestellte zu einem seiner betrunkenen Gäste zu einer tödlichen Fahrt ins Auto stieg.[66]

II. Die Grundlagen der eigenen Lösung

1. Der Rechtsprechungsüberblick dürfte bereits gezeigt haben, daß die in der herrschenden Doktrin anerkannten Garantengruppen der Verwandtschaft, Ge-

60 S. OLG Hamm VRS 12, 45 f.; BGH MDR 1956, 10 (*Dallinger*).
61 RGSt. 7, 111; 31, 165; 54, 273.
62 OGHSt. 2, 11 ff.; 2, 63 ff.
63 BGHSt. 15, 345 ff.; der BGH verliert über die Garantenstellung in diesem Fall nicht ein einziges Wort, so selbstverständlich ist sie ihm.
64 RG JW 1930, 1595 m. zust. Anm. v. *Ebermayer*.
65 RGSt. 7, 332 ff.
66 DAR 1957, 300 f.

meinschaft und Übernahme unserer Herrschaftsrichtlinie ein vortreffliches Betätigungsfeld bieten. So kann man sich etwa kein sinnfälligeres Beispiel für die Herrschaft über die Hilflosigkeit des Opfers vorstellen als das Verhältnis der Mutter zu ihrem in statu nascendi befindlichen Kind, und die Verhältnisse der Hausfrau zu der in den Haushalt aufgenommenen bettlägerigen Tante und des Arztes zum schwerkranken Patienten stehen dem kaum nach. Ob die Mutter ihr Kind nach der Geburt ersticken läßt oder selbst stranguliert, ob die Hausfrau die gelähmte Tante verhungern läßt oder in den Kissen erstickt, ob der Arzt den Patienten durch Vorenthaltung der lebensrettenden Medizin sterben läßt oder mit dem verkehrten Medikament vergiftet – stets handelt es sich nach dem unzweideutigen Spruch des Rechtsgefühls nur um verschiedenartige Ausführungsarten einer und derselben Tat.[67] Die Mutter, die Hausfrau, der Arzt, sie alle beherrschen Leben und Tod ihrer Schutzbefohlenen in einer Weise, die alle Fragen nach der Art der konkreten Herrschaftsausübung für die rechtliche Wertung gänzlich irrelevant werden läßt. Die Richtigkeit unseres Herrschaftsprinzips wird hier aber nicht nur vom *Rechtsgefühl*, sondern auch vom *Gesetz selber* bestätigt. In den §§ 221 und 223b, die beide unechte Unterlassungsdelikte enthalten, wird die Beziehung zwischen Täter und Opfer als ein *Obhutsverhältnis* gekennzeichnet und damit genau das getroffen, was wir mit der „Herrschaft über die Anfälligkeit des Opfers" ausdrücken wollen. Die „Fürsorge" in § 223b stellt nur eine intensivere Form dieser Obhut dar, und mit dem „Hausstand" und dem „Gewaltverhältnis" sind hier noch zwei weitere besondere Formen der faktischen Herrschaft genannt. Die Erwähnung des „Dienst- oder Arbeitsverhältnisses" besagt nichts anderes, denn bei Schaffung des StGB war dabei ersichtlich an ein patriarchalisches Gewaltverhältnis gedacht, weshalb dafür auch heute noch eine Beziehung tatsächlicher Abhängigkeit gefordert wird.[68] Schließlich ist auch die in § 221 erfaßte „Sorge für die Unterbringung, Fortschaffung oder Aufnahme" nicht anders zu verstehen, denn da die Tathandlung hier ebenfalls in dem Verlassen in hilfloser Lage besteht, soll mit der ganzen Wendung offenbar nur eine weitere besondere Form der Herrschaftsgewalt umschrieben werden.

2. Sowohl die positive gesetzliche Regelung als auch die Erlebnisse des Rechtsgefühls verheißen somit unserem Herrschaftsgedanken bei der Umgrenzung der Garantiepflichten zum Schutz eines bestimmten Rechtsguts eine besondere Fruchtbarkeit. Wenn wir auch seinen Konsequenzen nicht mehr im einzelnen nachgehen können, wollen wir die sich daraus ergebende Neuorien-

---

67 Auf dieses Kriterium der „Vertauschbarkeit" hat schon *Schaffstein* (Festschr. f. Gleispach, S. 111) hingewiesen.

68 Vgl. nur *Lackner-Maassen*, § 223b Anm. 3a. E.

tierung doch in groben Zügen skizzieren. Die zu diesem Zweck erforderliche Aufgliederung kann auf den Erkenntnissen aufbauen, die wir bei der Behandlung der Garantiepflichten auf Grund einer Aufsichts- und Befehlsgewalt über Personen gewonnen haben,[69] denn Aufsichtspflichten und Schutzpflichten haben beide die gemeinsame Grundlage der *personalen Herrschaft*. Daß trotzdem eine Gleichschaltung dieser Garantengruppen, wie sie von der Rechtsprechung jahrzehntelang vorgenommen wurde, ein schwerer Fehler wäre, ergibt sich aus der Natur der Sache: Der die rechtliche Wertung letztlich bestimmende Unterschied zwischen diesen beiden Typen der Handlungsäquivalenz besteht darin, daß es bei der Aufsichtsgarantenstellung um die *Unmündigkeit*, bei der Schutzgarantenstellung dagegen um die *Hilflosigkeit* des Gewaltunterworfenen geht; die Herrschaft muß sich gerade nicht auf seinen *Willen*, sondern auf seine besondere *Anfälligkeit* erstrecken. Dementsprechend werden die ersten Konkretisierungsstufen der Schutzherrschaft (in Abwandlung unserer Gliederung bei der Aufsichtsherrschaft) von der *konstitutionellen* und der *partiellen Hilflosigkeit* des Opfers gebildet.[70]

III. Zur Herrschaft über die konstitutionelle Hilflosigkeit

Die Voraussetzungen der *konstitutionellen Hilflosigkeit* sind im wesentlichen bereits in den §§ 221, 223b erfaßt: *jugendliches Alter, Gebrechlichkeit* oder *Krankheit*. Die Herrschaft über diese Hilflosigkeit kann in *drei verschiedenen Arten* vorkommen: der existentiell vorgegebenen, der durch eigenen Zugriff begründeten und der durch einen fremden Vertrauensakt begründeten Gewalthabe.

1. *Existentiell vorgegeben* ist die Gewalthabe der Mutter über den in ihrem Leib heranwachsenden Embryo. Die unübertreffliche Solidität und Innigkeit dieser Beziehung ergibt sich daraus, daß die Herrschaft hier ebenso wie bei den Handlungen durch den *eigenen Körper* und damit durch das kräftigste Mittel überhaupt gewährleistet wird. Es ist daher in jeder Hinsicht sachgerecht, wenn § 218 I die Abtreibung durch Unterlassen der aktiven Abtötung der Leibesfrucht durch die Schwangere vollständig gleichstellt und beides als täterschaftliche Abtreibung bestraft. Entsprechend ist es auch für die Kindstötung vollständig gleichgültig, ob sie durch Tun oder durch Unterlassen erfolgt, und da die historische Auslegung des § 217 dasselbe Ergebnis nahelegt,[71] wird unsere Herrschaftstheorie wieder einmal vom positiven Recht bestätigt.

---

69 s. o. S. 358 ff.

70 Wobei „konstitutionell“ bedeuten soll: „schutzlos gegenüber Gefahren jeder Art“, und „partiell“ = „schutzlos gegenüber bestimmten Gefahren“.

71 Vgl. o. S. 60.

Die existentiell gegründete Herrschaft der Mutter dauert so lange fort, bis das Kind seine konstitutionelle Hilflosigkeit verliert; da diese Hilflosigkeit nicht nur in Mangel an Körperkraft, sondern auch in Mangel an Erfahrung besteht, kann das erst mit dem vollständigen Abschluß des kindlichen Reifungsprozesses angenommen werden. Die oben erwähnten Entscheidungen, die die Garantiepflichten der Mutter gegenüber ihren kleinen Kindern behandeln,[72] verdienen daher Beifall.

2. *Durch eigenen Zugriff* wird etwa die Herrschaft desjenigen begründet, der sich eines unmündigen Kindes erbarmt und sich seiner annimmt. Die Nonnen, die im Mittelalter und auch später noch uneheliche Findelkinder aufnahmen und versorgten, hätten sich also des Totschlags schuldig gemacht, wenn sie die Kleinen, um sich dieser unbequemen Esser zu entledigen, nach einiger Zeit hätten verhungern lassen. Daß dieses Ergebnis nicht nur durch ein evidentes Werterlebnis des Rechtsgefühls gefordert wird, sondern auch mit dem positiven Gesetz vollkommen in Einklang steht, zeigt schon ein kurzer Blick auf die bereits erwähnten §§ 221, 223b: Mit dem Begriff der „Obhut" wird hier ein tatsächliches Herrschaftsverhältnis ohne Rücksicht auf seinen Entstehungsgrund und eine zivilrechtliche Fundierung angesprochen und zum Grund der Handlungspflicht gemacht. Die Rechtspflicht- und Ingerenztheorien alter wie neuer Provenienz haben es freilich schwer, solche Fälle eindeutiger Handlungsäquivalenz zu erklären; denn nach irgendeinem Vertragsschluß oder gar einem familienrechtlichen Verhältnis wird man hier vergebens suchen, das von *Blei*[73] in den Vordergrund gestellte Vertrauensprinzip hilft bei Säuglingen ebenfalls nicht weiter, und das von *Stree*[74] für die Übernahmegarantenstellung wiederentdeckte Ingerenzprinzip versagt hier schon deswegen, weil die Aufnahme und anfängliche Nährung von halbverhungerten Säuglingen deren Leben nicht gefährdet, sondern umgekehrt verlängert. Nötig ist weder Vertrauen noch Kausalität, sondern nur eine die fremde *Herrschaft begründende Situationsveränderung* (s. dazu i.e.u. IV. 2. b).

Nur unser Herrschaftsprinzip vermag also die garantenbegründende Wirkung der „Gewalthabe kraft eigenen Zugriffs" zu erklären. Eine unzumutbare Belastung des Gewalthabers ist davon nicht zu befürchten, denn wie bei den Verkehrspflichten erfordert die Herrschaftserlangung auch hier einen *Herrschaftswillen*, d. h. der eigene Zugriff muß durch einen willentlichen Akt erfolgen. Wenn daher ein Säugling in die „faktische Reichweite" einer fremden Per-

---

72 S. Fn. 27–29.

73 Festschr. f. H. Mayer, S. 119 ff.; zu seinem normativistischen Vertrauensverständnis s. u. S. 352 f.

74 Festschr. f. H. Mayer, S. 145 ff.

son gespielt, etwa in ihrem Hausflur abgesetzt[75] oder auf einer Bahnfahrt in ihre Arme gedrückt wird,[76] so entstehen daraus für diese noch keinerlei über den § 330c hinausreichende Pflichten;[77] erst wenn sich der solchermaßen „Beglückte" nun tatsächlich des Kindes annimmt, begründet er durch eigenen Zugriff eine Garantiepflichten erzeugende Herrschaft über dessen Hilflosigkeit.[78] Mit Ausnahme der existentiellen Bindung von Mutter und Kind ist es infolgedessen immer der eigene freie Wille, der die Garantiepflichten des Bürgers hervorruft, und indem wir aus diesem seinen Wollen die strafrechtlichen Konsequenzen ziehen, wird er gewissermaßen „als ein Vernünftiges geehrt" (*Hegel*). Die rechtsethische Überlegenheit des Herrschaftsprinzips über die disparaten Zurechnungsprinzipien der herkömmlichen Garantentheorien kommt darin sinnfällig zum Ausdruck.

3. a) Die dritte Untergruppe, die durch einen *fremden Vertrauensakt* gekennzeichnet ist, hat die Rechtsprechung bisher am häufigsten beschäftigt. Das markanteste Beispiel wird von dem Heer der bettlägerigen Tanten geboten, die sich in die Obhut ihrer erbschleicherischen Verwandtschaft begeben und ihre eigene Anfälligkeit buchstäblich in die Hände der rüden Nichte legen. Hier ist das in der letzten Zeit vor allem von *Blei*,[79] *Wolff*[80] und *Welp*[81] in den Vordergrund gerückte Vertrauensmoment einmal wirklich am Platze: Es kennzeichnet einen *besonderen Modus der Herrschaftserlangung*. Während normalerweise auch der hinfällige Mensch allein auf sich selbst angewiesen ist, kann er sich durch einen besonderen Akt der Willensübereinstimmung und Eingliederung in die Schutzgewalt einer anderen Person begeben und ihr damit sein Schicksal anvertrauen. Er wird sich im allgemeinen in eine fremde Organisation, einen Haushalt oder ein Altersheim, einfügen und sich davon all die Vorkehrungen abnehmen lassen, die zur Fristung des Lebens gewöhnlich getroffen werden müssen. Mit seiner Zustimmung gehen wesentliche Funktionen, die der Linderung der menschlichen Hinfälligkeit dienen, auf den anderen über, und er überträgt diesem damit die Herrschaft über die eigene Anfälligkeit. Wenn der Gewalthaber jetzt

75 So der Fall RGSt. 7, 111 ff.

76 Wie es *Wilhelm Buschs* Balduin Bählamm erging.

77 Ob das RG in RGSt. 7, 211 ff. das in diesem Fall vorliegende positive Tun („Balduin Bählamm" brachte das Kind dahin zurück, wo es hergekommen war) zutreffend als Aussetzung qualifizierte, hängt daher allein davon ab, ob die Lage des Kindes hinterher unsicherer war als vorher – was kaum anzunehmen war.

78 Zu der Frage, wann hierin eine Übernahme und wann bloß eine Erfüllung der aus § 330c folgenden allgemeinen Rettungspflicht zu sehen ist, s. u. S. 390.

79 Vgl. Fn. 71 u. auch *Mezger-Blei*, AT, S. 91 ff.

80 s. o. S. 110 ff.

81 s. o. S. 121 ff.

die verabredeten Fürsorgemaßnahmen unterläßt, so liegt darin keine bloße Nichtergreifung einer Rettungsmöglichkeit; es wird vielmehr die Herrschaft über die Hinfälligkeit einer in den eigenen Schutzbereich aufgenommenen Person mißbraucht und damit ein Erfolg zugelassen, über dessen Grund man die Herrschaft ausübt.

b) Diese „beschreibende" Ableitung der „Garantenstellung aus Vertrauensakt" mag etwas unpräzise erscheinen, sie ergibt sich aber aus der methodologischen Struktur der Problematik. Wir hatten den Herrschaftsbegriff, um seinen Typencharakter nicht den Gefahren begriffsjuristischer Fixierung auszusetzen, als ein über die bloße potentielle Kausalität hinausgehendes konkretes Verhältnis tatsächlicher Gewalt verstanden.[82] Die Gewinnung der einzelnen Untertypen kann infolgedessen nicht deduktiv, sondern nur in einem an der Natur der Sache orientierten *beschreibenden Verfahren* erfolgen, wobei die aufgefundenen vorstrafrechtlichen Strukturen an unserer obersten Richtlinie zu messen und zu bewerten sind. In den Fällen, wo der Grund des Erfolges in der Hilflosigkeit des Opfers zu sehen ist, muß daher gefragt werden, auf welche Weise jemand die Gewalt über die Hilflosigkeit eines anderen erlangen kann. Von dem seltenen Fall eines existentiell vorgegebenen Gewaltverhältnisses abgesehen kann dies nur durch eine willentliche Ergreifung der tatsächlichen „Schutzfunktionen" (*Rudolphi*) geschehen, denn die Gewalt über die Hilflosigkeit ist mit der Innehabung der Schlüsselposition identisch, und die Schlüsselposition einer konstitutionellen Hilflosigkeit hat derjenige inne, der die zum Ausgleich der konstitutionellen Hinfälligkeit *aktuell* bestehenden Funktionen wahrnimmt; und das aktuelle Bestehen der Schutzfunktionen hängt schließlich u. a. davon ab, welche Dispositionen der Rechtsgutsträger getroffen hat. Natürlich bleibt auch bei dieser Aufsuchung der vorstrafrechtlichen Sachstrukturen und ihrer Einordnung in die Koordinaten der Herrschaftsrichtlinie ein normativer, durch Wertungsakte auszufüllender Restbestand, und es wäre töricht, das leugnen zu wollen. Dieser normative Rest unserer Gleichstellungsmethode ist aber erstens in jeder über einen bloßen Formalismus hinausreichenden Rechtsregelung unentbehrlich und zweitens nicht wesentlich größer als bei den infolge begrifflicher Fixierung scheinbar vollständig subsumtionsgerechten Normen. Ein gutes Beispiel bietet dafür der Notwehrparagraph (§ 53), dessen Formulierung trotz ihrer markanten Diktion viele Probleme offenläßt, die nur durch eine Konkretisierung der dahinterstehenden normativen Leitlinien, des Selbstschutz- und des Rechtsbewährungsprinzips, gelöst werden können.[83]

---

82 s. o. S. 268.

83 Das läßt sich z. B. an der Notwehrprovokation trefflich zeigen, vgl. *Roxin*, ZStW 75, 541 ff.

c) Die Untergruppe der Herrschaft qua Vertrauensakt zerfällt in zwei Subtypen, je nachdem ob der Vertrauensakt von dem *Rechtsgutsträger* selbst oder von einem *Dritten* ausgeht. Als Modus der Herrschaftserlangung kann der Vertrauensakt eines Dritten aber nur dann relevant werden, wenn dieser Dritte selbst eine Herrschaftsstellung innehatte, die er durch den Vertrauensakt *überträgt*;[84] andernfalls ist die Beziehung zwischen dem Übernehmenden und dem Dritten unter dem Leitgesichtspunkt der Herrschaft über die Anfälligkeit des Opfers gänzlich irrelevant. Das bedeutet, daß als Partner der Übernahmebeziehung nur der *Rechtsgutsträger selbst* oder ein *Garant* in Frage kommt! Wenn dieses allein sachgerechte Ergebnis in der Literatur auch immer wieder angestrebt wird,[85] so ist doch nur unser Herrschaftsprinzip zu seiner schlüssigen Begründung in der Lage!

Prototyp der Herrschaft qua Vertrauensakt des *Garanten* ist der berühmte Fall des Kindermädchens, das die Obhut über das Kleinkind übernimmt, während die Eltern verreisen oder auch nur ins Kino gehen. Die Frage nach dem *Entstehungszeitpunkt* der Garantiepflichten, die der Rechtsprechung und Lehre so viel Schwierigkeiten bereitet hat, läßt sich von unserem Ansatz her mühelos beantworten. Die Garantiepflichten entstehen mit der *Herrschaftserlangung*, und diese tritt wiederum im Zeitpunkt der Herrschaftsübertragung ein, was im einzelnen nach den Umständen des konkreten Falles zu bestimmen ist; normalerweise wird der Augenblick entscheidend sein, in dem die Eltern das Haus endgültig verlassen.[86] Freilich gilt das nur, wenn die Vertrauensbeziehung in diesem Moment noch besteht; wenn das Kindermädchen vorher (sei es auch unter Verstoß gegen seine zivilrechtlichen Pflichten) abgesagt hat, kommt keine Übernahme zustande, und nicht das Kindermädchen, sondern die Eltern vernachlässigen ihre Garantiepflichten, wenn sie das Kind trotzdem verlassen.

d) Da nur der *tatsächliche Vorgang* der Herrschaftsübernahme relevant ist, spielt die zivilrechtliche Kategorie des *Vertrages* wie schon bei den Verkehrspflichten überhaupt *keine* Rolle; die in den dreißiger Jahren durchgeführte

---

84 Dies ist systematisch gesehen das Gegenstück zu der „Übernahme der Herrschaft über die Gefahrenquelle", s. dazu o. S. 327 ff. Wenn man will, kann man auch den Vertrauensakt gegenüber dem Rechtsgutsträger als eine derartige (scil. derivative) Übernahme i. e. S. ansprechen, denn der Übernehmer nimmt dadurch dem Rechtsgutsträger einen Teil der von diesem bisher selbst wahrgenommenen Schutzfunktionen ab.

85 Vgl. etwa *Blei*, a. a. O., S. 126, 141, der die Übernahme von „exzentrischen Schutzmaßnahmen" aus der Garantenhaftung heraushalten will, und *Schönke-Schröder*, Rdnr. 118b vor § 1, sowie *Mezger-Blei*, AT, S. 92.

86 Die Eltern werden sich i. allg. eine Oberherrschaft über das Kind vorbehalten, aus der entsprechende Aufsichtspflichten resultieren; es gibt also auch hinsichtlich der Anfälligkeit des Opfers *gestufte Herrschaftsverhältnisse!* Vgl. auch die Tantenfälle u. 5. a) a. E.

Ersetzung der „Vertragsgarantenstellung" durch die „Übernahmegarantenstellung"[87] ist daher sachgerecht, läßt sich wiederum aber nur durch unser Leitprinzip vollkommen zufriedenstellend erklären.

Es kann darin auch kein Verstoß gegen das *Sekundaritätsprinzip*[88] gesehen werden, denn die Gültigkeit des zivilrechtlichen Vertrages ist zwar Bedingung für das Bestehen von Vertragspflichten, nicht aber auch für das Bestehen der davon säuberlich zu trennenden *Deliktspflichten*, die nur ein tatsächliches Obhutsverhältnis voraussetzen. Wenn die zivilistische Dogmatik hierfür auch – anders als bei den Verkehrspflichten i. e. S. – noch keine besondere Rechtsfigur geschaffen hat, so beruht das doch nicht auf einer abweichenden Wertung, sondern lediglich darauf, daß dafür im Zivilrecht bisher noch kein praktisches Bedürfnis bestand: Normalerweise liegen der Übernahme ja intakte Vertragsverhältnisse zugrunde, die sogar über § 278 BGB meist weiterreichende Schadensersatzansprüche begründen als die Normen des Deliktsrechts; und daß die in der Praxis seltenen Schulfälle der „Übernahme auf Grund nichtigen Vertrages" den Zivilrichter kaum beschäftigt haben, erklärt sich leicht daraus, daß es sich bei diesen Fällen meist um Tötungen durch Unterlassen handelt, die keinerlei Schadensersatzansprüche ausgelöst haben und daher nur den Strafrichter interessierten.[89] Da schließlich auch einige zivilrechtliche Stellungnahmen zu finden sind, die für die von uns entwickelte Theorie in Anspruch genommen werden können,[90] bestehen gegen die Vereinbarkeit des Herrschaftsprinzips mit den Verbots- und Erlaubniszonen des zivilen Deliktsrechts keine Bedenken.

4. Das *Ende* der Garantenstellung tritt – wie schon bei den Verkehrspflichten – nur und immer mit dem *Fortfall* der Herrschaftsbeziehung ein. Die viel kritisierte[91] Entscheidung des Reichsgerichts, in der das Fortbestehen der Garantiepflichten auch über den Ablauf des zivilrechtlichen Vertrages hinaus bejaht wurde,[92] trifft daher genau den Kern der Sache: Auch wenn der Pflegevertrag zwischen der Gemeinde und dem Ehepaar, das die hilflose Person auf-

---

87 Vgl. nur *Nagler*, GS 111, 63; anders anscheinend neuestens *Stratenwerth*, AT, S. 265.

88 s. o. S. 248 ff.

89 Zivilrechtlich interessant wären höchstens Schmerzensgeldansprüche (§ 847 BGB), aber diese dürften im allgemeinen daran scheitern, daß die beklagenswerten Opfer sie vor ihrem Tode kaum rechtshängig machen und außerdem noch häufig von ihren Peinigern beerbt werden.

90 Vgl. *Zeuner* bei *Soergel-Siebert*, § 823 Rdnr. 132 f., 135, m. zahlr. Nachw. aus der Rspr. In diesem Sinne sind wohl auch die zahlreichen Entscheidungen des BGH zur Haftung des Arztes zu verstehen, die der BGH stets aus § 823 BGB ableitet, ohne über die Gültigkeit des zivilrechtlichen Behandlungsvertrages zu räsonnieren.

91 Vgl. z. B. *Stree*, a. a. O., S. 163.

92 RGSt. 17, 260 ff.; vgl. auch die Aussetzungsfälle oben Fn. 59.

genommen hatte, ungültig oder wirksam gekündigt war, blieb das tatsächliche Obhutsverhältnis erhalten, und für die Handlungsäquivalenz des Unterlassens kommt es auf nichts anderes an.

5. a) Wenn die in der *Rechtsprechung* entschiedenen Fälle konstitutioneller Hilflosigkeit des Opfers an diesen Prinzipien gemessen werden, so zeigt sich, daß die Ergebnisse der Judikatur zum überwiegenden Teil befriedigen. Die Vernachlässigung der Kinder durch die Mutter oder den mit ihnen zusammenlebenden Vater sowie die mangelnde Versorgung der pflege- oder obhutsbedürftigen Personen durch die Inhaber der Versorgungsstellung – all das sind typische Fälle der unechten Unterlassung qua Schutzherrschaft über eine konstitutionell hilflose Person. Von den „Tantenfällen" des RG sind vor allem diejenigen instruktiv, in denen nicht der Haushaltungsvorstand selbst, sondern seine Ehefrau oder Tochter verurteilt wurde; hier hatte der Garant seine Herrschaft *übertragen*, und der Übernehmer rückte in desssen Pflichtenstellung ein.

b) Die von der h. M.[93] angenommene Garantenstellung des Vaters, der mit seinem (u. U. noch im Mutterleib befindlichen) Kind nicht zusammenlebt, d. h. praktisch also vor allem des *unehelichen Vaters*, hat sich dagegen durch unsere Überlegungen *nicht* begründen lassen. Zwar besteht kein Zweifel daran, daß ein Vater, der etwa einer Abtreibung der von ihm verlassenen, verzweifelten Schwangeren hohnlächelnd zusieht, ein Schurke ist und Strafe durchaus verdient hat, aber diese Entrüstung über seine moralische Minderwertigkeit kann nichts daran ändern, daß sein Unterlassen eben nicht *begehungsgleich* ist. Er bleibt nur untätig gegenüber den Anforderungen der Ethik, aber mit dem Geschehen selbst hat er nichts zu tun. Was sich im Mutterleibe abspielt, beherrscht nur die Schwangere allein, dritte Personen haben darauf nur dann einen aktuellen Einfluß, wenn sie die Mutter in ihrer Aufsichts- oder Schutzgewalt haben – was auf den getrennt lebenden Schwängerer beides nicht zutrifft. Für ihn kommt daher nur eine Bestrafung nach § 170c (vielleicht auch nach § 330c) und vor allem nach den Anstiftungs- und Beihilfevorschriften in Frage. Kriminalpolitisch gesehen befriedigt dieses Ergebnis mehr, als es auf den ersten Blick den Anschein hat. Wenn die Schwangere die Abtreibung etwa nicht deshalb vornimmt, weil sie vom Schwängerer verlassen worden ist, sondern weil sie unter keinen Umständen ein Kind haben möchte (weswegen sie seinen Heiratsantrag auch zurückweist), so kann es sogar zweifelhaft erscheinen, ob der Schwängerer ihr gegenüber überhaupt ein Recht auf Austragung des Kindes hat. Und wenn man die Strafbarkeit des Schwängerers auf das Verlassen der Schwangeren beschränkte, so würde man immer noch in die vom Familienrecht

93 *Kohlrausch-Lange*, II B II 3e vor § 1; *Geilen*, FamRZ 1961, 152; *Schönke-Schröder*, Rdnr. 109 vor § 1.

geschaffenen Erlaubniszonen einbrechen (s. §§ 1615a, 1615k f. BGB, wo nur eine Geldzahlungspflicht statuiert wird) und damit gegen das *Sekundaritätsprinzip* verstoßen.

Wegen der besonderen Ausschließlichkeit der Mutter-Kind-Beziehung dürfte sogar für den ehelichen Erzeuger und die Großeltern eine Garantenpflicht zur Verhinderung einer Abtreibung abzulehnen sein. Der Erzeuger muß zwar, wenn er die Schutzgewalt über die mit ihm zusammenlebende Schwangere übernimmt, Gefährdungen des Embryos von dritter Seite abwehren; eine Pflicht zur Verhinderung einer Abtreibung durch die Schwangere selbst setzt dagegen eine Aufsichtsherrschaft über sie voraus, die nur (sofern sie minderjährig und ledig ist) den Eltern zusteht. Grundsätzlich ist nun einmal allein die Schwangere für ihren Körper und das darin befindliche Kind verantwortlich, der Erzeuger hat darüber keine „dingliche Gewalt"; die existentielle Vorgegebenheit der mütterlichen Herrschaft begründet zugleich ihre *Ausschließlichkeit.*[94] Daran können auch die zur Stützung einer allgemeinen Garantenstellung aus Blutsverwandtschaft häufig[95] herangezogenen zivilrechtlichen *Unterhaltspflichten* (s. §§ 1601 ff. BGB) nichts ändern, denn sie haben keine größere Dignität als zivilrechtliche Vertragspflichten und werden erst durch ihre in Form eines Übernahmeaktes eintretende *Aktualisierung* strafrechtsrelevant.

IV. Zur Herrschaft über die partielle Hilflosigkeit

Die *Herrschaft über die partielle Hilflosigkeit* des Opfers kann zwar prinzipiell entsprechend untergliedert werden, die unterschiedlichen sachlogischen Strukturen gebieten teilweise aber auch eine abweichende Unterteilung. Da eine existentiell vorgegebene Herrschaftsbeziehung bei der partiellen Hilflosigkeit nicht ersichtlich ist, kommen hier nur zwei Formen der Herrschaftsbegründung in Frage: der eigene Zugriff und der fremde Vertrauensakt.

1. a) Der *eigene Zugriff* ist gegenüber bloß partiell Hilflosen bedeutend problematischer als gegenüber den konstitutionell Anfälligen. Während letztere häufig überhaupt keinen oder zumindest keinen rechtlich beachtlichen Willen besitzen (z. B. Bewußtlose, Geisteskranke, Kinder), ist der Wille der im allgemeinen zu freier Selbstbestimmung fähigen partiell Hilflosen grundsätzlich zu respektieren. Das heißt, eine Herrschaft über sie ist gegen ihren Willen nur mög-

94 Infolgedessen hatte auch die Hebamme in RG JW 1930, 1595 keine Garantenstellung, denn der Übernahmeakt erstreckte sich nur auf die in den Wehen liegende Gebärende und nicht auf das Kind, dessen Versorgung niemals in Betracht gezogen war.

95 Neuerdings vor allem wieder von *Blei*, s. Festschr. f. Mayer, S. 130 f.; *Mezger-Blei*, AT, S. 88.

lich, wenn dieser Wille *zwangsweise* überwunden wurde. Der eigene Zugriff bedeutet hier also immer aktive *Unterwerfung*. Häufig wird diese Unterwerfung die Hilflosigkeit des Unterworfenen sogar überhaupt erst begründen, indem die normalen Hilfsquellen des freien Menschen dadurch abgeschnitten werden. Ein typisches Beispiel ist die Gefangennahme: Die Unmöglichkeit der Ortsveränderung begründet eine besondere Anfälligkeit, über die der Gefangenenhalter die Herrschaft ausübt. Die beiden Entscheidungen des OGH, in denen zwei SS-Leute für verpflichtet erklärt wurden, die ihren Gefangenen von dritter Seite drohenden Gefahren abzuwehren,[96] stehen daher mit dem Herrschaftsprinzip vollkommen in Einklang.

b) Dieser zweite Subtypus der hilflosigkeits*begründenden* Unterwerfung dürfte zugleich der einzige strafrechtlich relevante sein. Bei der hilflosigkeits*vorfindenden* Unterwerfung muß nämlich immer noch eine Steigerung der Hilflosigkeit hinzukommen, bevor eine strafbare Unterlassung denkbar ist, denn andernfalls wären der Anfälligkeitszustand und die Unterlassung von Hilfsmaßnahmen durch die *Einwilligung* des Opfers gedeckt, dessen Selbstaufopferungswille als der eigentliche Grund des Erfolges anzusehen wäre. Diese Konsequenz aus dem schon mehrfach gestreiften *Verantwortungsprinzip* könnte allenfalls bei Todesgefahr entfallen (arg. § 216). Aber auch hier folgt aus der Straflosigkeit der Beihilfe zum Selbstmord, daß die Herrschaftsposition niemals zu einer Brechung des todesbejahenden Opferwillens verpflichten kann.[97]

c) Die Herrschaft über die partielle Hilflosigkeit qua zwangsweiser Unterwerfung setzt also voraus, daß der Unterwerfungsakt die *Anfälligkeit* des Opfers *erhöhte*. Das im 19. Jahrhundert[98] eingehend diskutierte und neuerdings wieder von *Blei*[99] und *Stree*[100] in den Vordergrund gerückte *Ingerenzmoment* der Übernahmegarantenstellung liegt daher bei dieser Untergruppe wirklich vor.

Für unsere methodologischen Betrachtungen bleibt dabei festzuhalten, daß wir dieses sachgerechte Ergebnis nicht aus dem unbeweisbaren Ingerenzdogma deduziert, sondern durch die *Ausbalancierung* zweier widerstreitender Prinzipien (der *Herrschaft* einerseits und der *Personautonomie* andererseits) an Hand der sachlogischen Strukturen ermittelt haben. Hinsichtlich der methodologischen Bedeutung dieses Vorgehens kann auf unsere Darlegungen zur Aufsichtsgarantenstellung[101] verwiesen werden. An dieser Stelle ist allerdings noch eine

---

96 OGHSt. 2, 11 ff., 63 ff.

97 S. dazu näher u. S. 394 f.

98 Die Übernahmefälle wurden sogar als Hauptanwendungsfall des Ingerenzprinzips angesehen, vgl. *Binding*, Normen II, 1, S. 525 ff.

99 a. a. O., S. 124 u. ö.

100 a. a. O., S. 155 ff.

101 s. o. S. 364 f.

weitere Feststellung möglich: Herrschafts- und Autonomieprinzip bestimmen die gesamte Garantenproblematik; ihre teils *gleichläufige* (z. B. bei der Notwendigkeit eines Herrschaftswillens), teils *gegenläufige Vermischung* (z. B. bei der Herrschaft über Personen) ergibt die Lösungsrichtlinien für die verschiedenen typischen Konstellationen. Wir finden darin einen Beweis für die schon von *Roxin*[102] getroffene Feststellung, daß der Kanon der relevanten Leitprinzipien *geschlossen* ist, so daß durch deren wissenschaftliche Aufbereitung eine sowohl system- als auch problemorientierte Rechtsfindung möglich wird.

2. a) Da bei einer Herrschaftsbegründung durch *fremden Vertrauensakt* Herrschafts- und Autonomieprinzip nicht gegenläufig sind, sondern beide in die gleiche Richtung weisen (die Respektierung des Vertrauensaktes), besteht hier für eine Heranziehung des Ingerenzgedankens kein Grund. Denn da der Unterlasser (sit venia verbo!) ja nicht deswegen bestraft wird, weil er den Erfolg durch eine Handlung verursacht, sondern weil er ihn in seinem Herrschaftsbereich hat eintreten lassen, können die Ingerenzmomente nur mittelbar, nämlich über den Akt der Herrschaftsbegründung, in die Gleichstellungskriterien einfließen, und dafür besteht bei einem fremden Vertrauensakt kein Anlaß. Zwar wird der Übernahmeakt den partiell Hilflosen normalerweise von anderen Schutzvorkehrungen abhalten und dadurch de facto eine potentielle Ursache des späteren Erfolges sein, notwendig ist das aber nicht.[103] Wenn etwa in einer akut lebensbedrohenden Situation nur ein einziger Arzt mit Sicherheit erreichbar ist und dieser auf Grund einer Fehldiagnose ein unwirksames, den Todeseintritt nicht verhinderndes Medikament verschreibt, so sollte an seiner Haftung für den Tod des Patienten kein Zweifel bestehen, denn er hat den Eintritt des Erfolges in seinem Herrschaftsbereich zugelassen. Der Kausalmonismus des vorigen Jahrhunderts mußte auch in der Übernahme die causa efficiens suchen, unsere an der normativen Richtlinie des Herrschaftsbereichs orientierte Gleichstellungsmethode hat dazu keinen Grund. Wer die Abwendung eines drohenden Schadens willentlich übernimmt und dann doch die durch einen Vertrauensakt erworbene Herrschaft nicht zur Erfolgsabwendung nutzt, kann sich nicht damit herausreden, daß der Erfolg auch dann eingetreten wäre, wenn er die Übernahme von vornherein abgelehnt hätte. Da er die Gefahrenabwehr nun einmal übernommen hat, erwachsen ihm daraus auch die mit jeder Herrschaftsbeziehung verbundenen Pflichten, ohne daß es auf irgendwelche hypothetischen Kausalverläufe ankommt. Das ist auch kriminalpolitisch allein vertretbar, denn die Untersuchung, ob der Gefährdete von einem anderen Arzt mit Sicherheit gerettet worden wäre, müßte fast immer mit einem non liquet enden.

---

102 Täterschaft, S. 589.

103 So im Ergebnis auch *Blei*, a. a. O., S 141; a. M. *Stree*, a. a. O., S. 155 f., 158 f.

b) Allerdings stellt – und insoweit muß den Ausführungen von *Stree*[104] unbedingt zugestimmt werden – nicht jedes Hilfeversprechen in einer gefährlichen Situation bereits eine Herrschaftsübernahme dar. So liegt etwa in dem bekannten „Wandererfall“ (ein Wanderer trifft an einsamer Stelle einen Verunglückten, den er mit dem Versprechen verläßt, sofort Hilfe zu holen, was er dann später doch nicht tut) kein herrschaftsbegründender Vertrauensakt vor, sofern es an einer *Disposition* des Bedrohten fehlt. Sobald eine solche Disposition aber möglich erscheint (der Verunglückte hätte etwa, wenn auch mit geringen Aussichten auf Rettung, zum nächsten Dorf zu kriechen versuchen können, ähnlich wie der Patient im obigen Arztfall immerhin irgendwelche – wenn auch wenig erfolgversprechenden – Hausmittel hätte anwenden können), liegt auch ein Vertrauensakt und damit eine Herrschaftsbeziehung zwischen dem Bedrohten und dem Hilfe Versprechenden vor. Es kommt daher nicht darauf an, ob die Übernahme für den Erfolg im naturalistischen Sinne kausal ist, sondern allein darauf, ob sie die Situation des Bedrohten beeinflußt hat. Sie muß daher zwar *nicht* anfälligkeits*begründend*, wohl aber anfälligkeits*verändernd* sein. Das bedeutet: Bei einer mit dem Willen des Bedrohten erfolgenden Übernahme müssen dessen Dispositionen davon beeinflußt sein, bei einer Übernahme, die ohne den Willen des (konstitutionell hilflosen) Bedrohten erfolgt,[105] muß dessen Hilflosigkeit in anderer Weise beeinflußt sein (das ist etwa noch nicht der Fall, wenn an dem Bewußtlosen nur einige Wiederbelebungsversuche gemacht werden,[106] wohl aber, wenn der „Retter“ ihn mit nach Hause nimmt und dort ins Leben zurückruft, ihn dann aber auf Grund eines Sinneswandels verhungern läßt).

Um den entscheidenden Unterschied zwischen herrschaftsbegründender Übernahme und bloßer Teilerfüllung der allgemeinen Samariterpflicht des § 330c im einzelnen herauszuarbeiten, wäre eine bedeutend konkretere Typologie erforderlich, als wir sie in diesem Rahmen geben können. Hier muß der Hinweis genügen, daß die *Teilerfüllung der Samariterpflicht* die Gefahrensituation nicht wesentlich verändert, wohingegen die Herrschaftsübernahme durch eine *Veränderung der Hilflosigkeitsstruktur* gekennzeichnet ist. Wenn man so will, mag man hierfür den Terminus der „Gefahrenerhöhung“ benutzen; dabei muß man sich jedoch darüber im klaren sein, daß diese Veränderung der Hilflosigkeitssituation keinesfalls für den späteren Erfolg kausal sein muß, sondern

---

104 a. a. O., S. 152 f.

105 s. o. S. 380.

106 Vgl. zu diesem Fall schon *Frank*, § 1, Anm. IV, 2; weit. Hinw. bei *Stree*, a. a. O., S. 153 Fn. 24; vgl. auch *Stratenwerth*, AT, S. 264.

nur die Voraussetzung abgibt für eine fremde Herrschaft, die im übrigen eigenen Gesetzen folgt.[107]

c) Wir haben damit im Ergebnis zwischen *Stree*, der anscheinend volle Kausalität der Übernahme fordert,[108] und *Blei*, der anstelle der konkreten Dispositionen des Bedrohten die „objektiv begründete Erwartung eines bestimmten Folgeverhaltens“ für ausschlaggebend erachtet,[109] einen mittleren Standpunkt bezogen. Die vollständige Ausrichtung der Übernahmegarantenstellung an dem Ingerenzprinzip erscheint deswegen unangebracht, weil durch die Herrschaftserlangung eine neue Situation entstanden ist – was eine eigenständige rechtliche Wertung erfordert, für die eine Betrachtung des hypothetischen Kausalverlaufs nicht entscheidend sein kann: Die Rechtspflichten quellen nicht aus dem Kausalstrang hervor, sondern aus den sinn- und bedeutungshaltigen Herrschaftsbeziehungen, die eine über die bloße Kausalgesetzlichkeit hinausgehende Eigenwertigkeit besitzen. Wie schon im vorigen Kapitel erwähnt, bildet die Herrschaftserlangung einen neuen *unmittelbaren* Zurechnungsgrund, der einen Rückgriff auf irgendwelche hypothetischen Entwicklungen versperrt. Wie der Nonnen-[110] und der Arztfall[111] wohl deutlich machen, kann sich niemand darauf berufen, daß außer ihm kein Hilfsbereiter gefunden worden wäre; wenn er die Herrschaft übernimmt, erwachsen ihm daraus die Schutzpflichten – unabhängig davon, ob jemand anders zur Übernahme bereit gewesen wäre. Allerdings reicht hierfür nicht die bloße Erweckung von Hoffnungen „auf ein bestimmtes Folgeverhalten“ aus, vielmehr muß (und darin steckt der berechtigte Kern von *Strees* Argumentation) die Übernahme wirklich zu einer veränderten Situation geführt haben: Nur ein in einer konkreten Disposition bestehender Vertrauensakt kann fremde Herrschaft begründen. Die Herrschaft muß, wie wir schon im Rahmen der Grundlegung festgestellt haben, in die *Zukunft* wirken;[112] die Fürsorge für eine bereits vollständig eingetretene Gefährdung geht daher nur dann über die für eine Handlungsäquivalenz nicht ausreichende „potentielle Beherrschbarkeit“ hinaus, wenn sich das Opfer durch irgendeine Disposition darauf eingestellt und sich dadurch in die fremde Herrschaft begeben hat oder

107 Ähnlich wie bei den Verkehrspflichten (s. o. S. 313 f.) kommt es also auch hier nicht auf fortlaufende Kausalstränge, sondern allein darauf an, ob der Willensakt des Übernehmers eine neue, für das Recht eigenwertige und eigenbedeutsame Situation geschaffen hat, die eine Herrschaftsmacht des Übernehmers begründet.

108 Vgl. vor allem a. a. O., S. 156.

109 a. a. O., S. 140; vgl. auch *Mezger-Blei*, AT, S. 91 ff.

110 s. o. S. 380.

111 s. o. S. 388.

112 s. o. S. 268.

wenn die Anfälligkeit durch den eigenen Zugriff des Gewalthabers verändert wird.

d) Schon die wenigen Beispielsfälle, die sich leicht vermehren ließen, dürften gezeigt haben, daß nur diese differenzierende Behandlung der Sachlogik der Übernahmegarantenstellung gerecht wird. Das Herrschaftsprinzip bietet dafür den maßgeblichen Katalysator, indem es auf die Bedeutung einer tatsächlichen Veränderung der Anfälligkeitssituation hinweist, ohne die Sachgegebenheiten zu einem dürren Kausalstrang zu verkürzen. Das von *Blei* in den Vordergrund gestellte *Vertrauensprinzip* ist hierbei insoweit hilfreich, als wir selbst die *Disposition des Opfers* als einen *Vertrauensakt* gekennzeichnet haben. Eine darüber hinausgehende Funktion kann es aber nicht erfüllen, denn wie der Nonnenfall zeigt, ist eine personale Herrschaftsbeziehung auch ohne eine aktuelle Vertrauensbeziehung möglich. Wenn man aber schon eine „objektiv begründete Erwartung" ausreichen läßt,[113] so wird der Vertrauensbegriff vollständig normativiert und letztlich zu einer anderen Umschreibung für die Rechtspflicht, die ja die objektiv begründete Erwartung par excellence ist. Daß ein derart verflüchtigtes Vertrauensprinzip keine selegierende Funktion mehr erfüllen kann, zeigt *Bleis* Stellungnahme zu dem Schwimmer- und dem Bereitschaftsarztfall. Die Garantenstellung des Schwimmers, der von einer Mutter den Auftrag erhalten hat, im Notfall ihrem Sohn beim Schwimmen beizustehen, wird von *Blei* nur unter der Voraussetzung bejaht, daß ein „besonderer Anlaß" (Jugend, mangelnde Übung, besondere Gefährlichkeit des Gewässers) bestand, für einen solchen Schutz des Sohnes zu sorgen;[114] der Bereitschaftsarzt soll dagegen generell Garant für das Leben der um seine Hilfe nachsuchenden Kranken sein.[115] Diese auch vom BGH bejahte strenge Haftung des Bereitschaftsarztes erscheint jedoch unbillig und auch mit dem Herrschaftsprinzip nicht zu vereinbaren. Der Bereitschaftsarzt übernimmt gewissermaßen die Positionen sämtlicher sonst verfügbaren Ärzte und wird damit zum Monopolisten. Es ist jedoch ganz überwiegend anerkannt, daß die in dem Monopolbesitz des Hilfsmittels liegende potentielle Beherrschbarkeit keine über den § 330c hinausreichende Haftung zu begründen vermag.[116] Und da die übrigen Ärzte keine Herrschaft übertragen können, die sie selbst nicht haben, besteht zwischen dem Bereitschaftsarzt und seinen potentiellen Patienten keine prästabilierte Herrschaftsbeziehung. Das erscheint auch kriminalpolitisch allein vertretbar, denn

---

113 In diese Richtung *Blei*, a. a. O., S. 140.

114 a. a. O., S. 141 f. Fn. 110.

115 a. a. O., S. 138.

116 Denn das wird ja bereits von der „Erforderlichkeit" in § 330c erfaßt; vgl. aber auch *Bockelmann*, Ndschr. der GrStrK, Band 12, S. 100, 477.

die Annahme einer a priori bestehenden Garantenhaftung des Bereitschaftsarztes wäre der erste verhängnisvolle Schritt auf dem Wege zu einer allgemeinen Garantiehaftung der Ärzte (qua „Kurierzwang") und letztlich aller Hilfsmächtigen. Daß die Dispositionen der Ärzteschaft nur zur Verteilung der aus § 330c fließenden Hilfspflichten erfolgen und keine Garantenpflichten begründen, erhellt außerdem aus den untragbaren Konsequenzen der gegenteiligen Auffassung, die auch bei Urlaubsvertretungen etc. dem Vertreter eine Garantiehaftung auferlegen müßte, die der Vertretene nie gekannt hatte. Es bleibt daher auch beim Bereitschaftsarzt dabei, daß die Übernahme eines Hilfsdienstes nur dann eine Garantenstellung erzeugt, wenn sie gegenüber dem Rechtsgutsträger oder einem Garanten durch einen Vertrauensakt erfolgt.[117] Eine *Übernahme gegenüber der Allgemeinheit* schafft dagegen nur eine Kanalisierung der allgemeinen Hilfspflichten des § 330c und kann daher *keine* konkrete Herrschaftsbeziehung begründen.[118]

Dieselben Grundsätze gelten im Schwimmerfall. Eine Garantenstellung des Rettungsschwimmers kommt hier nur und immer dann in Frage, wenn die Mutter ihrerseits eine Garantenherrschaft über ihren (konstitutionell hilflosen) Sohn ausübte, denn andernfalls war sie gar nicht in der Lage, die personale Gewalt als Voraussetzung der Garantiepflichten auf den Rettungsschwimmer zu übertragen.

e) Methodologisch betrachtet stellt die vorstehend erarbeitete Differenzierung einen *einfachen Arbeitsgang* dar, weil dadurch nicht mehrere Prinzipien ausbalanciert wurden, sondern nur das *eine* (Herrschafts-) Prinzip eine *Konkretisierung* erfuhr. Da das bloße Versprechen der Hilfe ersichtlich noch keine Herrschaft begründet (Wandererfall), ein Kausaldenken andererseits dem Herrschaftsbegriff fremd ist (Arztfall, Nonnenfall), mußten wir den in der Natur der Sache angelegten Umstand aufspüren, von dem in diesen Fällen eine Herrschaftsbeziehung abhängt. Eine Durchsicht der typischen Konstellationen und eine Rückbesinnung auf die notwendige *Aktualität* der Herrschaft führte uns zu der Erkenntnis, daß der gesuchte Umstand in der *Veränderung der Hilflosigkeitssituation* besteht – es muß bei der ex-ante-Betrachtung der Rettungschancen eine neue Lage entstanden sein, die dem potentiellen Garanten (vermöge eines Vertrauensaktes des Rechtsgutsträgers oder seines eigenen Zugriffs in den Fällen der konstitutionellen Hilflosigkeit) zugerechnet werden kann. Zwar muß

---

117 Daß die Entscheidung BGHSt. 7, 211 ff. im Ergebnis gleichwohl richtig war, beruht darauf, daß der Arzt die Behandlung tatsächlich übernommen und die Gefährdete dadurch zu der Disposition veranlaßt hatte, im Vertrauen auf seine Ratschläge abzuwarten.

118 Das wird in § 12 AE, wo die „gegenüber der Allgemeinheit übernommene Rechtspflicht" ausdrücklich als Garantiepflicht aufgeführt wird, ersichtlich verkannt.

ohne Umschweife zugegeben werden, daß bei der Feststellung dieses Umstandes im Einzelfall Abgrenzungsschwierigkeiten auftreten werden, doch dürften diese im Verlauf einer fortschreitenden Konkretisierung ohne weiteres zu überwinden sein. Festzuhalten bleibt, daß uns das Herrschaftsprinzip auch hier wieder den entscheidenden Gesichtspunkt aufgezeigt hat, der eine materiell gerechte Behandlung der umstrittenen Grenzfälle verbürgt.

V. Einordnung der Geschehenstypen

Nachdem wir damit die wichtigsten Grundsätze der personalen Schutzherrschaft erarbeitet haben, können wir nunmehr die praktisch wichtigsten Geschehenstypen in diese offene Systematik einordnen und auf diese Weise die Konkretisierung so weit durchführen, wie es uns im Rahmen dieser Untersuchung möglich ist.

1. Daß die konstitutionelle Hilflosigkeit auf körperlicher oder geistiger Gebrechlichkeit oder auf dem Unverstand und Unvermögen der Jugend beruhen kann, haben wir bereits oben gesehen.[119] Eine *Krankheit* kann daher, wenn sie zu völliger Hilflosigkeit führt, konstitutionelle und, wenn sie nur eine begrenzte Gefahr darstellt, partielle Anfälligkeit begründen. Diese Unterscheidung ist deswegen geboten, weil die *Herrschaftsaufgabe* in beiden Fällen eine unterschiedliche Bewertung verlangt. Während bei der konstitutionellen Hilflosigkeit eine Herrschaftsaufgabe nur dann ohne Sorgfaltsverstoß möglich ist, wenn für anderweitige Obhut gesorgt ist (woran es in RGSt. 17, 260 ff. fehlte),[120] kann ein partiell Hilfloser schon dann aus der Schutzgewalt entlassen werden, wenn er selber anderweitige Vorsorge treffen kann. So kann etwa ein Halbgenesener auch gegen seinen Willen aus dem Unfallkrankenhaus entlassen werden, wenn im nahelegenen Sanatorium noch ein Platz für ihn frei ist. Die Bedenken von *Stree*, daß bei der Ableitung der Garantiepflichten aus der tatsächlichen Übernahme die Übernehmer den Personen, denen gegenüber sie sich zur Fürsorge bereit erklärt hätten, ausgeliefert seien,[121] lassen sich auf diese Weise wohl weitgehend zerstreuen.

2. Die wichtigste Untergruppe der Schutzherrschaft über partiell Hilflose stellen neben der *Übernahme der Heilbehandlung durch den Arzt* die verschiedenen Arten der *Gemeinschaftsverhältnisse* dar. Am deutlichsten zeigt sich das bei den *Gefahrengemeinschaften* i. e. S. Der Antritt der gefährlichen Unternehmung,

119 s. o. S. 378.
120 s. o. S. 385.
121 a. a. O., S. 163.

deren Risiken durch den Zusammenschluß mehrerer gemindert werden, bildet hier den Vertrauensakt, durch den jeder Teilnehmer sein Leben der funktionierenden Gemeinschaft anvertraut. Nach den Grundsätzen der *Arbeitsteilung* hat dann jedes Expeditionsmitglied eine Teilherrschaft über die Anfälligkeit der übrigen Kumpane, woraus das Garantengrundgesetz einer jeden Gemeinschaft folgt: „Alle für einen, einer für alle". Diese sozialen Mikroorganismen werden von einem System wechselseitiger Herrschaftsübernahmen durchsetzt, das durch konkret faßbare Vertrauensakte ihrer Mitglieder konstituiert wird. Das unterscheidet sie von dem Makroorganismus der Gesamtgesellschaft, bei dem die Herrschaft durch keine konkreten Dispositionen des Rechtsgutsträgers begründet, sondern nur durch einen fiktiven „contrat social" erklärt wird. Ob die öffentlichrechtliche Befehlsgewalt der Amtswalter eine allgemeine Handlungsäquivalenz ihrer Unterlassungen rechtfertigen kann, bedarf daher einer gesonderten, eingehenden Prüfung.[122]

3. a) Eine besondere Form der Gefahrengemeinschaften i. w. S. stellt die *Lebensgemeinschaft* dar. Hier schließen sich zwei oder mehr Menschen zusammen, um das allgemeine *Lebensrisiko* gemeinsam besser bestehen zu können, und richten ihr Leben so ein, daß sie im Zusammenwirken mit dem Partner den Tücken des täglichen Lebens besser begegnen können. Es muß aber gleich betont werden, daß die Rechtsfolgen dieses Zusammenschlusses im Strafrecht längst nicht so bedeutend sind, wie gemeinhin angenommen wird. Der Überblick über die Rechtsprechung hat bereits gezeigt, daß die allgemeine Lebensgemeinschaft, die durch keine besondere, über die normale menschliche Fragilität hinausgehende Hilflosigkeit eines Partners gekennzeichnet ist, bisher eigentlich nur beim *Selbstmord* eines Gemeinschaftsangehörigen praktisch geworden ist; und gerade für diese Fälle läßt sich eine Garantenstellung unter keinem denkbaren Gesichtspunkt begründen. Da die darüber geführte sehr gründliche Diskussion[123] hier nicht in extenso aufgegriffen werden kann, mögen einige Andeutungen genügen, die sich aus unseren bisherigen Überlegungen zwanglos ergeben:

Solange der Selbstmörder volle Handlungsfreiheit besitzt, geht seine Anfälligkeit über die allgemein-menschliche Fragilität nicht hinaus.[124] Über die allgemeine Selbstmordgefahr des mündigen Menschen kann aber niemals ein anderer die Herrschaftsgewalt besitzen, denn dem steht das *Verantwortlichkeits-*

---

122 S. dazu andeutungsweise unten S. 403 f.

123 Vgl. nur *Gallas*, JZ 1952, 371 ff.; 1960, 649 ff., 686 ff.; *Grünwald*, GA 1959, 120; *Heinitz*, JR 1954, 403; 1955, 105; *Meister*, GA 1953, 166 ff.; *Maurach*, BT, S. 18 f.; zusammenfassend *Roxin*, Täterschaft, S. 473 ff.; zuletzt *Stratenwerth*, AT, S. 270.

124 Anders natürlich, wenn er geisteskrank oder minderjährig ist, s. o. S. 378 ff.

prinzip entgegen. Ein Vertrauensakt des Inhalts, der andere solle zur Abwendung des eigenen Selbstmords Sorge tragen, ist ein Unding, denn der Grund eines derartigen Erfolges läge allein in dem eigenen Selbsttötungswillen, und über den eigenen freien Willen kann niemand anders je die Herrschaft haben.

Nachdem der Selbstmörder die Handlungsfreiheit verloren hat, befindet er sich zwar im Zustand der konstitutionellen Hilflosigkeit, doch ist diese neuartige Anfälligkeit zunächst herrschaftslos, denn ein garantenbegründender Vertrauensakt hat aus den bezeichneten Gründen niemals vorgelegen. Die in der Rettungsmöglichkeit liegende potentielle Beherrschbarkeit erstarkt erst dann zur Herrschaft, wenn der Hilfswillige den Ohnmächtigen in seine Obhut nimmt und dadurch die Anfälligkeitssituation verändert. Vorher hat der Lebensgefährte des Selbstmörders ebensowenig eine Garantiepflicht zur Selbstmordhinderung wie jeder andere beliebige Bürger. Es kommt daher allenfalls die umstrittene Anwendung des § 330c in Frage, die jedoch angesichts der Straflosigkeit der aktiven Selbstmordbeihilfe recht zweifelhaft ist.

b) Garantiepflichten aus Lebensgemeinschaft bestehen daher nur in Bezug auf die Gefahren des täglichen Lebens, die vor allem im *gemeinsamen Haushalt* drohen. Die Lebensgemeinschaft stellt insoweit die zusammenfassende Bezeichnung für ein gewaltiges Bündel von konkreten Vertrauensakten dar, die sich in einem Integrationsprozeß de tous les jours immer wieder neu abspielen. Um einen vollständigen Überblick über diese kleinen Alltagspflichten zu gewinnen, müßte man eine Spezialuntersuchung anstellen, die hier nicht gegeben werden kann. Als ständiger Prüfstein wird dabei die Frage dienen, ob die Lebensgemeinschaft als sinnvolle Veranstaltung zur Bannung gerade dieser konkreten Gefahr begriffen werden kann oder ob sich das allgemeine Lebensrisiko im konkreten Fall außerhalb der Lebensgemeinschaft realisiert. Die moralische Pflicht, dem Lebensgefährten in allen Lebenslagen zu helfen, vermag eine Handlungsäquivalenz jedenfalls nicht zu begründen; erforderlich ist eine durch einen Dispositionsakt begründete Herrschaft, die sich im allgemeinen nur *innerhalb* des gemeinsamen Haushalts und der gemeinsamen Lebensführung finden wird. Um das an einem abschließenden Beispiel zu demonstrieren: Wer es unterläßt, zu dem an einem Schlaganfall darnieder liegenden Lebensgefährten einen Arzt zu rufen, macht sich je nach Lage des Falles wegen Tötung oder Körperverletzung durch Unterlassen strafbar, denn die Lebensgemeinschaft dient gerade auch der Abwehr derartiger Gefahren. Wer dagegen einen Arbeitsunfall des Lebensgefährten nicht verhindert, macht sich nur nach § 330c strafbar, weil die berufliche Tätigkeit normalerweise kein Bestandteil der gemeinsamen Lebensführung ist.

4. Die geraffte Übersicht über die Erscheinungsformen des Garantentyps „Herrschaft über die Anfälligkeit des Opfers“ ist damit an sich abgeschlossen.

Die Ergebnisse der herrschenden Meinung haben sich zum Teil bestätigen lassen, zum Teil auch nicht. Zum Schluß wollen wir noch die schwerwiegendste Abweichung unserer Lösung von den herkömmlichen Gleichstellungstheorien etwas eingehender betrachten. Diese wichtigste *Neuorientierung* erblicken wir darin, daß wir die formelle *familienrechtliche Rechtspflicht* als Grund der Handlungsäquivalenz mit Stumpf und Stiel *beseitigt* und auf eine garantenbegrenzende Funktion beschränkt haben[125] und statt dessen als alleiniges Gleichstellungskriterium die *tatsächliche personale Schutzherrschaft* benutzen. Setzen wir uns damit aber nicht dem vor allem von *Geilen*[126] vorgetragenen Vorwurf aus, die Rechtspflichten aus der bloßen Faktizität hervorzuzaubern und die Notwendigkeit einer sozialethischen Fundierung zu mißachten?

Daß das Sollen dem Sein nicht mit Gewalt abgezwungen werden kann, haben wir bereits selbst mehrfach festgestellt. Einen derartigen fehlerhaften Versuch haben wir uns aber auch nicht zuschulden kommen lassen, hat doch am Beginn unserer Untersuchung ein *normatives Prinzip* gestanden (nämlich die *Begehungsgleichheit* der Unterlassung), das wir an Hand der Natur der Sache immer mehr konkretisiert haben. In dieser Verschränkung von Faktizität und Normativität haben wir eine Methode gefunden, die bei der Bestimmung des unechten Unterlassungsdelikts hinreichende Rechtssicherheit gewährleistet, weil sie von vornherein nicht nach der strafwürdigen, sondern nur nach der begehungsgleichen Unterlassung sucht. Die Anknüpfung an die bürgerlichrechtliche oder sozialethische *Ordnung der Familie* vermag dagegen zur Begründung der Strafbarkeit *nichts* zu leisten. Da ja nicht einmal alle positiven Verstöße gegen das Familienrecht oder die Familienethik strafwürdig, geschweige denn effektiv mit Strafe bedroht sind, erscheint es wenig glaubhaft, daß ausgerechnet bei den Unterlassungen die metastrafrechtliche Rechts- oder Sittenpflicht die Strafbarkeit begründen soll. Wie schon unsere Betrachtungen zum Sekundaritätsprinzip ergeben haben, darf die richterliche Rechtsschöpfung im Strafrecht zwar nicht in die *Erlaubniszonen* des Familienrechts einbrechen; die *Verbotszonen* des Familienrechts sind aber für das Strafrecht ohne unmittelbare Bedeutung. Wenn auch Ehegatten und Geschwister rechtlich oder sittlich verpflichtet sind, einander selbst im Falle des Getrenntlebens zu unterstützen,[127] so bedeutet das doch noch lange nicht, daß die Verletzung dieser Pflicht zu einer Haftung aus dem strafrechtlichen Erfolgstatbestand führt. Während in den *Vertragsfällen* inzwischen auch die herrschende Meinung eingesehen hat, daß die zivilistische Rechtspflicht für die Strafbarkeit nichts ergibt, hat sie sich die-

---

125 s. o. S. 386.

126 FamRZ 1961, 147 ff. und 1964, 385 ff.; vgl. auch *Welzel*, Strafrecht, S. 217.

127 Vgl. *Schönke-Schröder*, Rdnr. 110 vor § 1, und *Geilen*, FamRZ 1961, 148.

ser Erkenntnis merkwürdigerweise bei den keine andere Beurteilung verdienenden *Familienrechtspflichten* bisher verschlossen. Es ist daher höchste Zeit, daß dieses *Relikt der formellen Rechtspflichttheorien* aus Lehrbüchern und Kommentaren verschwindet und daß die Unterlassungsbestrafung auf diesem Sektor nicht länger auf ein Moralitätsdenken, sondern auf eine dem nulla-poena-Satz konforme Methode gestützt wird. Wenn der Bruder seinem aus der Fremde zurückkehrenden gebrechlichen Bruder die Tür weist, so wird er sich die Verachtung aller billig und gerecht Denkenden zuziehen; aber seine Bestrafung scheitert schon daran, daß er zu dieser schnöden Handlung nach dem Familienrecht befugt ist (s. § 1601 BGB). Wenn der Sohn dem greisen Vater den Lebensabend am häuslichen Herd verweigert, so kann darin ebenfalls kein unechtes Unterlassen gesehen werden, denn dazu war er berechtigt (s. § 1612 I, 1 BGB). Und wenn die Ehefrau dem aus langjähriger Gefangenschaft zurückkehrenden schwerkranken Gatten die eheliche Lebensgemeinschaft verweigert, so verhält sie sich zwar rechtswidrig (s. § 1353 BGB), begeht aber keine unechte Unterlassung, denn die Hilflosigkeit ihres Mannes stand nicht in ihrer Hand. Das alles ändert sich erst, wenn der Gebrechliche in die tatsächliche Obhut genommen wird. Jetzt hat er seine Hinfälligkeit der fremden Sorge anvertraut, der Übernehmer ist, um die Terminologie der soziologischen Methodenentwürfe zu benutzen, tatsächlich ein Rad im sozialen Getriebe geworden, von dem der Erfolg maßgeblich abhängt.[128] Vorher war nur eine familienrechtliche Pflicht da, die eine rechtliche, aber keine strafrechtliche Wertung verlautbarte; der Antritt der Herrschaft führt dagegen zu jener sachlogischen Gleichheit von Handlung und Unterlassung, die Grund und Grenzen des unechten Unterlassungsdelikts bestimmt.

Die herrschende Meinung[129] verharrt demgegenüber – auch wenn das nur vereinzelt zugegeben[130] und zumeist mit der euphemistischen Redeweise „Pflichten aus natürlicher Verbundenheit" kaschiert wird[131] – auf dem Niveau der formellen Rechtspflichttheorie, obwohl sich inzwischen allgemein herumgesprochen haben sollte, daß aus einer metastrafrechtlichen Rechtspflicht keine

128 Eine solche Herrschaftsübernahme des Sohnes über den Vater wird nur in Ausnahmefällen in Betracht kommen; der bloße Aufenthalt des minderjährigen Sohnes im elterlichen Haushalt reicht dafür normalerweise nicht aus (zutreffend *Jescheck*, Lehrbuch, S. 414, gegen BGHSt. 19, 167, und *Geilen*, FamRZ 1964, 391).

129 Zahlr. Nachw. o. S. 369 ff.

130 Bei *Mezger-Blei*, AT, S. 87 f.

131 Vgl. *Schönke-Schröder*, Rdnr. 108 vor § 1, und *Jescheck*, Lehrbuch, S. 414. Nebenbei bemerkt wird durch diesen neuen Terminus sogar eine zusätzliche Ausweitung der Unterlassungshaftung erreicht, weil man dadurch auch außerhalb von Familienrechtspflichten Garantenstellungen konstruieren kann – ein schlimmer Verstoß gegen das Sekundaritätsprinzip.

strafrechtliche Handlungspflicht hervorgezaubert werden kann.[132] Die angebliche „Garantenstellung aus Gesetz" und noch mehr deren moderne Steigerungsform, die angebliche „Garantenstellung aus natürlicher Verbundenheit", stellen unerträgliche *Übergriffe des Strafrechts auf den Bereich der* Individual- oder Sozial*moral* dar. Möge die Hoffnung, daß im Zuge der Säkularisierung des Strafrechts auch diese Fehlentwicklung korrigiert wird, nicht vergebens sein!

132 Den Nachweis dafür haben schon *Schaffstein*, Festschr. f. Gleispach, S. 73 ff., und *Nagler*, GS 111, 59 ff., geführt.

C. Ergebnis und Ausblick

I. Zusammenfassung

1. Wenn wir auf unsere bisherigen Konkretisierungsversuche zurückblicken, so stellen wir fest, daß wir unsere Aufgabe, die *Entnormativierung der Herrschaftsrichtlinie*, innerhalb des vorgegebenen Rahmens weitestgehend erfüllt haben. Wir haben die *Herrschaft über den Grund des Erfolges* zunächst in zwei Untergruppen gegliedert, nämlich in die *Herrschaft über eine wesentliche Erfolgsursache* und die *Herrschaft über die Anfälligkeit des Opfers*. Als gemeinsames Grundelement beider Herrschaftsformen erkannten wir den *Herrschaftswillen*, der den von sozialen Sinngehalten erfüllten Herrschaftsbereich von dem „blinden" Kausalverlauf unterscheidet.

a) Für die erste Gruppe fanden wir die beiden Subtypen der *Herrschaftsgewalt über gefährliche Sachen oder Verrichtungen* und der *Aufsichtsgewalt über unmündige Personen*. Aus dem ersten Subtypus gewannen wir die *Verkehrs-*, aus dem zweiten die *Aufsichtspflichten* als Verbesonderungen der allgemeinen Garantiepflichten. Die weitere Konkretisierung der *Verkehrspflichten* erfolgte nach zwei Richtungen: nach ihrem Entstehungsgrund und ihrer Reichweite. *Entstehungsgrund* der Herrschaft kann entweder der eigene Zugriff oder die Übertragung (d. h. die Übernahme der gesamten Herrschaft oder der Teilherrschaft von einem Vorgänger) sein. Die *Reichweite* der Verkehrspflichten wurde von uns dahin gekennzeichnet, daß es sich bei ihnen allemal um bloße *Sicherungspflichten* handelt (im Gegensatz zu den Rettungspflichten des § 330c), wobei unser vom üblichen etwas abweichendes Verständnis der Sicherungspflichten maßgeblich von der Herrschaftstheorie geprägt wird. An Hand dieser Systematik haben wir die Geschehenstypen geordnet und damit die Entnormativierung so weit durchgeführt, wie es Anlage und Umfang dieser Arbeit gestatteten. Die *Aufsichtsgewalt* haben wir in die *faktische Herrschaft über Strafunmündige* und die *rechtliche Befehlsgewalt über Strafmündige* unterteilt und damit den unterschiedlichen Strukturen Rechnung getragen, die jeweils Erlangung, Umfang und Verlust der Herrschaftsgewalt bestimmen. Zugleich haben wir auf diese Weise zwei oberste Strafrechtsprinzipien, den Herrschafts- und den Verantwortlichkeitsgrundsatz, in praktische Konkordanz bringen können.

b) Die *Herrschaft über die Anfälligkeit des Opfers* haben wir zunächst danach untergliedert, ob die Hilflosigkeit *konstitutionell* (damit ist gemeint: Folge eines natürlichen Unvermögens, sich gegen Gefahren aller Art zu schützen) oder bloß *partiell* ist (das soll heißen: nur im Hinblick auf bestimmte Gefahren besteht). Der Sinn dieser Systematisierung wird sich zwar erst bei der in diesem Rahmen nicht mehr möglichen Aufbereitung der einzelnen Geschehenstypen in vollem Umfang erschließen (denn dann wird sich zeigen, daß Umfang und Reichweite der Garantiepflichten davon abhängen), an dem Beispiel der Herrschaftsaufgabe haben wir die Wichtigkeit dieser Unterscheidung aber immerhin andeutungsweise demonstriert. Die weitere Konkretisierung wurde an der Art der *Herrschaftsbegründung* ausgerichtet, die entweder durch eigenen Zugriff oder durch einen Vertrauensakt des Hilflosen oder eines Garanten erfolgen kann; in dem Sonderfall der Mutter-Kind-Beziehung ist die Herrschaft existentiell vorgegeben.[1] Während der eigene Zugriff auf einen partiell Hilflosen für den drohenden Erfolg *potentiell kausal* sein muß, um eine Garantenstellung zu begründen, reicht in den übrigen Fällen eine bloße *Situationsveränderung* aus, die lediglich eine Veränderung der Hilflosigkeitsstruktur oder eine Disposition des Bedrohten oder eines Garanten voraussetzt. Da uns kein Raum mehr zur Verfügung stand, um diese Kriterien durch eine konkretere Typologie zu veranschaulichen, muß fürs erste die von uns gegebene Übersicht über die wichtigsten Geschehenstypen diese vollständige juristische Durchdringung ersetzen; daß hier noch viel Detailarbeit zu leisten ist, braucht kaum besonders betont zu werden.

2. Der wichtigste praktische Ertrag unserer Gleichstellungsmethode dürfte darin zu sehen sein, daß es uns gelungen ist, die so oft beklagte und gescholtene *Hypertrophie* der unechten Unterlassungsdelikte auf ein vernünftiges Maß *zurückzuschneiden*, indem wir uns nicht auf das ungewisse Spiel der Strafwürdigkeitserlebnisse verlassen, sondern in erster Linie eines rational überprüfbaren Verfahrens bedient haben, das die Richterwillkür in dem wohl höchsten heute erreichbaren Maße einzuengen und dadurch dem in Art. 103 II GG niedergelegten Postulat der Bestimmbarkeit zu genügen vermag. Bei der strengen Entwicklung des unechten Unterlassungsdelikts am Prinzip der Begehungsgleichheit sind zwei Garantenstellungen auf der Strecke geblieben, die seit langem zu den scheinbar festgefügtesten Dogmen der herrschenden Meinung gehören: die *Verwandtschaft* (bzw. allgemein: die Garantenstellung aus Gesetz) und die *Ingerenz.* Unsere Überlegungen haben gezeigt, daß es sich in beiden Fällen um unzulässige Verallgemeinerungen und damit um typische Analogien handelt, die über die legislatorische Wertentscheidung hinausgreifen: Zwar besteht in vielen Verwandtschafts- oder Ingerenzfällen eine familiär oder sachlich radizierte Herrschaftsbeziehung, deswegen ist aber noch lange nicht die Verwandtschaft oder Ingerenz als solche ratio essendi des unechten Unterlassungsdelikts. Dieselbe unzulässige Induktion finden wir bei zwei weiteren Garantentypen der herrschenden Meinung, die – ebenso wie die Verwandtschafts- und die Inge-

1 Genaugenommen gilt das zwar nur im Verhältnis Schwangere-Embryo; nach unserer Familienordnung dauert die Herrschaft aber normalerweise auch nach der Geburt fort.

renzhaftung – trotz ihrer allgemeinen Anerkennung keine wirkliche Begehungsgleichheit aufweisen. Es handelt sich um die Garantenstellungen aus *Wohnung* (Hausrecht) und *Amtsstellung* (Amtspflicht), auf deren Fragwürdigkeit wir, auch wenn wir sie nicht mehr im einzelnen darlegen können, doch immerhin aufmerksam machen wollen.

II. Garantenstellungen aus Hausrecht und Amtspflicht?

1. a) Daß der *Wohnungsinhaber* verpflichtet sei, Straftaten Dritter in seiner Wohnung zu verhindern, kann heute als weithin anerkannt gelten;[2] *Bärwinkel* hat sich mit diesem Satz jüngst eingehend auseinandergesetzt und ist zu dem Ergebnis gekommen, daß ein Garantieverhältnis aus dem „sozialen Herrschaftsbereich der Wohnung" in bezug auf alle physischen Rechtsgutsobjekte bestehe, die sich innerhalb der Wohnung aufhielten.[3] In der Rechtsprechung wird dem *Haushaltungsvorstand* generell die Garantiepflicht auferlegt, Straftaten Dritter (bzw. allgemeiner: Rechtsgutsverletzungen) in der eigenen Wohnung oder sonstigen beherrschten Räumlichkeiten zu verhindern;[4] insbesondere soll die im Schrifttum angefochtene Garantiepflicht zur Verhinderung von Straftaten des *Ehegatten* jedenfalls dann bestehen, wenn die Straftat innerhalb der Ehewohnung stattfindet.[5] Zu demselben Ergebnis gelangen zahllose Entscheidungen aus dem Besonderen Teil, allen voran die gesamte Kuppeleijudikatur.[6]

b) Bei näherer Prüfung dürfte sich die Garantenstellung des Wohnungsinhabers jedoch zumindest in dieser Allgemeinheit nicht halten lassen. Nach unseren Feststellungen begründet schließlich nicht jede beliebige soziale Herrschaft die Handlungsäquivalenz des Unterlassens, sondern nur eine solche, die sich auf den *Grund des Erfolges* erstreckt. Mit der Feststellung, daß die Wohnung den sozialen Herrschaftsbereich des Wohnungsinhabers darstellt, ist daher für die Lösung des Gleichstellungsproblems noch nicht viel gewonnen. Es

---

2 Vgl. nur *Schönke-Schröder*, Rdnr. 128, 135 vor § 1; *Mezger-Blei*, AT, S. 94; *Dreher*, Anm. D I 5 vor § 1; dagegen *Stratenwerth*, AT, S. 271.

3 Struktur der Garantieverhältnisse, S. 139 ff., 149 ff., 159 ff.

4 RGSt. 72, 373 ff.; OGHSt. 1, 87 ff.; BGH NJW 1966, 1763.

5 BGH NJW 1953, 591; LM Nr. 5 zu § 47; OLG Schleswig NJW 1954, 285; BGH GA 1967, 115 (alle zu § 218); vgl. auch östOGH ÖJZ 1962, 107.

6 Vgl. nur RG Rspr. 1, 61; 2, 447; 9, 301; 10, 703 (vor Einfügung des § 180 III); GA 53, 164; 60, 445; Recht 1914 Nr. 289; JW 1926, 1184 m. Anm. v. *Traeger*; HRR 1940 Nr. 41; RGSt. 40, 165; 48, 196; 67, 310; 77, 125; BGH MDR 1951, 537 (*Dallinger*); OLG Celle NdsRpfl. 1951, 92; bayObLG MDR 1952, 312; BGH LM Nr. 3 zu § 180; NJW 1954, 847; OLG Stuttgart FamRZ 1959, 74; BGHSt. 17, 230 (zu §§ 180 f.). RG GA 59, 353; RGSt. 52, 203; 58, 299; OLG Celle HESt. 1, 109 (zu § 259).

muß vielmehr zusätzlich gefragt werden, wann die Wohnung als der oder ein Grund des Erfolges angesehen werden kann. Auch ohne daß diese Frage hier vertieft wird, kann doch so viel gesagt werden, daß dafür eine spezifische Beziehung zwischen Wohnung und Straftat erforderlich ist; die Wohnung darf nicht nur der Ort sein, an dem sich die Straftat abspielt, sie muß vielmehr vermöge ihrer Eigenart in dem konkreten Ablauf der Straftat eine Rolle spielen. Als Beispiel mag etwa der Fall dienen, daß das Opfer seinem Mörder zu entfliehen trachtet, durch die verschlossene Wohnungstür aber daran gehindert wird. Hier stellt die Abgeschlossenheit der Wohnung eine im Herrschaftsbereich des Inhabers liegende Gefahrenquelle dar und erzeugt infolgedessen für diesen eine Garantiepflicht. Diese Pflicht zur Aufschließung der Wohnung im Gefahrfalle wird etwa auch in den Einschließungsfällen praktisch[7] und kann der oben in § 21 ausführlich behandelten Gruppe der *Verkehrspflichten* zugeordnet werden, denn sie wächst ebenfalls aus der Herrschaft über eine konkret gefährliche Sache hervor. Auf weitere Verkehrspflichten in bezug auf gefährliche Räumlichkeiten ist bereits oben[8] hingewiesen worden.

Vorbehaltlich einer eingehenden Analyse ist daher festzuhalten, daß die Herrschaft über *Räumlichkeiten* nur Verkehrspflichten, aber *keine allgemeine Straftatenverhinderungspflicht* erzeugt. Wenn etwa der Hausherr bei einer von ihm veranstalteten Party sieht, wie ein unseriöser Gast einem anderen die Brieftasche „zieht" oder unauffällig das Perlenkollier von dem Halse einer Schönen nestelt, so wird er durch sein Schweigen vielleicht seinen Ruf als honoriger Gastgeber aufs Spiel setzen, aber keinesfalls zum Kriminellen werden, und auch bei einer Schlägerei zwischen zwei erhitzten Partygästen ist er strafrechtlich nicht verpflichtet, als Friedensstifter dazwischenzuspringen. An der kriminalpolitischen Weisheit dieses Resultats dürfte ebenfalls nicht zu zweifeln sein, denn solange die Wohnung nur zufälliger Schauplatz eines Geschehens ist, hat der Wohnungsinhaber damit nicht mehr zu tun als jeder andere, der sich in der Nähe aufhält. Etwas anderes kann erst dann gelten, wenn der Wohnungsinhaber gegenüber dem Täter ein (mindestens konkludentes) *Duldungsversprechen* abgibt, denn eine solche Zurverfügungstellung der Wohnung würde als aktive Beihilfe zu bewerten sein.[9]

c) Am Rande sei noch bemerkt, daß die „Garantenstellung aus Hausrecht" nicht nur mit unserem Herrschaftsprinzip nicht zu vereinbaren ist, sondern

---

7 s. o. S. 96, 100 f.

8 S. 336 f.

9 Dieser Fall liegt insoweit anders als die von *Roxin* (Festschr. f. Engisch, S. 404) als Unterlassung durch Tun qualifizierte „Zusicherung rechtlich gestatteten Unterlassens", denn der soziale Sinn des „Duldungsversprechens" besteht gerade in der Öffnung der für den Täter bisher verschlossenen Wohnung und damit in einer aktiven Förderung auch von den dafür gewöhnlich beigebrachten Argumenten nicht getragen wird. Wenn die Garantiepflicht des Hausrechtsinhabers darauf gestützt wird, daß die Wirkungsmöglichkeiten der zur Verbrechensverhütung berufenen Organe in diesem Bereich weitgehend eingeschränkt seien,[10] so ist darauf zu erwidern, daß der Schutz des Hausrechts bei *dringenden* Gefahren (und damit auch bei einer unmittelbar bevorstehenden Straftat) ohnehin nicht besteht (s. Art. 13 III GG, § 3 nds. SOG) und daß das Recht auf Unverletzlichkeit der Wohnung außerdem ein typisches *Abwehrrecht* ist, für dessen Umwandlung in ein Pflichtrecht schlechterdings keine gesetzlichen Anhaltspunkte ersichtlich sind. Und wenn *Bärwinkel*[11] darauf abstellt, daß der elementare Sinn und Zweck des Raumes „Wohnung" darin bestehe, Menschen und Sachen physischen Schutz zu gewähren, so ist ihm zu entgegnen, daß es nicht auf den generellen Zweck, sondern auf die aktuelle, im Einzelfall vorliegende Funktion ankommt; und eine derartige konkrete Schutzfunktion setzt nach unseren im vorigen Kapitel gewonnenen Erkenntnissen immer einen besonderen Vertrauensakt zwischen Hausherrn und Gast voraus, der vielleicht in bezug auf die Gefahrlosigkeit der Wohnung selbst, grundsätzlich aber nicht in bezug auf die Sicherheit vor Angriffen Dritter angenommen werden kann.

2. Die zuzeiten der formellen Rechtspflichttheorie in Blüte stehende Garantenstellung aus *Amtspflicht*[12] wird heute von der herrschenden Dogmatik zwar nur noch am Rande behandelt,[13] ist aber weiterhin fast einhellig anerkannt.[14] In der Rechtsprechung wird vor allem den Polizeibeamten eine unbeschränkte Garantiepflicht zum Schutz der Allgemeinheit auferlegt.[15]

Diese scheinbare Einigkeit von Rechtsprechung und Lehre kann nicht darüber hinwegtäuschen, daß die bloße Amtspflicht nur einen höchst unvollkommenen Gleichstellungsgrund abzugeben vermag. Wir wissen zur Genüge, daß nicht die Pflicht als solche, sondern nur die ihr möglicherweise zugrundeliegende Herrschaftsbeziehung die Handlungsäquivalenz des Unterlassens begründen kann. Danach muß infolgedessen auch bei den Amtspflichten gesucht werden,

---

10 *Böhm*, Diss., S. 68; *Mezger-Blei*, AT, S. 94.

11 a. a. O., S. 145 u. ö.

12 Vgl. nur *Traeger*, Problem der Unterlassungsdelikte, S. 83.

13 S. die beiläufigen Bemerkungen bei *Maurach*, AT, S. 514; *Jescheck*, Lehrbuch, S. 417; *Schmidhäuser*, AT, S. 542; eingehend allerdings *Böhm*, Dissertation, S. 71 ff.

14 Bedenken eigentlich nur bei *Grünwald*, ZStW 70, 428, der die Aufstellung echter Unterlassungstatbestände fordert.

15 Aus dem Allgemeinen Teil haben sich – abgesehen von den bereits in den vorangegangenen Kapiteln erwähnten Fällen einer „echten" Schutz- oder Aufsichtsherrschaft qua Amtsstellung – 4 Entscheidungen finden lassen: RG JW 1932, 2087; 1939, 543 m. zust. Anm. v. *Mittelbach*; KG VRS 10, 138; BGH VRS 18, 48 (51).

bevor eine Gleichstellung von Tun und Unterlassen in Frage kommt. Daß dies häufig der Fall sein wird, haben schon die in den vorangegangenen Kapiteln erwähnten Beispiele für eine mit der Amtsstellung zusammenhängende aktuelle Herrschaftsbeziehung gezeigt: Der für die Straßensicherheit zuständige Dezernent, der die Verrichtungen seiner Untergebenen beaufsichtigende Vorgesetzte, das Aufsichts- und Pflegepersonal in Heil- und Krankenanstalten, der Leiter eines Gefangenentransports – sie alle besitzen konkrete Herrschaftsgewalt und folglich auch dementsprechende Garantiepflichten. Anders verhält es sich bei dem Polizisten, der auf einem Streifengang einen Diebstahl bemerkt und nicht dagegen einschreitet: Eine Aufsichtsgarantenstellung scheidet aus, weil das „allgemeine Gewaltverhältnis" zwischen Staat und Bürger im Unterschied zum „besonderen Gewaltverhältnis" zwischen Vorgesetztem und Untergebenem etc. keine partielle Unmündigkeit, sondern nur „schlichte" Rechtspflichten begründet, und für eine Schutzgarantenstellung mangelt es an einem konkreten Dispositionsakt des Opfers. In der Untätigkeit des Polizisten liegt daher nur eine (allerdings besonders strafwürdige) *echte Unterlassung*, deren Bestrafung einen Spezialtatbestand voraussetzt. Schon heute gibt es in den §§ 340 ff. eine ganze Reihe derartiger Spezialvorschriften, die eine angemessene Ahndung der „echten Unterlassungsdelikte im Amt" gestatten. Wenn hier auch noch insoweit eine Lücke besteht, als die Nichthinderung einer Straftat allenfalls nach § 346 bestraft werden kann, so vermag dies doch angesichts des aus Art. 103 II GG folgenden fragmentarischen Charakters des Strafrechts nicht im mindesten die Preisgabe unserer festgefügten Gleichstellungsmethode zu rechtfertigen. Zur Befriedigung solcher vom positiven Recht nicht genügend berücksichtigten Strafbarkeitsbedürfnisse ist allein der Gesetzgeber befugt!

III. Andeutungen zu einem zukünftigen Besonderen Teil

Aus Raumgründen müssen wir es uns versagen, unsere Gleichstellungsmethode auch für die besonderen Deliktstypen zu entwickeln. Es kann daher nur kurz angedeutet werden, was für ein fruchtbares Feld hier noch der wissenschaftlichen Durchdringung harrt.

1. a) Wie sich leicht erkennen läßt, bieten die besonderen Deliktsgruppen dem Rechtsanwender schon vom *Gesetzeswortlaut* her bedeutend mehr Stoff als die relativ allgemeine Gruppe der Erfolgsdelikte. Andererseits tauchen dadurch auch insoweit neue Probleme auf, als die streng gesetzesakzessorische Auslegung bei den inhaltsreicheren Tatbeschreibungen eine viel größere Rolle spielt als bei den bisher betrachteten Tatbeständen, bei denen eine Rechtsschöpfung aus der im Lichte einer normativen Richtlinie hervortretenden Natur der Sache die angemessene Rechtsfindungsmethode darstellte. Insbesondere wird hier da-

mit zu rechnen sein, daß die Tatbestandsbeschreibungen eindeutig nur auf positives Tun zugeschnitten sind, so daß eine Unterlassungsbestrafung durch Art. 103 II GG verbotene Analogie darstellen würde. Vor jeder Arbeit am Besonderen Teil muß daher eine verbindliche Auslegungstheorie gefunden werden, d. h. es muß eine *Rangordnung* der verschiedenen Interpretationsmethoden aufgestellt werden. Daß ein solches Unterfangen in dem heutigen Zeitalter eines Auslegungsmethoden-*Synkretismus*[16] auf erhebliche Widerstände stoßen würde, ist ziemlich sicher; gleichwohl darf darauf keine Rücksicht genommen werden, denn nur durch eine von Hypostasierungen und Fiktionen befreite, die verschiedenen formalen Methoden nach einem Rangprinzip ordnende „Theorie der Rechtsgewinnung" kann der heute so weit verbreitete Zustand geändert werden, daß die Rechtsprechung die Ergebnisse entweder unreflektiert aus dem Rechtsgefühl oder unkritisch aus Präjudizien schöpft und hinterher mit der gerade „zufällig" passenden Auslegungsmethode verbrämt.[17]

b) Einen ersten Schritt zur terminologischen Klärung haben wir bereits oben[18] getan, als wir die *Auslegung i. e. S.* auf die Ermittlung des *„historischen* Gesetzessinnes" beschränkten und damit alle *teleologischen* Methoden in den Bereich der *Rechtsschöpfung* verwiesen. Nunmehr gilt es noch, das *Rangverhältnis* dieser beiden Typen der Rechtsgewinnung zu bestimmen, was infolge des nulla-poena-Satzes nicht schwerfallen dürfte. Die Rechtsschöpfung darf im Strafrecht niemals zu Lasten des Bürgers über den verbindlichen Willen des historischen Gesetzgebers hinausgehen, sondern immer nur in dem davon bestimmten Rahmen erfolgen.[19] Da nach unserem Bekenntnis zur Andeutungstheorie[20] nur der im Gesetz objektivierte Wille des historischen Gesetzgebers Verbindlichkeit besitzt, spielt der *Gesetzeswortlaut* im Strafrecht eine überragende Rolle: Weil der denkbare Wortsinn die äußerste Grenze dessen darstellt, was der historische Gesetzgeber überhaupt gemeint haben kann, steckt er auch den maßgeblichen Rahmen für jede teleologische Rechtsschöpfung ab. Die Frage, wonach der „denkbare Wortsinn" zu bestimmen ist, läßt sich leicht auf Grund der von uns schon früher[21] getroffenen Feststellung beantworten, daß

16 Vgl. nur BVerfGE 11, 130; *Jescheck*, Lehrbuch, S. 109 ff.; *Engisch*, Einführung, S. 71 ff.; der Versuch einer Rangordnung findet sich bei *Larenz*, Methodenlehre, S. 320 ff.

17 Nur auf diese Weise kann auch dem von rechtssoziologischer Seite aus vorgetragenen Angriff auf den Wissenschaftscharakter der Rechtsdogmatik (vgl. nur *Krawietz* JuS 1970, 430 f.) die Spitze abgebrochen werden.

18 s. o. S. 283 f.

19 Die auf den übrigen Rechtsgebieten im äußersten Notfall zulässige „Gehorsamsaufkündigung" kann im Strafrecht daher nur in bonam partem wirken.

20 s. o. S. 301 f., 304.

21 s. o. S. 303.

das Strafgesetz die Generalprävention immerhin ermöglichen muß und nicht schlechthin ausschließen darf: Die *Sprachlogik* und der *Umgangssprachgebrauch* (mag er auch noch so schwankend und unsicher sein) bilden die Bedingung einer generalpräventiven Wirksamkeit des Gesetzes und daher die äußerste Grenze für alle teleologischen Rechtsschöpfungskünste. Um zwei konkrete Beispiele zu nennen: Die „große berichtigende Auslegung" des § 246[22] ist wegen Verstoßes gegen die Sprachlogik ebenso unzulässig wie die vom BGH vorgenommene und vom Umgangssprachgebrauch nicht mehr gedeckte Interpretation des „bespannten Fuhrwerks" als eines „Kraftfahrzeugs";[23] derartige Rechtsschöpfungen contra legem und in malam partem stehen nur dem Gesetzgeber zu.

c) Die ebenso zulässige wie unentbehrliche *teleologische Rechtsschöpfung intra legem* (d. h. im Rahmen der verbindlichen Entscheidungen des historischen Gesetzgebers) kann hier nicht weiter erörtert werden. Es soll nur auf die Fragwürdigkeit der heute im Strafrecht herrschenden Lehre[24] hingewiesen werden, die die teleologische Auslegung im Anschluß an *Schwinge*[25] vorwiegend als Auslegung von dem geschützten Rechtsgut her versteht. Wie schon *Schaffstein*[26] nachgewiesen hat, besteht der Zweck des Strafgesetzes keineswegs allein in einem umfassenden Rechtsgüterschutz, sondern vielmehr in einem komplizierten Gespinst aus dem Schutzinteresse des Opfers, dem Freiheitsinteresse des Täters und dem Präventions- und Rechtssicherheitsinteresse der Allgemeinheit. Wenn man das Schutzinteresse aus diesem Geflecht isoliert und für die Rechtsschöpfung verabsolutiert, muß man die eigentliche Teleologik des Strafgesetzes als der „magna charta des Verbrechers" (*v. Liszt*) völlig verfehlen. Da der vom Gesetzgeber mit seinen Tatbeschreibungen intendierte *Handlungsunwert* durch eine Betrachtung vom geschützten Rechtsgut her nicht erfaßt werden kann, hat eine derartige Rechtsfindung die Tendenz zu einer ständigen *Ausweitung des Strafbarkeitsbereiches* – was man durch eine umfassende Analyse der BGH-Rechtsprechung sicherlich auch empirisch nachweisen könnte.[27] Es muß daher dringend davor gewarnt werden, die haftungseinschränkend wir-

22 Nachw. dazu in *meiner* Rezension von BGHSt. 14, 38 (JuS 1968, 115 f.).

23 s. o. S. 296; auch BGHSt. 11, 47 ff. (zu § 248b) dürfte nicht mehr durch den Gesetzeswortlaut gedeckt sein.

24 *Baumann*, Strafrecht, S. 136; *Schönke-Schröder*, § 2 Rdnr. 38 m. weit. Nachw.

25 Teleologische Begriffsbildung, S. 22 ff.

26 Festschr. d. Leipziger Juristenfakultät für Rich. Schmidt, S. 59 ff.

27 Als Musterbeispiel kann schon ohne eine nähere Untersuchung der *Gewaltbegriff* genannt werden, von dem eine extrem teleologische Auslegung heute praktisch nichts mehr übrig gelassen hat (vgl. *Schönke-Schröder*, Rdnrn. 7 ff. vor § 234, m. zahlr. Nachw., und vor allem *Knodel*, Begriff der Gewalt, S. 59 ff.).

kenden Deliktsschilderungen mit Hilfe einer teleologischen Auslegung allein vom geschützten Rechtsgut her aus den Angeln zu heben; der Gesetzgeber hat mit gutem Grund in den meisten Fällen nicht alle, sondern nur bestimmt geartete Rechtsgutsverletzungen unter Strafe gestellt!

Aber auch davon abgesehen muß man sich davor hüten, die teleologische Auslegung als einen *Zauberhut* anzusehen, der im Handumdrehen eine sichere und gerechte Lösung der Rechtsprobleme liefert. Daß man das Gesetz von seinem Zweck her auslegen muß, ist im Grunde keine allzu erschütternde Weisheit – viel wichtiger ist ja die Frage, *wie* man den Gesetzeszweck überhaupt *ermitteln* kann, und dafür hilft die teleologische Auslegung wenig weiter. Hier wird man daher doch auf die historische, grammatische und logisch-systematische Interpretation zurückgreifen müssen und für den Fall, daß dies (wie bei der Gleichstellungsproblematik) nicht ausreicht, die Lücke durch die Konkretisierung höherer Rechtsprinzipien zu schließen haben.

2. Die praktischen Auswirkungen dieser Prinzipien lassen sich am Tatbestand der *Unfallflucht* (§ 142) am nachhaltigsten demonstrieren. Geschütztes Rechtsgut dieser Vorschrift ist das private *Feststellungsinteresse* der Unfallbeteiligten;[28] tatbestandsmäßig ist aber nicht jede Verletzung dieses Interesses (die z. B. auch durch unwahre Angaben über den Unfallhergang erfolgen kann), sondern nur die *Flucht* vor den drohenden Feststellungen. An dem möglichen Wortsinn dieses Ausdrucks findet jede teleologische Auslegung ihre Grenze: als Tathandlung kommt allein die räumliche Entfernung von einem Ort, an dem Feststellungen drohen, in Frage. Diese räumliche Entfernung kann sowohl durch Tun (Gas geben) als auch durch Unterlassen (Nichtanhalten) erfolgen. Daß die Flucht nur von der Unfallstelle aus erfolgen kann, ist weder in § 142 ausdrücklich gesagt noch überhaupt zu fordern; Feststellungsort kann etwa auch das Krankenhaus sein, in das der Unfallverursacher das Unfallopfer gebracht hat. Während also gegen die von der Rechtsprechung[29] seit langem für tatbestandsmäßig erklärte „Flucht von einem anderen Ort als der Unfallstelle" keinerlei Bedenken bestehen, muß die vom BGH in den frühen Fünfziger Jahren erfundene *Rückkehrpflicht*[30] mit Nachdruck abgelehnt werden. Schon die von

28 Grundlegend *Dünnebier*, GA 1957, 33 ff.; Nachw. d. Rspr. bei *Lackner-Maassen*, § 142 Anm. 1.

29 Zuerst RG JW 1937, 2645; ferner RG DR 1939, 1435 m. zust. Anm. *v. Carl*; RGSt. 63, 18; DJ 1941, 1096; BGH VRS 4, 48, 200; BGHSt. 14, 89 (93).

30 Das RG hatte eine solche Konstruktion noch streng abgelehnt, s. RG GA 72, 290. In der Nachkriegsrechtsprechung hat sie sich jedoch schnell durchgesetzt, s. BGH VRS 4, 49; 5, 42; BGHSt. 4, 144; 5, 124; 7, 112; 14, 213; KG VerkMitt 1960, 29; bayObLG JR 1961, 431; OLG Saarbrücken NJW 1968, 1890; OLG Koblenz MDR 1969, 236. Zu der Kontroverse, ob das auch bei unvorsätzlicher Entfernung gilt, s. BGH VRS 8, 297 und OLG Hamm DAR 1959, 76 einer- und KG VRS unserem höchsten Strafgericht dafür gegebene Begründung ist so schwach und dürftig, daß man sie nur mit Kopfschütteln zur Kenntnis nehmen kann. In VRS 4, 52 folgert der BGH die Rückkehrpflicht schlichtweg aus der Möglichkeit der „Flucht von einem anderen Ort", was schon auf den ersten Blick als Fehlschluß zu entlarven ist, denn die „Flucht von einem anderen Ort" setzt nur eine *Warte-* und nicht notwendig eine Rückkehrpflicht voraus. Eine ausführlichere Begründung findet sich in BGHSt. 5, 128 f., wo der BGH den *Zirkelschluß* als herausragendes Argumentationsmittel benutzt. Was soll man schon dazu sagen, wenn der BGH aus der Möglichkeit der „Flucht von einem anderen Ort" folgert, § 142 binde jeden Beteiligten an die Unfallstelle und gebiete infolgedessen nach erlaubter Entfernung die sofortige Rückkehr zur Unfallstelle, denn es sei unverständlich, wenn ein Beteiligter, der einen Verletzten zum Arzt schaffe, dadurch einer alle anderen bindenden Pflicht entgehen sollte?[31] Daß hierin keine materiale Begründung, sondern bloß eine unbewiesene Behauptung zu sehen ist, liegt auf der Hand – aber es kommt noch ärger: Der BGH führt nämlich weiter aus, eine Rückkehrpflicht sei nur sinnvoll, wenn an der Unfallstelle noch Anhaltspunkte für einen Verkehrsunfall vorhanden seien, und wenn das nicht der Fall sei, müsse der Täter infolge des Verbots der Unfallflucht (!) den Zustand herstellen, der jetzt gegeben wäre, wenn er an der Unfallstelle geblieben wäre, d. h. er müsse der Polizei den Unfall und den Unfallort mitteilen; das Fluchtverbot enthalte daher in diesem besonderen Fall ein Anzeigegebot.[32] Das ist nun wirklich ein abschreckendes Beispiel für eine absolute Auslegung vom Rechtsgut her, denn das einschränkende Handlungsmerkmal „Flucht" wird mit Hilfe von petitiones principii hinwegeskamotiert, und die Grundsätze der Pflichtenkollision (die niedere Pflicht wird von der höherwertigen verdrängt und ihre Nichterfüllung dadurch gerechtfertigt) werden gleich mit über Bord geworfen. Wenn der BGH diese *Meldepflicht* auch bald darauf wieder aufgegeben hat,[33] so hat er sie doch später der Sache nach wieder aufgegriffen. In einem Fall, wo der Angeklagte nach erlaubter Entfernung wieder an die Unfallstelle zurückkehrte und sich dort der Polizei gegenüber als Zeuge ausgab, wurde er vom BGH nach § 142 verurteilt, weil er dadurch dem Sinn der Rückkehrpflicht zuwider gehandelt habe.[34] Diese Entscheidung zeigt sehr schön, daß die gesamte Rückkehrpflicht-Rechtsprechung nicht nur in eklatanter und kaum zu überbietender Weise gegen den eindeutigen Wortlaut des § 142 und damit gegen den nulla-

16, 118; VerkMitt 1960, 30; bayObLG JR 1961, 431 andererseits. Das Schrifttum ist überwiegend skeptisch, vgl. *Roth-Stielow*, NJW 1963, 1188; *Grünwald*, ZStW 76, 1, 2, 15; *Schröder*, NJW 1966, 1001; *Bindokat*, NJW 1966, 1906.

31 a. a. O., S. 128.

32 a. a. O., S. 129.

33 BGHSt. 7, 117.

34 BGHS 14, 219.

poena-Satz verstößt, sondern auch sachlich vollkommen verfehlt ist. Die bloße Rückkehr nutzt nämlich gar nichts, weil der Täter danach so lange als harmloser Passant erscheinen wird, wie er sich nicht als Unfallbeteiligter zu erkennen gibt; und ihn dazu für verpflichtet erklären, heißt nun wirklich dem nulla-poena-Satz wie auch dem kriminalpolitischen Grundsatz von der Straflosigkeit der Selbstbegünstigung Hohn sprechen.

Da auch die Ingerenzgarantenstellung nicht zur Stützung der Rechtsprechung dienen kann (erstens existiert sie nicht,[35] zweitens könnte sie die Rückkehrpflicht schon intrasystematisch nicht begründen,[36] und drittens wäre sie bei § 142 überhaupt unpassend, weil es sich hierbei um kein Erfolgsdelikt, sondern um ein *reines Tätigkeitsdelikt* handelt), kann das Gesamturteil über die Rückkehrpflicht nur dahin lauten, daß es sich bei ihr um eine *dogmatische Mißgeburt* handelt, deren schleunige Ausmerzung auf das dringendste zu fordern ist.

3. Von den übrigen Tatbeständen können hier nur noch die wichtigsten herausgegriffen und mit einigen kurzgefaßten Bemerkungen versehen werden.

a) *Falschaussage und Meineid* (§§ 153 f.) können auch dadurch erfolgen, daß eine Tatsache verschwiegen wird, die zum Beweisthema gehört.[37] Da es nur auf die Unwahrheit der Aussage ankommt, spielt die Unterscheidung von aktiver Lüge und passiver Verschweigung keine Rolle, und wenn auch der *Meineidstatbestand* (§ 154) nach seiner Konstruktion nur durch ein *positives Tun* erfüllt werden kann (nämlich den falschen Eid), so kann das wahrheitswidrige *Verschweigen* doch bei § 153 unmittelbare Tathandlung sein. Wir haben hier einen ersten Fall des *konkludenten Unterlassens* vor uns, das immer dort eine Rolle spielt, wo sich die Tatbestandshandlung nicht in einem naturalistischen Vorgang erschöpft, sondern in erster Linie Träger und Vermittler eines Sinngehalts ist.

Als weitere Erscheinungsformen dieses Deliktstypus sind die Tatbestände der *Beleidigung* (§ 185), der *Unterschlagung* (§ 246) und des *Betruges* (§ 263) zu nennen. Die Beleidigung ist durch eine Verletzung des sozialen Achtungsanspruchs und damit durch einen Verstoß gegen eine *soziale Normenordnung* gekennzeichnet. Da es nur auf den von diesem Normenverstoß geprägten Sinngehalt des Verhaltens ankommt, ist die Unterscheidung von Tun und Unterlassen nur insoweit wichtig, als die Höflichkeitsnormen heutzutage im allgemeinen

---

35 s. o. S. 347 ff.

36 Das hat *Schröder* nachgewiesen, NJW 1966, 1002.

37 Vgl. aus der Rspr. RGSt. 7, 321; 39, 58; JW 1934, 1357 m. zust. Anm. v. *Mezger*; BGH MDR 1951, 274 (*Dallinger*); BGHSt. 1, 22 (24) = LM Nr. 1 zu § 153 m. Anm. v. *Krumme*; BGHSt. 1, 148 (150 f.).

bloß ein Unterlassen der Herabsetzung und nur selten eine positive Achtungsbezeugung verlangen. Entgegen der Auffassung von *Hirsch*[38] läßt sich das letztere aber nicht völlig ausschließen, z. B. kann das demonstrative Verweigern des Handschlags bei einer öffentlichen Vorstellungstour sehr wohl den Tatbestand des § 185 erfüllen;[39] hier ist das „Recht auf den Handschlag" so selbstverständlich, daß dessen Vorenthaltung nicht als Unterlassen einer Ehrenmehrung, sondern als sinnfällige Ehrenminderung erscheint. Auf der anderen Seite muß mit *Roxin*[40] und gegen *Hirsch*[41] eine strafrechtsrelevante Garantenstellung zur Verhinderung von Beleidigungen, die von dritter Seite drohen, generell abgelehnt werden. Die Beleidigung setzt immer eine konkludente *eigene* Willenserklärung voraus, so daß die bei den Erfolgsdelikten üblichen Garantenkategorien hier von vornherein fehl am Platze sind.

Die bei § 246 erforderliche objektiv erkennbare Betätigung des Zueignungswillens[42] kann auch in einem Unterlassen liegen, sofern die Zueignungsabsicht daran klar zu erkennen ist, wie z. B. am Verstreichenlassen der Anzeigefrist bei Fundsachen.[43]

Die Rechtsprechung zum *Betrug durch Unterlassen* ist heute kaum noch übersehbar,[44] und auch im Schrifttum ist dieses Problem eingehend erörtert

---

38 Ehre und Beleidigung, S. 241.

39 Die Rechtsprechung ist unergiebig. Es hat sich nur eine Entscheidung des RG finden lassen, das den Verzicht auf die Anrede „Herr" in einem Beschwerdeschreiben für nicht beleidigend erklärte, weil eine solche Anrede des Beschwerdebetroffenen keine übliche Höflichkeitsformel sei (RG LZ 1915, 445).

40 Täterschaft, S. 481.

41 a. a. O., S. 241 f.

42 Vgl. nur *Schönke-Schröder*, § 246 Rdnr. 11, m. weit. Nachw.

43 a. M. OLG Hamm JR 1952, 204; die Nichtanzeige ist aber jedenfalls schlüssiger als die bloße Ansichnahme der Sache, die ja dem Finder ohne weiteres gestattet ist.

44 Vgl. nur RG Rspr. 1, 808; 2, 690; 4, 89; 5, 395; RGSt. 2, 430; 3, 35; 12, 395; 14, 310; 20, 144, 326; 21, 67; 22, 20; 25, 13; 25, 95; 27, 75; 31, 208; 36, 114; 37, 61; 39, 80; 42, 147; 43, 171; 46, 414; 50, 340; 53, 327; 62, 415; 62, 418; 64, 209; 65, 52; 65, 106; 66, 56; 66, 281; 67, 289; 69, 283; 70, 45; 70, 151; 70, 225; 72, 150; bayObLG LZ 1921, 385; LZ 1921, 463; RG Recht 1928, Nr. 2193; KG JW 1929, 1497; RG Recht 1930, Nr. 712; JW 1934, 1052 m. Anm. v. *Mezger*; JW 1934, 1418 m. Anm. v. *Mezger*; DStR 1939, 170; Hanseat OLG DR 1940, 73; RG DJ 1940, 1014; DR 1941, 1658; BGHSt. 6, 198 m. Anm. v. *Jagusch* bei LM Nr. 33a zu § 263; BGHSt. 16, 120; BGH LM Nr. 5, 40 zu § 263; MDR 1953, 21 (*Dallinger*); NJW 1953, 1924; LG Mannheim MDR 1955, 504 m. Anm. v. *Klatt*; bayObLGSt. 1957, 146; JR 1958, 66; OLG Köln NJW 1961, 1735 m. Anm. v. *Schröder* JR 1961, 434; OLG Nürnberg MDR 1964, 693; AG Bremerhaven JZ 1967, 370; OLG Hamburg NJW 1969, 335 m. Anm. v. *Schröder* JR 1969, 110 und *Hirsch* NJW 1969, 853; OLG Düsseldorf NJW 1969, 623; OLG Hamm, MDR 1968, 778; OLG Frankfurt NJW 1971, 527.

worden.[45] Wir können an dieser Stelle dazu nur die Andeutung machen, daß *niemals* die Nichtaufklärung (d. h. *Ausnutzung*), sondern immer nur die *Hervorrufung* eines Irrtums den Tatbestand des § 263 erfüllen kann.[46] Ein solches Hervorrufen kann auch durch eine Unterlassung erfolgen, sofern diese *konkludent* ist. Wann dies der Fall ist, bestimmt sich grundsätzlich nach den sozialen Anschauungen und Gepflogenheiten, allerdings mit einer wichtigen, aus dem Sekundaritätsprinzip folgenden Einschränkung: Wo keine bürgerlich-rechtliche Rechtspflicht zur Offenbarung besteht, kann diese auch nicht durch eine strafrechtliche Rechtsschöpfung erzeugt werden. Die nähere Ausführung dieser Grundsätze und ihre Veranschaulichung an den konkreten Geschehenstypen müssen wir einer späteren Gelegenheit vorbehalten.

b) Die metastrafrechtliche Rechtspflicht, die schon bei dem Typus des konkludenten Unterlassens eine erhebliche Rolle spielte, ist bei den eigentlichen *Pflichtdelikten* allein ausschlaggebend. Wie schon *Roxin* herausgearbeitet hat,[47] ist es bei ihnen vollkommen gleichgültig, ob die Pflicht durch positives Tun oder durch Unterlassen verletzt wird. Ein gutes Beispiel bietet dafür der *Untreuetatbestand*, der zivilistische Vermögensfürsorge- und Treupflichten rezipiert hat, die im Einzelfall sowohl Verbote als auch Gebote enthalten.[48] Das durch den Tatbestand des Pflichtdelikts geschützte Forderungsrecht kann nicht nur zivilrechtlicher, sondern auch öffentlich-rechtlicher Natur sein, wie die *Steuerhinterziehung* (§ 392 AO) zeigt, als deren Tathandlung auch die pflichtwidrige Nichtabgabe von Steuererklärungen in Frage kommt.[49]

c) Diese vollständige *Akzessorietät* der strafrechtlichen Gleichstellungsproblematik ist jedoch auf wenige Tatbestände beschränkt; im allgemeinen gilt nur das *Sekundaritätsprinzip*, wie sich z. B. auch an den Tatbeständen des Widerstandes gegen die Staatsgewalt (§ 113) und der Personenstandsfälschung (§ 169) demonstrieren läßt. Da den Schuldner keine Pflicht zur Beförderung von Vollstreckungshandlungen und die Kindesmutter auch keine Pflicht zur Offenba-

---

45 Hinzuweisen ist vor allem auf *Bockelmann*, Festschr. f. Eb. Schmidt, S. 437 ff.; *Naucke*, Zur Lehre vom strafbaren Betrug, S. 207 ff.; aus der letzten Zeit vgl. *Kaiser*, NJW 1971, 601 u. *Triffterer*, JuS 1971, 181.

46 Vgl. schon *Bockelmann*, a. a. O., S. 453. Entsprechend verhält es sich bei der *falschen Anschuldigung* (§ 164), bei der die Nichtaufklärung eines bestehenden Verdachtes dessen Hervorrufung nicht gleichgestellt werden kann (unzutr. BGHSt. 14, 246).

47 Täterschaft, S. 460.

48 Aus der Rechtsprechung ist auf RGSt. 30, 191; 65, 333; 76, 115 hinzuweisen.

49 s. BGH NJW 1970, 2034 sowie *Samson-Horn*, NJW 1970, 593, 597, und *Schleeh*, NJW 1971, 552.

rung des Erzeugers trifft, können ihre Unterlassungen dem aktiven Tun niemals gleichgestellt werden.[50]

d) Die *Sittlichkeitsdelikte* (§§ 173 ff.) sind durch die Beteiligung des eigenen *Körpers* gekennzeichnet, der denn auch den entscheidenden Gleichstellungsgrund abgibt. Wie schon das Reichsgericht zutreffend erkannt hat,[51] kommt es bei sexuellen Betätigungen nicht darauf an, welcher Partner der aktive Teil ist; auch das passive Sichhingeben erfüllt den Tatbestand. Obwohl die Fleischesverbrechen de lege lata überwiegend keine Erfolgs-, sondern Tätigkeitsdelikte sind, gilt für sie also doch unser Herrschaftsprinzip, und zwar sogar in seiner intensivsten Form: Die Herrschaft über den eigenen Körper läßt ähnlich wie im Fall des einschlafenden Autofahrers[52] schon bei der vorrechtlich-sozialen Betrachtung Handlung und Unterlassung in eins zusammenfallen.

e) Bei den *Brandstiftungsdelikten* (§§ 306 ff.) handelt es sich um *gemischte Erfolgsdelikte*, die weitgehend den gleichen Grundsätzen wie die im 2. Abschnitt behandelten reinen Erfolgsdelikte unterliegen. Entscheidendes Gleichstellungskriterium ist daher die *Herrschaft* über den Zündstoff oder die feuergefährliche Sache, die entsprechende *Verkehrspflichten* erzeugt. Die oben[53] offengelassene Frage, inwieweit die Verkehrspflichten eine Haftung aus den abstrakten Gefährdungstatbeständen der §§ 306 ff. begründen können, dürfte dahin zu beantworten sein, daß die Nichthinderung der Brandentstehung auf jeden Fall den Tatbestand des § 306 erfüllt, denn die darin erfolgte Vorverlegung der Strafbarkeitsgrenze muß auch für das auf Grund der Herrschaftsbeziehung dem Tun gleichzustellende unechte Unterlassen gelten. Ob auch das Nichtlöschen eines bereits brennenden Hauses als Brandstiftung durch Unterlassen angesehen werden kann, hängt von der Stellungnahme zu der schon beim positiven Tun umstrittenen Frage ab, ob eine Erweiterung oder Intensivierung eines bereits vorhandenen Brandes dem § 306 unterfällt.[54] Dies wird zwar von der h. M. bejaht, dürfte aber nicht unbedenklich sein; da es sich dabei um kein spezifisches Unterlassungsproblem handelt, braucht die Frage hier jedoch nicht abschließend beantwortet zu werden.

Es hat den Anschein, daß die Rechtsprechung zur Brandstiftung durch Unterlassen, die sich so mühsam auf Versicherungsverträge und andere strafrecht-

50 Vgl. BGHSt. 18, 133 (135); RGSt. 72, 214; JW 1937, 3150; OLG Düsseldorf (ZS) HRR 1940 Nr. 73; KG (ZS) DR 1940, 1848. Der gleiche Grundsatz bietet sich für die *Pfandentstrickung* (§ 137) an, vgl. RGSt. 19, 293.

51 RGSt. 10, 158; ebenso BGH 5, 147.

52 s. o. S. 264.

53 S. 96.

54 Nachw. pro et contra bei *Schönke-Schröder*, § 306 Rdnr. 13.

lich suspekte Rechtspflichtquellen zu stützen versucht hat, zum großen Teil solche echten Herrschaftsfälle zum Gegenstand hatte.[55]

f) Eine wichtige Besonderheit ist aber bei den *gemischten Erfolgsdelikten* zu beachten: Die Feststellung einer Herrschaftsbeziehung sagt bei ihnen immer aus, daß der Erfolg zugerechnet werden kann, wohingegen stets besonders geprüft werden muß, ob bei der „Erfolgsherbeiführung durch Unterlassen" auch die *speziellen Tatmodalitäten* vorliegen. Hier und allein hier ist daher die *zweite Gleichwertigkeitsprüfung* erforderlich, um die in den letzten Jahren so viel gestritten wurde.[56]

Bei den Brandstiftungsdelikten bereitet diese Zusatzprüfung keine besonderen Schwierigkeiten, denn wenn man sich nicht zu der zwar vertretbaren, aber doch wohl allzu philologisch-kleinlichen Auffassung bekennen will, daß der Begriff des Inbrandsetzens von vornherein ein aktives Tun voraussetze, so wird man im Rahmen des Unterlassens als spezielle Tatmodalität ausreichen lassen, daß die Entstehung eines *Brandes* im eigenen Herrschaftsbereich geduldet wird – und das dürfte leicht festzustellen sein.

Wie schwierig die zweite Gleichwertigkeitsprüfung jedoch sein kann, zeigt der Tatbestand des *Mordes*. Paradebeispiel ist hier die heftig diskutierte Entscheidung BGHSt. 7, 287 ff., in der über einen Kraftfahrer zu urteilen war, der einen von ihm angefahrenen Passanten aus Furcht vor Entdeckung im Stich gelassen und dabei dessen Tod in Kauf genommen hatte. Auf der Grundlage des Ingerenzdogmas hatte der BGH keinen Zweifel, daß der Kraftfahrer wegen versuchten Totschlags zu bestrafen sei (der Verletzte wäre auch bei rechtzeitiger Hilfe nicht mit Sicherheit zu retten gewesen). Da es dem Kraftfahrer auch auf die Verdeckung seiner vorher begangenen Straftat (§ 315c) ankam, hätte man eigentlich sogar von den Prämissen des BGH her eine Verurteilung wegen Mordversuchs erwarten sollen. Der BGH schreckte aber offensichtlich davor zurück und ersann den Ausweg, ein Handeln zur Verdeckung einer Straftat deswegen zu verneinen, weil die Tötung dafür nicht Mittel, sondern bloß *Folge* gewesen sei. Bei Lichte besehen handelt es sich hierbei jedoch bloß um eine feinsinnige Paraphrase dafür, daß das Opfer durch Unterlassen getötet werden sollte – aber

---

55 RGSt. 60, 77: Herrschaft über den Zündstoff. RGSt. 64, 273; 71, 193; 75, 49; OGHSt. 3, 1; BGH MDR 1951, 144 (*Dallinger*): Herrschaft über das feuergefährliche Gebäude; allerdings ist die tatsächliche Sachherrschaft im Sachverhalt dieser Entscheidungen nicht immer festgestellt, doch läßt sie sich meistens erschließen. Auch in BGHSt. 11, 119 und bayObLGSt. 1958, 217 sind Verkehrspflichten verletzt worden (zu der in diesen Entscheidungen auftauchenden Verjährungsproblematik s. o. S. 320). In OGHSt. 1, 316 fehlt es dagegen bereits an der Begehungsäquivalenz, denn der Feuerwehrmann hat nur eine allgemeine Rettungspflicht, aber keine konkrete Garantiepflicht.

56 s. schon o. S. 308; ferner *Jescheck*, Lehrbuch, S. 418, m. zahlr. Nachw.

den infolgedessen naheliegenden Obersatz, daß Mord prinzipiell nicht durch Unterlassen begangen werden könne (zumindest nicht in Form der Tötung zur Verdeckung einer Straftat), hat der BGH gerade nicht ausgesprochen. Es kann daher nicht weiter verwundern, daß der „Mord durch Unterlassen" seitdem lebhaft umstritten ist.[57]

Für uns bietet jedenfalls die vom BGH entschiedene Konstellation keine besonderen Schwierigkeiten, denn erstens begründet ja schon die Ingerenz in Wahrheit überhaupt keine Garantenstellung, und zweitens wäre es kaum vertretbar, die Vortat doppelt zum Nachteil des Täters zu berücksichtigen (einmal objektiv zur Garantiebegründung und einmal subjektiv als Bestandteil seiner Verdeckungsabsicht). Wie wäre es aber, wenn die entmenschte Mutter ihren Säugling verhungern läßt, um ihn zu beerben? Daß ihr sein Tod zuzurechnen ist, steht ebenso fest wie die Habgier, die ihr Handeln motivierte. Die Annahme eines Mordes scheint hier daher unausweichlich zu sein, und doch würden wir uns zu dieser Konsequenz nicht verstehen können. Das Unterlassen des Garanten ist zwar dem positiven Tun im *Unrecht qualitativ* gleich*wertig*, begründet aber doch eine *quantitativ geringere Schuld*, weil die *Willensresignation* weniger vorwerfbar ist als der *final wirksame böse Wille*. Normalerweise kann dieser Schulddifferenz innerhalb des gesetzlichen Strafrahmens genügend Rechnung getragen werden; nur bei dem Mordtatbestand mit seiner absoluten Strafdrohung ist das ausgeschlossen. Da die in der Literatur anzutreffende Konstruktion einer *obligatorischen Strafmilderung*[58] *nicht* zu überzeugen vermag, weil der Gesetzgeber Begehung und unechte Unterlassung in einem Gesamttatbestand zusammengefaßt und demgemäß auch nur einen Strafrahmen zur Verfügung gestellt hat, der alle Fälle – von der leichtesten Unterlassung bis zur gravierendsten Begehung – erfassen soll,[59] bleibt nur eine Konsequenz übrig: Der *Mordtatbestand* kann durch *Unterlassen nicht erfüllt werden*, weil der bei der absolut bestimmten höchsten Strafe vorausgesetzte äußerste Schuldgrad nur bei positivem Tun vorkommen kann.[60] Daß hierfür auch das Rechtsgefühl spricht, ergibt sich daraus, daß bisher keine Entscheidung bekannt geworden

---

57 Vgl. nur *Schönke-Schröder*, § 211, Rdnr. 22; *Maurach*, BT, S. 31; *Grünwald* JuS 1965, 313; alle m. weit. Nachw.

58 Nachw. b. *Jescheck*, Lehrbuch, S. 406.

59 s. u. S. 378. Die Mindeststrafe kann also auch bei Unterlassungen nicht unterschritten werden; die Höchststrafe ist dem positiven Tun vorbehalten. Abw. für die Zukunft aber § 13 II AT 73.

60 Wie hier *Jescheck*, JZ 1961, 783 u. *Krey*, JuS 1971, 142; vgl. aber BGH MDR 1966, 24 (*Dallinger*), wo sogar BGHSt. 7, 287 desavouiert wird (allerdings hat der BGH auch hier keine Verurteilung wegen Mordversuchs ausgesprochen, sondern anscheinend die Sache zur weiteren Aufklärung zurückverwiesen).

ist, in der jemand wegen Mordes durch Unterlassen verurteilt worden ist. Die dogmatische Konstruktion dieses Ergebnisses bereitet schließlich keine Schwierigkeiten, wenn man sich der zutreffenden, heute in der Literatur schon überwiegenden Meinung anschließt, daß trotz Vorliegens aller Tatbestandsmerkmale dann kein Mord anzunehmen ist, wenn die Tat insgesamt nicht als besonders verwerflich eingestuft werden kann.[61]

g) Nachdem wir Brandstiftung und Mord paradigmatisch für die gemischten Erfolgsdelikte behandelt haben, wollen wir abschließend noch die *Kuppelei durch Unterlassen* betrachten, die in der Unterlassungsjudikatur von altersher einen hervorragenden Platz eingenommen hat. Diese Rechtsprechung zu den Kuppeleidelikten (§§ 180 f.) dürfte zwar für die kommenden Jahrzehnte ihre einstmals große praktische Bedeutung eingebüßt haben, und die zahlreichen einschlägigen Entscheidungen[62] werden bald nur noch historische Bedeutung besitzen. Bis zu der überfälligen Neufassung des Kuppeleistrafrechts[63] besteht aber keine absolute Gewähr, daß der BGH nicht weiterhin in den noch im 17. Bande der amtlichen Sammlung fortgeführten Geleisen altfränkischer Sittlichkeit wandelt, so daß die Analyse des reichen Fallmaterials vorerst noch eine lohnende Aufgabe darstellen würde. Drei Garantentypen beherrschen hier einsam das Feld: Ehe, Elternschaft und Hausrecht. Die über die Unterlassungsstrafbarkeit entscheidende Auslegung des § 180 hat an dem „Vorschub leisten durch Gewährung von Gelegenheit" anzusetzen, und da die Kuppelei strukturell Beihilfe zu einer fremden Tat ist, muß der Kuppler eine *Mitherrschaft* über die Unzuchtshandlungen der Verkuppelten ausüben. Da eine derartige Herrschaftsbeziehung weder zwischen Ehegatten noch zwischen Wohnungsinhaber und Gastfreund besteht,[64] sind nur die *Eltern* (allgemein gesprochen: die Erziehungsberechtigten) taugliche Täter einer Kuppelei durch Unterlassen. Daß auch die Garantiehaftung der Eltern nicht überspannt wird, wird durch ihre von uns schon früher vorgenommene Begrenzung auf die Fälle der Nichtausübung einer aktuell bestehenden Herrschaft sichergestellt; das Herbeirufen der Polizei ge-

---

61 Vgl. *Schönke-Schröder*, § 211, Rdnr. 6 m. weit. Nachw.

62 RG Rsr. 1, 61; 1, 402; 1, 608; 1, 828; 2, 447; 7, 33; 7, 34; 7, 552; 9, 301; 10, 703; GA 39, 435; 41, 274; 50, 394; 53, 164; 60, 445; RGSt. 7, 118; 16, 49; 22, 332; 24, 165; 30, 125; 40, 165; 48, 196; 58, 97; 67, 310; 72, 19 m. Anm. v. *Schaffstein* JW 1938, 578; 77, 125; RG JW 1905, 242 (2); 1906, 243; 1909, 293; Recht 1914, Nr. 289; JW 1926, 1184 m. Anm. v. *Traeger*; 1939, 400; HRR 1940 Nr. 41; 1941, Nr. 221; BGHSt. 5, 186; 6, 46 (GrS); 17, 230; LM Nr. 3 zu § 180; KG JR 1950, 407; OLG Celle NdsRpfl. 1950, 92; OLG Hamm JR 1951, 349; BGH MDR 1951, 537 (*Dallinger*); BGM MDR 1952, 273 (*Dallinger*); bayObLG MDR 1952, 312; BGH MDR 1954, 530 (*Dallinger*); NJW 1954, 847; MDR 1956, 9 (*Dallinger*); FamRZ 1956, 81; OLG Stuttgart FamRZ 1959, 74.

63 Ein Vorbild wird dafür von § 136 AE geboten, s. AE-Sexualdelikte, S. 51 f.

64 s. o. S. 367 f., 401 ff.

gen den dem elterlichen Einfluß bereits entwachsenen lüsternen Sprößling, das die Rechtsprechung so sehr vexiert und zur Entwicklung der Unzumutbarkeitslehre gezwungen hat,[65] ist daher von keiner Garantiepflicht geboten.[66]

Da Wohnungsinhaber und Ehegatten keine Garantenstellung haben, kann die bloße Nichthinderung fremder Unzucht bei ihnen keine Strafbarkeit begründen: Der Veranstalter einer Party braucht also nicht einzugreifen, wenn sich ein Gast lüsternen Blickes an dem Körper seiner Nachbarin zu schaffen macht (so absurd das entgegengesetzte Ergebnis wäre – der BGH hätte ernste Schwierigkeiten, wenn er es von seinem Ansatz her vermeiden wollte!). Eine „Gewährung von Gelegenheit" liegt nur dann vor, wenn der Wohnungsinhaber die Wohnung seinem Gast von vornherein zwecks Ausübung von Unzucht zur Verfügung stellt, d. h. wenn zwischen Hausherr und Besucher ein *Einverständnis* über den Unzuchtsbetrieb hergestellt wird. Zur Ehrenrettung der Rechtsprechung muß gesagt werden, daß dies bei den meisten der zitierten Entscheidungen der Fall war, so daß überwiegend eine Kuppelei durch *positives Tun* gegeben war. Bei derartigen Konstellationen kann auch unsere Gleichstellungslehre an der Strafbarkeit des Hausherrn nichts ändern. Um diesem heute unbillig erscheinenden Ergebnis zu entgehen, kommt de lege lata nur eine Neuinterpretation des Unzuchtsbegriffs oder die analoge Anwendung des § 180 III auf § 181 in Frage.

4. Unser Spaziergang durch den Besonderen Teil der Gleichstellungsproblematik ist damit zu Ende. Wenn wir die reichhaltige Problematik zumeist auch nur andeuten konnten, so dürfte sich doch gezeigt haben, daß die von uns im Allgemeinen Teil verwendete Methode auch im Besonderen Teil fruchtbar werden kann. Hier wird es eine Aufgabe der Zukunft sein, die einzelnen Deliktstypen weit schärfer herauszuarbeiten, als das bei unserer Skizze möglich war, und sie schrittweise zu entnormativieren, bis auch die Einordnung der faktischen Geschehenstypen möglich ist.

IV. Konsequenzen für die Dogmatik der Unterlassungsdelikte

Zu Beginn dieser Arbeit haben wir die Vermutung ausgesprochen, daß die Untersuchungen über Grund und Umfang der unechten Unterlassungsdelikte auch für ihre Dogmatik i. e. S., d. h. für die allgemeinen Probleme von Vorsatz, Teilnahme etc., einigen Ertrag bringen werden. Wenn wir den Konsequenzen unserer Gleichstellungstheorie für die allgemeine Dogmatik auch nicht mehr im einzelnen nachgehen können, wollen wir doch wenigstens einige Hinweise zu

---

65 s. dazu u. S. 417.

66 s. o. S. 361 f.

geben suchen, die die Fruchtbarkeit unseres Ansatzes auch auf diesem Gebiet erkennbar machen.

1. An erster Stelle ist allerdings der Hinweis geboten, daß unsere Methode für die *Grundbegriffe* des Strafrechts nichts wesentlich Neues ergeben hat. Den Unterlassungsbegriff definierten wir als Nichtvornahme einer individuell möglichen Handlung,[67] und für die unechte Unterlassung konnten wir keine inhaltserfüllte Beschreibung finden, sondern mußten uns mit dem Regulativ der Begehungsgleichheit begnügen. Dieses Fehlen einer allgemeinen materialen Definition der unechten Unterlassung beruht aber nicht auf einem Mangel unserer Methode, sondern allein auf der Eigenart unseres Gegenstandes. Die Gleichstellungskriterien sind systematisch gesehen auf der Ebene der verschiedenen Deliktstypen angesiedelt, so daß es geradezu verfehlt wäre, sie unter den fundamentalen Deliktskategorien suchen zu wollen. Aus dem gleichen Grunde war auch die Gewinnung eines neuen Handlungsbegriffs ausgeschlossen. Es stünde zwar z. B. bei den Erfolgsdelikten nichts im Wege, die unechten Unterlassungen dem Handlungsbegriff zuzuschlagen und die Handlung demgemäß als „Ausübung der Herrschaft über den Grund des Erfolges" zu definieren. Da wir hiermit jedoch keine allgemeine, sondern lediglich eine auf die reinen Erfolgsdelikte beschränkte Kategorie erarbeitet hätten, wäre damit für den allgemeinen Handlungsbegriff wenig gewonnen. Insoweit verbleibt es daher bei den klassischen Kategorien, deren Zweckmäßigkeit wir im Rahmen der methodologischen Grundlegung nachzuweisen versucht haben.[68]

2. Ein erster wichtiger Ertrag unserer Theorie für die allgemeine Dogmatik dürfte darin zu sehen sein, daß wir die dubiose Rechtsfigur der *Unzumutbarkeit* weitgehend überflüssig gemacht haben. Die heute fast einhellig anerkannte Lehre von der Unzumutbarkeit normgemäßen Verhaltens als Tatbestands- oder Schuldausschließungsgrund bei den Unterlassungsdelikten[69] wird, wie wir bereits wiederholt festgestellt haben, in der Praxis vorwiegend dazu benutzt, eine viel zu weit geratene begriffsjuristische Gleichstellungsmethode durch einen Appell an das richterliche Rechtsgefühl zu korrigieren. Daß die Rechtssicherheit dadurch weitgehend preisgegeben wird, liegt auf der Hand. Indem wir das unechte Unterlassungsdelikt auf die wirklich begehungsgleichen Omissionen beschränkt haben, ist dieses Ventil überflüssig geworden. Bei Zugrundelegung unserer Methode dürfte daher das im Vergleich zum Zumutbarkeitsgrundsatz

---

67 s. o. S. 34 ff., 53.

68 s. o. S. 39 f.

69 Vgl. *Schönke-Schröder*, Rdnr. 92 vor § 1; *Baumann*, Strafrecht, S. 241; *Welzel*, Strafrecht, S. 220 f.; *Kohlrausch-Lange*, Vorbem. II, 3e; *Henkel*, Festschr. f. Mezger, S. 280 f.; a. M. *Jescheck*, Lehrbuch, S. 422 m. weit. Nachw.

bedeutend praktikablere *Güterabwägungsprinzip* ausreichen, um die Unterlassungshaftung auf ein vertretbares Maß zu beschränken.

3. a) Ferner haben unsere Überlegungen gezeigt, daß es nicht richtig ist, die rechtlichen Wertungen allein oder auch nur in erster Linie an der ontischen *Kausalstruktur* auszurichten. Im zweiten Abschnitt dieses Teils wie auch bei der Skizze des Besonderen Teils haben wir *normative* Prinzipien auffinden können, in deren Lichte der ontologische Unterschied zwischen effektiver und potentieller Kausalität vollkommen irrelevant erschien. Ebenso wie es bei den Begehungsdelikten verfehlt war, die dogmatischen Probleme aus der Kausalstruktur lösen zu wollen (darin bestand der schwerwiegende Irrtum des Naturalismus), ist es daher auch bei den Unterlassungsdelikten nicht angängig, Dogmatik und Systematik auf die hier vorfindbare potentielle Kausalität zu gründen. Wir müssen infolgedessen *Armin Kaufmann* widersprechen, wenn er die Handlungsfähigkeit als den „Angelpunkt der gesamten Dogmatik des Unterlassungsdelikts" ansieht.[70] Diese Handlungsfähigkeit ist zwar der Ausgangspunkt (denn andernfalls liegt, wie wir gesehen haben,[71] überhaupt keine Unterlassung im Rechtssinne vor), kann aber gerade deswegen nicht auch der Angelpunkt sein.

b) Aus dem gleichen Grunde muß auch *Kaufmanns Umkehrprinzip*[72] jedenfalls für den Bereich der unechten Unterlassungsdelikte *abgelehnt* werden. Dieses Prinzip, wonach die gleiche rechtliche Wirkung wie beim Begehungsdelikt beim Unterlassungsdelikt dann eintreten soll, wenn mit Bezug auf die unterlassene Handlung die umgekehrte Struktur vorliegt wie bei der begangenen Handlung (und umgekehrt), wächst für *Kaufmann* aus dem ontologischen „Umkehrverhältnis" zwischen der kausalen und finalen Handlung und der nicht kausalen und infolgedessen auch nicht finalen Unterlassung hervor. Da die Unterlassung nach *Kaufmanns* Auffassung gerade deswegen nicht final ist, weil sie nicht kausal ist, beruht das Umkehrprinzip allein auf der unterschiedlichen *Kausalstruktur* von Handlung und Unterlassung. Damit begeht *Kaufmann* nach unserer Ansicht den gleichen Fehler wie die Naturalisten, deren Dogmatik von einem Kausalmonismus beherrscht wurde und deswegen zu den in der Natur der Sache angelegten Wertstrukturen keinen Zugang fand. Unsere Analyse der Gleichstellungsproblematik hat gezeigt, daß die Unterschiede in der Kausalstruktur, die ja überhaupt nur bei Erfolgsdelikten relevant wird, durch das *Herrschaftsprinzip* verschleift und in ihrer Bedeutung herabgesetzt werden. Die Erfolge werden nicht unmittelbar qua Kausalität oder qua potentieller Kausalität zugerechnet, sondern qua Herrschaft, die durch eine kausale Handlung, aber

---

70 Dogmatik, S. 86.
71 s. o. S. 34 ff.
72 Dogmatik, S. 87 ff. u. ö.

auch durch andere Faktoren vermittelt werden kann. Die allgemeinen Deliktskategorien wie Vorsatz, Teilnahme und Versuch sind daher nicht an der Kausalität oder der darauf aufbauenden Finalität, sondern an der Herrschaft zu orientieren, und da die herrschaftsbegründenden Faktoren bei Begehung und unechter Unterlassung in keinem Umkehrverhältnis, sondern in einem Verhältnis „schlichter" Verschiedenheit stehen, erscheint das Umkehrprinzip für das unechte Unterlassungsdelikt unbrauchbar. Die Dogmatik des Begehungsdelikts ist beim unechten Unterlassungsdelikt *nicht umzukehren, sondern* in einem analogistischen Verfahren an die unterschiedlichen Herrschaftsstrukturen *anzupassen!*

c) Die dabei zu leistende Arbeit soll am Beispiel des *Vorsatzbegriffes* kurz vorgeführt werden.[73] Eine vorsätzliche Tötung durch Unterlassen kann nur dann vorliegen, wenn der Täter seine Herrschaft über den Grund des Erfolges gekannt hat. Neben den garantenbegründenden Umständen muß er daher auch die Abwendungsmöglichkeit erkennen, denn sonst ist er sich seiner Herrschaft über das Geschehen nicht bewußt. Entgegen *Kaufmann*[74] kann daher im Rahmen des Unterlassungsvorsatzes nicht darauf verzichtet werden, daß der Täter die konkrete Abwendungsmöglichkeit erkannt hat.

Entsprechendes gilt für den *Absichtsbegriff.* Es wäre eine petitio principii, wenn man dafür von vornherein die aktive Steuerung des Kausalverlaufes nach einem bestimmten End- oder Zwischenzweck verlangen wollte – um so mehr als man dann mit der Abgrenzung zum Motiv (das normalerweise mehr ist als bloße Absicht) in unüberwindliche Schwierigkeiten käme. Es ist daher nur erforderlich, daß die Herrschaftsausübung im Hinblick auf ein Ziel erfolgt, auf das es dem Täter ankommt; gegen die Möglichkeit, ein Absichtsdelikt durch Unterlassen zu begehen, bestehen daher nach unserer Auffassung entgegen der Ansicht von *Grünwald*[75] keine Bedenken.

4. Entsprechendes gilt für die *Täter- und Teilnahmeproblematik.* Unterlassungstäter ist derjenige, dessen Verhalten unter den besonderen Auspizien des jeweiligen Deliktstypus begehungsgleich ist. Wenn eine Unterlassungstat mit einer Begehungstat zusammentrifft, so muß eine *Gesamtbewertung* stattfinden, die an *allgemeinen* Täterschafts- und Teilnahmekriterien auszurichten ist. Die herrschende Meinung[76] sieht sich freilich auf der Suche nach solchen gemein-

---

73 Die umfangreiche Problematik kann hier nur andeutungsweise aufgegriffen werden, vgl. zuletzt *Arm. Kaufmann*, Festschr. f. v. Weber, S. 207 ff., und *Grünwald*, Festschr. f. H. Mayer, S. 281 ff., beide mit zahlr. Nachw.

74 Dogmatik, S. 112; Festschr. f. v. Weber, S. 227.

75 Festschr. f. H. Mayer, S. 289 ff.

76 Die allerdings in sich zerstritten ist, vgl. *Armin Kaufmann*, Dogmatik, S. 291 ff.; *Grünwald*, GA 1959, 110 ff.; *Kielwein*, GA 1955, 225 ff.; *Gallas*, JZ 1960, 686 f.; *Roxin*, Täterschaft, S. 476 ff.,

samen Kriterien außerordentlichen Hindernissen ausgesetzt, denn sie geht ja von der Inkommensurabilität von Handlung und unechter Unterlassung aus. Von unseren übergeordneten Leitprinzipien aus, d. h. auf der Grundlage eines Begehung und unechte Unterlassung gleichermaßen umfassenden *Gesamttatbestandes*, bereitet die Lösung dieser Aufgabe dagegen keine besonderen Schwierigkeiten. Bei den Erfolgsdelikten ist etwa die von *Roxin*[77] für die Begehungsdelikte durchgeführte Aufgliederung des *Tatherrschaftsgedankens* auf die Unterlassungsdelikte zu erstrecken, indem die Typen der „Herrschaft über den Grund des Erfolges" danach aufgeteilt werden, ob sie den Erfolg unmittelbar oder nur unter Vermittlung durch die freie Tat des aktiv Handelnden ergreifen. Dementsprechend wird die Herrschaft über die Anfälligkeit des Opfers (*Schutzpflicht*) *Täterschaft*, die Herrschaft über eine gefährliche Sache (*Verkehrspflicht*) dagegen nur *Beihilfe* begründen.[78] Die *Aufsichtsgarantenstellung*[79] könnte je nach der Strafmündigkeit des aktiv Handelnden *mittelbare Täterschaft* oder *Anstiftung durch Unterlassen* ergeben, insoweit nämlich der allgemeine Typ der Anstiftung durch die Herrschaft über die Entschlüsse eines voll Verantwortlichen gekennzeichnet ist (der „Mißbrauch des Ansehens" ist in § 48 ausdrücklich genannt); doch bedarf diese Frage noch näherer Prüfung, denn es wäre möglich, daß der besondere Unwert der Anstiftung in dem „Anstoß" des Täters durch einen Außenstehenden (*Roxin*) beruht und das „Unterlassen der Abstiftung" daher nur (in Übereinstimmung mit der herrschenden Meinung[80] als psychische Beihilfe gewertet werden kann.

5. a) Diese knappen Hinweise auf die Konsequenzen unserer Gleichstellungstheorie für die allgemeine Unterlassungsdogmatik dürften anschaulich demonstriert haben, welch ungeheure Arbeit hier noch zu leisten ist. Damit hat sich wieder einmal der enge Zusammenhang zwischen Allgemeinem und Besonderem Teil im Strafrecht erwiesen: Über Täterschaft und Teilnahme, Vorsatz und Schuld kann man erst dann ein zutreffendes Bild gewinnen, wenn man auch den Besonderen Teil in die Betrachtungen einbezogen und damit den „hermeneutischen Zirkel"[81] vollständig durchschritten hat.

---

489 ff.; vgl. auch *Schönke-Schröder*, Rdnrn. 105 ff. vor § 47, m. zahlr. Nachw. aus Rspr. und Schrifttum.

77 Täterschaft, S. 127 ff.

78 Ähnlich *Schönke-Schröder*, Rdnrn. 107 ff. vor § 47.

79 s. o. S. 358 ff.

80 *Baumann*, Strafrecht, S. 574; *Schönke-Schröder*, § 48, Rdnr. 5; *Jescheck*, Lehrbuch, S. 459; *Roxin*, Täterschaft, S. 484; *Grünwald*, GA 1959, 122; für eine Anstiftung durch Unterlassen dagegen *Maurach*, AT, S. 581; LK (*Mezger* in der 8. und *Busch* in der 9. Aufl.), § 48 Anm. 2e bzw. Rdnr. 14; *Schmidhäuser*, AT, S. 565; früher *Paul Merkel*, Festg. f. Frank II, S. 149; *v. Zahn*, GS 69, 32.

81 Vgl. dazu *Gadamer*, Wahrheit und Methode, S. 250 ff., 275 ff.

b) Abschließend wollen wir noch einen Blick auf die *Normentheorie* werfen, die sich aus unserer Unterlassungslehre ergibt. Da wir bei den Erfolgsdelikten (auf die wir uns in diesem Zusammenhang beschränken wollen) sowohl die Begehung als auch die unechte Unterlassung auf die Herrschaft über den Grund des Erfolges zurückgeführt haben, könnten wir z. B. den Totschlagstatbestand folgendermaßen formulieren: „Wer seinen Herrschaftsbereich vorsätzlich zum Grund für den Tod eines Menschen werden läßt, wird ... bestraft." Begehung und unechte Unterlassung bilden hier einen *Gesamttatbestand*, der (ebenso wie § 212 durch den Begriff „töten") einheitlich formuliert ist und mit einer für alle Konkretisierungen gleichermaßen gültigen Strafandrohung verbunden ist. Infolgedessen läßt sich auch die hinter diesem Tatbestande stehende *komplexe* (d. h. Tun und Unterlassen gleichermaßen erfassende) *Norm* einheitlich formulieren, etwa so: „Du sollst nicht vorsätzlich zulassen, daß dein Herrschaftsbereich zum Grund für den Tod eines Menschen wird".

c) Daß dieses Normgebilde sehr abstrakt ist und die konkreten Formen des Normverstoßes (z. B. den finalen Verwirklichungswillen des vorsätzlichen Begehungsdelikts) kaum ahnen läßt, kann zwar nicht bestritten werden, aber das ist auch unschädlich, weil wir diese oberste Norm ja nicht als Konkretisierungsrichtlinie, sondern nur als theoretische Zusammenfassung unserer Gleichstellungsüberlegungen benutzen wollen. Immerhin können wir durch sie unserem wohl wichtigsten Ergebnis Ausdruck geben: daß Begehung und unechte Unterlassung im Rahmen desselben Deliktstypus nicht ohne innere Gemeinsamkeit und nur durch gleiche Strafwürdigkeit verbunden nebeneinander stehen, sondern daß sie beide die *Erscheinungsformen eines für jeden Deliktstypus einheitlichen normativen Prinzips* sind. Die unechten Unterlassungsdelikte sind daher auch *nicht*, wie *Roxin* aus den Prämissen der herrschenden Meinung mit Recht folgern mußte,[82] ausnahmslos *Pflichtdelikte*, vielmehr *teilen* sie den *Charakter* des *entsprechenden Begehungsdelikts* – was im Grunde genommen schon durch den *nulla-poena-Satz* geboten wird. Auf dieser Plattform werden nach unserer Überzeugung auch die in dieser Arbeit noch offengebliebenen Probleme eine allseits befriedigende Lösung erfahren können.

V. Bemerkungen de lege ferenda

1. Bei der Erörterung der nulla-poena-Problematik haben wir gesehen, daß die gegenwärtige Rechtsquellenlage der unechten Unterlassungsdelikte zwar noch

82 Täterschaft, S. 459 ff., vgl. aber auch die Ansätze zu einer sozialen Tatherrschaft a. a. O., S. 465 ff.

mit dem Grundgesetz vereinbar ist, daß aber eine inhaltsreichere Regelung dem Gesetzgeber wohl anstehen würde. Gegenwärtig liegen vier Formulierungsvorschläge vor, von denen einer bereits vom Gesetzgeber gebilligt worden ist;[83] keiner von ihnen vermag jedoch zu überzeugen.

§ 2 der österreichischen Regierungsvorlage stellt offenbar eine Positivierung der formellen Rechtspflichttheorie dar und ist daher einerseits zu weit (nicht alle rechtspflichtwidrigen Unterlassungen sind begehungsgleich), andererseits zu eng (die Handlungspflicht kann sich auch aus noch nicht positivierten allgemeinen Rechtsprinzipien ergeben, deren Berücksichtigung § 2 östE zwar nicht direkt ausschließt, aber doch mindestens erschweren dürfte).

§ 12 AE trifft eine bedeutend konkretere Regelung, gegen die jedoch erhebliche Einwendungen zu machen sind. Die ausdrückliche Statuierung der Ingerenz-Garantenstellung in Nr. 2 ist, wie unsere einschlägigen Untersuchungen ergeben haben, sachlich verfehlt, und gegenüber der Rezeption der Rechtspflichten in Nr. 1 sind dieselben Vorbehalte am Platze wie gegenüber § 2 östE; außerdem wurde mit der „Übernahme gegenüber der Allgemeinheit“ ein weiterer Falltypus erfaßt, der nach unseren Ergebnissen keine Handlungsäquivalenz besitzt. Durch die uneingeschränkte Beifügung einer regulativen Gleichstellungsklausel wird zudem der alte Streit weiter genährt, ob auch bei den reinen Erfolgsdelikten nach Bejahung der Garantenstellung noch eine besondere Gleichwertigkeitsprüfung stattzufinden hat.

§ 13 E 1962, der vom Gesetzgeber nach einigen redaktionellen Änderungen im 2. Gesetz zur Reform des Strafrechts[84] übernommen wurde, vermeidet

---

83 *§ 2 der österreichischen Regierungsvorlage* (706 der Beilagen zu den stenogr. Prot. des Nationalrates XI. GP.) lautet: „Bedroht das Gesetz die Herbeiführung eines Erfolges mit Strafe, so ist auch strafbar, wer es unterläßt, ihn abzuwenden, obwohl er zufolge einer ihn im besonderen treffenden Verpflichtung von Rechts wegen dazu verhalten ist.“ *§ 12 AE:* „Wer es unterläßt, den zum Tatbestand gehörenden Erfolg abzuwenden, obwohl er 1. auf Grund einer gesetzlichen oder freiwillig übernommenen Rechtspflicht gegenüber der Allgemeinheit oder dem Geschädigten dafür zu sorgen hat, daß der Erfolg nicht eintritt, oder 2. eine nahe Gefahr für den Eintritt des Erfolges geschaffen hat,ist nach dem betreffenden Tatbestand nur dann strafbar, wenn das Unrecht seines Verhaltens nach den Umständen der Tat dem Unrecht der Begehung durch Tun entspricht.“ *§ 13 E 1962:* „Wer es unterläßt, einen Erfolg abzuwenden, der zum Tatbestand eines Strafgesetzes gehört, ist als Täter oder Teilnehmer strafbar, wenn er rechtlich dafür einzustehen hat, daß der Erfolg nicht eintreten werde, und sein Verhalten den Umständen nach der Verwirklichung des gesetzlichen Tatbestandes durch ein Tun gleichwertig ist.“ *§ 13 StGB* i. d. F. des 2. StrRefG (= AT 1973): „Wer es unterläßt, einen Erfolg abzuwenden, der zum Tatbestand eines Strafgesetzes gehört, ist nach diesem Gesetz nur dann strafbar, wenn er rechtlich dafür einzustehen hat, daß der Erfolg nicht eintritt, und wenn das Unterlassen der Verwirklichung des gesetzlichen Tatbestandes durch ein Tun entspricht.“

84 vom 4. Juli 1969, BGBl. I S. 717; voraussichtliches Datum des Inkrafttretens ist der 1. 10. 1973.

schließlich sämtliche Festlegungen und ist dadurch so nichtssagend, daß er die gegenwärtige Rechtsquellenlage nicht wesentlich verändert. Falls das „rechtliche Einstehenmüssen" im Sinne der formellen Rechtspflichttheorie aufgefaßt wird, gelten dagegen die bekannten Einwendungen; falls darunter ein strafrechtliches Einstehenmüssen verstanden wird, ist die ganze Formel eine bloße Tautologie. Daß das damit gekoppelte Gleichwertigkeitsregulativ keinen größeren Inhaltsreichtum aufweist, versteht sich von selbst.

2. Auf der Suche nach einer Positivierung des „richtigen Rechts" der Unterlassungsdelikte muß man sich zunächst klar machen, daß regulative Prinzipien wie die allgemeine Gleichstellungsklausel keine legislatorische Wertung, sondern umgekehrt den Verzicht des Gesetzgebers auf eine eigene Stellungnahme enthalten. Da wir den Besonderen Teil der Unterlassungsdelikte noch nicht systematisch durchgearbeitet haben, können wir uns in bezug auf die allgemeine legislatorische Problematik keine abschließende Entscheidung anmaßen, weder durch eine eigene Wertung noch durch den Verzicht auf eine materiale Stellungnahme. Wir können die Problematik der Gleichwertigkeitsklausel daher nicht im ganzen behandeln,[85] doch sei immerhin die Bemerkung gestattet, daß ihre gegenwärtigen Fassungen so nichtssagend sind, daß auf sie ebensogut vollständig verzichtet werden kann; anstatt auf die „Umstände der Tat" sollte man besser auf den dem jeweiligen Tatbestand eigenen „Grund der Strafbarkeit" abstellen!

Eine sachliche Stellungnahme ist uns daher nur für die Frage der *Erfolgszurechnung* möglich. Zu ihrer legislatorischen Entscheidung scheint uns folgende Formulierung geeignet:

> *Die unterlassene Abwendung eines Erfolges steht seiner aktiven Herbeiführung gleich, wenn der Grund des Erfolges in dem besonderen Herrschaftsbereich des Täters liegt.*

Mit diesem Satz würde man ein materiales Leitprinzip in das Gesetz aufnehmen und damit die widerstreitenden Anforderungen der Rechtssicherheit und der materialen Gerechtigkeit in praktische Konkordanz bringen. Um dem für die sozialethische Wertung relevanten Unterschied, der zwischen den dadurch aus dem Erfolgstatbestand eliminierten formellen Rechtspflicht- und Ingerenzfällen und den Unterlassungen des quivis ex populo besteht, Rechnung zu tragen,

---

85 Allerdings spricht manches dafür, nur die Zurechnung des Erfolges an den Unterlassungstäter im Gesetz zu regeln und die praktisch nicht so wichtigen Probleme des Besonderen Teils wie bisher Rechtsprechung und Wissenschaft zu überlassen, die auf dem Boden der grundlegenden gesetzlichen Wertentscheidung leicht weiterbauen könnten; auch die bisher vorliegenden Entwürfe (s. Fn. 82) beschäftigen sich ja nur mit der Erfolgszurechnung.

sollte außerdem endlich eine *Qualifikation des § 330c* geschaffen werden, für die folgendes Muster in Frage käme:

> Wer die Hilfeleistung nach Abs. 1 unterläßt, obwohl er die Gefahr verursacht hat oder zu ihrer Abwendung besonders verpflichtet ist, wird ... (schwerer) ... bestraft.

Der von uns bearbeitete Bereich der Gleichstellungsproblematik dürfte durch diese Vorschriften eine rechtsethisch wie kriminalpolitisch befriedigende legislatorische Regelung erfahren. Für den Besonderen Teil muß weiter nach Lösungen gesucht werden, denn nach über hundertjährigem Bemühen um Grund und Grenzen der unechten Unterlassungsdelikte stehen wir hier immer noch am Anfang.

Literaturverzeichnis

Alternativ-Entwurf eines Strafgesetzbuches – Allgemeiner Teil, 2. Aufl., 1969; Besonderer Teil, Sexualdelikte, Straftaten gegen Ehe, Familie und Personenstand, Straftaten gegen den religiösen Frieden und die Totenruhe, 1968; Straftaten gegen die Person, Erster Halbband, 1970.

Aldosser. Inwiefern können durch Unterlassungen strafbare Handlungen begangen werden?, 1882.

Alsberg. Urteilsanmerkung, JW 1932, 431.

Androulakis. Studien zur Problematik der unechten Unterlassungsdelikte, 1963.

Anschütz. Die Verfassung des Deutschen Reiches vom 11. August 1919, 14. Aufl., 1933.

Arndt, Adolf. Strafrecht in einer offenen Gesellschaft, Verhandl. d. 47. Deutschen Juristentags, 1969, Band II, J 5.

Bachof. Verfassungsrecht, Verwaltungsrecht, Verfahrensrecht in der Rechtsprechung des Bundesverwaltungsgerichts I, 3. Aufl., 1966.

Bärwinkel. Zur Struktur der Garantieverhältnisse bei den unechten Unterlassungsdelikten, 1968.

v. Bar. Gesetz und Schuld im Strafrecht, Band II, 1907.

Baumann. Die natürliche Wortbedeutung als Auslegungsgrenze im Strafrecht, MDR 1958, 394.

Baumann. Strafrechtsfälle und Lösungen AT, 3. Aufl., 1969.

Baumann. Strafrecht, Allgemeiner Teil, 5. Aufl., 1968.

Baumann. Aufsätze und Vorträge zum Verkehrsstrafrecht, 1969.

Baumann. Vorsicht bei Verjährung von NS-Gewaltverbrechen!, NJW 1969, 1279.

Baur. Der Beseitigungsanspruch nach § 1004 BGB, AcP 160, 465.

Baur. Sachenrecht, 2. Aufl., 1963.

Beccaria. Über Verbrechen und Strafen, hrsg. v. Wilhelm Alff, 1966.

Beling. Die Lehre vom Verbrechen, 1906.

Beling. Urteilsanmerkung, JW 1926, 1189.

Beling. Grundzüge des Strafrechts, 10. Aufl., 1928.

Bergbohm. Jurisprudenz und Rechtsphilosophie, 1892.

Berner. Lehrbuch des Deutschen Strafrechts, 17. Aufl., 1895.

Bierling. Juristische Prinzipienlehre, Band IV, 1911.

Binding. Der Entwurf eines Strafgesetzbuches für den Norddeutschen Bund, 1869.

Binding. Handbuch des Strafrechts, Band I, 1885.

Binding. Lehrbuch des Gemeinen Deutschen Strafrechts, Besonderer Teil, Band I, 2. Aufl., 1902.

Binding. Die Normen und ihre Übertretung, Band I, 2. Aufl., 1890; Band II, 1. Hälfte, 2. Aufl., 1914.

Bindokat. Negative Beihilfe und vorausgegangenes Tun, NJW 1960, 2318.

Bindokat. Nochmals: Die Rückkehrpflicht bei § 142 StGB, NJW 1966, 1906.

Blei. Garantenpflichtbegründung beim unechten Unterlassen, Festschr. f. H. Mayer, 1966, S. 119.

Blei. s. Mezger-Blei.

Bockelmann. Ist eine berichtigende Auslegung des § 246 statthaft?, MDR 1953, 3.

Bockelmann. Zum Problem der Meineidsbeihilfe durch Unterlassen, NJW 1954, 697.

Bockelmann. Betrug, verübt durch Stillschweigen, Festschr. f. Eb. Schmidt, 1961, S. 437.

Bockelmann. Willensfreiheit und Zurechnungsfähigkeit, ZStW 75, 372.

https://doi.org/10.1515/9783110650488-005

Böhm. Die Rechtspflichten zum Handeln bei den unechten Unterlassungsdelikten, Diss. Frankfurt 1957.
Böhm. Methodische Probleme der Gleichstellung des Unterlassens mit der Begehung, JuS 1961, 177.
Boehmer. Grundlagen der bürgerlichen Rechtsordnung, Band I, 1950.
Bohne. Urteilsanmerkung, JW 1927, 2696.
Bruns. Die Befreiung des Strafrechts vom zivilistischen Denken, 1938.
v. Buri. Über die Begehung der Verbrechen durch Unterlassung, GS 21, 189.
v. Buri. Über Begehung von Verbrechen durch Unterlassung, GS 27, 25.
v. Buri. I. Willensfreiheit, II. Unterlassung, III. Causalität und Theilnahme, GS 56, 418.
v. Buri. Über Causalität und deren Verantwortung, 1873.
v. Buri. Über die sog. untauglichen Versuchshandlungen, ZStW 1, 185.
Busch. Zur gesetzlichen Begründung der Strafbarkeit unechten Unterlassens, Festschrift f. v. Weber, 1963, S. 192.
v. Caemmerer. Wandlungen des Deliktsrechts, Juristentags-Festschrift, 1960, Band II, S. 49.
Canaris. Systemdenken und Systembegriff in der Jurisprudenz, entwickelt am Beispiel des deutschen Privatrechts, 1969.
Carl. Urteilsanmerkung, DR 1939, 1435.
Clemens. Die Unterlassungsdelikte im deutschen Strafrecht von Feuerbach bis zum Reichsstrafgesetzbuch, Strafr. Abh. Heft 149, 1912.
Coing. s. Kipp-Coing.
Cramer. Teilnahmeprobleme im Rahmen des § 330a StGB, GA 1961, 97.
Cramer. Vermögensbegriff und Vermögensschaden im Strafrecht, 1968.
Danner. Gibt es einen freien Willen?, 1967.
Deutsch. Fahrlässigkeit und erforderliche Sorgfalt, 1963.
Diederichsen. Topisches und systematisches Denken in der Jurisprudenz, NJW 1966, 698.
Diederichsen. Einführung in das wissenschaftliche Denken, 1970.
Dohna, Graf zu. Die Rechtswidrigkeit als allgemeines Merkmal im Tatbestande strafbarer Handlungen, 1905.
Dreher. Das Strafrecht hat seine eigene Methode, GA 1969, 56.
Dreher. Strafgesetzbuch, 31. Aufl., 1970.
Drews-Wacke. Allgemeines Polizeirecht, 7. Aufl., 1961.
Drost. Der Aufbau der Unterlassungsdelikte, GA 109, 1.
Dünnebier. Die Verkehrsunfallflucht, GA 1957, 33.
Dürig. s. Maunz-Dürig-Herzog.
Ebermayer. Urteilsanmerkung, JW 1930, 1595.
Eisermann. Die Lehre von der Gesellschaft, 2. Aufl., 1969 (hrsg.).
Engels. s. Marx-Engels.
Engisch. Die Einheit der Rechtsordnung, 1935.
Engisch. Der finale Handlungsbegriff, Festschr. f. Kohlrausch, 1944, S. 141.
Engisch. Besprechung von: Maihofer, Der Handlungsbegriff im Verbrechenssystem, NJW 1955, 135.
Engisch. Zur „Natur der Sache“ im Strafrecht, Festschr. f. Eb. Schmidt, 1961, S. 90 (= Sammelband S. 204).
Engisch. Die Lehre von der Willensfreiheit in der strafrechtsphilosophischen Doktrin der Gegenwart, 1963.
Engisch. Logische Studien zur Gesetzesanwendung, 3. Aufl., 1963.
Engisch. Einführung in das juristische Denken, 3. Aufl., 1964.

Engisch. Vom Weltbild des Juristen, 2. Aufl., 1965.
Engisch. Die Idee der Konkretisierung in Recht und Rechtswissenschaft unserer Zeit, 2. Aufl., 1968.
Enneccerus-Nipperdey. Allgemeiner Teil des Bürgerlichen Rechts, 15. Aufl., Band I 1959, Band II 1960.
Esser. Grundsatz und Norm in der richterlichen Fortbildung des Privatrechts, 2. Aufl., 1964.
Esser. Schuldrecht, 3. Aufl., Band I, 1968, Band II, 1969.
Feuerbach. Lehrbuch des gemeinen in Deutschland gültigen peinlichen Rechts, 3. Aufl., 1804.
Fikentscher. Das Schuldrecht, 2. Aufl., 1969.
Floegel-Hartung-Jagusch. Straßenverkehrsrecht, 18. Aufl., 1969.
Forsthoff. Lehrbuch des Verwaltungsrechts, Band I, 8. Aufl., 1961.
Frank. Über den Aufbau des Schuldbegriffs, 1907.
Frank. Das Strafgesetzbuch für das Deutsche Reich, 18. Aufl., 1931.
Friauf. Polizei- und Ordnungsrecht, in: Besonderes Verwaltungsrecht, 1969, S. 187.
Fuhrmann. Die Verdeckungsabsicht beim Mord, JuS 1963, 19.
Gadamer. Wahrheit und Methode, 2. Aufl., 1965.
Gallas. Urteilsanmerkung, JZ 1952, 371.
Gallas. Zum gegenwärtigen Stand der Lehre vom Verbrechen, ZStW 67, 1.
Gallas. Strafbares Unterlassen im Fall einer Selbsttötung, JZ 1960, 649, 686.
Gallas. Die strafrechtliche Verantwortlichkeit der am Bau Beteiligten unter besonderer Berücksichtigung des „verantwortlichen Bauleiters", 1963.
Gallas. Der dogmatische Teil des Alternativentwurfs, ZStW 80, 1.
Gehlen-Schelsky. Soziologie, 7. Aufl., 1968.
Geigel. Der Haftpflichtprozeß, 14. Aufl., 1969.
Geiger. Vorstudien zu einer Soziologie des Rechts, 1964.
Geilen. Die Garantiepflichten aus ehelicher und eheähnlicher Gemeinschaft, FamRZ 1961, 147.
Geilen. Stillschweigen des Angehörigen beim Mordkomplott, FamRZ 1964, 385.
Geilen. Zur Mitverantwortung des Gastwirtes bei Trunkenheit am Steuer, JZ 1965, 469.
Geilen. Das Leben des Menschen in den Grenzen des Rechtes, FamRZ 1968, 121.
van Gelder. Die Entwicklung der Lehre von der sogen. Erfolgsabwendungspflicht aus vorausgegangenem Tun im Schrifttum des 19. Jahrhunderts, Diss. Marburg 1967.
Georgakis. Hilfspflicht und Erfolgsabwendungspflicht im Strafrecht, Leipz. rechtswiss. Studien, Heft 114, 1938.
Gerland. Deutsches Reichsstrafrecht, 2. Aufl., 1932.
Gernhuber. Lehrbuch des Familienrechts, 1964.
Geyer. Rezension, Krit. Vierteljahresschrift für Gesetzgebung und Rechtswissenschaft, 1882, S. 237.
Gimbernat-Ordeig. Finalität und Vorsatz, NJW 1966, 533.
Glaser. Abhandlungen aus dem Österreichischen Strafrecht, Bd. I, 1858.
Goldmann s. Jescheck-Goldmann.
Granderath. Die Rechtspflicht zur Erfolgsabwendung aus einem vorangegangenen gefährdenden Verhalten bei den unechten Unterlassungsdelikten, Diss. Freiburg 1961.
Grünwald. Das unechte Unterlassungsdelikt, Diss. Göttingen 1956.
Grünwald. Zur gesetzlichen Regelung der unechten Unterlassungsdelikte, ZStW 70, 412.
Grünwald. Die Beteiligung durch Unterlassen, GA 1959, 110.
Grünwald. Bedeutung und Begründung des Satzes „nulla poena sine lege", ZStW 76, 1.

Grünwald. Der folgenschwere Rat (Der praktische Fall, Strafrecht), JuS 1965, 311.
Grünwald. Der Vorsatz des Unterlassungsdelikts, Festschr. f. H. Mayer, 1966, S. 281.
Gurvitch. Grundzüge der Soziologie des Rechts, 1960.
Haddenbrock. Freiheit und Unfreiheit der Menschen im Aspekt der forensischen Psychiatrie, JZ 1969, 121.
Hälschner. Das gemeine deutsche Strafrecht, Band I, 1881.
Haffke. Das Rückwirkungsverbot des Art. 103 II GG bei Änderung der Rechtsprechung zum materiellen Recht, Diss. Göttingen 1970.
Hanack. Der Ausgleich divergierender Entscheidungen in der oberen Gerichtsbarkeit, 1962.
Hanack. Empfiehlt es sich, die Grenzen des Sexualstrafrechts neu zu bestimmen?, Verh. d. 47. Deutschen Juristentags, 1968, Band I, A 3.
Hardwig. Die Zurechnung, 1957.
Hartmann, Nicolai. Der Aufbau der realen Welt, 1940.
Hartmann, Nicolai. Zur Grundlegung der Ontologie, 3. Aufl., 1948.
Hartmann, Nicolai. Möglichkeit und Wirklichkeit, 2. Aufl., 1949.
Hartmann, Nicolai. Das Problem des geistigen Seins, 2. Aufl., 1949.
Hartmann, Nicolai. Grundzüge einer Metaphysik der Erkenntnis, 4. Aufl., 1949.
Hartung s. Floegel-Hartung-Jagusch
Hassemer. Tatbestand und Typus, 1968.
Hassemer s. Kaufmann-Hassemer.
Heck. Gesetzesauslegung und Interessenjurisprudenz, AcP 112, 1.
Hegel. Grundlinien der Philosophie des Rechts, Sämtliche Werke, VII. Band, 1928 (Glockner-Ausgabe).
Heinitz. Urteilsanmerkung, JR 1954, 270.
Heinitz. Teilnahme und unterlassene Hilfeleistung beim Selbstmord, JR 1954, 403.
Heinitz. Urteilsanmerkung, JR 1955, 105.
Heinitz. Zur Verfassungsmäßigkeit der Strafbestimmung gegen den groben Unfug, Berl. Festschr. f. Hirsch, 1968, S. 47.
Henkel. Zumutbarkeit und Unzumutbarkeit als regulatives Rechtsprinzip, Festschr. f. Mezger, 1954, S. 249.
Henkel. Recht und Individualität, 1958.
Henkel. Das Methodenproblem bei den unechten Unterlassungsdelikten, MKrim 1961, 178.
Henkel. Einführung in die Rechtsphilosophie, 1964.
Herzberg. Garantenpflichten aufgrund gerechtfertigten Vorverhaltens, JuS 1971, 74.
Herzog s. Maunz-Dürig-Herzog.
Hesse. Grundzüge des Verfassungsrechts der Bundesrepublik Deutschland, 1967.
v. Hippel. Deutsches Strafrecht, Band II, 1930.
v. Hippel. Lehrbuch des Strafrechts, 1932.
Hirsch, E. E. Das Recht im sozialen Ordnungsgefüge, 1966.
Hirsch-Rehbinder. Studien und Materialien zur Rechtssoziologie, 1967, (hrsg.).
Hirsch, H.-J. Die Lehre von den negativen Tatbestandsmerkmalen, 1960.
Hirsch, H.-J. Eigenmächtige Zueignung geschuldeter Sachen, Rechtswidrigkeit und Irrtum bei den Zueignungsstrafbestimmungen, JZ 1963, 149.
Hirsch, H.-J. Ehre und Beleidigung, 1968.
Hirsch, G. E. Urteilsanmerkung, NJW 1969, 853.
Hoerster. Zum Problem der Ableitung eines Sollens aus einem Sein in der analytischen Sozialphilosophie, ARSP 1969, 11.
Hofacker. Die Verkehrssicherungspflichten, 1929.

Hofstätter. Einführung in die Sozialpsychologie, 4. Aufl., 1959.
Hofstätter. Sozialpsychologie, 2. Aufl., 1964.
Honig. Die Entwicklungslinie des Unterlassungsdelikts vom römischen bis zum gemeinen Recht, Festschr. f. Rich. Schmidt, 1932, Band I, S. 3.
Horn, E., s. Samson-Horn.
Horn, N. Zur Bedeutung der Topiklehre Theodor Viehwegs für eine einheitliche Theorie des juristischen Denkens, NJW 1967, 601.
Hübner, s. Lehmann-Hübner.
Hueck-Nipperdey. Grundriß des Arbeitsrechts, 3. Aufl., 1965.
Hurst. Zur Problematik der polizeirechtlichen Handlungshaftung, AöR 1958, 43.
Jagusch. Urteilsanmerkung, LM Nr. 9 zu § 154.
Jagusch. Urteilsanmerkung, LM Nr. 26 zu § 154.
Jagusch. Urteilsanmerkung, LM Nr. 33a zu § 263.
Jagusch, s. Floegel-Hartung-Jagusch.
Jerusalem. Kritik der Rechtswissenschaft, 1948.
Jesch. Unbestimmter Rechtsbegriff und Ermessen in rechtstheoretischer und verfassungsrechtlicher Sicht, AöR 1957, 163.
Jesch. Gesetz und Verwaltung, 1961.
Jescheck. Urteilsanmerkung, JZ 1961, 752.
Jescheck. Lehrbuch des Strafrechts, Allgemeiner Teil, 1969.
Jescheck-Goldmann. Die Behandlung der unechten Unterlassungsdelikte im deutschen und ausländischen Strafrecht, ZStW 77, 109.
Kahrs. Das Vermeidbarkeitsprinzip und die condicio-sine-quanon-Formel im Strafrecht, 1968.
Kaiser. Betrug durch bewußtes Ausnutzen von Fehlern beim Geldwechseln, NJW 1971, 601.
Kallfelz. Urteilsanmerkung, JW 1937, 3090.
Kant. Metaphysik der Sitten, Sämtliche Werke, III. Band, 3. Aufl., 1919 (Meiner-Ausgabe).
Kant. Grundlegung zur Metaphysik der Sitten, ibid., 5. Aufl. 1920.
Kaufmann, Armin. Lebendiges und Totes in Bindings Normentheorie, 1954.
Kaufmann, Armin. Die Dogmatik der Unterlassungsdelikte, 1959.
Kaufmann, Armin. Methodische Probleme der Gleichstellung des Unterlassens mit der Begehung, JuS 1961, 173.
Kaufmann, Armin. Unterlassung und Vorsatz, Festschr. f. v. Weber, 1963, S. 207.
Kaufmann, Arthur. Zur Lehre von den negativen Tatbestandsmerkmalen, JZ 1954, 653.
Kaufmann, Arthur. Tatbestand, Rechtfertigungsgründe und Irrtum, JZ 1956, 353, 393.
Kaufmann, Arthur. Das Schuldprinzip, 1961.
Kaufmann, Arthur. Analogie und „Natur der Sache", Schriftenreihe d. Jurist. Studienges. Karlsruhe, Heft 65/66, 1965.
Kaufmann, Arthur. Die ontologische Begründung des Rechts (= Sammelband), 1965 (hrsg.).
Kaufmann, Arthur. Freirechtsbewegung – lebendig oder tot?, JuS 1965, 1.
Kaufmann, Arthur. Die ontologische Struktur der Handlung, Festschr. f. H. Mayer, 1966, S. 79.
Kaufmann, Arthur. Die finale Handlungslehre und die Fahrlässigkeit, JuS 1967, 145.
Kaufmann, Arthur. Dogmatische und kriminalpolitische Aspekte des Schuldgedankens im Strafrecht, JZ 1967, 553.
Kaufmann-Hassemer. Der überfallene Spaziergänger (Der praktische Fall – Strafrecht), JuS 1964, 151.
Kaufmann, Hilde. Gramaticas System der Difesa Sociale und das deutsche Schuldstrafrecht, Festschr. f. v. Weber, 1963, S. 418.

Kern-Roxin. Strafverfahrensrecht, 10. Aufl., 1970.
Kielwein. Unterlassung und Teilnahme, GA 1955, 225.
Kipp-Coing. Erbrecht, 12. Aufl., 1965.
Kissin. Die Rechtspflicht zum Handeln bei den Unterlassungsdelikten, Strafr. Abh. Heft 317, 1933.
Klatt. Urteilsanmerkung, MDR 1955, 504.
Klug. Juristische Logik, 3. Aufl., 1966.
Knodel. Der Begriff der Gewalt im Strafrecht, 1962.
König. Soziologie (Fischerlexikon Band 10), 1964 (hrsg.).
König. Das Recht im Zusammenhang der sozialen Normensysteme, Studien und Materialien zur Rechtssoziologie, 1967, S. 356.
Kohler. Studien aus dem Strafrecht, Band I, 1890.
Kohlmann. Der Begriff des Staatsgeheimnisses und das verfassungsrechtliche Gebot der Bestimmtheit von Strafvorschriften, 1969.
Kohlrausch. Die Straftat im deutschen Strafgesetzentwurf, Schw.-ZStr 34, 156.
Kohlrausch-Lange. Strafgesetzbuch, 43. Aufl., 1961.
Kratzsch. Grenzen der Strafbarkeit im Notwehrrecht, 1968.
Kraus. Rechtsphilosophie und Jurisprudenz, ZStW 23, 763.
Krauss. Erfolgsunwert und Handlungsunwert im Strafrecht, ZStW 76, 19.
Krawietz. Welche Methode lehrt die juristische Methodenlehre?, JuS 1970, 425.
Krey. Grundfälle zu den Straftaten gegen das Leben, JuS 1971, 86, 141.
Kriele. Theorie der Rechtsgewinnnung, 1967.
Krug. Commentar zu dem Strafgesetzbuch für das Königreich Sachsen, 4. Abtheilung: Abhandlungen aus dem Strafrechte, 1855.
Krumme. Urteilsanmerkung, LM Nr. 1 zu § 153.
Krumme. Urteilsanmerkung, LM Nr. 7 zu § 154.
Lackner. Urteilsanmerkung, JR 1969, 29.
Lackner-Maassen. Strafgesetzbuch mit Erläuterungen, 6. Aufl., 1970.
Lampe. Ingerenz oder dolus subsequens?, ZStW 72, 93.
Lampe. Das personale Unrecht, 1967.
Landsberg. Die sogenannten Commissivdelikte durch Unterlassung im Deutschen Strafrecht, 1890.
Lange, s. Kohlrausch-Lange.
Larenz. Derogierende Kraft des Gerichtsgebrauchs?, NJW 1951, 497.
Larenz. Wegweiser zu richterlicher Rechtsschöpfung, Festschr. f. Nikisch, 1958, S. 275.
Larenz. Rechtswidrigkeit und Handlungsbegriff im Zivilrecht, Festschr. f. Dölle, 1963, Band I, S. 169.
Larenz. Lehrbuch des Schuldrechts, 6. Aufl., Band I, 1963, Band II, 1964.
Larenz. Methodenlehre der Rechtswissenschaft, 2. Aufl., 1969.
Lask. Gesammelte Schriften, Band I, 1923.
Lay. Urteilsanmerkung, JZ 1954, 165.
Lehmann. Die Unterlassungspflicht im Bürgerlichen Recht, 1906.
Lehmann-Hübner. Allgemeiner Teil des Bürgerlichen Gesetzbuchs, 15. Aufl., 1966.
Leibholz-Rinck. Grundgesetz, 3. Aufl., 1968.
Leipziger Kommentar. Strafgesetzbuch, 8. Aufl., hrsg. v. Jagusch und Mezger, Band I, 1957.
Leipziger Kommentar. 9. Aufl., hrsg. v. Baldus und Willms, 1970 (5. und 6. Lieferung).
Lenckner. Wertausfüllungsbedürftige Begriffe im Strafrecht und der Grundsatz „nullum crimen sine lege“, JuS 1968, 249, 304.

v. Liszt. Lehrbuch des deutschen Strafrechts, 4. Aufl., 1891, 21./22. Aufl., 1919.
v. Liszt. Strafrechtliche Aufsätze und Vorträge, Band II, 1905.
v. Liszt-Schmidt. Lehrbuch des deutschen Strafrechts, 26. Aufl., 1932.
Luden. Abhandlungen aus dem gemeinen teutschen Strafrechte, Band II, 1840.
Luhmann. Positivität des Rechts als Voraussetzung einer modernen Gesellschaft, in: Jahrb. f. Rechtssoziol. u. Rechtstheorie I, 1970, S. 175.
Maase. Urteilsanmerkung, VersR 1964, 125.
Maassen, s. Lackner-Maassen.
Maihofer. Der Handlungsbegriff im Verbrechenssystem, 1953.
Maihofer. Vom Sinn menschlicher Ordnung, 1956.
Maihofer. Der Unrechtsvorwurf; Gedanken zu einer personalen Unrechtslehre, Festschr. f. Rittler, 1957, S. 141.
Maihofer. Die Natur der Sache, ARSP 1958, 145 (= Sammelband S. 52).
Maihofer. Der soziale Handlungsbegriff, Festschr. f. Eb. Schmidt, 1961, S. 156.
Martin. Urteilsanmerkung, LM Nr. 53 zu § 154.
Martin. Urteilsanmerkung, LM Nr. 60 zu § 154.
Marx. Zur Kritik der politischen Ökonomie, Berlin 1947.
Marx. Die Frühschriften (hrsg. v. Landshut), 1953.
Marx-Engels. Manifest der Kommunistischen Partei, 1848.
Maunz. Deutsches Staatsrecht, 12. Aufl., 1963.
Maunz-Dürig-Herzog. Grundgesetz, 3. Aufl., 1969.
Maurach. Meineidsbeihilfe durch Unterlassen, DStR 1944, 1.
Maurach. Zur neueren Judikatur über Meineidsbeihilfe durch Unterlassen, SJZ 1949, 541.
Maurach. Urteilsanmerkung, JR 1956, 347.
Maurach. Deutsches Strafrecht, Allgemeiner Teil, 3. Aufl., 1965, Besonderer Teil, 5. Aufl., 1969.
Mayer, Hellmuth. Strafrecht, Allgemeiner Teil, 1953.
Mayer, Hellmuth. Die gesetzliche Bestimmtheit der Tatbestände, MatStr.-Ref, Band I, 1954, S. 259.
Mayer, Hellmuth. Strafrecht, Allgemeiner Teil, 1967.
Mayer, Max Ernst. Rechtsnormen und Kulturnormen, 1903.
Mayer, Max Ernst. Der allgemeine Teil des Deutschen Strafrechts, 2. Aufl., 1923.
Medicus. Bürgerliches Recht, 3. Aufl., 1970.
Meister. Urteilsanmerkung, MDR 1948, 92.
Meister. Zur Abgrenzung der Beteiligung am Selbstmord vom strafbaren Tötungsdelikt, GA 1953, 166.
Merkel, Adolf. Kriminalistische Abhandlungen, Band I, 1867.
Merkel, Adolf. Lehrbuch des Deutschen Strafrechts, 1889.
Merkel, Paul. Anstiftung und Beihilfe, Festg. f. Frank, Band II, 1930, S. 134.
Meyer-Bahlburg. Zur gesetzlichen Regelung der unechten Unterlassungsdelikte, MKrim 1965, 247.
Meyer-Bahlburg. Die Garantenstellungen bei den Unterlassungsdelikten, GA 1966, 203.
Mezger. Die subjektiven Unrechtselemente, GS 89, 207.
Mezger. Urteilsanmerkung, JW 1934, 1052.
Mezger. Urteilsanmerkung, JW 1934, 1357.
Mezger. Urteilsanmerkung, JW 1934, 1418.
Mezger. Urteilsanmerkung, DR 1940, 637.
Mezger. Urteilsanmerkung, ZAkDR 1942, 29.

Mezger. Strafrecht, 3. Aufl., 1949 (Lehrbuch).
Mezger. Strafrecht, Band I, 9. Aufl., 1960 (Studienbuch).
Mezger-Blei. Strafrecht, Band I, 14. Aufl., 1970, Band II, 9. Aufl., 1966.
Miehe. Die Schutzfunktion der Strafdrohungen gegen Begünstigung und Hehlerei, Festschr. f. Honig, 1970, S. 91.
Mittelbach. Urteilsanmerkung, JW 1939, 543.
Mittelbach. Urteilsanmerkung, DR 1940, 2234.
Montesquieu. Vom Geist der Gesetze (hrsg. v. Forsthoff), Band I, 1951.
v. Münch. Besonderes Verwaltungsrecht, 1969 (hrsg.).
v. Münch. Öffentlicher Dienst, in: Besonderes Verwaltungsrecht, 1969, S. 19.
Münzberg. Verhalten und Erfolg als Grundlagen der Rechtswidrigkeit und Haftung, 1966.
Münzberg. Bemerkungen zum Haftungsgrund der Unterlassungsklage, JZ 1967, 689.
Nagler. Die Problematik der Begehung durch Unterlassung, GS 111, 1.
Naucke. Über das Regreßverbot im Strafrecht, ZStW 76, 409.
Naucke. Zur Lehre vom strafbaren Betrug, 1964.
Naucke. Der Nutzen der subjektiven Auslegung im Strafrecht, Festschr. f. Engisch, 1969, S. 274.
Niederschriften über die Sitzungen der Großen Strafrechtskommission, Band 12, 1959.
Nipperdey. Rechtswidrigkeit, Sozialadäquanz, Fahrlässigkeit, Schuld im Zivilrecht, NJW 1957, 1777.
Nipperdey, s. Enneccerus-Nipperdey.
Nipperdey, s. Hueck-Nipperdey.
Noll. Übergesetzliche Rechtfertigungsgründe, im besonderen die Einwilligung des Verletzten, 1955.
Nowakowski. Das österreichische Strafrecht in seinen Grundzügen, 1955.
Nowakowski. Die Lehre von der Rechtswidrigkeit, ZStW 63, 287.
Oehler. Konkurrenz von unechtem und echtem Unterlassungsdelikt, JuS 1961, 154.
v. Olshausen. Strafgesetzbuch, 12. Aufl., 1942.
Otte. Zwanzig Jahre Topikdiskussion: Ertrag und Aufgaben, Rechtstheorie 1970, 183.
Otto, Franz. Urteilsanmerkung, NJW 1968, 1236.
v. Overbeck. „Unterlassung durch Begehung", GS 88, 319.
Palandt. Bürgerliches Gesetzbuch, 29. Aufl., 1970.
Pfleiderer. Die Garantenstellung aus vorangegangenem Tun, 1968.
Platzgummer. Die Bewußtseinsformen des Vorsatzes, 1964.
Podlech. Wertungen und Werte im Recht, AöR 95, 185.
Radbruch. Der Handlungsbegriff in seiner Bedeutung für das Strafrechtssystem, 1904.
Radbruch. Grundzüge der Rechtsphilosophie, 1914.
Radbruch. Der Geist des englischen Rechts, 4. Aufl., 1958.
Radbruch. Rechtsphilosophie, 3. Aufl., 1932.
Rauschning. Wehrrecht und Wehrverwaltung, in: Besonderes Verwaltungsrecht, 1969, S. 209.
Rehbinder, s. Hirsch-Rehbinder.
Reich. Sociological Jurisprudence und Legal Realism, 1967.
Rickert. Die Grenzen der naturwissenschaftlichen Begriffsbildung, 2. Aufl., 1913.
Rickert. Kulturwissenschaft und Naturwissenschaft, 6./7. Aufl., 1926.
Rickert. Zur Lehre von der Definition, 3. Aufl., 1929.
Rinck, H. J., s. Leibholz-Rinck.
Rödig. Die Denkform der Alternative in der Jurisprudenz, 1969.

Roth-Stielow. Was ist unter versagter „Hilfe“ i. S. des § 170c StGB zu verstehen?, FamRZ 1960, 482.
Roth-Stielow. Warte-, Folge-, Rückkehr- oder Selbstanzeigepflichten nach dem Verkehrsunfall, NJW 1963, 1188.
Roth-Stielow. Das Ärgernis vom „historischen Gesetzgeber“ in der Rechtsprechung (Umwelt und Recht), NJW 1970, 2057.
Roxin. Offene Tatbestände und Rechtspflichtmerkmale, 1959.
Roxin. Die Irrtumsregelung des E 1960 und die strenge Schuldtheorie, MKrim 1961, 211.
Roxin. Zur Kritik an der finalen Handlungslehre, ZStW 74, 515.
Roxin. Die provozierte Notwehrlage, ZStW 75, 541.
Roxin. Verwerflichkeit und Sittenwidrigkeit als unrechtsbegründende Merkmale im Strafrecht, JuS 1964, 373.
Roxin. Geld als Objekt von Eigentums- und Vermögensdelikten, Festschr. f. H. Mayer, 1966, S. 467.
Roxin. Sinn und Grenzen staatlicher Strafe, JuS 1966, 377.
Roxin. Täterschaft und Tatherrschaft, 2. Aufl., 1967.
Roxin. Literaturbericht, ZStW 80, 694.
Roxin. Einige Bemerkungen zum Verhältnis von Rechtsidee und Rechtsstoff in der Systematik unseres Strafrechts, Gedächtnisschrift f. Radbruch, 1968, S. 260.
Roxin. An der Grenze von Begehung und Unterlassung, Festschr. f. Engisch, 1969, S. 380.
Roxin. Gedanken zur Problematik der Zurechnung im Strafrecht, Festschr. f. Honig, 1970, S. 133.
Roxin. Kriminalpolitik und Strafrechtssystem, 1970. s. Kern-Roxin.
Roxin-Schünemann. Der falsche Kommilitone (Der praktische Fall – Strafrecht), JuS 1969, 372.
Rudolphi. Die Gleichstellungsproblematik der unechten Unterlassungsdelikte und der Gedanke der Ingerenz, 1966.
Rudolphi. Vorhersehbarkeit und Schutzzweck der Norm in der strafrechtlichen Fahrlässigkeitslehre, JuS 1969, 549.
Rüegg. Soziologie (Funkkolleg), 1969.
Samson-Horn. Steuerunehrlichkeit und Steuerhinterziehung durch Unterlassen, NJW 1970, 593.
Sarstedt. Auswahl und Leitung des Sachverständigen im Strafprozeß (§§ 73, 78 StPO), NJW 1968, 177.
Sauer. Grundlagen des Strafrechts nebst Umriß einer Rechts- und Sozialphilosophie, 1921.
Sauer. Das Unterlassungsdelikt, GS 114, 279.
Sauer. Allgemeine Strafrechtslehre, 1955.
v. Savigny, Eike. Die Überprüfbarkeit der Strafrechtssätze, 1967.
Sax. Das strafrechtliche „Analogieverbot“, 1953.
Sax. Grundsätze der Strafrechtspflege, in: Bettermann-Nipperdey-Scheuner, Die Grundrechte, Band III/2, 1959, S. 909.
Schaffstein. Die allgemeinen Lehren vom Verbrechen in ihrer Entwicklung durch die Wissenschaft des Gemeinen Strafrechts, 1930.
Schaffstein. Zur Problematik der teleologischen Begriffsbildung im Strafrecht, Leipz. Festschr. f. Rich. Schmidt, 1934, S. 47.
Schaffstein. Die unechten Unterlassungsdelikte im System des neuen Strafrechts, Festschr. f. Graf Gleispach, 1936, S. 70.
Schaffstein. Urteilsanmerkung, JW 1938, 578.

Schaffstein. Putative Rechtfertigungsgründe und finale Handlungslehre, MDR 1951, 196.
Schaffstein. Notwehr und Güterabwägungsprinzip, MDR 1952, 132.
Schaffstein. Soziale Adäquanz und Tatbestandslehre, ZStW 72, 369.
Schaffstein. Tatbestandsirrtum und Verbotsirrtum, Gött. Festschr. f. das OLG Celle, 1961, S. 175.
Schaffstein. Zur Auslegung des Begriffs der „heimtückischen" Tötung als Mordmerkmal, Festschr. f. H. Mayer, 1966, S. 419.
Schaffstein. Die Risikoerhöhung als objektives Zurechnungsprinzip im Strafrecht, insbesondere bei der Beihilfe, Festschr. f. Honig, 1970, S. 169.
Schelsky, s. Gehlen-Schelsky.
Schickert. Urteilsanmerkung, DR 1940, 2057.
Schleeh. Gibt es zwei verschiedene Tatbestände der Steuerverkürzung?, NJW 1971, 552.
Schmidhäuser. Gesinnungsmerkmale im Strafrecht, 1958.
Schmidhäuser. Vom Sinn der Strafe, 1963.
Schmidhäuser. Von den zwei Rechtsordnungen im staatlichen Gemeinwesen, 1964.
Schmidhäuser. Strafrecht Allgemeiner Teil, 1970.
Schmidt, Eberhard. Lehrkommentar zur StPO und zum GVG, Teil II, 1957.
Schmidt, Eberhard, s. v. Liszt-Schmidt.
Schmidt, Reimer. Die Obliegenheiten, 1953.
Schmidt-Leichner. Urteilsanmerkung, NJW 1952, 512.
Schmidt-Salzer. Zur Technik der topischen Rechtsbildung: Angemessene Lizenzgebühr und Verletzergewinn als Grundlagen der Schadensberechnung, JR 1969, 81.
Schmitt, Carl. Über die drei Arten des rechtswissenschaftlichen Denkens, 1934.
Schönke-Schröder. Strafgesetzbuch, 10. Aufl., 1961, 11. Aufl., 1963, 15. Aufl., 1970.
Schröder. Urteilsanmerkung, JR 1961, 434.
Schröder. Urteilsanmerkung, JR 1962, 346.
Schröder. Urteilsanmerkung, JR 1964, 225.
Schröder. Urteilsanmerkung, JR 1964, 392.
Schröder. Urteilsanmerkung, JZ 1966, 649.
Schröder. Die sogenannte Rückkehrpflicht bei § 142 StGB, NJW 1966, 1001.
Schröder. Die Koordinierung der Rücktrittsvorschriften, Festschr. f. H. Mayer, 1966, S. 377.
Schröder. Urteilsanmerkung, JR 1969, 110.
Schröder, s. Schönke-Schröder.
Schroeder. Die Bestimmtheit von Strafgesetzen am Beispiel des groben Unfugs, JZ 1969, 775.
Schünemann. Die Stellung der Unterschlagungstatbestände im System der Vermögensdelikte, JuS 1968, 114.
Schünemann. Methodenprobleme bei der Abgrenzung von Betrug und Diebstahl in mittelbarer Täterschaft, GA 1969, 46.
Schünemann. Die Freiheitsdelikte im künftigen Strafrecht, MKrim 1970, 250.
Schünemann, s. Roxin-Schünemann.
Schultz. Kriminalpolitische Bemerkungen zum Entwurf eines Strafgesetzbuches, E 1962, JZ 1966, 113.
Schwinee. Teleologische Begriffsbildung im Strafrecht, 1930.
Seiffert. Einführung in die Wissenschaftstheorie 1, 3. Aufl., 1971.
Soergel-Siebert. Bürgerliches Gesetzbuch, 10. Aufl., Band III, 1969, Band IV, 1968.
Sontheimer. Staatsidee und staatliche Wirklichkeit heute, Das Parlament, 1964, Nr. 16 (Beilage).

Stammler. Wirtschaft und Recht nach der materialistischen Geschichtsauffassung, 5. Aufl., 1924.
Stoll. Unrechtstypen bei Verletzung absoluter Rechte, AcP 162, 203.
Stratenwerth. Das rechtstheoretische Problem der „Natur der Sache“, 1957.
Stratenwerth. Prinzipien der Rechtfertigung, ZStW 68, 41.
Stratenwerth. Handlungs- und Erfolgsunwert im Strafrecht, Schw-ZStr 79, 233.
Stratenwerth. Die Definitionen im Allgemeinen Teil des E 1962, ZStW 76, 668.
Stratenwerth. Zum Streit der Auslegungstheorien, Festschr. f. Germann, 1969, S. 257.
Stratenwerth. Strafrecht, Allgemeiner Teil I, 1971.
Stree. Probleme der Hehlerei und der Vernachlässigung der Aufsichtspflicht, JuS 1963, 427.
Stree. Garantenstellung kraft Übernahme, Festschr. f. H. Mayer, 1966, S. 145.
Stree. Das Versehen des Gesetzgebers, JuS 1969, 403.
Temme. Lehrbuch des Preußischen Strafrechts, 1853.
Traeger. Das Problem der Unterlassungsdelikte im Straf- und Zivilrecht, 1913.
Traeger. Urteilsanmerkung, JW 1926, 1184.
Trappe. Einleitung zu Geiger, Vorstudien (s. dort).
Trechsel. Der Strafgrund der Teilnahme, 1967.
Triffterer. Abgrenzungsprobleme beim Betrug durch Schweigen, JuS 1971, 181.
Ulmer. Die deliktische Haftung aus der Übernahme von Handlungspflichten, JZ 1969, 163.
Utz. Sozialethik, Band I, 1958.
Viehweg. Topik und Jurisprudenz, 3. Aufl., 1965.
Vogt. Das Pflichtproblem bei der kommissiven Unterlassung, ZStW 63, 381.
Wacke, s. Drews-Wacke.
Wallerath. Die Kausalität im Recht der gesetzlichen Unfallversicherung, NJW 1971, 228.
v. Weber, Hellmuth. Bemerkungen zur Lehre vom Handlungsbegriff, Festschr. f. Engisch, 1969, S. 328.
Weber, Max. Methodologische Studien (Studienausgabe), 1968.
Wegner. Strafrecht, Allgemeiner Teil, 1951.
Weitnauer. Zum Schutz der absoluten Rechte, Karlsruher Forum 1961, 28.
Weitnauer. Grenzen des Persönlichkeitsschutzes, NJW 1961, 107.
Welp. Vorangegangenes Tun als Grundlage einer Handlungsäquivalenz der Unterlassung, 1968.
Welp. Urteilsanmerkung, JZ 1971, 433.
Welzel. Naturalismus und Wertphilosophie im Strafrecht, 1935.
Welzel. Um die finale Handlungslehre, 1949.
Welzel. Naturrecht und Rechtspositivismus, Festschr. f. Niedermeyer, 1953, S. 279.
Welzel. Naturrecht und materiale Gerechtigkeit, 2. Aufl., 1955.
Welzel. Das neue Bild des Strafrechtssystems, 3. Aufl., 1957.
Welzel. Zur Problematik der Unterlassungsdelikte, JZ 1958, 494.
Welzel. Urteilsanmerkung, JZ 1960, 179.
Welzel. Vom Bleibenden und vom Vergänglichen in der Strafrechtswissenschaft, 1964.
Welzel. Die deutsche strafrechtliche Dogmatik der letzten 100 Jahre und die finale Handlungslehre, JuS 1966, 421.
Welzel. Ein unausrottbares Mißverständnis? Zur Interpretation der finalen Handlungslehre, NJW 1968, 425.
Welzel. Das deutsche Strafrecht, 6. Aufl., 1958, 7. Aufl., 1960, 11. Aufl., 1969.
Werner. Urteilsanmerkung, LM Nr. 9 vor § 47.
Wessels. Strafrecht Allgemeiner Teil, 1970.

Westermann. Sachenrecht, 5. Aufl., 1966.
Wieacker. Privatrechtsgeschichte der Neuzeit, 2. Aufl., 1967.
Wiethölter. Der Rechtfertigungsgrund des verkehrsrichtigen Verhaltens, 1960.
Wiethölter. Rechtswissenschaft (Funkkolleg), 1968.
Windelband. Präludien, 3. Aufl., 1907.
Wössner. Mensch und Gesellschaft, 1963.
Wolf, Erik. Strafrechtliche Schuldlehre, 1928.
Wolf, Erik. Typen der Tatbestandsmäßigkeit, 1931.
Wolf, Erik. Urteilsanmerkung, JW 1938, 352.
Wolf, Ernst. Zum Begriff des Schuldverhältnisses, Festschr. f. Herrfahrdt, 1961, S. 197.
Wolf, Ernst. Die anstößige Illustrierte (Der praktische Fall – Bürgerliches Recht), JuS 1968, 77.
Wolff, E. A. Kausalität von Tun und Unterlassen, 1965.
Wolff, H. J. Verwaltungsrecht I, 6. Aufl., 1965.
Würtenberger. Urteilsanmerkung, ZAkDR 1942, 167.
Würtenberger. Die geistige Situation der deutschen Strafrechtswissenschaft, 2. Aufl., 1959.
v. Zahn. Über die Kausalität der Unterlassung im Strafrecht, GS 69, 1.
Zeuner. Gedanken zur Unterlassungs- und negativen Feststellungsklage, Festschr. f. Dölle, Band I, 1963, S. 295.
Zipf. Kriminologischer und strafrechtlicher Verbrechensbegriff, MDR 1969, 889.
Zippelius. Das Wesen des Rechts, 1965.
Zippelius. Art. „Rechtsphilosophie“ im Evangelischen Staatslexikon, 1966 (hrsg. v. Kunst und Grundmann).

Sachverzeichnis

https://doi.org/10.1515/9783110650488-006

ZWEITER TEIL **Zur Garantenstellung beim unechten Unterlassungsdelikt** ***– Dogmenhistorische, rechtsvergleichende und sachlogische Auswegweiser aus einem Chaos***

I. Ein dogmatisches Chaos im Herzen der strafrechtlichen Zurechnung

1. Während Ende der 60er Jahre des vorigen Jahrhunderts die im Geiste *Wilhelm von Humboldts* geschaffene, aus der apokalyptischen Asche des Dritten Reiches scheinbar gleich einem Phönix wieder auferstandene deutsche Universität von der sogenannten 68er Studentengeneration erschüttert wurde,[1] haben – davon kaum beeindruckt – fünf später zu Ordinarius-Ehren gelangte Schüler *Claus Roxins* gleichzeitig an ihren Dissertationen gearbeitet, darunter der verehrte Jubilar *Knut Amelung* und ich.[2] *Knut Amelungs* Thema „Rechtsgüterschutz oder Schutz der Gesellschaft?“ ist heute noch so aktuell wie je zuvor.[3] Und mein eigenes Thema der unechten Unterlassungsdelikte? Im Jahre 1971 hub ich, als vorläufig letzter Autor in einer ganzen Batterie einschlägiger Monographien, mit

---

1 Notabene ohne ihr zu erliegen – das ist, jedenfalls in wesentlichen Zügen, der betreffenden Generation erst gelungen, nachdem sie in teilweise abenteuerlichen Karrieren die politische Macht errang, sich mit den die Universität mit einem Produktionsunternehmen verwechselnden Kräften amalgamierte und zu unguter Letzt das für die Weltgeltung der deutschen Universität bis 1933 unentbehrliche, unter *Friedrich Althoff* zu einem freilich von dessen persönlichen Qualitäten nicht zu trennenden Höhepunkt gelangte Rekrutierungssystem der Wissenschaftler durch ein den Geist von McDonalds' „Mitarbeiter des Monats“ atmendes Pseudo-Anreizsystem auf Basalniveau ersetzt hat. In einem Beitrag zu Ehren eines Gelehrten, der wie wenige das alte Ideal der deutschen Universität bis heute verkörpert und der miterleben musste, wie die von ihm mit unerreichbarem Einsatz glänzend aufgebaute Dresdner Juristenfakultät politischem Kalkül geopfert wurde, muss diese Entwicklung wenigstens zu Anfang notiert werden, weil ja auch akademische Festschriften keinen Sinn mehr machen werden, wenn es für akademische Feste keinen eigentlichen Sinn mehr gibt.

2 Nämlich außer uns beiden von *Hans Achenbach*, *Bernhard Haffke* und *Hero Schall*. Ich habe meine Dissertation über „Grund und Grenzen der unechten Unterlassungsdelikte“ (publiziert 1971) im Jahre 1970 der Juristischen Fakultät der Universität Göttingen eingereicht, *Knut Amelung* ist mit seiner fundamentalen Arbeit über „Rechtsgüterschutz und Schutz der Gesellschaft“ jeweils im nächsten Jahr gefolgt.

3 Ersichtlich nicht nur greifbar an den beiden Sammelbänden von *Hefendehl/von Hirsch/Wohlers* (Hrsg.), Die Rechtsgutstheorie, 2003, sowie *von Hirsch/Seelmann/Wohlers* (Hrsg.), Mediating Principles, 2006, sondern in jüngster Zeit auch an dem Inzest-Urteil des BVerfG (NJW 2008, 1137 ff.), dessen Verleugnung der Rechtsgutstheorie sich an allen Ecken und Kanten selbst ad absurdum führt (zur Kritik vgl. nur das Sondervotum von *Hassemer*, NJW 2008, 1142 ff., sowie *Greco*, ZIS 2008, 234 ff., dessen eigener Kritik an der vermeintlich der deontologischen Komponente entratenden Rechtsgutstheorie m. E. durch deren Verankerung in der Theorie des Gesellschaftsvertrages unschwer die Spitze genommen werden kann). Ob die Rechtsgutstheorie gegenüber der Sozialschadenstheorie der Aufklärung einen Rückfall oder eine Weiterentwicklung darstellt, ist zwischen dem Jubilar und mir kontrovers (vgl. unsere Beiträge in dem zitierten Sammelband „Die Rechtsgutstheorie“, S. 133 ff., 155 ff.), kann hier aber nicht erneut aufgegriffen werden.

https://doi.org/10.1515/9783110650488-007

einem Zitat *Franks* aus dem Jahre 1931 an, wonach in der Frage der Haftbarkeit für Unterlassungen das letzte Wort noch nicht gesprochen sei,[4] naturgemäß im jugendlichen Überschwang in der heimlichen Erwartung, dies werde sich nun aber mit der Veröffentlichung meiner Dissertation definitiv geändert haben. Weit gefehlt, hätte unser Göttinger Lehrer *Claus Roxin* in seinen unnachahmlichen Vorlesungen ausgerufen, denn in den seither nahezu verstrichenen 4 Jahrzehnten hat sich auf diesem Feld geradezu ein dogmatisches Chaos etabliert, bei dem ein gewisser Fundus an von der h. M. geteilten Ergebnissen nicht darüber hinweg täuschen darf, dass so gut wie jeder Autor eine abweichende, mit anderen Ansätzen inkommensurable Ableitung favorisiert und die Rechtsprechung längst auf jede dogmatische Herleitung verzichtet und ihr Heil in einer reinen Kasuistik gesucht hat.

2. Weil ein Festschriftbeitrag nicht der Ort ist, um dies mit ganzen Zitatensalven akribisch zu belegen, beschränke ich mich pars pro toto auf die (von unseren fünf imponierenden großen Kommentaren jüngste) Kommentierung des § 13 StGB, die soeben *Thomas Weigend* im Leipziger Kommentar vorgelegt hat.

a) *Weigends* Ausgangspunkt bildet die These, dass sich in Ermangelung legislatorischer Richtlinien „eine materielle Legitimation von strafbewehrten Handlungspflichten nur aus allgemeinen Prinzipien der Fairness ergeben" könne (§ 13 Rdnr. 23). Aber diese These ist evident unhaltbar, denn selbst wenn man nicht unter „Fairness" mit dem üblichen Sprachgebrauch die prozedurale Gerechtigkeit verstehen würde, was vorliegend bar jeden Sinnes wäre, so würde sich der Satz immer noch selbst ad absurdum führen. Denn der bloße Verweis auf allgemeine Prinzipien der Gerechtigkeit würde ja (1) einer Restituierung des seit 200 Jahren mit Recht obsoleten Naturrechts das Wort reden, wäre (2) speziell im Strafrecht mit dem Gesetzlichkeitsprinzip des Art. 103 II GG eklatant unvereinbar und ist im übrigen (3) durch sein Denkschema, es ginge um die Strafbewehrung von vom Strafrecht zunächst getrennt zu denkenden Handlungspflichten, einer eigentlich ebenfalls seit Jahrzehnten obsoleten zivilrechts(etc.)-akzessorischen Konstruktion der strafrechtlichen Zurechnungslehre verhaftet. Von einer derartigen Abstraktionshöhe weit oberhalb auch nur der Minimalia der strafrechtlichen Zurechnung (in Gestalt des Rechtsgüterschutzes durch generalpräventiv wirkende Verhaltensnormen) kann schon aus logischen Gründen kein inhaltliches Gleichstellungskriterium des aktiven Tuns mit dem unechten Unterlassen abgeleitet werden, wie es doch § 13 StGB ausdrücklich voraussetzt.

---

4 Grund und Grenzen der unechten Unterlassungsdelikte, 1971, S. 1.

b) Dass eine solche unverbindliche Allgemeinheit zu einer Lösung nicht hin-, sondern von ihr wegführt, manifestiert *Weigends* sogleich anschließende Apostrophierung eines „gemeinsamen Ausgangspunktes" in Gestalt der „Feuerbachschen Einsicht", dass jemand nur dann Garant sein könne, wenn er in einer „besonderen" Beziehung zu dem drohenden Erfolg stehe, wobei die entscheidende – und schwierige – Frage allerdings sei, worin die „Besonderheit" bestehen solle (§ 13 Rdn. 23). Tatsächlich hatte *Feuerbach* aber – anders als *Weigend* es ihm hier zuschreibt – nicht ein derart verschwommenes Konzept entwickelt, sondern eine präzise formelle Rechtspflichttheorie, die im Kielwasser von *Kants* Rechtstheorie und einer liberalen Staatstheorie den Begehungsdelikten die allgemeine staatsbürgerliche Pflicht subintellegiert, Verletzungen anderer zu unterlassen, und deswegen für die Unterlassungsdelikte eine positivrechtlich begründete Pflicht zum Tätigwerden, nämlich aus Gesetz oder Vertrag, verlangt.[5] Dass der Fehler dieser wie jeder anderen „formellen Rechtspflichttheorie" in der Verwechslung der strafrechtlichen Zurechnung mit der Verletzung einer allenfalls als Epi-Phänomen hinzukommenden außerstrafrechtlichen Rechtspflicht besteht, räumt auch *Weigend* ein (§ 13 Rdn. 21). Die Ersetzung der formellen Rechtspflicht durch eine „besondere Beziehung" bedeutet dem gegenüber aber keinen Fortschritt, sondern nur den Ausdruck einer Verlegenheit.

c) Diese Verlegenheit wird durch *Weigends* eigene Lösung, die Garantenpflichten dadurch zu legitimieren, „dass man sie auf einfache normative Sätze zurückführt" (§ 13 Rdn. 24), eher gesteigert als beschwichtigt. Das folgt nicht nur aus der erneuten Steigerung des Abstraktionsgrades bei gleichzeitiger semantischer Entleerung (ich muss gestehen, dass ich mir unter einem „einfachen normativen Satz" wenig vorstellen kann, es sei denn eine völlig undifferenzierte und deshalb für zahlreiche Fälle notwendig falsche Regel), sondern auch aus *Weigends* gleich einem deus ex machina hinzugefügter Konkretisierung, dass sich die Plausibilität „im wesentlichen" daraus ergeben solle, dass die Handlungspflicht als Konsequenz aus einem früheren Verhalten aufgebürdet würde, dem dann wiederum die drei Garantentypen der Übernahme, der Ingerenz und des Herrschaftsbereichs zugeordnet werden (§ 13 Rdn. 24). Wieso diese Konstellationen aber, wie es § 13 StGB fordert und durch die identische Rechtsfolge ohnehin erzwungen wird, der Verwirklichung des Tatbestandes durch ein aktives Tun entsprechen, wird aus dem „einfachen normativen Satz" nicht deutlich, eben weil er sich nicht zu den Voraussetzungen der strafrechtlichen Zurechnung verhält. Und dafür reicht eben – ebenso wie im Fall der formellen Rechtspflichttheorie – die „Aufbürdung (scil. irgend-)einer Handlungspflicht" nicht

---

5 *Feuerbach*, Lehrbuch des gemeinen in Deutschland gültigen peinlichen Rechts, 2. Aufl. 1803, § 24, von *Weigend* selbst zitiert in § 13 Rdn. 20 Fn. 53.

aus, wie die unstreitige Behandlung des Falles zeigt, dass der Babysitter absprachewidrig abends nicht erscheint und die Eltern dann trotzdem das später verunglückende Kind allein lassen: Hier begehen nur die Eltern, nicht aber der Babysitter ein unechtes Unterlassungsdelikt. Der Topos des Vorverhaltens liefert also nicht das eigentlich differentialdiagnostische Kriterium zur Ermittlung des begehungsgleichen Unterlassens, er beschreibt weder eine notwendige noch eine hinreichende Bedingung und damit nur ein häufig auftretendes, aber nicht die ratio essendi der Gleichstellung bildendes Epi-Phänomen.

3. Nichts desto weniger wäre es ungerecht, aus der vorstehenden Kritik auf ein spezifisches Defizit von *Weigends* Unterlassungsdogmatik zu schließen, da sich in ihr lediglich das „deutsche Dilemma" widerspiegelt: Während die Strafrechtsdogmatik in manchen Ländern wie England und Frankreich zum unechten Unterlassungsdelikt keine nennenswerten Ergebnisse hervorgebracht hat,[6] hat sie in Deutschland hierzu eine kaum noch überschaubare Fülle einander widersprechender Theorien entwickelt,[7] deretwegen man mit leicht polemischer Zuspitzung von einem dogmatischen Chaos sprechen kann. Man kann sich darüber auch nicht mit der Überlegung beruhigen, dass in der durch das Prinzip der „Überfeinerung" charakterisierten deutschen Strafrechtsdogmatik[8] schließlich so gut wie alles umstritten sei. Denn in der Regel geht es dabei nur um die semantischen Ränder (die Begriffshöfe) der Zurechnungskategorien, deren Kern außer Streit steht – ein gutes Beispiel bietet der Vorsatzbegriff. Bei der ratio essendi der Garantenstellungen fehlt es dagegen schon an der Einigkeit über die Kernfrage, und das ausgerechnet im Herzen der strafrechtlichen Zurechnung, weil es beim unechten Unterlassungsdelikt um die Gleichstellung mit dem aktiven Tun (=den Handlungsbegriff) und um das „Wesen" der Täterschaft geht.

II. Begriffliche Sackgassen des Gleichstellungsproblems

Wenn es beim unechten Unterlassungsdelikt um die Gleichstellung mit der Tatbestandserfüllung durch aktives Tun (also um eine tatbestandsmäßige Hand-

6 Dazu im einzelnen Schünemann in *Tiedemann* (Hrsg.), Wirtschaftsstrafrecht in der Europäischen Union (2002), S. 103, 106 ff.

7 Zu der der Vielfalt und Unübersichtlichkeit eines Dschungels gleichkommenden Dogmengeschichte der unechten Unterlassungsdelikte siehe für die Zeit vor 1933 *Nagler*, Der Gerichtssaal 111, 3 ff.; für die Epoche nach dem 2.Weltkrieg bis 1970 *Schünemann*, Grund und Grenzen (Fn. 4), S. 79–221; für die anschließenden Jahrzehnte *ders.*, in: Gimbernat/Schünemann/Wolter (Hrsg.), Internat. Dogmatik der obj. Zurechnung und der Unterlassungsdelikte, 1995, S. 49 ff.; *ders.* in Tiedemann (Fn. 6), S. 105 ff. mit. weit. Nachw.

8 *Schünemann*, FS Roxin, 2001 S. 1, 2 ff., 6.

lung i. w. S. und um eine Form der Täterschaft) geht, muss die Beziehung des strafrechtlich verantwortlichen Individuums zum Erfolg für beide gleich zu stellende Konstellationen eine unter dem leitenden Wertaspekt *vergleichbare ontologische Struktur* aufweisen. Denn es gibt keine bloß wertungsmäßige Vergleichbarkeit, wenn nicht der empirisch fassbare Sachgehalt der Bewertung Ähnlichkeiten aufweist – sonst erläge man dem sog. *normativistischen* (axiologischen) *Fehlschluss*, der aus einer „reinen" (d. h. auf keinen Wirklichkeitssachverhalt bezogenen Wertung) nur mit Hilfe von vitiösen Zirkelschlüssen auf die bewertete Wirklichkeit schließen kann.[9] Infolge dessen führen aber alle jenen bis heute einflussreichen Ansätze in eine Sackgasse, die den Begriff der Unterlassung so bestimmen, dass jegliche das aktive Tun und die (unechte) Unterlassung übergreifende, reale Gemeinsamkeit per definitionem ausgeschlossen ist.

1. Das gilt zunächst für die bekannte und heute immer noch vielfach vertretene These *Gustav Radbruchs*, Tun und Unterlassen stünden sich wie a und non-a ohne die Möglichkeit eines Oberbegriffs gegenüber.[10] *Gimbernat Ordeigs* Nachweis, dass es durchaus möglich ist, gemeinsame Merkmale zu finden,[11] ist von *Puppe*[12] um eine sprachanalytische Kritik ergänzt worden. Für mein heutiges Thema noch wichtiger ist ein drittes Argument: Beim Begehungsdelikt und dem gleichgestellten unechten Unterlassungsdelikt geht es einerseits um die Verursachung des Erfolges durch aktives Tun, aber andererseits nicht um das Unterlassen *dieses* Tuns, sondern um das Unterlassen eines *völlig anderen* Tuns, nämlich der *Rettungshandlung*. Hier besteht also von vornherein nicht der Gegensatz von a und non-a, so dass es unter logischen Aspekten ohne weiteres zulässig ist, die aktive Verletzung und die unterlassene Rettung unter einem noch genauer zu explizierenden Oberbegriff zusammenzufassen.

2. In eine vergleichbare Sackgasse führen philosophische Reflektionen über die Möglichkeit, bei der Unterlassung einen Kausalbegriff zu bilden. Auch das aktive Tun erschöpft ja niemals den zur Rechtsgutsverletzung führenden Kausalverlauf, sondern gibt nur den Grund dafür ab, dem Täter diesen Kausalverlauf als sein Werk zuzurechnen – so dass man also beim unechten Unterlassungsdelikt nach den dem aktiven Tun *vergleichbar intensiven* Gründen dafür

---

9 Dazu näher Schünemann, FS Schmitt, 1992, S. 117, 130 f.; ders., GA 1995, 201, 220 f.; ders., FS Roxin, 2001, S. 1, 13 ff.

10 Radbruch, Der Handlungsbegriff in seiner Bedeutung für das Strafrechtssystem, 1904, S. 140; ihm folgend z. B. Gallas, ZStW 67 (1955), 8; Welzel, Das deutsche Strafrecht, 11. Aufl. 1969, S. 200; Hirsch, FS Rechtswiss. Fakultät Köln, 1988, S. 408; Schönke/Schröder/Lenckner/Eisele, StGB, 27. Aufl. 2007, Vor § 13 Rdn. 35.

11 GS Arm. Kaufmann, 1989, S. 159, 168 ff.

12 NK-StGB, Rdn. 51 ff. vor § 13.

fragen muss, dem Täter den von ihm nicht abgewendeten Kausalverlauf zuzurechnen. Auf den für die Dogmengeschichte bis heute verhängnisvollen Irrweg, nach einer mit dem aktiven Tun *identischen* Kausalität zu fahnden, komme ich sogleich zu sprechen. Das Gleichstellungsproblem ist keine (bloße) Frage des Vorhandenseins oder Fehlens von Kausalität, sondern bezeichnet die *zweite* Stufe der Zurechnung nach der Feststellung, dass der Täter überhaupt „abwendungsmächtig" war. Es ist deshalb selbstverständlich, dass es sich bei der Unterlassung um einen transitiven Begriff handelt, der die Unterlassung eines *bestimmten* aktiven Tuns bezeichnet; ferner, dass man von einem Unterlassen dieses Tuns infolgedessen nur sprechen kann, wenn dessen Vornahme dem individuellen Täter möglich gewesen ist; und dass man von der unterlassenen Abwendung einer Rechtsgutsverletzung nur sprechen kann, wenn die Vornahme der Rettungshandlung durch den Täter mit an Sicherheit grenzender Wahrscheinlichkeit zur Rettung des Rechtsguts geführt hätte. Man hat hier immer von einer Quasi-Kausalität des Unterlassens gesprochen, und zahlreiche Strafrechtsdogmatiker haben darin ein großes ontologisches Problem zu finden geglaubt.[13] Aber für eine gemäßigt normativistische Strafrechtsdogmatik, wie ich sie für richtig halte und hier nicht im einzelnen beschreiben und begründen kann,[14] ist das ein bloßes Scheinproblem. Denn die Unterlassung einer sicheren Rettungsmöglichkeit steht unter dem (bloßen) Aspekt der Kausalität der Verursachung einer Verletzung vollständig gleich, wie durch die Zwischenform der aktiven Verhinderung rettender Kausalverläufe[15] demonstriert werden kann. Eine andere, normative Frage ist es, ob schon die unterlassene Wahrnehmung einer reellen Rettungschance (also das Unterlassen einer „Risikoverminderung") durch den Garanten für eine Haftung aus dem Tatbestand des Erfolgsdelikts ausreichen sollte.[16] Sie ist im Prinzip zu verneinen, denn sonst würde das Erfordernis der Risikoerhöhung, das beim aktiven Tun zur Kausalität hinzukommen muss und hier also strafbarkeitseinschränkend wirkt, beim Unterlassen die (Quasi-)Kausalität ersetzen und dadurch die Strafbarkeit ausdehnen – ein das Rangverhältnis von Tun und Unterlassen auf den Kopf stellendes, unhaltbares

---

13 Was zur Formulierung der sog. Interferenztheorie Anlaß gab, s. v. Buri, GS 21 (1869), 199 f.; ders. Ueber Causalität und deren Verantwortung, 1873, S. 99; zust. Binding, Die Normen und ihre Übertretung, Bd. II, 2. Aufl., 1914, 552 ff.; dagegen schon v. Liszt, Lehrbuch des Deutschen Strafrechts, 14./15. Aufl. 1905, S. 134 f. Ausführlicher Überblick bei Binding, aaO. S. 516 ff.

14 Vgl. Schünemann, in: Uned (Hrsg.), Modernas tendencias en la ciencia del derecho penal y en la criminologia, 2000, S. 643 ff.; ders. Festschrift für Roxin, 2001, S. 1 ff.; ebenso Roxin, in Schünemann (Hrsg.), Strafrechtssystem und Betrug, 2002, S. 21 ff.; Silva Sánchez, ebda. S. 1 ff.

15 Dazu Gimbernat Ordeig, in: Hefendehl (Hrsg.), Empirische und dogmatische Fundamente, kriminalpolitischer Impetus, 2005, S. 163 ff.

16 Dazu eingehend Roxin, Strafrecht AT II, 2003, S. 642 ff.

Ergebnis.[17] Freilich darf, wie neuerdings *Roxin* gezeigt hat,[18] die Kausalitätsprüfung nicht auf das abstrakte Endresultat reduziert werden, sondern muss zwischen den konkreten Stationen unterscheiden: Wenn die Rettungshandlung den tatsächlich zum Erfolg führenden Ablauf mit Sicherheit verhindert hätte, bleibt sie auch dann kausal, wenn Reserveursachen in diesem Fall möglicherweise auf anderem Wege zum selben Endergebnis geführt hätten – nicht anders als bei der Erfolgsherbeiführung durch aktives Tun.

III. Holzwege der Dogmengeschichte

1. Bessere Fingerzeige als begriffliche Streitigkeiten gibt die Dogmengeschichte. Wie schon erwähnt, versuchte *Feuerbach* am Beginn des 19. Jahrhunderts, die Gleichstellung von Tun und Unterlassen aus der Theorie des liberalen Staates abzuleiten. Weil der Bürger grundsätzlich nur verpflichtet sei, Verletzungen der Rechtsgüter anderer Bürger zu unterlassen, könne grundsätzlich nur die aktive Verursachung einer Schädigung bestraft werden, so dass die Strafbarkeit der Unterlassung einer Rettungshandlung nur in Betracht komme, wenn es eine spezielle Rechtspflicht zur Vornahme dieser Handlung gebe.[19] Der logische Fehler dieses Ansatzes ist erst mehr als 100 Jahre später erkannt worden, immerhin aber heute seit mehr als 70 Jahren allgemein bekannt. Zunächst einmal liegt eine Verwechselung von notwendiger und hinreichender Bedingung vor, wenn man aus der bloßen Existenz einer durch Gesetz oder Vertrag begründeten Handlungspflicht, die ja notwendig außerhalb des Strafrechts begründet wird, auf eine strafrechtliche Gleichstellbarkeit schließt. Und zum zweiten ist die Folgerung von einer außerstrafrechtlichen, zumeist zivilrechtlichen Pflicht auf die strafrechtliche Gleichstellung von Tun und Unterlassen auch wegen der unterschiedlichen Funktion der beiden Rechtsgebiete systematisch falsch, denn eine strafrechtliche Pflicht kann nur aus den Zurechnungsnormen des Strafrechts, nicht aber aus einer außerstrafrechtlichen Norm abgeleitet werden. Dass diese theoretische Widerlegung der formellen Rechtspflichttheorie auch von den evidenten Forderungen der Gerechtigkeit getragen wird, haben *Schaffstein* und *Nagler*[20] vor 70 Jahren anhand des berühmten Falles des Kindermädchens nachgewiesen, welches in der ersten Variante seinen Dienst unter Verletzung

17 Schünemann, StV 1985, 229, 231 ff.; ebenso etwa Gimbernat Ordeig, ZStW 111 (1999), 323, 330 f.

18 AaO. (Fn. 16), S. 645 ff.

19 Feuerbach, wie Fn. 5.

20 Schaffstein, Festschrift f. Graf Gleispach, 1936, S. 70 ff.; Nagler, GS 111, 1, 59 ff.

des abgeschlossenen zivilrechtlichen Vertrages nicht antritt, während es in der zweiten Variante einen (wie den Beteiligten erst später bewusst wird) zivilrechtlich nichtigen Vertrag abgeschlossen hat. Wenn jetzt die Eltern in der ersten Variante ihr Kleinkind unbeaufsichtigt zu Hause zurücklassen, obwohl das Kindermädchen vertragswidrig nicht zur Beaufsichtigung des Kindes erschienen ist, so ist es evident, dass wegen Tötung durch Unterlassen nur die Eltern, nicht aber das Kindermädchen verantwortlich sind, wenn das allein gelassene Kind an ausgehustetem Brei erstickt. Umgekehrt ist allein das Kindermädchen wegen Tötung des Kindes durch Unterlassen strafbar, wenn es einen Spaziergang mit dem Kind unternommen hat, ihm während dieses Spazierganges von einem befreundeten Juristen die zivilrechtliche Nichtigkeit des abgeschlossenen Betreuungsvertrages erläutert wird und wenn es daraufhin passiv zusieht, wie das Kind über einen Zaun am Rande eines Abgrundes klettert und zu Tode stürzt. Offensichtlich ist es also nicht die formelle Vertragspflicht des Zivilrechts, sondern die tatsächliche Übernahme der Schutzfunktion über das hilflose Rechtsgut, welches die strafrechtliche Gleichstellung auslöst; und die zivilrechtliche Vertragspflicht ist nicht mehr als ein juristisches Epi-Phänomen der strafrechtlichen Garantenstellung.

2. In der zweiten Hälfte des 19. Jahrhunderts wurde in Deutschland eine völlig andere Theorie des Unterlassungsdelikts entwickelt, die auf der damals alle Wissenschaften dominierenden Philosophie des Positivismus beruhte und in dem Begriff der Kausalität den Angelpunkt für alle Fragen der strafrechtlichen Zurechnung zu finden glaubte. Man suchte deshalb auch bei der Unterlassung nach einem echten Wirkungszusammenhang, der über die Quasi-Kausalität hinausging, und glaubte ihn in Gestalt einer vom Täter vorgenommenen Vorhandlung zu finden, deren weitere Auswirkungen vom Täter nicht abgewendet wurden. Das vorangegangene eigene gefährliche Tun sollte also die nachfolgende Unterlassung zu einer „Begehung durch Unterlassen" machen – und damit war genau diejenige Rechtsfigur geboren, die man später als „Garantenstellung aus Ingerenz" bezeichnet hat. Während sich nun in der Dogmatik die Anhänger der auf *Feuerbach* zurückgehenden Rechtspflichttheorie und die Anhänger der auf den Kausal-Monismus zurückgehenden Ingerenztheorie erbittert befehdeten, kombinierte das RG einfach die beiden sich logisch eigentlich ausschließenden Konzepte und fügte den Rechtspflichten aus Gesetz und Vertrag (also den formellen, außerhalb des Strafrechts existierenden Rechtspflichten) die angebliche Rechtspflicht aus vorangegangenem gefährlichen Tun (die erst für das Strafrecht erfunden wurde und außerhalb des Strafrechts nicht existierte) als Grund für die Gleichstellung des Unterlassens mit einem aktiven Tun hinzu.[21] Von der Be-

21 Erstmals im Jahre 1888 in RGSt 18, 96, 98, wobei es eindeutig nicht um eine außerstrafrechtliche Pflicht geht, sondern um die aus dem Straftatbestand abgeleitete Norm, denn es gründung her war die Doktrin des 19. Jahrhunderts ebenso fehlerhaft wie die Argumentation des RG, denn die Anknüpfung an ein vorangegangenes unvorsätzliches aktives Tun bedeutete ja die Bestrafung eines dolus subsequens und damit eine Verletzung des Schuldprinzips; und während es bei Gesetz und Vertrag immerhin außerstrafrechtliche Rechtspflichten zum Handeln gab, war die angebliche Rechtspflicht aus Ingerenz eine strafrechtliche Erfindung, die in die formelle Rechtspflichttheorie gerade nicht hineinpasste. Auch von der Reichweite der Ingerenz-Garantenstellung her ergaben sich zahllose Probleme, nämlich wenn die vorangegangene Handlung völlig sorgfaltsgemäß oder sogar gerechtfertigt war. Dass der BGH später in Anknüpfung an *Rudolphis* Einschränkungsbemühungen die Ingerenz-Garantenstellung[22] auf die Schaffung unerlaubter Gefahren reduziert hat,[23] führte seinerseits zu sonderbaren Differenzierungen: Wenn jemand fahrlässig einen Unfall verursachte und das Opfer verbluten ließ, obwohl er es noch rechtzeitig hätte ins Krankenhaus bringen können, wurde er danach wegen Totschlages oder sogar Mordes durch Unterlassen bestraft;[24] ließ er das Opfer aber nach einem von ihm selbst unverschuldeten Unfall verbluten, so wurde eine Zurechnung des Todes verneint und es blieb nur eine Bestrafung wegen des geringfügigen Spezialdelikts der unterlassenen Hilfeleistung gem. § 323c StGB übrig.[25] Die geringe Überzeugungskraft dieser Unterscheidung hat der Bundesgerichtshof vor einigen Jahren selbst erkannt, und er hat deshalb im Lederspravfall eine Garantenstellung des Warenproduzenten auch für den Fall bejaht, dass dieser alle Sorgfaltsanforderungen einhielt, sich aber nachträglich die Gefährlichkeit seines Produktes herausstellte.[26] Diese zick-

---

wird einfach der Begriff der Handlung auf die noch abwendbaren kausalen Wirkungen erstreckt (unter Berufung auf die frühere Entscheidung RGSt 3, 316, 318, in der es in Wahrheit um den Ort der Tatbegehung ging).

22 Rudolphi, Die Gleichstellungsproblematik der unechten Unterlassungsdelikte und der Gedanke der Ingerenz, 1966, S. 163 ff., 182 f.; ders., SK-StGB, § 13 Rdn. 39; zust. etwa NK/Wohlers, § 13 Rdn. 43; Schönke/Schröder/Stree, § 13 Rdn. 35, beide m. w. Nachw.

23 BGHSt 23, 327; 25, 218.

24 So BGHSt 7, 287, wo die Verdeckungsabsicht noch abgelehnt wurde; sie bejahend jedoch BGHSt 38, 358 (361); anders wieder BGH NJW 2003, 1060; zusammenfassend Grünwald, GA 2005, 502 ff.

25 Z. B. BGHSt 25, 218 (221 f.); in der Lehre etwa Rudolphi, Gleichstellungsproblematik (Fn. 22), S. 179 f. Das spanische Recht ermöglicht hier übrigens eine angemessenere Abstufung in Gestalt von Art. 195.3 CP, in dem Silva Sánchez sogar eine dritte „Mittel"-Form des Unterlassungsdelikts erblickt, siehe dens., FS Roxin, 2001, S. 641, 648 ff.); zust. und weiterführend Robles Planas, Garantes y cómplices, 2007, S. 100 ff.

26 BGHSt 37, 106, 116 ff.; dass dem BGH hierbei eine schlichte Verwechselung von objektiver und subjektiver Fahrlässigkeit unterlief (s. Schünemann, in: Gimbernat/Schünemann/Wolter -Fn. 7-, S. 49, 69), zeigt die Unverzichtbarkeit einer begrifflich und systematisch exakten Strafrechtsdogmatik.

zackartige Rechtsprechung wird erst dann verständlich, wenn man sich klar macht, dass die Ingerenz – ähnlich wie die außerstrafrechtliche Rechtspflicht aus Gesetz oder Vertrag – ebenfalls ein bloßes Epi-Phänomen zu dem eigentlichen Grund der Gleichstellung von Tun und Unterlassen darstellt, nämlich zu der *Übernahme einer Schutzfunktion über ein hilfloses Rechtsgut oder durch Überwachung einer bestimmten Gefahrenquelle.*

3. Bevor ich das im einzelnen ausführe, möchte ich noch kurz die Stationen betrachten, auf denen sich Rechtsprechung und Doktrin in Deutschland diesem ausschlaggebenden Kriterium intuitiv angenähert haben, ohne aber die in Wahrheit obsoleten früheren Begründungen aufzugeben. So hat man schon bald neben der formellen Rechtspflicht aus Gesetz oder Vertrag die Gleichstellungsgründe der Gefahrengemeinschaft und der engen Lebensgemeinschaft[27] anerkannt, bei der es sich übrigens nur um einen Sonderfall der Gefahrengemeinschaft handelt: Die meisten Unfälle passieren nicht bei der Besteigung eines Berges und ähnlichen offensichtlich riskanten Unternehmungen, sondern im gemeinsamen Haushalt, etwa wenn der eine Partner der Lebensgemeinschaft in der Badewanne ausrutscht oder sich während des gemeinsamen Frühstücks am Toaster einen elektrischen Schlag zuzieht, also sozusagen in der Gefahrengemeinschaft des täglichen Lebens. Nicht nur die Wissenschaft,[28] sondern auch die Rechtsprechung[29] haben sich also sich schon seit den Dreißiger Jahren des vorigen Jahrhunderts von der Anknüpfung an formelle Rechtspflichten weg- und statt dessen zu einer sachlogischen Begründung für die Gleichstellung von Tun und unechtem Unterlassen hinentwickelt. *Armin Kaufmann* konnte deshalb in seiner Monographie über „Die Dogmatik der Unterlassungsdelikte“ 1959 zutreffend bilanzieren, dass es zwei Typen eines begehungsgleichen Unterlassens gebe, nämlich einerseits zum Schutz eines hilflosen Rechtsguts und andererseits zur Überwachung einer Gefahrenquelle.[30] Anstatt daraufhin weiter zu untersuchen, worin nun jeweils der sachlogische Grund für diese Gleichstellung besteht, ist er jedoch unmittelbar vor dieser entscheidenden Frage wieder umgekehrt und in eine andere Richtung marschiert, indem er die These aufgestellt

---

27 RGSt 10, 100; 17, 260; 69, 321; 73, 389; 74, 309.

28 Neben Schaffstein (FS f. Graf Gleispach, 1936, S. 70 ff.) und Nagler (GS 111, 1, 59 ff.)) könnte man noch andere nennen wie Sauer und Kissin, deren Versuch, auf die materielle Rechtswidrigkeit als solche zu rekurrieren, später von Freund (Erfolgsdelikt und Unterlassen, 1992, S. 51 ff., fortgesetzt in seiner Kommentierung des § 13 im MüKo-StGB, Rdn. 60 ff.) erneuert worden und deshalb denselben Einwänden wie dieser (Schünemann in Gimbernat/Schünemann/Wolter -Fn. 7-, S. 52 ff.) ausgesetzt ist.

29 Deren ideologisch bedingte Entgleisungen in der kurzen Phase des Nationalsozialismus im vorliegenden Zusammenhang beiseite gelassen werden können.

30 S. 283.

hat, dass man die Garantenstellungen nicht im Allgemeinen Teil, sondern auf der Ebene der Tatbestände des Besonderen Teils jeweils speziell bestimmen müsse.[31] In Wahrheit geht es aber bei der Gleichstellung von Tun und Unterlassen jedenfalls für die überwältigende Mehrzahl der Straftatbestände, bei denen das Unrecht in einer Rechtsgutsverletzung besteht, um eine spezifische Beziehung des Unterlassungstäters zu eben dieser Rechtsgutsverletzung und damit um eine allgemeine Struktur für alle Erfolgsdelikte. Der zunächst genial zielführende und dann abbrechende Gedankengang *Armin Kaufmanns* und, ihm folgend, *Wolfgang Schönes*[32] ist deshalb dem Vorgehen der Archäologen vor *Howard Carter* vergleichbar, die kurz vor dem Grab des Tut-ench-Amun wieder umkehrten und an einer anderen Stelle in der ägyptischen Wüste weiter suchten.

IV. Die sachlogische Gemeinsamkeit der Garantenherrschaft mit der Tatherrschaft durch aktives Tun

1. Dieser Gewaltmarsch durch die Entwicklung der deutschen Dogmatik der Begehungsdelikte durch Unterlassen in den letzten 200 Jahren bietet ein buntes, in der Gesamtschau fast chaotisches Bild, das durch eine ständige Veränderung sowohl der Begründungen als auch des Strafbarkeitsumfanges gekennzeichnet ist. Verantwortlich waren dafür stets Gedankengänge und Argumentationsstrukturen, die in der betreffenden Epoche allgemein vorherrschten, aber keinen spezifischen Bezug zum Problem der Unterlassung durch Begehung aufwiesen. Ich erinnere an die rein staatstheoretische Konzeption *Feuerbachs* oder an den Kausalmonismus im naturalistischen Strafrechtsdenken der zweiten Hälfte des 19. Jahrhunderts. Die finale Handlungslehre *Welzels* hätte hier mit Hilfe der auf ihrer Grundlage entwickelten Theorie der Tatherrschaft[33] eine bessere Chance gehabt, zu einer strafrechtsspezifischen Lösung des Gleichstellungsproblems zu kommen: Wenn der Erfolg beim unechten Unterlassungsdelikt genau so zugerechnet wird, wie wenn der Täter ihn durch aktives Tun herbeigeführt hätte, dann muss die Stellung des Unterlassungstäters in dem zum Erfolg führenden

---

31 a. a. O., S. 287.

32 *Schöne*, Unterlassene Erfolgsabwendung und Strafgesetz, 1974, S. 342 ff.

33 Zu dieser sich anbietenden Brücke siehe Schünemann, in: Moreno/Struensee/Cerezo/Schöne (Hrsg.), Problemas capitales del moderno derecho penal, Lo permanente y lo transitorio del pensamiento de Hans Welzel en la política criminal y en la dogmática penal del siglo XXI, Mexiko, 2003, S. 231, 232 f.; ders., in: Libro Homenaje a Rodríguez Mourullo, 2005, S. 981, 995 ff.

Geschehen mit derjenigen des Begehungstäters vergleichbar sein und auf einer Stufe stehen. Der auf dem Boden der finalen Handlungslehre entwickelte Begriff der Tatherrschaft hätte deshalb die entscheidende Brücke bilden können, weil er ja die Täterschaft beim Begehungstäter nicht an die schlichte Kausalität, sondern an die durch das aktive Tun vermittelte Beherrschung des zur Rechtsgutsverletzung führenden Gesamtgeschehens knüpft.[34] Leider ist diese Chance von den Vertretern des Finalismus nicht genutzt worden, weil *Welzels* Schüler *Armin Kaufmann* in seiner „Dogmatik der Unterlassungsdelikte" die unglückliche These des Umkehrprinzips aufgestellt hat, wonach die Zurechnung beim Unterlassungsdelikt umgekehrt, also gewissermaßen spiegelbildlich wie beim Begehungsdelikt erfolgen solle.[35] Das ist schon in logischer Hinsicht nicht überzeugend, weil die präzise Anwendung eines Umkehrprinzips bedeuten würde, dass der Täter bei der aktiven Verletzung eines Rechtsguts zu bestrafen und umgekehrt bei der Rettung des Rechtsguts aus einer Gefahr zu belohnen ist. Und bei den unechten Unterlassungsdelikten führt das Umkehrprinzip erst recht in die Irre, weil die hierfür im Gesetz vorgesehene gleiche Strafe wie beim Begehungsdelikt gerade keinen Gegensatz, sondern eine Vergleichbarkeit von Tun und Unterlassen voraussetzt.

2. Diese Vergleichbarkeit des Unterlassens mit dem aktiven Tun ist unter dem für die Täterschaft ausschlaggebenden Aspekt der *Tatherrschaft* dann und nur dann gegeben, wenn auch der Unterlassungstäter eine *Herrschaft über das zur Rechtsgutsverletzung führende Geschehen* ausübt, und zwar eine ebenso reale Herrschaft wie der Begehungstäter, die also nicht mit der bloßen Verhinderungsmöglichkeit als potentieller (hypothetischer) Beherrschung verwechselt werden darf. In den eingangs apostrophierten Göttinger Jahren habe ich in meiner Dissertation über „Grund und Grenzen der unechten Unterlassungsdelikte" das Prinzip der „Herrschaft über den Grund des Erfolges" als die gemeinsame Grundstruktur, in Worten der formalen Logik als das „tertium comparationis" von Begehung durch aktives Tun und Begehung durch unechtes Unterlassen, ausfindig gemacht und dies wie folgt begründet:

„Der entscheidende Zurechnungsgrund (bei der Tatbestandserfüllung durch aktives Tun) ist die Beziehung zwischen dem personalen Steuerungszentrum und der den Erfolg verursachenden Körperbewegung. Das für die Gleichstellungsfrage entscheidende Wesen des Verhältnisses zwischen Person und Körperbewegung ... besteht in der absoluten Herrschaft der Person über den Körper ... Da die Körperbewegung vermöge des Kausalnexus als unmittelbarer

34 Grundlegend Welzel, ZStW 58 (1939), 539; zur Relevanz für die allgemeine Struktur der Täterschaft LK/Schünemann, 12. Aufl. 2007, § 25 Rdn. 39 ff.

35 a. a. O. (Fn. 30), S. 87 ff.

Grund des Erfolges erscheint, ist die unmittelbare Herrschaft über diesen unmittelbaren Grund des Erfolges somit der mittelbare Grund des Erfolges, der die Zurechnung zur Person rechtfertigt. Wir können damit die Zurechnung eines Erfolges an eine Person qua Handlung als Verbesonderung des allgemeinen Prinzips begreifen, einen Erfolg derjenigen Person zuzurechnen, die die Herrschaft über den Grund des Erfolges ausübt."[36]

Heute würde ich noch hinzufügen, dass das tertium comparationis der aktuellen Willensherrschaft bei der Begehung durch aktives Tun nicht nur in Bezug auf die Körperbewegung, sondern gerade auch in Bezug auf das Gesamtgeschehen das Wesen der Täterschaft ausmacht, weil ja die Körperbewegung des Begehungs-Täters nur dann Grund des Erfolges ist, wenn sie Tatherrschaft begründet, und dass also die Garantenstellung des Unterlassungstäters, um eine vergleichbare Beziehung zum Erfolg herzustellen, in Form einer aktuellen Herrschaft über einen wesentlichen Aspekt des Gesamtgeschehens vorhanden sein muss.

3. Damit ist eine Formel für die sachlogische Gleichstellbarkeit von aktivem Tun und Unterlassen gefunden, mit deren Hilfe die von mir zuvor angesprochene Unterscheidung der Garantenstellungen in Schutzpflichten für bestimmte Rechtsgüter einerseits oder in die Verantwortlichkeit für bestimmte Gefahrenquellen andererseits aus einer zufälligen formalen Einteilung in ein die sachlogischen Bedingungen von realer Geschehensherrschaft abbildendes System überführt werden kann: Die Herrschaft über den Grund des Erfolges zerfällt in die Herrschaft über die Hilflosigkeit des Rechtsguts (mit den einzelnen Garantenstellungen der Lebensgemeinschaft, der Gefahrengemeinschaft und der Übernahme von Obhut über ein hilfloses Rechtsgut) und in die Herrschaft über eine wesentliche Erfolgsursache (mit den einzelnen Garantenstellungen der Verkehrspflichten im Sinne der Kontrolle über gefährliche Sachen und der Herrschaft über gefährliche Personen oder Verrichtungen). Dass es sich bei der „Herrschaft über den Grund des Erfolges" damit um eine für die Begehungs- wie für die unechten Unterlassungsdelikte gleichermaßen zutreffende Grundstruktur der Täterschaft handelt, die auch bei den (Garanten-)Sonderdelikten und den eigenhändigen Delikten vorzufinden ist, habe ich in meinen neueren Beiträgen näher dargelegt.[37] Als zusätzlichen Beweis für die Unterlassungsdelikte möchte ich auf jene schon erwähnten Grundfälle verweisen, bei denen die Strafbarkeit wegen Begehung durch Unterlassen noch niemals zweifelhaft gewesen ist: Das Kindermädchen, das tatsächlich die Obhut über den Säugling

---

36 Gekürzter Text aus Schünemann, Grund und Grenzen (Fn. 4), S. 235 f.

37 Zu den (Garanten-)Sonderdelikten LK/Schünemann, § 25 Rdn. 42 ff.; zu den eigenhändigen Delikten Schünemann, FS Jung, 2007, S. 881 ff.

übernommen hat, haftet für einen tödlichen Unfall, der infolge der Hilflosigkeit des Säuglings eintritt und von ihr nicht verhindert wird, völlig unabhängig von der zivilrechtlichen Wirklichkeit ihres Dienstvertrages aufgrund ihrer Obhutsherrschaft. Ebenso bleibt sie umgekehrt straflos, wenn sie ihren Dienst nicht antritt und die Eltern gleichwohl das Kind unbeaufsichtigt zu Hause lassen, denn dann haben allein die Eltern die Obhutsherrschaft über das Kind ausgeübt und sind für den Tod des Kindes wegen der Unterlassung anderweitiger Vorsorge verantwortlich. Noch fundamentaler ist die Herrschaft der stillenden Mutter über ihren Säugling, so dass es mit Recht immer schon anerkannt war, dass eine Mutter wegen Tötung des Kindes zu verurteilen ist, wenn sie es verdursten lässt.[38] Und schließlich ein letztes Beispiel: Wer mit einem bissigen Hund spazieren geht und diesen nicht zurückpfeift, wenn er einen Passanten angreift und beißt, wird mit Recht wegen Körperverletzung durch Unterlassen bestraft, was noch niemals angezweifelt worden ist. Und die Grenzen der Herrschaft markieren hier immer auch die Grenzen der strafrechtlichen Garantenstellung, so dass also der Eigentümer eines ungehorsamen und endgültig entlaufenen Hundes kein unechtes Unterlassungsdelikt begeht, wenn er später seinen Hund wild herumlaufen und andere Menschen beißen sieht, ohne diesen mit Hilfe des zufällig mitgeführten Gewehrs zu erschießen. Denn er hat die Herrschaft über die Gefahrenquelle „Hund" längst verloren und steht deshalb dem weiteren Geschehen nur noch wie jeder andere gegenüber.

4. Zu guter Letzt spricht es entscheidend für die Herrschaftstheorie, dass die drei in der heutigen Zeit wichtigsten Konstellationen allein durch sie eine überzeugende Lösung erfahren, nämlich die Garantenstellungen des Betriebsinhabers, des Amtsträgers und des Warenproduzenten:

a) Bezüglich des *Betriebsinhabers*, dessen Garantenstellung in der modernen Rechtsprechung eine zentrale Rolle spielt,[39] kann nur die Herrschaftstheorie sowohl zu einer Begründung als auch zugleich zu einer angemessenen Begrenzung seiner Garantenstellung führen. Ich habe das bereits 1979 eingehend begründet[40] und seitdem in Auseinandersetzung mit der jeweils hinzukommenden Judikatur und Literatur wiederholt vertieft und aktualisiert,[41] so dass ich hier nur darauf zu verweisen brauche.

---

38 RGSt 61, 199; JW 1927, 2696 m. Anm. Bohne; ebenso OLG Celle, HanRpfl. 1947, 33.

39 RGSt 24 353, 354 f.; 33 261 ff.; 57 148, 151; 58 130, 132 ff.; 75 296; BGHSt 25 158, 162 f.; 37 106, 123 f.; Schw. BGE 96 IV 174; eingehende Darstellung der Rechtsprechung m. w. N. bei Schünemann, Unternehmenskriminalität und Strafrecht, 1979, S. 70 ff.; Hsü, Garantenstellung des Betriebsinhabers zur Verhinderung strafbarer Handlungen seiner Angestellten?, 1986, S. 17 ff.

40 Unternehmenskriminalität und Strafrecht, S. 84 ff.

41 In Deutschland zuletzt LK/Schünemann, § 14 Rdn. 67 f.; in Spanien z. B. in: Hacia un derecho penal economico europeo, Boletin Oficial del Estado, Madrid 1995, S. 565, 575 ff.; Temas

b) Ähnlich verhält es sich mit dem *Amtsträger*, der dann, aber auch nur dann mit Recht für einen Erfolg als Täter verantwortlich gemacht wird, wenn er nicht nur eine formelle öffentlich-rechtliche Amtspflicht verletzt, sondern auch das Geschehen beherrscht hat. Neuerdings hat *Michael Pawlik* die Ableitung der Garantenstellung aus der bloßen Amtspflicht staatstheoretisch zu begründen versucht,[42] aber das ist genau wieder der alte Rückfall in die formelle Rechtspflichttheorie und in den fehlerhaften Versuch, ein Problem der strafrechtlichen Zurechnung mit Hilfe der Regeln anderer Rechtsgebiete zu lösen. Den ausschlaggebenden Unterschied zwischen bloßer Amtspflicht und echter Herrschaft auf Grund der Amtsstellung illustriert etwa der Vergleich des Direktors einer Justizvollzugsanstalt, der die Gefangenen kraft seiner Herrschaft über ihre Hilflosigkeit vor den spezifischen Anstaltsgefahren schützen muss, mit dem Beamten in einer Umweltschutzbehörde, der nur seine eigenen Verwaltungsakte,[43] nicht aber das Verhalten der Bürger beherrscht: Wenn dieser rechtswidrige Erlaubnisse nicht aufhebt, haftet er für darauf beruhende Umweltschädigungen als Garant; das bloße Nicht-Einschreiten gegen Umweltstraftaten der Bürger führt dagegen (neben der beamtenrechtlichen Verantwortlichkeit) nur zu einer Strafbarkeit wegen unterlassener Hilfeleistung gemäß § 323 c StGB.[44]

---

actuales y permanentes del Derecho penal después milenio, 2002, S. 129, 137 ff.; ADPCP 2002, S. 30 ff.; Bajo Fernández/S. Bacigalupo/Gómez-Jara Díez (eds.), Constitución Europea y derecho penal económico, 2006, S. 141 ff.; Schünemann, Delincuencia empresarial: Cuestiones dogmaticas y de politica criminal, Buenos Aires 2004, S. 23 ff., 66 ff. Eine umfassende Analyse für das spanische Recht findet sich bei Gracia Martín in: Hacia un derecho penal economico europeo, S. 81 ff.

42 ZStW 111 (1999), 335, 348 ff.).

43 Etwa eine Erlaubnis zur Einleitung giftiger Abwässer in einen Fluss.

44 Die Frage ist sehr umstritten. Zum eigenen Standpunkt siehe Schünemann, wistra 1986, 235 ff.; ders., FS Rudolphi, 2004, S. 297, 309; zur deutschen Diskussion insgesamt und übereinstimmend Czychowksi, ZfW 1984, 265 ff., 267 f.; GenStA Hamm NStZ 1984, 219; Hohmann, NuR 1991, 12; Immel, Strafrechtliche Verantwortlichkeit von Amtsträgern im Umweltstrafrecht, 1987, 183 f.; Jescheck/Weigend, Strafrecht AT, 5. Aufl., 1996, S. 624; Rudolphi, FS Dünnebier, 1982, 580; ders. NStZ 1984, 198 f.; ders. JR 1987, 336 ff.; ders. JR 1995, 167 f.; ders. SK-StGB § 13 Rdn. 40c, 54c f.; Tiedemann, GS f. Meyer, 1990, S. 618 f.; Tröndle/Fischer, StGB 54. Aufl. 2007, vor § 324 Rdn. 18 ff.; Weber, Strafrechtliche Verantwortung von Bürgermeistern und leitenden Verwaltungsbeamten im Umweltrecht, 1988, S. 56 f.; Schall, NJW 1990, 1270; ders. JuS 1993, 723. Anders Brammsen, Die Entstehungsvoraussetzungen der Garantenpflichten, 1986, S. 197 f.; Freund, Erfolgsdelikt (Fn. 28), S. 305 ff.; Horn, SK-StGB vor § 324 Rdn. 23; Hüwels, Fehlerhafter Gesetzesvollzug und strafrechtliche Zurechnung, 1986, S. 175 f., 182 ff.; Kühl, Strafrecht AT, 5. Aufl., § 18 Rdn. 80 ff.; Schönke/Schröder/Cramer/Heine StGB 27. Aufl. 2006, Vor § 324 Rdn. 30, 38 ff.; Schultz, Amtswalterunterlassen, 1984, 166 ff.; Steindorf, LK 11. Aufl., § 324 Rdn. 64; Stratenwerth/Kuhlen, Strafrecht AT, 5. Aufl., 2004, § 13/17; Winkelmann, Probleme der Fahrlässigkeit im Umweltstrafrecht, 1991, S. 67; ebenso OLG Frankfurt NJW 1987,

c) Die am heftigsten diskutierte und umstrittene Garantenstellung ist gegenwärtig diejenige des *Warenproduzenten* in den Fällen, in denen die Entwicklung und Herstellung des Produkts an sich unter Einhaltung aller Sorgfaltsregeln verlaufen ist, später aber eine ursprünglich nicht erkennbare Schädlichkeit des Produkts für die Gesundheit der Konsumenten bemerkbar wird. Zunächst haben die Zivilgerichte hier eine Pflicht zum sog. Rückruf des Produkts bejaht,[45] und sodann hat der Bundesgerichtshof in der Aufsehen erregenden Lederspray-Entscheidung auch eine entsprechende strafrechtliche Garantenstellung angenommen.[46] Zur Begründung hat er auf Ingerenz abgestellt, was aber schon deshalb in die Irre führt, weil diejenigen Personen, die bei der Herstellung gehandelt haben, mit den später entscheidenden Personen selten identisch sein werden.[47] In Wahrheit geht es um eine ganz andere Konstellation, nämlich um die nur in gewissen Fällen bestehende Übernahme einer Obhut über die Hilflosigkeit des Rechtsguts, vergleichbar mit der Garantenstellung des Arztes für die Gesundheit seines sich ihm anvertrauenden Patienten. Denn Markenware – und nur Markenware! – wird in der modernen Industriegesellschaft mit dem Versprechen vertrieben, dass sich der Produzent weiterhin um ihre Sicherheit und

2753 ff., 2757, während BGHSt 38, 325 den Sonderfall der kommunalen Abwässer (mit Herrschaftsposition des Bürgermeisters!) betraf.

45 Dazu Palandt/Sprau, BGB 66. Aufl., 2007, § 823 Rdn. 173 m. w. Nachw.

46 BGHSt 37, 106 ff.

47 Meine eigene Kritik findet sich in Breuer/Kloepfer/Marburger/Schröder (Hrsg.), Umweltschutz und technische Sicherheit im Unternehmen, 1994, S. 137, 163 ff. Wegen der Vielfalt der in der Lederspray-Entscheidung zu entscheidenden dogmatischen Probleme ist die Zahl der dazu ergangenen Rezensionen fast unübersehbar, siehe Armbrüster, JR 1993, 317; Beulke/Bachmann, JuS 1992, 737, 739; Böse, wistra 2005, 41; Bottke, Täterschaft und Gestaltungsherrschaft, 1992, S. 104 f.; Brammsen, Jura 1991, S. 533 ff. und ders. GA 1993, 97, 102 ff., 113 f.; Braum, KritV 1994, 179; Deutscher/Körner, wistra 1996, S. 292 und 327 (Teil II); Göhler, wistra 1991, 207; Haeusermann/Ringelmann, ZStW 109 (1997), 444; Hamm, StV 1997, 159; Hassemer, JuS 1991, 253; Heine, Die strafrechtliche Verantwortlichkeit von Unternehmen, 1995, S. 110 f.; ders. ZUR 1995, 63; Hilgendorf NStZ 1993, 10; ders, NStZ 1994, 561; ders. Pharma Recht 1994, 303, 561; ders. GA 1995, 515; Hirte, JZ 1992, 257; Hoyer, GA 1996, 160, 173; Jakobs, FS f. Miyazawa, 1995, 419 ff.; Kaiafa-Gbandi, KritV 1999, 613; Kienle, NVwZ 1996, 871; Kuhlen, NStZ 1990, 566, 569; ders. JZ 1994, 1142; ders. GA 1994, 347; Kurzawa, VW 1991, 1079; Langkeit, WiB 1995, 1016; Marxen, EWiR 1990, 1017; Meier, NJW 1992, 3193; Molitoris, PHI 1997, 225; ders. PHI 2000, 33; Neudecker, Die strafrechtliche Verantwortlichkeit der Mitglieder von Kollegialorganen, 1995; Otto, WiB 1995, 929; Puppe, JR 1992, 30 ff.; dies. JZ 1994, 1147; dies. Jura 1997, 408; Ransiek, ZGR 1999, 613; Rotsch, wistra 1999, 321; Samson, StV 1991, 182, 184; Schmid, FS für Max Keller, 1989, 647; Schmidt-Salzer, NJW 1990, 2966 ff.; ders. PHI 1990, 234; Schulz, ZUR 1994, 26; ders. JA 185; Seelmann, ZStW 108 (1996), 652; Rudolphi, SK-StGB § 13 Rdn. 39b; Vieweg/Schrenk, Jura 1997, 561; Weimar, GmbHR 1994, 82; Wohlers, JuS 1995, 1019. Zum Garantenproblem eingehend Roxin (Fn. 16), S. 778 ff.

Gefahrlosigkeit kümmert, und gerade deswegen kauft ein Kunde die viel teurere Markenware und vertraut sich der weiteren Sorge des Produzenten an. Ein Beispiel bieten etwa Fahrzeuge, bei denen der Produzent ganz gezielt mit ihrer Sicherheit wirbt und damit bei seinen Kunden ein ganz ähnliches Vertrauen bewirkt wie der Arzt bei seinen Patienten. Allein bei Markenware besitzt der Produzent deshalb eine Garantenstellung zur Warnung[48] des Konsumenten, wenn ihm auf Grund der von ihm zumindest konkludent zugesicherten Produktbeobachtung nachträglich unerlaubte Risiken bekannt werden[49] – was übrigens in einer prästabilierten Harmonie mit den realen Handlungsbedingungen steht: Anonyme Waren sind in der Massengesellschaft sowieso unauffindbar und genießen kein spezifisches Vertrauen des Konsumenten. Auch in diesem Brennpunkt des modernen Wirtschaftsstrafrechts führt also allein die Herrschaftstheorie zu einer überzeugenden Begründung und Begrenzung des unechten Unterlassungsdelikts.

Die Kritik, die kürzlich *Kuhlen* an dieser Eingrenzung der strafrechtlichen Produkthaftung nach Produktauslieferung auf die unterlassene Warnung vor den nachträglich erkannten Gefahren von Markenware geübt hat,[50] scheint mir die Richtigkeit meines dogmatischen Ansatzes eher zu bestärken als zu erschüttern. Denn von *Kuhlen* wird – fast noch unverblümter als in der von mir eingangs kritisierten Begründung *Weigends* – kein Wort zur dogmatischen Begründung einer Begehungsgleichheit des Unterlassens verloren, sondern die Garantenstellungspflicht „auf Präventions- und Fairnesserwägungen gestützt“ (S. 364), was aber schon im Ansatz keine Gleichstellbarkeit mit einer aktiven Verletzungshandlung, sondern nur die soziale Nützlichkeit einer Hilfspflicht des Warenproduzenten begründen kann. Dass die „Annahme einer Garantenstellung ... präventiv geboten ist, (weil sie) konkurrenzlos effektiv ist“ ist eine klassische Normherleitung qua ökonomischer Analyse des Rechts, die aber im Strafrecht am nullum-crimen-Satz scheitert und allein im Zivilrecht eine Produkthaftung durch Rechtsfortbildung zu tragen vermöchte (weshalb es auch kein Zufall ist,

---

48 Und nicht zum Rückruf, wie BGHSt 37, 106 in Übernahme der zivilrechtlichen Rechtsprechung irrig gemeint hat: Die Herrschaft des Produzenten über die Hilflosigkeit des Konsumenten hat seinen Informationsvorsprung zur notwendigen (wenn auch nicht hinreichenden) Bedingung, so dass bereits mit der Aufklärung des Konsumenten die Herrschaft und damit auch die Garantenstellung erlöschen.

49 Schünemann, in: 50 Jahre Bundesgerichtshof – Festgabe aus der Wissenschaft, 2000, Band IV, S. 621, 640 f.; zustimmend Schmucker, Die „Dogmatik“ einer strafrechtlichen Produktverantwortung, 2001, S. 150 f. In der Grundkonstruktion ebenfalls zustimmend, aber ohne die Einschränkung auf Markenware Roxin (Fn. 16), S. 783.

50 FS f. Eser, 2005, S. 359 ff. (daraus auch die nachf. Seitenzahlen im Text); zusammenfassend in: Achenbach/Ransiek (Hrsg.), Handbuch Wirtschaftsstrafrecht, 2. Audl. 2008, S. 41, 57 f.

dass *Kuhlen Bodewigs* zivilrechtliche Monographie „Der Rückruf fehlerhafter Produkte", 1999, allein zehnmal mit der Wertung „eingehend und zutreffend" als zentrale Belegstelle benutzt). Dass die strafrechtliche Garantenpflicht nur eine Warnung des Konsumenten und keinen (allein zivilrechtlich relevanten) Rückruf verlangen kann, folgt schon aus den Grundsätzen der objektiven Zurechnung, weil die eigenverantwortlichen Handlungen eines über die Risiken aufgeklärten Konsumenten nicht mehr dem Produzenten zugerechnet warden können (der ja nicht einmal die Rechtsmacht zu ihrer Verhinderung besitzt), während *Kuhlens* Meinung, der über die bloße Warnung hinausgehende „Sicherheitsgewinn" eines Rückrufes sei evident (S. 365), abermals die strafrechtsspezifische Zurechnung durch eine zivilrechtliche Interessenabwägung ersetzt. Dass *Kuhlen* bei diesem Ansatz die Einschränkung auf Markenware „wenig einleuchtend" findet, leuchtet umgekehrt mir wenig ein, weil sie ja nicht nur (wie dargelegt) strafrechtlich aus der Gleichstellungsbedingung der Herrschaft über die Hilflosigkeit des Rechtsguts folgt, sondern auch die Verkehrserwartung und ökonomische Realisierbarkeit eindeutig hierauf beschränkt sind. Oder hat man jemals etwas davon gehört, das sein Bauer einen Sack Kartoffeln nach Verkauf weiter beobachtet und ggf. zurückgerufen hat?

5. Abschließend möchte ich noch einige Bemerkungen zur bisherigen Auswirkung meiner Herrschaftstheorie im nationalen und internationalen Raum machen.

a) In der Rechtsprechung des BGH ist sie nur dort ausdrücklich benutzt worden, wo mit ihrer Hilfe Garantenstellungen begründet werden können, die von der traditionellen formellen Rechtspflichttheorie nicht gedeckt sind. Dies gilt etwa für die Garantenstellung des Inhabers oder des Leiters eines Wirtschaftsunternehmens bezüglich der rechtsgutsverletzenden Handlungen der Mitarbeiter. Hier versagt die formelle Rechtspflichttheorie vollständig, während nach der Herrschaftstheorie für den Fall, dass der Untergebene den Anweisungen seines Chefs ohne weiteres folgen würde und also eine tatsächliche Geschehensherrschaft besteht, die Garantenstellung des Chefs überzeugend begründet werden kann. Andererseits hat die Herrschaftstheorie in den Fällen, in denen sie zu einer Einschränkung des unechten Unterlassungsdelikts führt, in der Rechtsprechung des BGH bisher keine Gefolgschaft gefunden, was sich durch bestimmte Züge der neueren Judikatur erklärt: Sie hat grundsätzlich eine Tendenz zur Strafbarkeitsausdehnung und bedient sich deshalb der in der Wissenschaft entwickelten dogmatischen Konstruktionen wie in einem Supermarkt, indem sie immer nur das herausgreifen, was zu dem von ihnen intuitiv gewünschten Ergebnis passt.[51] Freilich könnte sich in dieser Hinsicht eine Ände-

---

51 Vgl. Schünemann, GA 1995, 201, 223 ff.; ders., GA 2001, 205, 216 ff.

rung anbahnen, nachdem sich unser gemeinsamer Lehrer *Claus Roxin* in seinem Lehrbuch meiner Herrschaftstheorie angeschlossen hat.[52]

b) Auch international ist die Herrschaftstheorie nicht nur in Spanien, sondern darüber hinaus auf erhebliches Interesse gestoßen. In den Beschlüssen auf dem 13. Internationalen Strafrechtskongress in Kairo 1984 über die Reichweite des unechten Unterlassungsdelikts hat der Kongress ausdrücklich an das Herrschaftsprinzip angeknüpft und den Garanten durch den Besitz der „Herrschaft über den Grund des Erfolges" definiert, in der englischen Fassung mit folgenden Worten: „having the power to dominate some essential conditions of the materialization of the typical event".[53] In Spanien ist die Herrschaftstheorie von führenden Dogmatikern aufgegriffen worden, wobei sich vor allem *Luis Gracia Martín* und *Jesus Maria Silva Sánchez* in tiefschürfenden Analysen um eine Weiterentwicklung dieses Ansatzes verdient gemacht haben.[54] Auch in der Konzeption des unechten Unterlassungsdelikts bei *Santiago Mir Puig* stellt die „personale Herrschaft" (control personal) das entscheidende Kriterium dar,[55] und zu der Unterlassungskonzeption von *Enrique Gimbernat Ordeig* laufen zahlreiche Verbindungslinien, die sich in einer weitgehenden Übereinstimmung in den Ergebnissen bewahrheiten.[56] Und erst recht im Völkerstrafrecht lässt sich das Herrschaftsprinzip als Grundlage der in der neueren Rechtsprechung allgemein anerkannten Begehung durch Unterlassen nicht mehr hinwegdenken.[57]

52 Roxin (Fn. 16), S. 717 ff.

53 Revue Internationale de Droit Pénal 1985, 489, 491, 495.

54 Zur Position von Grácia Martín siehe vor allem dessen oben in Fn. 41 nachgewiesenen umfassenden Aufsatz zur Garantenstellung in Wirtschaftsunternehmen; ferner ders. in Estudios de derecho penal, Lima, 2004, S. 140 ff.; ders. in Modernas tendencias (Fn. 14), S. 411 ff. Silva Sánchez hebt als Gleichstellungsgrund ausdrücklich die „Herrschaft über den verletzenden Kausalverlauf" hervor (Festschrift für Roxin, 2001, S. 641, 645) und erklärt Begehung und unechte Unterlassung als normativ identische Formen der Herrschaft über das tatbestandsmäßige Risiko (in: Cobo del Rosal [Hrsg.], Comentários al Código Penal I, Madrid 1999, S. 455); siehe auch die Zusammenfassung seiner eingehenden Analysen in: El delito de omisión, 1986, S. 368 ff.

55 So in: Derecho Penal, parte general, 7. Aufl. 2004, § 12 Rdn. 38 f. Wegen der näher bei der normativistischen Konzeption von Jakobs liegenden Position Bacigalupos, in Conde Pumpido Ferreiro [Hrsg.], Código Penal. Doctrina y jurisprudencia, Bd. I, Madrid 1997, S. 432 ff. kann ich an dieser Stelle nur auf meine eigene Auseinandersetzung mit Jakobs verweisen, in Revista del Poder Judicial 51, 203 ff. Cerezo Mir schließlich befürwortet zwar die Regelung von Art. 11 CP aus Gründen der Gesetzlichkeit und der Rechtssicherheit, steht in der Sache aber vollständig auf dem Boden der Funktionenlehre (Derecho Penal, Parte General, 2. Aufl. 2000, S. 226 ff.; ebenso Calderón Cerezo, Codigo Penal Comentado, 2005, S. 23), die ohne die Herrschaftstheorie, wie ich oben im Text dargelegt habe, in der Luft hängen würde.

56 Dazu im einzelnen Schünemann, FS f. Gimbernat Ordeig, Madrid 2008, S,1609, 1628 f.

57 Eingehend dazu Berster, Die völkerstrafrechtliche Unterlassungsverantwortlichkeit, 2008.

V. Auswegweiser des Gesetzgebers?

1. In den Strafgesetzbüchern des 19. Jahrhunderts ist das Unterlassen als Form des strafbaren Verhaltens nur im Besonderen Teil und auch dort nur selten erwähnt worden, weil man auf eine zukünftige allgemeine Lösung des Problems durch Rechtsprechung und Wissenschaft vertraute.[58] Das scheint uns heute mit der Garantie „nullum crimen sine lege" unvereinbar zu sein. Aber was kann der Gesetzgeber hier wirklich leisten? Bei den modernen Kodifikationen des Strafrechts, die im 20. Jahrhundert geschaffen wurden, stand er vor derselben schwierigen Aufgabe wie die Jurastudenten, deren Wissensdurst entweder von einer armseligen Strafrechtsdogmatik nicht gestillt oder aber von einer ebenso komplizierten wie unübersichtlichen Dogmatik in Verwirrung verwandelt wird. Es ist faszinierend und zugleich lehrreich, wenn man die aufeinander aufbauenden Strategien studiert, mit deren Hilfe der deutsche, der spanische und der kolumbianische Gesetzgeber einen Ausweg aus diesem Dilemma durch eine Definition der Bedingungen gesucht haben, unter denen ein („unechtes") Unterlassen dem aktiven Tun gleichgestellt und gleich diesem als Begehungsdelikt bestraft werden kann.

2. Der deutsche Gesetzgeber der Strafrechtsreform von 1969 sagte sich wie *Sokrates*, „Ich weiß, dass ich nichts weiß", und formulierte deshalb in § 13 Abs. 1 StGB nur zwei allgemeine Grundsätze, nämlich das „rechtliche Einstehen-Müssen" und die sog. „Entsprechensklausel". Mit dem ersten Kriterium wollte er die (in der Rechtsprechung der NS-Zeit zu beobachtende) Ableitung von Garantenstellungen aus bloß moralischen Pflichten unterbinden, aber nicht etwa die formelle Rechtspflichttheorie festschreiben, was durch die hinzugefügte Entsprechensklausel klargestellt wurde.[59] Damit reduzierte sich der Begriff des „rechtlichen Einstehen-Müssens" freilich auf die Verletzung der strafrechtlichen Erfolgsabwendungspflicht und geriet zu einer Tautologie. Dasselbe gilt für die Entsprechensklausel, die sich wegen der (in Abs. 2 lediglich abgeschwächten) Identität der Rechtsfolge eigentlich von selbst versteht.[60] Immerhin macht § 13 StGB doppelt deutlich, dass es um eine strafrechtsspezifische Gleichstellung geht, so dass die Lösung auf dem Gebiet der strafrechtlichen Zurechnung und nicht in abstrakten Pflichtkonstruktionen oder Fairnesskonzepten zu suchen ist. Das ist eine „Minimallösung", die ganz sicher nicht falsch ist, aber auf die dogmatische Lösung durch die Wissenschaft vertraut – nicht anders als der Gesetzgeber des Jahres 1871.

58 Näher *Schünemann* (Fn. 4), S. 48 ff.
59 Zu deren Genese instruktiv Roxin, FS Lüderssen, 2002, S. 577 f.
60 Dementsprechend für weitgehend überflüssig erklärt von Roxin (Fn. 59).

3. Der spanische Gesetzgeber von 1995 hat dagegen in Art. 11 Satz 1 CP zwar zunächst die beiden allgemeinen Grundsätze des § 13 StGB übernommen, sie aber dann ausdrücklich in Satz 2 für erfüllt erklärt, wenn (lit. a) eine „spezielle Handlungspflicht aus Gesetz oder Vertrag" gegeben ist, was direkt an *Feuerbach* anknüpft, oder wenn (lit. b) der Unterlassung ein gefährliches Verhalten vorangegangen ist, womit er die im Kausalmonismus des strafrechtlichen Naturalismus in der 2. Hälfte des 19. Jahrhunderts als zentraler Grund für die Gleichstellung des Unterlassens mit dem aktiven Tun angesehene „Ingerenz"[61] hinzugefügt hat. Art. 11 Satz 2 CP wiederholt damit exakt jene „formale Vereinigungstheorie" aus Gesetz, Vertrag und vorangegangenem Tun, die um 1930 der in Deutschland herrschenden Meinung entsprach,[62] deren gravierende Fehler dann aber, wie oben dargelegt, von *Schaffstein* und *Nagler* aufgedeckt wurden.[63] Es war deshalb keine weise Entscheidung des spanischen Gesetzgebers, die im Grunde längst obsolete formelle Rechtspflichttheorie in den Código Penal hineinzuschreiben, und es kann umgekehrt aus deutscher Sicht nur begrüßt werden, dass die spanische Strafrechtswissenschaft ganz überwiegend keinen sklavischen Gehorsam leistet, sondern die in § 11 Satz 2 CP aufgeführten Gleichstellungsbedingungen entweder für weder notwendig noch für hinreichend erklärt oder sie stillschweigend so extensiv interpretiert, dass zahlreiche andere Garantenstellungen anerkannt werden, die eigentlich nicht darunter passen.[64]

4. Während sich der deutsche Gesetzgeber 1969 bei Verabschiedung des § 13 StGB einer im Hinblick auf die damals ungeklärte dogmatische Situation weisen Zurückhaltung befleißigt und der spanische Gesetzgeber in Art. 11 CP in (wie vorstehend dargelegt) misslungener Form obsolete Anschauungen wieder zu

61 S. o. III, 2; weit. Nachw. b. Schünemann (Fn.4), S. 218 f.; siehe ferner Welp, Vorangegangenes Tun als Grundlage einer Handlungsäquivalenz der Unterlassung, 1968, S. 26 ff.; Schünemann, ZStW 96 (1984), 287, 289 f.

62 Unangefochten in der Rechtsprechung des Reichsgerichts, siehe RGSt 58, 130 ff., 244 ff.; 63, 392 ff.; 64, 273 ff.; 66, 71 ff. Für die Kombination der auf Gesetz und Vertrag gegründeten, von Traeger (Das Problem der Unterlassungsdelikte im Straf- und Zivilrecht, 1913, S. 66 ff., 83 ff.) erneuerten Rechtspflichttheorie mit der Ingerenztheorie repräsentativ bereits v. Liszt, Lehrbuch des Deutschen Strafrechts, 14./15. Aufl. 1905, S. 133 f. (obwohl er mit Recht den „Streit um die Kausalität der Unterlassung als einen der unfruchtbarsten, welchen die strafrechtliche Wissenschaft je geführt hat", bezeichnet); v. Liszt/Eb. Schmidt 26. Aufl. 1932, S. 172 f., 189 ff.; weit. Nachw. bei Schünemann, ZStW 96 (1984), S. 291 Fn. 16. Zurückhaltender Frank, Das Strafgesetzbuch für das Deutsche Reich, 18. Aufl. 1931, Einl. IV vor § 1. Weil das Reichsgericht auch bei der Ingerenz eine „Rechtspflicht zur Erfolgsabwendung" postulierte (z. B. RGSt 64, 276 m. weit. Nachw.), spricht man gewöhnlich, aber stricto sensu inkorrekt von der „formellen Rechtspflichttheorie" (Schünemann [Fn. 4], S. 218 ff.; Roxin [Fn. 16], S. 714).

63 Schaffstein, Festschrift f. Graf Gleispach, 1936, S. 70 ff.; Nagler, GS 111, 1, 59 ff.

64 Dazu näher Schünemann (Fn. 56), S. 1609, 1612 f.

beleben versucht hat, hat der neue kolumbianische Código Penal[65] die Modernisierungsaufgabe entschlossen angepackt und bei ihrer Lösung die Herrschaftstheorie zwar nicht fugenlos, aber sowohl in ihrem Grundkonzept als auch in ihren zentralen Formulierungen und damit außerordentlich weitgehend übernommen. Weil Art. 25 Abs. 2 CPCol die Garantenstellungen im einzelnen aufführt, kann die in Abs. 1 vorausgesetzte Rechtspflicht nicht als außerstrafrechtliche im Sinne der formellen Rechtspflichttheorie, sondern nur als strafrechtliche Folge der Garantenstellungen verstanden werden, die bereits in Art. 1 Satz 2 in die beiden Gruppen der Übernahme des konkreten Schutzes über das Rechtsgut und der Überwachungs-Garantenstellung bezüglich einer bestimmten Gefahrenquelle aufgegliedert und in Abs. 2 Nr. 1 durch den „eigenen Herrschaftsbereich" ganz in dem von mir entwickelten Sinn charakterisiert werden. Die in Abs. 2 Nr. 2 und 3 ausdrücklich angesprochenen Lebens- und Gefahrengemeinschaften sind selbstverständlich nur ein Unterfall der in Nr. 1 bereits erfassten Obhuts-Garantenstellungen, so dass sich die ganze Regelung allein durch die in Nr. 4 ausdrücklich erfasste Ingerenz-Garantenstellung bei Verursachung eines unerlaubten Risikos außerhalb der vom Herrschaftsprinzip bezeichneten Grenzen bewegt.[66]

---

65 Ley 599 von 2000 mit folgender Regelung der unechten Unterlassungsdelikte in Art. 25 CPCol:

Art. 25.-*Acción y omisión.* La conducta punible puede ser realizada por acción o por omisión.

Quien tuviere el deber jurídico de impedir un resultado perteneciente a una descripción típica y no lo llevare a cabo, estando en posibilidad de hacerlo, quedará sujeto a la pena contemplada en la respectiva norma penal. A tal efecto, se requiere que el agente tenga a su cargo la protección en concreto del bien jurídico protegido, o que se le haya encomendado como garante la vigilancia de una determinada fuente de riesgo, conforme a la Constitución o a la ley [9°, 84 párr. 3°, Const. Pol. 6°, 122]

Son constitutivas de posiciones de garantía las siguientes situaciones :

1. Cuando se asuma voluntariamente la protección real de una persona o de una fuente de riesgo, dentro del propio ámbito de dominio.
2. Cuando exista una estrecha comunidad de vida entre personas.
3. Cuando se emprenda la realización de una actividad riesgosa por varias personas.
4. Cuando se haya creado precedentemente una situación antijurídica de riesgo próximo para el bien jurídico correspondiente [131, 152; Const. Pol. 92 num. 2]

Parágrafo.-Los numerales 1, 2, 3 y 4 solo se tendrán en cuenta en relación con las conductas punibles delictuales que atenten contra la vida e integridad personal, la libertad individual, y la libertad y formación sexuales [101 a 134, 165 a 177, 198 a 219].

66 Die Möglichkeiten, unter Rückgriff auf Abs. 1 Satz 2 die Ingerenzfälle doch wieder auf Herrschaft über eine Gefahrenquelle zu beschränken, müssen hier ebenso unerörtert bleiben wie die im hinzugefügten Paragraphen von Art. 25 CPCol vorgenommene Beschränkung der Gleichstellung auf bestimmte Rechtsgüter, die offenbar im Anschluß an die Theorie von Armin Kaufmann und Schöne erfolgt ist und dadurch freilich in die Gesamtregelung einen (restriktiv wirkenden) Fremdkörper hineinbringt.

DRITTER TEIL Die unechten Unterlassungsdelikte: Zehn Kardinalfragen, -fehler und -fixpunkte

1.

a) Kardinalfrage 1: Was besagt die Formel des *rechtlichen Einstehenmüssens* in § 13 Abs. 1 StGB über die Tätervoraussetzungen?

b) Kardinalfehler 1: Hierin liege eine inhaltliche Definition des unechten Unterlassungsdelikts, sei es in Gestalt des Verweises auf eine außerstrafrechtliche Rechtspflicht als ratio essendi der Unterlassungstäterschaft, sei es in Gestalt des Verweises auf eine strafrechtliche Sonderverantwortlichkeit.

aa) Die bis auf *Feuerbach* zurückgehende und insbesondere die Rechtsprechung des RG vor 1933 scheinbar[1] beherrschende Formel der formellen Rechtspflichttheorie[2] ist seit den Arbeiten von *Schaffstein* und *Nagler*[3] und damit seit 80 Jahren für die Gruppe der angeblichen „Erfolgsabwendungspflicht aus Vertrag" durch den doppelten Nachweis ihrer Fehlschlüssigkeit (von einer außerstrafrechtlichen auf eine strafrechtliche Pflicht) und ihrer falschen Ergebnisse widerlegt (siehe die Archetypen „Kindermädchen 1 und 2":[4] Nicht die zivilrechtliche vertragliche Pflicht, sondern die tatsächliche Übernahme der Schutzposition liefert den erstmals von *Nagler* „Garantenstellung" genannten Grund für die Gleichstellung des Unterlassens mit dem aktiven Tun). Damit ist aber auch die angebliche „strafrechtliche Erfolgsabwendungspflicht aus (scil. außerstrafrechtlichem) Gesetz" abgetan.

bb) Als Verweis auf die spezifisch strafrechtliche Erfolgsabwendungspflicht wäre die Formel vom rechtlichen Einstehenmüssen zwar nicht falsch, aber tautologisch und deshalb ohne dogmatischen Wert.

c) Kardinalfixpunkt 1:

Inhaltlich schwebte dem Gesetzgeber neben dieser Tautologie lediglich der Ausschluss einer Ableitung von Garantenstellungen aus bloßen moralischen Pflichten vor,[5] worin der einzige, freilich extrem bescheidene normative Gehalt der Formel liegt.

---

1 Nur scheinbar, weil die sog. Rechtspflichttrias „Gesetz, Vertrag und vorangegangenes Tun" bei der Ingerenz gerade nicht an eine formelle, d. h. außerstrafrechtliche Rechtspflicht anknüpft.

2 *Feuerbach*, Lehrbuch des gemeinen in Deutschland gültigen peinlichen Rechts, 2. Aufl. 1803, § 24; nach der zwischenzeitlichen Herrschaft des Kausalmonismus restituiert von *Traeger*, Das Problem der Unterlassungsdelikte im Straf- und Zivilrecht, 1913, S. 66 ff., 83 ff.; zur RG-Rspr. RGSt 64, 272, 275 f. mwN.

3 *Schaffstein*, Festschrift f. Graf Gleispach, 1936, S. 70 ff.; *Nagler*, GS 111, 1, 59 ff.

4 Die Garantenstellung des den Säugling tatsächlich beaufsichtigenden Kindermädchens bleibt von der Nichtigkeit des zivilrechtlichen Vertrages unberührt, während sie bei vertragswidrigem Nichtantritt des Dienstes gar nicht erst entsteht.

5 Siehe E 1962, S. 124.

https://doi.org/10.1515/9783110650488-008

2.

a) Kardinalfrage Nr. 2: Was besagt die *Entsprechensformel* in § 13 Abs. 1 StGB für die Tätervoraussetzungen?

b) Kardinalfehler 2: Die Entsprechensklausel spiele nur für sog. verhaltensgebundenen Delikte eine Rolle, bei denen die Strafbarkeit nicht schon durch eine zurechenbare, rechtswidrige und schuldhafte Erfolgsverursachung ausgelöst wird, sondern zusätzlich oder ausschließlich an bestimmte Eigentümlichkeiten der Handlung geknüpft wird.[6]

aa) Aber wenn das richtig wäre, hätte § 13 StGB ausgerechnet für das Standardmodell des Begehungs- und des unechten Unterlassungsdelikts, nämlich das Erfolgsdelikt, überhaupt keine Regelung getroffen, weil ja, wie zuvor festgestellt, die Formel des „rechtlichen Einstehenmüssens" keinerlei positiven Inhalt hat, womit § 13 ad absurdum geführt wäre.

bb) Ferner gilt die Entsprechungsklausel nach dem eindeutigen Wortlaut des Gesetzes für alle unechten Unterlassungsdelikte („und"), so dass es eine unzulässige, gegen Art. 103 Abs. 2 GG verstoßende Analogie wäre, wenn man bei den Erfolgsdelikten (der bei weitem größten Gruppe!) auf ein Entsprechensverhältnis verzichten wollte. Weil der äußerste Rahmen der umgangssprachlichen Bedeutung die Grenze der zulässigen Gesetzesauslegung bildet, würde die Lesart „(scil. nur) bei den verhaltensgebundenen Delikten muss das deliktische Unterlassen auch der Begehung durch ein Tun entsprechen" die im Gesetz eindeutig formulierte Allgemeinheit der Entsprechung ignorieren, und zwar unbeschadet dessen, dass der Gesetzgeber bei der Entsprechensklausel unklare Vorstellungen gehabt hat,[7] deren weitere Entwicklung er eben der Strafrechtsdogmatik übertragen hat.

c) Kardinalfixpunkt Nr. 2: Das Entsprechungserfordernis kann mit logischer Zwangsläufigkeit nur bedeuten, dass das unechte Unterlassen Kriterien erfüllen muss, die mit denjenigen vergleichbar sind, die beim aktiven Tun die Strafbarkeit begründen. Denn der Grund für die Gleichstellung kann nicht mit dem Ergebnis (gleiche Strafbarkeit) identisch sein, sonst läge ein fehlerhafter Zirkelschluss vor.

3.

a) Kardinalfrage Nr. 3: Worin besteht bei der einfachsten Kategorie der Begehungsdelikte, dem vorsätzlichen Erfolgsdelikt, der *Grund der Strafbarkeit*?

---

6 So die h. L., s. die Nachw. b. *Roxin*, FS f. Lüderssen, 2002, S. 577, 579.

7 Näher *Roxin* (Fn. 6), der deshalb selbst eine Beschränkung auf „begehungstäterbezogene Qualifikationsmerkmale" vorschlägt (S. 583 ff.), was aber neben § 28 StGB leerlaufen und dem im Text aus Art. 103 Abs. 2 GG abgeleiteten Verdikt nicht entgehen dürfte.

b) Kardinalfehler Nr. 3: In der Verursachung des Erfolges durch eine Körperbewegung. Diese Meinung des strafrechtlichen Naturalismus bedeutete den Versuch, alle Rechtsprobleme auf empirische Fragen zurückzuführen, also eine vollständige Entnormativierung und damit die Erfüllung des Traumes einer vollständigen Scientifizierbarkeit der Jurisprudenz. Leider geht dieser Traum nicht in Erfüllung, obwohl dem Naturalismus zugegeben werden sollte, dass mit dem kausalen Handlungsbegriff, der Kausalität und dem Vorsatz[8] schon sehr große Strecken des Weges zur Entnormativierung zurückgelegt worden sind. Die verbleibenden Desiderate ergeben sich weniger aus an den Haaren herbeigezogenen Konstellationen wie der Zeugung eines Mörders[9] als durch das Gesetz selbst. Denn die §§ 25–31 StGB unterscheiden zwischen Täterschaft einerseits, Teilnahme andererseits und entwickeln dadurch ein Modell der Begehung durch aktives Tun, das schon deshalb nicht die bloße Kausalität ausreichen lässt, weil diese bei der Anstiftung immer und zumindest in der Regel auch bei der Beihilfe gegeben ist.

c) Kardinalfixpunkt Nr. 3: Aus dem fundamentalen Zweck des Strafrechts, Rechtsgüterverletzungen zu verhindern, indem die strafrechtlichen Normen an diejenigen Personen adressiert werden, die über das Wohl und Wehe des Rechtsguts entscheiden, ergibt sich als entscheidendes Merkmal der Begehungstäterschaft die *Tatherrschaft*,[10] d. h. die Beherrschung des rechtsgutsverletzenden Geschehens, die den Täter im Unterschied zum Anstifter und Gehilfen auszeichnet.[11]

---

8 In seinen unproblematischen Formen der Absicht i. e. S. und des dolus directus.

9 Dass bei diesem Zeugungsakt jemals ein Tötungsvorsatz bestanden haben könnte, ist abwegig.

10 Dazu statt aller die Monographie ohnegleichen des Jubilars, *Claus Roxin*, Täterschaft und Tatherrschaft, 8. Aufl. 2006.

11 Dabei handelt es sich anders als bei der Kausalität nicht um einen „empirischen", sondern – im traditionellen strafrechtsdogmatischen Sprachgebrauch – um einen „normativen Begriff". Sprachphilosophisch ist diese Bezeichnung eigentlich fehlerhaft, denn dieser Begriff drückt kein Sollen aus und auch keine in einen Sollenssatz umformulierbare Bewertung (wie in dem Satz: Menschen in Not zu helfen ist gut; man soll Menschen in Not helfen). Vielmehr ist bei der strafrechtsdogmatischen Verwendung des Ausdruck „normativer Begriff" gewöhnlich gemeint, dass es sich um einen noch relativ unbestimmten Begriff handelt, dessen weitere Konkretisierung im Hinblick auf die davon abhängige Rechtsfolge, also teleologisch vorgenommen werden muss. In diesem Sinne ist streng genommen jeder Rechtsbegriff ein normativer Begriff, der vermöge des in der Regel der Umgangssprache entliehenen Terminus wie bei allen umgangssprachlichen Begriffen zunächst einen bald größeren, bald (namentlich bei höherer Abstraktion) kleineren Bedeutungskern und einen eher ziemlich großen Bedeutungshof aufweist, wobei die weitere Präzisierung, also die Interpretation, nach den Regeln der juristischen Methodenlehre vorzunehmen ist. So ist auch der Begriff der Tatherrschaft durch zwei umgangssprachliche Komponenten gekennzeichnet, der Tat (im Sinne des zur Rechtsgutverlet-

4.

a) Kardinalfrage Nr. 4: Ist der Gedanke der Tatherrschaft zu allgemein und inhaltslos und deshalb dogmatisch wertlos oder lässt er sich konkretisieren und als Ausgangspunkt für Ähnlichkeitsrelationen verwenden?

b) Kardinalfehler Nr. 4: Ähnlich wie das Konzept des Rechtsgüterschutzes sei die Tatherrschaft inhaltslos und führe deshalb nicht weiter.

aa) Aber hoch abstrakte Begriffe wie „Rechtsgut" oder „Tatherrschaft" sind nicht nur in einer systematischen Rechtswissenschaft unverzichtbar, sondern auch trotz ihrer relativen Unbestimmtheit konkretisierungs- und analogiefähige Begriffe, sofern sie einen von der Extension her deutlichen und allgemein akzeptierten Kern haben, d. h. sofern evidente Beispielsfälle („Archetypen") genannt werden können.[12]

bb) Für den Begriff der Tatherrschaft gehört die vollständige eigenhändige Durchführung einer Rechtsgutverletzung dazu.[13] So lässt sich der Begriff der Tatherrschaft entfalten, indem der Bedeutungskern Fallgruppe für Fallgruppe in den Bedeutungshof hinein erweitert oder der Bedeutungshof durch Ausscheidung von Fallgruppen in den „Rest der Welt" verkleinert wird.[14]

---

zung führenden Geschehens) und der Herrschaft (umgangssprachlich im Sinne einer Bestimmungsmacht, dergestalt dass die weitere Entwicklung wesentlich von der Entscheidung des Machtinhabers abhängt).

12 Dies sind etwa bei den Rechtsgütern die angeborenen Rechte Leben, Leib und Freiheit sowie für alle entwickelten Gesellschaften das Eigentum.

13 Also wenn etwa Othello Desdemona im Ehebett erdrosselt, ebenso aber auch die Benutzung technischer Instrumente (er schlägt ihr mit dem Säbel den Kopf ab), die Benutzung eines Menschen als Werkzeug durch vis absoluta (Othello stößt Emilia mit solcher Gewalt gegen Desdemona, dass diese über die Brüstung der Hafenfestung von Famagusta in den Tod stürzt). Bei der ersten Erweiterung führt Jago einen Säbelhieb auf Roderigo, der diesen, um nicht geköpft zu werden, zu einem Sprung nach hinten zwingt, wodurch der von ihm nicht gesehene, hinter ihm stehende Cassio über die Brüstung in den Abgrund stürzt. In der zweiten Erweiterung sieht Roderigo diese Folgen voraus, hat aber keine andere Möglichkeit des Ausweichens, usw. usw.

14 Methodologisch geht es dabei nicht um stringente Schlüsse, sondern um Ähnlichkeitsrelationen an Hand des zuvor zu bestimmenden Gesetzeszwecks (wobei dessen relative Unbestimmtheit im Zuge der Konkretisierung des ihn operationalisierenden Merkmals ebenfalls zu reduzieren ist – darin liegt der sog. hermeneutische Zirkel -) und an Hand einer Abgrenzung des zu bildenden „Gegenbegriffs", beim Rechtsgut etwa in Gestalt des bloßen Einsatzes des Strafrechts zur Durchsetzung von *Lebensformen*, bei der Tatherrschaft in Gestalt der „Einflusslosigkeit in der kritischen Situation" und bei der „Diensthandlung" der Bestechungsdelikte in Gestalt des „Repräsentationsakts", s. Schünemann FS f. Otto, 2009, S. 777, 791 ff., 797 f. Sprachanalytisch betrachtet geht es durchweg um Typusbegriffe, dazu aus neuester Zeit *Puppe*, FS f. Schünemann, 2014, S. 221 ff. mzwN.

c) Kardinalfixpunkt Nr. 4: Die Kennzeichnung der Begehungstäterschaft durch die Tatherrschaft ist inhaltlich bestimmt genug, um einer Konkretisierung zugeführt zu werden, und kann damit eo ipso auch als Basis für Ähnlichkeitsrelationen dienen.

5.

a) Kardinalfrage Nr. 5: Kann die *Entsprechung* des unechten Unterlassens zum aktiven Tun durch die Auffindung einer besonderen Kausalstruktur begründet werden oder wodurch sonst?

b) Kardinalfehler Nr. 5 a und 5 b:

aa) Man müsse nach einer innerpsychischen Kausalität suchen, dergestalt dass der Täter eines unechten Unterlassungsdelikts den natürlichen Rettungsimpuls in sich ersticke und dadurch einen rettenden Kausalverlauf unterbreche. Diese sog. Interferenztheorie[15] arbeitet nicht nur mit einem unhaltbaren Kausalbegriff, der auf jede Manifestation innerpsychischer Vorgänge in der Außenwelt verzichtet, sondern führt sich auch selbst ad absurdum, weil danach der unstreitig nicht wegen eines Erfolgsdelikts verantwortliche quivis ex populo des § 323 c StGB aus dem Erfolgstatbestand zu bestrafen wäre, wenn er nur zwischendurch einmal eine Rettungsabsicht gehabt und dann wieder verworfen hätte, während umgekehrt die (einen Archetyp des unechten Unterlassungsdelikts bildende) Mutter, die ihren Säugling verdursten lässt, von jeder Verantwortung frei wäre, sofern sie nur niemals einen Rettungsimpuls verspürt hatte.

bb) Die Kausalität liege in der Vorhandlung, weshalb alle diejenigen aus dem Erfolgstatbestand zu bestrafen wären, die die von ihnen nicht abgewendete Gefahr durch eine vorangegangene Handlung verursacht hätten.[16] Als bloßes Kausalargument genommen, verstößt das aber natürlich gegen das Schuldprinzip, weil ein bloßer dolus subsequens bestraft wird.

c) Kardinalfixpunkt Nr. 5: Die Suche nach irgendeiner besonderen Kausalität führt in die Irre, weil der Bedingungszusammenhang zwischen dem Verhalten des Täters und der Rechtsgutverletzung (der bei den Unterlassungsdelikten durch die abgewandelte condicio-Formel bezeichnet wird) eine notwendige, aber keine hinreichende Bedingung für die strafrechtliche Verantwortlichkeit ist. Es muss also auch zur Bestimmung des unechten Unterlassungsdelikts nach

---

15 Grdl. v. Buri, GS 21, 19 f.; 27, 26 ff.; 56, 445 ff.; Binding, Die Normen und ihre Übertretung, Bd. II 1877, S. 546 ff.

16 Grdl. *Luden*, *Krug* und *Glaser*, s. den Überblick bei *Welp*, Vorangegangenes Tun als Grundlage einer Handlungsäquivalent der Unterlassung, 1968, S. 26 ff.; *Brammsen*, Die Entstehungsvoraussetzungen der Garantenpflichten, 1986, S. 356 ff.

einer Konstellation gesucht werden, die dem beim Begehungsdelikt zum Bedingungszusammenhang hinzukommenden „Tatherrschafts-Plus" entspricht.

6.

a) Kardinalfrage Nr. 6: Welche Bedeutung kommt der erstmals von *Armin Kaufmann*[17] erwähnten, aber nicht weiter ausgearbeiteten Unterscheidung zwischen Rundumkontrolle einer Gefahrenquelle und Rundumverteidigung eines Rechtsgutsobjekts für das zu suchende Gegenstück der unechten Unterlassungsdelikte zur Tatherrschaft der Begehungsdelikte zu?

b) Kardinalfehler Nr. 6: Es handele sich dabei um eine äußerliche Einteilung, der nichts für den Geltungsgrund und die Reichweite von Garantenstellungen zu entnehmen sei.[18]

Dabei wird übersehen, dass dieser kategorialen Unterscheidung exakt zwei Archetypen der unechten Unterlassungsdelikte korrespondieren, nämlich die Duldung der Verletzung eines Passanten durch den Halter eines bissigen, aber gehorsamen Hundes und das schon erwähnte Verdurstenlassen des Säuglings durch die Mutter. In beiden Archetypen springt die Vergleichbarkeit mit der Tatherrschaft der Begehungsdelikte geradezu ins Auge: So wie Othello beim eigenhändigen Begehungsdelikt den eigenen Körper beherrscht und diesen auch bei einem bewusst nicht geblockten Reflex zum Grund für die Rechtsgutverletzung werden lässt, verhält es sich beim Hundehalter mit dessen Herrschaft über das gehorsame Tier.[19] Und so wie dieser die Entscheidung über das Wohl und Wehe des Passanten trifft, befindet sich der Säugling – nunmehr am anderen Ende des rechtsgutsverletzenden Geschehens – in der Herrschaft seiner Mutter, deren Entscheidung, ihn zu nähren oder das zu unterlassen, über sein Wohl und Wehe entscheidet.

c) Kardinalfixpunkt Nr. 6: Unter dem tertium comparationis der Herrschaft lassen sich beim unechten Unterlassungsdelikt zwei Formen der Entsprechung zur Tatherrschaft bei den Begehungsdelikten finden: die Herrschaft über eine Gefahrenquelle (d. h. über eine wesentliche Station des rechtsgutsverletzenden Kausalverlaufs) sowie die Herrschaft über die Hilflosigkeit des Rechtsgutobjekts.

---

17 Die Dogmatik der Unterlassungsdelikte, 1959, S. 283.

18 Statt aller *Pawlik*, Das Unrecht des Bürgers, 2012, S. 177 mwN.

19 Diese engere Analogie zur Herrschaft über den Körper stand noch an der Wiege der erstmaligen Entwicklung der „Herrschaft über den Grund des Erfolges" als Gleichstellungskriterium in *Schünemann*, Grund und Grenzen der unechten Unterlassungsdelikte, 1971, S: 232 ff.; zu seiner Erweiterung zur Tatherrschaft i. w. S. *Schünemann*, in: Gimbernat/Schünemann/Wolter (Hrsg.), Internationale Dogmatik der objektiven Zurechnung der Unterlassungsdelikte, 1995, S. 49, 72 ff.; LK/*Schünemann*, 12. Aufl., § 25 Rn. 40 ff.; *ders.*, FS f. Amelung, 2009, S. 303 ff., 314.

7.

a) Kardinalfrage Nr. 7: Lässt sich ein inhaltserfüllter Begriff der Herrschaft bilden, bei dem beide vorbezeichneten Formen auf der gleichen Ebene miteinander vergleichbar sind?

b) Kardinalfehler Nr. 7 a und 7 b: Der Begriff der Herrschaft sei mit der Abwendungsmöglichkeit im Sinne der hypothetischen Kausalität identisch und führe deshalb nicht weiter; zumindest sei die Herrschaft über die Hilflosigkeit des Rechtsgutobjekts nicht mit der Herrschaft über eine Gefahrenquelle vergleichbar.

aa) Bei dem Verständnis von Herrschaft als Abwendungsmöglichkeit liegt ein klassisches Missverständnis vor. So wie sich der Hundehalter vermöge seiner Herrschaft über den gehorsamen Hund von einem schlichten weiteren Passanten unterscheidet, nämlich (ebenso wie bei der zur Kausalität hinzukommenden Tatherrschaft bei den Begehungsdelikten) über die schlichte Abwendungsmöglichkeit hinaus über eine prästabilierte Entscheidungsmacht verfügt, gilt dasselbe für die ihren Säugling nicht nährende Mutter etwa im Verhältnis zu einem sie beobachtenden Nachbarn, der dem Geschehen seinen Lauf lässt.

bb) Selbstverständlich begründet auch die Übernahme der Obhut über die Hilflosigkeit des Rechtsguts eine Steuerungsmacht über das Geschehen, wie sie die Tatherrschaft bei den Begehungsdelikten und die Herrschaft über die Gefahrenquelle auszeichnet, als weitere Gruppe des (aus dem Zweck des Strafrechts abzuleitenden) tertium comparationis der willentlich etablierten Steuerungsmacht über das Geschehen. Diese Entsprechung ist überdies im Ergebnis unbestritten, lässt sich vielfältig phänomenologisch aufweisen und im Bedeutungskern sowohl der Umgangssprache als auch der Rechtssprache wieder finden: Man spricht von der elterlichen Gewalt, früher von der Muntgewalt, die Bestimmungsmacht und Schutz zugleich bedeutet.[20]

c) Kardinalfixpunkt Nr. 7: Die Bestimmung des unechten Unterlassungsdelikts durch die beiden alternativen Herrschaftsformen der Herrschaft über eine Gefahrenquelle oder über die Hilflosigkeit des Rechtsguts umreißen ein Konzept des unechten Unterlassungsdelikts, das der Entsprechensklausel von § 13 StGB vollständig entspricht und das auch von der Extension her in dem Sinne un-

---

20 Zwar wird in der neuesten einschlägigen Monographie von *Berster*, Das unechte Unterlassungsdelikt: Der gordische Knoten des Allgemeinen Teils, 2014, die ebenfalls vom Herrschaftsprinzip als durch die Entsprechensklausel gebotenem Fundament ausgeht (S. 54), die Kategorie der Obhutsherrschaft zunächst verworfen (S. 49), als „Beherrschung als Instrument des Willens“ dann aber doch wieder in freilich eingeschränkter Weise anerkannt (S. 64, 74 f.).

streitig ist, dass es die Schnittmenge der unterschiedlichen kunterbunten Theorien des unechten Unterlassungsdelikts bildet und dass keine einzige dieser anderweitigen Theorien einen engeren Anwendungsbereich des unechten Unterlassungsdelikts behauptet.

8.

a) Kardinalfrage Nr. 8: Lässt sich statt dessen vermöge einer Ergänzung des Kausalansatzes durch die verfassungsrechtlichen Grenzen der Handlungsfreiheit oder durch die strafrechtsdogmatischen Regeln der objektiven Zurechnung eine über die Extension des Herrschaftsansatzes hinausgehende Begründung der unechten Unterlassungsdelikte begründen?

b) Kardinalfehler Nr. 8 a und 8 b: Dies könne entweder rechtsphilosophisch oder zumindest verfassungsrechtlich aus der Begrenzung der Handlungsfreiheit durch die Rechte anderer oder aus der Idee der Verantwortung für die objektiv zurechenbaren Folgen des eigenen Handelns abgeleitet werden.

aa) Vielfach wird es „nach der Teleologik strafrechtlicher Normen für selbstverständlich erklärt, dass man aus der Verantwortung für die noch abwendbaren Schadensfolgen des eigenen Tuns nicht um deswillen entlassen sein kann, weil die aktive Phase selbst bereits vorüber ist“,[21] bzw. in anderer Formulierung, dass „einem Unterlassen die Bedeutung zukommt, eine andere Personen werde verletzt“, wenn „die Organisation des Unterlassenden zulasten derjenigen des Opfers gestaltet worden“ ist.[22] Aber das sind bloße Behauptungen, keine Ableitungen. Und soweit die Abgrenzung von Freiheitssphären im Rechtsbegriff *Immanuel Kants* oder die Rechte anderer als Grenze der allgemeinen Handlungsfreiheit in Art. 2 GG als Argument angeführt werden,[23] wird (von der zirkulären Natur dieser Argumente ganz abgesehen) nicht einmal versucht, eine Entsprechung (=Vergleichbarkeit) zur Tatherrschaft beim Begehungsdelikt herzustellen.[24]

bb) Auch soweit die Lehre von der objektiven Zurechnung zur Begrenzung einer Garantenstellung aus Ingerenz herangezogen wird,[25] wird kein tertium comparationis benannt, unter dem eine derartige Garantenstellung mit der Tat-

---

21 *Herzberg*, Die Unterlassung im Strafrecht und das Garantenprinzip, 1972, S. 293; wörtlich übernommen bei *Pawlik* (Fn. 18), S. 182 Fn. 182.

22 *Jakobs*, System der strafrechtlichen Zurechnung, 2012, S. 35 f.

23 *Pawlik* aaO. (Fn. 18) sowie *Vogel*, Norm und Pflicht bei den unechten Unterlassungsdelikten, 1993, S. 359 ff.

24 Zur Kritik näher *meine* in Fn. 19 nachgewiesenen Arbeiten in Gimbernat/Schünemann/Wolter und der Amelung-FS sowie in ZStW 126 (2014), 1, 13 f.

25 *Roxin*, Strafrecht AT II, 2003, S. 764 ff.; dezidiert *Hoven*, GA 2016, 16, 29 ff.

herrschaft beim aktiven Tun vergleichbar sein könnte.[26] Dass dieser Kompromiss auch inhaltlich nicht überzeugt, sondern sogar im Vergleich mit dem (heute allgemein verworfenen) Abheben auf die bloße Kausalität der Vorhandlung zu nicht einleuchtenden, extremen Ungleichbehandlungen führt, lässt sich an dem einfachen Fall eines Verkehrsunfalles mit anschließender unterlassener Hilfeleistung des Unfallverursachers belegen. Wenn dieser sorgfaltsgemäß gehandelt hat und ihm dementsprechend nach den Regeln der objektiven Zurechnung der Unfall nicht zugerechnet werden kann, soll er nach völlig überwiegender Auffassung keine Garantenstellung besitzen;[27] anders dagegen, wenn er objektiv sorgfaltswidrig gehandelt hat. Im ersten Fall macht er sich also nur wegen einer unterlassenen Hilfeleistung nach § 323 c StGB strafbar, im letzteren Fall wegen Mordes durch Unterlassen, wenn er gehandelt hat, um die von ihm zuvor begangene fahrlässige Körperverletzung zu verdecken.[28] Ob jemand das schwerste überhaupt denkbare, mit lebenslanger Freiheitsstrafe bedrohte Delikt begeht oder nur ein nahe am Bagatellbereich liegendes Unrecht verwirklicht, soll also davon abhängen, ob er zuvor einen Fahrfehler begangen hat oder nicht. Es ist aber eine absurde Differenzierung, von einem vorangegangenen Fahrfehler die lebenslange Freiheitsstrafe abhängig zu machen, durch die ein ausgedachtes, mit den Gründen der Täterschaft beim Begehungsdelikt überhaupt nicht vermittelbares Prinzip zu Tode geritten wird. Dass auch der BGH sich nach Belieben von diesen Prämissen verabschiedet, zeigt der Ledersprayfall BGHSt 37, 106, in dem er die objektive Zurechnung mit der subjektiven Sorgfaltswidrigkeit verwechselt hat,[29] um zu dem gewünschten Ergebnis einer Garantenstellung zu gelangen.

c) Kardinalfixpunkt Nr. 8: Man kann an dem Kausalprinzip so viel herum operieren und es einschränken oder nicht, wie man will, die Ergebnisse werden immer ohne Entsprechung zur Täterschaft beim Begehungsdelikt bleiben.

---

26 *Roxin* (Fn. 25), S. 763, möchte freilich im Archetyp des bissigen Hundes auch dann noch die von ihm ebenfalls geforderte Herrschaft des Halters bejahen, wenn der entlaufene Hund keinen Gehorsam mehr leistet. Aber das von ihm dem Halter dann angesonnene Zurückreißen mit eigener Hand wäre (anders als wenn sich der Hund noch an der Leine befände oder auf Zurückpfeifen reagieren würde) keine Ausübung von Herrschaft mehr, seine Unterlassung würde folglich der Begehung durch aktives Tun nicht entsprechen.

27 BGHSt 25, 218; *Roxin* (Fn. 25), S. 766 ff. mzwN.

28 St. Rspr., s. BGH NStZ 1992, 125, 126; BGHSt 38, 356, 361; BGH NJW 2000, 1730; w. N. b. *Fischer*, Strafgesetzbuch, 62. Aufl. 2015, § 211 Rn. 72.

29 Siehe *Schünemann*, in: Gimbernat/Schünemann/Wolter (Fn. 19), S. 68 f.; *ders.*, in: 50 Jahre BGH – Festgabe Wissenschaft, 2000, S. 637 f.

9.

a) Kardinalfrage Nr. 9: Lassen sich (wenigstens) die Obhutsgarantenstellungen durch soziologische Annahmen über die Struktur der Gesellschaft begründen?

b) Kardinalfehler Nr. 9: Es gehe hierbei um sog. „positive Pflichten", die die Institutionen der Gesellschaft beträfen und die Pflicht begründeten, „mit der begünstigten Person eine gemeinsame Welt zu bilden", was dann der Fall sei, wenn es zu ihnen „im Allgemeinen keine Organisationsalternative gibt", z. B. bei der ehelichen Gemeinschaft oder symbiotischen Beziehungen wie diejenige zwischen einem Lahmen und einem Blinden.[30]

Aber damit wird lediglich die vom Gesetzgeber verworfene Ableitung der Garantenstellung aus einer bloß moralischen Pflicht durch eine Übersetzung der Moral in eine These vom Zustand der Gesellschaft ersetzt, was demselben Verdikt unterfallen muss.

c) Kardinalfixpunkt Nr. 9: Die Entsprechung zur Tatherrschaft wird hier vielmehr durch die Herrschaft über die Hilflosigkeit des jeweils anderen hergestellt, wie sie bei der Gefahrengemeinschaft des Blinden mit dem Lahmen geradezu mit Händen zu greifen ist und auch bei der Ehe im Falle des Zusammenlebens (Archetyp: schwerer Sturz auf die Fliesen im Bad).

10.

a) Kardinalfrage Nr. 10: Lässt sich eine Garantenstellung aus Produkthaftung begründen?

b) Kardinalfehler Nr. 10: Das sei ein normaler Fall der (angeblichen) Ingerenz-Garantenstellung.

Aber wie der bereits erwähnte Lederspray-Fall BGHSt 37, 106 zeigt, widerlegt sich diese Begründung durch doppelte innere Widersprüche selbst, indem hier aus offenbar zwingenden kriminalpolitischen Gründen plötzlich sowohl auf die objektive Pflichtwidrigkeit der Vorhandlung als auch auf eine persönliche Vorhandlung des Täters verzichtet wird und dieser stattdessen je nach seiner Position in dem Produktionsunternehmen eine Garantenstellung zum Rückruf des als gefährlich erkannten Produktes besitzen soll.[31]

c) Kardinalfixpunkt Nr. 10: In Wahrheit geht es hier um eine Obhutsherrschaft aus Informationsvorsprung über den Kunden, der sich, allerdings nur beim Vertrieb von Markenware, einer Obsorge des Produktherstellers ähnlich anvertraut wie der Patient der Obsorge durch seinen Hausarzt. Nämlich dem besonderen, die (praktisch nur bei Markenware mögliche) Produktbeobachtung einschließenden Versprechen einer künftigen Fürsorge des Herstellers, für die

---

30 *Jakobs* (Fn. 22), S. 38 f.

31 Dazu *meine* in Fn. 29 nachgewiesene Kritik, S. 69 f. bzw. 639 f.

es (entsprechend dem im Ergebnis zutreffenden, aber falsch begründeten Judiz des BGH) auf die Erkennbarkeit des Fehlers vor Auslieferung nicht ankommt und die nicht kraft kausaler Ingerenz, sondern nach den Regeln der Übernahme-Garantenstellung entsprechend der innerbetrieblichen Kompetenz wahrzunehmen ist. Und weil die Herrschaft aus dem Informationsdefizit des Kunden resultiert und dieses voraussetzt, gibt es auch strafrechtlich keine Rückrufpflicht, sondern nur eine Informationspflicht.[32]

32 Näher *Schünemann*, in: 50 Jahre Bundesgerichtshof (Fn. 29), S. 640 f.; *ders.*, Amelung-FS (Fn. 19), S. 316 ff.; zust. *Schmucker*, Die „Dogmatik" einer strafrechtlichen Produktverantwortung, 2001, S. 150 f. In der Grundkonstruktion ebenfalls zust., aber ohne die Einschränkung auf Markenware *Roxin* (Fn. 25), S. 783.

VIERTER TEIL **Die Formen der strafrechtlichen Täterschaft und ihre Grundstruktur**

I. Das Prinzip der differenzierten Beteiligungsformen und die Unterscheidung von Einzelakts- und Organisationsdelikten

1. **Geschichtlich** entstammen die Begriffe der Mittäterschaft, der mittelbaren Täterschaft, der Beihilfe und der Anstiftung in einer freilich noch recht unklaren, oft nur auf einzelne Tatbestände bezogenen und vom heutigen Verständnis abweichenden Form dem italienischen Strafrecht des ausgehenden Mittelalters. Von dort sind diese Vorstellungen in das gemeine Strafrecht eingedrungen (Art. 148, 177 der Peinlichen Gerichtsordnung Kaiser Karls V. von 1532)[1] und durch die Wissenschaft *(Carpzow, Pufendorf, Böhmer)* allmählich verfeinert worden. Im 18. Jahrhundert unterschied man nur zwischen dem Urheber (*auctor delicti*) und dem Gehilfen (*socius delicti*). Erst um die Wende zum 19. Jahrhundert bürgerte sich die zusätzliche Unterscheidung zwischen dem **physischen** und dem **intellektuellen Urheber** ein,[2] die dann auf Vorschlag von *Mittermaier* und *Bauer* durch die Begriffe **Thäter** bzw. **Anstifter** bezeichnet worden ist und in die deutsche Partikulargesetzgebung Eingang gefunden hat, so zuerst im Entwurf für Hannover von 1825.[3] Die heutige Unterscheidung zwischen Täterschaft, Anstiftung und Beihilfe ist dann aus dem französischen Code pénal (Art. 59, 60) in das Preußische StGB von 1851 (§§ 34, 35) und von diesem in das Strafgesetzbuch von 1871 übernommen worden.[4] Dieses **Prinzip der differenzierten Beteiligungsformen** ist auch in der Strafrechtsreform beibehalten worden und findet sich heute in den §§ 25–27 StGB, im Gegensatz zu dem etwa im österreichischen Strafrecht (§ 12 öStGB) verwirklichten **Prinzip der Einheitstäterschaft.**

2. Freilich kann der Gesetzgeber durch die Fassung der einzelnen Tatbestände ein Ergebnis erreichen, das der Einheitstäterschaft gleichkommt. Beispielsweise wird in § 129 (Bildung krimineller Vereinigungen) die bloße Unter-

---

1 Leicht zugänglich als Reclam-Heft Nr. 18064, hrsg. u. erl. v. *Schroeder*.

2 Nicht nur bei *Feuerbach* Lehrbuch des gemeinen in Deutschland gültigen Peinlichen Rechts (1. Aufl. 1801) 40 f., s. die weit. Nachw. b. *Hruschka* ZStW **110** (1998) 595 Fn. 33.

3 Nachw. b. *Hruschka* **110** (1998) 595 f.

4 Zur geschichtlichen Entwicklung, die hier nicht näher dargestellt werden kann, vgl. vor allem *Heimberger* Die Teilnahme am Verbrechen von Schwarzenberg bis Feuerbach (1896); *Engelmann* FS Binding Bd. 2 (1911) 387 ff.; *Schaffstein* Die Allgemeinen Lehren vom Verbrechen in ihrer Entwicklung durch die Wissenschaft des Gemeinen Strafrechts (1930) 169 ff. (erweiterter Neudruck 1973); *Dahm* Das Strafrecht Italiens im ausgehenden Mittelalter (1931); *Bloy* Zurechnungsform S. S. 46 ff.; *Hruschka* ZStW **110** (1998) 595 ff.; *Maiwald* FS Schroeder, S. 283 ff. Einen skizzenhaften geschichtlichen Abriss gibt *H. Mayer* AT (1953) 301–303; vgl. ferner *Jescheck/Weigend* § 61 II 2 a.

https://doi.org/10.1515/9783110650488-009

stützung einer solchen Verbindung oder die Werbung für sie genauso bestraft wie die Mitgliedschaft, nämlich als Täterschaft. Ähnlich wird, wer eine versicherte Sache beiseite schafft, um dem Versicherungsnehmer bei dessen Versicherungsbetrug zu helfen, nicht als Gehilfe eines Betruges, sondern als Täter nach § 265 (Versicherungsmissbrauch) bestraft. Über diese „Tendenzen zur Einheitstäterschaft" hinaus, die vor allem die aktuelle Gesetzgebung zur Bekämpfung der organisierten Kriminalität und im Bereich des Wirtschaftsstrafrechts kennzeichnen,[5] wird dadurch auch die Abgrenzung zwischen Vorbereitung, Versuch und Vollendung aufgehoben oder zumindest verdunkelt. Instruktiv ist hierfür die „unheilige Allianz" zwischen einer ursprünglich extrem extensiven Tatbestandsinterpretation, deren Billigung durch den Gesetzgeber und der dadurch bewirkten Verriegelung einer Rückkehr zu rechtsstaatlich klaren Konturen: Indem der BGH unter Fortsetzung der reichsgerichtlichen Rspr. im Betäubungsmittelstrafrecht unter „Handeltreiben" (§ 29 I Nr. 1 BtMG) jede eigennützige auf den Umsatz von Betäubungsmitteln gerichtete Tätigkeit auch ohne irgendeinen weiteren Erfolg verstand,[6] wurde auf der ersten Stufe der Unterschied zwischen Täterschaft und Beihilfe weitgehend eingeebnet,[7] ein eklatanter Wertungswiderspruch zur restriktiven Fassung der entsprechenden Tatbestandsmerkmale im Kriegswaffenstrafrecht[8] erzeugt und die Strafbarkeit enorm ausgedehnt (versuchte Täterschaft ist strafbar, versuchte Beihilfe nicht; eine klare Abgrenzung des Bereiches strafloser Vorbereitungshandlungen ist nicht

5 Näher *Volk* FS Roxin, S. 563 ff.

6 St. Rspr., s. RG DJZ **1932** 808; BGHSt **6** 246; **25** 290; **28** 308; **29** 239; **30** 359; BGH NJW **1986** 2896; BGH NStZ **2000** 207; BGH NStZ-RR **1996** 48; BGHR BtMG § 29 Abs. 1 Nr. 1 Handeltreiben **28, 29, 31, 41, 50** und zum Ursprung dieser Judikatur im Wirtschaftslenkungsstrafrecht des 1. Weltkrieges RGSt **51** 379; **53** 310, 316; **58** 159.

7 Während die Tathandlungsalternative des „Einführens" geradezu auf eine Differenzierung nach Täterschaft und Teilnahme angelegt ist (dazu *Roxin* StV **1986** 384 ff.), bietet die o. g. Definition des „Handeltreibens" dafür im Grunde keinen Anknüpfungspunkt, so dass die in der Rspr. des BGH gleichwohl zu findenden Entscheidungen zu den Fällen bloßer Beihilfe (Nachw. b. BGHSt [GrS] **50** 265) auf eine reine Kasuistik hinauslaufen.

8 § 22 a Abs. 1 KWKG bemüht sich von vornherein um eine vorbildliche Ausdifferenzierung der Verbotsmaterie und vermeidet deshalb den Pauschalbegriff des „Handeltreibens", sondern bestraft etwa speziell gemäß Nr. 7 denjenigen, der einen Vertrag über den Erwerb oder das Überlassen einer Kriegswaffe ohne Genehmigung vermittelt. Für diese Begehungsform ist wiederum anerkannt, dass eine vollendete Straftat erst dann vorliegt, wenn der Vertrag zustande gekommen ist (BGH NStZ **1983** 172; **1988** 507 f.; *Pottmeyer*, Kriegswaffenkontrollgesetz, 2. Aufl. 1994, § 22a Rdnr. 139), und auch die Schwelle zum strafbaren Versuch wird erst sehr spät überschritten, weil bloße Sondierungen nicht ausreichen, der Täter vielmehr bindende, alle wesentlichen für einen Vertragsabschluß notwendigen Angaben enthaltende Angebote von Lieferfirmen an Interessenten übermittelt haben muss (BGH NStZ **1988** 507 f.; *Pottmeyer*, § 22a Rdn. 140 m. w. N.).

mehr möglich[9]). Auf der zweiten Stufe hat der Gesetzgeber diese Tatbestandsinterpretation zum Modell für verschiedene Neukriminalisierungen genommen, etwa bezüglich des Handels mit Atomwaffen, biologischen und chemischen Waffen sowie Antipersonenminen in §§ 19–20a (jeweils Abs. 1 Nr. 1) KWKG, rezeptpflichtigen Arzneimitteln in § 95 I Nr. 4 AMG oder menschlichen Organen in § 18 Abs. 1 TPG. Und u. a. deswegen ist auf der dritten Stufe vom Großen Senat für Strafsachen die traditionelle, in einem richtungweisenden Anfrage- und sodann Vorlagebeschluss des 3. Strafsenats[10] überzeugend kritisierte Rspr. dennoch nicht revidiert, sondern bestätigt worden.[11] Dass diese fortgesetzte Ausfransung der für die Konturen eines rechtsstaatlichen Strafrechts unverzichtbaren Kategorien des Allgemeinen Teils nicht nur, aber vor allem im Nebenstrafrecht stattfindet, macht die Sache nicht etwa besser, im Gegenteil.

Ein Ausweg aus dieser Sackgasse kann nur durch eine die verfassungsrechtlichen Pönalisierungsbedingungen wahrhaft respektierende allgemeine Neuinterpretation der Straftatbestände, die eine **betriebliche Tätigkeit** beschreiben, gefunden werden. Um dies exemplarisch am Tatbestandsmerkmal des „Handeltreibens" gemäß § 29 I Nr. 1 BtMG zu erläutern: In materieller Hinsicht folgt aus der Beschränkung des Strafrechts auf die ultima ratio zum Rechtsgüterschutz,[12] der hieraus resultierenden Ersetzung des bloßen kollektiven Scheinrechtsgutes der Volksgesundheit[13] durch das (einem nicht-paternalistischen Strafrecht allein angemessene) Rechtsgut der staatlichen Bewirtschaftungshoheit[14] und dem sich darin ausdrückenden Abstand des lediglich ein „kollektives Zwischenrechtsgut"[15] schützenden Straftatbestandes von den das strafrechtliche Einschreiten letztlich legitimierenden Interessen (nämlich dem Schutz Jugendlicher oder anderweitig nicht frei verantwortlich Handelnder vor

---

9 Die laut BGHSt (GrS) **50** 266 m. z. N. in der Rspr. des BGH „bislang nur erfolgte kasuistische Grenzziehung" knüpft im Kern an die völlig fehlende „Konkretisierung der in Aussicht genommenen Tat" an und lässt also in objektiver Hinsicht praktisch jeden Tatbeitrag als Vollendung (!) genügen.

10 StV **2003** 501 m. zust. Anm. *Roxin* StV **2003** 619; *Gaede* StraFo **2003** 392; StV **2005** 334 m. zust. Anm. *Gaede* HRRS **2005** 205.

11 Beschl. v. 26. 10. 2005, BGHSt (GrS) **50** 252.

12 Vgl. nur m. z. w. N. *Schünemann* in v. Hirsch/Seelmann/Wohlers (Hrsg.) Mediating Principles (2006) 18 ff.

13 BVerfGE **90**, 145, 174 f.; BVerwG NJW **2001** 1365, 1366; BGHSt **31** 163, 168; **37** 179, 182.

14 Vgl. bereits *Bottke* in: Schünemann/Pfeiffer (Hrsg.) Die Rechtsprobleme von AIDS (1988) 171, 215; *Schünemann* in: Hefendehl/v. Hirsch/Wohlers (Hrsg.) Die Rechtsgutstheorie (2003) 133, 146 f. Zur Kritik des Scheinrechtsgutes der Volksgesundheit *Hefendehl* Kollektive Rechtsgüter im Strafrecht (2002) 140 ff.; *Schünemann* in Hefendehl/v. Hirsch/Wohlers S. 146.

15 Zu diesem Begriff bereits *Schünemann* JA **1975** 798; am Beispiel der Drogenverkehrshoheit *ders.* in Hefendehl/v. Hirsch/Wohlers S. 146 f., 152 f.

Selbstzerstörung),[16] dass „der Kriminalitätsbereich des gewinnbringenden Umgangs mit Betäubungsmitteln durch Besonderheiten gekennzeichnet ist, die ihn von der allgemeinen Kriminalität strukturell weitgehend unterscheiden" (so die Worte von BGHSt -GrS- BGHSt **50** 252, 261) – aber in genau umgekehrter Richtung, als der Große Senat vermeint, weil der Strafbarkeitsbereich dadurch eben im Vergleich zur „allgemeinen" Kriminalität in enormer und von Haus aus problematischer Weise vorverlagert worden ist, was auf der (vom Großen Senat unbeachtet gelassenen) Ebene der Legitimation eine peinliche Beachtung und nicht etwa eine Ausfransung der allgemeinen Täterschaftsstrukturen nach sich ziehen sollte. Wenn nun zu den vom Großen Senat allein beachteten empirischen Strukturen dieses „Kriminalitätsbereiches ... regelmäßig ... Tarnung und ein organisiertes hierarchisches System gehören, das das Risiko der Entdeckung des einzelnen Täters gezielt vom kompetenten Täter höherer Ebene auf die zunehmend schwächeren Täter der unteren Ebenen verlagert, (so) dass häufig nur Teilakte des Gesamtgeschehens festgestellt werden können, (weshalb) der Gesetzgeber durch die Pönalisierung des Handeltreibens mit Betäubungsmitteln einen Tatbestand ... geschaffen (habe), der nach der Rechtsprechung ... schon beim Vorliegen relativ geringer Voraussetzungen erfüllt (sei, so dass er) damit – auch angesichts der besonderen Beweisschwierigkeiten bei etwaigen höheren Tatbestandsanforderungen – die Vollendungsschwelle niedrig angesetzt" habe (BGHSt – GrS – **50** 252, 261 f.), so bedeutet freilich nicht nur die unbekümmerte Verwendung des Begriffs des „Täters" in dieser Argumentation einen bloßen Zirkelschluss, sondern ersetzt auch die von Verfassungs wegen gebotene normative Betrachtung durch ein lediglich die Polizeiperspektive reproduzierendes kriminalistisches Argument, das überdies selbst auf dieser Ebene seine eigene Fadenscheinigkeit transportiert: Wenn das „organisierte hierarchische System gezielt das Risiko der Entdeckung vom kompetenten Täter höherer Ebene auf die zunehmend schwächeren (Glieder) der unteren Ebenen verlagert", so sollte dieses eingestandenermaßen enorme Unwertgefälle auch im Tatbestand abgebildet werden und nicht etwa der perfide modus operandi der „kompetenten Täter höherer Ebenen" von Gesetzgebung und Rechtsprechung geradezu redupliziert werden. Die im Vorlagebeschluss des 3. Strafsenats in Anknüpfung an BVerfGE **50** 205 mit Recht reklamierte sachgerechte Abstimmung von Tatbe-

16 *Köhler* ZStW **104** (1992) 1, 62 f.; *Frisch* FS Stree/Wessels, S. 69, 94 f.; *Nestler* in Kreuzer (Hrsg.) Handbuch des Betäubungsmittelstrafrechts (1998) § 11 Rdn. 119–120; *Schünemann* in Hefendehl/v. Hirsch/Wohlers S. 148 f. In der neuesten verfassungsrechtlichen Analyse von *Möller* Paternalismus und Persönlichkeitsrecht (2005) wird der Rauschmittelmissbrauch zwar nicht behandelt, eine vergleichbare Grenze aber für den ähnlichen Fall des Alkoholmissbrauchs begründet (S. 209 ff.).

stand und Rechtsfolge muss bei Tatbeständen, die ein kollektives Zwischenrechtsgut betreffen (wie § 29 BtMG die staatliche Bewirtschaftungshoheit) und damit quasi einen doppelten Vorfeldschutz zum Gegenstand haben, strikter gehandhabt werden als bei der erstmaligen Begründung eines Vorfeldschutzes durch abstrakte Gefährdungsdelikte (beispielsweise § 316), noch dazu wenn die doppelte Vorverlagerung auf ein arbeitsteiliges Geschehen bezogen ist, das von „kompetenten Tätern höherer Ebene" beherrscht wird: Hier überschreitet es sogar die alltagssprachliche Wortlautgrenze und verletzt damit das Analogieverbot des Art. 103 Abs. 2 GG,[17] wenn man den isolierten Beitrag eines „schwächeren (Gliedes) der unteren Ebene" als (scil. vollendete) Erfüllung des den Gesamtbetrieb beschreibenden Tatbestandsmerkmals qualifizieren wollte. Tatbestandsmerkmale, die eine betriebliche Tätigkeit im Vorfeld einer Rechtsgutsverletzung beschreiben, können deshalb nur von denjenigen Personen erfüllt werden, die diese (Gesamt-)Tätigkeit für sich allein oder in mittäterschaftlicher Zusammenwirkung mit anderen beherrschen. Die betreffenden Tatbestände sind deshalb als **Organisationsdelikte** zu qualifizieren, die im Unterschied zur großen Masse der Delikte nicht an bestimmte einzelne Handlungen des Täters anknüpfen (**Einzelaktsdelikte**), sondern an ein Ensemble von betrieblichen Abläufen, als deren „Täter" nur derjenige im Tatbestand bezeichnet wird, der allein oder mit anderen über diese Abläufe insgesamt die Entscheidungsmacht ausübt (vgl. bereits *Schünemann* LK § 14 Rdn. 20 ff. sowie zu denKonsequenzen für die Mittäterschaft Schünemann LK § 25 Rdn. 187). Neben dieser (alle untergeordneten Mitwirkungsakte aus der täterschaftlichen Begehung eliminierenden) Interpretation als Organisationsdelikt bleibt theoretisch als Alternative die Interpretation als **Erfolgsdelikt** in Bezug auf einen das Zwischenrechtsgut verletzenden speziellen Erfolg, indem also etwa die Vollendung des „Handeltreibens" (wie es dem 3. Strafsenat in seinem Vorlagebeschluss vorgeschwebt hat) von dem Abschluss einer Einigung mit dem Lieferanten abhängig gemacht wird. Die Wahl zwischen diesen beiden Alternativen hängt von der konkreten Struktur des jeweiligen Tatbestandes ab. Entscheidend ist, dass in beiden Alternativen sowohl die Differentialdiagnostik der verschiedenen Beteiligungsformen als auch die Abgrenzbarkeit von Vorbereitung, Versuch und Vollendung erhalten bleibt, was eine konturenlose Interpretation nach dem Muster „jede von einer bestimmten Tendenz getragene Tätigkeit" wie nach dem Beschluss des Großen Senates vom 26. 10. 2005 gerade nicht zu leisten vermag.

---

17 Denn im Unterschied zum Bestimmtheitsgebot erfreut sich das Analogieverbot nicht nur in der älteren (dazu m. w. N. *Schünemann* Nulla poena sine lege? [1978] 17 ff.), sondern auch in der jüngsten Rechtsprechung anhaltender Beliebtheit (dezidiert und sogar eher über das Ziel hinausschießend BVerfGE **92** 1).

II. Juristische Personen und Wirtschaftsunternehmen als Täter?

1. In der Frage, ob auch **juristische Personen** oder sonstige Kollektive Subjekt der strafrechtlichen Zurechnungsnormen und damit Täter einer Straftat sein können, bildet Deutschland heute, wie bereits der rechtsvergleichende Überblick zur Vertreterhaftung (*Schünemann* LK § 14 Rdn. 76) zeigt, das Schlusslicht einer internationalen Entwicklung bzw. (je nach der Bewertung) den Fels in einer Brandung, die durch das „Abdriften" von immer mehr kontinentaleuropäischen Ländern, die ursprünglich auf den römischrechtlichen Grundsatz *societas delinquere non potest* eingeschworen waren, in Richtung auf die unbekümmerte Bestrafung von Körperschaften im angloamerikanischen Strafrecht[18] gekennzeichnet ist. Mochte man dessen Siegeszug in den Rechtsordnungen **Skandinaviens** und der **Niederlande**[19] noch mit deren zunehmender Beeinflussung durch das anglo-amerikanische Rechtsdenken überhaupt erklären, so legte doch jedenfalls die Strafbarkeit der juristischen Personen nach dem **französischen** Code Pénal von 1992[20] sozusagen die Axt an die Wurzel der Regel „societas delinquere non potest" als eines Fundamentalprinzips des gesamten kontinentaleuropäischen Strafrechts. Auch die **Schweiz** hat mittlerweile in einer Änderung des Strafgesetzbuches die formelle Strafbarkeit juristischer Personen eingeführt,[21] während in **Italien** und **Österreich** neutraler von einer „Ver-

18 Zum anglo-amerikanischen Konzept des Körperschaftsverbrechens (corporate crime) eingehend *Ehrhardt* S. 96 ff.; *Brickey* Corporate Criminal Liability, 3 vols. (2d ed. USA 1992–94); *Coffee* u. *Ferguson* in: Eser/Heine/Huber, Responsibility S. 9, 152; zum englischen Recht *Leigh* The Criminal Liability of Corporations in English Law (London 1969); *Wells* Corporations and Criminal Responsibility (2. Aufl. Oxford 2001); *dies.* ZStW **107** (1995) 676 ff.; ferner *Healy, Harding* u. *Wise* in: De Doelder/Tiedemann, Liability S. 169, 369 u. 383. Zur Entwicklung in **China** *Wang* ZStW **107** (1995) 1019 ff. (zu den Lit.-angaben s. LK/*Schünemann*[12], vor Rn. 17 vor § 25).

19 Dazu *De Doelder* in: De Doelder/Tiedemann, Liability S. 289 ff.; *Riihijärvi* ibid., S. 203 ff.; *De Doelder, Greve* und *Røstad* in: Schünemann/Suárez S. 311 ff., 313 ff., 323 ff.; *Waling* Das niederländische Umweltstrafrecht (1991) 104 ff.; *Torringa* Strafbaarheid van Rechtspersonen (Arnhem 1984); *Nielsen* in Eser/Heine/Huber, Responsibility S. 189;

20 Dazu *Bouloc* in De Doelder/Tiedemann, Liability S. 235 ff.; *Delmas-Marty* in Schünemann/Suárez S. 305 ff.; *Schwinge* Strafrechtliche Sanktionen gegenüber Unternehmen im Bereich des Umweltstrafrechts (1996) 30 ff.; *Zieschang* Das Sanktionensystem in der Reform des französischen Strafrechts im Vergleich mit dem deutschen Strafrecht (1992) 236 ff.; *ders.* ZStW **115** (2003) 117 ff.

21 Nach Art. 102 f. des Schweizerischen Strafgesetzbuches werden einem Unternehmen die Straftaten natürlicher Personen „zugerechnet", die in Ausübung geschäftlicher Verrichtungen im Rahmen des Unternehmenszwecks begangen werden, wenn diese wegen mangelhafter Organisation des Unternehmens keiner bestimmten natürlichen Person zugerechnet werden können. Bei Geldwäsche, Bestechungsdelikten und kriminellen Vereinigungen wird das Unternehantwortlichkeit“ gesprochen wird.[22] Auch die **EU** marschiert (im Rahmen ihrer bestrittenen, jedenfalls beschränkten Strafrechtskompetenzen[23]) in dieselbe Richtung.[24] In **Deutschland** hatte die vom BMJ eingesetzte Kommission zur Reform des Sanktionenrechts der formellen Strafbarkeit juristischer Personen eine klare Absage erteilt,[25] u. a. mangels eines Bedürfnisses, weil hier seit langem das Institut der Geldbuße gegen juristische Personen gem. § 30 OWiG existiert, in seinem Anwendungsbereich ständig ausgedehnt und gegenüber der Bestrafung natürlicher Personen verselbständigt worden ist.[26] Damit hat auch das

---

men sogar unabhängig von der Strafbarkeit natürlicher Personen selbst „bestraft“, wenn ihm – wie es wörtlich heißt – vorzuwerfen ist, dass es nicht alle erforderlichen und zumutbaren Vorkehrungen getroffen hat, um eine solche Straftat zu verhindern. Näher dazu *Wohlers* SJZ **2000** 381 ff.; *Arzt* SZW/RSDA **2002** 226; *Heine* SchwZStr **121** (2003) 27 ff.

22 **Italien**, wo das Schuldprinzip in Art. 27 der Verfassung ausdrücklich verankert ist, kennt de lege lata nur die im Decreto Legislativo v. 8. 6. 2001 vorgesehene “administrative Verantwortlichkeit“, während in **Österreich** § 3 des „Verbandsverantwortlichkeitsgesetzes“ eine Verantwortlichkeit des Verbandes „für eine Straftat ... eines Entscheidungsträgers“ oder u. U. auch von „Mitarbeitern“ statuiert.

23 Die im Rahmen der sog. dritten Säule, der polizeilichen und justiziellen Zusammenarbeit in Strafsachen, gemäß Art. 34 Abs. 2 Satz 2 lit. b EUV a. F. vereinbarte Kompetenz zum Erlaß von Rahmenbeschlüssen, die dem nationalen Gesetzgeber die Ziele verbindlich vorgeben, warf bei einer Strafgesetzgebung in malam partem gravierende verfassungsrechtliche Bedenken auf, weil die Parlamente in Ausführung eines von den Regierungen gefassten Beschlusses zu deren Lakai degradiert werden und dadurch der im Rechtsstaatsprinzip verankerte Grundsatz „nulla poena sine lege parlamentaria“ verletzt ist, siehe *Schünemann* ZRP **2003** 185 ff.; *ders.* GA **2004** 200; *ders.* StV **2005** 681 ff.; in der früheren Standardliteratur weithin übersehen, vgl. *Satzger* Internationales und Europäisches Strafrecht (2005) 86 f., aber auch *Ambos* Internationales Strafrecht S. 409; unbeachtet gelassen von BVerfG NJW **2005** 2289 ff. m. krit. Rezension *Schünemann* StV 2005 681 ff. m. z. w. N. Zur heutigen Rechtslage s. Art. 83 AEUV und dazu die „Lissabon“-Entscheidung BVerfGE 163, 267 sowie *Satzger* aaO., 8. Aufl. 2018, 146 ff.

24 Denn in zahlreichen Rahmenbeschlüssen wird eine Sanktion gegen juristische Personen gefordert, siehe Rahmenbeschluss des Rates vom 19. Juli 2002 zur Bekämpfung des Menschenhandels – 2002/629 JI (Abl. L 203 vom 1. 8. 2002); Rahmenbeschluss 2003/568/JI des Rates vom 22. Juli 2003 zur Bekämpfung der Bestechung im privaten Sektor (Abl. L 192 vom 31. 7. 2003); Rahmenbeschluss 2003/80/JI des Rates vom 27. Januar 2003 über den Schutz der Umwelt durch das Strafrecht (ABl. L Nr. 29 vom 05. 02. 2003, S. 55). Ebenso etwa heute die Richtlinie (EU) vom 5. Juli 2017 über die strafrechtliche Bekämpfung von ... Betrug (ABl. L 198/29), Art. 6.

25 Abschlußbericht der Kommission zur Reform des strafrechtlichen Sanktionensystems (März 2000) Teil 12, publiziert bei *Hettinger* (Hrsg.) Reform des Sanktionenrechts Band 3 (2002) 7 ff.

26 Dazu *Brender* Die Neuregelung der Verbandstäterschaft im Ordnungswidrigkeitenrecht (1989); *Ehrhardt* S. 58 ff.; zu Lücken und Verbesserungsvorschlägen *Schünemann*, Unternehmenskriminalität I S. 155 ff.; *ders.* Unternehmenskriminalität II S. 168 ff.; *Tiedemann* NJW **1988** 1169 ff.; zur jüngsten Ausdehnung der Verbandsgeldbuße *Achenbach* wistra **2002** 441 ff.

deutsche Strafrecht im weiteren Sinne, ebenso wie in den meisten romanischen Rechtsordnungen das sogenannte Verwaltungsstrafrecht, welches funktional dem deutschen Ordnungswidrigkeitenrecht entspricht, die Behandlung juristischer Personen als Sanktionsadressat seit langem anerkannt.[27]

2. Zwar müsste dem globalen Trend zur Sanktionierung von Kollektiven widerstanden werden, wenn es sich dabei um eine mit den Legitimationsgrundlagen des Strafrechts nicht zu vereinbarende modische Fehlentwicklung handeln würde. Aber das ist in kriminalpolitischer Hinsicht nicht der Fall, vielmehr beruht der genannte Trend auf der wachsenden Einsicht in die enorme gesellschaftliche Bedeutung der **Unternehmenskriminalität** (d. h. des aus einem Wirtschaftsunternehmen heraus begangenen sozialschädlichen Verhaltens). Die im kontinentaleuropäischen Strafrecht über Jahrhunderte herausgearbeiteten dogmatischen Kategorien sind dagegen an einem individualistischen Bild des Verbrechens und des Verbrechers entwickelt worden, sowohl was die Person des Täters als auch was die Erklärung der von ihm verursachten Rechtsgüterverletzung durch seinen bösen Willen oder zumindest durch seinen Leichtsinn anbetrifft. Dieses Verständnis des Verbrechens als der Entgleisung eines habituell oder aktuell asozialen Individuums ist mit der Etablierung des Wirtschaftsstrafrechts im Rahmen des individualstrafrechtlichen Paradigmas auch ohne weiteres auf die Wirtschaftskriminalität ausgedehnt worden – obwohl es hier für viele Fälle unzulänglich ist. Um dies an den Umweltdelikten zeigen, die zum größten Teil im Rahmen einer Unternehmenstätigkeit begangen werden und deshalb insoweit als ein Teilgebiet der Wirtschaftskriminalität angesehen werden müssen: Die immer weiter fortschreitende und in immer weiteren Bereichen irreparabel werdende Beeinträchtigung der überkommenen und in diesem Sinne natürlichen Umwelt ist nicht von Abenteurern oder Randgruppen in individuellen Verhaltensmustern, sondern von dem für die moderne Industriegesellschaft zentralen ökonomischen System selbst im Rahmen eines riesigen kollektiven Verhaltensmusters bewerkstelligt worden, und die Agenturen für diese Veränderung sind die Wirtschaftsunternehmen als die charakteristischen Subsysteme und Handlungsträger der Industriegesell-

27 Dazu für Spanien *S. Bacigalupo* La responsabilidad penal de las personas juridicas (Barcelona 1998) 231 ff.; *Silva Sánchez* in Schünemann/de Figueiredo Dias S. 307 ff.; für Italien *Paliero* in Schünemann/Suárez S. 245 ff.; *ders.* in De Doelder/Tiedemann, Liability S. 251, 265 ff.; *Militello* in Schünemann/de Figueiredo Dias S.321 ff.; *ders.* in Eser/Heine/Huber, Responsibility S. 181; für Portugal *Serra*, ibid. S. 203; *Faria Costa* in Schünemann/de Figueiredo Dias S. 337 ff.; *De Figueiredo Dias* Direito Penal I (Coimbra 2004) 280 ff.

schaft gewesen.[28] Auch allgemein ist der Grad der Professionalisierung und Kollektivierung der Erwerbstätigkeit permanent angewachsen, so dass sich die Berufstätigkeit in der modernen Industriegesellschaft im Vergleich zu früheren Epochen durch ein riesiges Ausmaß an betrieblicher Organisation und Arbeitsteilung auszeichnet, das auch heute immer noch weiter anwächst und neue Bereiche ergreift, auch den sog. tertiären Sektor der Dienstleistungen bis hin zu den akademischen Berufen des Arztes und des Anwalts, in denen die traditionellen individualistischen Produktionsverhältnisse am längsten überlebt hatten. In Verbindung mit der die (post)moderne Gesellschaft ebenfalls kennzeichnenden Deregulierung des Privatlebens und dessen weitgehender Verlagerung in eine für das Recht uninteressante Intimsphäre lässt sich deshalb die Feststellung treffen, dass für das gesellschaftsbezogene und deshalb strafrechtlich relevante menschliche Verhalten die kollektiven Erklärungsmuster der betrieblichen Organisation eine immer größere, vielfach schlechthin zentrale Bedeutung gewonnen haben. Die traditionellen Vorstellungen von dem an einem Sozialisationsdefekt leidenden Verbrecher, durch dessen Resozialisierung man dann auch das Verbrechen zum Verschwinden bringen könnte, erweisen sich nun aber gegenüber dem Verhalten eines beliebigen, in eine Betriebshierarchie eingegliederten Individuums als gänzlich inadäquat. Ausschlaggebend für das Verbrechen im Wirtschaftsunternehmen ist nicht mehr, wie es der traditionellen täterorientierten Kriminologie entspricht, der böse Wille des einzelnen, sondern die **kriminelle Verbandsattitüde**, d. h. der in einem Menschenverband und damit auch in einem Wirtschaftsunternehmen durch eine Vielzahl von Lernprozessen etablierte Gruppengeist als Quelle eines gleichförmigen rechtsgüterschädlichen Verhaltens der Gruppenmitglieder. Die generalpräventive Wirkung des Strafrechts wird deshalb gegenüber dem in eine kriminelle Verbandsattitüde eingebundenen Unternehmensangehörigen ebenso gelähmt wie seine spezialpräventive Wirkung gegenüber einem ohnehin schon voll angepassten, an keinem Sozialisationsdefizit leidenden Täter. Als eine weitere Hemmung der Präventionswirkung des Strafrechts und zugleich als ein entscheidendes Problem der strafrechtlichen Zurechnung kommt das – aus der arbeitsteiligen Struktur der modernen Volkswirtschaft resultierende – Auseinanderfallen von Ausführungstätigkeit, Informationsbesitz und Entscheidungsmacht hinzu. Das traditionelle

28 Dass der überwältigend größte Teil der Umweltbeeinträchtigung von der an den Prinzipien der Lustmaximierung, der Konsummaximierung, der Profitmaximierung und deshalb auch der Produktionsmaximierung orientierten Industriegesellschaft für legal erklärt worden ist und damit für das Strafrecht vielfach nur Randphänomene übrig bleiben, ändert an den kollektiven Erklärungszusammenhängen des strafbaren Verhaltens nichts, sondern verstärkt sie sogar noch.

Zurechnungsmodell des Strafrechts, welches an den für frühere Epochen spezifischen Formen der Abenteurer- und Elendskriminalität entwickelt worden ist, in denen die unmittelbare Ausführungshandlung, die Entscheidungsmacht und die dafür notwendige Informationsbasis grundsätzlich in einer Person vereinigt anzutreffen sind, kann den kollektiven Handlungs- und Entscheidungszusammenhängen, in denen diese drei Aspekte personal getrennt sind, nur schlecht gerecht werden. Indem die unmittelbare Ausführung in einem Wirtschaftsunternehmen regelmäßig auf der unteren oder untersten Ebene durch untergeordnete Unternehmensorgane stattfindet, die weder über eine eigene Entscheidungsmacht noch überhaupt über die notwendigen Informationen zur Beurteilung der Gefährlichkeit ihres eigenen Tuns verfügen, während die einzelnen Entscheidungen zumeist vom mittleren oder gehobenen Management getroffen werden, dem die oberste Führungsebene (auf der erst alle Informationen zusammenfließen, aber zugleich die Verarbeitungskapazität der wenigen Leitungspersonen völlig überfordern!) nicht einmal ausdrückliche Befehle zu erteilen braucht, führt die geschilderte, für den modernen Produktionsprozess typische Form der Unternehmensorganisation im Kontext einer individualisierenden strafrechtlichen Zurechnung in letzter Konsequenz geradezu zu einer **organisierten Unverantwortlichkeit aller.**[29] Eine nochmalige Steigerung der Schwierigkeiten, auf die ein dem Rechtsgüterschutz verpflichtetes Strafrecht im Bereich der Unternehmenskriminalität trifft, ergibt sich schließlich auf der **prozessualen** Ebene aus den Beweisschwierigkeiten, die in spezifischer Weise bei Unternehmensstraftaten bestehen. Zwar verfügt ein Unternehmen normalerweise über ein geordnetes internes Informationssystem, das im Deliktsfall auch hervorragend von der Strafverfolgung zu Beweiszwecken genutzt werden könnte. Wenn aber in dem Unternehmen ein deliktischer Plan verfolgt wird, so bietet dieses interne Informationssystem unbegrenzt viele Möglichkeiten zur Verschleierung und Verwirrung, so dass sich die Ermittlungen der Strafverfolgungsorgane häufig „totlaufen" müssen.[30] Der hierdurch drohende *Präventionsnotstand* kann durch eine bloße *Optimierung der Zurechnungsfiguren des Individualstrafrechts*[31] nicht kompensiert werden, weil dadurch weder die kriminogene Wirkung einer kriminellen Ver-

---

29 Dieses Gesamtbild ist erstmals in *meiner* 1979 publizierten Studie „Unternehmenskriminalität und Strafrecht" entwickelt (s. i. e. *Schünemann* Unternehmenskriminalität I S. 13 ff.; zusammenfassend *ders.* wistra **1982** 41 ff.; *ders.* in Schünemann/Suárez S. 265 ff.) und auch in den seitdem angestellten weiteren Untersuchungen im Kern nicht in Frage gestellt, sondern bestätigt und verfeinert worden, vgl. *Heine* S. 31 ff.; *Rotsch* passim; *ders.* wistra **1999** 372 ff.; zu den amerikanischen Untersuchungen vgl. nur *Clinard/Yaeger* Corporate Crime (New York 1980) 44.

30 Dazu mit Nachw. *Schünemann* Unternehmenskriminalität I S. 30 ff.

31 Eingehend *Schünemann* in Breuer/Kloepfer/Marburger/Schröder S. 137 ff.; *ders.* Festgabe BGH, Bd. IV S. 621 ff.

bandsattitüde noch die Mechanismen der Verantwortungsdiffusion aufgehoben würden, von der drohenden Missachtung der Schuldangemessenheit der Strafe ganz abgesehen, wenn man die durch eine Verstrickung in ein kollektives Handlungs- oder gar Unrechtssystem an sich bewirkte Schuldminderung[32] ignorieren oder gar konterkarieren wollte. Andererseits wäre eine Beschränkung auf die Verbandsstrafe, wie sie dem Wettbewerbsrecht der EG zugrunde liegt,[33] als Reaktion auf die Unternehmenskriminalität noch weniger ausreichend, was auch entgegen früheren Tendenzen in der angloamerikanischen Diskussion[34] seit dem *Enron*-Skandal durch das Sarbanes Oxley-Gesetz[35] anerkannt worden ist: Die moderne organisationssoziologische Erkenntnis, dass die individuelle Verantwortlichkeit vielfach nicht nur nicht beweisbar, sondern sogar nicht einmal feststellbar ist, weil das rechtsgutsverletzende Geschehen auf Störungen im kollektiven Informationsfluss und nicht auf vorwerfbare Fehlentscheidungen der einzelnen Entscheidungsträger zurückgeht, zeigt zwar die Effektivitätsgrenzen des Individualstrafrechts im Unternehmen auf, darf aber nicht zu der fehlerhaften Konsequenz führen, die Verantwortlichkeit der mit Entscheidungskompetenz ausgestatteten Individuen auch dort zu ignorieren, wo sie überzeugend begründet werden kann. Erforderlich ist deshalb eine **Kombination** von Individualstrafrecht und Verbandssanktionen.

3. Die Befriedigung dieser Präventionsbedürfnisse setzt aber natürlich in einem rechtsstaatlich verfassten Strafrecht eine verfassungsrechtlich tragfähige *Legitimation* der Unternehmenssanktionen und deren Einfügbarkeit in das strafrechtliche *Zurechnungssystem* voraus – Aufgaben, die bis heute bestenfalls im

---

32 Dazu am Extrembeispiel der nationalsozialistischen Gewalttaten *Jäger* Verbrechen unter totalitärer Herrschaft (1967) 315 ff., 372 ff.; *Utthoff* Rollenkonforme Verbrechen unter einem totalitären System (1975) 225 ff.; *Hanack* Verh. d. 46. DJT Bd. C II (1967) 53 ff.; *Schünemann* FS Bruns, S. 223, 243 f.; das Gegenargument *v. Freiers* (S. 170 f.), dass die Zugehörigkeit zu einer Bande oder einer kriminellen Vereinigung regelmäßig strafschärfend oder sogar strafbegründend sei, wird der fragilen Situation des Arbeitnehmers in einem im Großen und Ganzen legalen Wirtschaftsunternehmen, das einen starken Loyalitätsdruck aufgebaut hat und diesen nur hin und wieder für rechtswidrige Aktionen benutzt, nicht gerecht.

33 Denn die aufgrund von Art. 83, insbesondere dessen Abs. 2 in lit. a („Die Einführung von Geldbußen und Zwangsgeldern") erlassenen EG-Verordnungen (Übersicht bei *Jung* in Calliess/Ruffert [Hrsg.] EUV-EGV [2. Aufl. 2002] Art. 83 EGV Rdn. 18) sehen ausschließlich die Sanktionierung der Unternehmen und nicht von natürlichen Personen vor, siehe dazu im einzelnen *Dannecker/Fischer-Fritsch* Das EG-Kartellrecht in der Bußgeldpraxis (1989) 253.

34 *Coffee* **17** Am. Crim. L. Rev. 419 (1980); *Fisse* **56** S. Cal. L. Rev. 1141 (1983); *Silets/Brenner* **13** Am. J. of Crim. L. 329 (1986).

35 Pub. L. No. 107–204, 116 Stat. 745 (2002), siehe dazu die Beiträge von *Green, Schünemann, Hefendehl, Deale/Safwat, Mohr, Brickey, Bucy* und *Henning* in **8** Buffalo Crim. L. Rev. 1 ff. (2004); *Brickey* **81** Wash. Univ. L. Qu. 357 (2003).

Ansatz gelöst sein dürften. Die einschlägige Diskussion fußt immer noch auf den im 19. Jahrhundert einerseits im Common Law, andererseits in der Kontroverse zwischen *F. C. von Savignys* Fiktionstheorie und *Otto von Gierkes* Theorie von der realen Verbandsperson[36] entwickelten Zurechnungskonzepten, ist allerdings durch die Rezeption organisationssoziologischer und systemtheoretischer Ansätze außerordentlich verfeinert und façettiert worden. Sie lässt sich auf **vier Modelle** zurückführen, von denen letztlich nur eines tragfähig sein dürfte:

a) Als **schlichtes Zurechnungsmodell** kann man die auf die Alter-ego-Theorie des Common Law[37] zurückverweisende Idee der direkten Zurechnung der Organhandlung und des Organverschuldens an die juristische Person bezeichnen, durch die die doppelte Klippe der fehlenden eigenen Handlungsfähigkeit und eigenen Schuldfähigkeit von Körperschaften[38] umschifft werden soll.[39] Sie läuft in Wahrheit auf eine quaternio terminorum des Handlungsbegriffs wie des Schuldbegriffs hinaus und kann deshalb weder die Einfügung in das Strafrechtssystem leisten noch die Legitimationsfrage beantworten. Denn die Zurechnung einer fremden Handlung ist eben keine Handlung, und die Zurechnung fremder Schuld kann eine an sich fehlende (scil. vorstrafrechtliche) Schuldvoraussetzung auch nicht schaffen, so dass das schlichte Zurechnungsmodell ontologisch und axiologisch auf einem reinen Zirkelschluss beruht.[40]

b) Vielversprechender ist deshalb das von *Tiedemann* entwickelte **Schuldanalogiemodell,** das auf der Annahme eines eigenen Verschuldens des Verbandes in Gestalt eines *Organisationsverschuldens* beruht.[41] Auch dieses Modell muss sich aber die Kritik gefallen lassen, dass sich der Verband ja letztlich nicht

36 Zur Theorie- und Dogmengeschichte siehe im einzelnen *Flume* Allgemeiner Teil des Bürgerlichen Rechts, Bd. I Teil II (1983) 1 ff., 15 ff.

37 Dazu näher *Leigh* S. 74 ff., 91 ff.; *Ehrhardt* S. 116 f.; zur noch extensiveren Zurechnung nach der Respondeat Superior Doctrine siehe *Dubber* Einführung S. 105.

38 Diese beiden Argumente dominierten insbesondere auf dem 40. Deutschen Juristentag 1953 und in den nächsten Jahrzehnten die gesamte strafrechtswissenschaftliche Diskussion in Deutschland, vgl. nur *Heinitz* Verhandlungen des 40. DJT Band I (1953) 67, 85 ff.; *Engisch* ibid. Band II E S. 7, 23 ff.; *R. Schmitt* S. 196 ff.; *Pohl-Sichtermann* Geldbuße gegen Verbände (1974) 32 ff.

39 So das Bundesverfassungsgericht im Bertelsmann-Lesering-Beschluss BVerfGE **20** 323 ff.; *Ehrhardt* S. 186 ff.; *H.-J. Schroth* S. 186 ff., 209, und neuerdings – gerade für einen Vertreter des orthodoxen Finalismus außerordentlich überraschend – *Hirsch* Straffähigkeit S. 10–15; *ders.* ZStW **107** (1995) 286, 288 ff.

40 Zur Kritik vgl. näher *Schünemann* Unternehmenskriminalität I S. 234 f.; *ders.* Haftung S. 455 f.; *Otto* S. 15 ff.

41 *Tiedemann* Strafbarkeit S. 170 ff.; *ders.* NJW **1988** 1171 ff.; *ders.* FS Stree/Wessels S. 531 ff.; *ders.* Wirtschaftsstrafrecht Rdn. 244; ebenso *Brender* S. 93 ff. (ohne zusätzliche Gesichtspunkte) sowie *Deruyck* S. 164 und passim.

selbst, sondern nur durch das Handeln natürlicher Personen organisieren kann, so dass die Legitimation durch den Gedanken des Organisationsverschuldens in einen unendlichen Regress hineinführt.[42]

c) In Weiterführung und Präzisierung von *Otto v. Gierkes* intuitiver Theorie der realen Verbandsperson ist in jüngster Zeit ein **systemtheoretisches Modell** entwickelt worden, welches *Luhmanns* Theorie der autopoietischen Systeme mit dem amerikanischen Konzept des „good corporate citizen" verbindet und dadurch eine funktionale Äquivalenz zwischen Individual- und Unternehmensschuld zu begründen versucht, letztere in „einem Verständnis der Unternehmensschuld als ein durch die Unternehmenskultur zum Ausdruck gebrachtes Manko an Rechtstreue".[43] Obwohl dieses Modell inzwischen eine vor allem der spanischen Strafrechtswissenschaft zu verdankende subtile Ausarbeitung erfahren hat,[44] ist es letztlich aus normtheoretischen und intrasystematischen Gründen nicht überzeugend.

In *normtheoretischer* Hinsicht: Das Strafrecht schützt die Rechtsgüter durch die Verbotsnorm, die nun aber ausschließlich menschliches Verhalten regelt, weil systemische Prozesse, ähnlich wie ein nach Naturkausalität ablaufendes Geschehen, als solche nicht Gegenstand einer Norm sein können. Die Verbotsnorm ist deshalb notwendig auf menschliches Handeln und dessen Vermeidbarkeit bezogen, während mit dem Ausdruck des Organisationsverschuldens ein bloßer Zustand der Organisation, nicht aber eine Normverletzung beschrieben wird. Das „Organisationsverschulden" verweist bestenfalls auf fehlerhafte Organisationsakte von Individuen und führt insoweit zu einem unendlichen Regress. Und vor allem würden die fehlerhaften Organisationsakte von Individuen jedenfalls nicht diejenige Norm verletzen, deren Verletzung der betreffende Straftatbestand erfasst, so dass bei einer Bestrafung der juristischen Person in Wahrheit der angeblich verletzten Strafrechtsnorm eine auf eine ganz andere Norm, nämlich die Organisationsnorm, bezogene Verletzungshandlung untergeschoben würde.

---

42 Vgl. näher *Schünemann* Haftung S. 457–460.

43 So die konzentrierte Formulierung von *Gómez-Jara* ZStW **119** (2007), 290, 333. In Deutschland zunächst von *Jakobs* vertreten (AT § 6 Rdn. 43 ff.), der aber inzwischen zu der extremen Gegenposition eines sachlogischen Ausschlusses der Verbandsstrafbarkeit übergeschwenkt ist (FS Lüderssen, S. 559 ff.). Zu der auf dem Konzept der corporate culture aufgebauten Figur des good corporate citizen siehe *Bucy* **75** Minn. L. Rev. 1095 (1991); *Laufer* **52** Vanderbilt L. Rev. 1343 (1999); *Friedman* **23** Harv. J. of L. and Publ. Pol. 833 (2000). Zur systemtheoretischen Neukonzeption gegenüber v. Gierke s. *Teubner* **36** Am. J. of Comp. L. 130 (1988).

44 Für Deutschland *Lampe* ZStW **106** (1994) 683 ff.; für Spanien *S. Bacigalupo* Responsabilidad S. 101 ff., 351 ff.; *Gómez-Jara* Culpabilidad S. 201 ff.; *ders.* ZStW **119** (2007), 290 ff.

In *intrasystematischer* Hinsicht scheitert das Konzept an dem zentralen Problem des sog. corporate knowledge: Nach verbreiteter Ansicht in den USA soll auch dann ein Körperschaftsverbrechen vorliegen, wenn kein einziger Körperschaftsagent über das zur Vermeidung der Rechtsgutsverletzung erforderliche Wissen verfügte, das erst aus der Addition des fragmentierten Einzelwissens der Unternehmensangehörigen entsteht.[45] Der Organisationsmangel liegt hier in einem fehlenden Kommunikationsakt, den die Organisation, systemtheoretisch gesprochen, nur auf parasitäre Weise von den strukturell an sie gekoppelten Individuen, also aus ihrer Umwelt beziehen könnte. Man mag das als einen Fall fehlender Rechtstreue der Organisation bezeichnen, kann aber nichts daran ändern, dass ein solcher Organisationsmangel etwas qualitativ anderes ist als die nicht erst systemtheoretisch fingierte, sondern natürlich vorhandene Fähigkeit des Individuums zur Einhaltung der objektiv im Verkehr erforderlichen Sorgfalt. Und zu guter Letzt bleibt zwischen der Normtreue des Individuums und derjenigen einer Organisation immer noch ein qualitativer Unterschied in der normativen Tiefenstruktur übrig. Das von seinem Prinzip her auf die Profitmaximierung ausgerichtete Unternehmen gleicht dem von *Kant* apostrophierten Volk von Teufeln, für die das Problem der Staatserrichtung (also der Etablierung einer Rechtsordnung) auflösbar sei, wenn sie nur Verstand haben.[46] Denn die Kommunikation im Unternehmen als Subsystem des Wirtschaftssystems ist – als autopoietisch operativ geschlossenes System – nicht am Codeprogramm Recht/Unrecht, sondern als Sequenz von Relationen zwischen aufeinanderfolgenden Zahlungsakten über den Wert der knappen Güter organisiert, also am Geld orientiert.[47] Systemtheoretisch gesprochen, wird die Kommunikation im Unternehmen durch die Anforderungen des Rechts also nur – in den Worten *Luhmanns* – irritiert oder gestört bzw. – in den Worten *Teubners* – perturbiert. Anders formuliert, kann das Unternehmen die Anforderungen des Rechts immer nur in seine am Geldwert orientierten Kommunikationsakte autopoietisch umwandeln, also etwa zur Vermeidung von Geldbußen Rechtsverletzungen vermeiden, nicht aber den intrinsischen Wert des Rechts anerkennen. Dagegen kann im Bewusstsein der natürlichen Person die eigentlich verpflichtende Kraft des Rechts reproduziert werden, sei es aufgrund einer religiösen Rückbindung, sei es kraft des kategorischen Imperativs, der Goldenen Regel oder anderer vom Individuum als innerlich verpflichtend anerkannter Grundsätze. Und aus diesem Grunde können Unternehmen in systemtheoretischer Perspektive nicht als selbständige Akteure an einer Debatte über den intrinsischen Wert von Rechts-

45 Dazu *Coffee* in Eser/Heine/Huber, Responsibility S. 9, 25 ff.
46 *Kant* Zum ewigen Frieden (2. Aufl. 1796) 61.
47 *Hutter/Teubner* in Fuchs/Göbel (Hrsg.) Der Mensch, das Medium, die Gesellschaft? (2001) 116.

normen teilnehmen, folglich aber auch nicht deren Geltung in einer relevanten Weise bestreiten und damit auch nicht im Sinne des dies verlangenden systemtheoretischen Schuldbegriffs eigene Schuld auf sich laden.

d) Vorzugswürdig erscheint deshalb ein **Maßregelmodell** als Legitimationsbasis für komplexe, repressive und präventive Elemente vereinigende Verbandssanktionen mit den konkreten Legitimationsprinzipien des (durch kriminelle Verbandsattitüde und Beweisnotstand ausgelösten) *Präventionsnotstandes* sowie (speziell im Hinblick auf die nicht selbst an der Unternehmensführung beteiligten Anteilseigner) des *Veranlassungsprinzips.*[48]

4. Ausschlaggebend für den praktischen Erfolg dieses Modells wird sein, ob die Ausgestaltung sowohl legitimationsfähiger als auch wirksamer Unternehmenssanktionen gelingt anstelle einer weder von viel Phantasie zeugenden noch gegenüber potenten Wirtschaftsunternehmen eine hinreichende Präventionswirkung versprechenden Verbandsgeldstrafe als Neuetikettierung der schon nach geltendem Recht existierenden Verbandsgeldbuße gemäß § 30 OWiG. Die umfangreichen Kataloge, die sich jetzt in einer Empfehlung des *Europarates*[49] sowie im neuen *französischen* Strafgesetzbuch[50] finden, dürften auf der anderen Seite des Guten zuviel tun, weil der Richter danach ein praktisch unbegrenztes Ermessen von der bloß symbolischen Verwarnung des Verbandes bis hin zur „Todesstrafe“ durch dessen Auflösung besitzen würde. Am aussichtsreichsten erscheint aus heutiger Sicht die Einrichtung einer **Unternehmenskuratel,** bei der das Unternehmen durch gerichtliche Entscheidung für eine begrenzte Zeit unter die Aufsicht eines (nur mit Informations-, nicht aber Entscheidungsbefugnissen ausgestatteten) Kurators gestellt wird, wenn ein Unternehmensangehöriger, der dem Leitungsbereich des Unternehmens angehört, für das Unternehmen eine nach dem Ausmaß der Pflichtverletzung oder des angerichteten Schadens erhebliche Straftat oder Ordnungswidrigkeit begeht und deshalb die Gefahr weiterer Zuwiderhandlungen besteht.[51] Denn eine solche Maßnahme

---

48 Eingehend *Schünemann* Unternehmenskriminalität I S. 235 ff.; *ders.* Haftung S. 461 ff.; in die gleiche Richtung weisen auch die Überlegungen von *Stratenwerth* FS Schmitt, S. 303 ff. Zusammenfassend *Tiedemann* Grunderfordernisse S. 17.

49 Empfehlung Nr. R (88) 18 des Europarates – Ministerkomitees – vom 20. 10. **1988** betreffend die Verantwortlichkeit von Unternehmen mit eigener Rechtspersönlichkeit für Zuwiderhandlungen, die in der Ausübung ihrer Geschäftstätigkeit begangen worden sind (abgedruckt bei *Schünemann* Haftung S. 445–447).

50 Art. 131-37-131-49 Code pénal in der Fassung des Gesetzes vom 22. 7. 1992. Zur Entwicklungsgeschichte *Zieschang* S. 236 ff.

51 Laut *Schünemann* Haftung S. 470 ff. das „Ei des Kolumbus“. Eine nähere Ausarbeitung und Begründung findet sich bei *Schünemann* Unternehmenskriminalität II; *dems.* in Eser/Heine/Huber, Responsibility S. 293 ff. Zu ähnlichen Tendenzen in den USA s. *Ehrhardt* S. 129; *Gruner* **71** Wash. Univ. L. Qu. 261 ff.

schont die Anteilseigner und Arbeitnehmer, trifft aber das Management und dürfte deshalb einen weitaus stärkeren generalpräventiven Effekt als die genau umgekehrt wirkende Geldbuße haben. Die Verzahnung einer solchen oder ähnlichen Maßnahme mit Individualsanktionen gegen die Ausführungs- und/oder Aufsichtsorgane des Unternehmens in den Fällen der Garantenhaftung gemäß § 13 und der Vertreterhaftung gemäß § 14 mit dem Ziel einer effektiven und legitimierbaren Realisierung der individuellen *und* kollektiven Verantwortlichkeit für aus einem Unternehmen heraus begangene Rechtsgüterverletzungen dürfte das wichtigste kriminalpolitische Desiderat am Beginn des 21. Jahrhunderts darstellen.

5. Anstatt auf diesem Wege weiter fortzuschreiten, hat sich die aktuelle Diskussion in Deutschland auf einen äußerlich prätentiösen, dogmatisch und kriminalpolitisch aber kümmerlichen Ausbau der *Verbandsgeldbuße reduziert*, die durch ihre (im Rahmen des europäischen Wettbewerbsrechts immer exzessiver vorgelebte) Steigerung in astronomische Höhen nicht das generell verhinderungsmächtige Management, sondern die diesbezüglich ohnmächtigen Aktionäre und Arbeitnehmer (noch dazu nicht die damaligen, sondern die jetzigen!) trifft und dadurch im Unterschied zu der Unternehmenskuratel sowohl unter Legitimations- als auch unter Präventionsgesichtspunkten an der *falschen* Stelle ansetzt.[52]

III. Die Tatherrschaft als zentrales Täterkriterium

1. In der Wissenschaft absolut herrschend ist heute die **Tatherrschaftslehre,** die in heute noch gültiger Form zuerst in der 5. Auflage des Leipziger Kommentars (1933) von *Lobe* formuliert worden. Bei ihm heißt es:[53] „Das Wesentliche für die Täterschaft ist ... nicht nur das Vorliegen eines *Willens des Inhaltes*, die Tat als eigene zu begehen, sondern die Verwirklichung dieses Willens muß weiter auch dadurch erfolgen, daß er *ausgeführt wird unter seiner Herrschaft*, daß

52 Zwar ist der Entwurf des Justizministers NRW zur „Einführung der strafrechtlichen Verantwortlichkeit von Unternehmen und sonstigen Verbänden" v. 18. 9. 2013, offenbar wegen seiner manifesten Mängel und inneren Wiedersprüche (eingehend *Schünemann*, ZIS 2014, 1, 7 ff.), nicht mehr aktuell, aber auch dem Referentenentwurf des BMJV v. 15. 8. 2019 fällt außer der nunmehr „Verbandsgeldsanktion" genannten Geldbuße nicht viel ein, ebenso wie dem von der VW-Stiftung finanzierten sog. „Kölner Entwurf eines Verbandssanktionengesetzes" von 2017, abgesehen von seiner (heimlichen) Übernahme der Kuratelidee durch einen als „Monitor" bezeichneten Bewährungshelfer (dazu *Schünemann*, StraFo 2018, 317, 322 ff.).

53 In der Einleitung des Kommentars, S. 123.

der Wille auch die seiner Verwirklichung dienliche *Ausführung beherrscht und lenkt* ... Wer Täter ist, bestimmt sich hiernach nach diesen *beiden subjektiv-objektiven* Merkmalen ... Damit wird auch eine hinreichende Abgrenzung der Teilnahme von der Täterschaft ermöglicht. Bei der *Teilnahme fehlt die Beherrschung* der die Herbeiführung des Erfolges bezweckenden Ausführungshandlung, diese wird vielmehr durch den Willen eines *anderen* ausgelöst und beherrscht ..." Zusammengefasst nennt *Lobe* als das Kriterium der Täterschaft den „animus domini in Verbindung mit dem entsprechenden wirklichen dominare bei der Ausführung".

Lobes Darlegungen blieben zunächst ohne Echo und Einfluß. Größere Bedeutung erlangte der Begriff der „Tatherrschaft" erst, als *Welzel* ihn in seinen „Studien zum System des Strafrechts" (1939)[54] – ohne Anknüpfung an *Lobe* und andere Vorläufer – als *„finale Tatherrschaft"* in die Konzeption seiner Verbrechenslehre einfügte. Aber erst *Maurach* entwickelte die Täterschaft selbständig aus dem von ihm näher konkretisierten Herrschaftsbegriff. „Tatherrschaft ist das vom Vorsatz umfaßte In-Händen-Halten des tatbestandsmäßigen Geschehensablaufes, die dem Handelnden bewußte Möglichkeit finaler tatbestandsgestaltender Steuerung. Tatherrschaft hat jeder Mitwirkende, der in der tatsächlichen und ihm bewußten Lage ist, die Tatbestandsverwirklichung je nach seinem Willen ablaufen lassen, hemmen oder abbrechen zu können. Im Gegensatz zur Täterschaft ist jede Form der *Teilnahme* dadurch gekennzeichnet, daß es bei ihr an der Tatherrschaft des Mitwirkenden *fehlt*".[55] Ihre endgültige Durchsetzung hat die Tatherrschaftstheorie schließlich durch die umfassende Monographie von *Roxin* „Täterschaft und Tatherrschaft" erfahren, die 1963 in 1. und 2006 in 8. Auflage erschienen ist.

Allerdings hält die Tatherrschaftstheorie nicht einmal in der ihr durch *Roxin* verliehenen imponierenden Architektur eine erschöpfende Beschreibung aller Täterschaftsformen bereithält, sondern bedarf selbst der Einfügung in ein **allgemeines strafrechtliches Tätersystem**, das die von der Tatherrschaft nicht bzw. nicht vollständig abgedeckten Deliktsformen miterfasst, also auch die *unechten Unterlassungsdelikte, Sonderdelikte* und *eigenhändigen Delikte*.[56] Wie nachfolgend im einzelnen ausgeführt wird, ist der *Herrschaftsgedanke* auch hier tragfähig, wenngleich selbstverständlich nicht in einer mit dem Tatherrschaftsbegriff bei den Begehungs-Erfolgsdelikten identischen Weise. Die allgemeine Struktur

---

54 In ZStW **58** (1939) 491–566 (539 ff.).

55 So zuletzt AT, 4. Aufl. (1971), § 47 III B 2b, S. 627.

56 Für diese Bereiche hat *Roxin* bereits in seiner Monographie zur Tatherrschaft eigene Täterschaftsprinzipien reklamiert, s. *Roxin* TuT S. 352 ff., 757 ff.; *ders.* AT II § 25 Rdn. 267 ff., § 32 Rdn. 7–16.

der Täterschaft, die für alle Delikte gilt, kann danach als **„Herrschaft über den Grund des Erfolges“** beschrieben werden, als deren Verbesonderung sich die Kategorie der Tatherrschaft im engeren, auf die Begehungs-Gemeindelikte bezogenen Sinne begreifen läßt.

2. Freilich ist die „Tatherrschaft“ kein Begriff, der durch die abschließende Angabe stets vorfindbarer deskriptiver Merkmale definiert wäre und unter den sich beliebige Erscheinungsformen täterschaftlichen Handelns einfach in der Weise subsumieren ließen, dass sie im umgangssprachlichen Bedeutungskern dieses Begriffs lägen.[57] Ein solcher klassifikatorischer Täterbegriff ist angesichts der Mannigfaltigkeit der Lebensgestaltungen überhaupt unmöglich, und die Suche danach hat die Lehre von Täterschaft und Teilnahme lange auf der verfehlten Bahn schematisierender Abstraktion festgehalten. Andererseits ist die Tatherrschaft aber auch keine Generalklausel oder ein bloßes „Bild“, bei dem sich die dogmatische Leistung auf die Zusammenstellung einzelfallbezogener Topoi zu beschränken hätte.

Vielmehr handelt es sich um einen Beziehungsbegriff mit einem durchaus ansehnlichen umgangssprachlichen Bedeutungskern (der Täter muß die Tat, also das im Tatbestand beschriebene Geschehen, beherrschen, es muss also von seiner Willensmacht abhängig sein) und einem der dogmatischen Präzisierung zuzuführenden umgangssprachlichen Bedeutungshof[58] (etwa: Während zwei Komplizen in die Bank einbrechen, steht ein Dritter nur Schmiere – besitzt er Tatherrschaft?). Diese Ausfüllung und damit die Konkretisierung des Begriffs der Tatherrschaft erfolgt nicht einseitig durch eine nur normativistische oder nur an sachlogische Strukturen anknüpfende „ontologisierende“ Methode, sondern durch eine laufende Vernetzung teleologischer und sachlogischer Argumente:[59] Aus der Aufgabe des Strafrechts zum Rechtsgüterschutz durch Androhungsgeneralprävention ergibt sich, dass die Verbotsnorm an diejenigen adressiert werden muß, die die wesentlichen Entscheidungen über den Eintritt der Rechtsgutsverletzung zu treffen vermögen und dadurch deren Eintritt beherrschen (funktional-teleologische Herleitung). Und diese Entscheidung kann wiederum entweder durch eigenes Handeln oder durch einen unter der eigenen Herrschaft stehenden anderen oder in arbeitsteiligem Zusammenwirken mit

---

57 Zu dieser sprachtheoretisch präzisen Beschreibung des Subsumtionsschlusses näher *Schünemann* FS Arthur Kaufmann, S. 299, 308 ff.

58 Zu der von der sprachanalytischen Philosophie bestätigten, fundamentalen Unterscheidung zwischen Bedeutungskern und Bedeutungshof eines sprachlichen Ausdrucks grundlegend bereits *Philipp Heck* AcP **112** (1914) 1, 46, 173; aufgegriffen von *H. L. A. Hart* Harv. L.R. **1958** 593, 607 ff.; w. N. b. *Schünemann* FS Arthur Kaufmann, S. 305 f.

59 Dazu näher *Schünemann* FS Roxin, S. 1 ff.

einem anderen vorgenommen werden (sachlogische Herleitung). Indem die Tatherrschaft also in unterschiedlichen konkreten Gestalten in Erscheinung tritt, handelt es sich dabei um ein die *„Schlüsselfigur(en)"* des tatbestandsmäßigen Geschehens bezeichnendes Leitprinzip im Sinne eines Typus oder **Typusbegriffs** in dem erst in der neuesten Rechtstheorie präzisierten Sinn: nämlich um einen Begriff mit mehreren für sich selbst abstufbaren Merkmalen (Dimensionen), der also nicht im klassischen Sinne definiert, sondern nur durch fallgebundene Ähnlichkeitsregeln konkretisiert werden kann, bei denen die unterschiedlichen Dimensionen mit jeweils unterschiedlichen Ausprägungen vertreten sind und also etwa die schwache Ausprägung eines Merkmals durch die besonders starke Ausprägung eines anderen Merkmals in dem Sinne kompensiert werden kann, dass der konkrete Fall immer noch als eine Erscheinungsform des Typus anzusehen ist.[60] Das bedeutet, dass die Kategorie der Tatherrschaft im Durchgang durch den gesamten Rechtsstoff zu inhaltlich konkreten Bestimmungen ausgearbeitet werden muss, bei der unmittelbaren Täterschaft, der mittelbaren Täterschaft und der Mittäterschaft durch jeweils differierende Merkmale gekennzeichnet wird und allein bei der mittelbaren Täterschaft noch wieder in vielfältig verschiedenen Formen auftritt, die nicht auf gleiche Begriffselemente zurückführbar, sondern nur durch „anschmiegendes Entlangwandern an der gegliederten und vielfach verschlungenen Struktur des Gegenstandes"[61] beschreibbar sind.

IV. Herrschaft über den Grund des Erfolges als Struktur der Täterschaft

1. Wie erwähnt, ist die Tatherrschaft **kein Universalprinzip,** das ausnahmslos bei sämtlichen Tatbeständen zur Bestimmung der Täterschaft herangezogen werden könnte. Den Ausgangspunkt für die Explikation des Täterbegriffs für alle Delikte gibt vielmehr nach wie vor die nur scheinbar triviale Erkenntnis

---

60 Vgl. dazu *Puppe* GS Armin Kaufmann, S. 15, 25 ff.; *Kuhlen* in: Herberger/Neumann/Rüßmann (Hrsg.), Generalisierung und Individualisierung im Rechtsdenken, ARSP-Beiheft Nr. 45, **1992** 101, 119 ff.; *Schünemann* FS Arthur Kaufmann, S. 299 ff., 305 ff.; *ders.* LK Voraufl. § 266 Rdn. 19 ff.

61 In diesem bildhaften Sinne ist die Figur des Typus schon in der älteren Philosophie intuitiv richtig erfasst, wenn auch in analytischer Hinsicht noch nicht genügend präzisiert worden, s. *Nicolai Hartmann* Die Philosophie des deutschen Idealismus 2. Aufl. (1960) 384/85; ferner *Arth. Kaufmann,* Analogie und „Natur der Sache" – Zugleich ein Beitrag zur Lehre vom Typus 2. Aufl. (1982); *ders.* Rechtsphilosophie 2. Auf. (1997) 127–129.

Roxins ab, „daß der Täter nichts anderes ist als das Subjekt der Deliktsbeschreibungen des Besonderen Teils, daß seine Feststellung mithin eine Frage des tatbestandlichen Unrechts und nicht etwa der Schuld, der inneren Einstellung oder der Gesinnung ist".[62] Das in den einzelnen Tatbeständen vorliegende, große Arsenal an plastischen Beschreibungen der unmittelbaren (Allein-)Täterschaft enthält damit indirekt auch den Schlüssel für die übrigen Täterschaftsformen, weil es schon aus dem Gleichheitsgrundsatz folgt, dass die Beziehung der weiteren Täterschaftstypen zum Delikt mit derjenigen des unmittelbaren Täters vergleichbar sein muss, so dass die hierfür verwendeten Kriterien miteinander zusammenhängen müssen und nicht gänzlich heterogen sein dürfen. Den Ausgangspunkt bildet die unmittelbare Täterschaft bei dem „Standardtyp" der Erfolgs-Gemeindelikte (Beispiele §§ 212, 223). Der Gesetzgeber ist hier von der Erkenntnis ausgegangen, dass der Rechtsgüterschutz durch Generalprävention am effektivsten dadurch zu bewerkstelligen ist, dass ein rechtsgüterverletzendes Verhalten mit Strafe bedroht wird. Weil jeder Mensch sein eigenes Verhalten beherrscht, solange er nicht Steuerungsdefekte aufweist, ist es also die **Herrschaft über die eigene Körperbewegung als Grund des** (dadurch zurechenbar herbeigeführten) **Erfolges**, die die Täterstellung bei der simpelsten Deliktsstruktur begründet (wobei die Feinabstimmung hier durch die Lehre von der objektiven Zurechnung[63] erfolgt!). Diese Herrschaft über das eigene Verhalten ist also der in allen modernen Gesetzbüchern auf den Begriff der unmittelbaren Täterschaft gebrachte Ausgangspunkt, dem die Herrschaft über andere bei der mittelbaren Täterschaft und die gemeinsame Herrschaft durch Arbeitsteilung bei der Mittäterschaft als weitere Ausprägungen des Typus der Tatherrschaft in § 25 beigesellt worden sind. Mit diesen drei Täterschaftsformen, die allesamt an den auf ein aktives Tun zugeschnittenen Gemeindelikten entwickelt worden sind, ist nun allerdings die Vielfalt der Tatbestandstypen des Besonderen Teils längst noch nicht erschöpft. Vielmehr muss zumindest für drei weitere Deliktskategorien noch die Struktur der Täterschaft bestimmt werden, nämlich für die **unechten Unterlassungsdelikte** (§ 13), für die durch eine bestimmte objektive Täterqualifikation gekennzeichneten **Sonderdelikte** (Beispiel § 266) und für die durch die höchstpersönliche Ausführung der Tathhandlung gekennzeichneten **eigenhändigen Delikte** (Beispiel § 173). Weil § 25 den Begriff der Täterschaft gleichermaßen für alle Delikte verwendet,[64] muss man, um die Täterstrukturen

62 LK 11. Aufl. § 25 Rdn. 34.

63 Vgl. dazu nur *Roxin* Strafrecht AT I § 11 Rdn. 44 ff.

64 Diesen für die Entfaltung des Täterbegriffs zentralen Gesichtspunkt unterstreicht mit Recht *Bottke* in: Hefendehl (Hrsg.), Empirische u. dogmatische Fundamente, kriminalpolitischer Impetus, 2005, S. 191, 196 f.

für die drei vorgenannten Sonderformen zu ermitteln, aus den Tätertypen der Begehungs-Gemeindelikte (die durch die unterschiedlichen Formen der Tatherrschaft als differentia specifica gekennzeichnet sind) eine allgemeinere Struktur (als genus proximum) entwickeln, die dann wiederum bei den unechten Unterlassungs-, den Sonder- und den eigenhändigen Delikten in einer (dem hier maßgeblichen „Grund der Bestrafbarkeit“ entsprechenden) Typologie zu konkretisieren ist. Diese allgemeine Struktur eines alle unterschiedlichen Deliktstypen überformenden, einheitlichen Grundprinzips der strafrechtlichen Täterschaft, die *Roxin* abstrakt als die „Zentralgestalt des handlungsmäßigen Geschehens“ bezeichnet hat,[65] lässt sich, etwas konkreter, als **Herrschaft über den Grund des Erfolges** charakterisieren und ist von mir erstmals für die Lösung des Gleichstellungsproblem bei den unechten Unterlassungsdelikten wie folgt begründet worden: „Der entscheidende Zurechnungsgrund ist ... die Beziehung zwischen dem personalen Steuerungszentrum und der den Erfolg verursachenden Körperbewegung. Diese *Beziehung* ist der *sachlogische Grund* für die Zurechnung des durch die Handlung verursachten Erfolges an den Täter ... Das ... entscheidende Wesen des Verhältnisses zwischen Person und Körperbewegung ... besteht in der absoluten Herrschaft der Person über den Körper. Die psychophysisch intakte Person beherrscht ihre Körperbewegung in einer jeden anderen Einfluß minimalisierenden und mediatisierenden Weise; die strafrechtlich relevanten (d. h. vermeidbaren) Körperbewegungen haben ... ihren für die Zurechnung ausschlaggebenden Grund in der *Herrschaft des personalen Zentrums* ...: Epileptische Zuckungen oder durch vis absoluta erzwungene Bewegungen sind zwar Körperbewegungen, die schädliche Erfolge verursachen können, sie werden aber ... der Person nicht zugerechnet, weil sie nicht Ausdruck der personalen Herrschaft über den Körper sind ... Wir können damit die Zurechnung eines Erfolges an eine Person qua Handlung als Verbesonderung des allgemeinen Prinzips begreifen, einen Erfolg derjenigen Person zuzurechnen, die die *Herrschaft über den Grund des Erfolges* ausübt“.[66]

2. a) Bei den **unechten Unterlassungsdelikten** ist dieser Weg durch § 13 doppelt klar vorgezeichnet, weil es direkt nach dessen (in genialer Intuition geprägten) Wortlaut ebenfalls um das Einstehenmüssen für einen (deliktischen) **Erfolg** geht wegen eines Unterlassens, das der Tatbestandsverwirklichung durch ein Tun **entspricht**. Folglich ist aus dem Begehungs-Erfolgsdelikt durch

---

65 Täterschaft und Tatherrschaft S. 25 ff.; *ders.* Strafrecht AT II § 25 Rdn. 10.

66 *Schünemann* Unterlassungsdelikte S. 235 f.; ausgebaut für die Sonderdelikte durch *dens.* Unternehmenskriminalität S. 92 f.; zu den systematischen und methodologischen Implikationen ferner *ders.* GA **1986** 331 ff.; *ders.* Homenaje a Welzel S. 251–272; *ders.* Homenaje a Mourullo S. 981–1005; *ders.* LK 11. Aufl. § 14 Rdn. 17.

Generalisierung und sodann Konkretisierung eine **materielle Theorie des unechten Unterlassungsdelikts** zu entwickeln, die die einzelnen Garantenstellungen in einem System der Gleichstellbarkeitsbedingungen von Tun und Unterlassen zusammenzufassen und dadurch auch die Gleichheit der täterschaftlichen Zurechnung bei den unechten Unterlassungsdelikten aufzuweisen vermag. Die traditionelle Aneinanderreihung disparater Garantenstellungen (etwa aus besonderen Rechtssätzen oder rechtlich fundierter enger natürlicher Verbundenheit, anderen Lebens- oder Gefahrengemeinschaften, freiwilliger Übernahme von Schutz- und Beistandspflichten, Stellung als Amtsträger oder als Organ juristischer Personen, aus der Verkehrssicherungspflicht, aus der Pflicht zur Abwehr von Gefahren in einem bestimmten Herrschaftsbereich, aus der freiwilligen Übernahme von Überwachungs- und Sicherungspflichten für andere, aus der Pflicht zur Beaufsichtigung Dritter oder aus einem pflichtwidrigen gefährdenden Vorverhalten[67]) verfehlt als bloß voluntaristisches Kompendium bereits die Grundvoraussetzungen einer systematischen Theorie.[68] Daran kann auch die bloß äußerliche Einteilung der Garantenstellungen in Schutzpflichten für bestimmte Rechtsgüter oder Verantwortlichkeit für bestimmte Gefahrenquellen[69] noch nichts ändern, weil und solange daraus kein Prinzip für

---

67 So etwa *Wessels/Beulke* Rdn. 718 ff.; ähnlich *Jescheck/Weigend* § 59 IV 3 ff.; *Lackner/Kühl* § 13 Rdn. 8–11; *Schönke/Schröder/Stree* § 13 Rdn. 17 ff.; *Arzt* JA **1980** 647–654; ungeachtet der Ableitung aus der sozialen „Erwartungserwartung" im Ergebnis auch *Otto* AT § 9 II, III. Auch die Rechtsprechung praktiziert bei den unechten Unterlassungsdelikten seit langem eine rein dezisionistische Aneinanderreihung einzelner Garantenstellungen, ohne sich auf ein limitierendes allgemeines Prinzip festlegen zu lassen, wie eine Durchsicht der bei *Jescheck* LK 10. Aufl. § 13 Rdn. 20–45 nachgewiesenen Judikatur und in besonders drastischer Form die neueste Entwicklung der Rechtsprechung zur Ingerenz-Garantenstellung bestätigt, die das vom BGH mühsam akzeptierte Einschränkungskriterium der Pflichtwidrigkeit der Vorhandlung (BGHSt **19** 154; **23** 327; **25** 218 im Anschluß an *Rudolphi* Die Gleichstellungs problematik bei den Unterlassungsdelikten und der Gedanke der Ingerenz [1966] S. 157 ff.; ebenso unter den Anhängern dieser Garantenstellung die inzwischen h. L., vgl. *Rudolphi* SK § 13 Rdn. 39 ff. m. w. N.) inzwischen der Sache nach preisgegeben hat, ohne das einzugestehen, geschweige denn für die nun wieder uferlos etablierte Ingerenzhaftung nach einem die Gleichstellung mit den Begehungsdelikten rechtfertigenden Prinzip zu suchen (BGHSt **37** 106, 117–119 und zur Unrichtigkeit der hierbei vom BGH aufgestellten Kontinuitätsbehauptung *Beulke/Bachmann* JuS **1992** 737, 739; *Kuhlen* NStZ **1990** 566, 568; Anm. *Puppe* JR **1992** 30; *Samson* StV **1991** 182, 184; *Rudolphi* SK § 13 Rdn. 39 b).

68 Zu dem die gesamte Dogmengeschichte der unechten Unterlassungsdelikte durchziehenden Grundgebrechen der rein additiven Zusammenfügung disparater Garantenstellungen siehe *Schünemann* ZStW **96** (1984) 287, 289–293.

69 *Rudolphi* SK § 13 Rdn. 24; *Wohlers* NK § 13 Rdn. 32 ff.; *Wessels/Beulke*, Rdn. 715 ff.; erstmals zu finden bei *Armin Kaufmann* Die Dogmatik der Unterlassungsdelikte (1959) 283; sodann aufgegriffen in der „Sammelgruppenlehre" *Henkels*, MschrKrim. **1961** 178, 190 f.

die *Begründung* von Garantenstellungen entwickelt wird.[70] Genau das kann aber geleistet werden, sobald man darin Ausprägungen des allgemeinen Typus der *Herrschaft über den Erfolgseintritt* erkennt, die bei den Begehungsdelikten in der besonderen Form der Herrschaft über die eigene (den Erfolg zurechenbar verursachende) Körperbewegung als *Tatherrschaft i. e. S.* gegeben ist und dementsprechend bei den unechten Unterlasungsdelikten, soll der Erfolg mit der gleichen Berechtigung dem Täter als sein Werk zugerechnet werden können, ebenfalls eine Erscheinungsform der **Herrschaft über den Grund des Erfolges** als allgemeiner Struktur der Täterschaft voraussetzt.

b) Diese Herrschaft kann wiederum, wie eine Analyse des phänomenologischen Materials (des „Rechtsstoffes") zeigt, in den beiden Formen der *Herrschaft über die Hilflosigkeit des Rechtsguts(objektes)* (mit den einzelnen Garantenstellungen der Lebensgemeinschaft, Gefahrengemeinschaft und Obhutsübernahme) und der *Herrschaft über eine wesentliche Erfolgsursache* (mit den einzelnen Garantenstellungen der Verkehrspflichten und der Herrschaft über gefährliche Personen oder Verrichtungen einschließlich der Geschäftsherrenhaftung) auftreten und entsprechend ausdifferenziert werden, wodurch die heute weithin anerkannte Zweiteilung der Garantenstellungen mit einer den Entstehungsgrund hervorhebenden, sachlogischen Grundlage versehen wird.[71] Dass diese beiden Typen von Garantenstellungen, wenn man sie mit der Tatherrschaft des Begehungstäters vergleicht, als ein anderer Subtypus der Herrschaft über den Grund des Erfolges begriffen werden können, ist unbestreitbar. Die sich – wie bei jeder typologischen Betrachtungsweise – stellende weitere Frage, ob die Gleichstellung dieser verschiedenen Typen auch dem Willen des Gesetzgebers entspricht, lässt sich mit selten anzutreffender Eindeutigkeit nicht nur (1) auf Grund des oben zitierten Wortlauts des § 13 bejahen, sondern auch (2) kraft Analyse der seit je unbestrittenen, geradezu archetypischen Grundfälle der Mutter, die ihren Säugling verdursten lässt (existentiell begründete Herrschaft über die Hilflosigkeit), und des Hundehalters, der seinen bissigen Hund

---

70 So aus dem Kreise der h. L. selbst *Arzt* JA **1980** 648; *Baumann/Weber/Mitsch* § 15 Rdn. 50; *Stratenwerth/Kuhlen AT* § 13 Rdn. 15; kritisch deshalb *Schünemann* ZStW **96** (1984) 305; *Jakobs* § 29 Rdn. 27; *Wohlers* NK § 13 Rdn. 32, 35; *Pawlik* ZStW **111** (1999) 335, 339; and. *Hruschka* S. 119 mit der Verheißung eines „erheblichen Erkenntnisfortschritts", den er aber auf S. 157–158 nicht einlöst.

71 So erstmals *Schünemann* Unterlassungsdelikte S. 229 ff., 281 ff.; in Auseinandersetzung mit daran geübter Kritik fortgeführt in GA **1974** 231 ff.; ZStW **96** (1984) 287, 293–297 mit Fn. 26–32; Unternehmenskriminalität S. 84 ff.; GA **1985** 341, 375–380; in: *Schünemann/Gimbernat/Wolter* (Hrsg.) Internationale Dogmatik der objektiven Zurechnung und der Unterlassungsdelikte (1995) 49, 72 ff. Weitgehend ähnlich *Sangenstedt* Garantenstellung und Garantenpflicht von Amtsträgern (1989) 367 ff.; *Bottke* TuG S. 98 ff., 142 ff.; eingehend *Roxin* AT II § 32 Rdn. 17 ff.

nicht zurückpfeift (Herrschaft über die Gefahrenquelle), sowie (3) aus der fundamentalen Aufgabe des Strafrechts ableiten, Rechtsgüterschutz durch Generalprävention zu bewirken: Die unter Strafandrohung gestellten Normen des Strafrechts müssen sich im Interesse dieses Zieles an diejenigen Personen richten, die über die Frage der Rechtsgutsverletzung die maßgebliche Entscheidung treffen, also an diejenigen, die das Geschehen beherrschen. Und unter diesem leitenden Aspekt stehen nun einmal diejenigen Personen, die die Herrschaft über eine Gefahrenquelle oder über die Hilflosigkeit des Rechtsguts ausüben, hinter denjenigen, die das Geschehen kraft ihrer durch die eigene Körperbewegung vermittelten Tatherrschaft steuern, nicht zurück.

3.a) Dieselben Strukturen lassen sich auch bei den **Sonderdelikten** finden, bei denen nur eine regelmäßig durch ihren sozialen Status im Tatbestand bezeichnete Person (der **intraneus**) als Täter qualifiziert ist.[72] Die wichtigste Untergruppe wird von den (echten) *Amtsdelikten* (vor allem §§ 331 f., 336 ff.) gebildet, bei denen nur ein Amtsträger gem. § 11 Abs. 1 Nr. 2–4 Täter sein kann; weitere Beispiele bieten die Verletzung von Privatgeheimnissen (§ 203), die Untreue (§ 266) und das Unerlaubte Betreiben von Anlagen (§ 327). Die Brücke zu deren Entschlüsselung ist in einer Analyse der in § 14 geregelten strafrechtlichen Vertreterhaftung zu finden:[73] Wenn danach dem Vertreter einer juristischen oder natürlichen Person die die Strafbarkeit begründenden besonderen Merkmale zugerechnet werden, so kann der Grund hierfür ja nicht in der zivilrechtlichen Rechtsfigur der Stellvertretung liegen, eben weil zivilrechtliche Rechtsfolgen als solche nicht mit strafrechtlichen Rechtsfolgen identisch sind. Vielmehr kann der Vertreter nur dann mit Fug und Recht ebenfalls als Täter qualifiziert werden, wenn er unter den für die Integrität des Rechtsguts relevanten Aspekten in die Position des anderen hineingewachsen ist und jene Attribute auf sich gezogen hat, die bei der Vertypung des betreffenden Sonderdelikts durch den Gesetzgeber den Grund der Bestrafbarkeit abgegeben haben. Bei der Vertreterhaftung geht es infolgedessen für den Bereich der Sonderdelikte um ein entsprechendes Gleichstellungsproblem wie bei der Regelung der Garantenstellungen für den Bereich der unechten Unterlassungsdelikte (eingehend *Schünemann* LK § 14 Rdn. 13 f.). Es handelt sich deshalb zumindest bei dem größten Teil der Sonderdelikte um **Garantensonderdelikte**, bei denen die Täterstellung

---

72 Dazu allg. *Joecks* MK § 25 Rdn. 43; *Roxin* AT I § 10 Rdn. 129 f.; *Sch/Schröder/Lenckner/Eisele* Vorbem. §§ 13 ff. Rdn. 131; *Stratenwerth/Kuhlen* AT § 8 Rdn. 4.

73 Dieses Konzept ist erstmals entwickelt worden von *Schünemann* Unternehmenskriminalität I S. 92 ff., 138 ff.; ferner *ders.* GA **1986** 331 ff.; eine Zusammenfassung findet sich bei *Schünemann* LK § 14 Rdn. 13; *ders.* LK 11. Aufl. § 266 Rdn. 55, 58. Umfassend *Chen*, Das Garantensonderdelikt, 2006.

in einer strafrechtlichen Garantenstellung im Sinne der *Herrschaft über den Grund des Erfolges* besteht. Hierbei trifft man zum einen auf die Herrschaft über die Hilflosigkeit des Rechtsgutes, etwa bei der Untreue des Vermögensverwalters, zum anderen aber auch auf die Herrschaft über eine Gefahrenquelle als wesentlicher Erfolgsursache, etwa in Gestalt der Unternehmensleitung oder des Betriebes gefährlicher Anlagen. Gerade auf diesem Gebiet gibt es zahlreiche Sonderdelikte, etwa wenn der Inhaber einer gefährlichen Anlage dadurch die Umwelt schädigt.[74] Hier ist nicht die öffentlichrechtliche Pflicht das entscheidende Täterschaftskriterium, die nämlich in Wahrheit nur eine Begleiterscheinung der Herrschaft auf dem Gebiet des öffentlichen Rechts darstellt, sondern die Innehabung der Herrschaft selbst, die entsprechend auf den Betriebsleiter übergehen kann und dann diesen zum tauglichen Täter macht. Dasselbe lässt sich am Straftatbestand der Untreue demonstrieren, wonach derjenige zu bestrafen ist, der ein fremdes Vermögen schädigt, zu dem er in einem Treueverhältnis steht. Weil die Täterqualifikation hier ausdrücklich nicht nur durch zivilrechtliche Rechtsverhältnisse, sondern auch durch ein „tatsächliches Treueverhältnis" begründet wird, ging es dem Gesetzgeber des § 266 ersichtlich nicht um eine zivilrechtsakzessorische Bestrafung der Verletzung zivilrechtlicher Pflichten. Vielmehr soll der Treubruchtatbestand ganz allgemein die schädigende Ausübung der durch einen Vertrauensakt eingeräumten Obhutsstellung im Sinne einer Herrschaft über fremdes Vermögen pönalisieren, so dass also die Herrschaft und nicht deren zivilrechtliche Form für die strafrechtliche Täterstellung das entscheidende Kriterium darstellt.[75] Ähnlich wie bei den Garantenstellungen der unechten Unterlassungsdelikte inzwischen die Ersetzung der Kategorie des Vertrages durch die tatsächliche Übernahme in der Sache nahezu unstreitig ist,[76] muss deshalb auch bei den Sonderdelikten das Täterkriterium nicht in der Verletzung einer formellen außerstrafrechtlichen Rechtspflicht, sondern in einer mit der Tatherrschaft bei Begehungsdelikten typologisch vergleichbaren Herrschaftsbeziehung über das Geschehen gesucht werden (die letztlich auch der außerstrafrechtliche Pflicht als *Epiphänomen* zugrunde liegt). Auch bei den Amtsdelikten ist offen-

---

74 Wenn die herrschende Meinung hierbei nicht nur den Betreiber einer Anlage, also etwa den Inhaber einer chemischen Fabrik, als tauglichen Täter ansieht, sondern jeden, der beim Betrieb der Anlage in einem Teilbereich eigenverantwortlich tätig wird (*Steindorf* LK 11. Aufl. § 325 Rdn. 67), so stellt das wiederum einen Beleg für die Richtigkeit der im Text entwickelten Tätertheorie dar, weil die eigenverantwortliche Leitung eines Teilbereiches identisch ist mit Herrschaft über den Grund des Erfolges.

75 *Schünemann* LK 11. Aufl. § 266 Rdn. 58, 61; *ders.* Organuntreue (2004) 15 f.

76 *Freund* MK § 13 Rdn. 161 f.; *Rudolphi* SK § 13 Rdn. 62; *Sch/Schröder/Stree* § 13 Rdn. 28; *Roxin* AT II § 32 Rdn. 53; *Kühl* AT § 18 Rdn. 68; *Puppe* AT II § 45 Rdn. 12 f., § 47 Rdn. 2 f.; dagegen *Baumann/Weber/Mitsch* § 15 Rdn. 60.

sichtlich, dass der Amtsträger aufgrund der ihm zur Verfügung stehenden Staatsmacht eine qualifizierte Kontrolle über das Geschehen im Rahmen seiner Zuständigkeit ausübt und deshalb selbst einer strengeren strafrechtlichen Kontrolle unterliegt.[77] Am Beispiel des „Hundesitters", der anstelle des Hundehalters dessen bissigen Hund spazieren führt und nicht einschreitet, wenn sich dieser Hund auf einen Passanten stürzt, kann man sehr schön die enge Verwandtschaft von unechten Unterlassungsdelikten als Komplementär-Begehungsformen zu den Gemeindelikten einerseits und den Sonderdelikten mitsamt der ihnen zugeordneten „Vertreterhaftung" andererseits demonstrieren. Wenn der Hund den Passanten beißt, so begeht derjenige, der vom Hundehalter die Obhut über das Tier übernommen hat, den Hund aber nicht zurückhält, eine Körperverletzung durch Unterlassen. Das entsprechende Sonderdelikt dazu ist vielfach durch kommunale Satzungen in der Form geschaffen worden, dass Hundehalter, die einen bissigen Hund besitzen, mit einer Geldbuße belegt werden, wenn sie den Hund ohne Maulkorb spazieren führen. Das ist ein Sonderdelikt des Hundehalters, aber es liegt auf der Hand, dass das für den Rechtsgüterschutz Entscheidende nicht die öffentlich-rechtliche Rechtspflicht, sondern die Ausübung der tatsächlichen Herrschaft über den Hund beim Spazierengehen ist. Wer also im Auftrag des Hundehalters dessen bissigen Hund spazieren führt und ihm dabei keinen Maulkorb anlegt, besitzt aufgrund der Obhutsübernahme die Herrschaft über den Hund und sollte deshalb richtigerweise tauglicher Täter sein, was aber de lege lata rechtstechnisch nur durch die Regeln der Vertreterhaftung sichergestellt werden kann und deshalb an deren Lücken (dazu näher *Schünemann* LK § 14 Rdn. 5 ff. ebenfalls laboriert.

b) Die Theorie des Garantensonderdelikts bedeutet eine Materialisierung des von *Roxin* begründeten Verständnisses der Sonderdelikte als **Pflichtdelikte**, bei denen Täter nur sein könne, wer eine dem Tatbestand vorgelagerte *außerstrafrechtliche Sonderpflicht* verletzt, etwa bei Amtsdelikten die dem öffentlichen Recht entstammende tatbestandsspezifische Pflicht, bei Berufsdelikten wie § 203 Nr. 1 die vorstrafrechtliche ärztliche Schweigepflicht oder beim Treubruchtatbestand des § 266 die strafrechtsunabhängige Vermögensfürsorgepflicht. Die Eigenart der Pflichtdelikte sollte nach der 1963 in *Roxin* TuT S. 352–399 entwickelten Lehre darin bestehen, dass die Verletzung der vorstrafrechtlichen Sonderpflicht allein und völlig unabhängig von anderen Merkmalen (wie etwa der Tatherrschaft) die Täterschaft begründet, während das Fehlen der tatbestandspezifischen Pflichtverletzung auch bei bestehender Tatherrschaft immer nur zur Annahme einer Beihilfe führen kann, etwa bei § 203 Abs. 1 im Fall des Ausplau-

77 Ein weiteres Beispiel bietet die Herrschaft des Beamten über ihm anvertraute Geheimnisse der Bürger gem. § 203 Abs. 2, dazu *Schünemann* LK § 203 Rdn. 58 f.

derns des Geheimnisses durch einen Nichtarzt (den **extraneus**). Umgekehrt begründe für den intraneus nicht die Tatherrschaft (oder gar der animus auctoris), tesondern die Pflichtverletzung die Täterschaft; und wenn etwa ein Amtsträger zusammen mit einem Nichtbeamten eine Aussage erpresst, so kann trotz gemeinsamer Tatherrschaft nur der Beamte Täter des § 343 sein, während der extraneus Gehilfe ist. Liegt die Tatherrschaft allein beim extraneus, so ist der ohne Tatherrschaft mitwirkende intraneus wegen *mittelbarer Täterschaft durch Benutzung eines qualifikationslosen dolosen Werkzeugs* verantwortlich. Wenn also der Verwalter V eines in Deutschland lagernden Vermögens von Amerika aus einen an der Vermögensverwaltung unbeteiligten Komplizen K zur Beiseiteschaffung von Vermögensstücken veranlasst, so ist V ungeachtet seiner fehlenden Tatherrschaft Täter des § 266, während K trotz Tatherrschaft wegen mangelnder Pflichtverletzung nur Gehilfe sein könne. Und vor allem sollte bei den Pflichtdelikten – anders als bei den vom Prinzip der Tatherrschaft geprägten Herrschaftsdelikten – eine *Teilnahme an unvorsätzlicher Haupttat* möglich sein und dadurch die Strafbarkeitslücke geschlossen werden, die infolge der Unfähigkeit des extraneus zur (mittelbaren) Täterschaft droht.

c) Während das letztgenannte Anliegen durch die gegenteilige Entscheidung des Gesetzgebers in der Strafrechtsreform (LK/*Schünemann* vor § 26 Rdn. 21) überholt ist, erweisen sich die übrigen Sätze auch in der Doktrin der Garantensonderdelikte als zutreffend und erfahren hierin eine verstärkte Untermauerung. Dies gilt insbesondere durch den Nachweis der Verwandtschaft zu den unechten Unterlassungsdelikten, weil dadurch sowohl die Begehung durch **Unterlassen** seitens des intraneus als auch die **analoge Anwendung des § 13 Abs. 2** über die fakultative Strafmilderung[78] ohne weiteres plausibel gemacht wird. *Roxin* hat seine ursprüngliche Beschränkung des Täterbegriffs bei den Sonderdelikten auf die Verletzung außerstrafrechtlicher Pflichten inzwischen auch weitgehend relativiert und sich auf die hier vertretene Konzeption zubewegt.[79] Umgekehrt findet sich bei *Jakobs*[80] eine Radikalisierung der Konzeption der Pflichtdelikte, was in seinem normativistischen Gesamtkonzept konsequent und von seinem Schüler *Sánchez-Vera* kongenial im Detail ausgeführt worden ist,[81] aber die Grundgebrechen seines „empiriefreien Normativismus"[82] teilt: In dem Rechtsgüterschutz bezweckenden Strafrecht kommt es nicht auf die Pflicht

78 Am Beispiel der Untreue *Schünemann* LK 11. Aufl. § 266 Rdn. 161; BGHSt **36** 227.

79 *Roxin* LK 11. Aufl. § 25 Rdn. 39; *ders.* AT II § 25 Rdn. 274.

80 AT § 21 Rdn. 160 ff.

81 Pflichtdelikt und Beteiligung, passim; dazu umfassende Kritik bei *Chen* Das Garantensonderdelikt (jur. Diss. München 2004).

82 Zur Kritik *Schünemann* FS Roxin, S. 1, 13 ff.

als solche an (die entweder außerstrafrechtlich und dann strafrechtsirrelevant oder mit der Strafrechtsnorm identisch und dann tautologisch ist), sondern auf die *pflichterzeugende soziale Struktur*. In der **Wissenschaft** wird die Lehre von den Pflichtdelikten teilweise anerkannt, aber selten gründlicher diskutiert.[83]

4. Eigenhändige Delikte sind Straftaten, die nur durch körperliche Vornahme der Tatbestandshandlungen selbst verwirklicht werden können. Eine uneigenhändige Mittäterschaft und – vor allem! – **mittelbare Täterschaft** sind hier also **ausgeschlossen**. Die Existenz eigenhändiger Delikte ist heute weitgehend anerkannt,[84] doch ist äußerst umstritten, welche Tatbestände ihnen im einzelnen zuzuzählen sind und worin der tragende Grund der Eigenhändigkeit liegt.

a) Vielfach wird darauf abgestellt, ob nach dem Wortsinn der Gesetzesfassung das Verhalten eines Außenstehenden noch als tatbestandserfüllend angesehen werden kann (von *Frühauf sog.* **„Wortlauttheorie"**). Schon *Binding*[85] hatte die von ihm angenommene Eigenhändigkeit der früheren Notzuchtbestimmung (§ 177 a. F.) auf diesen Gesichtspunkt gegründet: „Ich möchte doch wissen, ob jemand, der zur Notzucht angestiftet hat, sich je rühmen würde, er hätte die Geschändete genossen?" Auch der BGH hat sich zu der Meinung bekannt,[86] „daß die Eigenhändigkeit der Straftaten wesentlich von der Fassung der Tatbestände durch den Gesetzgeber abhängt"; so hatte er z. B. gemeint, das „Mißbrauchen zum außerehelichen Beischlaf" in § 176 Abs. 1 Nr. 2 a. F. könne „nach dem Sinn, den die Sprache mit diesem Ausdruck verbindet, nur bedeuten: den Beischlaf selbst vollziehen",[87] so dass die Täterschaft eines bei der Nötigung

---

83 Vgl. allgemein zu den Pflichtdelikten *Roxin* AT I § 10 Rdn. 128 ff.; AT II § 25 Rdn. 267 ff. Im übrigen: *Blauth* „Handeln für einen anderen" nach geltendem und kommendem Recht (1968) 76 ff.; *Blei* I § 71 II 1 b; *Cramer* FS Bockelmann, S. 395 f.; *Ebert* AT S. 43, 191; *Gropp* AT § 10 Rdn. 39; *Haft* AT 8. Teil § 2, 4c; *Herzberg* TuT § 3 III 5 b („im Grundsatz Zustimmung"); *Jakobs* § 21 Rdn. 116 ff.; *Joecks* MK § 25 Rdn. 43; *Kindhäuser* LPK Rdn. 42 f.; *Kühl* AT § 20 Rdn. 14; *Schild* NK Rdn. 15; *Sch/Schröder/Cramer/Heine* Vorbem. §§ 25 ff. Rdn. 84, § 25 Rdn. 78; *Schünemann*, GA **1986** 293, 332 ff.; *Wessels/Beulke* Rdn. 522. Teils zustimmend, teils ablehnend: *Stratenwerth/Kuhlen* AT § 12 Rdn. 40; *Bloy* Zurechnungstypus S. 229 ff. Ablehnend: *Maurach/Gössel/Zipf* § 47 Rdn. 90 f.; *Langer* S. 223 ff. (vgl. zu diesem *Roxin* TuT S. 739 Anm. 752); *Hoyer* SK § 25 Rdn. 21 ff.; *Pizarro Beleza* Coimbra-Symposium, S. 267, 279; *Renzikowski* Täterbegriff S. 27 f.

84 Gegen die Anerkennung eigenhändiger Delikte vom Standpunkt des extensiven Täterbegriffs aus früher *Eb. Schmidt* FG Frank, Bd. 2 S. 106, 119 (128/29); *Roeder* ZStW **69** (1957) 250; *Frühauf* Eigenhändige Delikte (1959); neuerdings *Schubarth*, SchwZStr **114** (1996) 325 ff.; *ders.*, ZStW **110** (1998) 827, 839 ff.; *Hoyer* SK Rdn. 20.

85 Strafrechtliche und strafprozessuale Abhandlungen, Bd. I (1915) 268, Anm. 17; auf der „Wortlauttheorie" fußt neuerdings auch wieder *Fuhrmann* Begehen S. 226.

86 BGHSt **6** 226–229 (227).

87 BGHSt **15** 132–134 (133).

Mitwirkenden ausgeschlossen war. Das KG[88] meint, „aus dem Wortlaut des Gesetzes und dem Sprachgebrauch" schließen zu dürfen, daß § 179 Abs. 2 ein eigenhändiges Delikt sei.

b) Diese grammatische Interpretation liefert aber noch **keine dogmatische Konzeption,** weil hinter den Zufälligkeiten des Sprachgebrauchs und der Syntax keine plausible kriminalpolitische ratio erkennbar ist (näher *Roxin* TuT S. 403 ff.). So war z. B. schon beim früheren Notzuchtstatbestand nicht einzusehen, warum die Rechtsgüterverletzung, auf deren Verhinderung es dem Gesetzgeber ankommt, nicht auch unabhängig von der Beischlafvollziehung durch tatbeherrschende Gewaltanwendung täterschaftlich realisierbar sein sollte. Sogar die Rspr. hatte in diesem Falle unter Abkehr von der Wortlauttheorie in den freilich unglücklichen Formulierungen der subjektiven Theorie immer anerkannt, dass man auch „fremden Beischlaf als eigenen wollen" könne. Der Gesetzgeber hat diesen Streitigkeiten inzwischen die Grundlage entzogen, seitdem er durch das 4. StrRG die Tatbestände der Vergewaltigung (§ 177 a. F.) und der sexuellen Nötigung (§ 178 a. F.) so umformuliert hat, dass ausdrücklich auch die Nötigung zum Beischlaf oder zur Vornahme bzw. Duldung sonstiger sexueller Handlungen mit einem Dritten dem Wortlaut des Gesetzes unmittelbar unterfällt (anerkannt in BGH NJW **1977** 1829). Doch sollten auch beim Fehlen solcher Klarstellungen die Zufälligkeiten des Wortlautes nicht ohne erkennbare gesetzgeberische ratio die theoretische Abgrenzung von Täterschaft und Teilnahme bestimmen. Freilich muss auch das stärkste kriminalpolitische Bedürfnis die durch Art. 103 Abs. 2 GG garantierte „Wortlautgrenze"[89] respektieren, was von *Schubarth*, der die Figur des eigenhändigen Delikts in Bausch und Bogen ablehnt,[90] übersehen wird.

c) Eine zweite, vornehmlich von *Beling*[91] und *Engelsing*[92] begründete Auffassung beruht auf dem Gedanken, dass die „schlichten Tätigkeitsdelikte" im Gegensatz zu den „Erfolgsdelikten" eigenhändige Straftaten seien. Danach sind also mittelbare Täterschaft und Mittäterschaft dort ausgeschlossen, wo die Erfüllung des Tatbestandes keinen Erfolg voraussetzt, sondern sich in bestimmten Körperbewegungen erschöpft (**„Körperbewegungstheorie"**). Diese Lehre, die sich mit der Wortlauttheorie in den Ergebnissen überschneidet und auch heute in Rspr. und Schrifttum oft neben ihr verwendet wird, übersieht jedoch, dass

88 KG NJW **1977** 817 ff.

89 Präzise: die Grenze der maximalen Extension der Gesetzestermini in ihrer umgangssprachlichen Bedeutung, s. *Schünemann* Nulla poena sine lege? (1978) 19 ff.

90 Nachw. o. Fn. 84, pointiert in ZStW **110** (1998) 842: „... das Wortlautargument muß zurücktreten." Zust. *Hoyer* SK Rdn. 20 (gegen ihn u. S. 516).

91 Vgl. seine „Lehre vom Verbrechen" (1906) 203 f., 225–26, 234 f.

92 Eigenhändige Delikte (1926).

auch Tätigkeiten im Prinzip nur dann mit Strafe bedroht werden, wenn sie entweder selbst einen sozial unerwünschten Zustand darstellen oder als abstrakte Gefährdungsdelikte mittelbar erfolgsbezogen sind. In beiden Fällen ist der tatbestandliche Unwert auch durch einen Außenstehenden zu verwirklichen, wenn dieser die Tatherrschaft innehat. Die verbreitete Auffassung, dass Hausfriedensbruch (§ 123), Amtsanmaßung (§ 132) oder abstrakt gefährliche Verkehrsdelikte nicht in mittelbarer Täterschaft begangen werden könnten,[93] kann deshalb mit dem bloßen Hinweis auf die Deliktsstruktur des Tätigkeitsdelikts nicht ausreichend begründet werden.

d) Im Unterschied zu diesen formalen Betrachtungen hat *Roxin* 1963 die Kategorie der eigenhändigen Delikte aus dem Kriterium heraus entwickelt, dass der im Straftatbestand erfasste **deliktische Unwert der Herrschaft eines Außenstehenden nicht zugänglich** ist, was bei drei unterschiedlichen Deliktsgruppen der Fall sei: 1. bei den *täterstrafrechtlichen Delikten* (heute vor allem § 181a), wo nicht die Beherrschung einer bestimmten Handlung, sondern eine aus vielen Einzelheiten sich aufbauende Persönlichkeitshaltung den Tatbestand erfülle; 2. bei den *verhaltensgebundenen Delikten ohne Rechtsgüterverletzung*, bei denen nicht unerwünschte Erfolge oder Zustände verhindert werden sollen, sondern ein sittlich verwerfliches Verhalten um seiner selbst willen pönalisiert werde (so bei § 173);[94] 3. bei den *höchstpersönlichen Pflichtdelikten* (z. B. § 153).[95] Das ist, soweit sich das Schrifttum mit den eigenhändigen Delikten überhaupt näher befasst,[96] im Grundansatz auf vielfältige Zustimmung gestoßen, wobei die drei Gruppen freilich von Autor zu Autor anders definiert oder anders abgegrenzt werden;[97]

---

93 Für § 123 *Herzberg* ZStW **82** (1970) 927 ff. (dazu krit. *Roxin* TuT S. 759); für den Einsteigediebstahl auch RGSt. **24** 86, 88 (dazu *Roxin* TuT S. 409 ff.); für § 132 RGSt. **55** 265, 266; **59** 79, 81; OGHSt. **1** 303 (dazu *Roxin* TuT S. 408 ff.).

94 Dagegen *Schall* JuS **1979** 107f, der vom Standpunkt eines anderen Rechtsgutsbegriffes aus – Rechtsgut sei jeder vom Gesetzgeber positiv bewertete Gegenstand oder Zustand – Delikte ohne Rechtsgüterverletzung für „nicht denkbar“ erklärt. Aber das ist nur ein terminologischer Einwand. Vom Standpunkt *Schalls* aus könnte man von „Delikten ohne nachweisbaren Sozialschaden sprechen“; an der Sache würde das nichts ändern.

95 Grundlegend *Roxin* TuT S. S. 399–433, 757–762; *ders.* LK 11. Aufl. § 25 Rdn. 44 ff.; *ders.* AT II § 25 Rdn. 297 ff.

96 Es werden meist ohne eigene Systematisierungsbemühungen nur die Fälle aufgezählt, die zu dieser Deliktsgruppe gerechnet werden. Vgl. nur etwa aus der neuesten Literatur: *Joecks* MK § 25 Rdn. 44; *Gropp* § 5 Rdn. 4; *Kindhäuser* AT § 8 Rdn. 23; *Krey* AT II § 26 Rdn. 89; *Kühl* AT § 20 Rdn. 16; *Otto* AT § 4 Rdn. 21; *Wessels/Beulke* Rdn. 40.

97 *Roxins* Ausgangspunkt folgen *Haft* JA **1979** 651–656; *Samson* SK (6. Aufl.) § 25 Rdn. 26, 27; *Joecks* MK Rdn. 44–46; mit weiterführenden Erwägungen *Jakobs* § 21 Rdn. 19 ff.; *Wohlers* SchwZStr **116** (1998) 103 ff.; *Langrock* Delikt S. 66 ff. mit der Unterscheidung einer weiteren, in Wahrheit aber nur terminologisch differierenden Kategorie der „Implikationsdelikte“, ibid. S. 87 ff.

beispielsweise unterscheidet *Herzberg*[98] zwischen „täterbezogenen Delikten“ (u. a. §§ 173, 181 a),[99] „Tatbeständen, bei denen die mögliche Vollendung durch Dritte die Rechtsverletzung nicht verkörpern kann“ (§§ 185, 336), und Tatbeständen „verfahrensrechtsabhängiger Eigenhändigkeit“ (§§ 153, 154, 156). *Roxins* erste beide Gruppen besitzen demgegenüber aber den unleugbaren Vorzug, dass sie die Sachgründe namhaft machen, deretwegen eine mittelbare Täterschaft des Hintermannes ausscheidet. So liegt es etwa bei § 173, wenn man davon ausgeht, dass der Zweck dieser Vorschrift nicht in der Verhinderung von Erbschäden oder Familienzerrüttung besteht (denn beides droht bei vielen Tatbestandserfüllungen von vornherein nicht), sondern dass die auf alten Tabuvorstellungen beruhende Annahme einer besonderen Abscheulichkeit dieser Handlung den Strafgrund bildet.[100] Dann kann in dem bekannten *Liszt*schen Kathederfall,[101] in dem eine Bordellwirtin zwei von ihrer Verwandtschaft nichts ahnende Geschwister zusammenbringt, die Initiatorin nicht als mittelbare Täterin des § 173 bestraft werden, weil es wegen der Unkenntnis der unmittelbar Handelnden an der tatbestandsspezifischen Verwerflichkeit fehlt. In einem auf dem Rechtsgüterschutz beruhenden Tatstrafrecht wie dem unseren[102] sind freilich echte eigenhändige Delikte der beiden geschilderten Fallgruppen Ausnahmen. Ihre Zahl hat dementsprechend in den letzten zehn Jahren bedeutend abgenommen, weil täterstrafrechtliche Delikte wie das Umherziehen als Landstreicher (§ 361 Nr. 3 a. F.) oder die Persönlichkeitsverwahrlosung (§ 361 Nr. 5 a. F.) ebenso aufgehoben worden sind wie die rein verhaltensgebundenen Delikte der einfachen Homosexualität (§ 175 a. F.) und der Sodomie (§ 175b a. F.).

e) Die umstrittene Frage, ob die rechtsgutslosen Straftatbestände illegitim und deshalb samt und sonders vom Gesetzgeber aufzuheben[103] oder vielleicht

---

98 ZStW **82** (1970) 896–947 (nicht aufgegriffen in *Herzberg* TuT S. 10 ff.); ihm folgen *Jescheck/Weigend* § 26 II 6. Zur Kritik *Wohlers* SchwZStr **116** (1998) 102 ff.; *Roxin* TuT S. 758 ff.; *Haft* JA **1979** 651 ff.

99 Auf dem Kriterium der täterbezogenen Delikte fußt auch im wesentlichen die Dissertation von *Auerbach* Die eigenhändigen Delikte (Tübingen 1978): „wenn die Tat nur dadurch begangen werden kann, daß der Täter seinen eigenen Körper als Mittel der Tat benutzt“ (S. 143). Zu *Auerbach* vgl. die Rezension von *Maiwald* ZStW **93** (1981) 871 ff.

100 So überzeugend *Hörnle* Grob anstößiges Verhalten (2005) 452–457 m. w. N. der neuesten Diskussion.

101 Strafrechtsfälle 4. Aufl. (1919) Fall 130, 2.

102 Zum Rechtsgüterschutzprinzip als Aufgabe des Strafrechts *Hassemer/Neumann* NK vor § 1 Rdn. 108 ff.; *Hefendehl* Kollektive Rechtsgüter im Strafrecht (2002) 5 ff.; *Roxin* AT I § 2 Rdn. 1 ff.; *ders.* in: Hefendehl (Fn. 64), S. 135 ff.; *Rudolphi* SK vor § 1 Rdn. 2 ff.; *Schünemann* in: Hefendehl/v. Hirsch/Wohlers (Hrsg.) Die Rechtsgutstheorie (2003) 133 ff.

103 Dazu eingehend *Hörnle* (Fn. 100), zusammenfassend S. 477 ff. mit der Forderung einer Aufhebung de lege ferenda.

wegen Verstoßes gegen den im Rechtsstaatsprinzip implizit enthaltenen Verfassungsrechtssatz, dass das Strafrecht auf die ultima ratio zum Rechtsgüterschutz beschränkt sei, sogar schon vom BVerfG für nichtig zu erklären seien,[104] betrifft nicht die Täterschaftsdogmatik als solche und ist hier deshalb nicht weiter zu verfolgen. Im Gegensatz zu ihrer fundamentalen theoretischen Relevanz ist ihre praktische Bedeutung angesichts der wenigen und überdies marginalen, aus diesem Bereich übrig gebliebenen Straftatbestände gering. Aber natürlich darf man keinesfalls in den umgekehrten Fehler verfallen, „alle Delikte, die scheinbar schlichte Unmoral pönalisieren, verfassungskonform als abstrakte Gefährdungsdelikte im Sinne irgendeines Rechtsguts“ (!) zu verstehen, „entsprechend restriktiv“ (wie?) auszulegen, dementsprechend in § 173 „ein abstrakt für den Rechtsfrieden gefährliches Verhalten“ beschrieben zu finden und deshalb „dann auch nichts gegen eine Tatbegehung in mittelbarer Täterschaft“ sprechen zu sehen (so SK-*Hoyer*, § 25 Rdnr. 19 f.). Denn das läuft auf den nicht nur die Wortlautgrenze des Artikel 103 Abs. 2 GG verletzenden, sondern widersinnigen Versuch hinaus, eine dubiose Strafvorschrift dadurch scheinbar (!) vor dem Verdikt der Verfassungswidrigkeit zu retten, dass man sogar deren immerhin noch vom Gesetzgeber gewollten Grenzen des Strafbarkeitsbereiches sprengt.

f) Bei weitem am wichtigsten sind deshalb die die 3. Gruppe bildenden Straftatbestände, die von *Roxin* entsprechend seiner allgemeinen Theorie als *höchstpersönliche Pflichtdelikte* qualifiziert worden (Täterschaft S. 392–395, 759–761; LK 11. Aufl. § 25 Rdn. 45; Strafrecht AT II § 25/303 ff.),[105] entsprechend der oben begründeten Materialisierung aber als eine Untergruppe der **Garantensonderdelikte** einzuordnen sind. Bei ihnen wird die Täterstellung durch soziale Positionen gekennzeichnet, deren Inhaber wegen der nur von ihm zu leistenden pflichtgemäßen Handlung eine monopolartige Herrschaft über das davon

---

104 So die Forderung von *Schünemann* (Fn. 102) 144 f., unter Kritik der Rechtsprechung des BVerfG, insbesondere der Cannabis-Entscheidung BVerfGE **90** 145, die die verfassungsrechtlichen Grenzen des Strafrechts bis zur weitestgehenden Ineffektivität ausgeweitet hat und dem Gesetzgeber in Strafsachen paradoxerweise einen weitaus größeren Ermessensspielraum einräumt als etwa im Steuer- oder Familienrecht. Vgl. i. ü. zur Kritik der einschlägigen Rspr. *Höffner* Zivilrechtliche Haftung und strafrechtliche Verantwortung des GmbH-Geschäftsführers bei Insolvenzverschleppung – Zugleich ein Beitrag zum ultima ratio-Prinzip (2003) 80 ff., 99; *Woitkewitsch* Strafrechtlicher Schutz des Täters vor sich selbst (2003) 19 ff.

105 Dass *Roxin* (Täterschaft, S. 392 ff.) diese Delikte als *unechte eigenhändige Straftaten* bezeichnet hat, hing mit dem zum Zeitpunkt der 1. Aufl. von Täterschaft (1963) aktuellen, erst 1975 vom Gesetzgeber im negativen Sinn entschiedenen Streit über die Möglichkeit einer Teilnahme an unvorsätzlicher Haupttat zusammen, die *Roxin* bei dieser Gruppe zulassen wollte (Täterschaft S. 392–395, 428), und bedeutet deshalb eine im geltenden Recht funktionslose Unterscheidung (weshalb *Roxin* AT II § 25 Rdn. 303, 306, die Kategorisierung nunmehr letztlich offen lässt).

abhängige Schicksal des Rechtsguts ausübt und ein entsprechendes individuelles Vertrauen genießt, was er beides nur höchstpersönlich missbrauchen und nicht einmal zur Ausführung auf andere übertragen kann. Wegen ihrer **Unsubstituierbarkeit** können diese Positionen selbst durch Instrumentalisierung des Handelnden von niemand anderem usurpiert werden, weshalb auch niemand anders in die spezifische Schlüsselstellung für das Rechtsgut eintreten kann. Hauptbeispiele sind die *Aussagedelikte* der §§ 153, 154, 156: Sie können nur eigenhändig begangen werden, weil allein der Aussagende beim Gericht Vertrauen in seine persönliche Wahrhaftigkeit in Anspruch nehmen, weder diese Stellung noch seine Aussage auf andere übertragen, ja sogar nicht einmal Hilfspersonen für die eigene Glaubwürdigkeit hinzuziehen kann (wenn ein Zeuge etwa zur Ermittlung einer Bilanzzahl auf die Arbeit seines Buchhalters verweist, so muss dieser dazu vernommen werden und das gerichtliche Vertrauen auf seine eigene Wahrhaftigkeit in Anspruch nehmen). Dasselbe gilt für die Stellung des Richters und damit für den Tatbestand der *Rechtsbeugung* (§ 336),[106] weil allein dem entscheidenden Richter die autoritative Verwirklichung des Rechts anvertraut ist. Auch die *Verletzung der Unterhaltspflicht*, die *Verletzung der Fürsorge- oder Erziehungspflicht* und die *Doppelehe* (§ 170–172) sind durch unsubstituierbare und deshalb eigenhändige Handlungen (einschl. Unterlassungen) von Garanten gekennzeichnet. Ferner gehören hierher die *Fahnenflucht* (§ 16 WStG) wie die *Unfallflucht* (§ 142 StGB), bei denen die höchstpersönliche Anwesenheit des Soldaten bzw. Unfallbeteiligten gefordert wird, was eine Delegation ebenso ausschließt wie eine mittelbare Täterschaft. Hierbei ist die Unfallflucht besonders instruktiv, weil es sich dabei um ein aus verfassungsrechtlichen Gründen kupiertes Aussagedelikt i. w. S. handelt: Weil der Gesetzgeber wegen des im Rechtsstaatsprinzip enthaltenen Grundsatzes „nemo tenetur se ipsum prodere“[107] keine Selbstbezichtigungspflicht des Unfallbeteiligten einführen konnte, musste er sich auf die Statuierung einer (in Gestalt der sog. Vor-

---

106 Die frühere Auffassung von *Roxin* (Täterschaft S. 428 ff.; *ders.* LK 11. Aufl. § 25 Rdn. 44; and. jetzt aber AT II, § § 25 Rdn. 304), hier gehe es um den verwerflichen „Verrat“ des Richters an seiner Aufgabe und deshalb um ein echtes eigenhändiges Delikt ohne Rechtsgutsbezug, wurzelte in dem Streit über die Möglichkeit einer Teilnahme an unvorsätzlicher Haupttat, die *Roxin* bei den Pflichtdelikten (o. S. 510 f.), nicht aber bei § 336 anerkennen wollte, und ist deshalb heute überholt.

107 Zu diesem Grundsatz s. *Rogall*, Der Beschuldigte als Beweismittel gegen sich selbst (1977) 104 ff.; *H. Schneider* Grund und Grenzen des strafrechtlichen Selbstbegünstigungsprinzips (1991) 27 ff.; *Bosch* Aspekte des nemo-tenetur-Prinzips aus verfassungsrechtlicher und strafprozessualer Sicht (1998) passim; *Dietrich* § 142 StGB und das Verbot zwangsweiser Selbstbelastung (1998) 132 ff.; *Torka* Nachtatverhalten und Nemo tenetur (2000) 43 ff., 119 ff.; *Verrel*, Die Selbstbelastungsfreiheit im Strafverfahren (2001) passim.

stellungspflicht gem. § 142 Abs. 1 und der nachträglichen Meldepflicht gem. Abs. 2 bereits verfassungswidrig überdehnten[108]) Wartepflicht beschränken, die der Unfallbeteiligte nur in Person erfüllen und deshalb auch niemand anders als mittelbarer Täter verletzen kann. Dass es nicht unter § 142 subsumiert werden kann, wenn der unbeteiligte Beifahrer den Fahrzeugführer über die Existenz eines Verkehrsunfalles täuscht und dadurch zum Weiterfahren veranlasst (LK/*Geppert*, § 142 Rdn. 182 f.), ist deshalb nicht nur dogmatisch zwingend, sondern auch kriminalpolitisch vernünftig, weil Außenstehende keine „automatischen Beweismittel" sind und aus diesem Grund das Unrecht des § 142 nicht verwirklichen können. Daran zeigt sich, dass es sich bei den eigenhändigen Delikten[109] entgegen einer verbreiteten Auffassung nicht um einen Fremdkörper im Strafrechtssystem, sondern um eine sachlogisch vernünftige Tatbestandstechnik handelt, um den Strafbarkeitsbereich ähnlich wie bei anderen Sonderdelikten auf „Kernverletzungshandlungen" einzuschränken, was mit der Konzentration auf dasjenige Verhalten, gegenüber dem das Rechtsgut besonders sensibel ist, sogar prägnanter gelingt als mit der bei Sonderdelikten sonst üblichen Anknüpfung an Statusbezeichnungen, die dann erst mit Hilfe von § 14 nachträglich dem kriminalpolitisch angemessenen Strafbarkeitsbereich angepasst werden müssen. Die mit scharfer Polemik gegen „deutsche Strafrechtler, (die) Gefangene ihrer überkommenen Denksysteme sind" (ZStW **110** [1998], 841), gewürzte Totalablehnung der eigenhändigen Delikte durch *Schubarth* geht deshalb an der dogmatischen wie an der kriminalpolitischen Situation gründlich vorbei.

g) In allgemeiner Form gilt für alle Delikte, die weit im Vorfeld einer Rechtsgutsverletzung bereits die **Beeinträchtigung der eigenen Leistungsfähigkeit** als solche pönalisieren, dass es sich hierbei nicht nur wegen der unübersteigbaren Wortlautgrenze (Beispiel § 323a: wer „sich" in einen Rausch versetzt, nicht: „wer einen anderen ..."), sondern auch nach der kriminalpolitischen Vernunft um eigenhändige Delikte handelt. Ausschlaggebend ist dabei weniger das normativistisch-formalistische Argument von *Jakobs*, dass „die Pflicht, die Zurechenbarkeit nicht zu vernichten, nur den jeweiligen Adressaten der Zurechnung (treffe) und somit eine Sonderpflicht" sei,[110] sondern der Gesichtspunkt, dass die Vorverlagerung der Strafbarkeit durch abstrakte Gefährdungsdelikte dieses Schlages nur bei einer (durch Höchstpersönlichkeit des Adressaten und diesem

---

108 Dazu näher *Schünemann* DAR **1998** 424, 427 ff.; *ders.* DAR **2003** 207, 212.

109 Scil. der 3. Gruppe, während die beiden ersten Gruppen auch nach der hier entwickelten Konzeption ein „Anachronismus" und „dahinschwindende Relikte" sind (*Roxin* AT II § 25 Rdn. 308).

110 Strafrecht 21/23; zust. *Roxin* LK 11. Aufl. § 25 Rdn. 45; mehr im Sinne des obigen Textes dagegen *ders.* AT II § 25 Rdn. 305.

vermittelbare „Tabuschwelle") prägnanten Abgrenzung der Verbotsmaterie kriminalpolitisch vertretbar ist. Das Verbot des § 316 („Als fahrunsicherer Angetrunkener setzt man sich nicht ans Steuer!") ist deshalb trotz der darin steckenden hohen Selektivität der abstrakt gefährlichen Handlungen (Fahren in übermüdetem Zustand ist nicht weniger gefährlich, aber in § 316 anders als in § 315 c nicht erfasst[111]) in seiner Gestalt der persönlichen und situativ klaren Botschaft an den Fahrzeugführer weitaus eher legitimierbar als bei seiner „Entwesung" zu einem rollenindifferenten Verursachungsverbot. Darin dürfte der berechtigte Kern von *Stratenwerths* Kritik an der Beschränkung des Strafrechts auf Rechtsgüterschutz[112] liegen: Es geht um die Legitimität des Vorfeldschutzes, und *dafür* kommt es auf rollenbezogene Typizität der Sozialschädlichkeit und Vermittelbarkeit des ganz konkreten Verbots an. Die umstrittenen Fälle der Trunkenheit im Verkehr und der Straßenverkehrsgefährdung gem. §§ 316, 315c sind deshalb nicht nur dem Wortlaut nach als eigenhändige Delikte ausgestaltet,[113] sondern auch in dieser Beschränkung sinnvoll und lassen auch keine kriminalpolitischen Unzuträglichkeiten auftreten: Die alkoholbedingte Fahruntüchtigkeit steht ja einer Teilnehmerhaftung des Hintermannes von vornherein nicht entgegen; und im Falle der Schuldunfähigkeit ist zwar keine mittelbare Täterschaft des Hintermannes am Delikt des § 323 a möglich, wohl aber im Falle einer durch die Fahruntüchtigkeit verursachten Rechtsgüterverletzung in bezug auf die Tötungs- oder Körperverletzungsdelikte.

---

111 Näher *König* LK 11. Aufl. § 315c Rdn. 57; *Hentschel* Straßenverkehrsrecht (38. Aufl. 2005) § 315c StGB Rdn.14; BayObLGSt **03** 100.

112 SchwZStr **115** (1997) 86 ff., 91: In Wahrheit bestehe „die strafrechtlich geschützte Ordnung ... zu einem nicht geringen Teil in rollengebundenen Verhaltensnormen, bei denen es zwar immer um ein schützenswertes Interesse gehen sollte, die sich aber keineswegs immer auf konkrete Rechtsgüter beziehen müssen".

113 BGHSt **16** 6, 8f; BGH NJW **1996** 208; eingehend *König* LK § 315 c Rdn. 201–204, § 316 Rdn. 231; *Wohlers* SchwZStr **116** (1998) 95, 106 ff.; a. M. *Roxin* AT II § 25 Rdn. 295.

FÜNFTER TEIL Schrumpfende Basis, wuchernder Überbau? Zum Schicksal der Tatherrschaftsdoktrin nach 50 Jahren

I. Der Siegeszug der „Organisationsherrschaft" als Speerspitze der Tatherrschaftsdoktrin

Es ist jetzt fast ein halbes Jahrhundert vergangen, seit *Claus Roxin* mit seiner Monographie über „Täterschaft und Tatherrschaft"[1] jenes „Meisterwerk" vorgelegt hat, das wie „kein anderes die deutschen, die europäischen und die internationalen Strafrechtslehren beeinflusst hat".[2] Was sie in den letzten zwei Jahrzehnten zum Ankerpunkt einer weltumspannenden Judikatur und der darüber geführten strafrechtsdogmatischen Diskussion gemacht hat, ist beim Erscheinen der 1. Auflage 1963 eher auf leisen Sohlen dahergekommen: Die „Willensherrschaft kraft organisatorischer Machtapparate" findet sich darin auf S. 242–252, also auf 10 Seiten von insgesamt fast 600.[3] Nachdem sich die Aufmerksamkeit für diese neue dogmatische Figur über 20 Jahre lang auf den akademischen Bereich beschränkt hatte,[4] ist sie durch vier große Schübe in einen Brennpunkt der nationalen und internationalen Strafrechtspraxis gerückt worden. Nach dem Sturz der südamerikanischen Diktaturen wurde schon Mitte der 80er Jahre des letzten Jahrhunderts von der argentinischen Corte Suprema die Figur der Tatherrschaft durch Steuerung eines organisatorischen Machtapparats ausdrücklich anerkannt[5] und vor zwei Jahren hat die Corte Suprema Perus in dem spektakulären Fujimori-Fall in ihrem Urteil vom 7. April 2009 in einer tief dringenden und selbst die in Deutschland gewohnte Intensität der Entscheidungsbegründungen noch in den Schatten stellenden Weise die „mittelbare Täterschaft kraft Willensherrschaft in organisatorischen Machtapparaten" ausgelotet und zur Grundlage der Verurteilung genommen.[6] Die nächste Schubkraft hat das Völkerstrafrecht in Gestalt der Rechtsprechung der ad-hoc-Tribunale und des Internationalen Strafgerichtshofes sowie der Regelung in Art. 25 Nr. 3 a des Rom-Statuts, wo ausdrücklich die Begehung der

1 *Roxin* Täterschaft und Tatherrschaft, 1. Aufl. 1963; 8. Aufl. 2006.

2 *Rotsch* ZIS 2008, 263.

3 Die weitere Diskussion stützte sich deshalb auch meist auf die ausführlichere Entwicklung dieser Rechtsfigur in dem Aufsatz von *Roxin* „Straftaten im Rahmen organisatorischer Machtapparate", GA 1963, 193 ff.

4 In Deutschland „nahm die Rechtsprechung 25 Jahre lang von der neuen Konzeption keine Notiz, obwohl sie bei der Aburteilung von NS-Gewaltverbrechen hätte hilfreich sein können", siehe *Roxin* AT II § 25 Rn. 108.

5 Wobei allerdings im Ergebnis nur eine sog. notwendige Teilnahme bejaht worden ist, siehe *Ambos* GA 1998, 237 f.; *Roxin* AT II § 25 Rn. 109.

6 In Rn. 723 ff. der umfangreichen Entscheidung, in deutscher Übersetzung abgedruckt in ZIS 2009, 622 ff. Rezensionen von *Rotsch*, *Ambos*, *Roxin*, *Schroeder*, *Jakobs*, *Herzberg* u. a. in ZIS 2009, 549 ff.; *Ambos* JICJ 2010.

https://doi.org/10.1515/9783110650488-010

Straftat „durch eine andere Person, ohne Rücksicht darauf, ob die andere Person strafrechtlich verantwortlich ist", als eine Form der strafrechtlichen Verantwortlichkeit anerkannt worden ist, entwickelt.[7] Auf diesen Bereich des zu verbrecherischen Zwecken eingesetzten Staatsapparats, der den eigentlichen Anlass für die Entwicklung der ganzen Rechtsfigur gebildet hat,[8] hätte sich auch der 5. Strafsenat des BGH in seiner Grundsatzentscheidung zur „Verantwortlichkeit von Mitgliedern des Nationalen Verteidigungsrats der DDR für vorsätzliche Tötungen von Flüchtlingen durch Grenzsoldaten der DDR"[9] beschränken können. Aber stattdessen hat er die von dem Bedürfnis, den an den Schalthebeln eines Unrechtsregimes Sitzenden nicht „billiger" davon kommen zu lassen als die Schergen des Systems, ausgehende Schubkraft dazu benutzt, um den Begriff der Organisationsherrschaft möglichst weit zu fassen und außer „mafiaähnlich organisierten Verbrechen"[10] auch „unternehmerische oder geschäftsähnliche Organisationsstrukturen"[11] einzubeziehen. Was sich in der Lederspray-Entscheidung als eine Entgrenzung des Handlungsbegriffs angedeutet hatte,[12] ist damit in Form eines gezielt eingesetzten[13] obiter dictum als mittelbare Täterschaft qua Organisationsherrschaft auf den gesamten „Betrieb wirtschaftlicher Unternehmen"[14] vollendet worden.

II. Und die Frage der Überdehnung

1. Dass eine dogmatische Theorie nicht nur intensive Diskussionen in der Fachwelt auslöst, sondern nach Jahrzehnten über die deutschen Grenzen hinaus die höchstrichterliche Rechtsprechung prägt, markiert einen seltenen und herausragenden Erfolg der Rechtsdogmatik in einem Zeitalter, in dem sich die Rechtsprechung aus dem durch Überfeinerung und durch eine Überfülle an Kon-

7 Wobei die einzelnen Voraussetzungen der mittelbaren Täterschaft durch Organisationsherrschaft hierdurch naturgemäß nicht geklärt worden sind, siehe dazu *Ambos* Der Allgemeine Teil des Völkerstrafrechts, 2002, S. 568 ff., 590 ff.; *ders.* Internationales Strafrecht, 2008, § 7 Rn. 25 ff.

8 So deutlich *Roxin* (Fn. 1) S. 250 unter Hinzufügung der einen „Staat im Staat" bildenden Verbrecherorganisation.

9 BGH 40, 218 ff.

10 BGHSt 40, 237.

11 BGHSt 40, 236.

12 BGHSt 37, 106 (114) und dazu *Schünemann* in: BGH-Festgabe Wissenschaft Band 4, 2001, 621, 623 ff.

13 Siehe die Schilderung bei *Nack* GA 2006, 342 ff.

14 BGHSt 40, 237.

struktionen gekennzeichneten Angebot der Rechtsdogmatik in der je nach dem gewünschten Ergebnis passenden Weise wie in einem „Gemischtwarenladen" zu bedienen gelernt hat.[15] Völlig zu Recht hat *Claus Roxin* deshalb mit Genugtuung feststellen können, dass „meine Arbeiten zur Organisationsherrschaft" vom Obersten Strafgerichtshof Perus in seinem Fujimori-Urteil „umfassend ausgewertet werden" und sich dieser „auf die letzte Fassung der von mir entwickelten Lehre von der mittelbaren Täterschaft kraft Organisationsherrschaft stützt".[16] Auf den ersten Blick wirkt es deshalb überraschend, dass *Roxin* sich dennoch in den letzten Jahren immer wieder zu einer Auseinandersetzung mit dem Thema der Organisationsherrschaft gedrängt gefühlt hat.[17] Doch wird bei einer genaueren Analyse von Judikatur und Literatur deutlich, dass er hierbei von der Sorge geleitet wird, seine strafrechtsdogmatische Schöpfung werde gerade durch ihre spektakuläre Karriere in der Rechtspraxis ihrer dogmatischen Trennschärfe beraubt und in ein Passepartout nach dem Muster der alten Animus-Theorie verwandelt. Selbst die der Konzeption *Roxins* am stärksten zugeneigte Fujimori-Entscheidung des Obersten Peruanischen Strafgerichtshofes kombiniert diese nämlich in einer analytisch schwer trennbaren Weise mit der im gedanklichen Ansatz grundsätzlich abweichenden Konzeption *Schroeders*, die die mittelbare Täterschaft (nur) von der unbedingten Tatbereitschaft des Vordermannes abhängig macht[18] und bei dem Eingang von *Roxins* Schöpfung in die Judikatur des BGH muss man wegen deren Entgrenzung in Richtung auf Wirtschaftsunternehmen fast von einem Pyrrhussieg sprechen.

2. Dadurch ist nicht nur die Diskussion um die begrifflichen Merkmale der Organisationsherrschaft wieder voll entbrannt, sondern sogar die überwältigende Vorherrschaft der ganzen Tatherrschaftsdoktrin in der Strafrechtsdogmatik ins Wanken geraten, indem sie in den allerneuesten, bis zu den Fundamentalfragen vordringenden Monographien von *Haas* und *Rotsch* verworfen und durch eine Rückkehr zu zivilistischen Konstruktionen bzw. dem Einheitstäterbegriff ersetzt wird. Nachfolgend möchte ich mich kurz mit der Entgrenzung der dogmatischen Figur der Organisationsherrschaft durch den BGH und der „neu-

---

15 Dazu *Schünemann* FS Roxin, 2001, 1, 6.

16 *Roxin* ZIS 2009, 565.

17 In: FS Grünwald, 1999, 549; Amelung (Hrsg.) Individuelle Verantwortung und Beteiligungsverhältnisse bei Straftaten in bürokratischen Organisationen des Staates pp. 2000, S. 55 f.; BGH-Festgabe Wissenschaft, 2001, 177, 190 ff.; NJW-Sonderheft für Schäfer, 2002, 52; AT II § 25 Rn. 105 ff.; (Fn. 1), S. 704 ff.; FS Schroeder, 2006, 387 (= ZIS 2006, 293); SchwZStr 125 (2007), 1; ZIS 2009, 565 ff.; FS Krey, 2010, S. 449.

18 Der Täter hinter dem Täter, 1965, S. 168; JR 1995, 177; ZIS 2009, 569 ff.; ähnlich das von *Heinrich* Rechtsgutszugriff und Entscheidungsträgerschaft, S. 273 ff. vorgeschlagene Kriterium der „organisationstypischen Tatgeneigtheit".

en Unübersichtlichkeit" der hierfür vorauszusetzenden Kriterien sowie anschließend etwas ausführlicher mit der brandneuen Totalkritik an der Tatherrschaftsdoktrin auseinandersetzen. Zuvor möchte ich wenigstens andeuten, dass der gegenwärtige Stand der Täterschaftsdogmatik ein exemplarisches Feld auch für wissens- und entscheidungssoziologische Analysen liefert: Dass die Tatherrschaftslehre unmittelbar nach ihrem größten Triumph in ihren Fundamenten angegriffen und die Rückkehr zu vormodernen Täterschaftsparadigmen propagiert wird, könnte hinter dem von mir apostrophierten „Peter-Prinzip in der Strafrechtsdogmatik",[19] der zufolge jede Theorie bei immer feinerer Durchbildung über ihre Leistungsfähigkeit hinauswächst, eine historische Zirkelhaftigkeit der rechtsdogmatischen Paradigmenbildung aufweisen, indem nach Naturalismus, Neukantianismus, Finalismus und Funktionalismus[20] nunmehr das Pendel wieder zu den vor dem Siegeszug des Naturalismus im 19. Jahrhundert unternommenen Abgrenzungsversuchen zurückschlägt.[21] Und das Manöver der Rechtsprechung, sich sowohl bei *Roxins* als auch bei *Schroeders* Konzeption zu bedienen und sodann die ursprünglich für Terrorregimes ersonnene Figur der Organisationsherrschaft auf Wirtschaftsunternehmen bis hin zu Arztpraxen und Anwaltskanzleien hin auszudehnen,[22] lädt über meine vordergründige Charakterisierung als eines „an keine logische Konsequenz gebundenen Schmetterlings, [der] auf das nächste dogmatische Gewächs hinüberflattern und sich damit dem ordnenden Zugriff der Rechtswissenschaft immer wieder entziehen kann",[23] zu einer mimetischen, d. h. der Evolutionsbiologie nachempfundenen[24] Erklärung der Karriere rechtsdogmatischer Figuren ein: Dass *Roxin* 1963 den Ausdruck „organisatorischer Machtapparat" und nicht den nach Extension und Intension seiner Schöpfung eigentlich passgenaueren Ausdruck „terroristisches Zwangs-

---

19 *Schünemann/Greco* GA 2006, 777, 780.

20 Zu dieser Epochenbildung *Schünemann* Grundfragen des modernen Strafrechtssystems, 1984, S. 1, 19 ff.; *Roxin* AT I § 7 Rn. 12 ff. Zum Neukantianismus ausf. *Ziemann* Neukantianisches Strafrechtsdenken, 2009.

21 Zwar ist diese Einordnung der aktuellen Fundamentalkritik an der Tatherrschaftsdoktrin, die von *Haas* und *Rotsch* entwickelt worden ist, nur unter Inkaufnahme einer erheblichen Vergröberung möglich, doch kann kein Zweifel daran bestehen, dass jedenfalls der Ausgangspunkt von *Haas* in den individualisierenden Kausalitätstheorien und in der letztlich auf die kantianische Philosophie zurückweisenden Figur des Rechtsverhältnisses zwischen Subjekten liegt, während *Rotsch* selbst seinen Ausgangspunkt in der Einheitstäterdiskussion des 19. Jahrhunderts nimmt, näher unten V.

22 Eingehende Darstellung bei *Rotsch* „Einheitstäterschaft" statt Tatherrschaft, 2009, S. 372 ff.

23 In: FS Roxin, 2001, 1, 6.

24 Dazu grdl. *Dawkins* The Selfish Gene, 1976; ferner *Wegener* Memetik, 2001; *Philipps* in: Schünemann/Müller/Philipps (Hrsg.), Das Menschenbild im weltweiten Wandel der Grundrechte, 2002, S. 319 ff.

regime“[25] benutzt hat, hat die Übernahme durch die BGH-Rechtsprechung entscheidend begünstigt, weil dadurch die Entgrenzung unter Denaturierung von *Roxins* Schöpfung zur Anwendung im gesamten Bereich wirtschaftlicher Tätigkeit ohne Veränderung der sprachlichen Oberflächenstruktur vonstattengehen konnte.

III. Die Ausweitung der mittelbaren Täterschaft auf Leitungsorgane in Wirtschaftsunternehmen durch die Rechtsprechung

1. Die innerhalb weniger Jahre fest etablierte Rechtsprechung des BGH zur „mittelbaren Täterschaft bei unternehmerischer Betätigung“[26] ist bereits in ihrer Keimzelle, dem Urteil zur Verantwortlichkeit des Nationalen Verteidigungsrates der DDR für vorsätzliche Tötungen von Flüchtlingen durch Grenzsoldaten vom 26. 7. 1994, durch die Zauberformel der „Auslösung regelhafter Abläufe durch Ausnützung von durch Organisationsstrukturen bestimmten Rahmenbedingungen“[27] vollständig ausgeprägt worden. Obwohl der BGH in dieser „Gründungsurkunde“ der neueren Judikatur den Ausdruck „Tatherrschaft“ dreimal benutzt, hat er sich in der Sache von *Roxins* Tatherrschaftskonzeption gelöst, indem er auf jede Überlegenheit in der Steuerungsmacht des Hintermannes verzichtet (die bei *Roxin* durch die Kriterien der Fungibilität des Vordermannes und der Rechtsgelöstheit des Machtapparates erhalten bleibt und von *mir* im Bild der „Tatherrschaftsstufen“ ausgedrückt worden ist[28]) und sich mit der bloßen, dem Hintermann bekannten unbedingten Tatbereitschaft des Vordermannes im Sinne *Schroeders* begnügt. Das zeigt sich unmissverständlich durch die letzte in BGHSt 40, 237 angeführte Fallgruppe der (wahrheitsgemäßen) Denunziation zwecks Auslösung der Verfolgung des Denunzierten durch einen „rechtswidrig handelnden Staatsapparat“: Während die Annahme einer mittelbaren Täter-

---

25 Denn *Roxin* hat in Täterschaft und Tatherrschaft (Fn. 1), S. 250, das mordende staatliche Regime als „praktisch bedeutsamsten Fall“ sowie als „zweite Hauptform“ Verbrecherbanden u. ä. mit einem „vom Wechsel der Mitglieder unabhängigen Bestand“ (S. 251) bezeichnet, die ohne einen internen Zwangscharakter schwerlich existieren können.

26 BGH JR 2004, 246; BGHSt 48, 331 (342); 49, 147 (163); BGH NStZ 2008, 89; 2009, 437; Übersicht über die Rechtsprechung bei *Rotsch* (Fn. 22), S. 376 ff. Zur Kritik zuletzt *Heinrich* FS Krey, 2010, 147 m. z. w. N.

27 BGHSt 40, 218 (238).

28 LK-*Schünemann* § 25 Rn. 65; *Schünemann* in: Hefendehl (Hrsg.), Empirische und dogmatische Fundamente, kriminalpolitischer Impetus, 2005, S. 349, 362 ff.; *ders.* FS Schroeder, 2006, 401 ff.

schaft in dem sog. *Dohna*-Fall[29] richtigerweise darauf gestützt werden kann, dass der Täter das Opfer (!) als unvorsätzliches Werkzeug der eigenen Vernichtung benutzt, besitzt der Denunziant keinerlei überlegene Steuerungsmöglichkeit.

2. Letzten Endes bleibt also in der Täterschaftskonzeption des BGH nur das Wissen des Hintermannes um die Tatbereitschaft des Vordermannes bzw. der Vorderleute übrig. Dass das jedoch keine ausreichende Basis liefert, folgt sowohl aus dem Gesetz als auch aus einem kriminalpolitischen argumentum ad absurdum: Indem § 30 Abs. 2 StGB die Annahme des Erbietens, ein Verbrechen zu begehen, der versuchten Anstiftung gleichstellt, wird die dem Gesetz zugrunde liegende Vorstellung deutlich, dass das bloße Wissen um die Tatbereitschaft eines anderen keine Täterschaft begründen kann. Andernfalls müsste auch, worauf *Rotsch*[30] mit Recht hingewiesen hat, die (in zwischenmenschlichen Beziehungen häufig anzutreffende) bloße Gehorsamsbereitschaft des Vordermannes den Hintermann zum Täter machen, womit aber gerade diejenigen Anstiftungsformen aus § 26 StGB herausgenommen würden, die die darin angeordnete Gleichstellung mit dem Strafrahmen des Täters allein vertretbar erscheinen lassen.[31] Vollends widersinnig wird die Konstruktion der mittelbaren Täterschaft durch unternehmerische Tätigkeit auf der Konkurrenzebene, wo der BGH nunmehr anerkannt hat, dass nur eine Tathandlung vorliegt, wenn der Tatbeitrag lediglich in der Leitung und Organisation der Gesellschaft bestand.[32] Nimmt man dagegen eine „bloße" Beteiligung durch Unterlassen an,[33] so ist man nicht daran gehindert, bezüglich jeder selbständigen Haupttat eine selbständige Beteiligung anzunehmen, so dass dann auch für den Unternehmensleiter ebenso wie für die Vorderleute die kriminalpolitisch angemessene Realkonkurrenz gemäß § 53 StGB Platz greift.[34] Wegen dieser fatalen Konsequenz, dass der mittelbare Täter auf

---

29 Wiedergegeben bei *Schroeder* Der Täter hinter dem Täter, S. 145 ff.; *Rotsch* ZStW 112 (2000), 518, 523 Fn. 31. Es geht darum, dass jemand seinen Feind in einen terroristischen Hinterhalt schickt (die literarisch berühmteste Fassung dieses Motivs findet sich übrigens bei *Graham Greene* Der stille Amerikaner, 1955), der eigentlich für ihn selbst bestimmt war. Anders als *Schroeder* Der Täter hinter dem Täter, S. 152 sehe ich den Grund für die mittelbare Täterschaft hier nicht in der Ausnutzung der Tatbereitschaft des im Hinterhalt liegenden Terroristen, sondern (außer in der Auslösung von dessen error in persona, der aber bei *Graham Greene* nicht gegeben ist) in der manipulativen Steuerung des arglosen Opfers, ähnlich wie wenn man jemandem ein vergiftetes Getränk reicht und dann einen Toast ausbringt.

30 ZStW 112 (2000), 525 f.

31 Näher und mit Nachweisen LK-*Schünemann* § 26 Rn. 14.

32 BGH NStZ 2008, 353 m. w. N.; ebenso bereits in der Basisentscheidung BGHSt 40, 218 (238 ff.); *Fischer* Vor § 52 Rn. 34 f.

33 So *Roxin* AT II § 25 Rn. 137.

34 LK-*Rissing-van Saan* Vor § 52 Rn. 86 m. w. N.

der Konkurrenzebene gegenüber den Ausführungsorganen privilegiert wird, dürfte damit die prima facie scheinbar für den BGH sprechende kriminalpolitische Bewertung letztlich zu Lasten seiner Konstruktion ausschlagen: Die richterrechtliche Schaffung der neuartigen Rechtsfigur „mittelbare Täterschaft des Unternehmensleiters bei aller mit seinem Wissen aus dem Unternehmen heraus begangenen Straftaten“ ebnet die dogmatisch vom Gesetz eindeutig gezogenen Grenzen zwischen der Unterlassungstat des Geschäftsherrn als Garanten und dem Begehungsdelikt in weder dogmatisch noch kriminalpolitisch überzeugender Weise ein. Sie bedeutet deshalb keine Fortentwicklung, sondern eine Denaturierung der von *Claus Roxin* entwickelten Tatherrschaftsdoktrin und sollte wieder zurückgenommen werden.

IV. Unklarheiten über die begrifflichen Merkmale der Organisationsherrschaft

1. Die von der Rechtsprechung des BGH vorgenommene Ausweitung der Organisationsherrschaft ist dadurch begünstigt worden, dass die Konturierung dieser Rechtsfigur zu einem klassifikatorischen Begriff nicht geringe Schwierigkeiten bereitet und dementsprechend nicht nur umstritten geblieben ist, sondern auch *Claus Roxin* zu mehreren Modifizierungen gedrängt hat. Die beiden ursprünglichen Säulen wurden von der Rechtsgelöstheit des Machtapparates und der Fungibilität der Ausführungsorgane gebildet. *Schroeders* entgegengesetztes Kriterium der Tatbereitschaft des Ausführungsorgans ist in der Rechtsprechung ohne klare Unterscheidung zwischen Alternativität oder Kumulativität hinzugefügt und auch von *Roxin* als zunächst selbständiges, neuerdings aber nur noch unselbständiges (indizielles) Kriterium in seine Konzeption eingebaut worden.[35] Das Kriterium der Rechtsgelöstheit, das ursprünglich im Sinne einer die Fundamente einer gerechten staatlichen Ordnung leugnenden Zwangsgewalt gemeint gewesen sein dürfte,[36] ist von *Roxin* mittlerweile dahin ausgedehnt worden, dass es nur noch auf die Rechtsgelöstheit bezüglich der speziellen Deliktskategorie ankomme,[37] woran *Rotsch* die Kritik geknüpft hat, dass das Merkmal dadurch zirkulär werde.[38] Unerschütterlich festgehalten hat *Roxin* dagegen am Kriterium der Fungibilität des Ausführungsorgans, auch wenn das zu auf den

35 FS Schroeder, 2006, 397 f.; SchwZStr 125 (2007), 15 f.; ZIS 2009, 567.

36 Das zeigen die Beispiele der nationalsozialistischen Mordmaschinerie und der Mafiaorganisation.

37 FS Schroeder, 2006, 396; SchwZStR 125 (2007), 12 f.

38 *Rotsch* ZStW 112 (2000), 534; *Herzberg* ZIS 2009, 577.

ersten Blick wenig einleuchtenden Differenzierungen zwingt: Etwa wenn die Mordabteilung eines Geheimdienstes unliebsame Staatsoberhäupter entweder mit vergifteten Zigarren[39] oder mit Pistolenschüssen beiseite zu räumen pflegt, so wäre der Geheimdienstchef bei einer nur von einem Spezialisten ausführbaren Vergiftungsaktion lediglich Anstifter, bei einer Erschießungsaktion hingegen mittelbarer Täter, obwohl sich die Unersetzlichkeit eines Giftexperten, wenn er dem strukturellen Zwang im Machtapparat[40] ebenso nachgibt wie der Todesschütze, im konkreten Tatgeschehen nicht mehr auswirkt.

2. Diese nicht zu leugnenden Schwierigkeiten bei der Abgrenzung der Rechtsfigur[41] beweisen aber meiner Meinung nach nicht deren Untauglichkeit, sondern sind nur ein Beleg für ihre methodologische Struktur als *Typus*, wie er für alle grundlegenden Zurechnungsfiguren unabweisbar ist, weil die Vorstellung eines klassifikatorischen Begriffs für sprachliche Instrumente dieser Abstraktionsstufe eine Illusion ist.[42] Rechtsgelöstheit, strukturelle Zwangsausübung, Fungibilität und fraglose Ausführungsbereitschaft sind dementsprechend quantitativ abstufbare Züge des Typus „Organisationsherrschaft“, der auch dann noch erfüllt ist, wenn einige Züge stärker, andere schwächer ausgeprägt sind, sofern nur ein deutlich hohes Gesamtniveau deter Merkmalsausprägungen vorliegt.[43] Übrigens findet sich diese methodologische Struktur bei

39 Ein derartiger Versuch soll vom CIA gegen *Fidel Castro* unternommen worden sein.

40 Worunter ich die mit der Rechtsgelöstheit implizierte und deshalb auch von den Ausführungsorganen als Druck empfundene Allgegenwart von Gewalt verstehe. Hierin liegt m. E. der entscheidende Unterschied zum Wirtschaftsunternehmen, s. LK-*Schünemann* § 25 Rn. 130 ff.

41 Die namentlich *Rotsch* in zahlreichen Abhandlungen zum Gegenstand der Kritik genommen hat, zuletzt in „Einheitstäterschaft“ (Fn. 22), S. 322 ff.

42 Zum Typus allgemein siehe *Puppe* GS Arm. Kaufmann, 1989, 15, 25 ff.; *Kuhlen* ARSP-Beiheft 45 (1992), 101 (119 ff.); *Schünemann* FS Hirsch, 1999, 363 ff.; FS Otto, 2007, 795 f.; zur Tatherrschaft als Typus LK-*Schünemann* § 25 Rn. 38 ff.; FS Schroeder, 2006, 409 ff. Für den Fahrlässigkeitsbegriff umfassend ausgeführt von *Duttge* Zur Bestimmtheit des Handlungsunwerts von Fahrlässigkeitsdelikten, 2001; MüKo-*Duttge* § 15 Rn. 126 ff.

43 Man sollte sogar noch eine weitere (quantitativ abstufbare) Ausprägung hinzufügen, die ich die „Steuerungsabhängigkeit“ nennen und mit der ich die Notwendigkeit bezeichnen möchte, in einem System hochgradiger Arbeitsteilung die verschiedenen Beiträge durch Leitungsmaßnahmen so zu koordinieren, dass das Gesamtergebnis der Rechtsgutsverletzung, das jedem einzelnen Ausführungsorgan nicht erreichbar wäre, möglich gemacht wird – entsprechend der in der Umgangssprache ausgeformten Vorstellung vom „Schreibtischtäter“, der die verschiedenen einzelnen Beiträge in einer Weise koordiniert, die einerseits unverzichtbar ist und andererseits nur ihm zu Gebote steht. Auf der Ebene der Mittäterschaft kann die Leistung des Dirigenten bei der Aufführung einer Symphonie als Vergleich dienen: Obwohl dieser als einziger kein Instrument in der Hand hält, mit dem er Töne produziert, hängt die Hervorbringung des Tonkunstwerks wesentlich von seiner Koordinierungsleistung ab, die andererseits bei Kammermusik verzichtbar ist.

genauer Betrachtung auch bei den Standardfiguren der mittelbaren Täterschaft, etwa bei der Benutzung eines im entschuldigenden Notstand gemäß § 35 StGB handelnden Werkzeuges:[44] Die Feinabgrenzung, wann es dem Ausführungsorgan entsprechend Abs. 1 Satz 2 zuzumuten war, die Gefahr hinzunehmen, ist letztlich ebenfalls von verschiedenen quantitativ abstufbaren Kriterien abhängig.

V. Die neueste Grundsatzkritik von Haas an der Tatherrschaftslehre

In dem knappen halben Jahrhundert seit dem Erscheinen der 1. Auflage von „Täterschaft und Tatherrschaft" hat es immer wieder umfassende oder partielle Angriffe auf *Roxins* Tatherrschaftskonzeption gegeben, die dieser von Auflage zu Auflage postwendend zurückgewiesen hat.[45] Aber kein Angreifer hat in so prinzipieller Weise die Fundamente der Tatherrschaftslehre in Frage gestellt wie jüngst *Haas* (und kurz darauf *Rotsch*, auf den ich anschließend eingehen werde).

Haas rügt vor allem die mangelnde materielle Fundierung der Tatherrschaftslehre,[46] deren Integration in die Unrechtslehre bis heute nicht gelungen sei.[47] Ein im Anschluss an *Herzberg*[48] vorgebrachter zentraler Kritikpunkt lautet, das Täterkriterium der Tatherrschaft – ein Überbleibsel des Naturalismus[49] und der finalen Handlungslehre[50] – werde gelegentlich faktisch verstanden (so, wenn die mittelbare Täterschaft kraft organisatorischer Machtapparate mit dem Argument der größeren Erfolgswahrscheinlichkeit der Tatbegehung durch Indienstnahme eines solchen Apparats begründet werde), aber gelegentlich auch normativ, etwa wenn bei der mittelbaren Täterschaft kraft Nötigung auf § 35 StGB zurückgegriffen werde. „Die Tatherrschaftslehre oszilliert in durchaus inkohärenter und rational nicht nachvollziehbarer Weise zwischen Normativität und Faktizität",[51] weshalb Tatherrschaft letztlich kein Begriff, sondern „ledig-

---

44 Vgl. nur *Roxin* AT II § 25 Rn. 47 ff.

45 *Roxin* (Fn. 1) S. 662 ff.

46 *Haas* Die Theorie der Tatherrschaft und ihre Grundlagen, 2008, S. 23 ff.; ähnlich bereits *ders.* ZStW 119 (2007), 519 ff.

47 *Haas* (Fn. 46) S. 23.

48 In: Amelung (Hrsg.) Individuelle Verantwortung und Beteiligungsverhältnisse bei Straftaten in bürokratischen Organisationen des Staates pp. 2000, S. 33 ff., 46 f.

49 *Haas* beruft sich u. a. auf *Jakobs* AT § 21, 23 f.; FS Lampe, 2003, 575.

50 *Haas* (Fn. 46) S. 24.

51 *Haas* (Fn. 46) S. 26. In dieser Kritik ausdrücklich zust. *Kindhäser* GA 2010, 542.

lich ein Leitprinzip" sei.[52] Deshalb frage es sich, ob der Unterscheidung von Täterschaft und Teilnahme (scil. im Sinne der Tatherrschaftslehre) überhaupt ein bindendes allgemeines axiologisches Prinzip zugrunde liege oder ob es sich nicht nur um eine variable, zur mehr oder weniger beliebigen Disposition des Gesetzgebers stehende, gleichsam nominelle Grenze handele, die nur noch durch von Fall zu Fall ungeklärte Topoi und damit zufällig und unvorhersehbar gezogen werde; ob mit der von *mir* vorgenommenen Rekonstruktion als Typusbegriff und der zugehörigen Theorie der Tatherrschaftsstufen das Problem gelöst werde, sei mehr als fraglich.[53]

2. Was *Haas* hier an Kritikpunkten und rhetorischen Fragen vorbringt, geht aber sowohl methodisch als auch inhaltlich von (teilweise unausgesprochenen) falschen Prämissen aus und bietet deshalb eine willkommene Gelegenheit, die in der Tatherrschaftsdoktrin für die Begehungsgemeindelikte sachlogisch zutreffend konkretisierte allgemeine normative Struktur der Täterschaft im Strafrecht ebenso vor den Missverständnissen der Kritik zu bewahren wie das allgemeine Verhältnis von Normativität und Faktizität im Recht.

a) Den Ankerpunkt für alle vom Gesetzgeber in § 25 StGB umschriebenen Formen der Täterschaft bildet deren unbestrittener Kernbereich, nämlich die (im formell-objektiven Täterbegriff verabsolutierte) Ausführung der im jeweiligen Tatbestand umschriebenen Handlung mit eigener Hand. Damit auch die anderen Täterschaftsformen als Manifestationen des in der unmittelbaren Alleintäterschaft seine fundamentale Inkarnation findenden Prinzips begriffen werden können, muss nach der Zweck-Mittel-Relation gefragt werden, für die die Tatbestandshandlung des Alleintäters die völlig unbestrittene und unbestreitbare sachlogische Struktur abgibt: Der Zweck des Strafrechts besteht in der Bewahrung der (im jeweiligen Tatbestand ausgewählten) Rechtsgüter,[54] das Mittel besteht in der Adressierung von strafbewehrten Verboten an diejenigen Personen, die (in der Figur des Alleintäters) die für die Rechtsgüterverletzung oder -gefährdung (den Eintritt des strafrechtlichen Erfolges) maßgebliche Handlung vornehmen bzw. (allgemein) die die für den strafrechtlichen Erfolg maßgebliche Entscheidung treffen. Weil die anderen in § 25 StGB aufgeführten

52 *Haas* (Fn. 46) S. 32, 39 (auch gegen *Schünemann* Schroeder-FS, 2006, 409 ff.).

53 *Haas* (Fn. 46) S. 39 mit Fn. 148 und 149.

54 Für diesen rechtstheoretischen Begriff des Rechtsguts spielt es keine Rolle, ob die Zurückweisung der Begrenzung der Strafgesetzgebung durch einen verfassungsunmittelbaren Rechtsgutsbegriff in der Inzestentscheidung BVerfGE 120, 224 (241 ff.) zu überzeugen vermag (dagegen die durchschlagende Kritik in der Rezension von *Roxin* StV 2009, 544 ff.), denn ohne den „systemimmanenten" Rechtsgutsbegriff kommt auch diese Entscheidung nicht aus, sondern benutzt ihn permanent selbst zur Analyse des Inzesttatbestandes, BVerfGE 120, 243 ff.

Täterschaftsformen mit der im Kernbereich der strafrechtlichen Zweck-Mittel-Relation stehenden Alleintäterschaft eine hinreichende Ähnlichkeit aufweisen müssen,[55] damit die identische Rechtsfolge legitimiert werden kann, ist die Inhaberschaft der maßgeblichen Entscheidungsposition = die *Herrschaft über den Grund des (strafrechtlichen) Erfolges* die aus dem Zweck des Strafrechts folgende und durch die originäre Inkarnation der Alleintäterschaft verifizierte sachlogische Struktur der Täterschaft. Die weiteren Täterschafsformen bei Erfolgsdelikten (mittelbare Täterschaft und Mittäterschaft beim Begehungsdelikt, Täterschaft beim unechten Unterlassungsdelikt, Täterschaft beim Sonderdelikt und zu guter Letzt bei den eigenhändigen Delikten) müssen unter dieser leitenden Hinsicht der Handlungsherrschaft des Alleintäters so weitgehend gleichkommen, dass einerseits die tatsächlichen Unterschiede nicht mehr ins Gewicht fallen und andererseits der Abstand von der vom Gesetzgeber als Mitwirkung ohne gleichgewichtige eigene Herrschaft erst akzessorisch in die Strafbarkeit einbezogenen Teilnahme deutlich größer ist.[56] Um diese Vergleichbarkeit (= ausreichende Ähnlichkeit) in den ausschlaggebenden Hinsichten prüfen und beurteilen zu können, ist natürlich als erstes eine sorgfältige Analyse des „empirischen Sachgehalts" geboten. Darin mit *Haas* in offenbar pejorativ gemeintem Sinne ein Überbleibsel des Naturalismus bzw. der finalen Handlungslehre zu sehen, wäre nur dann ein beachtlicher Einwand, wenn das Ergebnis dieser Analyse nicht mehr an den Anforderungen des dem StGB zugrunde liegenden Täterschaftsprinzips gemessen würde – aber genau diese Vernetzung von empirischem Sachgehalt und rechtlicher Wertung wird von der von *Roxin* für den Tatherrschaftsbegriff i. e. S. (der Begehungsgemeindelikte) entfalteten und von mir auf weitere Deliktsformen erstreckten Herrschaftstheorie im Unterschied zu ih-

---

55 In der vom Gesetz vorgegebenen rechtlichen Gleichstellung dieser Täterschaftsformen eine „rechtliche Fiktion" sehen zu wollen, wie es *Haas* (Fn. 46), S. 47 ff. und *Kindhäuser* tun (GA 2010, 543), ist in meinen Augen ein befremdliches Missverständnis des Verhältnisses von Faktizität und Normativität (= von umgangssprachlichen Begriffen und Rechtsbegriffen). Der Rechtsbegriff „Töten" in § 212 StGB meint „in Tatherrschaft den Tod herbeiführen". Der umgangssprachliche Begriff des „Tötens mit eigener Hand" liegt (individuelle Zurechenbarkeit vorausgesetzt) im umgangssprachlichen Bedeutungskern des Terminus „Töten", die Manipulation eines fremden Suizids durch Irreführung im Bedeutungshof. Wenn letztere unter dem Leitaspekt der „maßgeblichen Entscheidung" (= Herrschaft) als mittelbare Täterschaft qualifiziert und unter § 212 subsumiert wird, wird nicht irgendetwas „fingiert" (d. h. eine nicht existierende Tatsache kontrafaktisch unterstellt), sondern die Gleichwertigkeit für ein rechtsgüterschützendes Strafrecht festgestellt.

56 Hierzu näher meine allgemeinen Überlegungen in LK-*Schünemann* § 25 Rn. 38 ff.; für die Unterlassungsdelikte Rn. 40 f.; für die Sonderdelikte Rn. 42 ff.; für die eigenhändigen Delikte Rn. 45 ff.

ren im Schrifttum propagierten Rivalen[57] durchweg geleistet. Am Beispiel meiner Theorie des unechten Unterlassungsdelikts, die die in § 13 StGB geforderte Entsprechung des Unterlassens zum Begehen in der (bei der Begehung durch die Handlung *usurpierten*, bei der unechten Unterlassung bereits zuvor *prästabilierten*) *Herrschaft* über das zur Rechtsgutsverletzung führende Geschehen findet:[58] Die sinnfällige, in der Rechtsprechung von Anfang an implizit wiederzufindende und auch von der h. M. als solche anerkannte Unterscheidung von Beschützer- und Überwachungsgarantenstellungen[59] wird erst im (gut neukantianisch gesprochen) wertbeziehenden Verfahren unter der leitenden Hinsicht des Täterschaftsprinzips der Herrschaft als Systematisierung der rechtlich relevanten Herrschaftsformen instruktiv – man erlebt förmlich die Evidenz, den einen Pitbullterrier ausführenden Hundehalter und das ein Baby spazieren fahrende Kindermädchen, die den Hund nicht zurückpfeifen bzw. das Baby nicht hochnehmen und es dadurch vom Terrier beißen lassen, genau so als Täter einer Körperverletzung zu bestrafen, wie wenn sie es selbst gebissen hätten.[60]

b) Dass *Roxin* bei der mittelbaren Täterschaft der Begehungsdelikte zur Begründung der Tatherrschaft des Hintermannes im Ausgangspunkt auf das Ver-

---

57 Bei denen man von einer „Theorie" im strengen Sinn nur sprechen kann, wenn sie – wie etwa durchweg bei *Günther Jakobs* – aus einheitlichen Grundprinzipien entwickelt werden, nicht aber, wenn es – wie bei dem willkürlichen Eklektizismus der Garantenstellungen beim unechten Unterlassungsdelikt in der Standardliteratur, der einfach ein Sammelsurium von inkohärenten Garanstellungen aneinander reiht (beispielhaft Schönke/Schröder-*Stree*/*Bosch* § 13 Rn. 17 ff., wo zuvor jedes verbindende Prinzip ausdrücklich abgelehnt worden ist) – nur um eine historisierende Fortschleppung von Judikaten geht, deren ehedem „geglaubte" dogmatische Basis längst widerlegt ist, an die sich eine einer eigenen Theorie entratende (und deshalb die Aufgabe der Rechtswissenschaft gewissermaßen nur grimassierende) „Dogmatik" aber faute de mieux zu klammern versucht.

58 Grdl. Grund u. Grenzen der unechten Unterlassungsdelikte, 1971, S. 229 ff., 236, jetzt auf Spanisch Fundamentos y límites de los delitos de omisión impropia, übersetzt v. Cuello Contreras, 2009; o. S. 252 ff., 261; LK § 25 Rn. 41; zuletzt in FS Amelung, 2009, 303, 312 ff.; zust. *Roxin* AT II § 32 Rn. 17 ff.

59 *Arm. Kaufmann* Die Dogmatik der Unterlassungsdelikte, 1959, S. 282 ff.; *Androulakis* Studien zur Problematik der unechten Unterlassungsdelikte, 1963, S. 205 ff.; *Jescheck*/*Weigend* AT § 59 IV 2; *Wessels*/*Beulke* AT Rn. 716; w. N. bei *Roxin* AT II § 32 Rn. 6.

60 Diese Aufgliederung in Beschützer- und Aufsichtsgarantenstellungen, die eine derartige Fülle an Wirklichkeitssubstanz abbildet und systematisiert, wird allerdings bei Schönke/Schröder-*Stree*/*Bosch* § 13 Rn. 9, als „substanzlos" hingestellt, was nicht nur im Ausdruck grotesk danebengreift, sondern auch wenig später in Rn. 15 die Obhutsherrschaft, etwa eines Kindermädchens über den ihr anvertrauten Säugling, mit der Erfolgsabwendungsmöglichkeit des quivis ex populo i. S. der hypothetischen Kausalität verwechselt.

antwortungsprinzip zurückgegriffen hat,[61] ist als Ermittlung einer *hinreichenden* Bedingung völlig überzeugend, denn wenn das Gesetz den Vordermann als strafrechtlich nicht verantwortlich qualifiziert, ist das ein zwingender Beweis dafür, dass der Hintermann die für das Recht maßgebliche Entscheidung trifft und also die Tatherrschaft besitzt. Damit ist aber keinesfalls ausgesagt, dass die hinreichende Bedingung auch eine *notwendige* ist, so dass die für weitere Konstellationen vorgenommene Prüfung, ob neben einem für den Erfolg bereits verantwortlich zu machenden Täter auch noch eine andere Person eine vergleichbare Herrschaft ausübt und deshalb ebenfalls als Täter zu qualifizieren ist, entgegen dem völlig überzogenen Vorwurf von *Haas* weder „inkohärent" noch „rational nicht nachvollziehbar", sondern geradezu logisch zwingend ist. Bei der Mittäterschaft hat das Gesetz eine solche Doppelverantwortlichkeit in § 25 Abs. 2 StGB selbst anerkannt, im Verhältnis von Begehungstäter und dem Täter eines unechten Unterlassungsdelikts muss sie jedenfalls prima facie in Betracht gezogen werden und auch bei der Figur der Nebentäterschaft stößt eine solche Konstellation ganz allgemein auf Zustimmung.[62] Wenn *Haas* meint, dass hierbei die Grenze „zufällig und unvorhersehbar gezogen werde", diskreditiert das in Wahrheit nicht etwa die Tatherrschaftslehre, sondern das eigene Verständnis von der Methode, wie eine Konkretisierung derartiger Allgemeinbegriffe (sprich: Typusbegriffe) überhaupt nur gelingen kann. Natürlich ist der Rechtsanwender dort, wo der Gesetzgeber klar feststellbare eigene Entscheidungen getroffen hat (beispielsweise ob auch Notsituationen von Angehörigen überhaupt zu einer Entschuldigung nach § 35 StGB und damit zu einem Ausschluss der strafrechtlichen Verantwortlichkeit führen können), an diese Entscheidung gebunden, ohne dass diese Vorentscheidung aber „zur beliebigen Disposition des Gesetzgebers" stünde, denn auch der Gesetzgeber muss hierbei mit vernünftigen Gründen diejenigen Parameter suchen, die für den Eintritt des strafrechtlichen Erfolges ausschlaggebend sind (wieder am Beispiel des § 35 StGB: der böse Wille des Handelnden oder die Notsituation, was im letzteren Fall denjenigen zum Täter macht, der die Notsituation beherrscht).

c) Hieraus folgt, dass jenseits der für die mittelbare Täterschaft des Hintermanns hinreichenden Bedingung, die das Verantwortungsprinzip angibt, besonders starke Analogien gefunden werden müssen, um eine Ausnahme von der vom Gesetzgeber getroffenen Entscheidung, Hinter- und Nebenmänner re-

61 Danach hat Willensherrschaft inne, wer „auf einen anderen derart einwirkt, dass dieser von Gesetzes wegen der Verantwortung ledig wird", wobei Letzteres anhand von § 52 a. F. (nunmehr § 35) StGB bestimmt wird, *Roxin* (Fn. 1), S. 148; *ders.* AT II § 25 Rn. 48 m. w. N.

62 Hierzu *Roxin* AT II § 25 Rn. 265 ff. und ausf. *Murmann* Die Nebentäterschaft im Strafrecht, 1993.

gelmäßig nur als Teilnehmer über das Akzessorietätsprinzip mitverantwortlich zu machen, zu legitimieren: Die normative Freiheit des Vordermannes schließt es in der Regel aus, dem Hintermann die Herrschaft über den Grund des Erfolges zuzusprechen. Dass die ausreichende Beherrschung durch den Vordermann dem Hintermann nach dem Modell der Tatherrschaftsstufen dennoch eine für Täterschaft ebenfalls ausreichende Herrschaft überlässt, muss deshalb argumentativ schlüssig abgesichert werden können, was in den Fällen der *Organisationsherrschaft* in strukturell auf Gewalt gegründeten organisatorischen Machtapparaten deshalb möglich erscheint, weil der Beherrscher dieses Apparats eine Steuerungsmacht besitzt, die mit derjenigen eines Anstifters schlechterdings nicht verglichen werden kann, sondern ihn sogar zum eigentlichen, den Vordermann klar überragenden Herrn des Geschehens macht. Ein anderes Beispiel bildet die *Täuschung über das Motiv zum Suizid*, weil es hier um eine erlaubte Handlung geht, für die (anders als beim Delikt) allein der freie Wille des Handelnden den „Grund des Erfolges" bildet.[63] Dass also bei der Konkretisierung der Tatherrschaft nicht etwa inkohärente, sondern einander ergänzende normative und empirische Argumentationen miteinander verknüpft werden, stellt geradezu den Normalfall der Konkretisierung von Typusbegriffen dar. Übrigens hat eine derartige Methode bereits *Roxin* im Jahre 1963 vorgeschwebt, auch wenn er sie zu einer Zeit, als die sprachphilosophische Entschlüsselung des Typusbegriffs noch nicht gelungen war, mit dem intuitiv in dieselbe Richtung weisenden „konkret-allgemeinen Begriff" im Sinne *Hegels* umschrieben hat.[64] Nachdem nunmehr arrivierte methodologische Untersuchungen hierzu vorliegen, führt die von *Haas* vertretene Forderung nach der Bildung eines klassifikatorischen Begriffs gewissermaßen in die methodologische Steinzeit der Begriffsjurisprudenz zurück und kann deshalb das Herrschaftskonzept nicht ernsthaft erschüttern.

3. Noch weniger gelingt dies anderen mit fundamentaler Zielrichtung vorgetragenen Attacken wie etwa den Behauptungen, der Herrschaftstheorie fehle das normative Fundament,[65] oder der Meinung von *Haas*, die Tatherrschaft bezeichne nur eine größere Tätergefährlichkeit und werde zu einer von der Tat losgelösten Eigenschaft des Täters, womit sie sehr nahe an der subjektiven Theorie und dem Gesinnungsstrafrecht lande.[66] Die sogar logisch stringente Verbindung der Herrschaftstheorie mit der teleologischen Grundlage des gesamten Strafrechts besteht, wie schon erwähnt, darin, dass das Strafrecht seine

63 Siehe dazu bereits LK-*Schünemann* § 25 Rn. 107.
64 *Roxin* (Fn. 1) S. 528 ff.
65 *Haas* (Fn. 46) S. 23 ff.
66 *Haas* (Fn. 46) S. 42 f.

Verbote an diejenigen Personen adressiert, die die maßgebliche Entscheidung über den Eintritt der Rechtsgutsverletzung fällen können, eben an diejenigen, die die Herrschaft über den Grund des Erfolges ausüben. Und das ist nicht etwa eine im Innern des Täters liegende Eigenschaft, sondern betrifft das objektive Verhältnis des Täters zum Rechtsgut und zu seiner Gefährdung, so dass die auf eine angebliche Näher zur subjektiven Theorie gegründete Kritik abwegig ist.

4. Stattdessen für die mittelbare Täterschaft die gemeinrechtliche Doktrin vom *Mandat* wiederzubeleben, wie es *Haas* in einer bewundernswert akribischen Aufarbeitung der strafrechtlichen Dogmengeschichte seit *Ulpian* versucht,[67] bedeutet geradezu, einen Anschlag auf die gesamte moderne Entwicklung des Strafrechts aus der Grundidee des Rechtsgüterschutzes durch Generalprävention zu unternehmen: Dass die Strafrechtsdogmatik Jahrhunderte lang (und auch heute noch im Common Law und im angloamerikanischen Strafprozess) eine Kümmerfigur am Rande des Zivilrechts bildete,[68] kann für die heutige Strafrechtswissenschaft, die die besondere Teleologik des Strafrechts als ultima ratio zum Rechtsgüterschutz und dessen besondere Legitimationsbedürftigkeit[69] ernst nimmt, nicht mehr als ernst zu nehmendes Vorbild dienen. Und zu guter Letzt kann eine vermeintliche Schwäche der Herrschaftsdoktrin, dass sie nämlich bei ihrer ersten umfassenden Entfaltung durch *Roxin* in ihrer Reichweite unterschätzt worden sein dürfte, sogar in eine Stärke umgemünzt werden. Die ursprüngliche Konstruktion *Roxins*, wonach neben den Herrschaftsdelikten noch zwei weitere Deliktskategorien (mit entsprechend speziellen Kriterien der Täterschaft) in Gestalt der Pflichtdelikte und der eigenhändigen Delikte zu unterscheiden seien,[70] erweist sich nämlich nach dem zwischenzeitlich erreichten Stand der Dogmatik als eine den Bereich des Herrschaftsprinzips unnötig einschränkende Verabsolutierung der von *Roxin* zutreffend herausgearbeiteten Besonder-

---

67 *Haas* (Fn. 46) S. 86 ff.

68 Was sich bei *Haas* übrigens auch anderweitig findet, nämlich in seiner Unrechtslehre, die er aus der Störung eines Rechtsverhältnisses zwischen zwei Personen gewinnen und dadurch ebenfalls zivilistisch verankern will (Kausalität und Rechtsverletzung, 2002, S. 54 ff., mit dem Plädoyer für eine strenge „Abhängigkeit des Strafrechts von der materialen Grundstruktur der Privatrechtsordnung").

69 Das Strafrecht trennt den Bürger vom Verbrecher, den freien Menschen von der wie in einem Käfig gehaltenen Kreatur, und kann deshalb nicht durch zivilistische Konstruktionen legitimiert werden.

70 Wobei zu den Pflichtdelikten ursprünglich auch die unechten Unterlassungs- und die Fahrlässigkeitsdelikte gezählt wurden, s. Täterschaft und Tatherrschaft, 1. Aufl. 1963, S. 459 ff., 527 ff. Die Fahrlässigkeitsdelikte sind bereits ab der 3. Auflage (1975) herausgenommen worden, bei den unechten Unterlassungsdelikten hat sich *Roxin* AT II § 32 Rn. 17 ff. der Herrschaftstheorie angeschlossen.

heiten spezifischer Deliktskategorien. Bei den *unechten Unterlassungsdelikten* erwächst die Täterstellung nicht, wie es Anfang der 60er Jahre des vorigen Jahrhunderts aufgrund der damals noch herrschenden formellen Rechtspflichttheorie[71] den Anschein hatte, aus der Verletzung einer außerstrafrechtlichen formellen Rechtspflicht, sondern – wie *Roxin* mittlerweile anerkannt hat – aus einer spezifischen Herrschaftsform neben der durch die eigene Handlung vermittelten Geschehensbeherrschung, nämlich in Gestalt der schon vorher bestehenden Herrschaft über eine Gefahrenquelle oder über die Hilflosigkeit des Opfers.[72] Nichts anderes gilt für die verbleibenden *Sonderdelikte*, bei denen es sich durchweg um sog. Garantensonderdelikte handelt, bei denen die Täterqualifikation also auf einer Garantenstellung ebenso wie bei den unechten Unterlassungsdelikten beruht.[73] Ähnliches gilt schließlich auch für die *eigenhändigen Delikte*, bei denen es sich um Herrschaftsdelikte handelt, bei denen der Gesetzgeber aus bestimmten kriminalpolitischen Gründen die Täterschaft auf solche Personen beschränkt hat, die sich in einer spezifischen Schlüsselstellung zum durch den Tatbestand verfolgten kriminalpolitischen Interesse befinden und deren wichtigste Gruppe deshalb ebenfalls in Garantensonderdelikten besteht.[74]

VI. Die Kritik von Rotsch

1. Mit den vorstehenden Überlegungen ist schon ein guter Teil von *Rotschs* Kritik an der Tatherrschaft mit erledigt worden, denn auch *Rotsch* erklärt den Bezugspunkt der Tatherrschaft für völlig beliebig, sieht in diesem Kriterium keinerlei eigenständige Wertmaßstäbe, weil darin normative mit faktischen Begründungansätzen nahezu beliebig vermischt würden[75] und will ihr stattdessen die allgemeine Lehre der objektiven Zurechnung subintellegieren, die die starren Kategorien von Täterschaft und Teilnahme auflösen und somit obsolet machen würde.[76] Im übrigen könnte man sich von *Rotschs* Bemühungen schon leicht deshalb distanzieren, weil seine zusammenfassende „Erkenntnis, dass

71 RGSt 66, 71; 69, 321 (323); BGHSt 19, 167 (168); *v. Hippel* Deutsches Strafrecht Bd. II, 1930, S. 161 ff.; umfassend zur Dogmengeschichte dieser Lehre *Schünemann* Grund und Grenzen der unechten Unterlassungsdelikte, 1971, S. 218 ff.; *ders.* ZStW 96 (1984) 287, 289 ff.

72 *Roxin* AT II § 32 Rn. 17 ff.; zur hartnäckigen Verwechselung des hierfür maßgeblichen Herrschaftsbegriffs mit der (hypothetischen) Kausalität, die aber nicht einmal bei der Tatherrschaft i. e. S. das Entscheidende ist, zuletzt Schönke/Schröder-*Stree/Bosch* § 13 Rn. 15.

73 LK-*Schünemann* § 25 Rn. 42 f.; *Chen* Das Garantensonderdelikt, 2006, S. 172 ff.

74 Siehe *Schünemann* FS Jung, 2007, 881, 886 ff.; LK-*Schünemann* § 25 Rn. 45 ff., 51.

75 *Rotsch* (Fn. 22) S. 332.

76 *Rotsch* (Fn. 22) S. 421.

eine Täterlehre, die an der Differenzierung in unterschiedliche Beteiligungsformen fast schon wider bessere Erkenntnis festhalte, weder den Anforderungen an ein rechtsstaatlich-liberales noch an ein im guten Sinne des Wortes modernes und gesamteuropäisches Strafrecht gewachsen" sei,[77] als dogmatische These de lege lata nicht nachvollziehbar ist, weil ja unser Strafgesetzbuch nun einmal in den §§ 25–27 das Gegenteil anordnet und ein „gesamteuropäisches Strafrecht" fürwahr in demjenigen „nebligen Sumpf" der Zukunft verborgen ist, dessen Apostrophierung für die Theorie der Einheitstäterschaft durch *Volk* von *Rotsch* zurückgewiesen worden ist.[78] Aber selbst wenn man *Rotsch* auf seinem Weg zu einer Art naturrechtlicher Strafrechtsdogmatik zu folgen versucht, also versucht, die ganze Frage de lege ferenda zu traktieren und „die traditionellen Beteiligungsstrukturen vollständig aufzuheben",[79] führt das von ihm für die Abgrenzung der Strafbarkeit angebotene Kriterium der „Nähe zwischen Verursachungsakt und Verursachungseffekt" (S. 486), das er in terminologischer Anlehnung an *Jakobs* als „strafunrechtsrelevante Zuständigkeit" bezeichnet (S. 470), aus dem „nebligen Sumpf" nicht heraus, sondern teils darin im Kreis herum, teils immer tiefer hinein.

a) Die Kreiselbewegung ergibt sich daraus, dass *Rotsch* statt auf das Herrschaftsprinzip auf die Regeln der objektiven Zurechnung des Erfolges abstellen will.[80] Dadurch wird aber etwas relativ Bekanntes (die immerhin im Ansatzpunkt in § 25 StGB vom Gesetz gebildeten Zurechnungsformen und die in einem halben Jahrhundert von der Tatherrschaftsdogmatik dazu entwickelten konkreten Regeln) durch etwas im Ausgangspunkt Unbekanntes ersetzt (die allgemeine Idee der objektiven Zurechnung, die im Gesetz weder ausgesprochen noch ausdifferenziert ist und die deshalb erst seit rund 40 Jahren mit nach wie vor höchst kontroversen Resultaten vor allem für die Fahrlässigkeitsdelikte entwickelt werden muss[81]). Es bildet ja gerade den dogmatischen Vorzug der Vorsatzdelikte, dass hier in Gestalt der vom Gesetz gebildeten Beteiligungskategorien und der dazu entwickelten dogmatischen Figuren eine differenzierte Landkarte der Zurechnung zur Verfügung steht, die bei den Fahrlässigkeitsdelikten erst mühsam geschaffen werden muss.

---

77 *Rotsch* (Fn. 22) S. 481 f.
78 *Rotsch* (Fn. 22) S. 482.
79 *Rotsch* (Fn. 22) S. 482.
80 *Rotsch* (Fn. 22) S. 292 f.
81 Als Initialzündung habe *ich* in GA 1999, 207, 212 den Beitrag von *Roxin* FS Honig, 1970, 170 ff. bezeichnet. *Schroeder* hat auf die schon davor angestellten, eigenständigen Bemühungen um eine Entfaltung der Zurechnungslehre aufmerksam gemacht (Der Blitz als Mordinstrument, 2009, S. 39 ff.), denen allerdings nicht die von *Roxins* Initialzündung ausgehende Resonanz beschieden war.

b) An der Stelle, wo *Rotsch* selbst konkret wird, kommt er zu verfehlten Lösungen, die ungewollt die sachliche Angemessenheit des Herrschaftsprinzips und des dem StGB zugrunde liegenden Beteiligungssystem beweisen, nämlich bei den *Sonderdelikten*, deren Analyse *Rotsch* als Beleg für die Richtigkeit seiner Konzeption anführt.[82] Vorauszuschicken ist, dass *Rotsch* bei den Sonderdelikten allein von der älteren Auffassung *Roxins* ausgeht, wonach es eine eigene Täterschaftskategorie der Verletzung einer außerstrafrechtlichen Sonderpflicht gebe, die sowohl für die unechten Unterlassungsdelikte als auch für einen großen Teil der Sonderdelikte zuträfe,[83] ohne auf die von mir entwickelte, die systematische Einheitlichkeit der Täterlehre wiederherstellende Kategorie der Garantensonderdelikte,[84] die *Roxin* mittlerweile jedenfalls für die unechten Unterlassungsdelikte übernommen hat,[85] zu berücksichtigen. Dasselbe gilt übrigens auch für die eigenhändigen Delikte, von denen *Rotsch* nur feststellt, dass sie nach überwiegender Auffassung aus dem Fokus einer (jeden) differenzierenden Beteiligungsformenlehre herausfielen,[86] ohne deren von mir entwickelte Einfügung in die Tatherrschaftslehre[87] zu erwähnen. Aber von dieser Verkürzung seiner Tatherrschaftskritik durch Außerachtlassung der Weiterentwicklung, die sie mittlerweile erfahren hat, ganz abgesehen, machen *Rotschs* eigene Lösungen bei den Garantensonderdelikten deutlich, dass die wichtigen und kriminalpolitisch weisen Differenzierungen des Gesetzgebers bei ihm im Einheitsbrei der „strafunrechtsrelevanten Zuständigkeit" aufgelöst werden: *Rotsch* kritisiert die aus dem geltenden Beteiligungssystem folgende Beschränkung der Strafbarkeit des extranen Hintermannes auf die Strafbarkeit wegen Anstiftung zu einer tatbestandsmäßig-rechtswidrigen Haupttat des intranen Vordermannes[88] mit dem Argument, dass der nicht qualifizierte Hintermann auch bei einem vorsatzlos handelnden qualifizierten Vordermann „für den Eintritt des tatbestandsmäßigen Erfolges mittelbar zuständig" bleibe, wenn er selbst nicht irre und deshalb den Mangel des Vordermanns „kompensiere".[89] Dabei wird aber verkannt, dass der Gesetzgeber das Rechtsgut bei den Garantensonderdelikten nur gegenüber einer tatbestandsmäßigen Handlung des Garanten schützen will, weil es gegen-

82 *Rotsch* (Fn. 22) S. 486 i. V. mit 470 ff.
83 *Rotsch* (Fn. 22) S. 351 f.
84 Unternehmenskriminalität und Strafrecht, 1979, S. 92 ff., 138 ff.; GA 1986, 331 ff.; eine Zusammenfassung findet sich bei LK-*Schünemann* § 14 Rn. 12 ff., § 25 Rn. 42.
85 *Roxin* AT II, § 32 Rn. 17 ff.
86 *Rotsch* (Fn. 22) S. 352 f.
87 FS Jung, 2007, 881, 886 ff.; LK § 25 Rn. 51 f.
88 RGSt 63, 315; BGHSt 4, 355 (359); BGH StV 1995, 71 f.; Schönke/Schröder-*Cramer/Heine* § 25 Rn. 44; *Roxin* AT II § 25 Rn. 271 ff.
89 S. 475 am Beispiel einer Anstiftung zu § 331 StGB.

über Außenstehenden eines strafrechtlichen Schutzes entweder nicht würdig oder nicht bedürftig ist. Beispielhaft kann auf Ausspähungsakte Dritter bezüglich der aus viktimodogmatischen Gründen allein gegenüber den Garanten des § 203 StGB geschützten Privatgeheimnissen hingewiesen werden.[90] Für das von *Rotsch* selbst zitierte Beispiel der Bestechung gilt nichts anderes, denn wenn ein Beamter von seiner Amtsstellung nichts weiß und deshalb Geschenke annimmt, wird das Rechtsgut der §§ 331 ff. StGB überhaupt nicht tangiert.

VII. Resultat

Damit hat sich ergeben, dass gerade die Generalangriffe, die jüngst *Haas* und *Rotsch* gegen die Tatherrschaftsdoktrin geführt haben, ungewollt deren Richtigkeit und Lebensfähigkeit noch weiter bestätigt haben. Gleichzeitig weiß sich jeder Strafrechtsdogmatiker, der an diesem dogmatischen Gebäude weiterarbeitet, um eine vorgebliche Schrumpfung seines Fundaments ebenso wie schädliche Wucherungen abzuweisen, auf den titanenhaften wissenschaftlichen Schultern von *Claus Roxin*. Wer wie ich vor fast einem halben Jahrhundert von ihm die Regeln der Baukunst gelernt hat, wird nicht nur im Rückblick ein unauslöschliches Gefühl der Dankbarkeit empfinden und immer wissen, dass die bis heute bewahrte Weltgeltung der deutschen Strafrechtswissenschaft nicht auf finanzstarken Einrichtungen und ihren vollmundigen Programmen, sondern wesentlich auf ebendiesen Schultern ruht.

90 *Welzel* Das Deutsche Strafrecht, S. 113; LK-*Schünemann* Vor § 26 Rn. 21,§ 203 Rn. 159 u. allg. Rn. 16 f.

SECHSTER TEIL Herrschaft über die Hilflosigkeit des Rechtsguts oder Pflichtverletzung als Strafgrund der Sonderdelikte?

I. Zur Dogmengeschichte der Sonderdelikte

1. Die Kategorie der Sonderdelikte ist im Strafrecht lange Zeit nicht näher untersucht worden. Der Allgemeine Teil, also die allgemeinen Regeln der objektiven und individuellen Zurechnung im Strafrecht, sind an den sog. Gemeindelikten entwickelt worden mit den Tötungsdelikten als maßgeblicher Gruppe. Bei dieser Gruppe ist das strafrechtliche Unrecht sehr einfach strukturiert. Im Zeitalter des kausalen Deliktaufbaus, also zwischen *Beling/Liszt* und *Mezger*, bestand das Unrecht in der Verursachung des Erfolges (also etwa der Lebenszerstörung) durch irgendeine beliebige Handlung irgendeiner beliebigen Person. Auch im modernen Deliktsaufbau, der durch die Doktrin der objektiven Zurechnung gekennzeichnet ist, besteht das Unrecht hier in der Handlung einer beliebigen Person, die eine unerlaubte Gefahr für das Leben eines Anderen geschaffen hat, in dessen Tod sich das spezifische Risiko realisiert.

2. Dass das Unrecht von bestimmten Voraussetzungen in der Person des Täters abhängen könnte, wurde lange Zeit nicht als eigentliches allgemeines Problem erkannt und analysiert. So findet sich etwa in der 14. Auflage des Lehrbuches von *Franz von Liszt* zum deutschen Strafrecht von 1904 nicht einmal der Begriff eines solchen Delikts, bei dem das Unrecht von bestimmten Voraussetzungen in der Person des Täters abhängig ist. In der 17. Auflage des Kommentars von *Reinhardt Frank* zum deutschen Strafgesetzbuch von 1926 ist dem Sonderdelikt immerhin ein eigener Absatz gewidmet worden.[1] Dessen Charakter ist jedoch sehr positivistisch dahin geschildert worden, dass nicht nur die Standesdelikte der Beamten und Militärpersonen Sonderdelikte seien, sondern auch zahlreiche andere, bei denen die Täterschaft die Zugehörigkeit zu einem bestimmten Beruf oder eine gewisse öffentlich-rechtlich oder privat-rechtliche Stellung voraussetze. Dazu gehörten laut *Frank* auch die Unternehmerdelikte, die nur von dem Unternehmer eines Gewerbebetriebs begangen werden könnten. Als zentrale dogmatische Erkenntnis wurde vermerkt, dass ein Außenstehender (Extraneus) nicht Täter, wohl aber Teilnehmer sein könne. Das sei allerdings bei militärischen Delikten nicht möglich, weil aus bestimmten Regelungen des positiven Rechts hervorgehe, dass es besonderer Bestimmungen bedürfe, um eine Teilnahme daran strafbar zu machen.[2]

3. Die einzige Monographie von wissenschaftlichem Rang, auf die *Frank* hierbei verweisen konnte, war die Dissertation von *Johannes Nagler* über „Die Teilnahme am Sonderverbrechen" aus dem Jahre 1903, die das Wesen des Son-

---

1 Das Strafgesetzbuch für das Deutsche Reich, Tübingen 1926, Dritter Abschnitt IV.1.

2 aaO. (Fn. 1) S. 107.

https://doi.org/10.1515/9783110650488-011

derdelikts darin zu finden versuchte, dass die ihm zugrundeliegende Norm sich nur an bestimmte Personen richte. Es hat 60 Jahre gedauert, bis die nächste Monographie zum Thema der Sonderdelikte in Deutschland publiziert wurde, nämlich *Claus Roxins* inzwischen in 9. Auflage 2015 publizierte Schrift über „Täterschaft und Tatherrschaft" im Jahre 1963. *Roxin* hat darin das Wesen der Sonderdelikte in der „Verletzung einer *außerstrafrechtlichen* Pflicht" erblickt, „die sich nicht notwendig auf die an diesem Delikt Beteiligte erstreckt, die aber für die Tatbestandserfüllung erforderlich ist".[3] Dadurch würden sich die Pflichtdelikte grundsätzlich von dem Standardmodell der Herrschaftsdelikte unterscheiden, bei denen die Tatherrschaft das entscheidende Kriterium der Täterschaft bilde.

4. Damit war der Begriff der Pflichtdelikte geprägt worden, der in dem seitdem vergangenen halben Jahrhundert eine enorme Karriere gemacht hat. Nach der ursprünglichen Konzeption *Roxins* hätte man das kaum für möglich gehalten. Denn sein Gedanke, dass die Verletzung einer *außerstrafrechtlichen* Rechtspflicht das Fundament für die Erfüllung des Straftatbestandes bildet, ist eigentlich eine rein positivistische Idee, die zur dogmatischen Entfaltung des strafrechtlichen Unrechtsbegriffs nichts beiträgt. Außerstrafrechtliche Rechtspflichten gibt es ja Tausende, was soll gerade das Spezifikum ausmachen, warum die Verletzung einer solchen Pflicht strafrechtliches Unrecht begründet?

a) Die beiden wichtigsten Fallgruppen, die in der Monographie *Roxins* von 1963 hierfür benannt worden sind, nämlich die Fahrlässigkeitsdelikte und die Unterlassungsdelikte, sind inzwischen von ihm selbst eliminiert worden: Die Fahrlässigkeitsdelikte, die in der 1. Auflage von „Täterschaft und Tatherrschaft" noch als Pflichtdelikte qualifiziert wurden,[4] sind in den späteren Auflagen alsbald eliminiert worden. Denn mit der Entwicklung von der Lehre der objektiven Zurechnung durch *Roxin* selbst[5] war es evident, dass es bei den Fahrlässigkeitsdelikten für das strafrechtliche Unrecht nicht auf die Verletzung einer außerstrafrechtlichen Pflicht ankommt, sondern auf die Schaffung eines unerlaubten Risikos, das aus strafrechtlicher Sicht festzustellen ist. Auch das Unrecht der unechten Unterlassungsdelikte wird von *Roxin* heute nicht mehr in der Verletzung einer außerstrafrechtlichen Sonderpflicht gesehen. Das war 1963, als „Täterschaft und Tatherrschaft" in der 1. Auflage publiziert wurden, noch in gewisser Weise konsequent. Denn zu diesem Zeitpunkt war die Theorie der formellen Rechtspflicht bei den Unterlassungsdelikten zwar brüchig geworden, aber in

3 aaO. S. 354 (Hervorhebung von mir).
4 aaO. S. 527 ff.
5 Grdl. *Roxin*, FS f. Honig, 1970, S. 133 ff.; zum heutigen Stand *ders.*, Strafrecht AT I, 4. Aufl. 2006, S. 371 ff.; zu *meinem* Standpunkt s. GA 1999, 207 ff.

Rechtsprechung und Standardschrifttum durchaus noch anzutreffen.[6] Heute ist es so gut wie unstreitig, dass es nicht auf die Verletzung einer außerstrafrechtlichen Pflicht, sondern auf die Übernahme einer Schutzfunktion entweder im Sinne der Überwachung einer Gefahrenquelle oder im Sinne des umfassenden Schutzes eines hilflosen Rechtsguts ankommt.[7] Das Unrecht der unechten Unterlassungsdelikte wird deshalb heute auch von *Roxin* in seinem Lehrbuch im Anschluss an die von mir[8] entwickelte Konzeption durch die Herrschaft entweder über die Gefahrenquelle oder über das schutzlose (verwundbare) Rechtsgut beschrieben.[9]

b) Von den beiden wichtigsten Deliktsgruppen, die *Roxin* 1963 für die Pflichtdelikte reklamiert hat, ist also heute keine mehr übriggeblieben. Bei aller Bewunderung für *Roxins* Theorie der Täterschaft, die ja in Gestalt der mittelbaren Täterschaft durch Beherrschung eines organisatorischen Machtapparates geradezu die Rechtsgeschichte bestimmt hat, muss man deshalb sagen: Als Kandidaten für eine besondere Kategorie der Pflichtdelikte sind nur noch einige disparate Gruppen von Straftatbeständen übrig geblieben wie etwa die Delikte der Amtsträger, nach deutschem Recht die Untreue und Veruntreuung oder die Körperverletzung an Kindern durch Eltern oder Erziehungspersonen. Dass es sich auch bei diesen Delikten, von einigen Ausnahmen abgesehen, um Herrschaftsdelikte handelt, habe ich erstmals 1979 in meiner Monographie zur Unternehmenskriminalität am Beispiel des Handelns für einen anderen dargelegt und gleichzeitig für diese Deliktsgruppen den Begriff der *Garantensonderdelikte* geprägt.[10] Durch die weiterführenden Arbeiten von *Gracia Martín* ist diese Konzeption auch in Spanien und über diese Vermittlung ebenfalls in Lateinamerika

---

6 Zur Dogmengeschichte der formellen Rechtspflichttheorie *Schünemann*, Grund und Grenzen der unechten Unterlassungsdelikte, 1971, S. 218 ff. m. z. w. N., s. o. S. 240 ff.

7 Zwar findet sich in der weiterhin herrschenden Konfusion über den Sachgrund der Begehungsgleichheit von Unterlassungen immer noch die Meinung, es handele sich dabei um eine „substanzlose Einteilung“ (S/S-Stree/*Bosch*, StGB, 29. Aufl. 2014, § 13 Rn. 9), die sich anschließend mit aus heterogensten Gründen munter zusammenphantasierten Garantenstellungssammelsuria paart; aber darauf kann ich im vorliegenden Zusammenhang nicht erneut eingehen (s. zuletzt *Schünemann*, GA 2006, 301 ff.).

8 Erstmals aaO. (Fn. 6), S. 229 ff., s. o. S. 252 ff. zu seiner Erweiterung zur Tatherrschaft i. w. S. *Schünemann*, in: Gimbernat/Schünemann/Wolter (Hrsg.), Internationale Dogmatik der objektiven Zurechnung und der Unterlassungsdelikte, 1995, S. 49, 72 ff.; LK/*Schünemann*, 12. Aufl., § 25 Rn. 40 ff.; *ders.*, FS f. Amelung, 2009, S. 303 ff., 314, s. o. S. 445 ff.

9 Strafrecht AT II, 2003, S. 707 ff.

10 Unternehmenskriminalität und Strafrecht, 1979, S. 127 ff.; s. nunmehr LK/*Schünemann*, § 25 Rn. 42, 133 ff., 162 ff.; *Chen*, Das Garantensonderdelikt, 2006.

bekannt geworden.[11] Ich gehe auf sie sogleich näher ein, möchte aber zuvor das dezidierte Gegenmodell betrachten, nämlich die Theorie der Pflichtdelikte von *Günther Jakobs*.

5. Es ist kein Zufall, dass die „Meinungsführerschaft" auf dem Gebiet der Pflichtdelikte inzwischen auf *Günther Jakobs* und seine peruanischen Schüler übergegangen ist. Denn während dieses Konzept bei seinem Schöpfer *Roxin* im Laufe der Zeit eine immer geringere Rolle gespielt hat, hat es im Strafrechtssystem von *Jakobs* immer mehr an Bedeutung gewonnen und nimmt nunmehr in seinem „ System der strafrechtlichen Zurechnung" eine zentrale Rolle ein, nämlich in Gestalt der vollständigen Ersetzung der Rechtsgutsverletzung durch die Pflichtverletzung als Wesen der Straftat.[12] Vor kurzem hat nun *Jakobs'* Theorie der Pflichtdelikte in Peru im dritten Prozess gegen *Fujimori* eine ähnliche höchstrichterliche Anerkennung gefunden, wie sie der Tatherrschaftslehre *Roxins* im zweiten Prozess zuteil geworden war,[13] nämlich in dem Urteil des Strafrechtssenats (Sala Penal Permanente) des Höchsten Gerichtshofes (Corte Suprema) der Republik Peru vom 16. August 2016, in dem – unter Einbettung in die „funktionalistische Theorie" von *Jakobs* – auf S. 16 das Delikt der Amtsunterschlagung[14] seiner Natur nach als ein Delikt der Verletzung einer institutionellen personalistischen Pflicht charakterisiert worden ist, weshalb hier die Formen der Mittäterschaft und mittelbaren Täterschaft ausgeschlossen seien und nur die direkte oder persönliche Täterschaft möglich, aber bei *Fujimori* nicht gegeben gewesen sei.[15]

---

11 *Gracia Martín*, El Actuar en lugar de otro en Derecho Penal, Tomo I y II, Zaragoza 1985 y 1986; Responsabilidad de Directivos, Órganos y Representantes de una Persona Juridica por Delitos Especiales, Barcelona 1986.

12 Zusammenfassend *Jakobs*, System der strafrechtlichen Zurechnung, 2012, S. 13 ff., besonders S. 22 Fn. 29; grdl. Bereits *ders.*, FS Saito, Tokyo 2003, S. 17 ff.; *ders.*, Rechtsgüterschutz?, 2012, S. 102 und passim.

13 Vom 7. 4. 2009, abgedruckt S. 565 ff., 622 ff. in der ZIS-Sonderausgabe 11/2009, 549 ff., dort auch S. 565 ff. dessen Würdigung durch *Roxin*.

14 Art. 387 des peruanischen StGB: „Peculado", der im Unterschied zu § 246 StGB auch die eigene oder durch einen anderen erfolgende Nutzung des anvertrauten staatlichen Vermögens bestraft.

15 Unter Hinweis auf die Jakobs-Schüler *Sanchez-Vera* (Delito de infracción de deber y participación delictiva, Madrid 2002, S. 183 ff., auf der Basis seiner deutschen Dissertation „Pflichtdelikt und Beteiligung, 1999) und *Caro John* (Revista del Derecho Penal y procesal penal hoy, N° 8, ConTexto, Chaco 2013, S. 283) und den sich für die Übernahme von Jakobs' „Funktionalismus" einsetzenden Aufsatz des jetzigen Präsidenten des Strafrechtssenats *Villa Stein* in der Revista de Derecho Agora 2009/2010. Für das Verständnis der Amtsunterschlagung als Pflichtdelikt auch der Roxin-Schüler *Pariona*, El Delito de Peculado como Delito de Infraccion de Deber, Perú 2011, auf der Basis seiner deutschen Dissertation „Täterschaft und Pflichtverletzung", 2010.

6. Meine Thesen lauten demgegenüber, dass es sich bei den Sonderdelikten nur zum kleinen Teil um Pflichtdelikte, zum bei weitem größeren dagegen um Garantensonderdelikte handelt, so insbesondere auch die in Deutschland seit Abschaffung des § 349 StGB nur noch als Veruntreuung (§ 246 Abs. 2) strafbare Amtsunterschlagung, dass überhaupt die Theorie der Pflichtdelikte keine funktionalistische, sondern eine deontologische ist und dass der Begriff des Verbrechens auch mitnichten in der Pflichtverletzung, sondern in der Rechtsgutsverletzung zu finden ist.

II. Deontologische statt funktionalistischer Einbettung der Theorie der Pflichtdelikte

1. Wissenschaftstheoretisch und rechtsphilosophisch betrachtet, ist Funktionalismus eine Methode der konsequentialistischen Normbegründung, also der Begründung von Verhaltens- und Sanktionsnormen durch die damit verfolgten und erreichten Zwecke in Gestalt positiv bewerteter sozialer Folgen. Während *Jakobs* seit seiner vielbeachteten Studie über „Schuld und Prävention" von 1976 bis hin zur 2. Auflage seines Lehrbuches 1991 einen von ihm als „Normativierung" beschriebenen Funktionalismus entwickelte, hat er m. E. seit 1992 diese funktionale Beziehung auf äußere (d. h. beobachtbare) Gegebenheiten durch eine so gut wie vollständig empiriefreie Semantik der Straftat ersetzt. Das Verbrechen wird von ihm nunmehr definiert als ein Normgeltungsschaden, und durch die Strafe werde dem im Verhalten des Täters liegenden Widerspruch gegen die Norm ein auf Kosten des Täters vollzogener Widerspruch gegen seinen Widerspruch entgegengesetzt.[16] Die Bedeutung der Strafe bestehe also im Widerspruch gegen die Geltungsverneinung der Norm durch den Verbrecher, der Zweck der Strafe bestehe in der kognitiven Sicherung der Normgeltung.

2. Aber weil dieser „Zweck" nicht auf ein weiteres Ereignis in der Außenwelt bezogen ist, sondern sich selbst realisiert, ist leicht zu sehen, dass diese Theorie der Straftat und der Strafe eine moderne Umformulierung von *Hegels* berühmtem Ausspruch darstellt, das Verbrechen sei die Negation des Rechts und die Strafe deshalb die Negation der Negation des Rechts. Es handelt sich um eine kommunikative Theorie der Straftat und der Strafe, denn laut *Jakobs* behauptet der Täter eines Totschlages, er habe das Lebensrecht des Opfers nicht zu achten, und die Bestrafung gebe die Antwort darauf.[17] Ein solches Konzept des

---

16 AaO. (Fn. 12); näher dazu *meine* kritische Analyse in ZStW 126 (2014), 1 ff.
17 AaO. (Fn. 15), S. 13 Fn. 4.

Strafrechts ist nicht funktionalistisch, sondern rein deontologisch. Wer sich für einen Funktionalismus im Sinne von *Jakobs* im Strafrecht einsetzt, hat deshalb entweder die Position von *Jakobs* nicht richtig verstanden oder benutzt den Ausdruck Funktionalismus in einer unrichtigen Weise.

III. Rechtsgutsverletzung oder Pflichtverletzung als Begriff der Straftat?

1. Für mein konkretes Thema des Verhältnisses von Herrschaftsdelikten und Pflichtdelikten ist diese Klarstellung von wesentlicher Bedeutung. Denn aus dem Begriff des Verbrechens als Schädigung der Normgeltung folgt für *Jakobs* eo ipso, dass das Wesen des Verbrechens nicht in der Schädigung eines realen Rechtsguts durch eine reale Person besteht, die die Herrschaft über das schädigende Geschehen ausübt, sondern in dem formalen Kriterium der Pflichtverletzung. Und zwar soll das für alle Delikte gelten, die nämlich von *Jakobs* nicht wie von *Roxin* in die beiden Gruppen der Herrschaftsdelikte und der Pflichtdelikte unterteilt werden, sondern nur anhand des Charakters der verletzten Pflichten als sog. negative oder positive Pflichten.[18] Der Begriff der Pflichtdelikte mithin bei *Jakobs* ein vollständig anderer als bei *Roxin*: Während *Roxin* ursprünglich die Pflichtdelikte durch die Verletzung einer außerstrafrechtlichen Sonderpflicht bestimmten wollte, geht es bei *Jakobs* um die strafrechtliche Pflicht selbst, deren konkrete Verletzung mit dem Schaden für die Geltung der generellen Strafrechtsnorm identisch sein soll.

2. Aber natürlich ist die Definition der Straftat durch die Verletzung der tatbestandlichen Verbotsnorm so lange zirkulär, wie man nicht ein Kriterium angeben kann, durch das sich strafrechtliche Verbotsnormen von den zigtausenden sonstiger Verbotsnormen unterscheiden sollen. Dieses Kriterium muss wiederum aus dem Zweck des Strafrechts abgeleitet, also funktional bestimmt werden. Wer das nicht tun will, darf sein Konzept keinesfalls als „Funktionalismus“ bezeichnen. Dieser Zweck kann auch nicht nur in der Wiederherstellung der Normgeltung bestehen, das wäre abermals ein reiner Zirkelschluss. Der dritte Fehler wäre es, von der Verletzung einer Norm, also von jeder Rechtswidrigkeit, bereits auf die Strafbarkeit zu schließen. Die Aufgabe des Strafrechts muss vielmehr gesellschaftlich bestimmt werden.

3. Genau das ist bekanntlich seit ziemlich genau 250 Jahren am Ende des Zeitalters der Aufklärung durch *Beccaria* erstmals entwickelt und in der deut-

---

18 Grdl. *Jakobs*, Die strafrechtliche Zurechnung von Tun und Unterlassen, 1996, S. 19 ff., 30 ff.; w. N. in Fn. 12.

schen Doktrin weitergeführt worden: Das Strafrecht hat die Aufgabe, Sozialschäden zu verhüten, was in anderer Formulierung damit identisch ist, die für den Einzelnen und die Allgemeinheit bei einem friedlichen Zusammenleben unentbehrlichen Rechtsgüter zu schützen. In Deutschland ist diese fundamentale Zweckbestimmung und damit auch Limitierung des Strafrechts von der weit überwiegenden Meinung anerkannt, aber leider nicht in einem geschriebenen Gesetz ausdrücklich formuliert und wird deshalb vielfach missachtet, manchmal sogar vom Bundesverfassungsgericht. Es überschreitet jedoch den Rahmen dieses Beitrages, das Prinzip der Sozialschädlichkeit oder, positiv formuliert, des Schutzes der Rechtsgüter als notwendige Konsequenz des Rechtsstaatsprinzips abermals näher zu begründen und die scheinbar unausrottbaren Missverständnisse und Irrtümer der daran geäußerten Kritik aufzudecken.[19] Infolgedessen ist aber eine Theorie der Straftat, die sich mit der Verletzung irgendwelcher Pflichten begnügt und nicht berücksichtigt, dass ein gesetzlich geschütztes Rechtsgut verletzt oder gefährdet werden muss, mit den verfassungsrechtlichen Fundamenten des Strafrechts nicht zu vereinbaren. Anders wäre es nur, wenn man im Rahmen der Theorie der Rechtsgüter zeigen könnte, dass es eine eigene Kategorie von Rechtsgütern gibt, die ihrer Natur nach keinen äußerlich, sozusagen physikalisch messbaren Schaden voraussetzen, sondern bereits durch die Missachtung der sie konstituierenden Pflichten verletzt werden.

4. a) Die begriffliche Analyse der Straftat muss also hier ihren Ausgangspunkt nehmen. Wegen der Ausfüllungsbedürftigkeit eines so hochabstrakten Begriffs wie des Rechtsguts empfiehlt es sich, mit der Analyse bei den seit Jahrhunderten unangefochtenen und bis heute anerkannten Rechtsgütern anzusetzen, also mit Leben, körperlicher Unversehrtheit und Fortbewegungsfreiheit zu beginnen. Die einzelnen Rechtsgutobjekte, die in ihrer Gesamtheit die Klasse des Rechtsguts begründen, sind gegen einen ihre physische Verletzung bewirkenden und vermeidbaren Kausalprozess zu schützen. Das Strafrecht, das durch seine Strafandrohung nur über die Motivation der einzelnen Bürger wirken kann, muss seine Verbotsnormen deshalb primär an diejenigen Personen

---

19 Zur Vermeidung von Wiederholungen s. *Schünemann*, ZIS 2016, 375, 380–384 m. z. w. N. Bemerkenswerterweise ist in Art. 4 des Titulo Preliminar des peruanischen Strafgesetzbuches klarstellt, dass die Strafe notwendigerweise die Verletzung oder Gefährdung von Rechtsgütern voraussetzt, die vom Gesetz geschützt werden. Die Bezeichnung dieses Grundsatzes als Prinzip der Schädlichkeit (Lesividad) bringt auch zutreffend zum Ausdruck, dass das von *Beccaria* entwickelte Prinzip des Sozialschadens als Merkmal der Straftat und die aus anderer Perspektive in Deutschland übliche Umschreibung des Schutzes von Rechtsgütern als Zweck des Strafrechts keinen Gegensatz bilden, sondern einen identischen Sinn verkörpern, wie ich in Hefendehl/v. Hirsch/Wohlers (Hrsg.), Die Rechtsgutstheorie, 2003, S. 133 ff., näher dargelegt habe.

adressieren, die die maßgebliche Herrschaft über den schädlichen Kausalprozess ausüben. Diese Herrschaft über den Grund des Erfolges als primäre und unbestreitbare sachlogische Struktur der Täterschaft tritt in zwei Formen auf, als Aufsichtsherrschaft über eine Gefahrenquelle und als Obhutsherrschaft über das gefährdete, verwundbare Rechtsgut. Die Herrschaft über die Gefahrenquelle zerfällt wiederum in zwei Formen, je nachdem, ob die Gefahrenquelle in einer aktiven menschlichen Handlung oder in einer gefährlichen Sache besteht, etwa einem bissigen Hund oder einem Atomkraftwerk. Die erste Form wird von der Tatherrschaft gebildet, die zweite von der aktuellen Steuerung des gefährlichen Objekts. Auf der gleichen Ebene findet sich die dritte Form der Herrschaft über die Verwundbarkeit des Rechtsguts. Die einhellig anerkannte und unbestreitbare Evidenz der Vergleichbarkeit dieser drei Herrschaftsformen kann man sehr schön an dem Beispiel demonstrieren, dass ein Hundehalter seinen bissigen Hund von der Leine lässt, während die Mutter ihr Kleinkind aus der Kinderkarre herauskrabbeln lässt. Wenn sich jetzt Hund und Kleinkind begegnen und der Hundehalter wie auch die Mutter ruhig zusehen, wie der Hund das Kleinkind zerfleischt, so haben beide gleichermaßen die Herrschaft über das Geschehen als Grund des Erfolges.[20] Und das Gleiche gilt für das Kindermädchen oder den Studenten, die es von der Mutter und dem Hundehalter übernommen haben, das Kind spazieren zu fahren bzw. den Hund spazieren zu führen.

b) Weil die Herrschaft über den Grund des Erfolges, die man bei den Unterlassungsdelikten seit dem Aufsatz von *Nagler* aus dem Jahr 1938[21] Garantenstellung nennt, abgesehen von dem Sonderfall der Herrschaft über den eigenen Körper immer nur wenige Personen besitzen, handelt es sich bei den durch die Garantenstellung gekennzeichneten unechten Unterlassungsdelikten um Sonderdelikte. Deren Charakter ändert sich selbstverständlich nicht, wenn der Gesetzgeber das aktive Tun und die Unterlassung des Garanten in einem speziellen Straftatbestand gemeinsam regelt. Ein gutes Beispiel hierfür bietet § 225 StGB, der als Misshandlung von Schutzbefohlenen sowohl deren rohe Misshandlung als auch die Gesundheitsbeschädigung durch böswillige Vernachläs-

---

20 Die Meinung von S/S-Stree/*Bosch*, § 13 teRn. 15, eine „Gleichheit in den für die Bestrafbarkeit wesentlichen Strukturen“ (so meine These) lasse sich bei Rückführung auf das Herrschaftskriterium nicht im Ansatz erkennen, da physisch-real ausgeübte Herrschaft nichts mit normativ festgestellter, potentieller Herrschaft bei Unterlassungen gemein habe und gerade die Herrschaft über die konstitutionelle Hilflosigkeit eines anderen Kennzeichen jeder – auch echten – Unterlassung nach § 323c sei, verwechselt hartnäckig real existierende Aufsichts- und Obhutsverhältnisse mit potentieller Kausalität und erweist sich gegenüber der Evidenz der im Text gebildeten Fallvariationen als idiosynkratisch.

21 GS 138, 1 ff.

sigung der Sorge bestraft.[22] Diesen das aktive Tun und die unechte Unterlassung vereinigenden Deliktstypus habe ich Garantensonderdelikt genannt, er ist in vielfältigen Formen im deutschen Strafrecht zu finden. Der Täter ist hier durch eine Obhutsherrschaft über die Verwundbarkeit des Rechtsguts gekennzeichnet, im konkreten Beispiel der hilflosen Person, die seiner Obsorge anvertraut ist.

5. Nach der Theorie von *Jakobs*, der sich die Sala Penal Permanente der Corte Suprema von Peru in der zitierten Entscheidung angeschlossen hat, soll es sich in diesen Fällen dagegen um ein Pflichtdelikt handeln, wobei die verletzte Pflicht durch die betroffene staatliche Institution begründet werde, beispielsweise durch die Staatsorganisation, das Eltern-Kind-Verhältnis oder durch die Ehe. Aber dabei wird übersehen, dass es ja gar nicht die eigentlichen Pflichten dieser Institutionen sind, deren Verletzung mit Strafe bedroht ist. So stand immer schon im Zentrum der Ehe die Pflicht zur ehelichen Lebensgemeinschaft einschließlich des Geschlechtsverkehrs, im Zentrum der Eltern-Kind-Erziehung die Pflicht der Eltern, den Kindern eine gute Erziehung angedeihen zu lassen. Aber eine Verletzung dieser Pflichten ist kaum jemals mit Strafe bedroht. Und auch wenn es um die unterlassene Abwendung einer dem Kind drohenden Körperverletzung geht, wird ja nicht etwa der Schaden für die Familie bestraft, sondern das Rechtsgut ist die Gesundheit des Kindes, über die die Eltern eine Obhutsherrschaft ausüben. Auch innerhalb der staatlichen Organisation liegt das Unrecht gar nicht in der Verletzung der institutionellen Pflicht, wie sich etwa am Beispiel des Gefängnisaufsehers zeigen lässt, der bei einer Überschwemmung den Gefangenen in seiner Zelle ertrinken lässt. Es ist hier die Herrschaft über dessen Hilflosigkeit (Verwundbarkeit), die den Aufseher zum Täter einer Tötung durch Unterlassen macht. Dass die Institution „Strafvollzug" dadurch in ihrer Funktionsweise beeinträchtigt wird, weil der Strafvollzug gegen einen Toten nicht mehr fortgesetzt werden kann, wäre ein völlig anderes Unrecht, für das es aber keinen Straftatbestand gibt.

IV. Der schmale Bereich eigentlicher Pflichtdelikte

1. Bei den meisten Sonderdelikten handelt es sich deshalb um Garantensonderdelikte, bei denen die Obhutsherrschaft über die Verwundbarkeit des Rechts-

---

22 Ähnlich Art. 388 des StGB von Peru (Peculado por uso), der den Amtsträger bestraft, welcher Kraftfahrzeuge und andere Arbeitsmittel der öffentlichen Verwaltung in zweckentfremdender Weise benutzt oder die Benutzung durch einen Anderen zulässt, oder früher § 347 StGB („einen anvertrauten Gefangenen entweichen lässt oder dessen Befreiung bewirkt"), was in guts oder auch die Aufsichtsherrschaft über eine Gefahrenquelle das Unrecht begründet. Allerdings dürfte es auch einige, vermutlich nicht allzu zahlreiche Sonderdelikte geben, zu denen diese dogmatische Konstruktion nicht passt, weil als Rechtsgut nur die Institution selbst in Frage kommt. Freilich wird in den meisten Fällen, in denen jemand die Regeln der Institution nicht einhält, nicht das Strafrecht, sondern eine institutionelle Maßnahme die passende Reaktion darstellen bis hin zum Ausschluss der betreffenden Person aus der Institution. Wenn ein Ehegatte die eheliche Lebensgemeinschaft nicht herstellen will, so kann sich der andere Ehegatte scheiden lassen. Ein Staatsbeamter, der durch seine Faulheit die Funktionsweise des Staatsapparates behindert, kann durch eine disziplinarische Maßnahme zunächst im Gehalt gekürzt werden; und wenn auch das nichts hilft, kann man ihn aus dem Staatsdienst entlassen.

2. Die Verletzung institutioneller Pflichten kann deshalb in der Regel kein strafrechtliches Unrecht begründen. Ob dies ausnahmsweise der Fall ist und welche Voraussetzungen dafür erfüllt sein müssen, ist bis heute weitgehend ungeklärt. Die Theorie der Pflichtdelikte hat hierzu, wenn ich recht sehe, auch keine weiterführenden Beiträge geleistet, weil sie zwei entscheidende Gesichtspunkte unberücksichtigt gelassen hat.

a) Der erste ist die notwendige Unterscheidung zwischen *Innenpflichten* und *Außenpflichten* einer Institution, wie etwa am Beispiel der Korruption erläutert werden kann. Wenn ein Beamter Geld dafür annimmt, dass er eine gesetzeswidrige Amtshandlung begeht, so geht es um eine Verletzung der Außenpflichten der Institution, über die er als zuständiger Beamter die Herrschaft ausübt. Wenn er dagegen Geld für eine pflichtgemäße, dem Gesetz entsprechende Amtshandlung nimmt, so ist das Außenverhältnis intakt geblieben, und er hat lediglich eine innere Pflicht der Institution verletzt, sich mit seinem monatlichen Gehalt zufrieden zu geben und aus seiner Amtshandlung keine Vorteile zu ziehen. Die zahlreichen Beispiele von Beamten, die für ihre Tätigkeit eine ihnen selbst zustehende Gebühr nehmen dürfen, machen deutlich, dass es hier um innere Pflichten geht, deren Verletzung normalerweise durch institutionelle Sanktionen ausreichend geahndet werden kann.

b) Der zweite Gesichtspunkt, den die allgemeine Theorie der Pflichtdelikte nicht genügend beachtet hat, liegt darin, dass die einzelne Verletzung einer institutionellen Pflicht ja noch nicht die Institution insgesamt beschädigt, sondern nur im Hinblick auf das dadurch gesetzte schlechte Beispiel eine entfernte Gefahr für den langsamen Niedergang der Institution begründet. Und zwar eine abstrakte Gefahr, die sich aber von dem Gefahrbegriff bei den Herrschaftsdelik-

der Neufassung des § 120 nicht mehr im Wortlaut aufscheint, in der Sache aber weiterhin gelten soll (S/S-Eser, § 120 Rn. 20).

ten wesentlich unterscheidet: Das abstrakte Gefährdungsdelikt des Inverkehrbringens giftiger Lebensmittel (als Beispiel) bedeutet nur eine Vorverlagerung der Strafbarkeit durch Verzicht auf den Verletzungserfolg, der ja in vielen Fällen noch eintreten wird. Bei den institutionellen Rechtsgütern erschöpft sich die Handlung dagegen in der Normverletzung, ein substantieller Schaden droht nicht. Als Vergleich kann man etwa bei dem Delikt der Gewässerverschmutzung die Einbringung eines Tropfens Mayonnaise in den Rhein anführen. Die Bestrafung einer solchen Normverletzung, die für sich allein eine Bagatelle darstellt, wird gewöhnlich mit der Kategorie des Kumulationsdelikts gerechtfertigt, indem man sagt, dass die Straflosigkeit dazu führen könnte, dass alle Menschen sich so verhielten und dann eben durch Millionen von Mayonnaisetropfen selbst der Rhein ernsthaft verschmutzt werden würde.[23] Mit diesem Argument kann man die Bestrafung einer einzelnen Normverletzung aber wohl nur unter der Voraussetzung legitimieren, dass es sich um eine fundamentale Norm handelt, von deren weitestgehender Befolgung das Überleben der ganzen Institution abhängt. Ein interessantes Beispiel dafür ist die frühere Strafbarkeit des Ehebruchs. Sie musste schließlich abgeschafft werden, weil man darin nicht länger eine Fundamentalnorm der Institution „Ehe" zu sehen bereit war.

3. Ich komme damit zu dem Ergebnis, dass der legitime Bereich der Sonderdelikte zum größten Teil in Garantensonderdelikten besteht, bei denen der Strafgrund in der Obhutsherrschaft über das Rechtsgut oder in der Aufsichtsherrschaft über eine Gefahrenquelle besteht. Die Legitimität reiner Pflichtdelikte, bei denen allein die Verletzung einer institutionellen Sonderpflicht die Strafbarkeit begründet, ist bis heute weitgehend ungeklärt und kann jedenfalls nur in einem engen Bereich in Betracht gezogen werden.

V. Konsequenzen für die Dogmatik von Täterschaft und Teilnahme

Als letzte dogmatische Frage zu der Rivalität zwischen den Kategorien der Garantensonderdelikte oder der Pflichtdelikte bleibt deshalb auf die These des höchsten Gerichts von Peru einzugehen, dass die Täterschaft bei Pflichtdelikten allein durch die höchstpersönliche Pflichtverletzung bestimmt werde und deshalb die in § 25 StGB vorgenommene Unterscheidung zwischen unmittelbarer Täterschaft, mittelbarer und Mittäterschaft[24] keinen Sinn mache. Auch diese These halte ich nicht für überzeugend.

23 Grdl. *Kuhlen*, GA 1986, 389, 399 ff.
24 Ebenso § 23 des Codigo penal von Peru.

1. Was zunächst die Mittäterschaft anbetrifft, so vermag ich keinen zwingenden Grund anzuerkennen, warum die Obhutsherrschaft oder Aufsichtsherrschaft nicht ebenso gemeinsam ausgeübt werden kann wie es bei der Arbeitsteilung im Fall der Tatherrschaft der Fall ist. Ein gutes Beispiel liefert hier das Märchen von Hänsel und Gretel: Wenn die Eltern beschließen, die Unterhaltsleistungen für ihre Kinder dadurch zu ersparen, dass sie entweder die Kinder in die Wüste führen und dort verlassen oder bei einem zunächst ganz harmlosen Wüstenausflug beschließen, die Kinder im Stich zu lassen, liegt in beiden Fällen Mittäterschaft vor, einmal durch aktives Tun und einmal durch Unterlassen. Das Gleiche muss gelten, wenn sie den Familienhund einmal auf den bösen Nachbarn hetzen und ein anderes Mal nicht zurückpfeifen, als er von sich aus losrennt. Auch im Staatsdienst kann zwischen dem Vorgesetzten und seinem Untergebenen Mittäterschaft gegeben sein, wenn sie beide gemeinsam die Herrschaft über öffentliches Eigentum ausüben. Der Leiter des staatlichen Fuhrparks und der Garagenwärter können deshalb Mittäter sein, wenn sie übereinkommen, die rechtswidrige Benutzung der staatlichen Kraftfahrzeuge durch ihre Familienmitglieder zuzulassen („Peculado por uso"). Deshalb sehe ich auch keinen Grund, weshalb *Fujimori* als für das staatliche Vermögen Perus höchstverantwortlicher Staatspräsident nicht mit dem speziellen Beauftragten seines Geheimdienstchefs *Montesinos* Mittäter eines *peculado* gewesen sein soll (natürlich eigenen Vorsatz vorausgesetzt, den der Gerichtshof in einer Hilfsbegründung freilich verneint hat). Auch bei echten Pflichtdelikten kommt Mittäterschaft in Frage, wenn jeder Mittäter Träger der Pflicht ist.

2. Entsprechendes gilt für die Möglichkeit einer mittelbaren Täterschaft. Die traditionelle Doktrin hat hierzu die Sonderform der mittelbaren Täterschaft durch Benutzung eines qualifikationslosen dolosen Werkzeugs entwickelt, die bereits von *Roxin* und heute natürlich von *Jakobs* und seiner Schule kritisiert und abgelehnt wird.[25] Im Bezugsrahmen der Herrschaftstheorie bestehen aber keine grundsätzlichen Bedenken dagegen, dass der Inhaber der Herrschaft untergeordnete Kräfte, die mangels eines Überblicks über das Gesamtgeschehen nicht selbst Herrschaft ausüben, für seine Pläne benutzt und dadurch, wie es in § 25 StGB formuliert ist, die Tat „durch einen anderen" begeht. Auch in diesem Punkt halte ich deshalb für Garantensonderdelikte die allgemeinen Täterschaftsgrundsätze für angebracht. Bei reinen Pflichtdelikten, soweit sie anzuerkennen sind, besteht das strafrechtliche Unrecht zwar ausschließlich in der Pflichtverletzung selbst, die auch das alleinige Kriterium für die Täterschaft bildet. Dennoch sehe ich keinen Hinderungsgrund, bei Einschaltung eines extraneus von einer mittelbaren Täterschaft zu sprechen.

---

25 Vgl. nur *Roxin* Strafrecht AT II, § 25 Rn 275 ff., sowie LK/*Schünemann*, § 25 Rn 133 ff.

VI. Gesamtergebnis

Ich fasse damit meine bisherigen Ergebnisse zusammen: Zumindest die meisten Sonderdelikte sind Garantensonderdelikte, bei denen der Täter eine Obhuts- oder Aufsichtsherrschaft über den Grund des Erfolges ausübt, namentlich über die Verletzlichkeit des Rechtsguts. Reine Pflichtdelikte kann es nur in einem engen Rahmen geben, weil die Verletzung institutioneller Pflichten in der Regel durch Sanktionen innerhalb der Institution ausreichend geahndet werden kann. Für eine endgültige dogmatische Lösung ist hier die Unterscheidung zwischen institutsexternen und institutsinternen Pflichten von zentraler Bedeutung, bis heute aber noch nicht genügend ausgearbeitet. Darüber hinaus können reine Pflichtdelikte nur legitimiert werden, wenn die bei Herrschaftsdelikten unter der Kategorie der Kumulationsdelikte thematisierte Geringfügigkeitsschwelle überschritten ist: Es muss um die Verletzung schlechthin fundamentaler Normen gehen. Für die Fragen der Täterschaft gilt nichts Besonderes, es gibt auch hier die Formen der Mittäterschaft und mittelbaren Täterschaft, natürlich bezogen auf das jeweilige Täterschaftskriterium.

Dass auch eine so diffizile Strafrechtsdogmatik wie die Unterscheidung von Garantensonder- und Pflichtdelikten ebenso wie zuvor die mittelbare Täterschaft durch Benutzung eines organisatorischen Machtapparats durch die Entscheidung eines südamerikanischen Gerichts befruchtet wird, zeigt die globale Geltung des von mir so genannten *mos analytico-philosophicus civitatis iuris*[26] als unabdingbarer Voraussetzung jeder rechtsstaatlichen Strafrechtsdogmatik, allem modischen Philistertum zum Trotz. Und so unverzichtbar hierfür die spanische Strafrechtswissenschaft als Brücke zwischen der deutschen und der lateinamerikanischen ist, so unverzichtbar ist für die Brücke selbst *Santiago Mir Puig*, dem ich diese kleine Studie in seit über 40 Jahren freundschaftlicher Verbundenheit widme.

---

26 ZIS 2016, 654 ff., auch in: *Rotsch* (Hrsg.), 10 Jahre ZIS – Zeitschrift für Internationale Strafrechtsdogmatik, 2018, S. 17 ff., sowie in Gesammelte Werke Band I, 2020, S. 455 ff.; span. El Derecho Penal en el Estado Democrático de Derecho (trad. Roso Cañadillas/Pérez-Sauquillo Muñoz), Madrid–Buenos Aires 2019; portugés. Direito penal, Racionalidade e Dogmática (coord. Teixeira), São Paulo 2018.

Nachweise

ERSTER TEIL: Grund und Grenzen der unechten Unterlassungsdelikte – *Zugleich ein Beitrag zur strafrechtlichen Methodenlehre*, 1. Aufl. Göttingen 1971

ZWEITER TEIL: Zur Garantenstellung beim unechten Unterlassungsdelikt – *Dogmenhistorische, rechtsvergleichende und sachlogische Auswegweiser aus einem Chaos* – in: Festschrift für Knut Amelung, Berlin 2009, S. 303–323

DRITTER TEIL: Die unechten Unterlassungsdelikte: Zehn Kardinalfragen, -fehler und -fixpunkte, in: Goltdammer's Archiv für Strafrecht 2016, S. 301–308

VIERTER TEIL: Die Formen der strafrechtlichen Täterschaft und ihre Grundstruktur, überarbeitete Neufassung von: Laufhütte/Rissing-van Saan/Tiedemann (Hrsg.), Leipziger Kommentar zum StGB, 12. Aufl. Band I 2007, vor § 25 Rdn. 1, 15–16, § 25 Rdn. 7–9, 16, 38–52

FÜNFTER TEIL: Schrumpfende Basis, wuchernder Überbau? Zum Schicksal der Tatherrschaftsdoktrin nach 50 Jahren, in: Strafrecht als Scientia Universalis – Festschrift für Claus Roxin zum 80. Geburtstag, Berlin, New York 2011, S. 799–817

SECHSTER TEIL: Herrschaft über die Hilflosigkeit des Rechtsguts oder Pflichtverletzung als Strafgrund der Sonderdelikte?, in: Goltdammer's Archiv für Strafrecht 2017, 678–688

https://doi.org/10.1515/9783110650488-012